21世纪经济学系列教材

宏观经济学（中国版·第三版）

Macroeconomics

◎李晓西 著

中国人民大学出版社
·北京·

感谢中国社会科学院长期的培养！

感谢北京师范大学十八年的关爱！

感谢西南财经大学热情的支持！

感谢中国人民大学出版社高度的信任！

感谢中国宏观经济学会的鼓励和推介！

感谢新老读者共享理论创新的期待！

■ 作者简介

李晓西，经济学教授，国务院特殊津贴专家，教育部社会科学委员会经济学部召集人，北京师范大学经济与资源管理研究院名誉院长，中国社会科学院研究员。曾任国务院研究室宏观经济研究司司长。兼任中国宏观经济学会副会长、UNIDO-UNEP 绿色产业平台中国办公室名誉主任及 20 多个学会的常务理事和中国经济 50 人论坛成员；兼任北京大学、中国人民大学、国家行政学院、西南财经大学、澳门理工学院等十余所高校特约教授或学术顾问；先后被北京、成都、山西等十余个省市聘请为经济顾问或咨询专家，曾作为高级访问学者在英国伦敦经济学院工作一年，在美国哈佛大学访研半年。2009 年入选由中国社会科学院《经济研究》编辑部等单位主编的《影响新中国 60 年经济建设的 100 位经济学家》。2010 年，入选国家级重大出版工程《20 世纪中国知名科学家学术成就概览》（经济学卷）。40 年来，发表论文 300 多篇，出版著作 40 多部。论文和著作先后获孙冶方奖、薛暮桥奖、安子介奖、中国图书奖、中国软科学奖和吴玉章经济学一等奖等。

内容简介

本书是为各类读者学习宏观经济学提供的教材。在国内外读者与市场需求强烈助推下，与初版时隔近13年后，《宏观经济学（中国版·第三版）》与读者们见面了。

本书以总供求为主线开篇布局，分析了总供给和总需求的基本含义，剖析了总供求失衡产生的失业问题和通货膨胀问题，延伸分析了总供求在国内外的经济关系，解读了解决总供求矛盾的宏观政策，并展望了宏观经济学的发展前景。

本书从人物及背景、关键方程或模型、关键图示及解释、特征归纳及应用前景评价5个方面，扼要地分析和解读了西方宏观经济学的若干经典模型，以有助于读者粗线条地把握精华，开启思路，学会运用。

本书选编了生动有趣或富有启发性的资料作为专栏和附录，希望能扩大读者的视野，提高研学者们学习宏观经济理论的兴趣。

本书把西方国家宏观经济学理论与中国经济的实践结合起来，与世界经济现状分析结合起来，把定性分析与定量分析结合起来，提供了新的观点与资料。

本书不是研究型专著，但是书中内容是以作者多年的大量研究成果为基础的，因此，在宏观经济学框架下，本书各章中均提出了若干具有独到思维的观点，以求增强解释现实经济的力度。

本书将为四大读者群服务：一是高校和研究院所的经济学及其相关专业的本科生、研究生和教师；二是高校和研究院所的MBA、MPA、EMBA课程研究生；三是各级党校和行政学院的学员；四是关心中国经济的社会各界人士。

第三版序

2018年是改革开放40周年，是中国经济由高速增长进入高质量、高效益增长的关键时期，经济理论如何更好地服务于中国特色的现实就更为重要了。晓西教授的《宏观经济学（中国版·第三版）》即将出版，我表示祝贺，并谈四点看法。

一是需求与供给关系的处理有特点。宏观经济学研究的核心问题，是政府与市场的关系，同时也涉及宏观与微观的关系问题。政府与社会主义市场经济的中国，如何既发挥好市场在资源配置中的决定性作用，又能更好地发挥政府的作用，这是需要从理论上探讨的。晓西教授基于多年来在国家宏观管理研究部门的工作实践以及长期以来对宏观经济的跟踪研究，在宏观经济框架中既强调了财政与金融体制进而财政政策与货币政策作用的内容，又从总量角度，加入了对劳动、资本、技术总量管理的分析，既重视了供给侧管理的内容，又进行了深入、详细的阐述。这种逻辑安排对只强调需求管理的宏观经济学有某种程度的突破，是有时代特色且符合中国实际的。

二是在内容安排上体现形式逻辑的完整性与系统性，便于把握宏观经济的总体框架。教材以总供求为主线，详述了总供求的具体内容、总供求的矛盾与延伸，以及矛盾的解决方案。同时，各章基于总供求融入了中国宏观经济的改革与发展、全球宏观经济的实践，有助于结合理论明晰中国宏观经济发展的历史背景与政策演进，了解全球宏观经济新动向。总之，以总供求为主线的逻辑思路，是本教材体系安排的一种特色。

三是对宏观经济学发展趋势的分析有启发。教材既分析了现行宏观经济学的不足，也提出了宏观经济学未来发展的六点推测，很有意思。如：提出强化解释现实经济的能力，更多带有世界经济和绿色发展的色彩，更多与其他社会人文科学相结合，更多吸收供给理论的精华，以及对数理方法的改进等，我都很赞成。晓西教授近些年着力于绿色经济的研究，出了不少成果，深知解决实际问题需要多学科的交叉合作，也感受到了宏观经济学在这方面的拓展空间很大，应努力实现本学科的上升。学科之分，我看也是分久必合，合久必分。当我们的认识越来越精细时，可能会出现一个整体观欠缺的新问题。如边际分析方法在把经济学引向精细化时，现实中“模糊化”的呼声却更高了，甚至经济学对哲学的需求也升温了。

经过40年的改革开放，中国已成为全球第二大经济体，中国宏观经济学已变成“开放条件下的大国宏观经济学”。新时代给中国经济学家提供了一个重要机遇，就是进一步探索撰写出以中国经济规律为主线的经济学教材，既服务于未来中国经济持续发展的要求，也为全球经济理论与可持续发展做出应有的贡献。从晓西教授的《宏观经济学（中国版·第三版）》中，我已感受到这种努力。

四是《宏观经济学（中国版）》是由中国人民大学出版社邀约出版的，这是令我高兴的。中国人民大学在国内经济领域中，历来是走在前面的。而中国人民大学出版社不仅在引进发达国家经济学教材方面走在前面，在鼓励支持中国经济学家编著中国版的经济学教材方面也走在前面。本教材第一版是在2005年底问世的，距今已12年有余。中国人民大学出版社力求为中国改革开放的实践服务，逐步推出中国版的经济学各类教材体系。这体现着中国人民大学传承的实事求是、为民报国的精神。新时代要求我们更加坚定文化自信、教育自信。人文社会科学的理论创新对于中国历史进步和现代化有重要的推动作用。我们将要鼓励更多来自中国改革开放实践的理论著作与教材普及化，走进社会，甚至走出国门，无问西东，协力共进，实现不忘初心、永远前行的人大传统。

谨以这些想法，作为对《宏观经济学（中国版·第三版）》出版的祝贺之意。

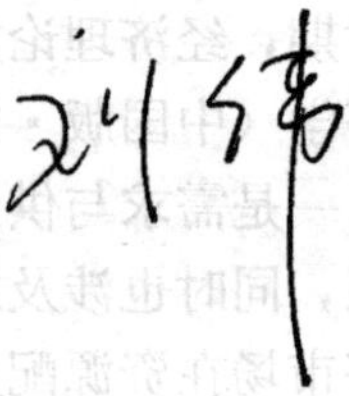

2018年6月

第二版序

数十年来，李晓西博士亦官亦学，一方面对中国的经济实践有深入了解，另一方面在经济理论方面有很深的学术素养，是典型或非典型的学者型官员。10 多年前，正当大家期待晓西“更上一层楼”时，在中南海工作多年、年富力强并已“官居”国务院政策研究室宏观经济司司长的晓西突然辞官不做，回到学界当普通的大学教授。在“学而优则仕”的文化传统已经融入血液的中国知识分子中，肯于迈出这一步的人可谓凤毛麟角。仅此一条，就令人对李晓西博士敬佩有加。更何况晓西一贯谦虚、谨慎，在经济学界更是有口皆碑。回到学界后，晓西继续关注中国经济中的各种现实问题，同时转向经济学基本理论，特别是宏观经济基本理论的研究。

摆在我们案头的这本 498 页的《宏观经济学（中国版·第二版）》就是李晓西教授穷十余年之功的力作。当今世界宏观经济学教科书汗牛充栋，即便在中国，这类教科书恐怕也有几十种版本。为什么还有人不断地编写新教科书？因为需要，因为不同作者有不同的视角和关注。我以为经济学教科书大致可以分为两类。一类是由年纪较轻但很有学术创见的大学教授编写的学院派教材。另一类则是由实践经验丰富、退隐书斋的学者编写的现实派教材。两类教材各有特点，也难分优劣。西方的宏观经济学教材多属于前者。爱因斯坦在谈到物理学理论时指出：理论物理学的完整体系是由概念、被认为对这些概念有效的基本原理（亦称基本假设、基本公设、基本定律等），以及用逻辑推理得出的结论这三者构成。这些结论必须同我们各个单独经验相符合，在任何理论著作中，导出这些结论的逻辑演绎几乎占了全部篇幅。爱因斯坦的描述可以应用于我们现在所看到的大多数学院派经济学教科书。这类教科书往往从一些简单的基本假设出发，大量使用数学，最后得出一些两可的结论。遗憾的是，经济学不是物理学，难以通过可控实验的方式最后确认哪些结论是正确的、哪些结论是不正确的。这类学院派教科书不可不看。但对于大多数关心中国经济现实的年轻学者来说，这里存在一个成本-效益分析问题。

诚如高鸿业教授所言，力图把西方宏观经济理论和中国的宏观经济实践相结合是李晓西教授这本教科书的最大特点。我在 1997 年主编过一本西方经济学教科书。此后，由于关注重心转到中国宏观经济和国际金融的实际问题上，未能更多浏览 21 世纪的各国流行教科书，因而对于当前宏观经济学的流行体例没有更多发言权。但是，李晓西教授的教科书基本构架是：从经济增长理论出发，然后在国民经济核算体系的框架下，分别讨论经济的供给和需求方面。我以为这种安排是十分合理的。

传统上，宏观经济学是静态总量理论，是经济增长的一个横截面，是一张“静片”。但只有讨论清楚经济增长的动态路径，在宏观经济学问题的讨论中才不致迷失方向。增长理论同宏观经济理论相结合已经成为当代宏观经济理论的发展趋势。

传统上，宏观经济学者往往把宏观经济学当作需求方经济学。西方宏观经济学中对总供给的研究是非常薄弱的。从劳动力市场供求均衡推出的总供给曲线完全忽视了所谓代表性微观个体同宏观总体的本质区别，简单假设宏观总体行为是微观个体行为之和是对现实的极度简化从而也是极度歪曲。因而，在这一假设基础上推出的宏观供给曲线存在严重逻辑漏洞。但是，如果对总量供给曲线的形状没有把握，我们又何以知道某种财政、货币政策是否有效呢？如果对于潜在经济增长速度若明若暗，我们又何以把握宏观经济政策的强度？加强对经济的供给方的讨论十分重要。李晓西教授加强对供给方研究的努力值得称道。

李晓西教授的这一教科书的另一特点是经济增长与波动研究相结合。增长是长期趋势。但是，趋势是在波动中实现的。诚如凯恩斯所言，“长期中我们都死了”。即便你能预言五年、十年之后的经济发展趋势，但若对一年、两年后的经济现实却无从置喙，经济学除藏于象牙塔之内，又有何用？李晓西教授在教科书中倾注了大量心血来研究短期宏观波动，这样，宏观经济学就走出了象牙塔，以接受实践的检验。而这种可检验性则恰恰是宏观经济学研究取得进展的根本推动力。

可以说很少有哪本宏观经济学教材能像这本书这样将宏观经济学理论与中国经济面临的热点问题联系得如此紧密。例如，书中在相应部分分别提到了：中国的居民收入差距问题、城乡消费（或储蓄）行为的变化、中国的 FDI、中国的对外贸易总量及其结构问题、非公有制经济对效率与公平的影响、中国的就业和失业、中国的通货膨胀问题、中国的十二个五年计（规）划、中国的外汇储备、人民币汇率问题、中国的财政体制、中国的货币金融制度及货币政策等等。阅读本教程可以使读者对中国经济发展的历史背景、政策演进有更多了解，从而有助于读者理解今天的很多现实问题，以及我们未来的政策取向。中国改革开放 30 多年来经济增长成绩斐然，经验极为丰富。中国经济学家在这个领域内是大有作为的。我期待李晓西教授在把中国实践上升为具有普遍意义的理论的努力中取得更大成绩。

在经过 30 多年的改革开放之后，中国已经成为世界第二大经济体。外部世界已经不能再假定为外生变量或条件。中国宏观经济学已经变成“开放条件下的大国宏观经济学”。李晓西教授在教材中时常将中国经济问题放到世界经济的背景之下讨论。这不但使理论的介绍具有国际视野，而且使得读者对于中国经济在国际经济体系中所处的地位、在发展中所处的阶段，有了更加全面的认识。

最后，应该指出，李晓西教授关心的问题、介绍理论的方式，体现出了经济理论研究最终的人文关怀精神。例如书中提到的效率与公平的问题、再分配与政府的责任问题，以及对某些历史阶段经济政策的反思等等。这些都使宏观经济学不再是一堆冰冷的数学符号。文如其人，是的，李晓西教授如何能够忘记经济学家的最终职责和终极目标！

在此，谨对《宏观经济学（中国版）》的再版表示衷心祝贺！

余永定

2011 年 8 月

第一版序

我国推行的是社会主义市场经济，而西方国家施行的是资本主义市场经济。由于二者在市场经济方面具有一些共同之处，所以，以总结西方市场经济的经验为目的之一的西方经济学，特别是它的宏观经济学，对我国的宏观经济管理具有相当重要的借鉴和应用意义，而本书最大的特点在于把西方的宏观经济理论和我国宏观经济的实践比较密切地加以论述。

作者之所以能做到这一点，原因在于：本书作者是恢复高考后的第一届大学生，后来在中国社会科学院读硕士和博士学位，并从事研究工作。这一代人正赶上改革开放的重要时期，参与了不少理论研讨与实地考察。作者后来到国务院研究室工作 8 年，在更高的层次上观察中国经济，积累了经验和实践知识。因此，对本教材内容的选择，作者有一个实践和经验的标准，这是成功撰写这本有实用价值教材的难得和可贵条件。

具体说来，上述特点使本书具有三个非常有用之处：其一是着力对中国经济改革开放经验进行总结，这会有助于我们的研究生和读者利用西方经济学理论分析中国社会主义市场经济现实。其二是对西方经济学的模型和公式，有选择地加以介绍和解读。这一点确实很有必要。因为正如作者所说，这一点可以“让读者粗线条地把握精华，开启思路，学会运用”。研究生阶段不同于本科，更需要运用知识的能力。其三是本书突破了西方宏观经济学的传统范围，增加了一部分马克思的重要论述，以提高读者比较分析和综合吸收的能力。这种思路当然是正确的；马克思主义经济学研究资本主义市场经济运行的内在机制，对相当多的经济现象都有非常深刻的见解。

高鸿业

2005年夏于中国人民大学

第三版前言

从2005年本书第一版后，历经12年有余，现在应中国人民大学出版社之约，修改并推出了第三版。

本书延续了第二版的基本框架，重点是对150张数据表进行了补充，大致上是从2009年补充到2015年或更新。同时，根据新的形势发展，对正文、专栏、附录进行了增减调整，比如对贸易保护、汇率改革与逆全球化等全球宏观经济最新情况进行了分析，对技术创新、政府债务、利率市场化等基于宏观经济基础理论的实践进行了评论，对近10年来财政、货币、价格等的体制改革进行了概括补充；继续保持并深化了“经济增长中的劳动、资本和技术”等供给侧的研究。虽然我对修改提过指导性意见并审定，但庞大的修改工作量全由蔡宁博士一人承担完成，其勤奋与工作质量，令我非常满意。

2014年，新加坡圣智出版公司（CENGAGE Learning Asia Pte Ltd）出版了《宏观经济学（中国版·第二版）》英文版，届时我正在哈佛大学经济系做访问学者。库珀教授特意组织了一个专题早餐会，使我有机会向哈佛大学经济系曼昆、珀金斯、本杰明、肖庆伦等教授赠书并进行交流，希望能将中国经验与思考更广泛地传播。

本教材前后三版分别由高鸿业教授、余永定教授、刘伟教授作序，刘伟教授、樊纲教授、黄泰岩教授、白重恩教授和袁志刚教授曾审评第二版的书稿，在此再次表示深深的谢意。张卓元教授在《经济学动态》2012年第4期上撰文《评〈宏观经济学（中国版·第二版）》，是对本教材的深度支持，特致以衷心感谢！

还要感谢中国宏观经济学会对宏观经济学中国化的高度关注与联系中国实际进行经济理论教育的推动；感谢中国人民大学出版社长期的信任，这一版若没有陈静编辑的督促，可能就难以问世了！

第二版前言

在《宏观经济学（中国版·第二版）》即将问世之际，需要向读者简单介绍一下第二版与第一版的异同。

两版的总体框架是一致的，都是以总供求为主线展开讲解。在原来结构中“问题导向”的基础上，更突出“体系完整性”的特点。同时，各章的基本倾向性以及理论联系实际的特点也保持了下来，还完全沿用了经典模型讲解中的“五段论”方式。

主要变化有以下四点。一是增加了五章：第二章“国民收入分配”，第六章“对外贸易与国外需求”，第七章“经济增长中的劳动、资本和技术”，第十章“经济周期：萧条与过热”，第十四章“宏观经济学的发展趋势”。而“国际经济环境与国内宏观经济变动”一章因仍在完善中，有待后补。二是每章中都增加了一节，专门比较分析该领域的国际经济情况。三是数据和资料更新。第一版中的基本数据截止到 2003 年，而本版的资料来源都截止到 2008 年及以后。四是本次修订无论是观点的创新、经典模型的完善、专栏的增补还是思考题的添加等，都有新的安排。

这里，我要特别感谢为本教材提供评审意见的各位著名经济学家、长江学者。北京大学副校长刘伟教授作为多年学术合作伙伴，欣然受邀审评书稿，给予了中肯精辟的评价与支持，使我再次为之感动。中国社会科学院世界经济与政治研究所原所长、牛津大学博士余永定教授曾为本教材第一版的经典模型审阅把关，本次再版又全面评价了本书背景、结构与特点，为第二版作“序”，大为加重了本书分量。中国经济改革基金会国民经济研究所所长樊纲教授在百忙中为本教材定位，再现了他多年一贯支持学术创新的学者风范。利用暑期短暂时间在斯坦福大学工作的清华大学白重恩教授，不远万里，不辞辛苦，认真审阅了本教材，提出了极为宝贵的评价意见。辽宁大学常务副校长黄泰岩教授多年来支持我对宏观经济理论的研究，此次评阅，肯定了本教材在定性与定量分析上的努力，增强了我继续探索的信心。复旦大学经济学院院长袁志刚教授讲授“宏观经济学”一课清晰透彻，曾给我很大启示，此次热情参评，又提出深刻而极富见地的意见，非常给力，我非常受益。再次衷心感谢学术界同仁的关爱！

我还要感谢协助我改写本教材的教师与学生，他们提供了大量的基础性资料，加快了修订的进度。特别要感谢中国人民大学出版社。贺耀敏社长的鼓励和督促，使我完成了《宏观经济学（中国版·第二版）》的修订；刘光宇主任和刘叶华副主任为本书英文版的出版做了大量的工作；负责策划的陈静老师为本书的修改、编辑、推介提供了宝贵的意见，做出了极有价值的努力。

本书力求为读者从宏观角度解读好中国经济和世界经济。但是，要获得更为广泛的认同，还需要继续努力。愿与读者共勉之。

2011年7月

第一版前言

本书名为《宏观经济学（中国版）》，似有解释的必要。“宏观经济学”无疑是西方经济学的成熟理论；“中国版”当然是以中国经济改革、发展为背景。

中国经济与西方经济有同有异，最大的共同点是市场经济。在这个共同基础上，理论完全不同是不可想象的，有所不同，则是可能的。但不同到什么地步？是完全搞一套新概念、新术语、新定理，还是沿用市场经济下已达成共识的术语、概念和规则？显然应取后者。这不仅是与国际经济学界交流的需要，更是认识自己的需要。因此可以说，本书不属“中国学”学科，而属宏观经济学学科。

本书突出了宏观经济基本理论与现实经济的结合。换言之，宏观经济学中最重要、最基本的概念，中国转轨经济中最普遍、最有影响的问题，将被结合起来，成为本书各章的主题。本书突出了总需求和宏观政策分析，也力求全面反映经济制度的改革；在对经济参数相关关系的分析上，在国内外经济体制和政策的比较上，作者都做出了努力。

与本书作者 2000 年出版的《宏观经济学：转轨的中国经济》一书相比，本书在以下六个方面有相当大的不同：一是增加了西方宏观经济学经典模型，重点是解读“关键方程或模型”，阐述其在国内外的应用，以使研究生能把握经济学大师们的理论精髓和思考方法，学会分析实际问题，而不被浩繁的数学推导所困扰。同时，本书也给出了模型的数学推导参考索引，鼓励有兴趣的研究生自己去完成公式推导。二是兼蓄包容，将各种有价值的观点精选入书，以助于从各种角度解释经济现象。作者认为，了解一位学者的观点是重要的，了解他的学派归属也是必要的，但更重要的是，要知道他的观点对我们有什么用，可以用在什么地方。三是充实了中国经济改革与发展的最新进展情况，书中基本数据至少截止到 2003 年底。四是增加了原社会主义国家在经济转轨中的经验和数据资料，旨在通过对比，加深读者对中国经济改革与发展的理解。五是在各章后精选了附录和阅读材料，以提高读者的学习兴趣，并启发思考。六是重新编写、增补原书的案例，形成了本书的配套教材《宏观经济学（中国版）案例》。

本书写作过程中，得到了中国社会科学院世界经济与政治研究所所长、牛津大学博士余永定教授的帮助。余教授对本书精选解读的20多个宏观经济模型，认真审阅，提出了宝贵的意见，完善了本书模型，在此表示衷心的感谢。当然，模型理解中的问题，责任在作者。

我还要感谢著名经济学家、中国人民大学高鸿业教授，他在百忙之中抽出时间亲自为本书作序。高教授在20世纪80年代初翻译的萨缪尔森第10版的《经济学》，给了我非常深刻的印象，引导我进入了西方经济学的大门。

此外，我要特别感谢中国人民大学出版社的鼎力支持。贺耀敏社长、周蔚华总编、马学亮主任高度重视本书的出版，提出了该书编写的大思路，提供了诸多参考书籍，进行了高标准的规划。如果本书能获得读者好评，首先要归功于他们。

本人在中国社会科学院学习和工作12年，在国务院研究室宏观经济司工作8年，积累了一定的经验和成果，走过了“读万卷书”和“行万里路”的历程。现作为中国社会科学院和北京师范大学的教授，窃以为编写好的教材是“育万棵树”最有效的途径。北京师范大学研究生院对精品课程的支持，促使我努力完成了此项工作。

本书力求为读者解读好中国经济。但是，真正要使自己的理解和阐述达到学科高度，还需要继续努力。愿与读者共勉之。

2005年8月

目录

第一章　经济增长与国民经济核算 …… 1
第一节　宏观经济学与经济增长 …… 1
第二节　经典经济增长模型选解 …… 8
第三节　国民经济核算 …… 12
第四节　中国国民经济核算体系的形成和内容 …… 17
第五节　按购买力平价法和汇率法计算 GDP …… 26
第二章　国民收入分配 …… 37
第一节　国民收入分配理论简述 …… 37
第二节　国民收入分配经典模型选解 …… 42
第三节　国民收入分配国际比较 …… 47
第四节　中国国民收入分配格局及分配制度的改革 …… 53
第三章　总供给与总需求概论 …… 72
第一节　总供给概念及其相关问题 …… 72
第二节　总需求概念及其相关问题 …… 77
第三节　经典总供求模型选解 …… 81
第四节　总供求均衡与非均衡 …… 85
第五节　转轨中的总供求关系 …… 93
第四章　消费需求 …… 109
第一节　消费相关概念及其界定 …… 109
第二节　经典消费理论及模型选解 …… 112
第三节　消费与经济增长 …… 117

第四节　转轨经济中的消费行为及理论假说……………………………………………… 122
第五节　我国城乡消费增长、消费倾向和消费结构变动………………………………… 125
第五章　投资需求 ………………………………………………………………………… 140
第一节　投资定义及相关定位……………………………………………………………… 140
第二节　投资规模、投资类型与投资效率………………………………………………… 145
第三节　经典投资模型选解………………………………………………………………… 150
第四节　各国总投资的比较分析…………………………………………………………… 154
第五节　中国改革开放以来投资概况及分析……………………………………………… 158
第六章　对外贸易与国外需求 …………………………………………………………… 175
第一节　外需的基本理论与概念解析……………………………………………………… 175
第二节　外贸对经济影响的分析…………………………………………………………… 179
第三节　国际贸易经典模型选解…………………………………………………………… 185
第四节　贸易保护主义辨析………………………………………………………………… 191
第五节　中国对外贸易的快速扩张………………………………………………………… 197
第七章　经济增长中的劳动、资本和技术 ……………………………………………… 216
第一节　经济增长中的劳动供给…………………………………………………………… 216
第二节　经济增长中的资本供给…………………………………………………………… 229
第三节　经济增长中的技术供给…………………………………………………………… 239
第四节　劳动、资本与技术供给的国际比较……………………………………………… 251
第八章　失业问题 ………………………………………………………………………… 270
第一节　失业理论及重要概念……………………………………………………………… 270
第二节　经典失业模型选解………………………………………………………………… 278
第三节　失业问题的全球视角……………………………………………………………… 281
第四节　中国的就业与失业………………………………………………………………… 288
第九章　通货膨胀及其应对 ……………………………………………………………… 301
第一节　通货膨胀基本概念及其分类……………………………………………………… 301
第二节　经典通货膨胀模型选解…………………………………………………………… 306
第三节　通货膨胀成本与应对通货膨胀的政策思路……………………………………… 311
第四节　全球视角的通货膨胀……………………………………………………………… 316
第五节　改革开放以来中国的通货膨胀…………………………………………………… 324
第十章　经济周期：萧条与过热 ………………………………………………………… 339
第一节　经济周期的过去和现在…………………………………………………………… 339
第二节　经济周期的理论流派……………………………………………………………… 344
第三节　经济周期经典模型选解…………………………………………………………… 349
第四节　经济周期的统计分析……………………………………………………………… 355
第五节　世界经济周期……………………………………………………………………… 362
第十一章　汇率与国际收支 ……………………………………………………………… 374
第一节　宏观经济学中的汇率和国际收支………………………………………………… 374
第二节　经典汇率决定模型选解…………………………………………………………… 380
第三节　世界汇率制度与汇率水平………………………………………………………… 385

第四节　中国汇率水平变动与国际收支 …… 395
第十二章　财政政策及财政体制 …… 409
第一节　基本概念 …… 409
第二节　财政政策与总供求均衡 …… 414
第三节　经典财政模型选解 …… 419
第四节　各国财政状况与财政政策 …… 422
第五节　中国的财政体制与财政政策 …… 436
第十三章　货币政策与金融体制 …… 445
第一节　基本概念 …… 445
第二节　货币政策与总供求均衡 …… 451
第三节　经典货币模型选解 …… 454
第四节　各国金融状况与货币政策 …… 458
第五节　中国的金融体制与货币政策 …… 469
第十四章　宏观经济学的发展趋势 …… 483
第一节　宏观经济学新流派 …… 483
第二节　宏观经济学存在的不足 …… 486
第三节　宏观经济学未来发展的六大推测 …… 491

评《宏观经济学（中国版·第二版）》 …… 500
第二版后记 …… 503

专栏目录

第一章

专栏一　GDP 不能衡量什么 …… 6

专栏二　中国经济增长前景分析 …… 25

第二章

专栏一　中国是否将出现“刘易斯拐点” …… 46

专栏二　中等收入陷阱 …… 49

专栏三　比较各国收入差距的三个新概念 …… 53

第三章

专栏一　改革初期中国经济学界在总供求关系上的探索 …… 86

专栏二　近似均衡设想 …… 93

第四章

专栏一　消费是不是生产的目的 …… 124

专栏二　消费指标与社会零售总额指标的关系 …… 130

第五章

专栏一　固定资产投资与固定资本形成总额的区别 …… 146

专栏二　美国的投资体制 …… 156

第六章
专栏一　美国总统经济顾问谈中美贸易 …… 195
专栏二　中国可能遭遇美国贸易保护主义的产业 …… 202

第七章
专栏一　资本项目名称简表 …… 231
专栏二　TRIPS …… 242
专栏三　劳动、资本和全要素生产率对经济增长的贡献 …… 249

第八章
专栏一　国际劳工组织简介 …… 283
专栏二　中国的“隐性就业率”到底有多高 …… 293

第九章
专栏一　马克思对价格变动的分析 …… 305
专栏二　弗里德曼认为通货膨胀总是货币现象 …… 315

第十章
专栏一　略论经济增长的重大拐点——“狼点” …… 357
专栏二　保罗·克鲁格曼《萧条经济学的回归》 …… 364

第十一章
专栏一　从1998年亚洲金融危机看汇率的判定价值 …… 388
专栏二　世界银行的购买力平价体系研究与运用 …… 394

第十二章
专栏一　主权债务危机 …… 424
专栏二　农村税费改革不应受“黄宗羲定律的陷阱”束缚 …… 438

第十三章
专栏一　美国次贷危机及其影响 …… 461
专栏二　引起广泛关注的一本书——《货币战争》 …… 467

第十四章
专栏一　产业的宏观影响——信息技术产业对GDP和产业结构调整的影响 …… 486
专栏二　国际金融危机中的政府作用 …… 487
专栏三　宏观调控的制度安排——宏观经济学与法学的结合 …… 489
专栏四　美国经济学家反思宏观经济模型的预测能力 …… 490

尽管GNP并没有得到专利权，也没有在科技博物馆中展览，但它的确是20世纪最伟大的发明之一。①

——多恩布什

第一章

经济增长与国民经济核算

以前任何一本宏观经济学教材开篇都讲国民收入及其核算，但近些年来更侧重于讲国民经济核算，这是为什么？在讨论宏观经济形势时，经济学家越来越离不开国内生产总值（gross domestic product，GDP）这一概念，GDP及其增长速度成为判断经济形势的基础性指标，这是为什么？如何理解GDP？把GDP核算与GDP增长联系起来分析，这是本章也是本书的特点。

第一节 宏观经济学与经济增长

宏观经济学的研究对象是经济总量的变化。它研究经济繁荣与萧条表象下的经济增长变化、以通货膨胀或通货紧缩为特征的价格总水平变化、以失业率升降为标志的就业变化、以贸易与资本顺差或逆差为考量的国际收支变化。著名经济学家保罗·A.萨缪尔森曾说："离开了像GNP这样的经济总量指标，宏观经济学就会在杂乱无章的数据海洋中漂泊。"② 正因为如此，我们在进入宏观经济学领域时，要先理解GDP这一反映经济增长的总量指标，为我们的分析和判断提供基础。

对于经济增长和经济发展，通常有两种解释：一种认为经济增长是发达国家的经济理论和实践，而经济发展是发展中国家的经济理论和实践；另一种认为，任何一个国家都有经济增长与经济发展问题。事实上，如果我们承认经济增长是指社会财富的增长、

①② 保罗·A.萨缪尔森，威廉·D.诺德豪斯．经济学（下）（第14版）．北京：首都经济贸易大学出版社，1996：767.

生产或产出的增长，那么，不论先进国家还是落后国家，都存在经济增长问题；同样，如果我们承认经济发展指经济增长基础上的经济、社会和政治结构的变化，包括投入和产出结构、分配结构、社会福利、文教卫生等多方面的进步，那么不论先进国家还是落后国家，都存在经济发展问题。既然如此，我们就很有必要讨论一下自己国家的经济增长及其衡量问题。

一、国民收入是反映经济增长和财富的核心概念

1. 古典经济学中的国民收入

国民收入（national income，NI）概念深深植根于经济学的血液之中。早在200年前，英、法等国的古典经济学家们就对国民收入产生了浓厚的兴趣。但在那时的古典经济学中，国民收入概念并不是核心概念，只是表现为一种缺乏准确定性的、粗糙模糊的数量，产生于经济学家的感觉和简单的推论中。亚当·斯密专门论述过国民财富的性质和原因，他认为土地得到地租、资本得到利润、劳动得到工资，这三部分之和就是国民收入。用现在的观点来看，斯密的国民收入相当于现在的国民总产值。法国的布阿吉尔贝尔曾提出一个重要命题："国民收入的增长与消费的增加成正比例，而不与硬币数量的增加成正比例。"① 这是非常重要的，包含有凯恩斯需求论的萌芽。威廉·配第曾为英国国王做过政治算术，算过法国国王可动用的收入，在他眼中，地租是国民收入的主体。重农学派的创始人魁奈认为，只有农业劳动才创造国民收入，工业等部门的劳动不增加物质的量，只改变物质形式，因此，不能创造新价值，也不创造国民收入。马克思关心的是揭示剥削的秘密，他把斯密的三种收入改造为可变资本和剩余价值之和，即v+m。萨伊则认为，凡是取得收入的都是生产劳动，这对今天的国民经济核算体系影响更大。经济学家确实已感觉到了一国财富的重要性，尤其是生产和分配国民财富的重要性。以后的经济学家继承了重视国民财富的传统，对国民收入及其分配和使用做过大量研究。集大成者如马歇尔，在其《经济学原理》中对国民收入有专门的论述。他认为，与四种生产要素——劳动、资本、土地和组织相对应，国民收入分为四部分，即工资、利息、地租和利润，其数额则是以该要素的均衡价格为基础来判定。

2. 现代国民收入观

国民收入是一个国家在一定时期内新创造的物质财富，可以比较准确地反映一个国家的国力。实物形态的国民收入表现为全部消费资料和用以扩大再生产的生产资料，这是提高消费水平、扩大社会再生产的物质基础。国民收入的分配和使用，对平衡社会总需求与总供给有很大的作用，因为国民收入使用额决定了消费和积累的规模。国民收入在物质领域内进行初次分配，再通过国家财政、信贷、税收、价格等经济杠杆，在生产领域和非生产领域之间、国民经济各部门之间、各地区之间、各种经济形式之间、国家和居民以及居民和居民之间进行错综复杂的再分配。经过初次分配和再分配，最后形成生产单位和非生产单位的最终可支配收入。最终可支配收入按用途分为消费和储蓄两大部分。国民收入分配是经济学的核心问题，需求管理和流量分析都与分配关系密切相关。国民收入的构成决定了分配的结构；国民收入的规模决定了可供分配和使用的数

---

① 王亚南．资产阶级古典政治经济学选辑．北京：商务印书馆，1979：132.

量。因此，国民收入在西方经济学中一直是一个最重要的指标。只有搞清楚了什么是国民收入，才能真正理解宏观经济学理论的精髓。

把国民收入当作宏观经济学的核心概念，是与凯恩斯理论分不开的。凯恩斯理论的核心是有效需求而不是供给，需求论的核心是最终需求。凯恩斯为什么要研究国民收入呢？因为要调节总需求，必然先要确定国民收入的规模，确定储蓄比例和生产投资率。因此，同样是研究国民收入，经济学家与统计学家的角度却不同。经济学家是从解决经济问题出发，统计学家的责任则是要用数据说明问题。

可以讲，20 世纪 30 年代的资本主义经济大萧条不仅促生了经济学家对宏观经济的思考及对古典经济理论的反思，而且也促进了对国民收入指标的重视。现代宏观经济学的各流派，对国民经济核算都表现出了极大的兴趣。

在宏观经济学中，一般都将国民收入列为首要的概念。为什么？因为宏观经济学要研究新创造价值的生产、分配和使用，这主要是指国民收入。而国民收入与宏观经济学的基础概念如投资、消费、储蓄等的关系更为直接和密切。从宏观经济学的角度看，经济活动创造了产出，这个产出如果包括价值转移部分，就直接成为各经济活动主体的收入；如果扣除价值转移部分，仅仅是新创造的价值，就与 GDP 相等或接近。国民收入也可以看成是得出此收入的各部分支出，而收入与购买产生的支出又是相等的，是同一笔价值的两种核算方法。国民收入之所以分为四部分——居民、资本所有者（如企业）、政府和国外购买者四者的收入，其实是从支出角度来看的，正是消费支出、企业投资、政府购买、净出口才构成了国民支出的四个部分，也构成了国民收入的四个部分。正因为如此，我们研究国民收入，就是在研究一国可供支配的总产出和总支出，因此，国民收入概念就成为宏观经济学的核心概念。

3. 马克思主义国民收入观与西方经济学国民收入观的区别

国民收入是一个国家从它的生产活动中得到的收入。不同理论的争议来自对“生产”概念的不同理解。比如，经济学家讲课的收入和洗浴业服务生搓背服务的收入，是否具有生产性质？答案各不相同。马克思主义经济学对“生产”的理解是比较严格和狭窄的，主要强调的是物质生产。西方经济学把劳务创造的价值也作为生产性收入计入国民收入之中。一般来讲，先从国民生产总值入手，再求国民收入。国民生产总值（GNP）是一国国民所生产的没有重复计算的价值。比如我们在加总国民生产总值时，应计算服装的价值，而不计算布料的价值；计算饮食业的价值，而不计算稻谷的价值。如果计算最终需求的产品的价值，就可以避免重复计算。国民收入是从国民总产值中扣除该时期的资本品折旧，即一国在扣除维持资本不变的成本之后所能得到的收入，才是真正的收入。这好比农民的收入扣除了花费在生产中的种子和肥料费用之后才是真正的收入。可见，国民收入实际上接近于国民生产净值。

国民生产净值与国民生产总值的关系是清楚的，因而，国民生产总值与国民收入的关系也是清楚的。但国内生产总值与国民收入有什么区别呢？这首先需要明确国内生产总值与国民生产总值的区别。“国民生产总值”是由这个国家的常住居民所生产的，而不考虑他们的服务（资本或劳动）是在什么地方提供的。而“国内生产总值”则是在这个国家里提供服务（资本或劳动）的人们所生产的，而不考虑这些人的国籍和常住国。现在，我们越来越多地使用国内生产总值这个概念。

哪些项目应计入国民生产总值的折旧呢？这是有争议的。比如，警察的服务和客车运输，是创造了最终需求，还是作为维持生产活动正常进行而提供的成本支出，因而是否作为折旧来扣除？对此，学者之间的看法是不同的。在中国目前的实践中，这两项往往被认为提供了最终需求而列入国民收入中。

二、从国民收入到国内生产总值

当代国民经济核算的核心指标是GDP，而宏观经济学传统上重视的核心概念是国民收入。宏观经济学对统计学作出了让步，在国民收入概念的理论框架保持基本不变的情况下，其对国民生产总值（现在则是国内生产总值）的利用程度之高已使之代替或合并了国民收入概念。这是近半个世纪以来统计学尤其是国民经济核算的开拓性进展在宏观经济学上的反映。

20世纪30—40年代，经济学家们研究战时经济的生产能力应该有多大，这使他们开始更多地关心国民生产总值这一概念。著名经济学家西蒙·库兹涅茨（Simon Kuznets）1933年对国民收入所做的分析，阐明了已获得的收入类型（工资、薪金等），反映了对国民净收入的分配，但没有反映按最终需求类型对总产品的分配。美国商务部1934年出版的《国民收入（1929—1932）》一书，第一次提出了国民生产总值的概念，并从概念上把国民生产总值与国民收入区别开来。国民生产总值是从生产角度来分析和统计经济的，而国民收入是从分配角度来分析和统计经济的。美国的米尔顿·吉尔伯特（Milton Gilbert）和乔治·贾西（George Jaszi）在1944年就这两个概念进行了相应的计算，并强调了国民生产总值的重要性。① 吉尔伯特1941年出任美国商务部国民收入司司长，在其后的10年间，主持建立了美国国民收入和国民生产总值核算体系；1951年担任欧洲经济合作组织统计与国民核算司司长。他在国民核算体系开发方面作出了重要贡献。② 贾西曾在美国经济分析局任职35年，历任该局国民收入处处长、助理局长和局长。他帮助制定了美国国民收入和产出账户。政府部门账户是他独自作出的贡献。他认为政府采购与其他不再售出的采购一样，均应算作最终产品。③ 美国在国民经济核算方面进行的研究和统计工作，对西方宏观经济理论的发展起了有力的推动作用，也为西方各国政府制定宏观经济政策提供了诸多便利。④

统计学之所以关心国内生产总值甚过关心国民收入，源于统计学的任务是要进行全面的统计而不是部分数据的统计，任何经济单位或个人都可以进行部分数据的统计，但只有国家统计部门才有能力进行全部数据的统计。GDP与NI相比而言，前者是一个更全面的指标，后者只是前者的主体部分。统计部门对生产总值的探求，影响到宏观经济学。这可以说是实践对理论发生作用的一个典型例子。

当然，经济学关心的不是统计数据的全部或是部分，它关心的是对经济活动最有影响的质和量。比如，马克思关心剩余价值，凯恩斯关心有效需求。因此，宏观经济学在吸收国内生产总值这个概念来充实自己时，并没有放弃国民收入的概念，而是将其宽泛化，或作出若干假定。中国现有的教材，把国民生产总值作为国民收入的一种。比如，

① 新帕尔格雷夫经济学大辞典：第三卷．北京：经济科学出版社，1992：634.

② 同①567.

③ 同①1079.

④ 张培刚，厉以宁．微观宏观经济学的产生和发展．长沙：湖南人民出版社，1986：365.

在范家骧、高天虹编著的《西方经济学》中是这样分类的："一般讨论的是以下五个国民收入总量，即国民生产总值亦称国民总产品总值或国民总产值，gross national product 即 GNP；国民净产品，亦称国民生产净值或国民净产值，net national income 即 NNP；国民收入，national income 即 NI；个人收入，personal income 即 PI；个人可支配收入，personal disposable income 即 PDI。"① 这里直接把国内生产总值概念列为国民收入概念的一种。而多恩布什和费希尔的《宏观经济学》在讲到国民收入重要恒等式时，先作了若干假定，使国民收入等于 GDP。他们说："我们通过一些假定来简化我们的分析，这些假定将保证可支配收入等于 GDP。在大部分场合，我们不考虑折旧，也不考虑间接税和企业的转移支付。这些简化并不产生严重的后果，只是为了方便而设立的。"② 要特别指出的是，早在 20 年前，北京大学教授厉以宁在凯恩斯的《就业、利息和货币通论》一书的中译本前言中就指出，凯恩斯的宏观经济理论在作为政策措施具体应用时，要求有相应的国民生产总值和国民收入核算体系作为前提，然后才能确定"储蓄比例""生产投资率""积累率"等等，才能使政府决定和选择对策。这里是把两个指标并列看待的。当然，现在各种宏观经济学在将 GDP 等同于国民收入并使用若干基本恒等式时，是把 GDP 视同 NI，而不是把 NI 视同 GDP。换言之，GDP 在统计中大量存在，使经济学家们很容易找到，而 NI 的统计资料相对少一些。这样，在经济理论上往往会忽略二者的差别，但其实质仍是在讲国民收入的分配和使用。

至于国民生产总值与国内生产总值有什么区别，上面已说过，关键是对"国民"的确定。凡被认定为"国民"者，不论其所在地在何处，其生产的总产值即为国民生产总值。而在一国范围内，不论是"国民"还是"非国民"，其生产的总值则为国内生产总值。近几年，越来越多的国家在越来越多的场合使用 GDP，这反映了从 GNP 到 GDP 的演进过程。在相当长的时间里，中国没有严格区分 GNP 和 GDP。1980 年以前，这两个统计指标的量基本上是相等的，量额差别很小。当然，我们现在越来越重视 GDP 这一指标，在统计年鉴中会同时公布 GNP 和 GDP 这两个指标的当年总额。③

一国的国民经济生产水平是由这个国家在一定时期内生产的总产品和劳务体现出来的。从国民经济运行的角度来看，国民总产品和劳务相继经过生产、分配和使用三个阶段，每一阶段都有相应的核算办法，即形成了三种核算办法：生产法、分配法（或收入法）和使用法（或支出法）。在生产结束、分配和使用开始的时点上，这三种方法所核算的总量应当是相等的。在 MPS（计划经济国家的物质产品平衡表）体系中，主要运用生产法。而在 SNA（国民经济账户）体系中，则比较重视支出法。凯恩斯主义理论把总需求视为解释总产出量的关键，并且进一步用消费者、企业、政府和外国人的支出来解释总需求，因此，体现了支出法在理解总产出上的特殊作用。应当说，凯恩斯的理论是 SNA 国民收入核算体系的框架思路之一。现在中国也采用了这种分析方法，比如，我们按最终用途把国内生产总值分为总投资、总消费、净出口三部分。

---

① 范家骧，高天虹．西方经济学．北京：中国经济出版社，1992：344.

② 多恩布什，费希尔．宏观经济学．北京：中国人民大学出版社，1997：37.

③ 中国国家统计局从 2003 年开始正式用国民总收入（GNI）取代 GNP。

综上所述，GDP 能够反映一个国家和地区的经济总体规模，能够反映一个国家和地区的贫富状况及人民的生活水平等。另外，GDP 还在一定程度上决定了一个国家所能承担的国际义务和所能享受到的优惠待遇。因此，GDP 是最重要的宏观经济统计指标之一，是人们了解和把握一个国家和地区的宏观经济运行状况的有效工具，是进行宏观经济管理的重要依据，也是检验经济政策的科学性和有效性的重要手段。但任何一项统计指标都有其确定的使用范围，夸大和过分强调它的作用，必然会产生负面的影响。GDP 也不例外，它存在如下局限性：一是不能反映经济发展对资源环境所造成的负面影响；二是不能准确地反映一个国家和地区的财富变化；三是不能反映某些重要的非市场经济活动；四是不能全面反映一个国家和地区人民的福利状况。

专栏一　GDP 不能衡量什么①

1. GDP 不能衡量社会成本，也就是本来应该由企业承担却让外部承担的成本。采伐树木时，GDP 在增加；把污染物排放到空气和水中，GDP 在增加。GDP 反映增长，却不反映资源耗减和环境损失。GDP 在增加，但社会财富和福利水平反而可能下降。

2. GDP 不能衡量增长的代价和方式。中国的人均资源占有量很低，但为了 GDP 的增长，中国成为世界上单位 GDP 创造能耗最高的国家之一。经济长期处于高投入、高消耗、低效益的外延粗放型增长，任何国家都承受不了。

3. GDP 不能衡量效益、效率、质量和实际国民财富。GDP 计算的是从事生产活动所创造的增加值，至于生产效益如何，产品能否销出去，报废、积压、损失多少，真正能用于扩大再生产和提高人民生活的有效产品增长是多少，GDP 是体现不出来的。当年“大跃进”，中国一年要炼 1 070 万吨钢，结果，树都砍了，钢材却是劣质的。天灾人祸和灾后重建会让 GDP 增长；“拉链工程”会让 GDP 增长；卖假药的人让人吃坏身体，去看病也会让 GDP 增长。

4. GDP 不能衡量资源配置的效率。大搞形象工程，政绩工程，“短、平、快”工程，都可以形成 GDP 的增加，但资源配置效率很低。上一任领导批了几条公路、几个城市广场，提高了他任期内的建筑 GDP，却没有真正形成投资环境，下一任只有找钱还账。荒芜的开发区、没有人流的机场、豪华的办公楼和度假村，它们能解决就业问题吗？

5. GDP 不能衡量价值的判断，例如社会公正，例如幸福。GDP 是根据生产出来的最终产品进行统计，但这往往与幸福无关。在经济总量增长的同时，民众的健康、教育、艺术不能得到全面发展，这就使 GDP 的增长变得不那么吸引人了，这是有人想推出全面幸福指数来代替 GDP 指数的原因，这也是一些 GDP 增长并不快的欧洲小国的人民会感到很祥和舒适的原因。

6. GDP 不能衡量分配。GDP 是一个生产总量的指标，它不衡量分配，不衡量贫富的差距。GDP 不衡量就业，不衡量社会的保障，不衡量谁从 GDP 这里最终获益。

① 改编自秦朔先生 2003 年 12 月 18 日发表于《南风窗》的文章。

三、几个重要概念和关系式

1. 重要概念

国民生产总值（gross national product，GNP）：国内生产总值与来自国外的净要素收入之和，即 GNP＝GDP＋TR_f，式中，TR_f 为来自国外的净要素收入。

国民净收入（national net income，NNI）：国民总收入减固定资产折旧，即 NNI＝GNI－D，式中，D 为固定资产折旧。

国民可支配收入（national disposable income，NDI）：国民总收入加上来自国外的经常转移净收入（TR），用公式表示就是：

$$\text{NDI}=\text{GNI}+TR=\text{GDP}+TR_f+TR=C+I+X-M+TR_f+TR$$

式中，C 为最终消费额；I 为资本形成总额；X 和 M 分别为货物及服务出口和进口。众所周知，国民可支配收入等于最终消费（C）加上国民总储蓄（S），因此上式可变形为：

$$\text{NDI}=C+S=C+I+X-M+TR_f+TR$$

$$S-I=X-M+TR_f+TR=\text{CAB}$$

式中，CAB 为国际收支平衡表中的经常项目差额。由此可知，总储蓄与总投资之差正好为经常项目差额。在没有对外经济交往的封闭状态下，经常项目差额为零，此时总储蓄等于总投资，但在开放经济条件下，总储蓄与总投资就不一定相等，所产生的差额则由经常项目来弥补。

2. 两大基本核算恒等式

宏观经济学的核算恒等式体现了许多基本的规律。这些恒等式既表现了统计学家对经济活动的分类，也表现了经济学家对这些分类活动关系的认识。这些分类和认识，是经过多年深入研究并在长期实践中反复修正的结果，具有重要价值。

第一个恒等式：产出等于购买（即四大购买主体的支出或需求）。一国生产的商品和劳务（Y），最终被转化为居民消费（C）、私人投资者投资（I）、政府购买（G）和外国购买（NX）。公式为：

$$Y=C+I+G+NX$$

这个恒等式对中国制定经济政策有重要影响。消费、投资、政府支出和净出口已成为分析如何保持经济持续高速增长的四个基本方面。

第二个恒等式：产出等于收入。一国生产的商品和劳务（Y），减去政府得到的税收（T），就是一国国民得到的各种形式收入的总和，称为可支配收入（Y_d）。可支配收入又可转化为两部分：一部分是要用掉的，即消费（C）；另一部分留下，即储蓄（S）。公式为：

$$Y=T+Y_d=T+S+C$$

在具体核算中，可支配收入包括工资、利息、租金、利润等各种形态的收入。

由这两个基本的恒等式可以派生出多个新的恒等式，这些恒等式都可以反映宏观经济中最基本的变量之间的关系。

第二节 经典经济增长模型选解

经济增长是经济学也是宏观经济学研究的永恒主题。半个多世纪以来，经济增长理论出现过三次高潮。第一次是20世纪50年代，哈罗德（Harrod）、多马（Domar）提出了哈罗德-多马增长模型。第二次是20世纪60年代，以索洛（Solow）、斯旺（Swan）等为代表的经济学家肯定了技术进步在经济增长中的重要作用，提出了新古典增长模型。第三次是20世纪80年代，以罗默（Romer）、卢卡斯（Lucas）为代表的经济学家提出了内生增长理论（新增长理论）及其模型。[①] 综上所述，现代主流经济增长理论先后经历了古典增长理论、新古典增长理论和内生增长理论三个阶段。经济增长有其内在规律，不论对发达国家还是发展中国家都一样。因此，学习和比较各种增长理论及其模型非常有必要。

在各种大学本科生经济学教材中，对古典增长理论如哈罗德-多马模型都有详尽介绍，这里不再赘述。本书选择了索洛的新古典增长模型和曼昆的新增长理论及其模型进行分析和介绍。

一、新古典增长模型——索洛经济增长模型[②]

1. 人物及背景

罗伯特·默顿·索洛（Robert Merton Solow）是美国人，1947年获哈佛大学经济学学士学位，1949年获哈佛大学文科硕士学位，1951年获哈佛大学哲学博士学位。从1949年起，索洛一直在麻省理工学院任教。1961年，荣获美国经济学会的约翰·贝茨·克拉克奖。1964年，任美国计量经济学会的会长。主要著作包括：《对经济增长理论的贡献》（1956年）、《技术变化与总生产函数》（1957年）、《经济增长理论：一个说明》（1969年）等。1987年，索洛被瑞典皇家科学院授予诺贝尔经济学奖，理由是“罗伯特·索洛教授对经济增长理论和对增长过程的经验研究的贡献，对经济科学具有特殊的重要性。与他的名字联系的经济增长模型不仅引发了增长理论的专家们的兴趣，而且已变成一大部分现代宏观经济学中的一个统一的组织原理。他对增长过程的经验研究和对经济科学的发展同样具有特殊的重要性。”[③]

1956年索洛提出的假设资本产出率可变的经济增长模型，为新古典经济增长理论奠定了基础。由于在同年晚些时候，经济学家斯旺（T. W. Swan）也提出了一个类似的模型，所以后人便把他们的模型合称为索洛-斯旺模型，本书中简称为索洛模型。

---

① 谭崇台．发展经济学．太原：山西经济出版社，2001：43.

② 戴维·罗默．高级宏观经济学．北京：商务印书馆，1999：12－47.

③ 张杰等．大师经典：1969—2003年诺贝尔经济学奖获得者学术评介．济南：山东人民出版社，2004：218.

2. 关键方程或模型

$$\dot{k}=sf(k)-(n+g+\delta)k$$

式中，k 为单位有效劳动的平均资本存量；$\dot{k}$ 为单位有效劳动的平均资本变动率，它由以下两项之差组成：第一项 $sf(k)$ 是每单位有效劳动的平均实际投资，即每单位有效劳动的平均产出 $f(k)$ 乘以该产出的投资份额 s（即储蓄率）；第二项 $(n+g+\delta)k$ 为持平投资，即使得 k 保持现有水平所必需的投资量。括号中的 n 为劳动增长率，g 为技术进步增长率，δ 为折旧率。显然，要防止 k 下降，必须在保证折旧补偿的同时，使资本与劳动、技术进步形成的有效劳动保持 $(n+g)$ 的增长率。

3. 关键图示及解释

图 1-1 表明了实际投资与持平投资之间的关系。从图 1-1 中可以看出：当单位有效劳动的实际投资大于持平投资时，k 上升；而当实际投资小于持平投资时，k 下降；当两者相等时，k 保持不变。图 1-1 中的 k^* 表示实际投资与持平投资相等时的 k 值。

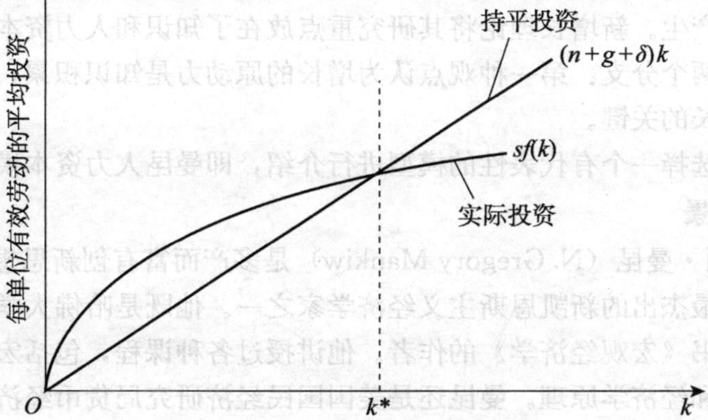

图 1-1　实际投资与持平投资

当 $k=k^*$ 时，资本、产出和有效劳动以速率 $n+g$ 增长，即 $\frac{\dot{K}}{K}=\frac{\dot{Y}}{Y}=\frac{\dot{(AL)}}{AL}=n+g$（$AL$ 为含有技术的劳动，也称有效劳动）；人均资本和人均产量以速度 g 增长，即 $\frac{\dot{(K/L)}}{K/L}=\frac{\dot{(Y/L)}}{Y/L}=g$。

4. 特征归纳

索洛模型是一个通过解析资本行为来描述经济增长的模型。资本行为是通过劳动要素和技术要素来确定的；劳动要素在很大程度上又是由技术拥有量决定的，因此，索洛指出："从长远的角度来看，技术进步才是经济增长的决定因素。"① 索洛模型还揭示出，经济系统存在着一个平衡或协调增长路径。在该路径上，人均产量的增长率等于技术进步增长率。因此可以说，索洛模型证明了在新古典主义的假定下，一般均衡理论的有效性和普遍性。

---

① 李文彬等．新经济增长理论的实证分析．山东经济，2001（2）．

5. 应用前景评价

索洛模型曾对解释20世纪80年代美国经济增长的长期趋势产生了重要影响。对于大多数主要工业化国家而言，在过去的一个世纪中，劳动、资本、产量的增长率大体上都是常数，这一事实与索洛模型的结论接近。对中国经济而言，索洛模型给我们的启示有三点：(1) 中国寻求一种稳定均衡增长的努力是具有内在规律性的，而这是被索洛模型所揭示的；(2) 在现实中，将储蓄转化为投资有助于经济的平稳增长，虽然从理论上讲储蓄率等于投资率；(3) 提高技术进步水平对中国经济增长有重要意义。

二、内生增长模型①

内生增长理论，又称新增长理论，是20世纪80年代新兴的理论。新增长理论学者们持有的共同观点是：经济增长是经济系统内生因素作用的结果，而不是外部力量推动的结果。西方学者认为，保罗·罗默（Paul M. Romer）1986年的论文《报酬递增和长期增长》和罗伯特·卢卡斯（Robert E. Lucas）1988年的论文《论经济发展机制》标志着新增长理论的产生。新增长理论将其研究重点放在了知识和人力资本对经济增长的贡献上，并产生了两个分支：第一种观点认为增长的原动力是知识积累，第二种观点则认为人力资本是增长的关键。

下面，我们选择一个有代表性的模型进行介绍，即曼昆人力资本模型。

1. 人物及背景

N. 格里高利·曼昆（N. Gregory Mankiw）是多产而富有创新思想的美国著名经济学家，是新一代最杰出的新凯恩斯主义经济学家之一。他既是哈佛大学经济学教授，也是最畅销的教科书《宏观经济学》的作者。他讲授过各种课程，包括宏观经济学、微观经济学、统计学和经济学原理。曼昆还是美国国民经济研究局货币经济学部的主任，以及波士顿联邦储备银行和国会预算办公室的顾问。

我们在这里介绍的是曼昆、罗默和韦尔（Mankiw，Romer and Weil，1992）的人力资本积累和增长的一个简单模型，这个模型是他们在1992年提出的。② 在这方面作出贡献的还有：卢卡斯（Lucas，1988）；阿札里亚蒂斯和德雷曾（Azariadis and Drazen，1990）；贝克尔、墨菲和塔穆拉（Becker，Murphy and Tamura，1990）；雷贝洛（Rebelo，1991）；克雷默和汤姆森（Kremer and Thomson，1994）；等等。

2. 关键方程或模型

实物资本的动态方程：

$$\dot{k}(t)=s_K k(t)^{\alpha} h(t)^{\beta}-(n+g)k(t) \tag{1-1}$$

人力资本的动态方程：

$$\dot{h}(t)=s_H k(t)^{\alpha} h(t)^{\beta}-(n+g)h(t) \tag{1-2}$$

① 戴维·罗默．高级宏观经济学．北京：商务印书馆，1999：166-181. 孔爱国．高级宏观经济学教程．上海：上海三联书店，2003：91-97.

② N. Gregory Mankiw, David Romer and David N. Weil (1992), "A Contribution to the Empirics of Economic Growth", *Quarterly Journal of Economics*, 107 (May), pp. 407-437.

式（1-1）中，$k(t)$ 为单位有效劳动的平均实物资本，$h(t)$ 为单位有效劳动的平均人力资本，$\dot{k}(t)$ 为单位有效劳动的平均实物资本变动率；s_K 为产量中用于实物资本积累的比例；α、β 分别为实物资本和人力资本的收入份额；n 为人口增长率；g 为技术进步增长率。式（1-1）反映了单位有效劳动的平均实物资本 $k(t)$ 的变动率 $\dot{k}(t)$，与单位有效劳动的平均人力资本 $h(t)$ 和人力资本的收入份额 β 直接相关。当然，产量中用于实物资本积累的比例 s_K、单位有效劳动的平均实物资本 $k(t)$、实物资本的收入份额 α、人口增长率 n、技术进步增长率 g 也都会影响 $k(t)$ 的变动。

式（1-2）中，$\dot{h}(t)$ 为单位有效劳动的平均人力资本变动率，s_H 为资源中用于人力资本积累的比例。式（1-2）反映了单位有效劳动的平均人力资本 $h(t)$ 的动态变化，其变动率 $\dot{h}(t)$ 与产量中用于人力资本积累的比例 s_H 和人力资本的收入份额 β 直接相关。当然，单位有效劳动的平均人力资本 $h(t)$、单位有效劳动的平均实物资本 $k(t)$、实物资本的收入份额 α、人口增长率 n、技术进步增长率 g 也都会影响 $h(t)$ 的变动。

3. 关键图示及解释

图 1-2 表明了单位有效劳动的平均实物资本 k 和单位有效劳动的平均人力资本 h 的关系。根据式（1-1）$\dot{k}(t)=s_K k(t)^{\alpha} h(t)^{\beta}-(n+g)k(t)$，当单位有效劳动的平均实物资本 k 保持不变，即其导数 $\dot{k}=0$ 时，可推导出 $s_K k(t)^{\alpha} h(t)^{\beta}=(n+g)k(t)$；据此，可得到图 1-2 中的 $\dot{k}=0$ 线。根据式（1-2）$\dot{h}(t)=s_H k(t)^{\alpha} h(t)^{\beta}-(n+g)h(t)$，当单位有效劳动的平均人力资本 h 保持不变，即其导数 $\dot{h}=0$ 时，可推导出 $s_H k(t)^{\alpha} h(t)^{\beta}=(n+g)h(t)$；据此，可得图 1-2 中的 $\dot{h}=0$ 线。$\dot{k}=0$ 线和 $\dot{h}=0$ 线的交点是 E 点。在 E 点上，$\dot{k}=0$，$\dot{h}=0$，k 和 h 保持不变，经济处于均衡状态。在 E 点的上、下、左、右共 4 个方位中，出现了 k 和 h 的不同组合关系。箭头表示 k 和 h 的运动方向：在 $\dot{k}=0$ 线的上方和 $\dot{h}=0$ 线的左方，$\dot{k}$ 为负，$\dot{h}$ 为正，因而 k 在下降，而 h 在上升，因而箭头指向下方和右方。同理可得出该图中其他部分的箭头。

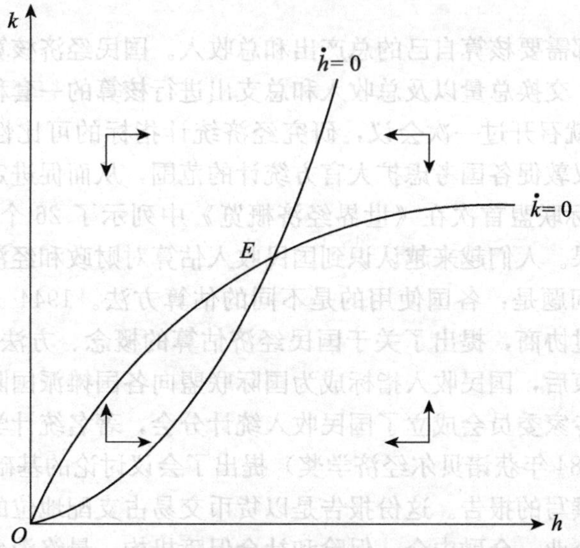

图 1-2　k 和 h 的动态变化图

4. 特征归纳

人力资本理论拓宽了资本的外延，认为资本不仅包含物质资本，还应该包含人力资本。它强调如果资本中加进了人力资本，则可能改变资本规模报酬递减的趋势，从而可以很好地解释经济的持续增长问题。人力资本模型强调了资本投入中人力资本变化对产量的影响，提高了对国家间国民收入巨大差别的解释力，即人力资本积累的不同比单纯用实物资本差异解释国家间经济增长的差别更有说服力。

当然也要指出，新增长理论对因制度差异而造成的增长差距的解释力也是有限的。

5. 应用前景评价

曼昆的人力资本模型反映出了经济增长中实物资本、人力资本及其资本收入的关系。人力资本因素在经济增长中的作用越来越大，越来越重要，需要我们更加重视和支持。

就中国经济而言，曼昆的人力资本模型给我们的启示有三点：(1) 单位有效劳动生产率的提高，既有来自实物资本增长的因素，也有来自人力资本增长的因素，二者不可偏废。(2) 人力资本作用的发挥与人力资本的收入份额直接相关。因此，如何承认并保证人力资本的合理价值，需要进一步落实。(3) 人力资本价值的提高，需要我们加大对科技和教育的支持力度。

第三节 国民经济核算

国民经济核算是以整个国民经济为研究对象，融统计、会计和业务三大核算为一体，以宏观经济理论为指导形成的一整套国民经济账户体系。国民经济核算与宏观经济学是同一时期发展起来的，二者相互促进和补充。对衡量和测度一国经济增长的情况的需要，也是促使国民经济核算体系形成的重要推动力。

一、国民经济核算体系的形成

任何一个国家都需要核算自己的总产出和总收入。国民经济核算体系是一个国家对生产、消费、投资、交换总量以及总收入和总支出进行核算的一套程序化的算法。早在1928年，国际联盟就召开过一次会议，研究经济统计指标的可比性，其中重点是国民收入指标。这次会议敦促各国考虑扩大官方统计的范围，从而促进定期国民收入估计的编制。1939年，国际联盟首次在《世界经济概览》中列示了26个国家1929—1938年国民收入的估算结果。人们越来越认识到国民收入估算对财政和经济决策的作用。但当时存在的一个明显问题是：各国使用的是不同的估算方法。1944—1945年，美国、英国、加拿大等国通过协商，提出了关于国民经济估算的概念、方法和表述形式的协议。第二次世界大战结束后，国民收入指标成为国际联盟向各国摊派国际组织费用的重要根据，国际联盟统计专家委员会成立了国民收入统计分会，著名统计学专家理查德·斯通(Richard Stone，1984年获诺贝尔经济学奖）提出了会议讨论的基础文件。1947年，该分会公布了由斯通撰写的报告。这份报告是以货币交易占支配地位的工业国为基础，在五个部门——生产企业、金融中介、保险和社会保障机构、最终消费者以及国外——的经常账户和资本账户基础上，提出了24个账户和9张国民收入统计资料表，反映收入、支出、资本形成和储蓄总量及其关系。1952 年，联合国秘书长指定专家小组在纽约开会，形成了 1953 年报告——《国民经济核算体系及其辅助表》，即著名的 SNA 的第一个版本。该报告的出版标志着西方国民经济核算体系的形成。这个报告在四个基本部门——企业、住户、私人非营利机构和政府账户——的基础上提出了由 6 个标准账户、12 张反映账户间关系和资金流动的标准表组成的国民经济核算及其辅助体系。1960 年和 1964 年对此版本进行了两次较大修改，之后，在 1968 年出版了第二版，1993 年出版了 SNA 的第三版。第三版是联合国与世界银行、国际货币基金组织、经济合作与发展组织、欧洲共同体委员会等共同编写的，它反映了国民经济核算的最新成果，具有很高的权威性。第三版将经济总体分为 5 个部门——非金融公司、金融公司、政府单位（包括社会保障基金）、为住户服务的非营利机构和住户。这五个部门又分为两大类：经济总体、国外，每一类中有 4 个主要账户（生产、收入、资本、资产负债）。[①] 2009 年，联合国与世界银行、国际货币基金组织、经济合作与发展组织、欧盟等再次共同发布了 SNA 的第四版（System of National Accounts 2008），并鼓励各国在国民经济核算中采用这一最新的国际标准。较前面三个版本，第四版在基本核算框架和基本核算原则方面没有发生根本性的变化，主要是针对若干具体内容进行了补充和修订，比如引入“知识产权产品”概念、“经济所有权”概念，将研究与开发支出计入 GDP 等，更加关注政府公共服务、金融服务、国际经济活动等在新经济环境中的应用。经济核算为评价经济发展的可能趋势和政府政策的调整提供了一个系统的框架。

联合国的国民经济核算体系，虽然并不完全是凯恩斯理论的统计学处理，但它是以凯恩斯的基本理论为基础的。第三版自称“本体系是非常灵活的，可以适应不同经济理论或模型的需要，只要它们接受本体系赖以建立的生产、消费、收入等基本概念”[②]。由此可以清楚地看到：国民经济核算体系对各种经济思想流派的适应是有条件的，这种灵活是在西方经济学基本概念基础上的灵活。因为对生产、消费、收入等概念本身而言，西方经济学与马克思主义经济学根本不同，而西方经济学各流派之间则是在基本概念相同或接近的基础上的结论差异。现代的西方经济学是在凯恩斯理论的基础上形成的。由于国民收入核算理论形成于凯恩斯理论影响广泛传播的时候，英国经济学界对凯恩斯理论的认同使统计核算的创始人英国统计学家理查德·斯通（Richard Stone）在设计核算方法时，充分利用了凯恩斯的概念，接受了凯恩斯收入决定模型的思想。库兹涅茨为凯恩斯的国民收入核算提供了一套方法，他把生产和劳务的货币收入总和作为国民收入，这就把货币与国民收入联系起来了。计算一国在一定时期（如一年）的国民生产总值（GNP）的一种方法，就是把进入最终需求的所有商品和服务全部相加。最终需求的定义通常包括：资本形成（资本品加库存的变动），私人消费（食品、服装、娱乐等），以及公共消费（例如对学校、医院、国防等的支出），再加上出口。该方法实质上是来自凯恩斯的理论。

国民经济核算通过一系列科学的核算原则和方法，把描述国民经济各个方面的基本指标有机地组织起来，使不同类型的经济统计内在一致起来，为复杂的国民经济运行勾画出了一幅简明完整的图像，大大提高了人们了解和把握经济运行的能力，成为反映国

① 联合国等．国民经济核算体系．北京：中国统计出版社，1995：615.

② 同①绪论 7.

民经济运行状况的有效工具。

二、斯通的国民经济账户体系

理查德·斯通，英国人，1913年出生于伦敦。1931—1935年，斯通就读于剑桥大学。1945年第二次世界大战结束，斯通被选为剑桥大学新成立的应用经济学系首届主任。1949—1951年，斯通是欧洲经济合作组织下设的国民账户组的负责人。1952年7月，斯通被联合国统计局召往纽约，被选为专家委员会主席，负责建立一个标准国民账户体系。斯通的主要著作有：《国民收入和支出》（与J.E.米德合著，1944年）、《国民账户》（1961年）、《人口统计计算与国民收入和产值计算的关系》（1982年）等。1984年，斯通教授因"首创精神和对国民会计体系这个题目的先驱性研究意味着对经济科学发展的重要贡献"而被授予诺贝尔经济学奖。①

国民经济账户体系将微观经济簿记与宏观经济原理和模型相结合，表示一国的国民经济结构及各部门之间的联系。根据经济活动有收有支、收支相等的对称原则，把国民经济中所有发生收支活动的部门作为记账单位，分别编制相应的账户平衡表，形成了国民经济账户体系。

在斯通看来，国民经济活动是由生产、消费、积累和国外四个领域组成。这四个领域可用四个账户来表示，这是国民经济核算体系对于账户的最基本分类，是老四分法。国民经济四大账户如下面的四张表所示。

1. 生产领域

表1-1的生产账户表是一种合并形式，反映出各产业之间中间产品的买卖已互相抵消，因此，不包括中间产品的价值。

表1-1　　国内生产账户

支出（成本）	收入
总收入支付（增值），即付给生产要素的工资、薪金、利息、利润及租金，加上折旧准备，加上付给政府的间接税（净额）	消费品销售（包括销售商品和服务） 投资品销售 出口销售
购买进口货	
合计	合计

2. 消费领域

表1-2反映的是消费流量。左边为支出栏，其第一项"购买消费品"是商品和服务支出，已在生产账户中作为一项收入来源；第二项是储蓄，它等于收入减去支出；第三项表示对世界其他地方的赠与和汇款。右边是消费账户中收入的组成部分。最大的一笔是从生产中得到的收入；固定资产折旧通常为负数，它必须从总收入中减去；还有从世界其余地方收到的要素收入，如由于国外的资产而发生的红利、利润、利息和租金。这些项目是合并后产生的，如果进行细分，会出现更多具体的账户，如公司和个人的上交赋税以及政府付给公司和个人的津贴和福利等。

---

① 张杰等．大师经典：1969—2003年诺贝尔经济学奖获得者学术评介．济南：山东人民出版社，2004：188.

表 1-2　　　　　　　　　　　　　　　　国内消费账户

支出	收入
购买消费品	来自国内生产总收入
储蓄	减固定资产折旧
净现期转移国外支出	来自国外净分配要素收入
合计	合计

3. 积累领域

表 1-3 反映的是资本流量的变化，账户内部不同交易者之间的借贷位列同级账户。

表 1-3　　　　　　　　　　　　　　　　资本交易账户

支出	收入
购买投资品（对有形资产的总投资）	储蓄（净投资的来源）
减固定资产折旧	
向国外净贷款	
合计	合计

4. 国外领域

表 1-4 反映的是一国与世界其他国家发生的交易。该账户是从国外的角度编制的，因此，把购买出口品列为支出；实际上，账户左边作为支出出现的项目，对应于三个国内账户的收入栏。

表 1-4　　　　　　　　　　　　　　　　收支平衡账户

支出	收入
购买出口品	销售进口品
净分配要素收入支付	净本期转移
	净借入
合计	合计

上面四张表包括国民经济四大账户的基本体系，涉及四个账户之间的流量，但没有反映资产和负债，即存量的情况。如果将基本体系加以延伸，把国民资产负债表也包括进来，就形成了新的四大账户：包括国民生产总值和国民可支配收支的经常账户、积累账户、对外经济账户和资产负债账户，这是在联合国 SNA 下直接形成的，称为 SNA 国民经济账户体系。

为适应更复杂的交易，一种描述国民经济运转状况的矩阵表（见表 1-5）产生了。其中每对行和列表示一个账户，收入在行中，支出在列中。

表 1-5　　　　　　　　　一国矩阵形式的四个经济账户

	1. 生产	2. 消费	3. 积累	4. 国外	合计
1. 生产					
2. 消费					
3. 积累					
4. 国外					
合计					

此表的优点是显而易见的：每个项目只在一行和一列的交点出现一次；横向数据表

示在该行左边规定账户的一笔收入；纵向数据表示在该列顶端规定账户的一笔支出。

三、SNA 与 MPS 的比较

如前所述，世界上影响最大的国民经济核算体系曾有两个：一是市场经济国家和大多数发展中国家采用的国民账户体系（SNA），二是计划经济国家的物质产品平衡表体系（MPS）。这两种核算体系都是依照一定的经济理论和经济管理职能的特点而建立的，也都是长期经济研究和实践经验的结晶。随着苏联的解体和东欧的剧变，随着中国于1993年正式放弃MPS，宣告了MPS历史使命的终结。但要指出，在过去半个多世纪社会主义各国的大量经济文献中，MPS是占主导地位的。中国20世纪80年代一批最早的宏观经济学著作，由于受当时历史条件的局限，也主要采用了MPS。[①] 为查阅历史文献方便，今天我们仍有必要对MPS与SNA进行比较，并告诉大家两者换算的方法。

物质产品平衡表体系（MPS）源自20世纪20年代中期，当时苏联为适应高度集中的计划经济管理的需要，开始编制国民经济平衡表，30年代初步形成了一个体系，50年代末基本定型。后来经互会统计委员会在总结相关国家实践经验的基础上，几经修订，于1984年正式向联合国提交一份名叫"编制国民经济统计表的基本方法原则"的文件。

SNA与MPS两个体系的指导理论不同，前者主要依据西方宏观经济理论，后者主要依据马克思劳动价值学说。两者的差别主要表现在对生产范围的规定不同。MPS认为，只有物质生产领域存在生产劳动，而SNA则把极其广泛的服务都算作生产劳动，由此产生了统计对象的很大区别。就统计对象而言，SNA比MPS多以下四方面的内容：一是营利性的服务企业，如理发馆、照相馆、客运公司、旅馆以及住房出租等，其服务价值按其工资、利润、利息和税金等市场价格计算；二是非营利性的社会事业，如医院、学校、宗教团体、慈善机构等，按成本价格即所支付的工资计算；三是直接为个人或家庭消费提供服务的个体，如保姆、家庭教师以及其他家庭自由职业者等，也按成本价格即工资报酬计算；四是维护国家统治和消费特权的政府机关，包括军队、警察、法院等，这一部分的服务价值按支付的工资计算。但是，自给自足、自我服务的价值，由于与市场活动联系较弱，不计入生产范围中。

显然，这两个体系统计的国民收入是有很大区别的。一是二者包括的生产部门范围不同。在MPS中，国民收入是指物质生产部门在一定时期内新创造的价值。1992年以前，中国按照MPS的要求，认为国民收入是计算工业、农业、建筑业、运输邮电业、商业（包括饮食业和物资供销业）五个物质生产部门的劳动者在一定时期内新创造的物质财富或价值。从实物形态看，是社会总产品中扣除用于补偿已消耗掉的生产资料以后余下来的那部分社会产品，即全部消费资料和用于扩大再生产的那一部分生产资料。在SNA中，计算国民收入不仅包括物质生产部门，还包括非物质生产部门，比如，金融业、保险业、不动产业、社会服务业、政府等。从SNA中国民收入的部门统计值中，扣除非物质生产部分，加上间接税，即相当于中国在MPS中计算出来的国民收入。二

---

① 戴园晨．社会主义宏观经济学．北京：中国财政经济出版社，1986：55－57；符钢战等．社会主义宏观经济分析．上海：学林出版社，1986：34.

是对国民收入增长的因素解释不同。MPS 按物质生产部门创造国民收入的概念，将国民收入增长因素归结为如下方面：物质生产领域活劳动消耗量的变化，劳动生产率的变化，物质消耗的节约等。而 SNA 对国民收入增长的解释要相对宽泛得多，只要能得到收入的劳动，都被视为国民收入增长的推动因素而进行统计。

将 MPS 中的国民收入换算成 SNA 中的国民收入有两种办法：分配要素法和最终产品法。按分配要素法，将 MPS 下的国民收入加上服务部门体现的价值，再加上未被 MPS 统计进去的由公共事业部门体现的价值，如国家行政管理机关、军队警察、法官律师等的劳务价值，即为 SNA 中的国民收入。按最终产品法来换算，要从四个方面计算收入并相加：一是居民购买的商品和劳务；二是政府购买的商品和劳务；三是国内总投资；四是商品与劳务净出口。这可得到国民生产总值，将这个结果减去全社会的折旧费，即为国民收入。

将 SNA 中的国民收入换算成 MPS 中的国民收入：可将 SNA 中的国民收入的分部门数据，比如若干个物质生产部门的国民收入和服务类等非物质生产部门的国民收入，扣除其非物质生产部分，加上间接税，即可得到 MPS 计算口径的国民收入。这种扣除具有很高的技术性，需要进一步的精细划分和具体分解。表 1-6 比较了 1978 年世界十大发达国家分别按 SNA 和 MPS 计算的国民收入。

表 1-6　世界十大发达国家 SNA 中的国民收入换算为 MPS 中的国民收入比较表

单位：1978 年十亿本国货币

国家	SNA 中的国民收入	按 MPS 法换算的国民收入	SNA/MPS（%）
美国	1 724	1 236	139.5
日本	172 980	127 191	136.0
联邦德国	1 143	828	138.0
法国	1 902	1 345	141.4
英国	144	97	148.5
意大利	198 173	136 201	145.5
加拿大	205	137	149.6
澳大利亚	88	66	133.3
瑞典	347	231	150.2
瑞士	141	105	134.3

资料来源：钱伯海．东西方国民收入指标对比．计划经济研究，1983（23）．表中的绝对数做了四舍五入的整数化处理，本书此后类似情形同此。

第四节　中国国民经济核算体系的形成和内容

中国国民经济核算体系经历了三个阶段。1952—1984 年，中国国民经济核算体系采用的是 MPS。1985—1992 年，是 MPS 和 SNA 两种核算体系共存的阶段，是适应计划指令为主导的一套指标体系。第三个阶段是从 1993 年到现在。这一阶段取消了 MPS，采用了 SNA 的基本核算框架、原则与方法，并结合中国实际创建了新的国民经济核算体系。

一、中国国民收入核算的简要回顾

中国国民收入统计核算起源于20世纪50年代。早在第一个五年计划后期，政府就开始制定国民收入计划。1956年孙冶方（时任国家统计局副局长）率中国统计工作代表团前往苏联考察国民经济综合平衡和国民收入统计工作。同年，国家统计局提出了一份国民收入生产及积累分配比例关系的资料。同年，周恩来总理主持制定第二个五年计划建议草案时，第一次提出：先估算国民收入增长，再研究生产建设规模和人民生活的改善程度；先确定消费和积累的比例关系，再拟定各项主要计划指标。根据这一要求，国家计委和国家统计局进行了中国第一次国民收入计划的试算工作。1956年《关于发展国民经济的第二个五年计划的建议》明确指出："1962年的国民收入，有可能比1957年增加50%左右。在第二个五年计划期间，应该正确地处理在国民收入中消费和积累之间的比例关系，积累在国民收入中所占的比重可以稍高于第一个五年已经达到的水平。""随着国民收入的增长，国营经济在国民收入中所占比重的提高，国家的财政收入将比第一个五年计划有较大的增长。"时任国务院副总理的薄一波提出了"积累率为20%，财政收入占国民收入的比重为30%，基本建设投资占财政支出的比重为40%的'二、三、四'"的著名公式。当时在国家计委综合局设立了国民收入处，最多时有十几个同志在进行国民收入的核算和计划工作。这一时期的国民收入测算是以工农业生产统计和财政资料为基础的。

1958年以后，经济工作出现了"左"的偏向，大反综合平衡论，搞高指标、高速度、高积累，国民收入计划受到冲击，国民收入处被撤销。1962年，国家计委组织了专门力量研究国民收入生产、分配和使用情况，并把消费和积累作为重点指标。这项工作在"文化大革命"中被完全终止。改革开放以来，这方面工作又得到恢复并进入了新的发展时期。在制定第六个五年计划的过程中，注意发挥国民收入计划在综合平衡中的作用，并把国民收入列为"六五"计划的重要综合指标，规定1985年消费基金占国民收入使用额的71%左右，积累率为29%左右。1982年国家计委又成立了国民收入处，并开始编制年度的国民收入计划。1983年，国务院领导在谈到综合指标问题时指出，总产值不能真正反映工作计划，过分突出工农业总产值会出问题，建议从第二年起把总产值改为国民收入指标，把它列为第一位的指标。国务院还决定，在今后的几年中，必须把合理分配国民收入、克服资金分散现象、适当提高财政收入在国民收入中的比重，作为政府工作的一项极其重要的任务。①

这一时期，经济学家的理论对提高国民收入概念及其核算在经济活动中的地位也起了很大作用。当然，他们是站在马克思主义经济理论基础上来论证国民收入概念的重要性的。他们认为，一个国家的经济发展水平、发展规模和经济实力等，要以国民收入指标来反映，在制定国民经济计划时，国民经济的发展速度和比例关系要以国民收入为主体进行综合平衡。②

1985年中国建立了国内生产总值核算指标体系，这主要是辅助MPS中的国民收入

① 全国国民收入计划工作座谈会资料专辑．计划经济研究，1983（23）．

② 杨坚白．社会主义社会国民收入的若干理论问题．北京：中国社会科学出版社，1983．

核算，用于补充国民收入指标不能反映非物质服务生产活动的不足。当时的国内生产总值只包括生产核算，不包括使用核算，且以国民收入生产核算为基础进行相应的调整和补充。1989年修订了国内生产总值的年报制度、指标解释和计算方法，增加了按支出法计算国内生产总值的试算表格式。1992年国家统计局制定了《国内生产总值、国民收入指标解释及测算方案》，把国内生产总值从附属的、对国民收入起补充作用的地位调整为主要的核心指标，国民收入降到次要的、附属的地位。1993年，国家统计局决定取消国民收入统计报表制度，正式建立了国内生产总值支出法年报制度。

二、改革开放以来国民经济核算体系的形成

1992年10月中国共产党第十四次全国代表大会确立了建立社会主义市场经济体制的改革目标。随着经济体制的变化，经济分析和管理部门逐步放弃了MPS的有关指标，转而采用SNA的有关指标研究经济情况、制定经济计划和政策。1999年，国家统计局决定对《中国国民经济核算体系（试行方案）》进行修订。经过三年多的艰苦努力，于2003年上半年完成了这项重要任务，形成了中国国民经济核算工作新的规范性文本《中国国民经济核算体系（2002）》。它总结了10年来中国国民经济核算的实践经验和理论研究成果，采纳了1993年SNA体系的基本核算原则、内容和方法，对《中国国民经济核算体系（试行方案）》进行了全面系统的修订，清理了其中的MPS核算内容，修订了机构部门和产业部门分类，调整了基本框架，补充了核算内容，修改和细化了有关表式的指标设置，基本上与新的国际标准衔接。它标志着中国国民经济核算体系在与国际标准接轨方面又迈出了重要步伐。2012年以来，根据2008年SNA体系的新变化，国家统计局开始对《中国国民经济核算体系（2002）》进行修订，以更加全面地反映中国经济社会发展中出现的新情况。

三、中国国民经济核算体系的主要内容①

中国国家统计局从1985年开始采用年度GDP生产法核算，从1989年开始采用年度GDP支出法核算，从1992年开始采用季度GDP生产法核算，从2001年起试算季度支出法GDP，迄今为止对外只公布季度生产法GDP，尚未正式公布季度支出法GDP；从1987年起开始正式编制投入产出表，此后每隔5年，即逢尾数为2或7的年份，通过投入产出专项调查编制全国投入产出表，在两个编制年份之间，即逢尾数为0或5的年份，通过推算编制投入产出延长表。从1992年开始与中国人民银行合作编制资金流量表，统计局负责编制资金流量表中的实物交易部分，中国人民银行负责编制资金流量表中的金融交易部分，此后每年编制一次。从1997年开始编制全国资产负债表和经济循环账户，此后每年编制一次。需要指出的是，国际收支平衡表的编制由国家外汇管理局承担，该表最早从1981年开始编制，此后每年编制一次。

---

① 本部分内容多编选自国家统计局国民经济核算司综合处处长施发启博士在北京师范大学经济与资源管理研究院“宏观经济前沿课”上的一次讲演稿。

中国国民经济核算体系由基本核算表、国民经济账户和附属表三部分构成。基本核算表包括国内生产总值表、投入产出表、资金流量表、国际收支表和资产负债表；国民经济账户包括经济总体账户、国内机构部门账户和国外部门账户；附属表包括自然资源实物量核算表和人口资源与人力资本实物量核算表。基本核算表和国民经济账户是本体系的中心内容，它通过不同的方式对国民经济运行过程进行全面的描述。附属表是对基本核算表和国民经济账户的补充，它对国民经济运行过程所涉及的自然资源和人口资源与人力资本进行描述。

1. 国内生产总值表

在基本核算表中，国内生产总值表包括生产法国内生产总值表、收入法国内生产总值表和支出法国内生产总值表。国内生产总值是一定时期内所有常住单位生产活动的最终成果，有三种计算方法，即生产法、收入法和支出法。生产法是从生产的角度衡量常住单位在核算期内所创造价值的方法，它是从核算期内常住单位生产的全部商品和劳务的价值中扣除同期投入的全部商品（不包括固定资产）和劳务得出来的，即总产出扣除中间投入。从整个国民经济来看，它是不同行业增加值的加总。收入法是从收入形成的角度反映生产活动最终成果的一种计算方法。收入法增加值由劳动者报酬、生产税净额、固定资本折旧和营业盈余组成。支出法是从最终使用的角度衡量核算期内生产的所有商品和劳务的最终去向的一种计算方法，国内生产总值由最终消费、资本形成总额以及商品与劳务的净出口加总得到。

理论上，国内生产总值三种方法的计算结果应该一致，但实践中由于资料来源不同，不同方法的计算结果之间会存在一定的误差。中国国内生产总值生产额采用生产法与收入法相结合的混合法计算，即根据基础资料的状况，部分行业采用生产法计算，如工业和农业，部分行业采用收入法计算，如社会服务业等。目前，中国年度核算分别计算国内生产总值生产额和使用额，以生产额为准；季度核算只计算国内生产总值生产额。

国内生产总值核算的数据来源主要有两个方面：一是专业统计资料，包括国家统计局和有关部门的统计资料，如农业统计、工业统计、建筑业统计、批发零售贸易餐饮业统计、固定资产投资统计、劳动工资统计、人口统计、城乡住户收入支出调查、价格统计、海关统计、国际收支统计等；二是国务院有关部委的行政管理资料，如财政收入和支出、企业会计决算、税务和工商资料，等等。

2. 投入产出表

在世界范围内，随着投入产出技术的不断发展，投入产出表作为一种工具已经具备了国民经济核算和投入产出分析两大功能。正是由于投入产出表具有这种重要作用，到目前为止，世界上绝大多数国家和地区都编制了本国或本地区的投入产出表，同时，结合计量经济方法进行的分析应用领域也在不断扩大。

投入产出表包括供给表（V 表）、使用表（U 表）和产品部门×产品部门表。供给表反映各产业部门生产的产品结构和各种类型产品的产业部门来源结构；使用表反映各产业部门的中间投入结构和最初投入结构，以及各种类型产品的中间使用去向和最终使用去向；产品部门×产品部门表反映产品部门的中间投入结构和最初投入结构，以及产品部门的中间使用去向和最终使用去向。

中国是在20世纪50年代末60年代初开始引进投入产出技术的，当时研究的重点是投入产出技术的应用。中国编制的第一张实物型投入产出表是1973年实物型投入产出表，该表包括61种实物产品。1982年，国家统计局和国家计委组织有关部委编制了1981年价值型投入产出表和实物型投入产出表，被统一称为MPS式投入产出表。1981年投入产出表将物质生产活动划分为26个产品部门，包括146种实物产品。1984年，国家统计局在1981年价值型投入产出表的基础上，利用现有统计、财务和业务等资料编制了1983年价值型投入产出延长表，该表包括22个物质产品部门，除农业部门外，其他部门与1981年完全一致，1981年价值型投入产出表中的农业活动被分为五个农业部门，而在1983年投入产出延长表中未对农业活动进行细分。

1987年新成立的国务院全国投入产出调查协调小组指导国家统计局，历经3年多的时间，在1991年正式出版发行了《1987年中国投入产出表》。1987年投入产出表的核算对象不仅包括物质生产活动，还首次将非物质生产活动作为核算对象，为以后编制SNA式投入产出表积累了经验。1987年投入产出表将国民经济活动划分为118个部门，其中物质生产活动部门101个，非物质生产活动部门17个。

此后，国家统计局又编制了1990年、1992年、1995年、1997年等年份的价值型投入产出表和1992年实物型投入产出表，1992年以后的投入产出表均采用国际通用的表式，即SNA式投入产出表，进一步满足了国际比较的需要。1992年价值型投入产出表包括119个部门，在1987年118个部门的基础上增加了废品废料部门。1992年实物型投入产出表包括151种物质产品。1997年投入产出表的部门分类将国民经济划分为124个部门，随着国民经济行业分类的变化，它与以往的部门分类有所差异。1990年和1995年投入产出表为延长表，按照1987年和1992年的投入产出部门Ⅱ级分类，将国民经济生产活动划分为33个部门。

投入产出表作为管理经济的重要工具和手段，对研究国民经济运行状态、制定产业和能源等方面的政策，分析中国加入世界贸易组织所带来的整体的、部门的及区域性的影响等，均发挥了作用。

3. 其他基本核算表

资金流量表包括实物交易表和金融交易表。实物交易表反映各机构部门（非金融企业、金融机构、政府、住户和国外）的收入分配、消费、储蓄和投资情况；金融交易表反映各机构部门的各种类型金融资产和负债的变动情况。

国际收支表包括国际收支平衡表和国际投资头寸表。国际收支平衡表反映常住单位和非常住单位之间发生的交易状况；国际投资头寸表反映常住单位对外金融资产和负债的存量状况，以及由交易、价格变化、汇率变化和其他调整引起的存量变化情况。

资产负债表反映机构部门及经济总体所拥有的资产和承担的负债的历史积累状况。

四、中国改革开放以来GDP及其增长

1982年中国共产党第十二次代表大会提出，从1981年算起，到20世纪末，中国工农业总产值翻两番。在1985年确定第七个五年计划奋斗目标时，改用了国民生产总值，即国民生产总值2000年比1980年翻两番。翻一番的含义是现值应当为原基础数的

2倍，即在原基础数上增长了1倍；而翻两番就是指现值为基础数的4倍。根据国家统计局的计算，以1980年国民生产总值为1个单位，则1987年国民生产总值为2.018个单位，1995年国民生产总值为4.258个单位。中国经济第一个翻番用了7年时间，按当年价格计算的国民生产总值由1980年的4 517.8亿元增至1987年的11 954.5亿元，增长了1.6倍多，按可比价格计算的国民生产总值年均增速达10.6%，这一速度比日本、亚洲"四小龙"经济腾飞时的8%～9%的速度还高。第二个翻番用了8年时间，平均每年增长9.6%。中国人均国民生产总值已于1997年翻了两番，提前3年完成了第九个五年计划规定的"2000年，在中国人口将比1980年增长3亿左右的情况下，实现人均国民生产总值比1980年翻两番"的奋斗目标。人均国民生产总值翻两番一共花了17年，平均8.5年翻一番，平均每年增长8.5%。①

国内生产总值指标在判断中国财政收入是高还是低时，也成为一个重要的比较标准。20世纪90年代初，财政收入占国民生产总值的比重在15%左右，到了1995年，这个比重下降到改革开放以来的最低水平10.7%，但自1994年财政体制改革后，又开始逐年回升，2004年攀升到16.54%，2009年达到19.95%，2015年更是上升到22.21%。

人均GDP指标用得很普遍。其中一种用法是比较居民生活水平时，先用人均GDP来判断一国是属于什么样收入水平的国家。根据世界银行的方法计算，1990年中国人均GDP为370美元，1995年为620美元，属于低收入国家。1995年，世界平均水平为4 880美元，发达国家平均为24 930美元，发展中国家平均为1 090美元，均高于中国。2003年，中国人均GDP突破1 000美元。在评价国有企业职工工资增长速度的快与慢时，也曾将国民生产总值与国民收入增长速度作为比较的尺度。这在中国经济转轨中出现过多次。

改革开放以来，中国经济发展很快，引起世界瞩目。国民经济核算对反映中国经济变化起到了相当大的作用。现在，一些外国重要机构支持中国统计制度的改革，同时，对中国国民生产总值的计算表示认可和理解。这里，我们将中国经济发展情况通过GNP和GDP反映出来，这对了解中国宏观经济很重要（见表1-7）。

表1-7　　1978—2016年中国国民生产总值、国内生产总值

年份	GNP（亿元）	GNP年增长率（%）	GDP（亿元）	GDP年增长率（%）	人均GDP（元）	人均GDP年增长率（%）
1978	3 650	—	3 679	11.7	385	11.9
1979	4 068	11.5	4 101	7.6	423	9.9
1980	4 552	11.9	4 588	7.8	468	10.6
1981	4 896	7.6	4 936	5.1	497	6.2
1982	5 340	9.1	5 373	9.0	533	7.2
1983	5 999	12.3	6 021	10.8	588	10.3

① 施发启．对中国GDP总量和人均GDP翻番进程的分析与预测．//许宪春．中国宏观经济运行轨迹（1998—2001）．北京：中国统计出版社，2002.

续前表

年份	GNP（亿元）	GNP年增长率（%）	GDP（亿元）	GDP年增长率（%）	人均GDP（元）	人均GDP年增长率（%）
1984	7 262	21.1	7 279	15.2	702	19.4
1985	9 065	24.8	9 099	13.4	866	23.4
1986	10 308	13.7	10 376	8.9	973	12.4
1987	12 094	17.3	12 175	11.7	1 123	15.4
1988	15 095	24.8	15 180	11.2	1 378	22.7
1989	17 099	13.3	17 180	4.2	1 536	11.5
1990	18 825	10.1	18 873	3.9	1 663	8.3
1991	21 940	16.5	22 006	9.3	1 912	15.0
1992	27 082	23.4	27 195	14.2	2 334	22.1
1993	35 450	30.9	35 673	13.9	3 027	29.7
1994	48 370	36.4	48 638	13.0	4 081	34.8
1995	60 147	24.3	61 340	11.0	5 091	24.7
1996	70 538	17.3	71 814	9.9	5 898	15.9
1997	78 517	11.3	79 715	9.2	6 481	9.9
1998	83 506	6.4	85 196	7.8	6 860	5.8
1999	88 990	6.6	90 564	7.7	7 229	5.4
2000	98 562	10.8	100 280	8.5	7 942	9.9
2001	108 683	10.3	110 863	8.3	8 717	9.8
2002	119 765	10.2	121 717	9.1	9 506	9.1
2003	135 719	13.3	137 422	10.0	10 666	12.2
2004	160 290	18.1	161 840	10.1	12 487	17.1
2005	184 576	15.2	187 319	11.4	14 368	15.1
2006	217 247	17.7	219 439	12.7	16 738	16.5
2007	268 631	23.7	270 232	14.2	20 505	22.5
2008	318 737	18.7	319 516	9.7	24 121	17.6
2009	345 046	8.3	349 081	9.4	26 222	8.7
2010	407 138	18.0	413 030	10.6	30 876	17.7
2011	479 576	17.8	489 301	9.5	36 403	17.9
2012	532 872	11.1	540 367	7.9	40 007	9.9
2013	583 197	9.4	595 244	7.8	43 852	9.6
2014	634 043	8.7	643 974	7.3	47 203	7.6

续前表

年份	GNP（亿元）	GNP 年增长率（%）	GDP（亿元）	GDP 年增长率（%）	人均 GDP（元）	人均 GDP 年增长率（%）
2015	686 450	8.3	689 052	6.9	50 251	6.5
2016	741 140	8.0	743 586	6.7	53 980	7.4

说明：1. GNP、GDP 总值按当年价格计算；GNP、GDP 年增长率按上年＝100 和可比价格计算。2. 1980 年以后国民总收入（原称国民生产总值）与国内生产总值的差额为国外净要素收入。3. 2004 年及以前年份第一产业不包括农林牧渔服务业，交通运输仓储和邮政业包括电信业，但不包括城市公共交通业、批发与零售业。4. 2013 年及以前年度的 GDP 数据在第三次经济普查后作了系统修订。5. 本表按照当年价格计算。

资料来源：中华人民共和国国家统计局．中国统计年鉴 2017. 北京：中国统计出版社，2017.

国家统计局要求，从 2004 年 1 月 1 日起，各地区要统一用常住人口计算人均 GDP。按户籍人口计算的人均 GDP 将退出历史舞台。同时，地区 GDP 的中文名称改为地区生产总值，如“北京市生产总值”，而不再使用“北京市国内生产总值”。

表 1－8 列出了以 1978 年＝100 表示的各年中国 GNP、GDP 和人均 GDP 指数。

表 1－8　1978—2016 年中国 GNP、GDP、人均 GDP 指数（1978 年＝100）

年份	GNP	GDP	人均 GDP
1978	100.0	100.0	100.0
1979	107.6	107.6	106.2
1980	116.0	116.0	113.1
1981	121.9	122.0	117.3
1982	133.1	132.9	126.0
1983	147.8	147.3	137.6
1984	170.5	169.6	156.4
1985	192.9	192.4	175.1
1986	209.6	209.6	187.9
1987	233.9	234.1	206.5
1988	260.3	260.4	226.0
1989	271.4	271.3	231.9
1990	282.7	281.9	237.5
1991	308.7	308.1	256.0
1992	352.1	351.9	288.8
1993	399.9	400.7	325.1
1994	452.1	453.0	363.4
1995	494.5	502.6	398.9
1996	544.5	552.5	433.9
1997	596.6	603.5	469.1
1998	640.3	650.8	501.1

续前表

年份	GNP	GDP	人均 GDP
1999	691.4	700.7	534.8
2000	751.0	760.2	575.7
2001	811.8	823.6	619.1
2002	889.7	898.8	671.2
2003	982.9	989.0	734.0
2004	1 086.2	1 089.0	803.4
2005	1 204.6	1 213.1	889.7
2006	1 364.9	1 367.4	997.3
2007	1 565.6	1 562.0	1 133.3
2008	1 723.4	1 712.8	1 236.3
2009	1 870.6	1 873.8	1 345.8
2010	2 064.2	2 073.1	1 481.8
2011	2 249.7	2 270.8	1 615.4
2012	2 443.6	2 449.2	1 733.8
2013	2 617.9	2 639.2	1 859.1
2014	2 835.4	2 831.8	1 984.7
2015	3 015.7	3 027.2	2 110.9
2016	3 216.7	3 229.7	2 240.2

说明：1.1980 年以后国民总收入（原称国民生产总值）与国内生产总值的差额为国外净要素收入。2.2004 年及以前年份第一产业不包括农林牧渔服务业，交通运输仓储和邮政业包括电信业，但不包括城市公共交通业、批发与零售业。3.2013 年及以前年度的 GDP 数据在第三次经济普查后作了系统修订。4. 本表按照不变价格计算。

资料来源：中华人民共和国国家统计局．中国统计年鉴 2017．北京：中国统计出版社，2017.

从表 1－7 和表 1－8 中可以看到：（1）中国 GNP 与 GDP 差别很小，1980 年以前两者完全相同。1980 年后，把一、二、三产业之和与国民生产总值的差额作为国外净要素收入，GNP 和 GDP 才有了一点差别，有时 GNP 高一点，有时 GDP 高一点，但差额一直不大。以 1998 年为例，这是二者差额较大的年份，GDP 仅高出 GNP 2.02%。2016 年 GDP 高于 GNP 0.33%。（2）国内生产总值增长快于人均国内生产总值增长，这与人口总数和人口结构的变化因素有关。（3）按不变价格计算，中国 2014 年的 GNP 和 GDP 与 1978 年相比，增加了 32 倍多，这是一个很大的发展，在全世界也是最高的增长率之一。

专栏二　中国经济增长前景分析①

国内外诸多专家学者和研究机构对中国经济增长率和经济规模进行了中长期的预测。其中，麦肯锡公司（2009）认为由于中国可持续的投资、生产率的提高、更高附加

① 李善同，刘云中等．2030 年的中国经济．北京：经济科学出版社，2011.

值工业部分的发展以及服务业的崛起，未来中国经济年增长率总体上要高于发达国家，相比巴西、土耳其等发展中国家也要高。2010—2020 年中国经济增长率将达 8.2%，2020—2030 年中国经济增长率将达 6.5%；基于 2005 年的汇率中间价，2020 年中国 GDP 将达到 6.359 万亿欧元，2030 年中国 GDP 将达到 11.936 万亿欧元。

李善同在《2030 年的中国经济》一书中提出，中国经济增长率模拟情景可设三种：一是以过去和当前的发展特点为基础，并考虑最有可能的重要变化，从而得到一个基准情景；二是经济发展方式转变较快的一个变化情景；三是应对国内外各种风险和挑战而设计的风险情景。表 1-9 是基准情景假设条件下的预测表。

表 1-9　　2008—2030 年的经济增长情景（基准情景,%）

年份	2010	2015	2020	2025	2030
GDP（万亿元）	35.44	51.86	72.84	100.21	133.69
人均 GDP（万元）	2.63	3.74	5.12	6.94	9.19
GDP（万亿美元）	5.10	7.46	10.48	14.42	19.24
人均 GDP（美元）	3 784	5 371	7 358	9 971	13 217
年份	2008—2010	2011—2015	2016—2020	2021—2025	2026—2030
GDP 增长率	8.7	7.9	7.0	6.6	5.9
其中：劳动力增长率	0.4	0.5	0.0	0.0	−0.3
资本增长率	12.6	9.4	8.4	7.8	6.7
TFP 增长率	0.9	2.0	2.0	1.9	2.0

说明：1. 数据来源于国务院发展研究中心开发的中国经济可计算一般均衡模型（DRC-CGE 模型）计算的结果。2. GDP 和人均 GDP 均采用 2008 年的不变价计算，汇率按照 2008 年人民币汇率 1 美元兑 6.956 元人民币计算，因四舍五入原因，结果略有差异。3. 基准情景主要假定：2007—2020 年城市化率年均提高 0.9 个百分点；2021—2030 年城市化率年均提高 0.7 个百分点；2005—2020 年全要素生产率的增长率保持在 2%左右的水平。

根据上表模拟期及假定的测算，中国经济增长速度会逐渐降低。降低的原因除资本增长率下降外，更重要的是劳动力增长速度显著慢于资本积累的速度。

第五节　按购买力平价法和汇率法计算 GDP[①]

为了使各国按本币计算的 GDP 和人均 GDP 可以相互比较，必须将各国货币折算成统一货币。汇率法和购买力平价法是计算 GDP 以及人均 GDP 的两种最常用的方法。这里简单介绍一下两种方法的区别和联系，以及各自的优缺点。

一、按两种方法计算 GDP

根据世界银行公布的发展指标数据库，按汇率法计算的世界 199 个国家和地区的国

① 本部分基础内容由施发启博士、许晓莉助理提供。

内生产总值（GDP）和人均国内生产总值的统计结果，2014 年国内生产总值位居世界前 10 位的国家分别是美国、中国、日本、德国、英国、法国、巴西、意大利、印度和俄罗斯（见表 1－10）。

如按汇率法计算，2014 年中国国内生产总值为 103 601 亿美元，居世界第 2 位，和上一年位次持平。中国国内生产总值占世界的比重仍在上升，2014 年占世界的比重为 13.30％，比 2013 年的 12.47％提高 0.83 个百分点。中国国内生产总值相当于美国的 59.48％，比 2008 年的 56.60％提高 2.88 个百分点。

表 1－10　　按汇率法计算的国内生产总值位居世界前 10 位的国家和地区

国家和地区	位次			2014		2013		2009	
	2014	2013	2009	GDP（亿美元）	占世界的比重（％）	GDP（亿美元）	占世界的比重（％）	GDP（亿美元）	占世界的比重（％）
世界总计				778 688	100.00	761 240	100.00	654 892	100.00
美国	1	1	1	174 190	22.37	167 681	22.03	149 644	22.85
中国	2	2	2	103 601	13.30	94 906	12.47	60 397	9.22
日本	3	3	3	46 015	5.91	49 196	6.46	54 954	8.39
德国	4	4	4	38 526	4.95	37 303	4.90	34 122	5.21
英国	5	6	6	29 419	3.78	26 782	3.52	24 079	3.68
法国[a]	6	5	5	28 292	3.63	28 103	3.69	26 470	4.04
巴西	7	7	7	23 461	3.01	23 921	3.14	22 094	3.37
意大利	8	8	8	21 443	2.75	21 370	2.81	21 268	3.25
印度	9	10	9	20 669	2.65	18 618	2.45	17 085	2.61
俄罗斯	10	9	11	18 606	2.39	20 790	2.73	15 249	2.33

说明：a. 包括法属圭亚那、瓜德罗普、马提尼克和留尼汪。

资料来源：中华人民共和国国家统计局．国际统计年鉴 2011、2014、2015. 北京：中国统计出版社，2011、2014、2015.

如按购买力平价法计算，2014 年国内生产总值位居世界前 10 位的国家分别是中国、美国、印度、日本、俄罗斯、德国、巴西、印度尼西亚、法国和英国（见表 1－11）。2014 年中国国内生产总值为 180 309 亿国际元，已超过美国高居世界第 1 位，占世界的比重为 16.62％，比 2013 年提高 0.76 个百分点。

表 1－11　　按购买力平价法计算的国内生产总值位居世界前 10 位的国家和地区

国家和地区	位次			2014		2013		2009	
	2014	2013	2009	GDP（亿国际元）	占世界的比重（％）	GDP（亿国际元）	占世界的比重（％）	GDP（亿国际元）	占世界的比重（％）
世界总计				1 084 640	100.00	1 018 871	100.00	725 370	100.00
中国	1	2	2	180 309	16.62	161 577	15.86	91 042	12.55
美国	2	1	1	174 190	16.06	168 000	16.49	142 563	19.65

续前表

国家和地区	位次			2014		2013		2009	
	2014	2013	2009	GDP（亿国际元）	占世界的比重（%）	GDP（亿国际元）	占世界的比重（%）	GDP（亿国际元）	占世界的比重（%）
印度	3	3	4	73 931	6.82	67 744	6.65	37 836	5.22
日本	4	4	3	46 309	4.27	46 244	4.54	41 385	5.71
俄罗斯	5	6	6	37 452	3.45	34 613	3.40	26 873	3.70
德国	6	5	5	36 898	3.40	34 935	3.43	29 844	4.11
巴西	7	7	9	32 639	3.01	30 122	2.96	20 201	2.78
印度尼西亚	8	9	16	26 761	2.47	23 884	2.34	9 670	1.33
法国[a]	9	8	8	25 720	2.37	24 369	2.39	21 721	2.99
英国	10	10	7	25 247	2.33	23 209	2.28	22 568	3.11

说明：a. 包括法属圭亚那、瓜德罗普、马提尼克和留尼汪。

资料来源：中华人民共和国国家统计局．国际统计年鉴 2011、2014、2015. 北京：中国统计出版社，2011、2014、2015.

二、按两种方法计算人均 GDP

按汇率法计算，2014 年人均 GDP 位居世界前 10 位的国家和地区分别是卢森堡、挪威、中国澳门、卡塔尔、瑞士、澳大利亚、丹麦、瑞典、新加坡和美国（见表 1－12）。中国人均国内生产总值为 7 594 美元，仍为中等收入国家水平，居世界第 75 位，比上年上升了 11 位。

按购买力平价法计算，2014 年人均 GDP 位居世界前 10 位的国家分别是新加坡、美国、荷兰、德国、加拿大、澳大利亚、英国、法国、日本和新西兰（见表 1－13）。中国人均国内生产总值为 13 217 国际元，仍为中等收入国家水平，居世界第 69 位，比上年上升了 7 位。

表 1－12　按汇率法计算的人均 GDP 位居世界前 10 位的国家和地区及中国

国家和地区	位次			人均 GDP（美元）		
	2014	2013	2009	2014	2013	2009
卢森堡	1	1	1	116 613	110 665	102 863
挪威	2	2	2	97 363	102 832	87 646
中国澳门	3	4	6	96 444	90 600	53 046
卡塔尔	4	3	4	93 397	93 714	71 510
瑞士	5	5	3	85 611	84 733	74 277
澳大利亚	6	6	8	61 887	67 473	51 801
丹麦	7	8	5	60 634	59 819	57 648

续前表

国家和地区	位次			人均 GDP（美元）		
	2014	2013	2009	2014	2013	2009
瑞典	8	7	7	58 887	60 365	52 076
新加坡	9	9	14	56 287	55 980	46 570
美国	10	10	10	54 630	52 980	48 374
中国	75	86	97	7 594	6 992	4 515

说明：因数据缺失，部分国家未参与分析。

资料来源：World Development Indicator and Global Development Finance Database，World Bank.

表 1－13　按购买力平价法计算的人均 GDP 位居世界前 10 位的国家和地区及中国

国家和地区	位次			人均 GDP（国际元）		
	2014	2013	2009	2014	2013	2009
新加坡	1	1	1	82 763	78 744	50 705
美国	2	2	2	54 629	53 143	46 436
荷兰	3	4	3	47 131	43 404	40 715
德国	4	5	7	45 616	43 332	36 449
加拿大	5	6	5	44 089	43 207	37 946
澳大利亚	6	3	4	43 902	43 550	39 231
英国	7	9	6	39 137	36 209	36 496
法国	8	7	8	38 851	36 907	33 656
日本	9	8	10	36 426	36 315	32 443
新西兰	10	11	12	35 217	34 227	28 723
中国	69	76	83	13 217	11 904	6 838

说明：因数据缺失，部分国家未参与分析。

资料来源：World Development Indicator and Global Development Finance Database，World Bank.

三、进一步分析两种计算方法

由上述分析可见，按汇率法和按购买力平价法计算出的中国的 GDP 和人均 GDP 之间有很大的差别，但对于美国等发达国家而言，两者计算出的结果相差并不大，这是为什么？这两种计算方法究竟有什么区别和联系？

1. 汇率法

汇率法是根据汇率来换算两国的货币，然后按汇率将本国 GDP 和人均 GDP 换算成按另一国货币表示的 GDP 和人均 GDP。在使用汇率法时，汇率可以直接采用官方汇率，也可以采用进口和出口汇率的平均数。汇率有名义汇率和实际汇率之分，前者是指两国名义货币之间的比值，后者是指两国在剔除价格变动影响后货币之间的比值。

在进行人均 GDP 的国际比较时，最好采用世界银行的图表法。该方法实际上是汇率法的一种改进，通过将汇率波动平均化，从而减少对国际比较结果稳定性的影响。具体地说，任何一年度的换算因子都是某一国该年度汇率及前两年汇率的加权平均值，权重为该国与美国的相对通货膨胀率，用公式表示就是：

$$e_{t-2,t}^{*}=\frac{1}{3}\left[e_{t-2}\left[\frac{\dfrac{P_t}{P_{t-2}}}{\dfrac{P_t^{MYM}}{P_{t-2}^{MYM}}}\right]+e_{t-1}\left[\frac{\dfrac{P_t}{P_{t-1}}}{\dfrac{P_t^{MYM}}{P_{t-1}^{MYM}}}\right]+e_t\right]$$

于是 t 年以美元表示的人均 GDP 的计算公式为：

$$Y_t^{MYM}=\frac{\dfrac{Y_t}{N_t}}{e_{t-2,t}^{*}}$$

上述两式中，Y_t 为第 t 年的 GDP，P_t 为第 t 年的 GDP 平减指数，e_t 为第 t 年的年均汇率（本币/美元），N_t 为第 t 年的年中人口；P_t^{MYM} 为第 t 年的美国 GDP 平减指数，$e_{t-2,t}^{*}$ 为第 t 年的换算因子（本币/美元），Y_t^{MYM} 为第 t 年按美元计算的人均 GDP。

2. 购买力平价法

购买力平价法是根据购买力平价（purchasing power parity，PPP）来换算两国货币，然后用购买力平价换算本国 GDP 和人均 GDP。所谓购买力平价就是一个国家的单位货币能购买到的商品和劳务，相当于在另一个国家按本币购买的同质商品和劳务的数量。显然，汇率只能反映一国货币在国际市场上的购买力，并不能反映它在国内市场上的购买力，而购买力平价则能同时反映一国货币在国内和国际市场上的购买力。

使用购买力平价法计算一国 GDP 和人均 GDP 的基本步骤为：第一步，要选择合适的“一揽子”产品（包括商品和劳务）。具体来说，首先根据 SNA 标准将 GDP 按支出法分为居民最终消费支出、政府最终消费支出、资本形成总额及商品和劳务的净出口四大类别，然后将每个大类再分成若干细类，在每一细类下抽选一定数量的商品品种作为样本，这些产品就是“一揽子”产品。第二步，对收集入选的“一揽子”产品的价格、数量和支出额资料，分别计算各组项目、各类乃至综合的价格比率。对于各项目价格比率，由于所代表产品类别很细，难以用支出额加权，通常直接采用简单几何平均的方法求得；对于各类乃至综合的价格比率，则以各类支出额为权数，采用加权平均的方法求得，最后综合的价格比率就是 GDP 的购买力平价比率。第三步，利用购买力平价比率换算一国的 GDP 和人均 GDP。

在利用购买力平价法进行国际经济比较时，根据参与比较的国家数量的多少，可区分为双边比较和多边比较。双边比较法是两国之间对 GDP 支出项目的比较，它还可以分为直接双边比较法和间接（桥梁国）双边比较法。直接双边比较法的具体步骤如下：第一步，计算每个细类项目的基本平价。若以 k 代表基准国，j 代表比较国，设细类共有 M 个，其中任一细类项目以 i 代表，i 类目中抽取 A 个产品项目样本，任意一个商品项目 A 的样本为 a，则这时基本平价采用简单几何平均计算，即：

$$\left(\frac{P_j}{P_k}\right)_i=\left[\prod_{a=1}^{A}\left(\frac{P_{aj}}{P_{ak}}\right)\right]^{\frac{1}{A}}$$

第二步，根据第一步计算出的基本平价，汇总计算出购买力平价（PPP）。

$$PPP_j=\left\{\left[\sum_{i=1}^{M}\left(\frac{P_j}{P_k}\right)_i W_{ik}\right]\left[\sum_{i=1}^{M}\left(\frac{P_k}{P_j}\right)_i W_{ij}\right]^{-1}\right\}^{\frac{1}{2}}$$

式中，W_{ik}为基准国总支出中各类目支出的比重；W_{ij}为比较国总支出中各类目支出的比重。

间接（桥梁国）双边比较法是指把要进行比较的两国先分别同一个第三国（桥梁国）相对比，再利用各自与桥梁国对比的结果进行比较，得出双边比较的结果。

多边比较法是指三个或三个以上国家之间的比较。多边比较法有许多种方法，这里仅介绍目前联合国国际比较项目（International Comparison Program，ICP）选用的GK（Geary-Khamis）法。这种方法的优点在于它并不需要事先的双边比较，也不需要价格比，而是设法找到一种“国际价格”（常用 π_i 表示），从而确定各国货币的购买力平价（PPP_j）。该方法的关键之处在于，按照价格与数量之间的经济关系，构造出一对线性方程组，求解出未知的国际价格和各国的购买力平价。所利用的联立方程组为：

$$\pi_i=\sum_{j=1}^{n}\frac{p_{ij}}{PPP_j}\left[\frac{q_{ij}}{\sum_{j=1}^{n}q_{ij}}\right]\quad(i=1,2,\cdots,m)$$

$$PPP_j=\frac{\sum_{i=1}^{m}p_{ij}q_{ij}}{\sum_{i=1}^{m}\pi_i q_{ij}}\quad(j=1,2,\cdots,n)$$

式中，π_i 为第 i 类产品项目的国际价格；p_{ij} 和 q_{ij} 分别为第 j 国第 i 类产品的价格和数量；PPP_j 为第 j 国的购买力平价；n 为参比国家个数；m 为支出类别数。

在实际操作中，q_{ij} 的资料很难取得，一般只能得到各细类的支出额 E_{ij} （$=p_{ij}q_{ij}$），因此，需要对上面的方法做些修正。通常是用按类购买力平价调整过的类支出额 Q_{ij} 替代 q_{ij}，即：

$$Q_{ij}=\frac{E_{ij}}{\left(\frac{p_j}{p_n}\right)_i}$$

式中，$\left(\frac{p_j}{p_n}\right)_i$ 为第 j 国第 i 类产品的购买力平价。这样，GK 法的计算公式可变形为：

$$\overline{\pi_i}=\sum_{j=1}^{n}\frac{p_{ij}}{PPP_j}\left[\frac{Q_{ij}}{\sum_{j=1}^{n}Q_{ij}}\right]\quad(i=1,2,\cdots,m)$$

$$\overline{PPP}_j=\frac{\sum_{i=1}^{m}p_{ij}Q_{ij}}{\sum_{i=1}^{m}\pi_i Q_{ij}}\quad(j=1,2,\cdots,n)$$

3. 两种方法的优缺点比较

汇率法最大的优点是计算简单、成本低和时效性强，缺点是只能代表一国货币在国际市场上的购买力，并不能代表它在国内市场上的购买力。另外，因受众多因素的影响，其稳定性较差。影响汇率的因素除了国际收支、国际金融市场、经济增长等主要因素外，还有政治形势、社会风尚、心理预期以及投机等因素。

购买力平价法的优点是能代表一国货币在国内和国际市场上的购买力，但其自身也存在一些明显的不足。主要表现在：一是该方法不可能比较所有的商品和劳务，只能选择部分代表品。二是该方法没有考虑各国商品和劳务的质量差异。三是市场价格扭曲可能对该方法的准确性产生一定的影响。世界各国的市场化程度是大不相同的，只要不是完全竞争性的市场，就会在不同程度上存在价格扭曲，特别是在转轨国家，这种价格扭曲表现得更明显。在这种情形下，使用市场价格评估产品难以真实反映其内在价值，这就使 GDP 的国际比较具有一定程度的虚假性。四是该方法计算复杂、成本较高、时效性较差。

在实际应用中，汇率法与购买力平价法的结果存在较大的差异。总的来说，发达国家的 GDP 按汇率法换算的结果大于按购买力平价法换算的结果，但两者的差距并不大，而发展中国家则与之相反，且两者的差距较大。一般来说，汇率法具有马太效应，即有低估发展中国家 GDP 而高估发达国家 GDP 的现象；购买力平价法则具有逆马太效应，即有高估发展中国家 GDP 而低估发达国家 GDP 的现象。例如，在表 1－10 至表 1－13 中，若按汇率法计算，2014 年中国的 GDP 为 103 601 亿美元，人均 GDP 为 7 594 美元，分别排在世界的第 2 位和第 75 位；若按购买力平价法计算，2014 年中国的 GDP 为 180 309 亿国际元，人均 GDP 为 13 217 国际元，GDP 总量高居世界第 1 位，人均 GDP 为世界第 69 位。

随着 ICP 研究的深入，汇率法逐渐失去了在国际经济比较中的主导地位，但这并不意味着在实际应用中购买力平价法就一定优于汇率法。实际上，在国际比较中每种方法都有自己的适用条件，目前尚不存在一种绝对最优的方法。ICP 在克服汇率法的缺陷的同时又产生了新的缺陷，这也是 ICP 经过几十年的发展仍未得到世界各国广泛接受的重要原因，购买力平价法要完全取代汇率法还需要相当长的时间。

思考题

1. 试运用国民经济核算两大恒等式分析中国经济的基本状况。
2. 综述斯通国民经济账户的基本思路。
3. 试推导索洛模型的关键方程。
4. 比较新古典增长模型与内生经济增长模型的异同。
5. 简述中国国民经济核算体系的主要内容。
6. 为什么汇率法会低估发展中国家 GDP 而高估发达国家 GDP？为什么购买力平价法会高估发展中国家 GDP 而低估发达国家 GDP？
7. 如何理解经济增长方式转变的含义及意义？
8. 为什么以及如何用幸福指数纠正 GDP 指标导向性的不足？

附录

附录一　绿色国民经济核算[①]

绿色国民经济核算，也称资源环境经济综合核算，在联合国文献中又称为综合环境经济核算。它是在现有国民经济核算的基础上融入资源和环境因素的结果，是人们对经济发展与资源环境之间的关系有了比较深入的认识之后产生的。对于任何国家来说，经济发展都非常重要，但是经济发展势必消耗资源，也会对环境产生负面影响。如果经济发展与资源、环境之间的矛盾日益尖锐，那么经济增长就会受到极大的制约，甚至无法持续下去。

现行的国民经济核算没能反映经济发展对资源环境产生的负面影响。例如，作为国民经济核算的核心指标 GDP 只反映经济发展，没有反映经济发展过程中的资源消耗成本和环境损失代价。比如，只要采伐树木，GDP 就增加，但是，过度采伐会导致森林资源的减少以及一系列生态环境问题。因此在某些情况下，GDP 所反映的只是一种虚假的繁荣。

绿色 GDP 就是扣除经济发展所引起的资源消耗成本和环境损失代价后的 GDP，它在一定程度上反映了经济与环境之间的相互作用，是反映可持续发展的重要指标之一。正像 GDP 从生产角度由各产业部门增加值组成，从使用角度由最终消费、资本形成、商品和劳务净出口组成一样，绿色 GDP 也包括相应的构成指标；GDP 与国民可支配收入、国民储蓄、国民财富等宏观经济指标之间存在密切的联系，绿色 GDP 也与相应的绿色宏观经济指标之间存在密切的联系。因此，绿色 GDP 不是一个孤立的指标。事实上，人们经常把绿色 GDP 看作是绿色国民经济核算指标的代表，当人们说绿色 GDP 核算的时候，实际上指的是与绿色 GDP 有关的一系列绿色指标的核算，这些指标从不同角度反映了经济发展及其与环境之间的相互影响。

中国国家统计局非常重视绿色国民经济核算工作，并就此开展了许多基础性研究和试点工作。在《中国国民经济核算体系（2002）》中，专门设置了附属账户，如自然资源实物量核算表，并制定了核算方案，试编了 2000 年全国土地、森林、矿产、水资源实物量核算表。与挪威统计局合作，编制了 1987 年、1995 年和 1997 年中国能源生产与使用账户，测算了二氧化碳、氮氧化物、二氧化硫、甲烷、颗粒物等 8 种大气污染物的排放量。在黑龙江省、重庆市、海南省分别进行了森林、水和工业污染损失等试点工作。与环境保护总局合作开展环境核算问题研究，发布了《中国绿色国民经济核算研究报告 2004》。但是，绿色国民经济核算是一项非常复杂的工作，其中很重要的原因就是很多资源消耗成本和环境损失代价很难估价。目前，世界上还没有一个国家建立起完善的绿色国民经济核算制度，没有一个国家就全部资源消耗成本和全部环境损失代价计算出完整的绿色 GDP。

① 许宪春．中国国民经济核算与统计问题研究．北京：北京大学出版社，2010：208－219.

附录二　人均 GDP 3 000 美元时产业结构与需求结构的国际比较[①]

世界银行的资料显示，世界人均 GDP 已经于 1973 年、1979 年和 1987 年分别达到 1 000 美元、2 000 美元和 3 000 美元水平，我国于 2001 年才实现人均 GDP 1 000 美元，到 2006 年超过 2 000 美元，到 2008 年达到 3 000 美元。人均 GDP 实现 3 000 美元，是一个国家经济进入新发展阶段的重要标志，这一阶段，国家的产业结构、消费结构等都会发生较大转变。这一时期，如果该国经济转型成功，其经济就会加速发展，典型国家如美国、新加坡、韩国等；如果该国经济转型失败，其经济就会停滞不前，如阿根廷、巴西、马来西亚等。

目前，中国也正处于人均 GDP 达到 3 000 美元的经济结构转型阶段。这里以美国经济学家霍利斯·钱纳里的"多国模型"标准和世界银行的数据为基础，将世界多个国家人均 GDP 达到 3 000 美元时产业结构和需求结构变化的共同规律与中国的实际情况加以对比。

1. 产业结构与就业结构的国际比较

美国经济学家霍利斯·钱纳里在对 101 个国家进行调查的基础上，运用投入产出分析、计量经济分析等方法，得出了他的"多国模型"。该理论认为，经济结构与经济总量之间存在一些规律性联系，一国的人均 GDP 达到一定量，其产业结构与就业结构应当处于一个合理的状态，这一合理状态对未来经济总量的增长有巨大的推动作用。表 1－14 将该模型与中国的实际情况进行了比较。

表 1－14　　不同人均 GDP 水平下的产业与劳动力结构（%）

指标	1 000 美元	2 000 美元	3 000 美元	中国人均 GDP 3 000 美元
第一产业占 GDP 比重	18.6	16.3	9.8	10.7
第二产业占 GDP 比重	31.4	33.2	38.9	47.5
第三产业占 GDP 比重	50.0	50.5	51.3	41.8
第一产业劳动力所占比重	28.6	23.7	8.3	39.6
第二产业劳动力所占比重	30.7	33.2	40.1	27.2
第三产业劳动力所占比重	40.7	43.1	51.6	33.2

资料来源：钱纳里．工业化和经济增长的比较研究．上海：上海人民出版社，1995；中华人民共和国国家统计局．中国统计年鉴 2009、2010．北京：中国统计出版社，2009、2010．

由上表可知，在产业结构方面，世界人均 GDP 达到 3 000 美元时，三次产业结构的比例分别为 9.8%、38.9%和 51.3%，而中国在 2008 年达到人均 GDP 3 000 美元时三次产业结构的实际比例为 10.7%、47.5%和 41.8%。明显地，在人均 GDP 3 000 美元水平下，中国第一产业比重高于世界平均水平 0.9 个百分点，第二产业比重高于世界平均水平 8.6 个百分点，第三产业比重低于世界平均水平 9.5 个百分点。

---

① 侯蕊、蔡宁根据以下资料编写：中华人民共和国国家统计局．国际统计年鉴 2009、2010．北京：中国统计出版社，2009、2010；国际货币基金组织数据库，http：//www.imf.org/external/data.htm；World Development Indicator and Global Development Finance Database，World Bank；钱纳里．工业化和经济增长的比较研究．上海：上海人民出版社，1995。

从劳动力结构来看，2008年中国劳动力在三次产业的比重分别为39.6%、27.2%和33.2%，与世界平均水平相比较，第一产业劳动力所占比重比人均GDP 3 000美元时的平均水平高31.3个百分点，第二产业劳动力所占比重比世界平均水平低12.9个百分点，第三产业劳动力所占比重则低出18.4个百分点。总体来看，中国劳动力结构的实际情况是第一产业占据大量人力资源，而第二产业和第三产业所需人力资源不足，这意味着从劳动力角度出发，中国依然是一个以农业为主的国家。

2. 需求结构的国际比较

美国、新加坡和韩国都是人均GDP达到3 000美元以后转型成功的国家，它们达到这一经济水平的年份分别为1962年、1978年和1987年。将这三个国家当年的需求结构与2008年中国的情况相比较，对中国未来的经济发展有一定的借鉴意义。

从表1-15可以看出，2008年中国储蓄率和投资率远远高于美国、新加坡、韩国人均GDP达到3 000美元时的平均水平，分别高出美国32和24个百分点，高出新加坡18和5个百分点，高出韩国16和14个百分点。在私人消费方面，中国则是明显偏低，分别低于美国、新加坡、韩国25%、20%和17%。政府消费同美国、新加坡、韩国情况大致相同。净出口占GDP的比重则分别高于美国、新加坡、韩国7、45和0.6个百分点。以上数据表明，在中国的需求结构中，私人消费较美国、新加坡、韩国偏低，而投资和净出口水平相对偏高。

表1-15　人均GDP 3 000美元时中国与美国、新加坡、韩国的比较（%）

指标	中国（2008年）	美国（1962年）	新加坡（1978年）	韩国（1987年）
储蓄占GDP的比重	53.5	21.3	35.9	37.4
投资占GDP的比重	44.1	19.7	39.1	30.3
私人消费占GDP的比重	34.9	59.7	54.9	51.9
政府消费占GDP的比重	13.3	17.3	11.0	10.7
净出口占GDP的比重	7.7	0.7	−37.3	7.1

说明：表中各类比重指标值由数据库中的指标绝对值计算得到。

资料来源：World Development Indicator and Global Development Finance Database，World Bank；国际货币基金组织数据库，http：//www.imf.org/external/data.htm.

中国人均GDP实现3 000美元，正好处于经济结构转型的关键时期。这一时期，既要调整好三次产业之间的比例关系，以优化产业结构，促进产业升级，又要协调好生产与消费的关系，使生产和消费趋于一致，同时还要处理好投资、消费和进出口三者之间的关系，以保证经济增长的动力。

参考文献

［1］联合国等. 国民经济核算体系. 北京：中国统计出版社，1995.

［2］凯恩斯. 就业、利息和货币通论. 北京：商务印书馆，1963.

［3］保罗·A. 萨缪尔森，威廉·D. 诺德豪斯. 经济学（第14版）. 北京：首都经济贸易大学出版社，1996.

[4] 爱德华·夏皮罗. 宏观经济分析. 北京：中国社会科学出版社，1985.
[5] 多恩布什，费希尔. 宏观经济学. 北京：中国人民大学出版社，1997.
[6] 卡尔·克里斯特. 西方宏观经济学导论. 上海：复旦大学出版社，1991.
[7] 新帕尔格雷夫经济学大辞典：第三卷. 北京：经济科学出版社，1996.
[8] 王亚南. 资产阶级古典政治经济学选辑. 北京：商务印书馆，1979.
[9] 张培刚，厉以宁. 微观宏观经济学的产生和发展. 长沙：湖南人民出版社，1986.
[10] 范家骧，高天虹. 西方经济学. 北京：中国经济出版社，1992.
[11] 戴园晨. 社会主义宏观经济学. 北京：中国财政经济出版社，1986.
[12] 国家统计局国民经济核算司. 中国年度国内生产总值计算方法. 北京：中国统计出版社，1997.
[13] 杨坚白. 社会主义社会国民收入的若干理论问题. 北京：中国社会科学出版社，1983.
[14] 王宏昌，林少宫. 诺贝尔经济学奖金获得者讲演集（增订本）(1969—1986). 北京：中国社会科学出版社，1988.
[15] 钱伯海. 国民经济核算原理. 北京：中国经济出版社，2003.
[16] 范金，朱强，王艳. 中级宏观经济学. 北京：经济管理出版社，2004.
[17] 张杰，殷玉平. 大师经典：1969—2003 年诺贝尔经济学奖获得者学术评介. 济南：山东人民出版社，2004.
[18] 邱东，蒋萍，杨仲山. 国民经济核算. 北京：经济科学出版社，2002.
[19] 李宝瑜. 国民经济统计分析. 北京：中国统计出版社，2002.
[20] 朱剑红. 国家统计制度要进一步改革. 人民日报，1998-01-08.
[21] 周炼石. 中国产业结构调整：成就、滞后性与加速政策. 上海经济研究，2003 (11).
[22] 贾晓峰. 对产业结构调整若干基本关系的定量认识. 统计研究，2001 (2).
[23] 喻桂华，张春煜. 中国的产业结构与就业问题. 新华文摘，2004 (23).
[24] 华如兴. 客观认识中国的落后——中国的三次产业结构现状及分析. 研究动态，总第 167 期.
[25] 韩凤芹. 中国在全球产业结构调整中的选择. 宏观经济管理，2005 (6).
[26] 胡迟. 从第一季度经济数据看中国经济的增长路径. 中国经济时报，2005-05-09.
[27] 李晓西. 中国经济改革 30 年——市场化进程卷. 重庆：重庆大学出版社，2008.
[28] 李晓西. 中国：新的发展观. 北京：中国经济出版社，2009.
[29] 李晓西. 国际金融危机下的中国经济发展. 北京：中国大百科全书出版社，2010.
[30] 李晓西，赵峥，李卫锋. 完善国家生态治理体系和治理能力现代化的四大关系——基于实地调研及微观数据的分析. 管理世界，2015 (5).
[31] 许宪春. 中国国民经济核算与统计问题研究. 北京：北京大学出版社，2010.

GDP是对经济中所生产的产出的一种度量。与这一产出相对应的是生产要素所有者所获得的收入，生产要素包括劳动、资本和土地。[①]

——多恩布什

第二章 国民收入分配

一国范围内的各种收入，如国家收入、企业收入、居民收入等，合称为国民收入。政府、企业和居民，以及各种要素在创造国民收入的同时，也相应形成了国民收入的分配格局。在第一章分析国民经济增长和国民收入形成的基础上，本章将进一步简析收入分配理论及其经典模型，联系各国实践特别是中国的实际，重点分析国民收入分配的现实情况和种种相关问题。

第一节 国民收入分配理论简述[②]

一、古典分配理论

古典学派多指从亚当·斯密到李嘉图这个时期的经济学家。其分配理论的最大特点，是把分配理论与价值理论紧密结合在一起，并在此基础上，解释工资和利润的形成及其关系。古典学派把年社会产品划分为社会再生产必要的部分和剩余的部分，因此，其分配理论又集中在对剩余产品的决定及其在各阶级的分配的讨论中。李嘉图认为，收入分配就是社会总产品在工资、利润、地租之间的分配。他说："土地产品——将劳动、

① 多恩布什，费希尔．宏观经济学．北京：中国人民大学出版社，1997.

② 新帕尔格雷夫经济学大辞典：第一卷．北京：经济科学出版社，1996：945－961；汪行福．分配正义与社会保障．上海：上海财经大学出版社，2003：38、46；田杨群．经济增长与收入分配互动研究．武汉：武汉大学，2004.

机器和资本联合运用所取得的一切产品——要在土地所有者、耕作所需要的资本所有者以及进行耕种工作的劳动者这三个阶级之间进行分配。”① 他以“生存工资”理论为基础，提出工资等于维持劳动力生存和延续所必需的生活资料的价值；利润是产品价值减去工资之后的余额，利润的大小取决于社会财富在资本家和工人之间的分配；利润率是由工资率决定的，利润的高低和工资的高低成反比。土地报酬存在着递减规律，地租是土地的级差收益。为什么工资是由生活费决定，而生活又是由维持生存的最低需要决定？李嘉图从其价值论来解释：“最后支配商品价格的是生产成本，而不是像人们常常说的那样是供给和需求的比例。在商品的供给未按需求的增减而增减以前，供求比例固然可以影响商品的市场价值，但这种影响只是暂时的。”② 从这个论述可以看到，李嘉图认为劳动这种特殊商品具有独立于市场的自然价格，这就是生产劳动力所需要的生活资料费用。

当代学者皮耶罗·斯拉法是运用古典学派方法研究分配的学者。在他的价格方程中，实际工资是独立于价格和利润率而存在的，利润与工资的分配的内在决定因素，远比市场供求关系的影响更有力量。

二、马克思分配理论

马克思在古典学派理论结构基础上，提出了以剩余价值为中心的收入分配理论。他将商品价值（w）划分为三个部分：不变资本的价值（c）、可变资本的价值（v）和剩余价值（m），用公式表示就是 $w=c+v+m$。马克思特别强调了收入分配的两个环节：首先是扣除，即在商品总价值中，扣除对不变资本和可变资本的补偿。不变资本是以生产资料形式存在的资本，可变资本是补偿劳动力价值的那部分资本，其转化形式为工资。这就形成了工资决定理论，这是马克思研究收入分配问题的出发点。其次是分割：扣除后的剩余价值在各种不同的资本家集团以及土地所有者之间进行分配。这就形成了剩余价值的分割理论。

马克思为未来社会设计了一种理想的分配模式，在劳动价值论的基础上提出了按劳分配的理论。马克思认为未来社会个人消费品的分配方式应当是“等量劳动领取等量产品”。马克思指出，“每一个生产者，在作了各项扣除之后，从社会方面正好领回他所给予社会的一切。他所给予社会的，就是他个人的劳动量。他以一种形式给予社会的劳动量，又以另一种形式全部领回来。”③

三、新古典分配理论④

与古典收入分配理论研究收入如何在不同社会阶级中进行分配以及分配份额变化不同，早期新古典分配理论重点研究如何根据生产要素对生产的边际贡献大小来确定收入在生产要素之间的分配。其主要代表人物有美国经济学家克拉克（H. B. Clark）和英国

---

① 大卫·李嘉图．政治经济学及赋税原理．北京：商务印书馆，1972：3.

② 同①327.

③ 马克思，恩格斯．马克思恩格斯全集：第19卷．北京：人民出版社，1963：21.

④ 向书坚．中国收入分配格局研究．北京：中国财政经济出版社，2000：23.

经济学家马歇尔（A. Marshall）。

克拉克从边际生产力角度研究收入分配，在静态研究基础上提出了工资和利息决定理论。他阐述了在没有技术、资源变化的条件下，工资等于劳动的边际生产力，利息等于资本的边际生产力，这是社会收入分配的自然规律，即新古典分配理论的基础。在他看来，工资既包括工人的劳动报酬，也包括企业家管理劳动的报酬即平均利润。利息既包括使用资本的代价，也包括被视为资本形式之一的土地的收入即地租。由于边际生产力递减规律，在资本量不变而劳动量增加时，工资会下降；而在劳动量不变而资本量增加时，利息会下降。克拉克还指出，从动态过程来看，生产方法改良或技术发明，会造成企业获得利润，利润的部分转移将使工资上升，这意味着劳动、资本以及生产过程中的报酬标准会不断向上提升。[①②]

马歇尔把新古典分配理论推向一个新的高度。他认为，国民收入分配的实质是各种生产要素对既定国民收入的分割。国民收入是一国投入生产过程的所有生产要素共同创造的纯产品总量，同时也是支付这些要素收入的唯一源泉：劳动获得工资，资本获得利息，土地获得地租，管理获得利润。马歇尔把商品价值论和均衡价格理论贯彻到分配论。他分析了生产要素的需求和供给，以及由此决定的工资、利息、利润和地租等。马歇尔认为，生产要素的需求取决于该要素的边际效用，生产要素的供给取决于其边际成本。边际效用等于边际成本决定了生产要素的价格，从而决定了要素的收入分配份额。

四、凯恩斯主义分配理论[③]

新剑桥学派批评新古典的边际生产力分配理论是单纯讲物质技术关系。新剑桥学派的卡尔多（N. Kaldor）和帕西内蒂（L. L. Pasinetti）等人，沿用凯恩斯在《就业、利息和货币通论》中提出的分析框架，形成了一套收入分配理论体系，构建了凯恩斯主义分配理论的主要基础。

卡尔多在凯恩斯的投资—储蓄分析的基础上，考察利润和工资两种收入类型，得出结论认为：在两个储蓄倾向不同，并且利润的边际储蓄倾向超过工资的边际储蓄倾向时，收入中的利润份额只取决于投资对产出的比例。在工人储蓄倾向等于零的假设下，运用卡尔多的分析可以得出新剑桥方程：$P/K=g/s_c$，即利润率（P/K）决定于经济增长率（g）和资本家不变的储蓄倾向（s_c）。帕西内蒂则在无工人储蓄倾向假设下阐释了新剑桥方程：利润率（P/K）以及利润在国民收入中所占的份额（P/Y）因经济增长率上升而上升，因资本家边际储蓄倾向 s_c 提高而下降，并不受工人储蓄倾向的影响。因此，若按新剑桥理论把国民收入分为利润收入和工资收入的假定，那么，一旦利润的份额被确定，工资在国民收入中的份额就作为一个剩余量也被确定了，而且利润率与工资比率互为消长。可以看出，在资本家储蓄倾向一定的条件下，经济增长率的提高会引起利润率的提高，即经济增长率的提高将引起国民收入分配向着有利于资本家的方向变化。

---

① 克拉克．财富的分配．北京：商务印书馆，1983.

② 晏智杰．边际革命和新古典经济学．北京：北京大学出版社，2004：233－247.

③ 丁冰．原凯恩斯主义经济学．北京：经济日报出版社，2006：243.

新剑桥学派还认为，通过改变国民收入中利润和工资两部分的比例可以实现经济的稳定增长。国民收入分配是实现充分就业、经济稳定增长的一个重要条件，从而将收入分配和经济均衡增长联系了起来。

五、现代经济学分配理论的基本概念

国民收入（NI）代表的是劳动、资本和土地等生产要素所获得的全部收入，它是从GNP中减去折旧和间接税得到的。[①] 为什么要从GNP中减去折旧呢？因为GNP中的一部分要用来抵偿建筑物、设备等资本品的损耗，这个折旧部分就不应包括在国民收入中了。为什么还要减去间接税呢？因为所谓间接税主要是指政府向生产者征收又被生产者转嫁给消费者的税，在计算国民收入时，减去它就可防止在消费者环节和政府环节两次重复计算。图2－1表示了有关国民收入相近概念的关系。

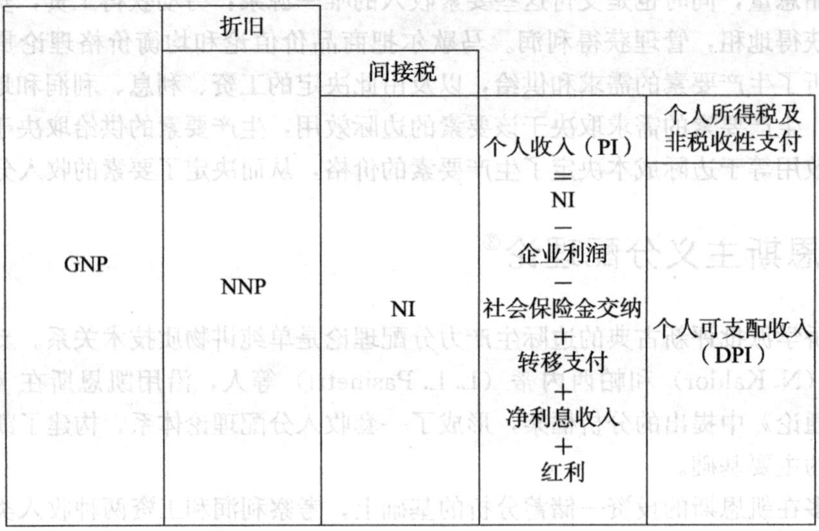

图2－1　国民生产总值与个人可支配收入

资料来源：萨缪尔森，诺德豪斯．宏观经济学（第16版）．北京：华夏出版社，1999：74－75；欧阳明，袁志刚．宏观经济学．上海：上海人民出版社，1997：44.

上图清楚地反映了国民生产总值、国民生产净值和国民收入之间的关系，即国民生产总值等于国内生产总值加上国外生产要素净支付（GNP＝GDP＋NFP）；国民生产净值等于国民生产总值减去折旧（NNP＝GNP－折旧）；国民收入等于国民生产净值减去间接税（NI＝NNP－间接税）；国民收入等于五种类型的收入之和（NI＝工资和薪金＋所有者收入＋个人的租金收入＋企业利润＋利息净额）。个人收入（PI）表示个人实际拿到手的收入，PI＝NI－企业利润－社会保险金交纳＋转移支付＋净利息收入＋红利。个人可支配收入（DPI）指减去个人所得税和其他非税收性支付后的个人收入，即

① 杰弗里·萨克斯，费利普·拉雷恩．全球视角的宏观经济学．上海：上海三联书店，上海人民出版社，1997.

DPI＝PI－个人所得税－非税收性支付。[①] 下面我们可举一例来说明（见表 2－1）。

表 2－1　　2000 年美国经济的核算报告摘编　　单位：十亿美元

国内生产总值	9 966
减：美国人获得的净外国要素收入	9
固定资本消耗	1 257
间接营业税	682
得：国民收入	8 018
其中：未分配公司利润	274
股息	397
公司所得税	286
经营者收入	711
利息	571
租金	140
雇员的报酬	5 639
减去各项后合计：	0

资料来源：坎贝尔·麦克南，斯坦利·布鲁伊．经济学——原理、问题与政策（第 15 版）．北京：中国财政经济出版社，2011：125.

国民收入的初次分配是对生产要素贡献的支付。劳动、资本、技术、土地等生产要素会获得相应的支付，土地获得地租、劳动获得工资、资本获得利润。要素报酬的高低与要素供求关系所形成的价格相一致。

表 2－1 中国民收入的若干项，也可进一步归纳为劳动收益、资本收益和经济利润。其中，企业支付给各种生产要素报酬后，留下的是企业的经济利润。需要注意的是，在有的著作中把资本收益和经济利润统称为会计利润。[②]

六、国民经济核算体系中的国民收入分配[③]

现代经济学把国民收入分配具体化为两次分配。国民收入初次分配指以追求效率为原则、通过市场机制实现的第一次分配。国民收入再分配指在初次分配的基础上由政府通过财政机制为实现公平原则进行的第二次分配。

国民收入的分配和再分配不仅是一个理论问题，更是一个实践问题，不仅是一个经济学问题，也是一个统计学问题。在国民经济核算体系中，国民收入的分配是与核算的具体账户紧密相连的。SNA 对收入分配阶段的划分和对重要分配流量的核算，为我们具体分析收入分配结构提供了非常重要的依据。

SNA 将收入分配全过程划分为三个步骤：初次分配、收入二次分配和实物收入再

① 欧阳明，袁志刚．宏观经济学．上海：上海人民出版社，2003：42－45.

② N. 格里高利·曼昆．宏观经济学（第 5 版）．北京：中国人民大学出版社，2005：51－52.

③ 主要参考 SNA（1993），p. 33。

分配。初次分配阶段包括收入形成和原始收入分配两个账户。收入二次分配和实物收入再分配这两大账户合起来，相当于我们常讲的国民收入再分配。

SNA 大量具体的账户项目反映了收入分配中不同阶段上不同要素的作用，反映了最终的分配格局。SNA 在反映国民收入分配上具有以下特点：

一是 SNA 账户中所列的经济主体与国民收入分配理论强调的主体基本一致。我们在经济中最常见的三个主体是：企业、住户、政府。SNA 中也包括这三大部门，但分得更细些，把企业分成非金融企业、金融企业和为住户服务的非营利机构。

二是 SNA 中不同阶段的账户递进反映了经济主体分配关系的变化。具体讲，收入形成和原始收入分配两个账户可反映生产领域中各经济主体创造的价值，而收入二次分配和实物收入再分配两个账户反映了分配中资金和实物的转移情况。综合比较这些账户的变化，可以看到各经济主体在分配领域中相互关系的调整。

三是 SNA 账户最终核算的分配格局就是国民收入理论所理解的国民收入分配格局。我们看到，通过 SNA 三个步骤形成的国民收入的最终分配，与国民收入分配理论所讨论和论证的两次分配，虽然步骤上有一定区别，账户也不完全相同，但结果是基本相同的，至少在理论上是相同的。当然，需要指出，中国目前实行的国民经济核算体系没有对现金经常转移和实物社会转移做进一步的划分。[①]

第二节　国民收入分配经典模型选解

一、库兹涅茨的倒 U 形模型[②]

1. 人物及背景

西蒙·史密斯·库兹涅茨（Simon Smith Kuznets），俄裔美国著名经济学家，1901 年 4 月 30 日生于乌克兰哈尔科夫城，1985 年 7 月 8 日辞世于美国马萨诸塞州，历任哈佛大学、霍普金斯大学和宾夕法尼亚大学经济学教授。1927 年进入米切尔教授（W. C. Mitchell）领导的纽约全国经济研究所工作，开始进行国民收入的研究。1946 年来中国担任国民党政府资源委员会经济顾问。1955 年，库兹涅茨发表了题为《经济增长和收入不均等》（Economic Growth and Income Inequality）的重要论文，分析了收入分配与经济增长的关系，即收入分配结构的变化趋势，提出了著名的库兹涅茨曲线。[③]他在国民收入方面的主要著作还有：《1919—1938 年的国民收入及其构成》（1941 年）、《高收入阶层在收入中所占的份额》（1953 年）、《增长、人口和收入分配》（1979 年）等。他在定量与定性相结合研究国民收入方面作出了开拓性的贡献。[④] 1971 年，库兹涅茨因在国民收入核算及分配理论、经济周期理论、现代经济增长理论等方面的贡献而荣获诺贝尔经济学奖。

---

① 李连友．论 SNA 在分析收入分配问题中的应用．中央财经大学学报，2001 (5).

② Simon Kuznets. “Economic Growth and Income Inequality”, *The American Economic Review*, March 1955, 45 (1): 1-28.

③ 现代西方经济学辞典．北京：中国社会科学出版社，1996：722.

④ 新帕尔格雷夫经济学大辞典：第三卷．北京：经济科学出版社，1996：75-77.

2. 关键方程或模型

1955 年，库兹涅茨在对美、英、德等 14 个国家 100 多年经济史的考察后，提出了著名的收入分配倒 U 形假说：当一个社会处于从前工业文明向工业文明转变的时候即经济增长前期阶段，收入分配的差距扩张最为迅速，随后是短暂的稳定，增长后期阶段差距则逐渐缩小。

库兹涅茨强调了经济增长早期阶段收入分配差距主要由两方面决定：一是积累和储蓄集中在少数高收入者手中，而积累和储蓄又是经济发展的动力和收入的基础，这就会出现穷者越穷，富者越富。根据库兹涅茨的这层意思，我们令 C_s（concentration of savings）表示储蓄集中度，储蓄集中度越高，投资回报的集中度就越高。二是城市居民间收入差距比农村居民间收入差距更大，所以城市化水平的提高必然加剧收入差距。据此，我们令 R_U（rate of urbanization）表示城市化率，则有城市化率越高，收入分配差距越大。

同时，$t \in (t_0, t_1)$ 为经济增长的早期阶段。

若以 I（inequality）表示不平等程度，I 在早期阶段随时间变化，则有方程：

$$I(t)=f_1(C_s, R_u, t), t \in (t_0, t_1)$$

库兹涅茨指出经济增长后期阶段的收入分配差距会因三方面因素而缓解：一是用以调节贫富收入差距的税收、利率。比如遗产税、财产税、个人累进所得税和政府对存款利率上升的限制等法规政策。根据库兹涅茨的这层意思，我们令 TR 表示税收（taxes）和利率（interest rate）。二是富人比穷人更倾向于控制生育，因此若干年后固定占比的高收入阶层中有收入较低的人口进入，使得这一阶层的相对收入份额降低。根据库兹涅茨的这层意思，我们令 αW（wealth of fixed top proportion of the population）表示占总人口固定比例的高收入阶层的平均富裕程度。因低收入者人数多且生育率高于高收入者，部分中等收入者将会进入固定比例的高收入阶层。三是技术进步和新兴行业的出现，导致来源于旧行业的财产和收入的比重在总收入中逐渐减少。根据库兹涅茨的这层意思，我们令 P_Y（proportion of the younger industries）表示新兴行业在行业总分类中的比重。

最后，当 $t \in (t_1, t_2)$ 时，处于经济增长的后期阶段。

由上，我们可以得到另一个方程：

$$I(t)=f_2(TR, \alpha W, P_Y, t), t \in (t_1, t_2)$$

将这两个方程合成一个库兹涅茨曲线方程，即：

$$I(t)=\begin{cases} f_1(C_s, R_u, t), t \in (t_0, t_1) \\ f_2(TR, \alpha W, P_Y, t), t \in (t_1, t_2) \end{cases}$$

这里需要指出的是，在 t_1 时收入分配差距呈现短暂的稳定。

3. 关键图示及解释

库兹涅茨倒 U 形模型可用图 2 - 2 表示，称作库兹涅茨倒 U 形曲线。在图 2 - 2 中，横轴表示工业化发展阶段的各个时点，纵轴表示收入分配不平等程度。该模型揭示了经济增长与收入差距的关系，即一国经济发展的过程中，收入分配差距在经济发展初期阶段会恶化，如图示 t_0-t_1 阶段；而当经济发展到一定水平之后，收入分配便会变得相对均衡，如图示 t_1 时期；当经济发展到后期阶段时，收入分配差距将会进一步缩小，如图示 t_1-t_2 阶段。

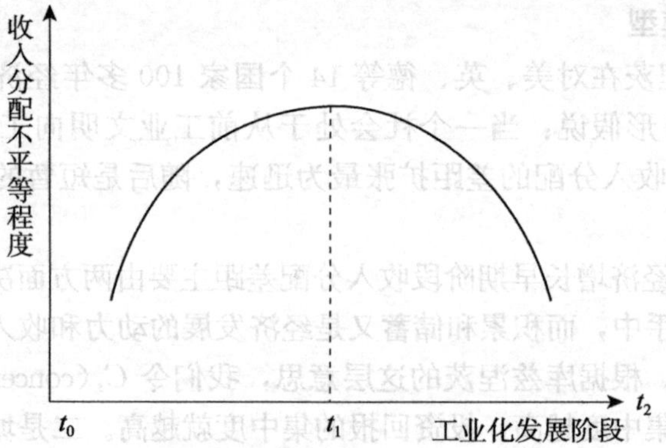

图 2-2　库兹涅茨倒 U 形曲线

4. 特征归纳

库兹涅茨倒 U 形理论有以下几个特征：(1) 这个理论是与工业化发展阶段紧密相关的。前工业文明向工业文明的过渡，强调的就是工业化过程。而工业化的成熟，会导致分配趋向公平。(2) 库兹涅茨以统计和定量分析为基本工具，以国民收入结构的统计学研究的开创性研究为基础，因此，其倒 U 形理论在某种意义上也是一个统计规律。(3) 库兹涅茨倒 U 形理论的经济思想来源受制度学派的影响。他很重视制度因素，从多国历史经验的比较研究中，寻求经济发展与收入分配的一般规律。

5. 应用前景评价

库兹涅茨倒 U 形曲线对探讨我国居民收入差距现状和发展趋势有借鉴意义。(1) 亚太地区不少国家正处于工业化中期阶段。① 国民收入分配确实也出现了差距拉大的现象。库兹涅茨倒 U 形曲线对我们认识收入差距的存在和解决有很大启发，对我们研究倒 U 形曲线拐点出现的时间以及采取何种措施均有重大现实意义。(2) 库兹涅茨方程组中涉及的五个主要因素，对解决或缓解收入差距问题是重要的，有借鉴意义，值得我们重视。(3) 库兹涅茨倒 U 形曲线理论阐述了政府在解决收入差距中的作用，这一点非常值得关注，也有重要的借鉴意义。(4) 当然，世界上也有相当多的经济学家认为“倒 U 形假说”并不是一条铁的定律，经济增长与收入分配的关系可以有多种组合。因此，在应用此假说时，要注意其局限性。

二、刘易斯的二元结构模型

1. 人物及背景

威廉·阿瑟·刘易斯（William Arthur Lewis，1915—1991），美国人，1937 年在伦敦经济学院获经济学学士学位，1940 年获伦敦大学经济学博士学位。刘易斯对经济学最大的贡献之一是二元经济结构理论。1954 年，他发表了题为《劳动无限供给条件下的经济发展》（Economic Development with Unlimited Supplies of Labour）的论文，提出了二元结构模型，解释了发展中国家经济发展过程中收入分配变化的规律。1955

① 李晓西等．新世纪中国经济报告．北京：人民出版社，2006：4.

年他出版了《经济增长理论》一书，对经济发展的相关问题进行了广泛而深入的分析。刘易斯不仅长期担任普林斯顿大学教授，还兼任许多国际组织和发展中国家政府部门的经济顾问。由于刘易斯“在经济发展研究中的先驱工作，特别是他重视发展中国家的问题”，1979 年被授予诺贝尔经济学奖。

2. 关键方程或模型

刘易斯揭示出，以工业为主的现代部门和以农业为主的传统部门，构成了欠发达经济的二元经济模型或称为两部门模型。经济的发展过程是现代部门相对传统部门的扩展过程，在此过程中，现代部门的资本积累增加有助于吸收农业部门的剩余劳动，直到农业部门的剩余劳动完全转移为止。在此之前，传统部门对现代部门的劳动供给是无限的，因此，劳动工资也被限定在一个稳定的低水平上。

根据刘易斯的这个重要结论，可知其模型的核心是：现代部门的农民工工资从长期稳定不变逐步趋向于由劳动力市场供求决定。如果我们用 W_L 表示劳动力无限供给情况下的工业部门的工资水平，用 W_e 表示不存在农村剩余劳动力时的工业部门的工资水平，W_L 将会在劳动力无限供给结束的时点条件下成为 W_e 的始点 W_{e0}。L_s 表示农村剩余劳动力（surplus rural labour）为零时的工业部门劳动力数量，则会有：

$$W_L=f(W_A,C_T) \qquad 当\ L<L_s\ 时 \qquad (2-1)$$

$$W_{e0}=W_L \qquad 当\ L=L_s\ 时 \qquad (2-2)$$

$$W_e=f(K,A,L) \qquad 当\ L>L_s\ 时 \qquad (2-3)$$

式（2-1）表明存在农村剩余劳动力时，工业部门的工资水平 W_L 不是由其边际生产力和劳动市场的供求关系决定，而是由传统农业部门农民的收入来决定，但通常工业部门的工资水平略高于农民的收入。其中，W_A 表示传统农业部门农民的平均收入；C_T 表示影响农转工的城市生活费用等。

式（2-2）表示在农村剩余劳动力转移结束时，工业部门的工资水平 W_e 就为其始点 W_{e0}，并等于劳动力无限供给时的工资水平 W_L。

式（2-3）表明，在达到刘易斯拐点后，工业部门的工资水平就开始上升。其中，K、A、L 表示影响工业部门工资 W_e 的因素。K 表示工业部门的资本存量，A 表示技术水平，这两个变量源自劳动力需求角度。L 表示适龄劳动人口的数量，可视为劳动力供给角度的变量。

3. 关键图示及解释

在图 2-3 中，横轴表示现代工业部门的劳动力数量，纵轴表示现代工业部门的劳动力工资。S 和 D 分别为劳动力供给和需求曲线。供求两条曲线的交点为劳动力无限供给结束时的一个均衡点（也可称为刘易斯拐点）。

图中水平线代表剩余劳动力无限供给曲线，其截距为 W_L，表示在劳动力完全供给条件下，工业部门的工资水平低且稳定在 W_L 水平上。由于资本积累与再投资，劳动力需求曲线 D 右移，直至农村剩余劳动力转移完毕，即达到图中的刘易斯拐点。

S 曲线在刘易斯拐点后向右上方倾斜。这是因为在没有剩余劳动力的情况下，现代部门要获得更多的农业劳动力就必须提高工资水平。刘易斯拐点后的 S 曲线反映出工资水平提高的一种趋势，其与 D 曲线一起，即市场供求关系，将决定劳动力数量和工资水平。

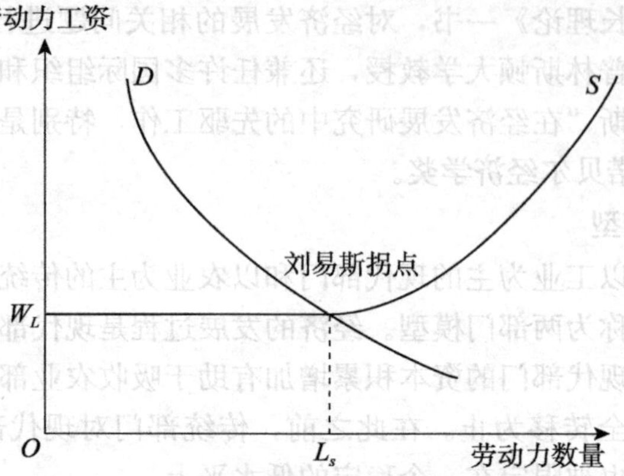

图 2-3　刘易斯二元经济结构模型示意图

4. 特征归纳

刘易斯的二元结构模型有以下几个特征：(1) 二元结构模型揭示的是二元经济一体化的过程，因此，从二元结构和一体化两方面全面理解刘易斯的理论是必要的。(2) 二元结构模型是包含劳动与资本分配关系在内的一个理论框架。农民工工资由低到均衡的过程，实际上也是劳动和资本两类生产要素收入分配关系调整的过程。(3) 二元结构模型的前提条件本身也是模型的一个关键内容。农村剩余劳动力无限供给是二元经济结构成立的基本条件，而农村剩余劳动力无限供给的结束，则是经济一体化的起点。(4) 刘易斯的二元经济结构理论与库兹涅茨倒 U 形模型有很大的相似性，都揭示了收入分配与经济增长的内在联系，都存在收入分配的拐点，都有着经济发展阶段提升的发展前景。当然，两个模型的着力点有一定区别。

5. 应用前景评价

刘易斯的二元经济模型有相当广泛的应用前景。(1) 对于从传统农业国走向现代工业国的发展中国家，从农村劳动力转移的角度分析经济发展和收入变动的问题，根据刘易斯二元经济的理论认识经济发展的趋势，把握刘易斯拐点出现的时机，制定相应的应对措施和政策，对经济健康发展和平稳转型有重要意义。(2) 中国经济从 1978 年至今，保持了持续的高增长；城市化水平从 1990 年到现在，每年以 1%的速度在提高。中国出口产品的国际竞争力在很大程度上受益于农民工的低工资。中国正处于到达"刘易斯拐点"的前夕。如何保持持续增长，可以从刘易斯理论中得到很多启发。比如，如何在为农村剩余劳动力和城市失业人员提高收入的同时，保持产品竞争力和产业发展后劲等。(3) 当然，由于在刘易斯的二元经济模型中，国民收入分配主要讲的是工人与资本所有者之间的分配，并不能全面反映收入结构，因此，在促进国民收入分配合理化方面，各国要从自己的国情出发，不能生搬硬套。

专栏一　中国是否将出现"刘易斯拐点"[1]

中国社科院发布报告认为，"中国农村剩余劳动力远没有想象的那么多，中国正在

[1] 原文作者为潘璠，载于《光明日报》，2007-06-26，这里有压缩。

由劳动力过剩向劳动力短缺的时代转变，这个转变的拐点将在'十一五'期间出现，确切的时间可能是在2009年，这个转变会带来城乡劳动者工资的上涨”。此后，一些媒体相继刊发署名评论文章，提出了如下一些观点：该报告所称的“转变的拐点”，就是诺贝尔经济学奖得主刘易斯著名人口流动模型中的“刘易斯拐点”，即：在工业化过程中，随着农村剩余劳动力向非农产业的逐步转移，农村剩余劳动力逐渐减少，最后再也没有剩余劳动力了；“因为刘易斯拐点的到来不可避免，中国经济发展也面临着一场重生”；必须考虑与“人口红利”相伴随的“人口诅咒”①。

“人口红利不可无限期延续”和提高农民工待遇无疑是正确的，但“刘易斯拐点的到来时间不会很久”的判断则需商榷。

首先，包括拐点在内的刘易斯模型是有一定局限性的。所谓的拐点，是指刘易斯二元经济结构模型中标志着工业化过程中，随着农村剩余劳动力向非农产业的逐步转移而逐渐减少，最后再也没有剩余劳动力了的那个点。事实上，无论在发达国家还是发展中国家，农业劳动力向工业领域的转移，都是既取决于工业化的发展，也与农业现代化程度紧密相关。刘易斯拐点仅是一个理论假说。发展中国家农村劳动力由农村向城市流动的步伐一天也没有停止过。

其次，中国的工业化进程仍任重道远。中国第一产业的劳动生产率仍很低，第一产业从业人员及乡村人口的绝对量和比重都相当高。同时，中国现有城市的数量规模、第二产业和第三产业的发展以及城市建设的进程，不可能在短时间吸纳全部农村劳动力。所以，在看得见的未来，我们面临的主要矛盾仍是劳动力的相对过剩。

最后，所谓“剩余劳动力无限供应”和“由过剩向短缺转变”的提法都不尽准确。在农村劳动力对第二产业和第三产业似乎呈现供大于求的局面时，农民工市场也不是完全的买方市场，缺人和“跳槽”的情况经常出现。近年来屡次出现的“民工荒”其实只是一种假象：一是源于信息不对称，有打工意向的农民并不了解劳动力市场的供需状况和各行业的技能要求、待遇情况；二是源于农村劳动力的报酬标准、福利待遇被压得过低，与农民工付出的劳动不成比例。

当前在各大城市，城镇登记失业率和调查失业率的变化趋势也不是下降而是上升的。解决问题的途径只能是让市场对人力资源的配置更加有效地发挥基础性作用。只要是社会需要的工作，市场就会在供需之间、付出与回报之间创造一个平衡点。

第三节　国民收入分配国际比较

一、各国人均收入情况

如果我们想要了解全世界各国的国民收入水平，那么世界银行提供的数据是全面和

① 人口红利是指社会出生率从高向低转变过程中，少儿比例降低，劳动人口比例上升，老龄化还未达到较高水平时，劳动力资源相对丰富，社会抚养负担较轻，可为促进经济增长贡献人口“红利”。人口诅咒是指如果过分依赖廉价劳动力优势，久而久之便会失去创新的能力，在人口红利枯竭时处于不可持续发展的境地。

权威的，尽管世界银行对各国国民收入的分类是为了确定其贷款资格所用的，但其提供的国民收入水平一览表对我们认识世界范围的收入格局是有帮助的。下面我们根据世界银行数据，整理出世界 6 大区 30 个国家和地区人均国民收入的情况，见表 2－2。

表 2－2　　2014 年世界 30 个典型国家和地区人均国民收入情况表　　单位：美元

国家和地区	人均国民收入	排名	国家和地区	人均国民收入	排名
			韩国	27 090	37
世界	10 792^{w}		**中等收入经济体**	5 054	
东亚和太平洋	6 122		土耳其	10 850	74
欧洲和中亚	6 864		马来西亚	10 660	75
拉丁美洲和加勒比	9 051		墨西哥	9 980	76
中东和北非	8 597		黎巴嫩	9 880	77
南亚	1 527		马尔代夫	7 290	92
撒哈拉以南非洲	1 731		南非	6 800	97
高收入经济体	42 705		秘鲁	6 410	99
美国	55 200	14	罗马尼亚	9 370	80
瑞典	61 600	10	巴西	11 760	70
日本	42 000	27	保加利亚	7 420	89
英国	42 690	26	哈萨克斯坦	11 670	71
德国	47 640	20	中国	7 380	90
法国	43 080	25	乌克兰	3 560	127
澳大利亚	64 680	9	阿塞拜疆	7 590	88
加拿大	51 690	16	苏丹	1 740	153
意大利	34 280	34	**低收入经济体**	629	
中国香港	40 320	30	柬埔寨	1 010	171
新加坡	55 150	15	乌干达	660	183
葡萄牙	21 320	44	莫桑比克	630	185

说明：w 表示加权平均值，下同。

资料来源：The World Bank，“World Development Indicators 2015”，2015.

从上表中可以推算出，高收入经济体、中等收入经济体、低收入经济体的人均国民收入比例是 68∶8∶1，高收入经济体和低收入经济体的人均国民收入差距是相当大的。

为更全面地把握世界各国和地区的人均国民收入大致情况，根据世界银行数据，我们整理出 198 个国家和地区（即图中的“经济体”）的分类水平比较图，详见图 2－4。

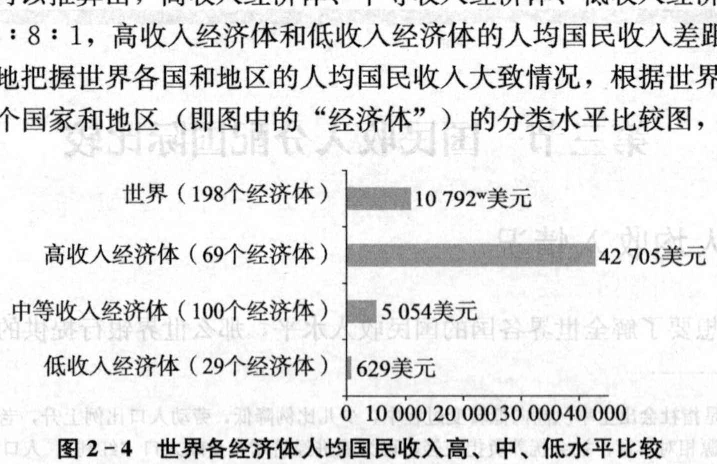

图 2－4　世界各经济体人均国民收入高、中、低水平比较

资料来源：The World Bank，“World Development Indicators 2015”，2015.

如图 2-4 所示，高收入经济体约占世界各经济体的 35%左右，低收入经济体约占世界各经济体的 15%左右，而中等收入经济体约占世界各经济体的 50%左右。

专栏二　中等收入陷阱①

中等收入陷阱这个概念是世界银行于 2006 年首次提出的，并于 2010 年进一步阐述为：中等收入陷阱是指一些发展中国家超过了人均 GDP 1 000 美元走出低水平均衡陷阱之后，长期徘徊在中等收入区间陷入增长与回落的循环之中，不能进入高收入国家行列的一种现象。

如表 2-3 所示，跨越中等收入陷阱，意大利用了 10 年时间，西班牙用了 7 年时间，日本用了 12 年时间，韩国用了 7 年时间，中国香港用了 11 年时间。而墨西哥、哥伦比亚等部分拉美国家和泰国、马来西亚等中亚国家则陷入中等收入陷阱。2014 年，中国人均 GDP 为 7 380 美元，已经步入上中等收入国家行列②，随时面临着陷入中等收入陷阱的风险。分析跨越中等收入陷阱国家的经验和深入思考仍徘徊在中等收入国家的原因，对于中国成功规避中等收入陷阱具有重要的现实意义。

表 2-3　部分国家和地区跨越中等收入陷阱的时点

国家和地区	人均收入超过 995 美元的年份	中等收入陷阱		2014 年人均 GDP（美元）
		人均收入超过 3 946 美元的年份	人均收入超过 12 196 美元的年份	
日本	1966	1973	1985	42 000
韩国	1977	1988	1995	27 090
新加坡	1971	1979	1990	55 150
中国香港	1971	1978	1989	40 320
意大利	1963	1977	1987	34 280
西班牙	1969	1971	1978	30 262
阿根廷	1962	1988	2011	12 922
巴西	1975	1995	2011	11 613
马来西亚	1977	1995	—	10 660
泰国	1988	2008	—	5 561
哥伦比亚	1979	2007	—	7 720
中国	2001	2010	—	7 380

资料来源：世界银行网站，http://data.worldbank.org/about/.

① 郑秉文．"中等收入陷阱"与中国发展道路——基于国际经验教训的视角．中国人口科学，2011 (1)；汤敏．中等收入俱乐部的四个陷阱，http://www.cnki.net；安宇宏．中等收入陷阱．宏观经济管理，2010 (1).

② 根据世界银行 2010 年 8 月公布的最新标准，世界各经济体按年人均国民总收入（GNI）分为低、中、高三组，其中低收入为年人均国民总收入 995 美元及以下，中等收入为 996～12 195 美元，高收入为 12 196 美元及以上。在中等收入标准中，又划分为偏下中等收入（以下简称"下中等收入"）和偏上中等收入（以下简称"上中等收入"），前者的标准为 996～3 945 美元，后者为 3 946～12 195 美元。

二、绝对贫困的国际比较

马克思提出了相对贫困和绝对贫困的概念。①马克思重点讲的是工人阶级，这里我们扩展为更广泛的社会意义。相对贫困指个人或家庭进行比较后对低水平一方相对于高水平一方的收入差距的判断，这多以国民收入中某些社会集团或群体的收入水平与另一些集团或群体相比较来做出差距判断。绝对贫困则指个人或家庭不能维持最低生活水平的情况，通常由某国际组织提出一个贫困线标准，并把那些在贫困线以下生活的社会集团或群体称为处在绝对贫困状态的人口。绝对贫困与相对贫困概念，有助于人们更清晰地分析贫困问题，包括它的成因、特征和社会后果。

表 2-4 是世界银行对全球贫困情况做出的一览表。但在此表中，没有美国、加拿大、日本、新加坡、澳大利亚、英国、瑞典、法国、德国、意大利、西班牙、中国香港、韩国、罗马尼亚、哈萨克斯坦等 15 个国家和地区的调查数据。据我们了解，这是因为这些经济体或是按以下贫困线分类已无实际意义，或是因为特殊情况而没有进行调查。按我们常用 30 个国家和地区的做法，表 2-4 反映了另外 15 个国家和地区的贫困情况。

表 2-4　世界银行贫困调查情况数据表

国家	低于国家贫困线的人口比重				国际贫困线		
	调查年份	农村（%）	城市（%）	国家（%）	调查年份	每天生活费不足 1.25 美元的人口比重（%）	每天生活费不足 2 美元的人口比重（%）
南非	2008	—	—	22.0	2011[a]	9.4	26.2
巴西	2012	—	—	9.0	2012[d]	3.8	6.8
印度	1999—2000	25.7	—	21.9	2011[a]	23.6[g]	59.2[g]
中国	2012	10.2	—	—	2011[a]	6.3[g]	18.6[g]
俄罗斯	2013	—	—	11.0	2010[a]	<2	<2
保加利亚	2011	—	—	21.2	2011[a]	1.9	3.9
捷克共和国	2012	—	—	8.6	2011[d]	<2	<2
匈牙利	2012	—	—	14.3	2011[a]	0.1	0.2
波兰	2011	—	—	17.1	2011[a]	<2	<2
斯洛伐克	2011	—	—	13.2	2011[d]	0.3	0.5
拉脱维亚	2012	—	—	19.4	2011[a]	1.1	2.0
亚美尼亚	2012	21.1	—	32.4	2012[a]	1.8	15.5
乌克兰	2012	—	—	9.1	2012[a]	<2	<2

① 马克思，恩格斯．马克思恩格斯全集：第 47 卷．北京：人民出版社，1979：39、40.

续前表

国家	低于国家贫困线的人口比重				国际贫困线		
	调查年份	农村（%）	城市（%）	国家（%）	调查年份	每天生活费不足1.25美元的人口比重（%）	每天生活费不足2美元的人口比重（%）
越南	2012	22.1	—	17.2	2012[a]	2.4	12.5
埃塞俄比亚	2011	30.4	—	29.6	2011[a]	30.7	66.0

说明：调查年份后所注的 a 表示基于支出调查，d 表示基于收入调查，而 g 表示农村和城市评估的加权平均值(weighted average of urban and rural estimates)。调查年份指收集基础数据的年份。低于国家贫困线的人口比重指生活在各国贫困线以下的人口所占的百分比。每天生活费不足 1.25 美元的人口比重和每天生活费不足 2 美元的人口比重是指在 2005 年的国际物价标准下，生活在日均消费分别低于 1.25 美元和 2 美元的人口的百分比。由于 PPP 汇率的变动，单个国家的贫困率无法与先前版本所公布的贫困率相比较。

资料来源：The World Bank, World Development Indicators 2015, 2015.

上表中反映出来的不同国家的贫困程度是相当令人吃惊的。尤其是亚美尼亚、埃塞俄比亚、南非和印度等国家，其贫困线以下人口比重还相当高。个别国家主要是非洲国家位于人口贫困线以下的比重更高达 50%以上，这是需要特别关注的。当然，国际贫困线在使用中也有一些局限性。①

三、相对贫困即收入分配差距的国际比较

在大多数情况下，我们讲贫困都是比较而言的，即在讲相对贫困。我们借助世界银行 2015 年的发展指标库，整理了 30 个典型国家和地区的收入差距情况，如表 2-5 所示。

表 2-5　　30 个典型国家和地区收入差距情况

国家和地区	调查年份	基尼系数	占收入份额（%）				
			最低的20%	第二个20%	第三个20%	第四个20%	最高的20%
日本	2008[d]	0.32	7.4	12.9	17.3	22.7	39.7
瑞典	2011[d]	0.27	9.0	14.3	17.8	22.9	36.0
捷克共和国	2011[d]	0.26	9.3	14.6	17.9	22.0	36.2
斯洛伐克	1996[d]	0.26	8.8	14.9	18.6	22.9	34.8
匈牙利	2004[b]	0.30	8.6	13.1	17.1	22.5	38.7
乌克兰	2010[b]	0.25	10.2	14.3	17.9	22.4	35.2
德国	2010[d]	0.31	8.3	13.1	17.1	22.4	39.1
保加利亚	2003[b]	0.29	8.7	13.5	17.4	22.3	38.1
埃塞俄比亚	2005[b]	0.30	9.3	13.2	16.8	21.4	39.4
罗马尼亚	2007[b]	0.32	7.9	12.7	16.8	22.3	40.3
韩国	1998[d]	0.32	7.9	13.6	18.0	23.1	37.5

① 世界银行．世界发展指标 2006. 北京：中国财政经济出版社，2006：74-75.

续前表

国家和地区	调查年份	基尼系数	占收入份额（%）				
			最低的20%	第二个20%	第三个20%	第四个20%	最高的20%
加拿大	2010[d]	0.34	7.1	12.4	16.8	22.7	41.0
法国	2005[d]	0.32	7.8	12.8	17.0	22.6	39.7
亚美尼亚	2007[b]	0.30	8.6	13.0	17.1	22.1	39.2
哈萨克斯坦	2010[b]	0.29	9.5	13.4	16.9	22.1	38.3
越南	2012[b]	0.36	7.0	11.6	16.1	22.2	43.0
波兰	2011[b]	0.33	7.9	12.3	16.6	22.4	40.9
西班牙	2010[d]	0.36	5.4	12.1	17.3	23.9	41.3
澳大利亚	2003[d]	0.34	7.0	12.2	16.5	23.2	41.1
英国	2010[d]	0.38	5.8	11.4	16.2	22.6	44.1
意大利	2010[d]	0.36	6.1	12.0	17.0	23.2	41.8
印度	2011[b]	0.34	—	—	—	—	—
拉脱维亚	2007[b]	0.36	6.7	11.5	15.9	22.6	43.3
俄罗斯	2009[b]	0.40	6.5	10.6	14.8	21.2	47.0
美国	2010[d]	0.41	4.7	10.4	15.8	23.1	46.0
新加坡	1998[d]	0.42	5.0	9.4	14.6	22.0	49.0
中国香港	1996[d]	0.43	5.3	9.4	13.9	20.7	50.7
中国	2011[d]	0.37	—	—	—	—	—
巴西	2012[d]	0.53	3.4	7.7	12.4	19.3	57.2
南非	2011[b]	0.65	2.5	4.3	7.7	15.7	69.9

说明：1. 调查年份指收集基础数据的年份。2. 按人均消费排列，b表示城市数据，d代表按照人均收入排名。3. 由于四舍五入的原因，用五等分所得的百分比份额汇总值可能不为100%。

资料来源：The World Bank，World Development Indicators 2015，2015.

可以从两个方面利用表2-5所列数据，对国家和地区之间的收入差距进行比较。

一是利用占收入份额进行比较。这个比较方法是按五等分划分的各人口组别所占的份额，从收入比例在各组之间分布的情况看收入差距，即分配的不均衡情况和集中程度。表中30个典型国家和地区，最高的20%收入组所拥有的收入份额均值超过40%，说明几乎所有经济体的财富分配都有向拥有财富多的人集中的趋势；同时，最低的20%收入组所拥有的收入份额均值不到10%，可见收入分配很不均衡。其中，俄罗斯、新加坡、美国、英国、中国香港等国家，最高的20%收入组所拥有的收入份额超过40%，巴西、南非最高的20%收入组所拥有的收入份额分别为57.2%和69.9%，分配的集中程度很高。再看低收入人口组的收入份额：美国、巴西、南非，最低的20%收入组获得的收入份额都不足5%，可见这些国家的低收入人群只能获得整个社会分配的很小部分。

二是利用各经济体的基尼系数进行收入分配差距程度的比较。基尼系数测算的是一国经济中收入在个人或家庭之间的分配偏离完全平均分配的程度。基尼系数（Gini coefficient）是20世纪初意大利经济学家基尼提出的判断分配平等程度的指标，在*XY*平面上，Y 轴表示累积年收入，X 轴表示累积人口数。按照升序在 Y 轴上排列经济主体的年收入，而在 X 轴上相应地排列经济主体的人口数，两组数据将确定出坐标中的一条曲线。此曲线与 45°线构成的面积 A，占 45°线下方与 X 轴构成的面积的比重，即为基尼系数。如果 A 为零，基尼系数为零，表示收入分配完全平等；如果 A 为 1，则基尼系数为 1，收入分配绝对不平等。该系数可在 0 和 1 之间取任何值。从表 2-5 可以看到，瑞典、捷克共和国、斯洛伐克、乌克兰、保加利亚、哈萨克斯坦等国的基尼系数均在 0.30 以下，按一般说法，这些国家的收入差距较为合理；巴西、南非的基尼系数都超过 0.50，收入差距相当悬殊。俄罗斯、美国、新加坡、中国香港等地的基尼系数也都在 0.40 和 0.50 之间，均存在较大的收入差距。

专栏三　比较各国收入差距的三个新概念[①]

全球化为各国带来福利收益的同时，也带来了福利分配的公平性评价问题。Milanovic (2005) 以及 Ravallion (2004a) 提出了三种不平等概念。

1. 国家间不平等

国家间不平等是指将各国人均 GDP 作为对该国的观察对象进行比较，也就是说，国家间不平等不考虑国家大小和人口多少。

2. 国际不平等

国际不平等反映了用人口加权后各国人均 GDP 的分布。其涵盖范围是全世界公民。

3. 全球不平等

全球不平等是指国家内部不平等与国家间不平等之和，每一部分与总不平等的比值就是国家之间不平等与国家内部不平等在总不平等中所占的百分比。它直接按购买力平价调整过的个人收入将全世界公民依次排列起来，计算分配的不平等。

选择哪一种概念没有对错之分，主要是看应用的目的。

第四节　中国国民收入分配格局及分配制度的改革

本节通过中国实例，探讨国民收入的分配与再分配，以深入理解国民收入分配的过程及贯穿其始终的公平与效率关系。国民收入分配在现实中是一个连续不断的过程，初次分配和再分配也时常交织在一起。为方便理解，我们这里分层做一分析。

一、中国国民收入的二次分配及其格局[②]

两次分配一是初次分配，主要靠市场调节完成；第二次分配通常称为再分配，是对初次分配的调整，主要体现为政府依其财力来调节以弥补市场分配的不足。

① 世界银行 . 2006 年世界发展报告——公平与发展 . 北京：清华大学出版社，2006：57.

② 郭树清，韩文秀 . 中国 GNP 的分配和使用 . 北京：中国人民大学出版社，1991：69-80；王春正 . 我国居民收入分配问题 . 北京：中国计划出版社，1995：56.

1. 国民收入的初次分配

国民收入初次分配是与国民收入的来源、生产或创造相联系的一个分配层次，原则上，初次分配中收入的承受者即是国民收入的创造者，或者说劳动、资本等生产要素的提供者，政府因其作用也被视为承受者之一。在初次分配中个人部门收入指直接的劳动报酬和财产收入，以及财政支付给个人的转移收入。劳动报酬中既包括货币形式的收入，也包括实物形式的收入；既包括农村居民的收入，也包括城镇居民的收入。企业部门初次分配主要包括营业盈余（包括资本收入报酬）和固定资本折旧。政府部门收入包括间接税和事业行政单位预算外收入两部分。

表 2-6 反映了我国 1992—2015 年国民收入初次分配总量的增长情况。

表 2-6　　国民收入初次分配总量表　　单位：亿元

项目 年份	国内合计	企业部门	政府部门	住户部门
1992	26 652	5 081	4 138	17 433
1993	34 560	7 123	5 815	21 622
1994	46 670	9 169	7 588	29 913
1995	57 495	11 565	8 705	37 224
1996	66 851	11 522	10 381	44 947
1997	73 142	13 251	11 830	48 061
1998	76 967	13 489	12 983	50 495
1999	80 579	14 564	13 655	52 361
2000	88 289	16 725	14 737	56 827
2001	95 727	17 340	17 573	60 814
2002	103 936	17 924	18 167	67 845
2003	116 742	21 970	20 991	73 781
2004	159 587	37 468	27 011	95 109
2005	185 809	43 088	32 414	110 306
2006	217 523	50 356	38 928	128 238
2007	266 422	68 350	39 267	158 805
2008	316 030	84 086	46 549	185 395
2009	340 320	84 170	49 606	206 544
2010	399 760	97 968	59 927	241 865
2011	468 562	112 212	72 067	284 283
2012	518 218	117 777	80 976	319 462
2013	583 197	140 692	88 745	353 760
2014	644 791	159 052	98 266	387 473
2015	686 450	165 840	102 618	417 992

说明：1. 本表中“企业部门”数据为“非金融企业部门”和“金融企业部门”加总而得。2. 根据历次经济普查结果，对相关年份的资金流量表数据进行了修订。3. 合计数因四舍五入原因略有差异。

资料来源：《中国统计年鉴（1999—2017）》，1992—2015 年的“资金流量表（实物交易/非金融交易）”，对应“初次分配总收入”项统计。

可以看出，政府、住户、企业三个部门的收入总量均呈上升趋势。从 1992 年到 2015 年，中国国民收入初次分配总量年均增长 15.17%，企业年均增长 16.36%，政府部门收入年均增长 14.98%，个人收入年均增长 14.81%。相比之下，个人收入年均增长略低一些。

三大部门收入分别占全部国民收入的比重及其变化，是反映国民收入分配结构和走势最简明的表达方式，见表 2-7。

表 2-7　　国民收入初次分配结构表（%）

年份＼项目	国内合计	企业部门	政府部门	住户部门
1992	100	19.06	15.53	65.41
1993	100	20.61	16.83	62.56
1994	100	19.65	16.26	64.09
1995	100	20.12	15.14	64.74
1996	100	17.24	15.53	67.23
1997	100	18.12	16.17	65.71
1998	100	17.53	16.87	65.61
1999	100	18.07	16.95	64.98
2000	100	18.94	16.69	64.36
2001	100	18.11	18.36	63.53
2002	100	17.25	17.48	65.28
2003	100	18.82	17.98	63.20
2004	100	23.48	16.93	59.60
2005	100	23.19	17.44	59.37
2006	100	23.15	17.90	58.95
2007	100	25.65	14.74	59.61
2008	100	26.61	14.73	58.66
2009	100	24.73	14.58	60.69
2010	100	24.51	14.99	60.50
2011	100	23.95	15.38	60.67
2012	100	22.73	15.63	61.65
2013	100	24.12	15.22	60.66
2014	100	24.67	15.24	60.09
2015	100	24.16	14.95	60.89

说明：1. 本表中“企业部门”数据为“非金融企业部门”和“金融企业部门”加总而得。2. 根据历次经济普查结果，对相关年份的资金流量表数据进行了修订。3. 合计数因四舍五入原因略有差异。

资料来源：《中国统计年鉴（1999—2017）》，1992—2015 年的“资金流量表（实物交易/非金融交易）”，对应“初次分配总收入”项统计。

从表 2-7 中可以看到，在国民收入初次分配结构中，住户部门虽占比最高，一直维持在 60%左右，但总体上呈递减趋势，从 1992 年的 65.41%下降到 2015 年的 60.89%。企业部门比重排序次之，但整体呈上升趋势，占比从 1992 年的 19.06%上升为 2015 年的

24.16%。政府部门比重相对稳定，基本保持在14%～18%。

图2-5根据表2-7中数据绘制而成，从中可以直观地看到国民收入初次分配的结构以及变化。

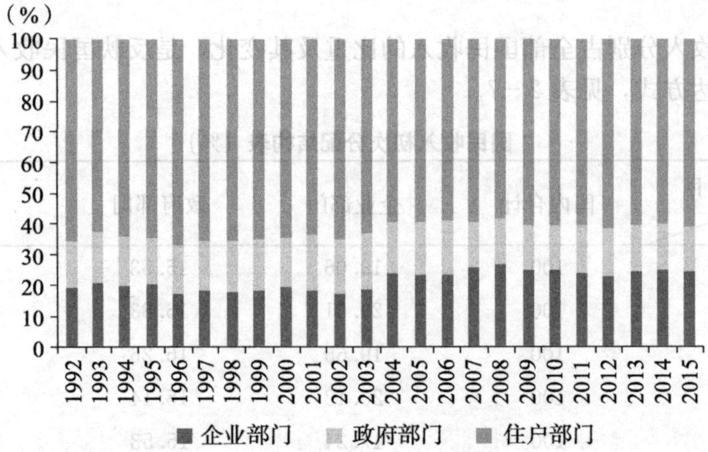

图2-5　国民收入初次分配结构图

2. 国民收入再分配

国民收入再分配，是指国民收入在初次分配的基础上，各收入主体之间通过各种渠道实现现金或实物转移的一种收入再次分配过程。再分配主要由政府调控机制起作用，政府通过财政手段，进行宏观管理和收入调节，是再分配中最具实际影响的环节。

为什么需要进行国民收入的再分配呢？一是因为初次分配重在根据效率和贡献做出分配，因此分配可能导致某种程度的不平等状况。二是在生产过程中没有贡献的人也需要生存，需要获得一部分收入；通过国民收入的再分配，不直接参与物质生产的社会成员或集团，从参与初次分配的社会成员或集团那里获得收入。三是社会的公共产品需要由政府承担与提供，这也是国民收入的再分配。

国民收入再分配可通过多种途径进行：一是通过国家预算，通过制定年度财政收支计划，调节国民收入再分配。二是通过税收制度调节收入分配，主要是通过个人所得税、企业所得税等直接税对企业所得和个人所得进行调节。三是通过财政转移支付制度，为欠发达地区和弱势群体提供公共服务和公共产品，通过社会保险费和社会救济支出对个人的收入进行再调节等。

表2-8反映了中国1992—2015年国民收入再分配总量的变化。

表2-8　　**国民收入再分配总量表**　　单位：亿元

项目 年份	国内合计		企业部门		政府部门		住户部门	
	收入	支出	收入	支出	收入	支出	收入	支出
1992	3 224	3 160	234	1 754	1 670	743	1 319	662
1993	3 801	3 733	374	1 904	1 721	875	1 706	954
1994	4 525	4 410	450	2 123	1 937	1 097	2 138	1 189
1995	5 354	5 234	450	2 396	2 169	1370	2 735	1 468

续前表

年份＼项目	国内合计		企业部门		政府部门		住户部门	
	收入	支出	收入	支出	收入	支出	收入	支出
1996	6 632	6 455	532	2 962	2 765	1 654	3 335	1 839
1997	8 306	7 880	673	3355	3 294	2 246	4 339	2 279
1998	8 784	8 430	608	3 020	3 484	2 911	4 692	2 498
1999	9 166	8 757	593	3 569	4 030	2 639	4 543	2 550
2000	9 840	9 317	522	3 351	5 199	2 583	4 119	3 383
2001	11 704	11 000	677	3 418	6 222	3 463	4 805	4 120
2002	14 657	13 582	755	3 636	7 856	4 502	6 047	5 444
2003	17 170	15 711	859	4 539	9 357	4 525	6 954	6 647
2004	22 141	20 244	1 344	5 060	11 482	7 273	9 316	7 911
2005	25 511	23 431	1 536	5 618	13 437	8 205	10 539	9 609
2006	32 521	30 193	1 791	8 488	18 142	9 926	12 588	11 779
2007	40 858	37 918	2 193	10 557	22 779	12 397	15 886	14 964
2008	51 260	48 079	2 868	13 733	28 597	16 011	19 794	18 335
2009	58 975	56 812	3 240	14 832	33 521	20 524	22 214	21 456
2010	71 478	68 724	3 907	16 600	40 527	26 337	27 044	25 787
2011	90 014	88 431	4 380	22 423	52 326	34 190	33 308	31 818
2012	102 831	102 614	4 865	26 910	60 006	39 681	37 960	36 023
2013	117 828	118 367	5 563	31 086	68 085	46 454	44 180	40 827
2014	131 206	131 118	5 898	32 755	76 136	52 828	49 172	45 535
2015	147 600	148 394	6 101	36 101	85 719	61 150	55 780	51 143

说明：1. 本表中“企业部门”数据为“非金融企业部门”和“金融企业部门”加总而得。2. 根据历次经济普查结果，对相关年份的资金流量表数据进行了修订。3. 合计数因四舍五入原因略有差异。

资料来源：《中国统计年鉴（1999—2017）》，1992—2015 年的“资金流量表（实物交易/非金融交易）”，对应“经常转移”项统计。

从表 2－8 可看出，1992 年以来，我国国民收入再分配的基本情况是，企业的经常转移为净支出，政府和住户的经常转移为净收入，换言之，居民和政府是收入再分配的直接受益者。据此表也可推论出，政府和居民与企业经常转移之间的差额应为国外净转移收入。表 2－9 更直接地反映了再分配的净转移情况：

表 2－9　国民收入再分配经常转移净额表　单位：亿元

年份＼项目	国内合计	企业部门	政府部门	住户部门
1992	64	－1 520	927	657
1993	68	－1 530	846	752
1994	115	－1 673	839	949
1995	120	－1 946	799	1 267

续前表

年份 \ 项目	国内合计	企业部门	政府部门	住户部门
1996	178	−2 430	1 111	1 496
1997	426	−2 682	1 048	2 060
1998	354	−2 412	573	2 193
1999	409	−2 976	1 391	1 994
2000	522	−2 829	2 616	736
2001	703	−2 741	2 759	685
2002	1 075	−2 882	3 354	603
2003	1 460	−3 680	4 832	307
2004	1 898	−3 716	4 209	1 405
2005	2 080	−4 082	5 232	930
2006	2 328	−6 697	8 216	809
2007	2 940	−8 364	10 382	922
2008	3 181	−10 865	12 586	1 459
2009	2 163	−11 592	12 997	758
2010	2 754	−12 693	14 190	1 257
2011	1 583	−18 043	18 136	1 490
2012	217	−22 045	20 325	1 937
2013	−539	−25 523	21 631	3 353
2014	88	−26 857	23 308	3 637
2015	−794	−30 000	24 569	4 637

说明：1. 本表中“企业部门”数据为“非金融企业部门”和“金融企业部门”加总而得。2. 根据历次经济普查结果，对相关年份的资金流量表数据进行了修订。3. 合计数因四舍五入原因略有差异。

资料来源：《中国统计年鉴（1999—2017）》，1992—2015 年的“资金流量表（实物交易/非金融交易）”，对应“经常转移”项统计。

表 2－9 中数据是根据“经常转移净额＝经常转移收入－经常转移支出”的公式计算所得。这张表很重要，因为经常转移净额会对国民收入最终分配格局产生实质影响。

3. 中国国民收入分配最终格局分析

国民收入最终分配格局是初次分配和再分配共同作用的结果，或说各收入主体初次分配与再分配收入净值之和构成了其最终分配收入，或称可支配收入。可支配收入是可直接用于消费和投资或储蓄的收入。各收入主体最终分配收入或说可支配收入在全部国民收入中的份额及其变化即国民收入最终分配格局。

表 2－10 和表 2－11 分别列出了国民收入可支配收入的总量情况和结构分布。从表 2－10 可以看出政府、住户、企业三个部门的收入总量均呈上升趋势。从 1992 年到 2015 年，中国国民收入中可支配收入总量年均增长 15.15%，企业部门收入年均增长 17.16%，政府部门收入年均增长 15.04%，住户部门收入年均增长 14.68%。相比之下，住户部门收入年均增速略低一些。与初次分配表相比，各部门的年均增长速度基本

是一致的，其中企业部门可支配收入比初次分配收入的年均增长率略高，而住户部门的年均增长率比初次分配收入的年均增长率稍低。

表 2-10　　国民收入可支配收入总量表　　单位：亿元

年份 \ 项目	国内合计	企业部门	政府部门	住户部门
1992	26 716	3 560	5 065	18 090
1993	34 628	5 593	6 660	22 374
1994	46 785	7 496	8 428	30 862
1995	57 615	9 619	9 505	38 491
1996	67 028	9 093	11 493	46 443
1997	73 568	10 569	12 878	50 121
1998	77 322	11 077	13 556	52 689
1999	80 988	11 588	15 046	54 354
2000	88 811	13 896	17 353	57 563
2001	96 430	14 599	20 332	61 499
2002	105 011	15 042	21 521	68 448
2003	118 202	18 290	25 823	74 088
2004	161 485	33 752	31 220	96 514
2005	187 888	39 006	37 647	111 235
2006	219 850	43 660	47 143	129 047
2007	269 362	59 986	49 649	159 727
2008	319 211	73 221	59 135	186 854
2009	342 483	72 578	62 603	207 302
2010	402 514	85 275	74 117	243 122
2011	470 145	94 169	90 203	285 773
2012	518 435	95 732	101 301	321 399
2013	582 658	115 169	110 376	357 113
2014	644 879	132 195	121 574	391 110
2015	685 656	135 841	127 186	422 629

说明：1. 本表中“企业部门”数据为“非金融企业部门”和“金融企业部门”加总而得。2. 根据历次经济普查结果，对相关年份的资金流量表数据进行了修订。3. 合计数因四舍五入原因略有差异。

资料来源：《中国统计年鉴（1999—2017）》，1992—2015 年的“资金流量表（实物交易/非金融交易）”，对应“可支配总收入”项统计。

表 2-11　　国民收入可支配收入结构表（%）

年份 \ 项目	国内合计	企业部门	政府部门	住户部门
1992	100	13.33	18.96	67.71
1993	100	16.15	19.23	64.61

续前表

年份＼项目	国内合计	企业部门	政府部门	住户部门
1994	100	16.02	18.01	65.97
1995	100	16.70	16.50	66.81
1996	100	13.57	17.15	69.29
1997	100	14.37	17.50	68.13
1998	100	14.33	17.53	68.14
1999	100	14.31	18.58	67.11
2000	100	15.65	19.54	64.82
2001	100	15.14	21.08	63.78
2002	100	14.32	20.49	65.18
2003	100	15.47	21.85	62.68
2004	100	20.90	19.33	59.77
2005	100	20.76	20.04	59.20
2006	100	19.86	21.44	58.70
2007	100	22.27	18.43	59.30
2008	100	22.94	18.53	58.54
2009	100	21.19	18.28	60.53
2010	100	21.19	18.41	60.40
2011	100	20.03	19.19	60.78
2012	100	18.47	19.54	61.99
2013	100	19.77	18.94	61.29
2014	100	20.50	18.85	60.65
2015	100	19.81	18.55	61.64

说明：1. 本表中“企业部门”数据为“非金融企业部门”和“金融企业部门”加总而得。2. 根据历次经济普查结果，对相关年份的资金流量表数据进行了修订。3. 合计数因四舍五入原因略有差异。

资料来源：《中国统计年鉴（1999—2017）》，1992—2015 年的“资金流量表（实物交易/非金融交易）”，对应“可支配总收入”项统计。

从表 2 - 11 可以看到，在国民收入最终分配格局中，住户部门虽占比最高，一直维持在 60%左右，但总体上呈递减趋势，从 1992 年的 67.71%下降到 2015 年的 61.64%。政府部门比重相对稳定，基本保持在 16%～22%。企业部门占比呈上升趋势，从 1992 年的 13.33%上升为 2015 年的 19.81%。与初次分配结构表相比，最终分配格局各主体的变化及相互关系变化趋势均是相同的。

国民收入最终分配格局中三大主体的关系，总体是相对稳定的，说明分配的剧烈变动不是一件容易的事。另外，在不同阶段，国民收入分配格局会出现不同的特点，会出现分配所得有时向居民倾斜、有时向政府倾斜、有时向企业倾斜的现象，但不管向谁倾斜，倾斜的幅度均不会太大。

二、再分配与政府责任[①]

在国民收入再分配中，政府通过财政起到了关键作用。政府不仅因再分配的经常转移扩大了收入，而且由于行使政府的公共职能而扩大了支出。国民收入再分配与近年来中国提出的公共财政紧密相关。公共财政就是满足社会公共需要而进行的政府收支活动模式或财政运行机制模式，是与市场经济发展相适应的。公共需要，包括经济、政治和文化等各方面的需要。它是社会作为一个整体或以整个社会为单位而提出的需要，具有非排他性和非竞争性。公共财政预算安排的优先领域是：农村义务教育和公共卫生、农业科技推广、职业教育、农村劳动力培训、促进就业、社会保障、减少贫困、计划生育、防灾减灾、公共安全、公共文化、基础科学与前沿技术以及社会公益性技术研究、能源和重要矿产资源地质勘查、污染防治、生态保护、资源管理和国家安全等。这里，仅就社会保障工作、教育和公共卫生支出作一简要分析。

1. 社会保障中的政府作用

社会保障是指通过国家立法，积极动员社会各方面资源，保证无收入、低收入以及遭受各种意外灾害的公民能够维持生存，保障劳动者在年老、失业、患病、工伤、生育时基本生活不受影响，同时根据经济和社会发展状况，逐步提高公共福利，提高国民生活质量。[②] 要做到这一点，就需要增加财政对社会保障的投入，需要在再分配环节加强政府转移收支，当然，同时也需要多渠道筹措社会保障基金，以建立健全与经济发展水平相适应的分层次、广覆盖的社会保障体系。

目前，我国社会保障制度还不完善，主要体现在四个方面。在基本养老保险方面：机关事业与企业实行不同的养老金制度；国家公共财政过分偏向城镇养老保险制度，城镇居民享有较全面的保障，农村居民基础较差。在失业保险制度方面：现行失业保险制度覆盖面偏小，且保障水平低，难以保障失业家庭的基本生活需求；失业保险统筹层次低，局部地区压力过大。在医疗保险方面：城市贫困户中大部分没有医疗保障，农村的医疗保险制度也尚未建立起来。在贫困救助制度方面：政府的扶贫措施没有覆盖所有贫困人口。

建立和完善我国的社会保障体系，关键是将在企业、事业、机关等单位就业的职工统一纳入社会保障体系，并逐步将农村居民纳入全社会的保障框架中。具体说来，一是继续完善城镇职工基本医疗保险制度，健全社会医疗救助制度，发展商业性健康保险等多层次的医疗保障体系。二是完善城镇居民最低生活保障制度，并逐步与教育救助、住房救助、医疗救助等制度结合起来。三是重视农村社会保障制度建设。在现阶段，农村养老保障仍以家庭为主，但同时要重视与农村的社区保障和国家救济相结合，有条件的地方探索建立农村最低生活保障制度，并通过合作医疗制度的创新解决农村居民看病难的问题，逐步建立以农村疾病医疗、贫困救助、养老保障等为重点的农村社会保障制度。[③]

---

① 可参见中共十五届五中全会《中共中央关于制定国民经济和社会发展第十一个五年规划的建议》和《中华人民共和国国民经济和社会发展第十一个五年规划纲要》。

② 张左己．领导干部社会保障知识读本．北京：中国劳动社会保障出版社，2002：4.

③ 《中华人民共和国国民经济和社会发展第十一个五年规划纲要》。

2. 教育中的政府作用

教育在所有的国家里都消耗着大量的资源，占用着6%～10%的国民生产总值。通常假定一个国家要达到一个合理高度的经济增长率，必须要有一定的最低水平的教育。传统上，判断教育财政体系优劣有三个主要的标准：提供的教育经费是否充分，教育资源分配是否有效率，以及教育资源的配置是否公平。欧美等国在教育方面，中央政府对地方政府的投入主要有三种方法：一是"基础项目计划"，通过测算学生平均教育成本并乘以注册学生数来确定拨款额；二是"等百分比"方法，即基于地方自我编制的教育预算，以一个对各地都相同的百分比来拨款；三是"学生总数加权资助"，即根据地方学生总数占全国同类学生总数的比例确定拨款额，权重是根据学生的年级水平或学习类型不同而进行折算。20世纪70年代末期，世界银行率先使用一套新的测定标准，用来判断教育经费是否充足以及相应的教育效果，目前这个标准已被广泛接受。具体标准如下：一是有关年龄组就读小学的比例，二是性别平衡即义务教育中的女性比例，三是相关年龄组中在中学注册的比例，四是成人文盲率。①

中国国民收入再分配中，投向教育的财政资金金额不断提高，但仍不能满足实际需要。同时，教育资源分配存在不公平问题，教育机会在城乡间、区域间、不同阶层居民间的分配也存在不平等。现在已明确的是，各级政府负有公共教育职责，义务教育由政府负全责，高中阶段教育以政府投入为主，职业教育和高等教育实行政府投入与社会投入相互补充。中国政府已提出，将保证财政性教育经费的增长幅度明显高于财政经常性收入的增长幅度，逐步使财政性教育经费占国内生产总值的比例达到4%。强化政府对义务教育的保障责任，普及和巩固义务教育，加大中央和省级政府对财政困难县义务教育经费的转移支付力度。促进教育公平，公共教育资源要向农村、贫困地区、少数民族地区以及薄弱学校、贫困家庭学生倾斜。重点加强农村义务教育，努力降低义务教育阶段农村学生特别是女性学生、少数民族学生和贫困家庭学生的辍学率。推进城乡、地区间义务教育均衡发展。各地政府要保证进城务工人员子女与当地学生平等接受义务教育。国民平均受教育年限增加到9年。②

3. 公共卫生中的政府作用

卫生和医疗作为人类必需品具有公共产品的属性，政府有责任为社会提供最基本的卫生和医疗服务。卫生机构要治病救人，承担社会责任。医疗卫生产品中有公共产品，此类服务关系到社会人群健康，在运行过程中不具有排他性和竞争性，如卫生监督执法、重大疾病的控制与预防、健康教育部分等，这种服务主要应由政府投资自行解决。此外还有准公共产品。在给个人与家庭带来益处的同时，给他人和社会也带来明显的外部正效应，如计划免疫、传染病预防、地方病防治与管理、妇幼保健与计划生育、从业人员健康教育等。这一类服务是从社会群体利益出发由政府提供经费或个人和政府共同承担。当然，卫生产品也存在大量的私人品，是由个人承担费用，这里就不展开了。实现卫生资源合理配置，就是如何把为所有人提供同等的最基本的公共卫生服务与为不同的人提供不同水平的私人服务结合起来。在现实中，把握这两方面结合的度，是政府工作人员能力的体现。

---

① M. 卡诺依. 教育经济学国际百科全书（第2版）. 北京：高等教育出版社，2000：528-529.

② 《中华人民共和国国民经济和社会发展第十一个五年规划纲要》.

卫生资源配置过程，关键是如何处理好国家计划配置与市场调节配置的关系。只靠国家计划配置卫生资源不行。在传统计划体制下，卫生资源是由政府根据社会生产和消费的需要进行安排和配置的。卫生机构不考虑社会需求及其变化，不重视成本核算，不计盈亏，不考虑卫生人力资源的价值及报酬支付标准，只依赖政府拨款，因此，卫生供不应求的矛盾就突出了，卫生机构就开始萎缩了。但只有市场调节配置即只根据利润来配置卫生资源也不行。这样就会产生另一类问题，比如药价虚高、强制性高收费、公共类卫生产品供给弱化等，使得卫生产品的供求双方矛盾趋于激化。进一步推论，卫生资源完全按照利润配置走，会越来越脱离广大民众尤其是农民的需要。

三、国民收入分配制度的进一步改革

效率与公平是天平的两端，过分强调效率而忽视公平会导致社会失衡，没有公平的分配发展是不可持续的，甚至会引发社会动荡。国民收入分配是否公正，是世界各国社会经济生活中受到普遍关注的问题。收入分配问题关系到一个国家的政治稳定、社会公正和经济公平。中国政府正在追求形成合理有序的收入分配格局，合理是指收入分配结构，有序是指收入分配秩序，以构建科学合理、公平公正的社会收入分配体系。①

1. 效率优先，重视公平

生产决定分配，只有先做大蛋糕，才有助于形成分配公平化的物质基础。为了发展经济，今后一段时间在生产领域、在国民收入初次分配阶段，应鼓励多劳多得，应肯定“效率优先”。为了妥善处理好发展和稳定的关系，平衡公平与效率的天平，应该重新审视并改进改革初期“效率优先，兼顾公平”的分配战略，既坚持效率优先，又强调重视公平，这应成为发展和改革中解决收入分配问题的大思路。相比较“兼顾公平”这一提法，“重视公平”的提法能充分显示出政府开始逐步着手解决收入差距过大问题的政策倾向，并能充分体现更加注重社会公平，加大调节收入分配的力度，努力缓解地区之间和部分社会成员之间收入分配差距扩大的趋势的精神。

2. 遵循相关原则，完善收入分配②

经过多年理论讨论与实践检验，收入分配的以下原则是需要坚持的：以按劳分配为主体、多种分配方式并存的分配制度；各种生产要素按贡献参与分配；在国民收入初次分配中利用市场手段，鼓励多劳多得，而在国民收入再分配中要更加重视公平；着力提高低收入者收入水平，扩大中等收入者比重，尽快培育中产阶层；有效调节过高收入，取缔非法收入；要努力缓解地区之间和部分社会成员之间收入分配差距扩大的趋势。

3. 采取可行措施，规范分配秩序

一是规范垄断行业分配秩序。一方面，要通过加快垄断行业改革，打破垄断，放宽准入领域，引入竞争。另一方面，要在制度上采取措施，调整国家和企业的分配关系，尽快建立健全国有资本经营预算制度，使国家作为国有资本所有者在垄断企业的权益得到保障，包括国有资本应当分享的利润及其使用。垄断行业尤其要严格实行工资总额控制制度，有关部门要加强对企业职工收入分配的监督。

---

① 《政治局研究改革收入分配制度》。

② 《中华人民共和国国民经济和社会发展第十一个五年规划纲要》。

二是规范各类企业分配秩序。在市场经济条件下，企业的工资主要应由市场和企业自己根据效益情况决定。但是为了维护职工的基本权益，政府还应结合经济发展情况、物价水平和劳动力市场供求状况，在深入调查研究的基础上，对不同行业的工资提出参考标准，发挥工资指导线、劳动力市场价位、行业人工成本信息对工资水平的引导作用，使职工工资水平能随经济发展不断提高。

三是完善和规范公务员工资制度、津贴制度。要健全国家统一的职务与级别相结合的公务员工资制度，特别要规范各地、各部门公务员的津贴标准和种类，逐步使在不同地区、不同部门工作的同一职务、同一级别的公务员工资大体相当。对在边远地区、艰苦地区工作的公务员要通过提高津贴标准、扩大实施范围给予补偿，扭转工资的逆向调节问题。

四是加强对个人收入的监测。要加快建设个人收入信息系统和个人支付结算体系。推进居民固定账号信用卡或支票结算制度，推动交易电子化，减少现金交易。完善银行对个人收支的结算系统，为提高个人所得税征管水平奠定基础。

五是运用税收等多种手段加强对收入分配的调节。要完善综合与分类相结合的个人所得税制度，加强税收征管。要建立财产类税收制度，以更好地理顺分配关系。对于通过侵吞公有财产、偷税漏税、走私受贿、权钱交易、制售假冒伪劣等非法行为获得的收入，要坚决取缔和打击。

4. 提高农村居民收入是关键

数据表明，实现 21 世纪中叶人均 GDP 8 000 美元收入水平的目标，8 亿多农村人口是难点。2000 年，我国 8 亿农村人口创造的人均 GDP 只有 380 美元，农民人均纯收入在 1 000 元（120 美元）以下的还有 8 000 多万人，农民人均纯收入在 500 元（60 美元）以下的还有近 1 000 万人，没有解决温饱的有近 3 000 万人。这 8 亿农业人口要达到中等发达国家水平即 8 000 美元左右的目标，至少要再增长 20 倍。可见，全面建设小康社会和实现现代化的难点在农村、农业和农民。因此，提高城镇化、工业化水平，减少农民，改造传统农业，实现农业和农村经济的跨越式发展应该成为今后我国经济发展的长期战略之一。

思考题

1. 试比较各种国民收入分配理论。
2. 试区分收入分配的基本概念：GNP，NNP，NI，PI，DPI。
3. 你如何理解库兹涅茨倒 U 形假说？
4. 如何理解刘易斯的二元结构模型对我国经济的适用性？
5. 试分析比较各国收入差距的三个新概念。
6. 试对中国收入分配格局和收入分配制度进行概述。
7. 在初次分配和再分配中处理效率和公平的关系时有什么不同？
8. 你认为应如何完善再分配调节机制？

附录

附录一　个人所得税税率表

个人所得税是对个人取得的各项应税所得征收的一种税。个人所得税对调节个人收入水平、增加国家财政收入有积极作用。个人所得税在世界各国是一个普遍开征的税种，也是中国现行税制结构中的重要税种之一。中国个人所得税从1980年9月开征，1994年实施新税制以来，个人所得税收入连年持续快速增长。在2011年6月又对个人所得税法进行了修改。

中国现行个人所得税实行分类、分项征收，累进税率与比例税率并用。根据最新的《中华人民共和国个人所得税法》，工资、薪金所得适用超额累进税率，税率为3%～45%（具体税率见表2-12）；个体工商户的生产、经营所得和对企事业单位的承包经营、承租经营所得，适用5%～35%的超额累进税率（具体税率见表2-13）；稿酬所得，适用比例税率，税率为20%，并按应纳税额减征30%；劳务报酬所得，适用比例税率，税率为20%，对劳务报酬所得一次收入畸高的，可以实行加成征收，具体办法由国务院规定；特许权使用费所得，利息、股息、红利所得，财产租赁所得，财产转让所得，偶然所得和其他所得，适用比例税率，税率为20%。

表2-12　　**个人所得税税率表一**

（工资、薪金所得适用）

级数	全月应纳税所得额	税率（%）
1	不超过1 500元的	3
2	超过1 500元至4 500元的部分	10
3	超过4 500元至9 000元的部分	20
4	超过9 000元至35 000元的部分	25
5	超过35 000元至55 000元的部分	30
6	超过55 000元至80 000元的部分	35
7	超过80 000元的部分	45

说明：本表所称全月应纳税所得额是指依照《中华人民共和国个人所得税法》第六条的规定，以每月收入额减除费用3 500元以及附加减除费用后的余额。

表2-13　　**个人所得税税率表二**

（个体工商户的生产、经营所得和对企事业单位的承包经营、承租经营所得适用）

级数	全年应纳税所得额	税率（%）
1	不超过15 000元的	5
2	超过15 000元至30 000元的部分	10
3	超过30 000元至60 000元的部分	20

续前表

级数	全年应纳税所得额	税率（%）
4	超过 60 000 元至 100 000 元的部分	30
5	超过 100 000 元的部分	35

说明：本表所称全年应纳税所得额是指依照《中华人民共和国所得税法》第六条的规定，以每一纳税年度的收入总额减除成本、费用以及损失后的余额。

资料来源：全国人民代表大会常务委员会关于修改《中华人民共和国个人所得税法》的决定（中华人民共和国主席令［2011］第 48 号）.

附录二　中国居民收入之间的差距有多大?[①]

这里从全社会居民收入总量差距、城乡居民收入差距、城镇居民内部收入差距、农村居民内部收入差距、行业间收入差距、居民收入的地区差距六个角度考察中国的收入差距。

1. 全社会居民收入总量存在差距——基尼系数[②]达 0.415；不同收入群体分布形态不够理想

改革开放以来，中国居民收入大幅度提高，但基尼系数也日渐扩大。据测算，2009 年中国城镇居民收入基尼系数和农村居民收入基尼系数分别为 0.34 和 0.39，分别比 1978 年扩大了 1.13 倍和 0.86 倍。[③] 若将城乡结合在一起考虑，则目前全国居民基尼系数应该已经超过了 0.4 的国际警戒线。根据《世界发展指标 2010》，2005 年中国的基尼系数就已经达到 0.415。

2. 城乡居民收入差距——城镇居民收入是农村居民收入的 3.33 倍

改革开放初期以农村为中心的经济体制改革使得农民收入水平提高，城乡差别逐渐缩小，1985 年城乡收入比率达到最低水平。随后经济改革的中心转移到城市，城乡收入差距又经历了一段扩大过程，到 1994 年达到 2.86。随着中国开始全面迈向市场经济，城镇居民失业和贫困问题逐渐受到社会关注，城乡收入差距一度缩小。但进入 21 世纪以后，城乡居民收入差距的扩大非常迅速，没有得到有效抑制。2009 年中国城镇居民收入是农村居民收入的 3.33 倍，比 1978 年的 2.57 倍扩大了 0.76 倍。改革开放以来城镇居民和农村居民收入对比情况可参见表 2 - 14。

表 2 - 14　　城镇居民人均可支配收入、农村居民人均纯收入比较

年 份	城镇居民人均可支配收入（元）	农村居民人均纯收入（元）	城乡居民收入比率
1978	343.4	133.6	2.57
1980	477.6	191.3	2.50

① 本部分基础内容由金三林博士、余洁雅助理根据张东生等人的《中国居民收入分配年度报告》2004—2010 年各期和国家统计局相关资料整理而得。

② 国际上通常用基尼系数衡量居民的收入差距程度。所谓基尼系数，是意大利经济学家基尼于 1922 年提出的定量分析收入分配差异程度的指标。它的经济含义是：在全部居民收入中用于不平均分配的百分比。比如，基尼系数为 0.4，就意味着全部居民收入的 40%被用于不平均分配。基尼系数最小等于 0，表示收入分配绝对平均；最大等于 1，表示收入分配绝对不平均；实际的基尼系数介于 0 和 1 之间。一般认为基尼系数小于 0.2 为高度平均，大于 0.6 为高度不平均，通常将 0.4 作为警戒线。

③ 张东生．中国居民收入分配年度报告（2010）．北京：经济科学出版社，2010.

续前表

年 份	城镇居民人均可支配收入（元）	农村居民人均纯收入（元）	城乡居民收入比率
1985	739.1	397.6	1.86
1989	1 373.9	601.5	2.28
1990	1 510.2	686.3	2.20
1991	1 700.6	708.6	2.40
1992	2 026.6	784.0	2.58
1993	2 577.4	921.6	2.80
1994	3 496.2	1 221.0	2.86
1995	4 283.0	1 577.7	2.71
1996	4 838.9	1 926.1	2.51
1997	5 160.3	2 090.1	2.47
1998	5 425.1	2 162.0	2.51
1999	5 854.0	2 210.3	2.65
2000	6 280.0	2 253.4	2.79
2001	6 859.6	2 366.4	2.90
2002	7 702.8	2 475.6	3.11
2003	8 472.2	2 622.2	3.23
2004	9 421.6	2 936.4	3.21
2005	10 493.0	3 254.9	3.22
2006	11 759.5	3 587.0	3.28
2007	13 785.8	4 140.4	3.33
2008	15 780.8	4 760.6	3.31
2009	17 174.7	5 153.2	3.33

资料来源：根据《中国统计年鉴 2010》整理计算而得。

专家认为：由于统计口径的差别、收入指标没有反映城乡居民在福利方面的差距、样本偏差使得城镇居民收入被低估、农民收入被高估等原因，中国城乡居民实际收入差距比现行统计资料反映的还要大。①

3. 城镇居民收入分配不均——高、低收入比扩大到 8.9∶1

将城镇居民按人均可支配收入由高到低排列，并将全部调查户进行五等份分组，计算各组人均收入及其在总收入中的比重，结果为：2009 年占总体 10％的最高收入组，家庭人均可支配收入为 46 826 元，比上年增长 7.36％；占总体 10％的最低收入组，家庭人均可支配收入为 5 253 元，比上年增长 10.5％；高低收入比为 8.9∶1，比上年的 9.2∶1 略有缩小。另外，1990—2000 年的十年间，最高 10％收入组与最低 10％收入组收入比从 3.2∶1 上升到 4.6∶1，扩大了 44％；而在 2000—2009 年的 10 年间，最高 10％收入组与最低 10％收入组的收入比从 4.6∶1 上升到 8.9∶1，扩大了将近一倍。

城镇居民基尼系数也验证了这个事实，从 20 世纪 90 年代末以来中国城镇居民基尼系数长期保持在 0.30 以上的水平，2009 年达到 0.34，比 1978 年的 0.16 上升 18 个百

① 孔泾源．中国居民收入分配年度报告（2004）．北京：经济科学出版社，2004．

分点（详见表 2 - 15）。

表 2 - 15　城镇居民基尼系数变化

年份	1978	1985	1990	1991	1992	1993	1994	1995
城镇居民基尼系数	0.16	0.19	0.23	0.24	0.25	0.27	0.30	0.28
年份	1996	1997	1998	1999	2000	2001	2002	2003
城镇居民基尼系数	0.28	0.29	0.30	0.30	0.32	0.32	0.32	0.330
年份	2004	2005	2006	2007	2008	2009		
城镇居民基尼系数	0.334	0.34	0.34	0.34	0.34	0.34		

资料来源：张东生．中国居民收入分配年度报告（2010）．北京：经济科学出版社，2010.

4. 农村居民收入差距逐渐扩大——农村居民收入的基尼系数达 0.39

改革开放以来，农村居民收入差距经历了由逐渐扩大到逐渐缩小，再由逐渐缩小到加速扩大的过程。从 1978 年开始农村居民收入差距逐年扩大，1995 年达到第一个高峰，基尼系数由 0.21 扩大到 0.34，扩大了 13 个百分点，平均每年扩大 0.8 个百分点。1996 年基尼系数下降为 0.32，比 1995 年下降了 2 个百分点，恢复到 20 世纪 90 年代初的水平。随后差距开始逐年扩大，1999 年的基尼系数为 0.34，恢复到 1995 年的水平，2000 年的基尼系数达到 0.35，2009 年则进一步扩大到 0.39（详见表 2 - 16）。

表 2 - 16　农村居民基尼系数变化

年份	1978	1985	1990	1991	1992	1993	1994	1995
农村居民基尼系数	0.21	0.26	0.310	0.307	0.313	0.329	0.321	0.342
年份	1996	1997	1998	1999	2000	2001	2002	2003
农村居民基尼系数	0.323	0.329	0.337	0.336	0.354	0.360	0.365	0.368
年份	2004	2005	2006	2007	2008	2009		
农村居民基尼系数	0.369	0.375	0.37	0.37	0.38	0.39		

资料来源：张东生．中国居民收入分配年度报告（2010）．北京：经济科学出版社，2010.

5. 行业收入差距明显——最高与最低收入行业的职工平均工资之比已经攀升到 4.71 以上

社会上流传着一句形容高收入行业的顺口溜："金（金融）银（银行）财（财政）保（保险）两电（电信和电力）一草（烟草）"。"中国纳税百强"几乎年年是石油、烟草、钢铁、电信、电力、金融等国有垄断企业，上市公司中的能源、电力、钢铁、交通、汽车等企业总能出现在沪深两市业绩增长排行榜的前列。

2008 年垄断行业[①]在岗职工总人数约 1 247.76 万人，占全部行业在岗职工人数的 10.84%，但其工资总额占全部行业工资总额的 31.54%。2009 年，全国城镇在岗职工平均工资 32 244 元，排在前列的行业是金融业，信息传输、计算机服务和软件业，科学研究、技术服务和地质勘查业，电力、燃气及水的生产和供应业，采矿业，文化、体育和娱乐业等行业，平均工资分别为 60 398 元、58 154 元、50 143 元、41 869 元、

① 参见张东生主编的《中国居民收入分配年度报告（2010）》一书第五章选取的 18 个垄断行业。

38 038 元和 37 755 元；排在后面的是居民服务和其他服务业，建筑业，水利、环境和公共设施管理业，住宿和餐饮业，农、林、牧、渔业，平均工资只有 25 172 元、24 161 元、23 159 元、20 860 元和 14 356 元（详见表 2－17）。

表 2－17　　2003—2009 年按行业分城镇单位就业人员平均工资　　单位：元

行业	2003	2004	2005	2006	2007	2008	2009	2009 年排序
金融业	20 780	24 299	29 229	35 495	44 011	53 897	60 398	1
信息传输、计算机服务和软件业	30 897	33 449	38 799	43 435	47 700	54 906	58 154	2
科学研究、技术服务和地质勘查业	20 442	23 351	27 155	31 644	38 432	45 512	50 143	3
电力、燃气及水的生产和供应业	18 574	21 543	24 750	28 424	33 470	38 515	41 869	4
采矿业	13 627	16 774	20 449	24 125	28 185	34 233	38 038	5
文化、体育和娱乐业	17 098	20 522	22 670	25 847	30 430	34 158	37 755	6
卫生、社会保障和社会福利业	16 185	18 386	20 808	23 590	27 892	32 185	35 662	7
租赁和商务服务业	17 020	18 723	21 233	24 510	27 807	32 915	35 494	8
公共管理和社会组织	15 355	17 372	20 234	22 546	27 731	32 296	35 326	9
交通运输、仓储和邮政业	15 753	18 071	20 911	24 111	27 903	32 041	35 315	10
教育	14 189	16 085	18 259	20 918	25 908	29 831	34 543	11
房地产业	17 085	18 467	20 253	22 238	26 085	30 118	32 242	12
批发和零售业	10 894	13 012	15 256	17 796	21 074	25 818	29 139	13
制造业	12 671	14 251	15 934	18 225	21 144	24 404	26 810	14
居民服务和其他服务业	12 665	13 680	15 747	18 030	20 370	22 858	25 172	15
建筑业	11 328	12 578	14 112	16 164	18 482	21 223	24 161	16
水利、环境和公共设施管理业	11 774	12 884	14 322	15 630	18 383	21 103	23 159	17
住宿和餐饮业	11 198	12 618	13 876	15 236	17 046	19 321	20 860	18
农、林、牧、渔业	6 884	7 497	8 207	9 269	10 847	12 560	14 356	19
合计	13 969	15 920	18 200	20 856	24 721	28 898	32 244	

资料来源：根据《中国统计年鉴 2010》数据整理而得。

6. 居民收入的地区差距日益扩大——东、中、西部及东北地区人均 GDP 之比 2009 年达 2.05：1：0.92：1.44

改革开放以来，东部沿海地区的经济一直快于中西部地区的发展。从人均 GDP 来看，2005 年东、中、西部及东北地区之比为 2.24：1：0.88：1.51（中部为 1），2007 年为 2.19：1：0.90：1.46，2009 年为 2.05：1：0.92：1.44。很明显，东、西部及东北地区与中部地区的经济发展差距正在逐步缩小。

（1）东、中、西部及东北地区城镇居民的收入差距。

现阶段，城镇居民人均可支配收入最高省份主要集中在东部地区，收入最低省份主要集中在西部地区。东部、中部、西部及东北地区城镇居民人均可支配收入存在明显差距。抽样调查数据显示，2009 年，东、中、西部及东北地区城镇居民人均可支配收入分别为 20 953.21 元、14 367.11 元、14 213.47 元和 14 324.34 元。东部地区城镇居民人均可支配收入分别是中部、西部和东北地区的 1.46 倍、1.47 倍和 1.46 倍。2005—2009 年的抽样调查数据显示，东部城镇居民人均可支配收入比中部地区分别高出 4 566 元、5 065元、5 340 元、5 977 元和 6 585 元；比西部地区分别高出 4 592 元、5 239 元、5 665元、6 232 元和 6 740 元；比东北地区分别高出 4 645 元、5 137 元、5 511 元、6 083元和 6 629 元。

(2) 东、中、西部及东北地区农村居民的收入差距。

与 2005 年相比，2009 年东部、中部、西部及东北地区农村居民人均纯收入差距有所减小。抽样调查数据显示，2009 年，东、中、西部及东北地区农村居民人均纯收入分别为 7 155.53 元、4 792.75 元、3 816.47 元和 5 456.59 元，东部地区农村居民人均纯收入分别是中部、西部和东北地区的 1.49 倍、1.87 倍和 1.31 倍。而 2005 年，东部地区农村居民人均纯收入分别是中部、西部和东北地区的 1.60 倍、1.98 倍和 1.40 倍。2005—2009 年的抽样调查数据显示，东部农村居民人均纯收入比中部地区分别高出 1 764元、1 905 元、2 011 元、2 145 元和 2 363 元；比西部地区分别高出 2 314 元、2 600元、2 827 元、3 080 元和 3 339 元；比东北地区分别高出 1 314 元、1 443 元、1 507元、1 497 元和 1 699 元。

(3) 东、中、西部及东北地区职工平均工资差距。

1980—2003 年，按现价测算，东部地区职工平均工资年均增长 17.3%，中部地区增长 12%，西部地区增长 12.4%。以中部地区收入为 1，东、中、西三大地带的收入比例由 1978 年的 0.99∶1∶1.05，扩大到 2003 年的 1.53∶1∶1.14。2009 年，东部、中部、西部及东北地区的职工平均工资分别为 38 449 元、27 599 元、29 333 元和 28 275 元，分别是全国平均水平的 117%、84%、90% 和 86%，较前一年相比分别增长 10.6%、13.9%、13.7%和 13.6%。东部地区平均工资的绝对值依然最高，但是增长率却低于其他三个地区。总体来说，东、中、西部及东北地区之间的职工平均工资差距略有缩小的趋势。

参考文献

[1] 大卫·李嘉图. 政治经济学及赋税原理. 北京：商务印书馆，1972.
[2] 多恩布什，费希尔. 宏观经济学. 北京：中国人民大学出版社，1997.
[3] 汪行福. 分配正义与社会保障. 上海：上海财经大学出版社，2003.
[4] 新帕尔格雷夫经济学大辞典：第一卷. 北京：经济科学出版社，1996.
[5] 范一飞. 国民收入流程及分配格局分析. 北京：中国人民大学出版社，1994.
[6] 孔泾源. 中国居民收入分配理论与政策. 北京：中国计划出版社，2005.
[7] 陈宗胜，周云波. 再论改革与发展中的收入分配. 北京：经济科学出版社，2002.
[8] 郭树清，韩文秀. 中国 GNP 的分配和使用. 北京：中国人民大学出版社，1991.
[9] 阿塔纳修斯·阿西马科普洛斯. 收入分配理论. 北京：商务印书馆，1995.
[10] 中国经济改革研究基金会，中国经济体制改革研究会联合专家组. 收入分配

与公共政策. 上海：上海远东出版社，2005.

［11］王春正. 我国居民收入分配问题. 北京：中国计划出版社，1995.

［12］张东生. 中国居民收入分配年度报告（2006）. 北京：中国财政经济出版社，2006.

［13］张东生. 中国居民收入分配年度报告（2010）. 北京：经济科学出版社，2010.

［14］世界银行. 2006年世界发展报告——公平与发展. 北京：清华大学出版社，2006.

［15］中国发展研究基金会. 中国人类发展报告2005. 北京：中国对外翻译出版公司，2005.

［16］李晓西等. 中国地区间居民收入分配差距研究. 北京：人民出版社，2010.

要给需求和供给这两个概念下一般的定义，真正的困难在于，它们好像只是同义反复。[①]

——马克思

第三章

总供给与总需求概论

总供给与总需求的关系是理解宏观经济学的主线。从总供给入手，我们要分析自然增长率和潜在生产能力，分析总劳动市场和工资问题，分析总产品市场和总资本市场。从总需求入手，我们要分析消费需求、投资需求和政府支出，以及国外需求。这些部分构成了国民经济的主体。总供求关系继续向国际延伸，我们就进入了汇率体制与汇率水平的分析，进入了外汇储备和国际收支的分析，进入了价格、利率等经济参数国际化的分析。我们对总供求关系的进一步分析，就使我们进入了总供求失衡与经济结构失衡关系的分析，进入了总供求关系结果如失业问题和通货膨胀问题的分析。最后，为了寻求总供求的动态均衡，我们又进入了宏观经济政策分析。我们要研究货币政策和财政政策，甚至收入政策，就要对宏观经济形势进行预测。这一切使我们深深地感到，总供求分析是宏观经济学的基础，是解决宏观经济领域所有问题的基础。

第一节　总供给概念及其相关问题

一、总供给概念及其衡量

我们先来比较一下几种总供给概念的异同。萨缪尔森的定义是：总供给（aggregate supply，AS）是指一定时期内一国企业所愿意生产和出售的商品和劳务的总量。总供给

---

① 马克思．资本论：第3卷．北京：人民出版社，2004：207.

取决于价格水平、经济的生产能力和成本水平。[①] 中国国家信息中心的解释是：总供给指报告期（通常是季度或年度）全社会新创造的且需要资金交换的最终商品和劳务总量。

这两个定义基本上是一致的，认为总供给是在一定时期内、一定国度内测度的，超时空的总供给是没有意义的。总供给有两大内容：一是商品，二是劳务。商品是传统上就存在的概念，古典经济学主要研究商品的生产和消费。劳务则是现代经济学扩展进来的一个范围很广泛的概念。

这两个定义在强调的重点上有一个不同：萨缪尔森没强调总供给是需要资金交换的商品和劳务总量，中国国家信息中心则强调了需要资金交换这一点。其实，它们的差异并不很大。因为一般而言，现代社会里讲的总供给是以货币来交换的，是以市场价格来计算的，所以，现在的宏观经济分析都是这样进行的。但是，就理论研究而言，在研究自然增长率和生产能力时，存在一种没有货币的总供给概念。凯恩斯在讲需求时也强调实质需求，将此与货币需求区分开。因此，理论家们心目中的总供给概念会更宽泛一些，其心目中的总供给不仅指货币计量的总供给，而且包括无货币时的总供给。当然，在现实中，无货币的总供给是无法统计的，实用性不强。

要特别指出的是，当前最流行的美国经济学家斯蒂格利茨的《经济学》一书对总供给的定义。细心的读者可以发现，该书没有在宏观经济学最突出的地方下定义，而是在“总量市场”这一篇的“产品市场”这一节首先讲解总供给概念。他的解释很简单：总供给量是经济中的每个厂商在这一价格水平上供给量的总和。[②] 这本书是从产品供给角度分析供给及其曲线的，是在微观厂商供给曲线的基础上分析总供给的。虽然说这本书对总供给曲线的形成和移动进行了较多的分析，但仍然可以看出，这本书对总需求的关注大大胜于对总供给的关注，有更强的凯恩斯需求学说的影子。这本书对短期总需求曲线和长期总需求曲线的分析是超越凯恩斯学派的。多年来，宏观经济学没有长期的需求曲线概念，认为需求是短期的，需求管理是短期的政策调节。[③]

国民经济核算为总供给的衡量提供了基本保证。不断完善的国民经济核算体系使我们对总供给（商品和劳务）可以有一个科学的统计。现在，在大多数情况下，我们是用GNP（近年又用GDP）从数量上描述总供给的大小。如果更确切一些，参考统计口径，可以理解为总供给等于国内供给加上国外供给，国内供给等于国内生产总值减去不可分配部分（比如林业和畜牧业的自然增长部分），国外供给等于海关统计的进口总值。

二、潜在产出计算的比较[④]

1. 基本概念

潜在产出是涉及一国长期经济增长和短期经济波动的重要概念，它在理论上和现实中都具有非常重要的意义。在理论上，潜在产出的估测为测量经济总供给能力提供了一

---

① 萨缪尔森，诺德豪斯．经济学（第16版）．北京：华夏出版社，2002：306.

② 斯蒂格利茨．经济学．北京：中国人民大学出版社，1997：45.

③ 同②167.

④ 本部分基础内容系曾学文博士、姜晓华助理提供。

个综合有效的方法；同时，潜在产出的测算和分析与现代经济增长理论和统计方法紧密相连，它是现代经济增长理论和统计理论在实践中的一种运用。从现实来讲，在短期，潜在产出的估测可以确定经济发展所处的状态（过热或过冷）；在长期，潜在产出的测算和预测可以对经济体长期增长的影响因素和发展趋势作出判断，从而为政府制定发展战略提供依据。

潜在产出从字面上可理解为一个经济体的潜在的最大可能产出，但这只是一个较笼统的概念。对这样一个概念可以有不同的具体理解，大致分为以下两类：第一类，凯恩斯主义经济学者从要素充分利用、资源不存在闲置的角度来定义和理解潜在产出。潜在产出是与稳定的通货膨胀一致的产出水平，这一定义也被称为第一个真正的（genuine）潜在产出的概念。[①]第二类，新古典宏观经济理论（真实经济周期理论）通过对经济体中供给和需求冲击的影响，将潜在产出定义为实际产出的趋势值（trend output）。

美国非常重视潜在 GDP 的测算，其国会有一个预算办公室（CBO）专门测算潜在总供给和潜在 GDP。它们通过五部门（政府、非农业部门、农业部门、非营利机构、家庭）的潜在产量测算来估算潜在总产出。

2. 计算方法

随着对潜在产出研究的日益深入，目前测算潜在产出的方法有数十种之多，多样化的测算方法可以促进不同方法之间的比较，从而不断改进；同时，随着各种新技术方法的应用，不同方法运用中产生了一些概念误解和政策偏差。在此，对现有的测算方法进行综合分类比较。结合以上对潜在产出概念的理解，潜在产出的测算方法大致可分为三类。

(1) 经济结构分析法。

这是一类与凯恩斯主义理论相对应的测算方法，该类方法均建立在一定的经济关系的基础上，在一定的约束条件下，建立要素投入与产出间的关系，从而对潜在产出作出估算。该类方法的优点是：与一定的经济理论相联系，经济含义强，从而保证了测算结果的科学性。缺点是：对数据的真实性和有效性要求较高，有些数据不易获得。该类方法具体包括以下几种：奥肯定律法、产出—资本比率法、要素需求函数推导法、生产函数法等。

1）奥肯定律法。建立产出缺口与失业率之间的缺口比例关系：$(U_t-U_t^*)=-\alpha(Y_t-Y_t^*)$，式中，$U_t$ 为实际失业率，U_t^* 为自然失业率，Y_t 为实际产出，Y_t^* 为潜在产出，由此来估算潜在产出。

2）产出—资本比率法。通过假设产出—资本的稳定比例关系，建立如下关系：$Q_t/K_t=\alpha_0+\alpha_1 T$，通过观测产出—资本比例的变化来确定实际产出对潜在产出的偏离。

3）要素需求函数推导法。通过建立资本（或劳动力）的需求函数：$\log K_t^*=\alpha_0+\alpha_1\log Q_t^*+\alpha_2\log P_t^*+\alpha_3 T$ [式中，K_t^* 为资本；Q_t^* 为持久收入（即潜在产出）；P_t^* 为价格水平]，推导出产出与资本（或劳动力）的关系，进而估算潜在产出。

4）生产函数法。生产函数法可以看作是以上各方法的综合，它全面考虑了劳动力、资本等要素的影响。通过建立生产函数模型：$Y_t=AK_t^{\alpha}L_t^{\beta}$（式中，$Y_t$ 为现实产出；L_t 为劳动投入；K_t 为资本存量；α、β 分别为平均资本的贡献因子与劳动力的贡献因子），

① Economic Policy Committee of European Union (2001).

计量回归得到产出与各要素的关系，然后将潜在产出和技术趋势值代入，便可估算一个国家和地区的潜在产出。[①] 生产函数法20世纪六七十年代在工业化国家得到了广泛使用。

(2) 趋势统计分析法。

这是一类与新古典宏观经济理论相对应的测算方法，此类方法不考虑变量间的经济关系，采用各种统计和计量技术，剔除实际产出中的波动性成分，得到实际产出的趋势值，以此来估算潜在产出。此类方法的优点是：对数据要求低，一般只需实际产出值即可，数据较易获得且真实性有保证。缺点是：缺乏经济含义，不利于对结果进行经济分析。此外，随着各种现代化的计量统计手段的运用，该方法变得越来越复杂，难以把握，且有对潜在产出测算出现偏误的可能。趋势统计分析法主要包括以下几种方法：线性趋势法、峰值趋势法、单变量滤波法。

1) 线性趋势法。该方法认为产出随着时间的变化表现出一种十分确定的趋势，从而建立如下产出和时间的关系：$y=A+BT$（式中，T 为时间），以此来确定产出的趋势，即潜在产出。线性趋势法是估算潜在产出最简单的方法，思路及计算均简单快捷，是一种测算潜在产出的粗略方法。

2) 峰值趋势法。这一方法是由奥肯最早提出并使用的，在20世纪六七十年代得到广泛使用。这一方法假设实际产出序列中的峰值代表着资源的充分利用，即经济达到潜在产出，由此可利用线性趋势推算非峰值时刻的潜在产出值。

3) 单变量滤波法。随着计量技术及对时间序列数据分析的不断深入，一些新的趋势剔除技术被应用到潜在产出的计算中。在目前使用的消除趋势法中，最流行的是HP滤波法（Hodrick and Prescott，1997[②]）。HP滤波技术的原理是通过最小化实际产出的波动和整体样本趋势的变化率来求得趋势产出值，即最小化下式：

$$\sum_{t=1}^{T}(\ln Y_t-\ln Y_t^*)^2+\lambda\sum_{t=2}^{T-1}[(\ln Y_{t+1}^*-\ln Y_t^*)-(\ln Y_t^*-\ln Y_{t-1}^*)]^2$$

式中，Y_t 为 t 时的实际产出；Y_t^* 为 t 时的潜在产出；λ 为趋势调整系数。

HP滤波法相对于之前的趋势剔除法具有很好的适应性和灵活性，是趋势剔除法中最典型的一种，在实践中得到了广泛应用。但是，HP滤波技术在使用时有一些缺点：趋势系数 λ 在不同情况下使用时较难科学确定，往往带有主观性，而 λ 的值对结果有较大的影响；在统计技术方面，HP滤波的样本终点偏差（end-point bias）较大，样本末期潜在产出的判断及未来的预测会受此偏差的影响。除HP滤波法外，还存在其他一些滤波方法，如BN分解方法（Beveridge and Nelson，1981）、BK滤波法（Baxter and King，1995）、UC-卡尔曼滤波法——全称为不可观测成分（unobserved-component，UC）-卡尔曼滤波法。

(3) 经济结构与趋势统计相结合的测算方法。

考虑到趋势统计法缺乏经济含义的缺点，一些学者试图在此基础上增加一些经济信息，以使测算方法的含义更丰富。该测算方法主要包括以下两种：引入菲利普斯曲线或奥肯定律曲线的多变量滤波法、结构向量自回归模型（SVAR）。

---

① 郭庆旺，贾俊雪．中国潜在产出与产出缺口的估算．经济研究，2004（5）．

② 该篇论文于1980年完成，但正式发表时间是1997年。

1）多变量滤波法。在普通的滤波技术（HP 滤波、卡尔曼滤波）的基础上，引入菲利普斯曲线（考虑价格和产出的关系）或奥肯定律曲线（考虑失业率和产出的关系）等，将实际产出的分解同其他方程的估计同时进行，在利用统计技术的同时增加了经济含义。

2）结构向量自回归模型。这一方法是由布兰查德-奎阿（Blanchard-Quah，1989）最早提出的，他们通过在产出和失业变量的经济含义的基础上，利用统计方法建立向量自回归方程，以此估算产出的趋势成分。

据我们所知，美国国会预算办公室（CBO）以索洛增长模型为框架，以新古典生产函数为核心，用奥肯定律的变量关系来估算 GDP 组成部分的趋势。根据这种关系，当失业率低于自然失业率时，实际产出超过潜在水平。相反，当失业率超过自然失业率时，实际产出低于潜在水平。模型以奥肯定律为基础，实际失业率和自然失业率之间的缺口是经济周期阶段的重要指示器。

3. 我国潜在产出（或潜在 GDP）测算的实践

我国对潜在产出的研究相对于国外起步较晚，但很多学者做过测算研究，他们分别使用不同的方法，对不同时间段的潜在产出做了测算（见表 3-1）。

表 3-1　国内潜在产出测算列表

作者/年份	预测方法	预测时期	预测结果
沈利生（1999）[a]	使用生产函数法进行参数估计，在此基础上估算 1978—1998 年的潜在产出，并通过对外生变量（资本存量和劳动力）的预测来预测 1999—2010 年的潜在产出。	1978—1998 年 1999—2010 年	1980—1990 年、1991—1998 年、1999—2010 年这三个时期的潜在 GDP 增长率分别为 9.9%、10.0%、9.1%。
解三明（2000）[b]	采用生产函数法，假定未来五年，我国全要素生产率的提高和过去 20 多年基本相当，年均增长 3%左右，在 2006—2015 年全要素生产率年均增长 5%左右。	2000—2015 年	2000—2005 年，我国 GDP 潜在增长率将达到 9%；2006—2015 年，GDP 潜在增长率将达到 8.5%。
刘斌、张怀清（2001）[c]	分别采用线性趋势方法、HP 滤波方法、单变量状态空间-卡尔曼滤波方法和多变量状态空间-卡尔曼滤波方法等四种统计分析的方法对 1992—2001 年的潜在产出做了估算。	1992—2001 年	四种方法对我国潜在产出年均增长率的估计结果分别为 9.1%、8.6%、8.4%和 8.3%。统计检验表明，采用单、多变量状态空间-卡尔曼滤波方法估计出的潜在产出和产出缺口在经济解释上更加合理。
王春正等（2003）[d]	分别采用要素分解法、改进生产函数法、传统生产函数法、移动外推法和移动平均法五种方法在计量回归的基础上，对“十五”期间的潜在经济增长率做了预测。	2000—2005 年	2000—2005 年间的经济增长率为 8.4%～8.8%。

续前表

作者/年份	预测方法	预测时期	预测结果
郭庆旺，贾俊雪（2004）[e]	使用三种方法（消除趋势法、增长率推算法和生产函数法）对1978—2002年间的潜在产出做了估算。	1978—2002年	对1978—2002年间的周期波动进行分析，并推断1978—2002年间的平均潜在产出增长率为9.56%。
高铁梅，梁云芳（2005）[f]	用HP滤波方法和生产函数模型估计我国产出的潜在均衡增长趋势。	2005—2006年	计算出相应的产出缺口，同时利用ARIMA模型预测2005年和2006年的潜在产出率为8.4%和8.3%，而我国实际GDP增长率分别为9.1%和8.7%，都略高于潜在产出。
许召元（2005）[g]	运用卡尔曼滤波方法估计1979—2004年间我国的潜在经济增长率和产出缺口。	1979—2004年2005年	根据这些结果检验了我国经济增长与通货膨胀率之间的交替关系、社会的通货膨胀预期对经济的影响、决定产出缺口大小的影响因素等，最后利用研究结果对我国2005年的经济发展进行了预测。
石柱鲜，王立勇（2005，2006）[h]	运用基于新凯恩斯型动态模型的状态空间模型对我国潜在产出和产出缺口进行了测算。	1996—2004年	利用估计结果计算了我国财政预算余额中的结构性成分和周期性成分的大小。

说明：a. 沈利生．我国潜在经济增长率变动趋势估计．数量经济技术经济研究，1999（12）.

b. 解三明．未来我国国民经济增长趋势分析．宏观经济管理，2000（6）.

c. 刘斌，张怀清．我国产出缺口的估计．金融研究，2001（10）.

d. 王春正等．探索实践——运行与调控．北京：经济科学出版社，2003.

e. 郭庆旺，贾俊雪．中国潜在产出与产出缺口的估算．经济研究，2004（5）.

f. 高铁梅，梁云芳．论中国增长型经济周期波动及适度增长区间．经济学动态，2005（8）.

g. 许召元．中国的潜在产出、产出缺口及产量—通货膨胀交替关系—基于“Kalman滤波”方法的研究．数量经济技术经济研究，2005（12）.

h. 石柱鲜，王立勇．对我国潜在产出、结构预算与财政态势的关联性研究．数量经济技术经济研究，2006（9）.

从测算结果来看，改革开放以来我国潜在产出增长率在8.0%和10%之间波动，均值位于9%左右。不同的研究者估计出来的结果存在一定的差异，但都认为潜在产出总体上呈下降趋势。

第二节　总需求概念及其相关问题

总供给与总需求紧密相连。有些问题从一个方面讲是需求问题，从另一方面看就成了供给问题，因此，必须将二者联系起来分析，很难抛开一方单独评价另一方。但是，必须弄清楚哪一方面更重要。判断总供求关系时特别需要防止对统计数据的混淆，主要有：一是把规模以上工业增加值与整个工业增加值混同；二是将社会消费品零售总额与社会最终消费混同，而事实上，社会消费品零售总额只占社会最终消费的60%左右；三是把固定资产投资与GDP中的固定资本形成混同，事实上，固定资产投资要转变为固定资本形成还要扣除土地购置费、旧建筑和旧设备的购置费等因素。此外，社会服务业GDP缺乏准确数据，只有估计数，这也容易引发对总供求判断上的争论。

一、总需求概念

萨缪尔森在其《经济学》(第16版)中对总需求概念的定义是：总需求（aggregate demand，AD）是指一定时期内一个经济中各部门所愿意支出的总量。总需求是消费者、企业和政府支出的总和，它既取决于价格水平，也取决于货币政策、财政政策和其他因素。① 中国国家信息中心对总需求概念的定义是：总需求是指报告期（通常为季度或年度）全社会为购买最终产品和劳务而增支的货币资金。②

以上两个定义是简明扼要的。总需求是一定时空中的，这毫无疑问。萨缪尔森强调了消费者、企业及其他机构，国家信息中心的定义强调了全社会。同时，国家信息中心的定义还强调了"购买最终产品和劳务"，强调了是用"货币资金"去购买，这对统计部门来讲既是准确的，也是可操作的。当然，并不是说萨缪尔森不同意这样的定义。我认为萨缪尔森的定义也隐含有这两层意思，这可以从其全书行文中看出来。

我还想拿斯蒂格利茨的《经济学》进行比较。书中斯蒂格利茨先分析总需求曲线，后给总需求下定义，这可能不太符合中国人的习惯。总需求的概念在斯蒂格利茨的《经济学》一书中最先出现在"总需求"这一章（第28章）中："总需求是指对经济中生产出来的所有商品和劳务的需求。"③ 总需求曲线则出现在第26章中，他说，"总需求曲线说明家庭、厂商、政府与国外的商品总需求与价格水平的关系。"④ 从全书的结构看，他重视总需求，用专门的一章来论述，同时，还分别用第29章和第30章来分析总需求中的消费和投资、政府支出和国外需求。

美国哈佛大学教授萨克斯和智利天主教大学教授拉雷恩在《全球视角的宏观经济学》一书中，简明地解释了总需求是如何按消费、投资、政府支出和国外需求这四部分加总决定的。他认为作为一个会计恒等式（accounting identity），这种加总是成立的，困难只在于国外需求的计算涉及汇率，更为复杂。⑤

在联合国1993年的SNA中，总供给用GNP或GDP来表示，但总需求用什么来表示呢？通读1993年的SNA版本，没有总需求这个概念，更没有总需求的统计方法。但是，在这个版本中，有这样几个账户可以找到需求的统计。一是在收入使用账户中，有经济体的最终总消费，其解释是："经济体的最终消费可以从两个角度来看：从支出角度看，它可以为常住住户、为住户服务的非营利机构和一般政府单位在个人及公共消费

---

① 萨缪尔森，诺德豪斯．经济学（第16版）．北京：华夏出版社，1999：307.

② 参见国家信息中心的中经网宏观经济网页上的解释。

③ 斯蒂格利茨．经济学．北京：中国人民大学出版社，1997：83.

④ 同③47.

⑤ 杰弗里·萨克斯，费利普·拉雷恩．全球视角的宏观经济学．上海：上海三联书店，上海人民出版社，1997：91-93.

品和消费服务上的所有支出的价值；或者从实际最终消费看，它可定义为常住户获得的所有货物和服务的价值加上一般政府提供给社会或社会中某些部分的公共服务的价值。”① 这可以视为消费需求的统计解释。二是在资本账户中，有关于资本形成总额的解释。资本形成总额是“以固定资本形成总额、存货变化和珍贵物品的获得减处置的总价值来度量的”。固定资本形成总额是“以生产者在核算期内获得的固定资产减处置的固定资产加上机构单位的生产活动实现的非生产资产价值的某些增加部分的总价值来度量的。固定资产是作为生产过程的产出生产的，其本身在其他生产过程中反复或连续使用一年以上的有形或无形资产”②。这可以视为投资需求的统计解释。三是在国外账户中，有一个对外货物和服务差额项，是货物和服务对外账户的平衡项。如果差额为正值，表示国外在货物和服务交易方面有盈余，而该经济体（国内）总体有赤字；如果差额为负值，则情况刚好相反。③ 这可以视为进出口的差额，即国外需求。这三大需求之和，可以近似地看成总需求，其中包括了住户支出、企业支出、政府支出和国外需求。从以上可知，在 SNA 中，没有总需求概念和相应的统计指标。可以推测，总需求是经济学的理论抽象，不是统计学的指标。

二、什么是有效需求

有效需求是凯恩斯提出的概念，其创新性在于承认名义上的总供求均衡而揭示出实际上的总供求非均衡。进一步讲，有效需求仅指总供求均衡时的总需求。在凯恩斯看来，总供求均衡时的总需求实际上是不足的。因为，为社会提供的总产品和劳务，实际上并不是用生产总产品和劳务创造的所有收入购买的，只是用生产总产品和劳务中的部分收入购买的。这是由以下三个规律造成的：一是消费增长比不上收入增长，人们总有一部分收入用于储蓄；二是投资增长在收入或收入的变相形式中只是一个递减的部分，因为资本的边际效益必然是下降的，投资达到一定程度后，投资越多，资本收益率就越低；三是人们需要随时持有一部分现金，这使收入中用于支出的部分会减少。在这里，凯恩斯揭示了一个重要事实：当人们在一定价格水平上通过交易实现总供给时，其实人们支出的仅仅是同期收入的一部分。要使人们提高收入中的支出比重，尽量实现总供求真正的均衡，就需要刺激消费、投资需求（即支出），这是解决就业不足的出路所在。

如果上面的理解是正确的，那么，当我们分析形势时说“现在有效需求不足”，就需要考虑一个潜在前提，即现在的总供求是否达到了基本均衡。一定要记住，凯恩斯认为有效需求不足，并不是指总需求不足，在凯恩斯眼中，有效需求不足是一种常态，不是病态。有些学者讲的有效需求不足，实际上是讲总需求小于总供给的非常态。因此，与以凯恩斯理论为基础的宏观经济学所讲的概念有区别。如何解决这种不一致？要么不用这一概念，直接用总需求；要么加以特别说明，以示区别，并界定有效需求这个老概念的新内涵。

① 联合国等．国民经济核算体系（1993 年版）．北京：中国统计出版社，1995：224.

② 同①233.

③ 同①357.

三、什么是货币需求

货币需求是个人、企业、机构愿以货币形式持有其拥有的部分或全部财产的需要。所有个人、企业、机构的货币需求，可视为全社会的货币需求。货币需求的实质，是以货币形态存在的潜在的或正在实现的购买力。货币供给的主体是中央银行，货币需求的主体是企业、家庭和政府。央行发行货币，通过多种渠道流通到家庭、企业和政府手中，成为一种潜在的购买力。潜在的购买力有多种形式，比如，各种期限的存款、旅行支票、各种有价证券、现金以及不动产等。以货币形态存在的购买力，是指在支出中可直接承担交易中介的那部分。那些需要经过变换才能承担交易中介的，比如长期国库券、股票、不动产等金融资产，不被列为货币需求的范围，而是包含在广义的金融资产的范围内。显然，能否用于交换，是是否被列为货币的条件，进而是是否被列为货币需求研究范围的前提。就个人来讲，所谓货币需求，实质上是对金融资产中货币形式的资产比重的选择。如果把货币需求顾名思义地理解为经济主体对不属于自己的货币的需求，那就不是货币需求的本义了。这种对货币数量的需求可以是无限大的。如果要确定其数量，就必须给出进一步的规定，比如，把货币需求理解为货币收入的愿望，这就可以用来确定这种货币需求的数量。但是，这样一来就成为收入分配问题，而不是货币需求问题了。显然，货币需求是经济主体对属于自己的金融资产中以货币形式出现的金融资产的需求，以实现购买商品和劳务等交换活动。

货币需求早期可能表现为持有现金的愿望，现在可能表现为持有个人支票、保留活期存款（或短期存款）以及持有现金的愿望。有一位学者说，对货币的需求是“人们持有现金，而不是持有债券、股票、不动产或其他投资形式的意愿”[①]，这种理解是凯恩斯货币需求的原意。

对全社会来讲，货币需求则是各种经济主体用货币形态表现出来的对交换和支出的需求，是全社会各种主体对属于自己的金融资产中的货币的总需求。不可否认，现在相当多的人是从经济运行需要多少货币这一角度来讲货币需求过剩与不足的，换言之，是从经济运行对作为媒介的货币的需求量来谈货币需求，实际上是指货币供给问题，是货币当局应发行多少货币、货币政策是松还是紧的问题。由此看来，不能把货币需求等同于货币供给。那种认为多发行货币就增加了货币需求的观点是不正确的。在宏观经济分析中，货币需求与货币供给将成为货币交换经济中均衡的重要体现。当然，由于货币范围随时间和条件不断变化，因此，货币及货币需求也在变化。一般而言，越是发达的社会，货币形式越多，货币需求本身也越复杂。

多数货币需求理论是以货币作为流通手段为基础的。最流行的货币需求模型存货分析法（inventory approach）——也叫鲍莫尔-托宾模型[②]——认为，家庭需要货币以购买商品和劳务，但持有货币会损失利息；此外，经常将其他资产转换为货币又会产生交易成本。因此，这二者之间有一个均衡点，因而构成一个模型。货币需求还会由于其他原因而成为必要，比如，地下活动者、地下（黑色、灰色）经济参与者需要货币作为无

---

① 易纲．中国的货币银行和金融市场．上海：上海三联书店，1996：178.

② 本书第十三章将专门分析鲍莫尔-托宾模型。

记名交易工具，投机者需要通过货币变换得到利润。货币主义强调稳定的货币需求函数，因为稳定的货币供给有助于稳定地发展经济。

有没有非货币需求？当然有。在金融资产范围内，就有非货币需求，比如，你需要拥有股票和长期国库券，就是非货币的金融资产需求。在金融资产范围之外，也有非货币需求。有人将总需求定义为市场需求与非市场需求之和，市场需求与货币需求紧密相关，而非市场需求则不需要货币为中介就可完成交易，如实物的交换。我们可以将这种需求称为不通过货币实现的一种实际的需求。这种实际需求是最终需求，而不是中介需求，是任何社会都存在的需求。从一国经济实际出发，应当承认存在这种非市场的需求。这种非市场需求，即使不经过市场交易，比如自由的物品，也将计入总的国民收入之中，这是按收入法计入的。

第三节　经典总供求模型选解

总供求包括了产品、货币和劳动三大部分。产品总供求的曲线和模型，在各类经济学教材中介绍得比较全面和深入。这里拟重点就产品和货币两个市场的均衡，以及产品、货币和劳动三个市场的均衡，介绍两个相应的并被广泛运用的模型。

一、产品市场和货币市场双均衡的 *IS*－*LM* 模型①

IS－*LM* 模型是由约翰·希克斯（John R. Hicks）在1937年提出并由阿尔文·汉森（Alvin H. Hansen）加以完善的一种图形框架。

1. 人物及背景

约翰·希克斯，英国人，1904年生，分别于1926年、1932年获得牛津大学硕士和博士学位，以后历任伦敦经济学院、剑桥大学、牛津大学教授。1943年被评为英国科学院院士。1972年瑞典皇家科学院宣布，“当约翰·希克斯在1939年出版他的《价值和资本》一书时，他给全部均衡理论注入新的生命。他设计了一个完整的均衡模型，比以前这个领域内的努力在大得多的程度上系统地建筑在关于消费者和生产者行为的假设上”②，因此，他获得当年的诺贝尔经济学奖。

2. 关键方程或模型

IS 曲线方程：

$$Y=\frac{a+\alpha+G-bT}{1-b}-\frac{\beta}{1-b}R \tag{3-1}$$

LM 曲线方程：

① 吴易风等．西方经济学．北京：中国人民大学出版社，1999：440－463；高鸿业．西方经济学．北京：中国人民大学出版社，2000：526－565；宋承先，许强．现代西方经济学（宏观经济学）．上海：复旦大学出版社，2004：198－214；范金等．中级宏观经济学．北京：经济管理出版社，2004：198－206.

② 张杰等．大师经典：1969—2003年诺贝尔经济学奖获得者学术评介．济南：山东人民出版社，2004：37－38.

$$Y=\frac{hR}{k}+\frac{m}{k} \tag{3-2}$$

式（3-1）中，Y、G、T 和 R 分别为总产出、政府支出、税收和利率；投资 I 满足：$I=\alpha-\beta R$，式中，α 为自主投资，β 为利率对投资的影响系数；消费 C 满足：$C=a+b(Y-T)$，其中 a 为不随收入变化而变化的那部分消费，b 为边际消费倾向。

式（3-1）是直接从 $Y=C+I+G$ 中推导出来的，表示产品市场均衡，即产品市场上总供给与总需求相等。但式（3-1）这种形式有助于我们观察收入 Y 与利率 R 的关系。在产品市场达到均衡时，收入 Y 与利率 R 之间存在反方向变动关系的几何表示被称为 *IS* 曲线。*IS* 曲线是从投资与利率的关系（投资函数）、储蓄与收入的关系（储蓄函数）以及储蓄与投资的关系（储蓄等于投资）中推导出来的。

式（3-2）中，m 为实际货币供应量，等于名义货币供应量 M 除以价格水平 P；k、h 分别为货币需求对收入和利率的敏感程度。式（3-2）是从货币供给等于货币需求公式 $Yk-hR=m$ 直接推导出来的，表示货币市场均衡。*LM* 曲线是使货币需求量 L 和货币供应量 M 相等的利率和收入的组合轨迹。

3. 关键图示及解释

IS-*LM* 模型通过考察产品市场和货币市场的共同均衡来说明均衡收入和均衡利率的决定。在图 3-1 中，*IS* 曲线与 *LM* 曲线的交点为 E，在该点产品市场和货币市场同时达到均衡。在横轴上对应的收入为均衡收入 Y_0，在纵轴上对应的利率为均衡利率 R_0。

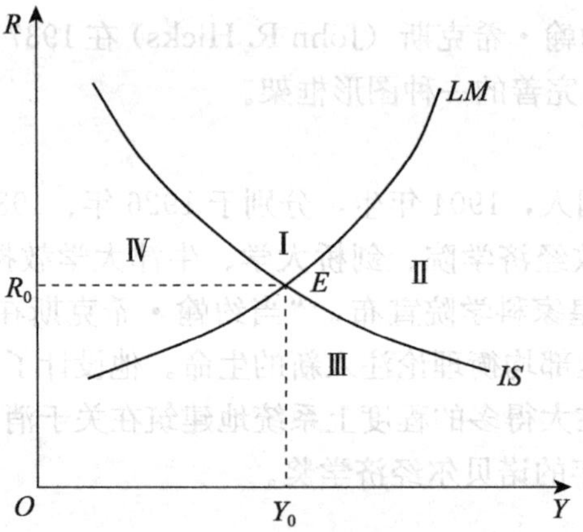

图 3-1　*IS*-*LM* 模型图

IS 和 *LM* 两条曲线把坐标平面分成四个区域，如图 3-1 所示。区域Ⅰ位于 *IS* 曲线右方、*LM* 曲线左方，反映的是超额产品供给和超额货币供给的组合；区域Ⅱ位于 *IS* 曲线右方、*LM* 曲线右方，反映的是超额产品供给和超额货币需求的组合；区域Ⅲ位于 *IS* 曲线左方、*LM* 曲线右方，反映的是超额产品需求和超额货币需求的组合；区域Ⅳ位于 *IS* 曲线左方、*LM* 曲线左方，反映的是超额产品需求和超额货币供给的组合。这里的超额供给指供给大于需求，反之亦然。

IS-*LM* 图形从外形上看，与马歇尔的供求决定均衡价格图形一样，但其经济含义反映的是宏观经济。

4. 特征归纳

IS－*LM* 是反映商品市场和货币市场同时达到均衡的利率和收入的模型，这一模型曾被看作现代宏观经济学教科书的基石，也成为宣传和阐释凯恩斯理论的重要工具。

在 *IS* 曲线上均衡收入与利率是反方向变动的，其内在原因在于：利率提高，会导致投资支出减少，在其他支出不变的情况下，投资支出的减少会使社会总支出减少，进而导致均衡收入减少。在 *LM* 曲线上均衡收入与利率同方向变动，其内在原因在于：为使货币市场保持均衡，当收入增加使得货币交易需求增加时，利率必须相应提高，反之，在货币市场均衡条件下，当收入减少时，利率必须相应下降。

IS－*LM* 模型存在着不足，正如希克斯自己所指出的，要注意 *IS* 曲线和 *LM* 曲线分别是产业部门和金融部门的运行模式，二者的运行方式有很大的区别，比如，*IS* 曲线的流量均衡与 *LM* 曲线的存量均衡是不同的。

5. 应用前景评价

IS－*LM* 模型不仅被凯恩斯主义者用来解释衰退、繁荣和充分就业状态，而且被用来论证推行国家垄断资本主义的财政政策和货币政策。由于 *IS*－*LM* 模型有明显的政策含义，因此对转轨的中国经济来讲，也有重要借鉴意义。比如，财政政策引起利率和储蓄变化，而货币政策导致货币供给量变化。在 *IS*－*LM* 模型中，*IS* 曲线可用于分析财政政策对国民收入的影响程度，*LM* 曲线可用于分析货币政策对国民收入的影响程度。[①]

20 世纪 80 年代以来，出现了若干修正或试图替代 *IS*－*LM* 模型的新模型，主要有南肯（N. Rankin）模型、*CC*－*LM* 模型［由伯南克（B. S. Bernanke）和布林德（A.S. Blinder）提出］、*AD*－*PA* 模型［由泰勒（J. B. Taylor）和戴维・罗默提出］等。[②] 这里就不一一介绍了。

二、产品市场、货币市场和劳动市场三均衡的 *AD*－*AS* 模型[③]

在新古典综合学派的理论中，商品市场需求和货币市场需求构成经济的总需求，而劳动市场（以及生产函数）构成经济的总供给。因此，对这三个市场的综合分析又被称为总需求—总供给分析，即 *AD*－*AS* 模型。需要指出的是：*AD* 曲线是从 *IS*－*LM* 模型中推导出来的。

1. 人物及背景

进入 20 世纪 50 年代，一些经济学家将凯恩斯的许多思想与早期经济学家的一些思想进行了综合，并形成了比较一致的观点，这些观点被称为新古典综合。这一概念是萨缪尔森在其被称为“第一本现代经济学教科书”的《经济学》第三版中首先提出来的。

保罗・萨缪尔森（Paul A. Samuelson）毕业于芝加哥大学和哈佛大学，是麻省理工学院研究生部的创始人。萨缪尔森 16 岁进入芝加哥大学学习经济学，毕业后在哈佛大

---

① 参见本书第十三章。

② 方福前．*IS*－*LM* 模型的新发展．西方经济学专刊，2005（1）.

③ 吴易风等．西方经济学．北京：中国人民大学出版社，1999：464－485；袁志刚，宋铮．高级宏观经济学．北京：高等教育出版社，2010：28－30；陈建国．宏观经济分析．广州：华南理工大学出版社，2002：20－22；石良平．中级宏观经济学．上海：上海财经大学出版社，2004：3.

学继续攻读学业，26 岁那年取得博士学位。其博士学位论文《经济理论操作的重要性》获哈佛大学威尔斯奖，正是以此文为基础形成的《经济分析基础》为萨缪尔森赢得了美国第一个诺贝尔经济学奖（1970 年）。瑞典皇家科学院为此提供的理由是："他发展了数理和动态经济理论，其研究涉及经济学全部领域。"①萨缪尔森教授曾长期为美国《新闻周刊》的经济学栏目撰稿，曾担任美国总统肯尼迪的经济顾问，是能够同普通民众进行交流和沟通的为数极少的经济学家之一。

2. 关键方程或模型

总需求方程：

$$Y=\frac{A}{P}+\frac{1}{\beta\sigma}(a+\alpha+G-bT) \tag{3-3}$$

总供给方程：

$$P=H(Y),\ H'>0 \tag{3-4}$$

式（3-3）的总需求方程是由 $IS-LM$ 模型直接推导出来的，表示产出与价格水平的关系，即总需求的函数关系。式（3-3）中，$\sigma=\frac{k}{h}+\frac{1}{\beta}(1-b)$，$A=\frac{M}{h\sigma}$，$Y$、$G$、$T$ 和 P 分别为总产出、政府支出、税收和价格；α 为自主投资；β 表示利率对投资的影响系数；M 表示名义货币供应量；k、h 分别表示货币需求对收入、利率的敏感程度。

式（3-4）反映了价格与产出水平之间的关系。由于 $H'>0$，即其一阶导数大于零，因此，总供给曲线斜率大于零，曲线向右上方倾斜。

3. 关键图示及解释

$AD-AS$ 模型可用总需求曲线和总供给曲线关系图表现出来。在图 3-2 中，AD 曲线是由总需求函数 $Y=\frac{A}{P}+\frac{1}{\beta\sigma}(a+\alpha+G-bT)$ 决定的总需求曲线，它是一条表示产出与价格水平关系的向下倾斜的曲线；AS 曲线是由总供给函数 $P=H(Y)$ 决定的总供给曲线，它是一条表示供给与价格水平关系的向上倾斜的曲线。AD 曲线与 AS 曲线的交点 E 为均衡点，Y_0 为均衡国民收入，P_0 为均衡价格总水平。

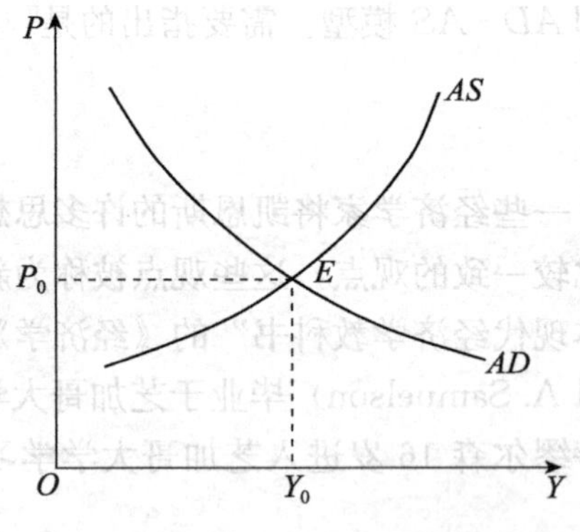

图 3-2　$AD-AS$ 模型图

① 张杰等．大师经典：1969—2003 年诺贝尔经济学奖获得者学术评介．济南：山东人民出版社，2004：17-18.

从总需求曲线 AD 可见，在其他条件不变的情况下，当一般价格水平 P 提高时，均衡国民收入 Y 就会减少，当一般价格水平 P 下降时，均衡国民收入 Y 就会增加，二者的变动方向相反。由总供给曲线 AS 可见，在其他条件不变的情况下，当一般价格水平 P 提高时，总供给量 Y 就增加，当一般价格水平 P 下降时，总供给量 Y 就减少，二者的变动方向相同。总供求的均衡是通过市场机制自动实现的。

4. 特征归纳

总需求与总供给的均衡是产品市场、货币市场和劳动市场的总体均衡。与 $IS-LM$ 模型相比，该模型取消了价格水平固定不变的假定，给出了价格水平和国民收入水平的关系。

在图 3-2 中，$AD-AS$ 模型反映的是短期、静态和封闭条件下的经济关系，这也是凯恩斯基本学派理论的常态关系。[①] 正如萨克斯在《全球视角的宏观经济学》一书中指出的："在短期内，经济表现出凯恩斯学派的特征，而在长期内则表现出古典学派的特征。在短期内，总需求的变动既影响产量又影响价格，而在长期内，却只对价格有影响。在这种意义上，当代凯恩斯学派和当代古典学派经济学家之间的争论主要是关于时间的选择。"[②]

5. 应用前景评价

$AD-AS$ 模型既可以用于解释各种宏观经济政策，又可以用严格的逻辑讨论通货膨胀、失业等现实问题。因此，对分析现实经济有较大的意义，主要是：（1）通过 $AD-AS$ 模型，可从产品市场、货币市场和劳动市场的总体均衡中找到均衡国民收入值，这对分析我国 GDP 增长的合理性有一定帮助。（2）对理解和分析短期宏观经济的萧条、过热和滞胀等有一定参考价值。（3）对理解和分析短期宏观经济政策效果有一定参考价值。比如，从 $AD-AS$ 模型中可以看到投资对利率、价格对总产出的敏感程度。

第四节　总供求均衡与非均衡

总供求关系一直是经济学中的核心问题。从大的方面讲，存在着均衡和非均衡。宏观经济学把宏观问题与总供求失衡联系起来，认为解决失衡才能保持宏观经济持续、稳定地增长。

总供求关系也一直是政府经济决策的重要依据。在进行政策总取向的讨论时，几乎离不开对总供求的分析。似乎只要明白了总供给和总需求，就可以对国家经济政策提出一套建议。为什么支持或反对扩大投资？为什么赞同或反对国民收入向居民过分倾斜？为什么对工业增长速度太快或太慢表示担心？为什么要学习或不能学习凯恩斯的财政政策？为什么要控制或增大货币的供给？一切重大经济问题，在讨论其合理性时，都越来越多地使用总供求关系——或需求不足，或供给不足，或需求膨胀，或无效供给过多等——来解释。对总供求不同的理解，立即就导致了不同取向的政策建议。人们从中也

① 范金等．中级宏观经济学．北京：经济管理出版社，2004：187．

② 杰弗里·萨克斯，费利普·拉雷恩．全球视角的宏观经济学．上海：上海三联书店，上海人民出版社，1997：104．

许会感到，宏观经济分析的众多内容都化为总供求关系的各个侧面了。

这种现象并不是中国特有的，各国政府在制定经济政策时，都免不了要讨论一下总供求关系。斯蒂格利茨在《经济学》一书中有一小节专门介绍了“总供给与总需求分析的应用”，介绍了美国经济史上几个有名的宏观政策例子。比如：肯尼迪政府的减税政策既促使总需求曲线向右移动，又因潜在生产能力大而未造成价格上升；约翰逊时期采取的向“贫困开战”计划则是在充分就业下扩大了总需求，因而导致了严重的通货膨胀；石油价格冲击造成总供给曲线上升，用移动供给曲线控制通货膨胀的里根计划；等等。[①] 显然，要特别注重利用总供求关系这个主要分析工具为经济“号脉”。真正的困难在于需求和供给是共生的概念，比如，我们固然可以说需求大供给小，但这并不能断定是需求有了问题还是供给有了问题。比如我们可以说是需求合理、供给不足，或者说是供给合理、需求偏大，等等，因此，如果没有对需求或供给一方的明确判断，讨论它们的关系就如同马克思所讲的“好像只是同义反复”。

专栏一　改革初期中国经济学界在总供求关系上的探索

经济学家对总需求大还是小的判断，主要不是来自总需求的统计量，也不是来自总供求差额统计。经济学家根据自己的一套经济理论以及由此涉及的指标，对总供求关系正常与否作出自己的判断。在某种意义上，经济学家使用的是一种经济参数判断法。凯恩斯是从就业是否充分来判断供求关系的。大量经济学家是从利率指标来判断供求关系的。他们认为利率更能反映现象背后的实际。经济学家们认为，将货币供给与货币需求形成的名义利率与实际生活中的投资与储蓄形成的实际利率进行比较，才可能判断货币供求是否合理，才可能判断实际经济中需求是否充足。其实，这正是著名的 *IS－LM* 分析的基本思路。经过几十年的争论，越来越多的西方经济学家认为，货币供给总量对经济的影响力在减小，具有重要的、事先的影响的还是利率。宏观经济分析最重要的几个指标，如失业、通货膨胀、经济萧条与过热，都是与总供求关系分不开的。有的是总供求关系失衡的直接表现，有的是总供求关系失衡的间接表现，有的则因总供求失衡而加剧。

在 1989 年第 3 期的《统计研究》上发表的《社会总供给总需求平衡测算和方法分析》[②] 一文中，有学者归纳出中国经济学家[③]测算总供求平衡的十种方法，即国民生产总值法、最终产品法、国民收入总量平衡法、国民收入增量平衡法、社会总产值法、社会生产总值法、货币流量法、间接测算法、投资产出系数法、敏感指标法等。其中多数方法涉及对总需求的测定问题。钱伯海教授认为，计算总需求可以采用两种方法：收支差额法和收入分配法。收支差额法得到的总需求计算公式是：社会总需求＝国内生产总值－自愿储蓄＋银行信贷＋财政赤字＋国际资金净收入。收入分配法涉及国内生产总值非金融再分配收支差、国民可支配收入、金融再分配收支差等项，经过项目合并，可以回到收支差额法上去。[④]当然，也有学者认为，总需求一定等于总供给，如果想利用总

---

① 斯蒂格利茨．经济学．北京：中国人民大学出版社，1997：50－53.

② 纵横．社会总供给总需求平衡测算和方法分析．统计研究，1989（3）.

③ 田江海．社会总需求和总供给平衡的重要性．光明日报，1985－10－26；杨缅昆，曾五一．社会总需求统计理论和方法的若干问题．统计研究，1988（1）；刘志彪，王国刚．国民经济核算：我国总供给与总需求的界定．经济理论与经济管理，1989（3）.

④ 钱伯海．供需平衡经济学．北京：中国经济出版社，1997：156－164.

供给与总需求两者的关系解释现实，就是一种迷信。

1987 年中国国家统计局曾对总供求关系尝试做过统计测算。这项探索性的工作，1998 年时结束了。但这项工作的记录，给我们留下了宝贵的思想财富。国家统计局对总需求的统计值界定与经济学界是一致的，均为总需求＝投资需求＋消费需求＋国外需求，具体则有若干个子项目，并分项进行加总。但国家统计局发现，统计测算结果与实际情况不一致，比如，测算结果是年年求大于供，如 1990—1996 年各年总供给与总需求的差额和差率，差率均为负数，即总需求恒大于总供给，但实际上有的年度是供大于求。从理论上讲，出现这种情况有以下两个原因：一是其中一些指标是中间数据，比如贷款，不能保证而且不可能全成为最终需求，这个量是很大的，误差也会很大。二是在统计中，有些指标作为流量指标，处于变动之中，同一指标在统计中难免不重复；同时，流量统计中不同统计指标之间常出现交叉。这两个原因都会人为地扩大总需求数量。据具体统计分析人员反映，在总需求统计中，发现大体有一个规律，即第一、二季度总是供大于求，第三季度多为供求相等，第四季度则出现了求大于供。因此，对每年总供求变化情况缺乏解释力。

下面我们来具体分析一下总供求的几种关系。

一、均衡分析

在经济学界最有影响的流派中，供求均衡论处于主导地位。瓦尔拉斯的一般均衡论反映了在完全竞争和充分就业条件下，通过价格机制的作用，可以使各种商品的供给和需求达到完全均衡状态，从而社会商品的总供给和总需求也达到充分均衡。这个思想对经济学影响很大，为探求经济活动的规律性机制提供了一个完美的框架。马歇尔的局部均衡论对理解微观领域的供求均衡提供了有力的工具。他认为市场供求具有自发趋向于均衡的内在力量，表现为均衡价格。在短期内，供求双方都对均衡起作用；从长期看，供给则起主要作用。华西里·里昂惕夫（Wassily W. Leontief）的投入产出模型进一步论证了供求均衡思想，并使之有了实用价值。他使一般均衡理论具有了矩阵表达式。矩阵式既反映了总供给与总需求的均衡，也反映了结构的均衡，即各种具体产品的供给和需求的均衡。当然，供求均衡理论是理想化的理论，在现实中很难实现。完全竞争、价格完全自由形成，不仅在转轨的中国难以实现，在发达的西方国家也不可能完全实现。

下面简要介绍里昂惕夫的投入产出方法。

1. 人物及背景

1906 年，华西里·里昂惕夫生于彼得堡。1928 年，取得了柏林大学博士学位。1930 年移居美国，从事投入产出方法的研究。20 世纪 30—40 年代，他工作的重点是编制美国的投入产出表，并建立投入产出分析法的理论体系；50—60 年代，他进一步探索运用这一方法深入研究不同局部或个别环节的途径。据 1979 年联合国统计，世界上已有 89 个国家和地区采用了这一理论。由于里昂惕夫发展的投入产出分析方法在经济领域产生了重大影响，瑞典皇家科学院因“投入产出法的发展，并且因它在重要经济问题上的应用”① 于1973年授予里昂惕夫诺贝尔经济学奖。

2. 关键图示及解释

表3-2是一张基本的投入产出表。

表3-2　　　　投入产出基本表

去向（产出） 来源（投入）		中间产品（中间消耗）							最终产品					总产品 X_i
		电 x_{i1}	煤 x_{i2}	钢 x_{i3}	…	x_{in}	中间产品合计 $\sum X_{ij}$	总量 Y_i	最终消费		总投资		净出口	
									居民	政府	固定资本形成	存货增加		
生产部门的中间投入	电 x_{1j}	x_{11}	x_{12}	x_{13}	…	x_{1n}	$\sum X_{1j}$	Y_1						X_1
	煤 x_{2j}	x_{21}	x_{22}	x_{23}	…	x_{2n}	$\sum X_{2j}$	Y_2						X_2
	钢 x_{3j}	x_{31}	x_{32}	x_{33}	…	x_{3n}	$\sum X_{3j}$	Y_3						X_3
	⋮	⋮	⋮	⋮		⋮								⋮
	x_{nj}	x_{n1}	x_{n2}	x_{n3}	…	x_{nn}	$\sum X_{nj}$	Y_n						X_n
	原材料耗用合计 $\sum ij$	$\sum X_{i1}$	$\sum X_{i2}$	$\sum X_{i3}$	…	$\sum X_{in}$	$\sum\sum X_{ij}$	$\sum Y_i$						$\sum X_i$
最终产值（增加值）	固定资本折旧 c_{ij}	c_{11}	c_{12}	c_{13}	…	c_{1n}	$\sum C_{1j}$							
	劳动者报酬 v_j	v_1	v_2	v_3	…	v_j	$\sum V_j$							
	生产税净额 m_j 营业盈余 m_j	m_1	m_2	m_3	…	m_n	$\sum M_j$							
	增加值合计 Y_i													
总产值		X_1	X_2	X_3	…	X_n	$\sum X_j$							

资料来源：钱伯海．国民经济核算原理．北京：中国经济出版社，2003：207.

由表3-2可见，投入产出表横栏有“中间产品”和“最终产品”两栏。纵栏有“中间投入”和“最终产值”两栏。纵横结合形成四个象限，分别反映相互的投入产出联系、部门间的社会经济联系、国民收入的初次分配关系以及国民收入再分配和最终使用的关系。

3. 关键方程或模型

产品平衡方程为

$$\sum_{j=1}^{n} X_{ij} + Y_i = X_i (i=1, 2, 3, \cdots, n) \tag{3-5}$$

① 张杰等．大师经典：1969—2003年诺贝尔经济学奖获得者学术评介．济南：山东人民出版社，2004：55-56；齐舒畅．中国投入产出表的编制和应用情况简介．中国统计，2003（5）.

价值平衡方程为

$$\sum_{i=1}^{n} X_{ij} + c_j + v_j + m_j = X_j \ (j=1,2,3,\cdots,n) \tag{3-6}$$

式（3-5）反映以横栏表示的产品的实物构成和使用去向。假设第一部门为电力部门，生产电力 X_1，分别为各个部门包括电力本部门的耗用：电力部门自用 x_{11} 亿元，采煤部门耗用 x_{12} 亿元，等等。被各部门生产耗用的产品叫作中间产品，中间产品耗用的电力共 $\sum X_{ij}$ 亿元，余下 Y_1 亿元电力为最终产品，作消费积累之用。电力无法储存，全部由个人和社会集团作非生产耗用。用方程表示为：$\sum_{j=1}^{n} X_{1j} + Y_1 = X_1$，即第一部门（电力）提供给各部门使用的中间产品量＋最终产品量＝总产品量$[(x_{11}+x_{12}+x_{13}+\cdots+x_{1n})+Y_1=X_1]$。同理，第二部门：$\sum_{j=1}^{n} X_{2j} + Y_2 = X_2$；第三部门：$\sum_{j=1}^{n} X_{3j} + Y_3 = X_3$。若有 n 个部门，则可得出式（3-5）。

式（3-6）反映以纵栏表示的产品的价值构成，即在总产值中，多少用于补偿物质消耗，多少用于支付劳动报酬，多少用于缴纳税金、利润和作其他再分配用。产品由 c、v、m 三大部分组成，c 包括劳动对象的耗用和劳动手段的折旧。劳动对象由各种具体产品组成，比如电力部门生产 X_1 亿元电力，需要自耗电力 x_{11} 亿元，煤炭 x_{21} 亿元，等等，加上其他物耗，一共耗用 $\sum X_{i1}$ 亿元，另外支付劳动报酬 v_1 亿元，提供利润、税收等社会纯收入共 m_1 亿元。第一部门（电力部门）：$\sum_{i=1}^{n} X_{i1} + c_1 + v_1 + m_1 = X_1$，即 $(x_{11}+x_{21}+x_{31}+\cdots+x_{n1})+c_1+v_1+m_1=X_1$（全部原材料消耗量＋折旧量＋劳动报酬＋社会纯收入＝总产值）。综合所有部门，纵行各部门价值构成的关系式即为式（3-6）。

4. 特征归纳

投入产出是国民经济核算体系不可缺少的组成部分，也是国家宏观经济分析和宏观调控的重要工具。该方法的理论依据是全部均衡理论，其模型是瓦尔拉斯均衡的简化形式。投入产出表反映各部门十分复杂的经济联系，把社会产品的生产、分配和使用都归结在一张表里，全面反映出经济各部门的物质技术联系和社会经济联系，条理清晰，一目了然。投入产出表是反映、研究和分析社会再生产过程中各领域（生产、分配、交换、消费）之间，国民经济各部门之间及其与国家间的经济技术联系的主要方法之一。它体现了社会总供给与总需求、国民收入的分配与再分配、产业结构、积累与消费、中间产品与最终产品等国民经济重要比例关系，是加强国民经济综合平衡、提高宏观管理水平、加速经济决策科学化的重要工具。

5. 应用前景评价[①]

到目前为止，世界上绝大多数国家和地区都编制了本国或本地区的投入产出表。中国的投入产出技术无论在传统应用领域，还是在可持续发展、世界经济全球化、全要素生产率等新的领域都取得了长足发展。这主要表现在以下三个方面：（1）从总量

① 齐舒畅．中国投入产出表的编制和应用情况简介．中国统计，2003（5）．

和结构两个方面研究国民经济运行状态，比如，国民经济各部门的生产和使用情况，产业结构、产品结构、投资结构、消费结构、进出口结构、三次产业比例关系、生产消耗比例关系等；（2）通过构造动态投入产出模型、投入产出价格模型、投入产出税收模型等，研究产业政策、价格政策和税收政策等变化对国民经济整体及各产业部门的影响；（3）研究国民经济可持续发展，比如，中国国家统计局与挪威国家统计局合作开展的《中挪环境统计与分析项目》，模型在能源账户和大气污染物排放的基础上，结合国民经济核算数据，利用数学方程把经济因素、环境因素联系起来，反映经济与环境之间的数量关系。

二、非均衡分析

在现实生活中，供给与需求不相等的情况几乎是常态。因此，非均衡的一套解释产生了。经济学家们经常把凯恩斯视为非均衡学派的先驱。他把非自愿失业和需求不足引入经济分析，创立了有效需求学说。非均衡学派的代表人物有：巴罗（Barro）、格罗斯曼（Grossman）、克劳威尔（Clower）、莱乔霍夫德（Leijionhufvud）、德雷兹（Dréze）、马兰沃（Malinvaud）、波兹（Portes）、贝纳西（Benassy）以及科尔奈（Kornai）等人。他们强调了均衡理论存在脱离现实的问题，价格机制存在不完全竞争的一面，对供求的影响因素有非价格等多种因素，以此批判或修正均衡供求论。他们提出了不少结合现实的新观点，比较著名的有：对固定价格条件下的非瓦尔拉斯均衡研究，提出了与这种均衡相伴随的压抑性通货膨胀、强迫储蓄、购物等待等间接形式；非均衡论者多用短边原则即供求关系中较小的一方来决定非均衡状态下的均衡解；科尔奈强调了传统社会主义中短缺与过剩的并存，提出了双重短缺均衡，这种均衡是靠政府的强制替代和生产扩张形成的。

下面的介绍被认为是非均衡宏观经济学研究范式的巴罗-格罗斯曼模型（Barro and Grossman，1971）。[①]

1. 人物及背景

罗伯特·巴罗（Robert J. Barro）于1970年获得哈佛大学经济学博士学位，现为哈佛大学教授、美国国民经济研究局研究员、布鲁金斯研究所高级顾问。他出版了十多本专著，发表了200多篇经济学论文，在现代宏观经济学、增长理论和货币理论等诸多领域作出了巨大贡献。早年作为一个凯恩斯主义者，巴罗是非均衡宏观经济学领域的领头人。他和格罗斯曼合作，于1971年在《美国经济评论》上发表了《收入和就业的一般非均衡模型》一文，并于1976年出版了《货币、就业和通货膨胀》。在这些著作中，他们建立了产品市场和劳动市场配额均衡的宏观经济模型。该模型是第一个宏观经济非瓦尔拉斯均衡模型，奠定了非瓦尔拉斯均衡理论的基础。巴罗同时还是理性预期学派的奠基人之一。他的巴罗-李嘉图等价、货币政策中性等观点，产生了重大影响。1998年他担任美国经济学会副主席，美国人文科学和自然科学院院士，并获得了美国私营企业教育协会授予的亚当·斯密奖。

① 袁志刚，宋铮．高级宏观经济学．北京：高等教育出版社，2010：30-34；欧阳明，袁志刚．宏观经济学．上海：上海人民出版社，1997：343-375.

2. 关键方程或模型

下面简要介绍三种产品市场和劳动市场的非瓦尔拉斯均衡。

(1) 凯恩斯的失业均衡：

$$Y^d \leqslant F[F'^{-1}(\frac{W}{P})] \tag{3-7}$$

$$L^d = F^{-1}(Y^d) \leqslant L^s \tag{3-8}$$

式 (3-7) 表示产品市场。式中，Y^d 为产品需求，$F\left[F'^{-1}\left(\frac{W}{P}\right)\right]$为产品供给函数。该式表示产品市场需求小于供给，产品存在超额供给。

式 (3-8) 表示劳动市场。式中，L^d 为劳动力需求，$F^{-1}(Y^d)$ 为劳动力需求函数，L^s 为劳动力供给。该式表示在劳动市场中劳动力需求小于劳动力供给，劳动力存在超额供给。

综合式 (3-7) 和式 (3-8)，这里反映的情形是：企业愿意出售的产品量多于家庭愿意购买的产品量，而企业愿意雇用的劳动量却少于家庭愿意提供的劳动量的非瓦尔拉斯均衡。或者说，此时经济符合凯恩斯失业均衡状态的条件：产品市场和劳动市场都存在超额供给。

(2) 古典型失业均衡：

$$F\left[F'^{-1}\left(\frac{W}{P}\right)\right] \leqslant Y^d \tag{3-9}$$

$$F'^{-1}\left(\frac{W}{P}\right) \leqslant L^s \tag{3-10}$$

式 (3-9) 表示产品市场。式中，Y^d 为产品需求，$F\left[F'^{-1}\left(\frac{W}{P}\right)\right]$为产品供给函数。该式表示产品市场需求大于供给，产品存在超额需求。

式 (3-10) 表示劳动市场。式中，$F'^{-1}\left(\frac{W}{P}\right)$为劳动力需求函数，$L^s$ 为劳动力供给。该式表示在劳动市场中劳动力需求小于劳动力供给，劳动力存在超额供给。

综合式 (3-9) 和式 (3-10)，反映了经济处于古典型失业均衡状态的条件：产品市场上出现了超额需求，劳动市场上出现了超额供给。

(3) 抑制性通货膨胀均衡：

$$Y^s = F[L^s] \leqslant Y^d \tag{3-11}$$

$$L^s \leqslant F'^{-1}(\frac{W}{P}) \tag{3-12}$$

式 (3-11) 表示产品市场。式中，$F[L^s]$ 为产品供给函数，Y^d 为产品需求。该式表示产品市场需求大于供给，产品存在超额需求。

式 (3-12) 表示劳动市场。式中，$F'^{-1}\left(\frac{W}{P}\right)$为劳动需求函数，$L^s$ 为劳动力供给。该式表示在劳动市场中劳动力需求大于劳动力供给，劳动力存在超额需求。

综合式 (3-11) 和式 (3-12)，这里反映的是经济处于抑制性通货膨胀状态，其条件为：劳动市场和产品市场都存在超额需求。

3. 关键图示及解释

图 3-3 可综合反映凯恩斯失业均衡、古典型失业均衡和抑制性通货膨胀均衡。这三种非瓦尔拉斯均衡的共同点是它们均与价格、工资、政府支出和货币供给有关。经济处于哪种非均衡状态取决于外生变量 P、W、G 和 $\overline{M}$ 的取值。在由（$\overline{M}/P$，W/P）所构成的平面上，给定 G，就可以判断出经济所处的均衡状态。

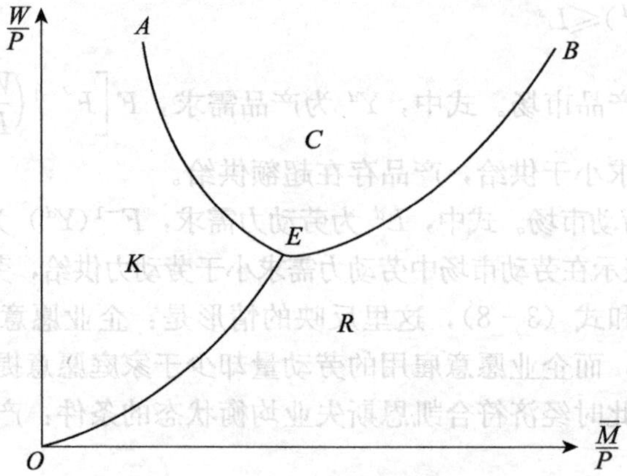

图 3-3　非瓦尔拉斯均衡图

在图 3-3 中，E 点为瓦尔拉斯均衡点，区域 K、C 和 R 分别是经济处于凯恩斯的失业均衡、古典型失业均衡和抑制性通货膨胀均衡时的状态。

4. 特征归纳

巴罗-格罗斯曼模型有两个明显的特征：（1）该模型体现了宏观经济分析与微观经济分析的结合。它不仅涉及宏观变量及其关系，同时也分析了微观变量与宏观变量的关系，因而，它在宏观经济学和微观经济学之间建立了一种内在联系。（2）本模型突破了瓦尔拉斯均衡唯一性的思路，证明通过外生变量 P、W、G 和 $\overline{M}$ 的取值，会相应形成三种均衡区间，因而该模型对现实经济状态具有较强的解释力。

5. 应用前景评价

非瓦尔拉斯均衡理论比瓦尔拉斯均衡理论具有更强的现实性，因此，在解释现实经济的运行时，更加接近实际，更有说服力。由于转型经济具有更为复杂的供求关系，因此，对非瓦尔拉斯均衡理论的借鉴和运用，也更具影响力。具体应用至少可以概括为两方面：（1）根据不同情况，分别采取财政政策、收入政策和改革劳动供给管理措施来解决经济中的波动和不稳定。由于 P、W、G 和 $\overline{M}$ 的不同组合与形成三个非均衡区间直接相关，因此，财政支出、货币供给的配合选择，是解决问题重要的前提条件，是有内在规律可循的，是需要我们认真研究的。（2）价格的市场形成很重要。因为在价格刚性条件下，供不应求的市场潜在压力无法通过物价上涨的方式释放出来。于是，物价上涨的潜在势能会转化为强迫储蓄和闲暇替换，从而会出现抑制性通货膨胀。为解决这一隐患，价格具有弹性是必要的。

经济发展是从均衡走向均衡，中间出现非均衡，还是一直都是非均衡，偶然出现均衡？或是均衡与非均衡无规律地出现？抑或是只有程度不同的失衡，没有真正的均衡？这些看来抽象的问题，其实是宏观经济分析中最重要的问题。

专栏二　近似均衡设想[1]

中国国民经济总供求差额为100亿元，算不算失衡？中国多年统计资料表明，这根本算不上失衡，而是一个正常的经济现象。但忽视此差额称总供求平衡，也有些勉强。称总供求基本平衡，似更妥当。但在一般人心目中，基本平衡相比于完全平衡，似乎还差了点。但是，基本平衡才是经济系统的正常态，供求完全平衡则是理想状态，并不存在。我把这个基本平衡作了进一步分析和归纳，称之为近似均衡。近似均衡论有10个要点：(1) 近似均衡是均衡与非均衡的统一，不是均衡与非均衡的调和。非均衡是一种特殊的均衡，比如说是非瓦尔拉斯均衡。近似均衡概念相当于黑格尔概念“正”“反”“合”中“合”的阶段。(2) 近似均衡是一般均衡有条件、有范围的模糊化和扩大化，即把均衡论的点、线意识扩大为区和空间，有核心或重心的均衡区间。因此，如果说均衡是用线性联立方程组和函数式来证明和表达的话，近似均衡可能要靠集合论和模糊数学来处理。(3) 近似均衡是对经济活动的抽象，它比非均衡更接近经济系统的真实本质，又比一般均衡更接近经济现实。(4) 在一般情况下，失衡是指非均衡在近似均衡态中的比重过大，长期突破近似均衡区间且成为主导运行的状态。过度非均衡在静态中造成失衡的概率大于在动态中。(5) 非均衡不是对均衡的扰动，非均衡与均衡的矛盾意味着均衡的变化、发展，向新均衡的过渡，更严格地讲，是向新的近似均衡的过渡。(6) 均衡与非均衡都源于经济系统的内在结构。均衡是经济系统结构的比例性要求，非均衡则是由于经济系统结构比例的不严格、动态和多因素而导致的。(7) 近似均衡并不是解释经济转轨的特别理论，它只能说明转轨是从一种近似均衡态向另一种近似均衡态的演变，这个演变过程需要改革或转轨理论来解释一些问题。(8) 我们既不能把经济系统看成是一个由机械的力与反作用力所构成的确定性系统，又不能把经济系统看成一个有完善的自组织功能的生物有机体系统。经济系统是介于机械系统与生物系统之间的系统。经济系统的物质基础是“实践”，不是一般意义上的“物质”。因此近似均衡反映出经济规律的基本确定性与相对不确定性的结合。(9) 近似均衡论包括条件确定与不确定两种情况，强调了无论什么条件下，均衡与非均衡都是并存的，只是两者主辅关系有变化。因此，近似均衡论不等同于不确定条件下的均衡。(10) 近似均衡是经济实存，不是指人们意识对存在反映产生的误差，即不是反映论所说的“近似”——对客观事物认识的近似性，而是经济系统存在状态的近似性。

第五节　转轨中的总供求关系

一、总需求大于总供给现象

1. 短缺经济的提出

最深刻地揭示社会主义广泛存在短缺现象并将其归纳为制度原因的是匈牙利经济学

[1] 李晓西．经济怪圈之谜——对经济改革的哲学分析．北京：中国社会科学出版社，1993：第5章．

家亚诺什·科尔内（János Kornai）教授。20世纪80年代初期，当科尔内的《短缺经济学》在北京学术界开始以手抄本形式流传时，他已在经济学界尤其是青年学者心中产生了震撼人心的影响。在此之前，没有人想过，更没有人提出过，社会主义制度会出现总供给小于总需求。当时对于生活中经常遇到消费品缺乏的情况，人们得到的解释是由于国外敌人的破坏，或是由于国内的自然灾害。当科尔内从理论上论证了这样一个以人们生活经验为基础的重要命题，即社会主义经济中短缺是常态，是制度使然时，自然格外引人注目。科尔内的短缺经济、卖方市场、软约束、父爱主义等，成为中国经济改革中使用频率最高的词汇。科尔内在书中讲道："古典资本主义企业的运行主要受需求约束，而传统社会主义企业的运行主要受资源约束。这个命题在全书整体思想中起着中心的作用。"① 这个概括很有道理，社会主义重视供给管理，资本主义则重视需求管理。重视供给管理常会忽视市场需求，重视需求管理则把供给管理主体交给了企业，因此，供给管理抓来抓去，老是供给不足，而需求管理一抓，供给自然要随之适应，供求平衡反而比较成功。

2. 需求膨胀还是供给不足的讨论

针对短缺经济，在改革中多次出现过寻找问题根源的争论。一种看法是，短缺源自需求膨胀；另一种看法认为，短缺源自供给不足。20世纪80年代中期，还曾有过"宽松的经济环境"的主张，即要求总需求略小于总供给，使发展和改革都能有一个比较宽松的条件。这是一种特殊情况，一般而言，经济学家认为总供求基本平衡是经济运行的有利条件。

总供给与总需求孰大孰小，是与价格水平相关的。这与单个商品达成均衡的条件相似。在一定价格水平上，就可以达到供求均衡。但是，对转轨时期的国家而言，总供求关系与不同的价格形成机制相关。在固定价格条件下，会形成购物的排队和等待甚至定量分配现象，形成强制储蓄，形成隐蔽型通货膨胀，还会产生黑市汇率与官方汇率的差距。这些是计划经济体制下总供给大大低于总需求导致的现象。供给不足是引发经济改革的重要原因。转轨国家的经济学家认为，解决这个问题有两条途径：一是靠提高劳动生产率，这就要求给予企业更多的自主权；二是加强价格作为供求信号的作用，使之灵活地调节产需。这两方面就构成了经济改革最重要的两个环节：一是价格改革，二是国有企业改革。

二、中国经济转轨中的总量失衡

中国改革开放开始后的10年里，总供求关系就发生了变化。长期的、绝对的短缺已让位于一定时段上短缺与过剩的并存，或不同时段上短缺与过剩的交替。20世纪80年代中期，出现过部分农产品过剩的情况，即卖粮难、卖猪难、卖棉花难。进入90年代后，短缺经济特征越来越模糊，经济的多年高速增长已使供给能力大大提高，过剩现象则越来越频繁地出现。1989年出现市场疲软时，就出现了短缺经济是否已经结束的讨论。90年代中期以后，对国民经济发展而言，需求已经与供给同时成为中国经济发展的两大推动力，单纯靠提高供给、保障生活的阶段已经结束。从80年代中期到现在，

① 亚诺什·科尔内．短缺经济学（上卷）．北京：经济科学出版社，1986：25.

就需求变化而言，既出现过消费需求增长过快的阶段，如 1985—1988 年，也出现过不定期投资需求急剧扩张的阶段，如 1992—1995 年。这些都展示了需求对经济的拉动作用。

1998 年，经济学家们就如下问题进行了热烈讨论：这是不是中国经济性质发生了根本性变化的一年？是否出现了由不足到过剩的转折？中国经济是否已由短缺经济转为过剩经济？对此有两种不同意见。一种认为：确实出现了这一根本性转变，比如，在内贸部统计的 613 种主要商品中，供不应求的不到 2%，供求平衡的超过 60%，供大于求的超过 30%。即供求平衡或供大于求的商品超过 90%，中国已不是供给不足阶段，而是迈入需求不足的阶段了。另一种意见则认为：现在说出现过剩经济为时尚早，可能正在转变之中。2003 年以后，多次出现对中国经济中总供求失衡与否的争论：是否过热？是总体过热还是局部过热？是需求过大还是供给出现瓶颈？这些讨论都涉及对总供求的理解。

古典经济学认为总供给与总需求将自动趋向平衡，供给会创造出需求。凯恩斯否定了这种看法，认为总供给与总需求均衡时出现的需求是有效需求，而有效需求不足是常态，要靠政府扩大支出来达到总供求的真正均衡。在传统社会主义经济中，总需求大于总供给，因此，短缺成为常态，要靠政府组织好生产供给来解决供求平衡问题。而在经济转轨中，有效需求不足和有效供给不足同时存在，短缺和过剩同时存在，政府既面临着改革和继续组织国有经济的任务，又面临着学会解决好需求扩张或收缩的任务，这是不同于以往任何一种经济形态的过渡经济状态。转轨时期的宏观经济学探讨总供求是否均衡、如何均衡，它已经与结构均衡和结构调整紧密联系在一起，是发展与改革融为一体的经济学。其采取的政策是需求管理和供给管理的综合使用，在宏观管理中，需求管理的比重越来越大，而供给管理的比重不断下降。转轨时期的宏观经济学认为，总供求达到均衡表面上是靠价格，更深层的原因是靠制度，由此造成的短缺使总供求关系难以均衡，更使结构难以对称。只有在市场价格下，总供求由价格来均衡才成为可能。我国消费品已实现了市场决定价格，但在资本品方面还没有做到这一点。

三、转轨中总供求均衡的三重含义

总供求均衡有两个方面的含义：一是总量是否平衡，二是结构是否对称。总量平衡是最基本的含义，经济学中凡不特别说明，总供求均衡一定就是指总量平衡，而不是别的含义。在历来的学术分析中，分析总供求关系总是偏重于总量平衡分析。当然，这是最常用、最重要的，但不是总供求均衡的全部含义。只在总量平衡上考虑总供求关系是不够的，因为即使总量平衡，仍然会出现结构性失衡，出现某一部分资金、商品、劳动的供大于求，另一部分资金、商品、劳动的求大于供。当这种结构失衡只涉及个别商品时，那可以说是微观层次上的问题；但当这种结构失衡波及产业或部门时，那就是中观层次上的问题，甚至是宏观层次上的问题。尤其是商品市场、资本市场和劳动市场相互间失衡、不配套，更可以视为宏观的结构问题了。这是总供求的两重含义。现代投入产出分析对结构给予了充分重视，没有结构分析，总量分析无法进行。但从总体上看，人们还是习惯于把总量均衡视为总供求均衡的全部内容，而把结构问题作为总量均衡之外的一个问题进行分析，没有作为总量均衡内在的一个部分。为了真正弄清楚并解决总供求失衡问题，结构分析应与总量分析同时进行。

如果从动态均衡角度看问题，则总供求均衡还有第三重含义，即达到总供求均衡的机制是否有效和健全。换言之，当出现总量失衡或结构性失衡时，有没有一种灵活解决问题的机制或体制。将机制问题作为总量均衡的内容，在西方经济学中是前所未闻的。发达的市场经济国家对机制问题的忽略，是因为这已成为不言而喻的前提，那么，作为一种转轨经济，机制问题进而体制问题，就成为实现动态均衡的重要内容，成为能否实现自均衡的关键。为全面认识转轨经济中的总供求关系，应综合分析以上三个方面的问题。

其实，早在20世纪80年代中期，中国经济学界在讨论是否存在总需求膨胀问题时，就发现存在供需结构性失衡条件下的总供求关系。“在过去的8年中，总是有两方面情况同时存在：一方面，一些消费品供不应求；另一方面，一些消费品滞销，通过搭配才能售出，或者造成库存积压并进一步影响生产。需要明确的是，在这种结构性矛盾存在的情况下，如何把握总需求和总供给？”① 上面所讲的过去8年，是指1979年以后的8年，是改革开放以来的8年。由此可见，结构与总量的关系从改革开放以来到现在一直存在，并不是新问题。

近年来，在总供求基本平衡的条件下，结构性失衡越来越突出。从统计数据看，总供求数量关系基本平衡，表现为总需求增长与总供给增长基本平衡。但结构方面的问题总是比较大：一是商品供给结构与需求结构失衡。面对市场需求变化，供给出现结构性开工不足和库存积压。二是资金需求结构与资金供给结构严重不对称。在经济转轨中，一个明显的事实是，非国有经济在工业产值中所占的比重已超过70%，但供非国有部门运用的资金只占全社会信贷资金的20%左右。一边是银行有钱不敢贷，另一边是企业等米下锅，这也是一种资金结构性矛盾。之所以如此，是因为企业资信度不好，没有发展前途，银行不能贷；或因企业资信度不够好，虽有好的产品，但由于企业总体效益不好，银行不敢贷；或是企业有项目，但企业与银行对项目的评价不同，银行宁紧勿松而不愿贷。资金供给与需求的矛盾，实质上是资金供给与产品供给的体制性矛盾。如果企业体制不顺，银行虽然为企业提供了资金，也只会增加信贷中的不良资产。不少地方银行的新增贷款，变成了产品积压和企业间的相互拖欠。

在转轨过程中，总供求互相适应的应变机制缺乏自我调节能力，经济体制还需要进一步改革。供给不适应需求，分为正常和不正常两种情况。一般而言，需求的变化速度快于供给，需求是超前的、多变的，因此，供给滞后，这属于正常的。但我国供给不能灵活适应需求变化有很不正常的原因，主要是供给机制过分僵硬。具体表现在：(1) 需求的市场化、货币化进度大大快于供给的市场化、货币化进度，这就使供给无法适应需求的灵活变化，产品不能适应市场，企业不能在市场上创造出需求。(2) 投资体制缺乏约束力，不少项目是盲目投资、重复建设，企业未建成就先天过剩。(3) 企业没有建立按市场需求调整生产的管理机构和运作机制，自我发展能力差，新产品开发能力低。(4) 企业决策出现重大失误，错误判断市场需求，导致产品销售困难，或被挤出市场。原因还有很多种，但归根到底，是企业没有成为市场的主体，体制不顺，机制不灵。形成灵活的供给结构将是艰难的，因为既有存量的刚性，又有增量的盲目性，因此，不论是从静态还是动态来看，问题都是严重的。国有企业改革不完成，总供给就不可能形成

① 中国经济体制改革研究所宏观室．改革中的宏观经济．成都：四川人民出版社，1988：9.

灵活应变的机制。

四、总量与结构关系的思考

在对经济形势的分析中，经常涉及一个基本的理论问题，即到底是总量问题还是结构问题。当价格总水平过高时，很多人认为是由于总需求过大，消费需求过大，投资需求过大，或者是投资、消费双膨胀；而当价格总水平持续走低时，有不少人认为，这是因为总需求不足、投资需求不足和国外需求不足。总之，对形势的判断很大程度归结到总量关系上，归结到总供求失衡上。但另一部分人则认为，总量失衡是表面现象，关键还是结构性不平衡。即使总量相等，由于结构性失衡，也会出现总供求的失衡。这里提出了一个总量和结构的关系。具体来讲，就是如何看待总量与结构谁是矛盾的主要方面的问题。

建议从以下几个方面来看：

（1）一般来讲，总量问题与结构问题是同时存在的。总量可以是供给总量，也可以是需求总量，反映的是总供求关系；但总供给中有供给结构，总需求中有需求结构，而且结构按其划分标准的不同，还有多种划法。因此，分析总量问题与结构问题时，要具体分析，在你中有我、我中有你中发现新特点。

（2）一般来讲，总量问题多为短期问题，或者说是即期市场能否出清的问题；结构问题多为长期问题，不是政府宏观调控政策能马上解决的。

（3）总量问题与结构问题在很大程度上潜含着一个理论框架问题，即是需求管理问题还是供给管理问题。需求管理在很大程度上是需求总量的调控问题，不是需求结构的调控问题。供给管理是生产管理、产业管理问题，在很大程度上是结构调整问题。我国正处于传统供给管理向需求管理过渡的时期，在这一时期，应结合两种管理，并逐渐使需求管理上升为主要管理方式。因此，在需求管理中，即在总量调控中，仍然要考虑结构问题。

（4）结构问题与总量问题可以相互转化。结构问题离不开总量调控的大环境，结构问题达到一定程度，具有一定的广泛性，就成了总量问题。比如，所有企业债务都很重，就不是一个单纯的企业问题，而是银企关系中的债务问题，会影响资金流动和信贷的扩大，就成了货币政策要考虑的宏观问题了。

思考题

1. 如何从总供给与总需求的关系来理解宏观经济学主要部分的内在联系？
2. 测算潜在产出有实际意义吗？
3. *IS*－*LM* 模型和 *AD*－*AS* 模型是如何体现总供求均衡的？
4. 由 *IS*－*LM* 模型推导出 *AD* 曲线。
5. 如何理解“有效需求”和“货币需求”？
6. 为什么要把短期存款说成是货币供给？
7. 谈谈你对巴罗-格罗斯曼模型的理解。
8. 总供求的均衡与非均衡的理论是如何解释现实的？
9. 中国总需求与总供给的关系如何？中国当前经济是需求膨胀还是供给不足？

10. 在经济发展过程中，经济总量与经济结构又有怎样的关系？

11. 气候变化对经济总供求关系产生了什么影响？

12. 中国供给侧结构性改革与传统供给学派有何异同？

附录

附录一　国际国内主要宏观经济模型简介[①]

从丁伯根（1937）首次建立荷兰宏观计量经济模型开始，宏观计量经济模型逐渐被各国政府采用。20 世纪五六十年代是以克莱因模型为代表的宏观计量经济模型发展的黄金时期。70 年代以来，计量经济学家努力完善宏观经济模型的各种理论和应用，促进计量经济模型的进一步发展。80 年代以后出现了向量自回归（VAR）模型和可计算一般均衡（CGE）模型，同时理性预期思想在宏观经济建模中也得到了广泛应用。中国国内研制宏观经济模型的时间不长，但发展极为迅速，在建模理论、技术及实际运用方面都有了长足的进展。中国社会科学院、国务院发展研究中心、国家信息中心等单位都在借鉴国外宏观模型的基础上建立了各自的宏观经济模型。

1. 国外宏观经济模型的发展与评价

国外宏观经济模型发展到现在，出现了三种趋势：第一种是在结构建模和向量自回归建模结合方面取得了重大发展；第二种是 CGE 模型的广泛运用与不断改进；第三种是理性预期等新的理论被引入宏观经济模型的方程中。现代宏观经济模型特别是计量模型大多是在克莱因宏观模型基础上发展起来的。正如诺贝尔经济学奖获得者萨缪尔森所说，美国的许多宏观经济模型，一层层剥开，会发现都有一个小的劳伦斯-克莱因模型。

下面我们对国外主要的宏观经济模型进行归纳和比较，见表 3-3。

表 3-3　国外主要宏观经济模型比较分析表

模型名称	建模人	建模时间	建模方法	理论基础	规模	主要应用
荷兰宏观计量经济模型	丁伯根	20 世纪 30 年代	计量	凯恩斯理论	第一个宏观计量经济模型，包括 24 个方程	预测
克莱因-戈德伯格模型 (Klein-Goldberger model)	克莱因、戈德伯格	20 世纪 50 年代	计量	凯恩斯理论	由 15 个结构方程、5 个恒等式和 5 个税负转移辅助关系组成	模型的主要功能是预测和政策模拟。克莱因-戈德伯格模型的结构可以看作是广义基本凯恩斯体系的第一个经验表达式

① 李晓西等．中国货币和财政政策效果评析．北京：人民出版社，2007：9-10.

续前表

模型名称	建模人	建模时间	建模方法	理论基础	规模	主要应用
布鲁金斯模型（Brookings model）	克莱因、布鲁金斯	20世纪60年代	计量和投入产出法	凯恩斯理论	200多个方程	主要用于预测和政策模拟
沃顿模型（Wharton model）	达格尔、克莱因和麦卡锡	20世纪70年代	计量	凯恩斯理论、新古典理论	将近200个方程	短期预测、乘数研究、政策模拟
希克曼-库恩模型（Hickman-Kuhn model）	希克曼、库恩	20世纪70年代	计量	凯恩斯理论、新古典理论	50个方程，120个恒等式和100多个外生变量	预测、政策模拟、长期政策分析
结构型向量自回归模型（VAR model）	Blanchard 和 Quah	20世纪80年代	时间序列回归	凯恩斯理论	小型模型	预测。此方法通常用于预测，很少用于政策评价
CGE模型（CGE model）	基德兰德和普雷斯科特	20世纪80年代	投入产出线性规划	新古典理论	多部门的大型模型	预测、中期计划和政策分析
墨菲模型（Murphy model）	墨菲	20世纪90年代	计量（结构性协整向量自回归）	凯恩斯理论、新古典理论、理性预期理论	100多个方程	模型用于宏观政策分析和预测
智利模型	Klaus Schmidt-Hebbel 和 Luis Serven	1995年	计量	新古典理论、凯恩斯理论、理性预期理论	37个方程	分析和量化财政和货币紧缩的宏观经济影响
美国经济微观模拟模型（ASPEN）	美国 Sandia 实验室 Basu 等	1996年	人工适应主体技术（Artificial Adaptive Agent）	有限理论与经济进化		ASPEN原型用于分析经济周期波动现象，扩展版本用于分析货币政策的作用机制
“箱装(Boxed)”经济模型	日本学者 Iba	2000年	主体技术			分析宏观经济运行，而且提供了一个开放的模型开发环境

说明：表中的宏观经济模型分别来源于以下论著：Klaus Schmidt-Hebbel &Luis Serven：Fiscal and Monetary Contraction in Chile—A Rational-Expectations Approach，The World Bank Policy Research Department Macroeconomics and Growth Division，June 1995；戴维·罗默．高级宏观经济学．北京：商务印书馆，2001；罗伯特·S. 平狄克，丹尼尔·L. 鲁宾费尔德．计量经济模型与经济预测．北京：机械工业出版社，1999；罗纳德·G. 伯德金，劳伦斯·R. 克莱因，肯塔·玛瓦．宏观经济计量模型史．北京：中国财政经济出版社，1993；古扎拉蒂．计量经济学(第3版)．北京：中国人民大学出版社，2000.

从表3－3中我们可以看到，宏观经济模型有综合的，也有用于单一目标的；有大型的，也有小型的。其中，多数宏观经济模型用于预测，但也涉及对宏观经济政策的效果评价和判断。从发展趋势看，宏观经济模型的发展趋势是越来越注重从现实出发，多方面、多流派地借鉴各种理论，尤其是新提出的理论，如新制度经济理论、新经济增长论、人力资本理论和卢卡斯理性预期理论等。总之，宏观经济建模理论与方法已相对成熟，在实践中的作用也逐步显著。

2. 中国的宏观经济模型发展与评价

根据建模思路和采用的技术方法不同，中国 20 世纪 90 年代建立的宏观经济模型主要可划分为三种形式：一是宏观经济联立模型；二是 CGE 模型；三是向量自回归模型。表 3-4 是三类模型的发展与比较分析表。

表 3-4　中国宏观经济模型比较表

	名称	建模人	建模时间	建模方法	规模	应用
1	中国贝叶斯向量自回归预测模型	社科院计经所张思奇等	20 世纪 90 年代初	时间序列回归	6 个变量	对中国 GDP、消费、投资、出口、进口和通货膨胀的短期预测
2	中国宏观经济多部门动态模型	国务院发展研究中心李善同、王寅初	1991—1997 年	动态投入产出	多部门大型模型	1994—2010 年中长期发展预测；1994、1995 年价格变动对通货膨胀的影响
3	中国季度宏观计量经济协整模型（第二版）	中国社会科学院数量经济与技术经济研究所朱运法、张延群	1992—1997 年	需求导向型模型，采用 David Hendry 提倡的动态建模理论，方程采用误差修正模型的形式	4 个子模型，其中标准宏观经济子模型有 6 个模块、16 个外生变量、76 个方程	1993 年起，模型第一版开始用于中国宏观经济季度形势的分析和预测
4	联合国世界计量经济联结模型系统中的中国宏观计量经济模型（1997 年版）	国家信息中心经济预测部祝宝良、梁优彩	1997 年	计量	9 个模块，90 个方程	对 1996—1998 年宏观政策的效应进行模拟
5	中国经济可计算一般均衡（CGE）PRCGEM 模型	国务院发展研究中心翟凡、李善同	1995—1998 年	投入产出和线性规划	7 个模块	中国加入 WTO 的影响分析，包括经济结构与环境，收入分配等
6	中国年度宏观计量经济模型（1999 年版）	社科院数量经济与技术经济研究所汪同三、沈利生等	1999 年	计量	8 个模块，174 个方程	1990 年开始正式用于对中国经济形势的分析和预测

续前表

	名称	建模人	建模时间	建模方法	规模	应用
7	中国经济可计算一般均衡（CGE）PRCGEM模型	社科院计经所樊明太、郑玉歆等	1999年	投入产出和线性规划	118个部门，186类方程	中国贸易政策和环境政策的分析
8	中国经济可计算一般均衡(CGE)模型(2000年版)	社科院计经所李雪松、周明武、张中祥等	1997—2000年	投入产出和线性规划	40个经济部门，7个模块	加入了WTO的影响分析，包括经济结构与环境、收入分配等
9	国家财政模型	吉林大学商学院	2000年	计量	10个模块，113个方程	侧重分析财政、货币政策在宏观调控中的作用
10	中国人民银行季度计量经济模型	中国人民银行刘斌	1998—2001年	以新古典宏观经济学为理论基础，行为方程采用误差修正形式	小规模的宏观经济模型，6个模块	2001年第二季度以来，运用该模型每季度对近期和未来两年的经济走势进行定量分析和预测，侧重于分析货币政策对经济的影响
11	中国季度宏观计量经济模型（含有误差修正项的联立方程模型）	高铁梅、梁云芳、张桂莲	2002年	计量	28个方程，49个变量	对中国的货币政策和财政政策的效果进行了模拟研究
12	附加价格调整机制的中国宏观经济模型	吉林大学数量经济研究中心齐红倩、赵昕东	2003年	计量，联立方程	小规模	兼有短期预测和中长期分析功能
13	宏观经济微观模拟模型(ASMEC)	吉林大学数量经济研究中心张世伟	2004年	主体计算经济学	包括4个微观主体，即家庭、企业、银行、政府	用于宏观经济动态分析和政策评估

说明：表中的宏观经济模型分别来源于以下论著：汪同三，沈利生．经济模型集．北京：社会科学文献出版社，2000；郑玉歆，樊明太．中国CGE模型及政策分析．北京：社会科学文献出版社，1999；王伟．中国税收宏观调控的数理分析与实证研究．北京：中国财政经济出版社，2003；谢平．泰勒规则及其在中国货币政策中的检验．经济研究，2002 (3)；王慧炯，李伯溪，李善同．中国实用宏观经济模型1999．北京：中国财政经济出版社，2000；《国家财政模型》课题组．中国宏观经济计量模型及政策模拟分析．中国软科学，2000 (8)；刘起运．宏观经济数量分析方法与模型．北京：高等教育出版社，2002；潘省初．计量经济学．北京：中国人民大学出版社，2002；齐红倩，赵昕东．附加价格调整机制的中国宏观经济模型．中国软科学，2003 (11)；张世伟．基于主体的宏观经济微观模拟模型．财经科学，2004 (1)．

附录二　气候变化经济学①

2005年夏天，财政部大臣戈登·布朗曾要求我在全面分析科学数据和研究最新经

① 摘自现任英国政府经济服务网络主席、前任世界银行副行长兼首席经济学家尼古拉斯·斯特恩（Nicholas Stern）爵士2006年11月30日在英国驻华大使馆所做的题为“气候变化经济学”的评估报告。登录www.sternreview.org.uk可以看到《斯特恩评估报告》全文。

济文献的基础上，研究气候变化的经济学原理。

我们已经在昨天向英国首相和财政大臣提交了一份关于“气候变化经济学”的《斯特恩评估报告》，报告用有力的科学证据证明了气候变化是人为导致的，并且已经威胁到全球生物的可持续发展。但是，我们的研究表明，在可承担的代价范围内，如果全英国乃至全球都能够认清当务之急，共同携手有计划有步骤地采取行动，就可以把气候变化的影响及危害程度降至最低。

自从煤、石油、天然气等燃料先后成为加速工业革命的动力，并广泛地提高人们的生活质量之后，二氧化碳以及其他能够起到温室效应的气体的年排放量就在不断增加。

每年数十亿吨的二氧化碳和其他温室气体排放到大气中，使本来脆弱的地球环境日益恶化。大气中的保护气体浓度与工业革命前的 280ppm（二氧化碳当量）相比，已经上升到了约 430ppm。

人类活动每年向大气中排放的温室气体达到 450 亿吨（二氧化碳当量），并且这个数字还在不断增长。现在，地球上错综复杂的生态系统只能吸收一半左右这样的气体，剩下的就继续停留在大气中，从而导致这些气体在大气中的含量逐年升高。

我们的研究还表明，全球在应对这个问题上应该把重点放在将温室气体在大气中的最高含量限制在 450～550ppm 的水平上。这一点是可以实现的，从经济学的角度来讲，这也是切实可行的，并且能够降低剧烈温度变化所带来的风险。要达到这个目标，就需要我们在 2050 年的时候使年排放量至少比现在降低 25%，而且要继续降低，直到达到比现在至少降低 80%的水平，那时就可以保持稳定了。

经济学家将人为引起的气候变化称作“外在因素”，而将气候本身称作“公共利益”。人类在发电、工业用电、燃烧可燃气体获取能源、砍伐树木、乘飞机出行和驾驶车辆的时候制造了温室气体，但是他们不会为此付出代价。

全球要作出有效的回应，分析列出了三个政策因素。第一就是碳定价，通过税收、贸易或者是规章制度，让人们为自己的活动支付全额的社会成本。第二就是制定相关政策，支持低碳技术的创新和发展。第三就是清除所有障碍，提高能源利用效率，采取多种方法将气候变化所带来的影响普及开来。

在制定政策时，应该同时考虑占全球总量 1/3 的非能源排放。当今亟须解决的是阻止乱砍滥伐。

在中长期时间范围内，明确、可信的政策有利于激励私人在降低排放量方面进行投资。随着对气候变化的深入理解，公众越来越需要政府作出强有力的回应。公众参与也是制定政策时予以考虑的一个重要因素。

报告指出，有效减缓尾气排放所需的花费占每年全球 GDP 总量的 1%。最为重要的是，在这个基础上，在向低碳经济转型的过程中，世界经济还会保持增长，而且会带来令人兴奋的商业机会，对新产品和金融服务需求的不断增加，每年将产生数千亿英镑的效益。

同时，报告中指出目前认为“世界依旧”的说法是错误的。试图继续当前非可持续发展的做法，只会日益加重冰川融化、气温升高、暴风雨加重、干旱期延长、洪灾发生频繁、海平面上升等问题，从而使人类的健康和生活面临前所未有的威胁。忽视这些问题将导致我们的生活水平下降，最终将危及经济增长。

持续的气候变化使人类要面临地球平均温度升高 5℃之多的风险——相当于现在和

冰河时代末期的温度差。这种变化将把人类带入一个未知领域，平均温度越高，越能加剧生态变化的风险，随之而来的破坏性影响也就越大。这种变化还将转化成地球上的自然地理变化，以及人类的地理变化，即人类在什么地方生活，如何继续生活。

在不断降低排放量的同时，我们还要鼓励人们作出改变，或者采取行动限制由于过去的排放引起气候变化而导致的对地球生态系统的破坏。

最终，地球上以碳元素为基础组成的燃料会被用尽，那时问题也就随之而来。如果我们仍以“世界依旧”为基础，继续使用这些燃料，那么在它们被用光耗尽之前，我们赖以生存的世界就已经不可挽回地被破坏了。鉴于此，飞速发展的碳获取和碳存储技术对于缓解持续使用和不可再生能源（尤其是煤）之间的对立是非常必要的，从而达到阻止气候变化的目标。

应对气候变化还会涉及有关公平的重要问题，以及如何进行国际化合作。从历史上看，大气中累积的排放气体多半是工业革命早期造成的，基本上是欧洲和北美各国制造的。但是，它们对能源造成的破坏却体现在现在，一般来说，破坏是相对缓慢增长的。未来的高速散热器会快速发展，并且在高人口密度的发展中国家，如中国和印度得以普及。这些宏伟的目标将会促使新市场的形成，新的市场又将引导资金从私有部门流向大规模的投资，而这些投资又是上述国家发展低碳能源所需要的。

发展中国家为适应气候变化所付出的附加成本，使得发达国家履行它们在2002年蒙特雷会议上作出的承诺，到2010年要将援助资金翻番，此后又在2005年的八国峰会上进行强调就变得比以往任何时候都紧急。

且不论我们未来要面临的挑战的严峻程度，报告的结果基本上还是能让我们保持乐观。如果我们现在就能行动起来，而且进行国际协作，那么我们就能以较低的成本从根本上降低风险。但是，如果我们将行动再推迟10年或20年，那么成本将是高昂的，风险也就更大。政府、商界和个人联合起来，采取快速而强有力的行动，就能保证未来的持续增长和不断繁荣。我们千万不能浪费了这个机会。我们子孙后代的未来就取决于我们现在作出什么样的抉择。

附录三　经济新常态下中国的供给侧结构性改革①

2008年世界金融危机之后，经济现实促使人们对传统经济理论和以宏观调控“需求管理”为主的实践经验进行反思，学界和决策层对“供给管理”与供给侧结构性改革有了前所未有的重视。2015年我国中央经济工作会议指出：“推进供给侧结构性改革，是适应和引领经济发展新常态的重大创新，是适应国际金融危机发生后综合国力竞争新形势的主动选择，是适应中国经济发展新常态的必然要求”，供给侧结构性改革成为中国相当长一段时间内经济工作的主线。

一、什么是供给侧结构性改革

要理解供给侧结构性改革，就必须找到供给侧改革的经济学理论来源。19世纪初法国经济学家萨伊（1767—1832）所倡导的古典自由主义是供给学派最为重要的思想源

① 本部分内容由蔡宁博士摘编自：张卓元．着力用改革的办法解决供给侧结构性问题．经济纵横，2016（10）；贾康，苏京春．论供给侧改革．管理世界，2016（3）；胡鞍钢，周绍杰，任皓．供给侧结构性改革——适应和引领中国经济新常态．清华大学学报（哲学社会科学版），2016（2）．

泉。特别是他提出的“萨伊定理”，即供给自动创造需求，是古典经济学关于供需关系最为重要的表述。萨伊定理所倡导的经济政策基本上以放任自由与不干预为特征，强调市场的绝对主体地位，这也是20世纪初主要资本主义国家所奉行的经济政策。

然而，1929—1933年爆发的资本主义世界经济大萧条，使基于古典自由主义理念的经济政策受到严重挑战。不同于萨伊所强调的市场自动出清，以“有效需求不足”理论为基础的凯恩斯主义逐步成为资本主义国家的主要宏观经济政策。凯恩斯主义以需求管理为核心，强调国家对经济的干预与控制。在实践上，1933年开始的“罗斯福新政”通过一系列以需求管理为特征的经济政策，有效地应对了美国经济危机。第二次世界大战以后，凯恩斯主义经济政策逐渐成为资本主义国家普遍采用的宏观经济管理手段。

到了20世纪70年代，高失业率与高通货膨胀率并存的“滞胀”现象，使凯恩斯主义广受质疑，以需求管理为核心的凯恩斯主义经济政策被认为是造成“滞胀”的主要原因。由此，以蒙代尔和拉弗等经济学家为代表的供给学派重新得到重视，并成为英国撒切尔政府和美国里根政府经济政策的理论依据。总体而言，“里根经济学”的政策主张取得了成功，但美国的财政赤字在里根政府时代持续恶化，且成为里根任期内美国经济的常态，并一直延续到1990年代中期。

特别需要指出的是，尽管里根经济学所依据的供给学派理论和中国当前强调的供给侧结构性改革有类似的政策目标，即激发经济活力、促进经济增长，但二者在政策环境等方面存在明显的差别。一是里根经济学的首要任务是抑制通货膨胀，而中国目前的通胀压力很小，但结构性产能过剩比较严重，由此造成了资源配置的扭曲。二是里根经济学时期美国经济陷入负增长，而中国当前经济增长虽然放缓，但仍旧保持了7%左右的中高速增长。三是里根政府时期美国所处的经济发展阶段与当前中国有较大差异，前者是发达经济体阶段，后者是中等收入阶段，这为中国实施供给侧结构性调整创造了空间。

以上的差别决定了中国供给侧结构性改革的核心不是解决“滞胀”问题，而是经济结构的调整和经济发展方式的转变，通过提高供给结构的适应性和灵活性，提高全要素生产率。从这个意义上讲，中国供给侧结构性改革既有短期任务，也有长期战略。从短期来看，要抓好以“去产能、去库存、去杠杆、降成本、补短板”为核心的五大战术任务；从长期来看，要转变发展理念，落实“创新、协调、绿色、开放、共享”的五大发展理念。

二、中国推进供给侧结构性改革的意义

首先，供给侧结构性改革是适应和引领经济新常态的必然要求。现阶段，以结构性产能过剩为特征的“供给失灵”是经济新常态的典型特征。“十二五”以来，经济增速显著下降，表面上的原因是“需求不足”，实际上是供给结构与市场需求脱节造成的“供给失灵”。如果不能有效解决“供给失灵”的问题，单纯的“扩大内需”政策必然会加剧长期的结构性调整难度。

其次，供给侧结构性改革是助力需求端结构调整的必然要求。供给侧结构性改革的目标是化解过剩产能，提升有效供给能力，这都是相对于需求端而言的。因此，供给侧结构性改革不能脱离对需求端的认识，既不能忽视需求侧的现实需求，还要满足需求端的变化，更要通过创新引领主动调整供给端达到引领需求端的目标，形成“供需平衡”的理想状态。

再次，供给侧结构性改革顺应了中国推进城镇化发展的客观要求。城镇化是中国经济结构性变化的根本推动力，必将从供给侧和需求侧两个方面影响中国未来的经济增长。从供给侧来讲，城镇化的过程就是劳动供给结构发生转变的过程，伴随着劳动力在不同产业部门之间的重新配置；从需求端来看，快速的城镇化发展不仅在客观上产生了规模巨大的投资需求，同时也因为城镇人口规模的持续扩大而推动居民消费对经济增长的拉动作用。

此外，供给侧结构性改革是转变经济发展方式的必然要求。简单从经济增长核算来讲，经济增长是资本积累、劳动力投入及全要素生产率共同作用的结果，而三者增长的核心在于投资效率的提高。尽管投资在短期内看属于需求端，但是它对经济增长的长期影响属于供给侧，决定了一个国家经济增长的可持续性。从这个意义上讲，优化供给侧的投资，改善供给侧的效率，才是转变中国经济发展方式的关键。

三、如何推进供给侧结构性改革

供给侧结构性改革的根本目的是提高社会生产力水平，落实好以人民为中心的发展思想。要在适度扩大总需求的同时，去产能、去库存、去杠杆、降成本、补短板，从生产领域加强优质供给，减少无效供给，扩大有效供给，提高供给结构的适应性和灵活性，提高全要素生产率，使供给体系更好地适应需求结构的变化。

推进供给侧结构性改革，核心在于转变以往基于投资需求的经济增长方式。优化供给结构，提高有效供给能力，增加有效投资，做好重大基础设施的高效投资，扩大消费需求，实现更为动态的“供需平衡”。

推进供给侧结构性改革，重点在于去除过剩产能。通过资源合理配置，积极解决产能结构性过剩，淘汰落后产能；帮助企业降低成本，改革阻碍经济主体活力的制度性因素；减少政府对企业的不合理干预，发挥企业微观主体的能动性。

推进供给侧结构性改革，离不开创新的重要作用。构筑创新驱动增长模式，发挥创新对经济增长的乘数效应；创造创业、创新、创智的良好环境，提高教育、研发、人力资本等的投资密度；通过对外开放增强全球配置资源能力，深度融入全球产业链、价值链、物流链；构筑以创新为核心的新的经济发展模式，做到经济总量与经济质量的双重增长。

推进供给侧结构性改革，需要长效的政策支持：稳定的宏观政策，为结构性改革营造稳定的货币金融环境；精准的产业政策，准确定位结构性改革方向；灵活的微观政策，完善市场环境、激发企业活力和消费者潜力；高效的改革政策，加大力度推动改革落地；普惠的社会托底政策，守住民生底线。

推进供给侧结构性改革，还要有效防范各类发展风险。有计划、多维度地避免金融风险、生态风险、环境风险、能源风险、资源风险等一系列发展过程中的风险，避免走上资本主义经济危机的“老路”和“黑色”发展的“旧路”，实现国民经济社会的健康持续发展。

参考文献

［1］ Klaus Schmidt-Hebbel，Luis Serven（1995），“Fiscal and Monetary Contraction in Chile—A Rational-Expectations Approach，” The World Bank Policy Research

Department Macroeconomics and Growth Division, June.

[2] Bank of Japan (2003), "The Output Gap and Potential Growth", *Quarterly Bulletin*, May.

[3] Beveridge, S. and C. R. Nelson (1981), "A New Approach to Decomposition of Economic Time Series into Permanent and Transitory Components with Particular Attention to Measurement of 'Business Cycle' ", *Journal of Monetary Economics*, 7 (2), pp. 151 – 174.

[4] Charles I. Plosser and G. William Achwert (1979), "Potential GNP: Its Measurement and Significance—A Dissenting Opinion", Carnegie-Rochester Conference Series on Public Policy.

[5] Coe, D. T. and C. J. McDermott (1997), "Does the Gap Model Work in Asia?" IMF Staff Papers, Vol. 44 (March).

[6] Congressional Budget Office (1994), "Re-estimating the NAIRU", *Economic and Budget Outlook*, August.

[7] Economic Policy Committee of European Union (2001), "Report on Potential Output and the Output Gap".

[8] Arthur M. Okun (1962), "Potential GNP: Its Measurement and Significances, Proceedings of the Business and Economics Session", American Statistical Association, pp. 98 – 104.

[9] F. Scacciavillani and P. Swagel (1999), "Measures of Potential Output: An Application to Israel", IMF Working Paper, No. 96.

[10] Valerie Cerra and Sweta Chaman Saxena (2000), "Alternative Methods of Estimating Potential Output and Output Gap: An Application to Sweden", IMF Working Paper, p. 10.

[11] 马克思，恩格斯．马克思恩格斯全集：第25卷上．北京：人民出版社，1974.

[12] 凯恩斯．就业、利息和货币通论．北京：商务印书馆，1963.

[13] 萨缪尔森，诺德豪斯．经济学（第16版）．北京：华夏出版社，1999.

[14] 斯蒂格利茨．经济学．北京：中国人民大学出版社，1997.

[15] 多恩布什，费希尔．宏观经济学．北京：中国人民大学出版社，1997.

[16] 亚诺什·科尔内．短缺经济学．北京：经济科学出版社，1986.

[17] 杰弗里·萨克斯，费利普·拉雷恩．全球视角的宏观经济学．上海：上海三联书店，上海人民出版社，1997.

[18] 戴维·罗默．高级宏观经济学．北京：商务印书馆，2001.

[19] 罗纳德·G. 伯德金，劳伦斯·R. 克莱因，肯塔·玛瓦．宏观经济计量模型史．北京：中国财政经济出版社，1993.

[20] 古扎拉蒂．计量经济学（第3版）．北京：中国人民大学出版社，2000.

[21] 尼古拉斯·R. 拉迪．中国未完成的经济改革．北京：中国发展出版社，1999.

[22] 高鸿业．西方经济学．北京：中国人民大学出版社，2000.

[23] 刘国光．略论当前中国宏观经济政策的若干问题．经济学动态，2002（5）.

[24] 吴易风等．西方经济学．北京：中国人民大学出版社，1999.

[25] 宋承先，许强．现代西方经济学（宏观经济学）．上海：复旦大学出版社，2004.

[26] 钱伯海. 供需平衡经济学. 北京：中国经济出版社，1997.
[27] 钱伯海. 国民经济核算原理. 北京：中国经济出版社，2003.
[28] 马凯等. 总需求大于总供给：东欧四国经济考察. 北京：中国人民大学出版社，1989.
[29] 黄范章. 金融全球化需要宏观经济政策的国际合作全球视野. 中国经济时报，2002-07-04.
[30] 王慧炯，李伯溪，李善同. 中国实用宏观经济模型1999. 北京：中国财政经济出版社，2000.
[31] 郭树清. 经济体制转轨与宏观调控. 天津：天津人民出版社，1992.
[32] 中国经济体制改革研究所. 改革中的宏观经济. 成都：四川人民出版社，1988.
[33] 李晓西. 20年观察与思考. 北京：经济科学出版社，1999.
[34] 许宪春. 中国国民经济核算与分析. 北京：中国财政经济出版社，2001.
[35] 汪同三，沈利生. 经济模型集. 北京：社会科学文献出版社，2000.
[36] 汪同三，张守一，吴承业. 21世纪数量经济学. 北京：社会科学文献出版社，2003.
[37] 刘迎秋. 总需求变动规律与宏观政策选择. 西安：陕西人民出版社，1993.
[38] 王宏昌，林少宫. 诺贝尔经济学奖金获得者讲演集（增订本）（1969—1986）. 北京：中国社会科学出版社，1988.
[39] 张杰等. 大师经典：1969—2003年诺贝尔经济学奖获得者学术评介. 济南：山东人民出版社，2004.
[40] 段军山，毛中根. 西方经济学中的总供给模型综述. 湘潭大学社会科学学报，2002（5）.
[41] 吴汉洪. 宏观经济学短期总供给的五个模型. 教学与研究，1999（6）.
[42] 朱勇. 卢卡斯的经济思想研究. 教学与研究，1998（6）.
[43] 罗伯特·S. 狄克. 计量经济模型与经济预测. 北京：机械工业出版社，1999.
[44] 郑玉歆，樊明太. 中国CGE模型及政策分析. 北京：社会科学文献出版社，1999.
[45] 王伟. 中国税收宏观调控的数理分析与实证研究. 北京：中国财政经济出版社，2003.
[46] 刘斌. 我国产出缺口的估计. 金融研究，2001（10）.
[47]《国家财政模型》课题组. 我国宏观经济计量模型及政策模拟分析. 中国软科学，2000（8）.
[48] 张守一. 市场经济与经济预测. 北京：社会科学文献出版社，2000.
[49] 刘起运. 宏观经济数量分析方法与模型. 北京：高等教育出版社，2002.
[50] 潘省初. 计量经济学. 北京：中国人民大学出版社，2002.
[51] 侯荣华，赵丽芬. 宏观经济政策调控力度及协调分析. 北京：中国计划出版社，1999.
[52] 樊明太. 金融结构与货币传导机制. 北京：中国社会科学出版社，2003.
[53] 赵昕东. 中国宏观经济政策的有效性研究. 长春：吉林大学，2002.
[54] 夏杰长. 技术进步与经济增长的实证分析及其财税政策. 财经问题研究，2002（11）.

［55］刘全洲，王莹．技术进步对我国经济增长作用的实证分析．当代经济科学，1999（4）．

［56］葛建新．对我国经济增长与技术进步关系的思考．中央财经大学学报，1999（3）．

［57］刘睿．潜在产出估计的文献综述．世界经济统计研究，2004（1）．

［58］国家统计局国民经济核算司．中国国内生产总值核算历史资料（1952—1995）．大连：东北财经大学出版社，1996．

［59］国家统计局国民经济核算司．中国国内生产总值核算历史资料（1996—2002）．北京：中国统计出版社，2004．

［60］李晓西等．中国货币与财政政策效果评析．北京：人民出版社，2007．

［61］张卓元．着力用改革的办法解决供给侧结构性问题．经济纵横，2016（10）．

［62］贾康，苏京春．论供给侧改革．管理世界，2016（3）．

［63］胡鞍钢，周绍杰，任皓．供给侧结构性改革——适应和引领中国经济新常态．清华大学学报（哲学社会科学版），2016（2）．

［64］刘伟．中国经济展望报告（2017）．北京：社会科学文献出版社，2017．

［65］刘伟，张辉，黄昊．改革开放以来中国产业结构转型与经济增长．北京：中国计划出版社，2017．

> 我们确定了一个政治目标：发展经济，到本世纪末翻两番，国民生产总值按人口平均达到八百美元，人民生活达到小康水平。[①]
>
> ——邓小平

第四章
消费需求

本章从消费的概念及相关理论入手，借助西方经典消费理论及模型，分析了转轨经济中的消费，并考察了我国转轨时期的消费变动。

第一节　消费相关概念及其界定

一、消费的统计定义

《国民经济核算体系》对消费做了如下定义：“经济体的最终消费可以从两个角度来看。从支出角度看，它可以为常住住户、为住户服务的非营利机构和一般政府单位在个人及公共消费品和消费服务上所有支出的价值；或者从实际最终消费看，它可定义为常住住户获得的所有货物和服务的价值加上一般政府提供给社会或社会中某些部分的公共服务的价值。”[②]

这段话就是说，做买卖，有买方和卖方，从买方统计是支出多少，从卖方统计则是销售多少。支出方有哪些呢？一是常住住户，二是政府单位，三是为住户或政府单位服务的非营利机构。从销售方看，是将售出的货物和所提供的服务的价值加总。销售方主要包括工商业和政府提供的公共服务。政府提供的公共服务也是销售服务，但这是享受者不付费的公共服务。政府要为此花钱，但钱是从其他渠道得到的，主要是税收，而不

---

① 邓小平．邓小平文选：第三卷．北京：人民出版社，1993：77.

② 联合国等．国民经济核算体系．北京：中国统计出版社，1995：225.

是从公共服务的交易所得到的。由此可见，政府既是买方，又是卖方。但作为买方，要花钱；而作为卖方，并不收费。统计消费就可以从买方和卖方两个角度进行，从而形成了两种办法。

中国国家统计局对最终消费的解释是：常住单位在一定时期内对于商品和劳务的全部最终消费支出，也就是常住单位为满足物质、文化和精神生活的需要，从本国领土和国外购买的商品和劳务的支出。它不包括非常住单位在本国经济领土内的消费支出。最终消费分为居民消费和政府消费。居民消费是指：常住住户在一定时期内，对于商品和劳务的全部最终消费支出。居民的消费支出按市场价格计算，是有票据并经过登记的。在居民消费中，还有一块叫作虚拟消费支出，主要包括：单位以实物报酬及实物转移形式提供给劳动者的商品和劳务；住户生产并由本住户消费了的商品和劳务；金融机构提供的金融媒介服务；保险公司提供的保险服务。政府消费是指：政府部门为社会公共服务提供的消费支出，以及免费或以较低价格向居民住户提供的商品和劳务支出。①

二、家庭消费与总消费

一个家庭的消费与收入（不论是当期的、以前的或未来的）相关，有了收入才有支出。一国的总消费与一国的国民收入相关，只有生产出了净产值，才可能在消费与储蓄之间分配。我们分析消费行为时，重点分析消费个体的行为，它是总消费行为的基础。一国家庭的高消费倾向可能也是一国消费率高的基础，比如，美国总消费率高于日本，但储蓄率多年比日本低。总消费函数与消费函数有一个共同规律，就是总消费也是随着总收入的增长而增加。当然，这里讲的总收入也应是可支配收入，是税后收入。

家庭或者说微观个体的消费分析构成了总消费分析的基础，家庭间边际消费倾向不相同，有的偏高，有的偏低，加总时要考虑平均边际消费倾向。总消费中包括政府消费，其行为与家庭消费行为完全不同，现在用于分析消费行为的理论大部分不能套用在政府消费行为上。在分析消费与储蓄的关系时，要注意由于家庭所处生命周期阶段不同，有年轻家庭，有老年家庭，一方面是储蓄的累积，一方面是储蓄的取用，于是，总储蓄就有相当部分被抵消。在计算总消费和总储蓄时，就必须考虑到人口的年龄分布。

三、边际消费倾向

边际消费倾向（marginal propensity to consume，MPC），是指增加的消费 Δc 与增加的收入 Δy 之比，或者说是增加的一单位收入中用于增加消费的部分，其计算公式为：$MPC=\Delta c/\Delta y$。“消费倾向”指的是意愿消费水平。例如，一个家庭的收入每年增加 2 000 美元，其消费支出每年增加 1 600 美元，用消费的变动除以收入的变动就可以得到边际消费倾向，即 1 600/2 000＝0.8。就经济总体而言，当总收入变动时总消费的变动，就是总体的边际消费倾向，也可看作经济活动中千百万个家庭边际消费倾向的某种平均值。一般而言，边际消费倾向随收入的增加而递减，这就是凯恩斯著名的“边际消费倾向递减规律”。

① 中华人民共和国国家统计局．中国统计年鉴 1997．北京：中国统计出版社，1997：60．

边际消费倾向的取值范围通常会大于0小于1，主要原因是：在通常情况下，人们不可能不消费，也不可能把收入全部消费掉，消费只能是收入的一个部分。约翰·梅纳德·凯恩斯（John Maynard Keynes）提出“边际消费倾向”这个概念时，即认为“当人们收入增加时，他们的消费也会增加，但消费的增加不像收入增加得那样多”，因此提出边际消费倾向在0和1之间的猜测。虽然随着社会信用手段的增加，消费已不仅取决于当期的收入水平，而且受财产、储蓄、个人预期等因素影响，有可能出现居民当年消费增加超过当年收入增加的情况，即边际消费倾向可能大于1。但这里涉及的是非当期收入与当期消费支出的关系，因此，已不完全是凯恩斯提出的边际消费倾向范畴。正如萨缪尔森所强调的[①]，虽然持久收入、财产、社会因素和预期对消费和储蓄存在影响，但决定消费水平变动的主要因素还是实际可支配收入。

四、消费与储蓄比例的决定

研究消费是与储蓄分不开的。收入中一部分用于消费，另一部分就被用于储蓄。显然，这是广义的储蓄，不仅仅是存入银行的储蓄。储蓄与消费对经济发展都有影响。储蓄高意味着可以多投资，形成新的生产能力，扩大未来的生产能力。消费高意味着消费需求大，其对国民经济近期影响很大，可以扩大国内需求，刺激并带动生产，但从长期来看，因没有形成新的资本生产能力，对长远的经济供给能力提高没有直接影响。但是，消费高对人力资本的形成也有作用，尤其是教育投入对人力资本形成影响更大。虽然近期消费对消费者自身没有形成生产能力，但为厂商提供了市场，使厂商可以盈利并形成积累，这也有助于增强未来的生产能力。该投资时没投资，消费了，该消费时没消费，使企业库存积压，这些都会产生弊病。消费比例低可能有助于经济的中长期发展，但是，近期消费过于疲软会使当年的销售不畅，使企业面临无利或亏损的局面。投资有利于中长期供给能力的提高，近期也能拉动需求，但过大也会有损人民生活，进而挫伤人们的积极性。既然消费与投资对国民经济短期与中长期的产销关系都有影响，就肯定需要找到一个比较合理或者最优的比例关系。我们经常看到，发达国家的经济学家们有一种担心，消费率太高会使经济增长缺乏后劲；中国的经济学家们却担心，由于最终消费率太低，投资产出品将会失去市场。

消费与储蓄的关系在计划经济体制下被称为积累与消费的比例关系。在计划经济体制下，消费与积累比例不是靠市场力量形成，而是由计划决定的，因此，计划当局常用的是“确定”一词而不是“形成”一词。传统计划经济体制下的消费水平是由政府计划决定的，但政府制定消费基金计划时，用于确定居民消费水平的依据是什么呢？一种解释是，国民收入水平决定社会必要的消费基金水平，消费基金增长应接近劳动生产率的增长，与一国消费传统相协调，适应生活方式的变化，并且与政府和企业之间的协调有关。[②] 戴园晨教授认为，积累率的数量界限，主要受国民收入增长幅度、剩余产品率的变动、国民收入实物构成的比例等方面制约。[③]

---

① 萨缪尔森，诺德豪斯．经济学（第16版）．北京：华夏出版社，1999：340．

② 符钢战等．社会主义宏观经济分析．上海：学林出版社，1986：99-102．

③ 戴园晨．社会主义宏观经济学．北京：中国财政经济出版社，1986：116-118．

事实上，在传统计划经济体制下，消费比例是由积累比例确定的，积累是由当时决策者的经济战略和计划决定的。消费是次要的，生产总是高于消费。因此，先是确定各种项目，事后再统计出两者的比例。1958 年大干快上，积累率由上年的 25%一下子提高到了 33%，1978 年又要大上，积累率高达 36%，但由于经济过热，紧接着又进行调整，积累率下降到 20%多一点。此时，名义上是有计划的，实际上是带有极强的主观意志。从这个意义上讲，让市场来形成消费和积累比例，比通过计划确定消费和积累的比例更符合实际，更有规律供经济学家去探索。

确定消费率的合理区间有多种考虑。比如，消费率要与较高的增长率相适应，增长快的时候，也需要有相应的消费增长率；还要考虑价格问题，中国的经验是，过高的消费率会推动通货膨胀，过低时又会造成通货紧缩。有专家提出，经济转轨阶段的消费率低一点是正常的，在进入高收入阶段后，消费率自然会提高。①

在市场经济体制下的消费与储蓄比例是如何形成的？对于这个问题已有不少研究成果。值得注意的是在经济增长理论方面的一个重要成果是 1987 年被授予诺贝尔经济学奖的罗伯特·索洛在 1956 年提出了平衡增长理论②，认为经济要想实现平衡增长，需要产出、资本和劳动都以相同的速率增长。这是一种自然的机制，不论最初的资本-劳动比率如何，市场运行中有一种使资本增长与劳动平衡的机制，即当劳动增长快于资本时，会有一种使资本增长加快的力发生作用；反之，当劳动增长慢于资本增长时，又会有一种使劳动增长加快的力发生作用。这种使劳动与资本平衡的力量，就间接地解释了储蓄转化为投资的比例要求。

第二节 经典消费理论及模型选解

凯恩斯消费理论在西方消费理论中一直占有重要地位，在该理论中，消费被认为是当期收入的函数。但在 20 世纪 50 年代，由莫迪利安尼和布伦伯格（Modigliani and Brumberg，1954）提出的生命周期假说与由弗里德曼（Friedman，1957）提出的持久收入假说，不仅打破了凯恩斯消费理论的统治地位，也对以 *IS*-*LM* 模型为基本分析框架的凯恩斯宏观经济学发起了挑战。随后，新凯恩斯主义者进一步注意到了预防性储蓄和流动性约束对消费支出的影响。

一、凯恩斯的消费函数③

1. 人物及背景

约翰·梅纳德·凯恩斯（John Maynard Keynes，1883—1946）是英国著名经济学

① 伊志宏．消费经济学．北京：中国人民大学出版社，2004：178-179．

② Robert M. Solow (1956), "A Contribution to the Theory of Economic Growth", *Quarterly Journal of Economics*, 70 (1), Feb., pp. 65-94.

③ 李晓西．宏观经济学：转轨的中国经济．北京：首都经济贸易大学出版社，2000：73-74；袁志刚，宋铮．高级宏观经济学．北京：高等教育出版社，2010：226-228；宋承先，许强．现代西方经济学（宏观经济学）．上海：复旦大学出版社，2004：146-149．

家。1905 年获剑桥文学硕士学位。1909 年创立了政治经济学俱乐部并因其最初的著作《指数编制方法》而获“亚当·斯密奖”。1911 年起长期担任英国皇家经济学会《经济学杂志》主编，此后多次担任英国政府经济部门官员。第二次世界大战期间，任英格兰银行董事。1929 年被选为英国科学院院士，1942 年晋封为勋爵，1944 年率英国代表团出席在布雷顿召开的联合国货币金融会议。1946 年剑桥大学授予其科学博士学位。凯恩斯一生著述颇丰，其中最著名的是 1936 年出版的《就业、利息和货币通论》。该书的出版标志着“凯恩斯革命”的开始，在西方经济学界引起了强烈震动，成为战后主要资本主义国家主流经济学说和政策制定的依据。

2. 关键方程或模型

$$C_t = a + bY_t$$

式中，C_t 和 Y_t 分别表示第 t 期的消费和可支配收入；a 和 b 是两个常数，$a>0$，表示自发性消费，即与收入没有关系的消费，$0<b<1$，表示边际消费倾向。

该式反映了消费支出水平与个人可支配收入水平之间的关系。凯恩斯认为，总消费主要取决于总所得，总消费随着总收入的增加而增加，这就是总消费函数关系，是一个比较稳定的函数。收入增减，消费也随之增减，但随着收入增加，用于消费的比重将会越来越小，用于储蓄的比重将会越来越大。

3. 关键图示及解释

凯恩斯的消费函数可以用消费曲线表示，图 4-1所示即为消费与可支配收入的关系。

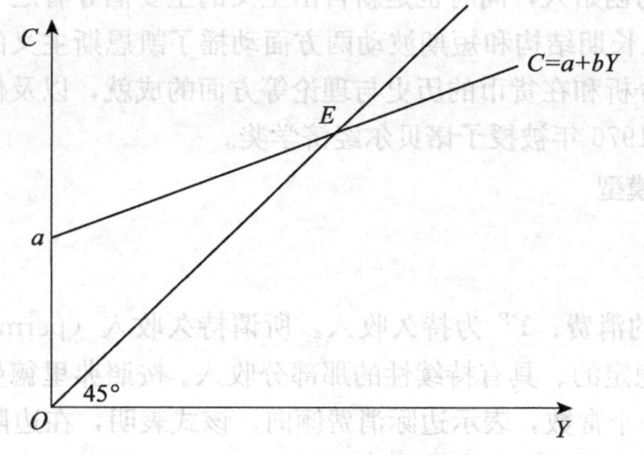

图 4-1　凯恩斯消费函数

在图 4-1 中，横轴表示收入 Y，纵轴表示消费 C，45°线上任何一点都表示消费等于收入。$C=a+bY$ 是消费曲线，表示消费和收入之间的函数关系。E 点是消费曲线与 45°线的交点，表示此时的消费等于收入。位于 E 点左下方 $C=a+bY$ 消费曲线上的点表示消费大于收入，而位于 E 点右上方 $C=a+bY$ 消费曲线上的点则表示消费小于收入。消费曲线向右上方倾斜，表示消费随收入的增加而增加。

4. 特征归纳

消费函数理论最早是由凯恩斯提出的。把收入作为影响消费支出最重要的因素，这是一个贡献。凯恩斯认为，当期消费与当期收入正相关，当期消费的变化量小于当期收入的变化量。同时，凯恩斯还认为，其他客观环境以及社会各类成员的主观需求、心理倾向、习惯以及相互之间分配所得的办法，也影响社会的消费量。比如是否存在通货膨胀、财政政策是否变化会影响人们的消费行为，而高利率会使人们增加储蓄并减少消费，经济不景气也会使人们减少当期的消费更是明显的事实。

5. 应用前景评价

凯恩斯关于可支配收入决定消费的观点有着重要意义。它表明，人们的消费支出与可支配收入有极为密切的关系。在当今社会引起消费的因素越来越多的时候，坚持这一点有格外重要的意义。否则，我们就会在对消费的众多影响因素中失去了基本的判断能力。在我国经济转轨中，对绝大部分低收入阶层而言，收入决定消费是非常明显的，值得关注。

当然，凯恩斯的理论没有仔细考虑消费与未来收入变动预期的关系，以及与整个生命周期和代际的关系，后来的经济学家在这方面有了很大的发展。

二、持久收入假说①

1. 人物及背景

米尔顿·弗里德曼（Milton Friedman），美国著名经济学家，1912 年生，1933 年获芝加哥大学硕士学位，1946 年获哥伦比亚大学博士学位，1948 年任芝加哥大学教授，从 1962 年起为芝加哥大学罗素讲座功勋教授。1967 年出任美国经济学会会长。弗里德曼是货币主义学派的创始人，同时也是新自由主义的主要倡导者之一。他的《消费函数理论》（1957 年）从长期结构和短期波动两方面动摇了凯恩斯主义的理论基础。弗里德曼由于在“消费的分析和在货币的历史与理论等方面的成就，以及他论证了稳定经济政策的复杂性”②，于 1976 年被授予诺贝尔经济学奖。

2. 关键方程或模型

$$C_t = kY^P$$

式中，C_t 为第 t 期的消费；Y^P 为持久收入。所谓持久收入（permanent income）就是消费者总收入中较稳定的、具有持续性的那部分收入。按照弗里德曼的解释，持久收入是平均收入。k 是一个常数，表示边际消费倾向。该式表明，在边际消费倾向已定的情况下，当期消费取决于行为人的持久收入。

3. 关键图示及解释

根据持久收入理论的关键方程，可以将其消费函数用图 4－2 的消费曲线表示出来。

在图 4－2 中，横轴代表持久收入 Y^P，纵轴代表当期消费 C。$C_t = kY^P$ 是消费曲线，表示消费和持久收入之间的函数关系。

① 余永定等．西方经济学．北京：经济科学出版社，1997：341－345；戴维·罗默．高级宏观经济学．北京：商务印书馆，1999：398－404；李晓西．宏观经济学：转轨的中国经济．北京：首都经济贸易大学出版社，2000：74－75；范金等．中级宏观经济学．北京：经济管理出版社，2004：68－70.

② 张杰等．大师经典：1969—2003 年诺贝尔经济学奖获得者学术评介．济南：山东人民出版社，2004：106－107.

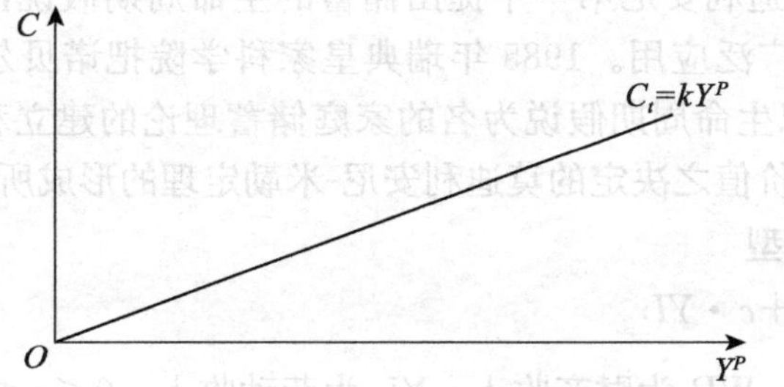

图 4-2 持久收入假说

4. 特征归纳

持久消费与持久收入之间存在长期的稳定关系是弗里德曼持久收入理论的基础，因为持久收入是消费者预期一生中获得的收入的平均值，具有稳定性，持久消费与持久收入之间的稳定关系不受任何绝对经济变量的影响，因此，人们的消费支出主要不是取决于现期收入的绝对水平，而是取决于持久收入。这一点对澄清人们的消费取决于即期收入的观点，显然是很有帮助的。弗里德曼从持久收入、持久消费、暂时收入、暂时消费的角度重新解释了收入消费的长期均衡和短期波动的关系。① 相比凯恩斯的消费函数理论，此假说明显具有微观基础，同时其 k 值的来源也更具有客观性和可检验性。②

5. 应用前景评价

弗里德曼的这一理论是否能适用于中国转轨经济？我认为，是基本适用的。20 多年来，中国家庭的消费行为普遍反映出对长期收入的考虑。在 20 世纪 80 年代购买耐用品三大件的高潮中，许多人不是根据当前收入，而是利用多年储蓄，即根据持久收入来行动的。目前，很多亏损国有企业的职工家庭消费行为，是根据预期进行安排的，即考虑到企业万一发不了工资如何继续维持生活这一问题，因此，大大减少了当期的消费支出。这也很符合持久收入消费理论。当然，转轨中的消费行为是相当复杂和多样化的，有些消费行为是持久收入消费论不能解释的，比如，暴富的一些人常常是今朝有酒今朝醉，有钱就花，不思日后。这显然不是持久收入理论所能解释的。这需要分析整个社会的政治经济环境，分析非正常心态但相当普遍的消费行为。

三、生命周期假说③

1. 人物及背景

弗兰科·莫迪利安尼（Franco Modigliani，1918—2003），意大利籍美国人，获罗马大学法学学士学位和社会科学硕士学位，麻省理工学院经济学教授。1962 年任美国计量经济学会会长，1976 年任美国经济学会会长，1981 年任美国财政学会会长。他的重要著作有：《国民所得与国际贸易》（1953 年）、《储蓄的生命周期假说：总量含义和

① 余永定等．西方经济学．北京：经济科学出版社，1997：341-346.

② 袁志刚，宋铮．高级宏观经济学．北京：高等教育出版社，2010：232-236.

③ 余永定等．西方经济学．北京：经济科学出版社，1997：334-340．李晓西．宏观经济学：转轨的中国经济．北京：首都经济贸易大学出版社，2000：75-76.

检验》(1963 年)。莫迪利安尼第一个提出储蓄的生命周期假说，这一假说在研究家庭和企业储蓄中得到了广泛应用。1985 年瑞典皇家科学院把诺贝尔经济学奖授予莫迪利安尼，“以表彰他为以生命周期假说为名的家庭储蓄理论的建立和发展，以及他关于资本费用和公司的市场价值之决定的莫迪利安尼-米勒定理的形成所做的贡献”①。

2. 关键方程或模型

$$C = a \cdot WR + c \cdot YL$$

式中，C 为消费支出；WR 为财产收入；YL 为劳动收入；$0<a<1$，为财产收入的边际消费倾向；$0<c<1$，为劳动收入的边际消费倾向。该消费函数说明，人们的消费取决于劳动收入和财产收入，即总收入，但这种收入不是现期收入，而是一生的收入。莫迪利安尼认为，理性的消费者根据一生的收入来安排自己的消费与储蓄，使一生的收入与消费相等。为了在一生中有比较稳定的生活水平，并使一生的总效用达到最大，人们会把他们当前和未来预期所能得到的全部收入和财产按一定比例分配到一生的各个时期。在每个人生命的不同时期，消费支出与收入水平有不同的关系。在工作时期，收入大于消费；在退休之后，收入小于消费。

3. 关键图示及解释

莫迪利安尼的生命周期假说可以用图 4－3 表示出来。

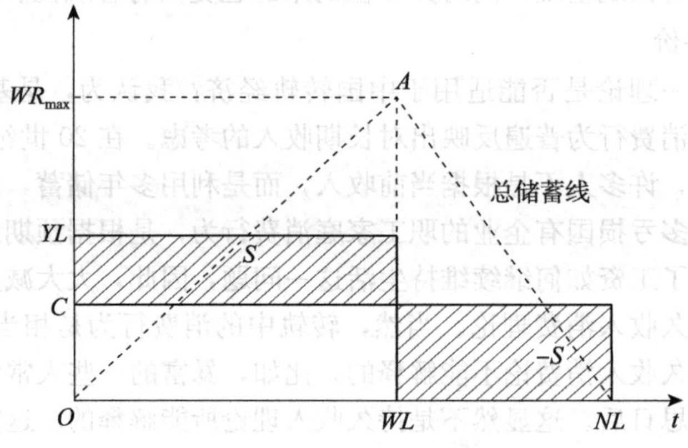

图 4－3　生命周期假说

在图 4－3 中，横轴代表时间，人一生的生活时期为 NL，工作期为 WL，退休期为 $NL-WL$；纵轴代表收入，YL 为劳动收入，C 为消费，WR_{max} 为一生储蓄的最大值。在不考虑财产因素的情况下，人们一生的劳动收入为 $YL \times WL$。为了使一生的消费效用最大化，每年的消费量相等（假设为 C）是较佳选择。在工作期，收入大于消费，有正储蓄，如图中阴影 S 部分所示，储蓄是一个逐渐增加的过程；在退休期，用以前的储蓄进行消费支出，储蓄是一个逐渐减少的过程，也可视为负储蓄过程，如图中阴影 $-S$ 部分所示。从图 4－3 中可以看到，在 WL 时刻，储蓄达到最大值 WR_{max}。图 4－3 反映出人们会在超过工作时间的更长时间范围内计划他们的生活消费开支，以达到他们在整个生命周期内消费的最佳配置。

① 张杰等．大师经典：1969—2003 年诺贝尔经济学奖获得者学术评介．济南：山东人民出版社，2004：200－201.

4. 特征归纳

（1）个人的消费行为在很大程度上取决于他所处的生命周期阶段。莫迪利安尼的生命周期假说以消费者全程行为理论为基础，强调人们不能根据现期收入的绝对水平来决定自己的消费支出，而是要根据一生所能得到的收入与财产来决定各个时期的消费支出。（2）个人的消费行为在很大程度上与储蓄行为密切相关。人的一生中，早年和晚年，挣得少花得多，甚至只花不挣，青壮年时期，则挣得多，花得相对少。因此，青壮年时期要储蓄，早年、晚年则需要动用储蓄。（3）个人的消费行为在很大程度上与收入预期相关。一个具体时期的消费取决于对一生收入的预期，而不取决于当前时期的收入。所谓早年动用中年储蓄，是指先有负债，中年还钱，这与对中年收入的预期相关。（4）生命周期假说认为，就整个社会而言，各类人群情况的差别和各种个体行为的差异，使得一个人的有起伏的生命周期变成整体的稳定的生命周期，形成了稳定的消费与收入的关系。

5. 应用前景评价

生命周期假说解释了长期消费函数的稳定性及短期消费波动的原因，从 20 世纪 50 年代初到 70 年代末，生命周期假说极大地影响了经济学家对消费的思考。这个假说对我们理解中国经济转轨尤其是当前的消费、储蓄与投资问题也是非常有帮助的。它有助于我们更深刻地理解政府与个人在养老方面的作用和分工，有助于理解提高投资效益的重要性。当然，生命周期假说对理解遗产的作用和非经济目的的储蓄是远远不够的。

第三节　消费与经济增长

一、消费需求对经济增长的作用

消费需求对经济增长有很大拉动作用，为什么？

一是消费决定生产的规模。消费需求减少，市场价格就会降低，资本就会被抽走，供给就会减少。反之，消费需求增加，供求关系中的需求就会拉高市场价格，流入这个生产部门的资本就会增加，供给就会扩大。总之，通过消费需求变化会导致某种商品市场规模的变化，导致商品积压的减少，导致开工的充分，从这个意义上讲，消费决定了生产的规模。一般情况下，消费对经济增长的贡献都大于投资对经济增长的贡献。但由于政府对短期消费的可调节性较差而对投资较易调控，因此，在经济需要政府刺激的时候，如经济启动和回升阶段，投资对经济增长的贡献才超过消费的贡献。

二是消费促进经济结构的优化。随着社会进步，消费需求结构不断升级。这促使商品和服务市场的供求变化，导致产品生产结构变化，引导着产业结构升级和经济结构优化。比如，近年来，在不少国家都出现一种消费结构变化的趋势，即居民消费中食品、衣着、家庭设备等大类消费增长率有所下降，而居住、交通和通信工具、娱乐教育文化用品等消费需求有所上升，因此，后几类产品与产业发展就加快了，其对经济增长的贡献率也有所上升。与此同时，消费质量的提高，也促使产品结构升级。产品产业结构的优化和升级，形成新的经济增长点，促进了经济的增长；供给也会反过来促进消费，从而形成消费需求与经济增长之间的良性循环。

三是消费需求有助于经济相对平稳发展。一般而言，消费者收入对消费行为有重要作用。社会居民的平均收入水平具有缓慢提升的特点。消费支出也具有一定的刚性，即在一定时期内，多数消费者总是会保持目前的消费水平，逐步调整。消费的这些特点，表明其变化的渐进性，因而，也可推知其对经济增长的影响具有相对平稳的特点。当然，这与投资需求相比较时更为明显。消费的这种稳定作用不仅表现在经济繁荣时期，也表现在经济萧条时期。当经济处于衰退期时，因消费具有一定刚性，回落较少甚至维持不变，而投资往往会大幅度收缩，这对于避免经济像投资一样大起大落起到了重要作用。

四是消费提供经济增长的持久动力。消费需要的持久力，源自消费需求涉及面的广泛性和变化的无穷尽。人的需要有物质需要、精神需要，有生存、享受和发展的需要，因此，消费不仅是经济问题，还涉及社会学、文化学、心理学等广泛的领域。人对精神和物质需求的追求是无止境的，这为经济增长带来了源源不断的动力。从经济学角度看，这里的人可具体为居民，消费需求中又以居民消费为主体。居民消费是经济运行过程的最终需求，是具有持久特征的消费。由投资引发的生产性需求是中间性需求，最终依存于消费性需求。投资需求中有相当比例转化为消费需求，比如，给基本建设工程发放的劳动工资部分。此外，居民消费对总投资的影响虽然主要体现在当年，但其滞后效应也非常强。总之，最终需求是最重要的需求，是提供经济增长动力的主要需求。

二、反映消费需求对经济增长作用的指标

反映消费需求对经济增长作用的指标有若干，这里重点介绍一下消费率和消费拉动率。

1. 消费率（最终消费率）

消费率也即最终消费率，是按照支出法计算国内生产总值时得到的，其计算公式为：

消费率=(最终消费支出/支出法国内生产总值)×100%

因为消费本身就构成同期GDP，消费的实现也就是产生GDP的过程，这在用支出法计算国内生产总值中得到明显体现。消费率高，就是消费总额占国内生产总值的比重高，一般可以认为，这就意味着消费对经济增长的贡献大。

下面，我们列出了1990—2015年世界各种类型国家的消费率表（见表4-1），从中可以初步看出各国消费对经济增长作用的大致情况。

表4-1　1990—2015年世界高、中、低收入国家消费率表（%）

国家＼年份	1990	2000	2005	2008	2009	2010	2011	2012	2013	2014	2015
高收入国家	77.1	78.1	77.2	77.4	79.8	79.0	78.4	78.2	78.0	77.9	78.1
中等偏上收入国家	73.0	73.2	68.4	64.2	65.5	64.4	64.3	63.8	64.0	63.9	—
中等收入国家	74.8	74.7	70.2	66.6	67.7	66.4	66.2	66.0	66.5	66.5	—
中等偏下收入国家	81.3	80.4	75.3	76.1	75.8	73.5	73.4	74.2	76.3	76.1	—
中低收入国家	75.4	75.0	70.5	66.9	68.0	66.8	66.5	66.3	66.9	66.8	—

续前表

国家＼年份	1990	2000	2005	2008	2009	2010	2011	2012	2013	2014	2015
低收入国家	90.2	88.9	92.9	90.9	91.1	92.4	89.8	92.2	92.1	90.2	89.7
世界	76.8	77.6	76.0	74.6	76.6	75.2	74.6	74.2	74.1	74.0	72.8
中国	62.9	63.3	53.6	49.2	49.4	48.5	49.6	50.1	50.3	50.7	51.6

资料来源：中华人民共和国国家统计局．国际统计年鉴2015．北京：中国统计出版社，2015；世界银行．世界发展指标（2007—2016年）．北京：中国财政经济出版社，2007—2016．

从表4-1中我们可以看到，不论是高收入国家还是低收入国家，消费率在这35年中都变化不大，全世界平均消费率保持在70%和80%之间，相对比较稳定。而中国的消费率则明显偏低，从1990年到2015年，最高消费率为63.3%，最低仅为48.5%，远低于世界平均水平，也远低于高收入国家及中等收入国家。

我们进一步看看中国的消费率情况，如表4-2所示。

表4-2　　中国改革开放以来消费率的变动（%）

年份	消费率	年份	消费率	年份	消费率
1978	62.1	1991	61.5	2004	54.7
1979	64.4	1992	59.4	2005	53.6
1980	65.5	1993	57.9	2006	51.9
1981	67.1	1994	57.9	2007	50.1
1982	66.5	1995	58.8	2008	49.2
1983	66.4	1996	59.8	2009	49.4
1984	65.8	1997	59.4	2010	48.5
1985	66.0	1998	60.2	2011	49.6
1986	64.9	1999	62.3	2012	50.1
1987	63.6	2000	63.3	2013	50.3
1988	63.9	2001	61.6	2014	50.7
1989	64.5	2002	60.6	2015	51.6
1990	62.9	2003	57.5	38年平均值	58.8

资料来源：根据中国国家统计局所编的《中国统计年鉴2016》等资料整理。

综上，可以得出以下结论：不管与高收入国家相比，还是与中等收入国家、低收入国家相比，目前中国在世界上已属于消费率偏低的国家之一。改革开放以来，中国38年的平均消费率为58.8%，不同年份有升有降，相对稳定，但总的来看呈下降趋势。

中国消费率下降趋势的原因是多方面的：首先，居民的消费水平与劳动收入正相关。在劳动收入得到提高之前，消费出现大幅增长的可能性很小。同时，占人口多数的农民的收入增长率长期低于经济增长率，制约了农民消费水平的提高。其次，经济转轨暗含着未来的不确定性。居民就业机会的下降、收入不稳定性的增加以及医疗、教育等支出的增长对居民消费水平产生了严重的负面影响，居民不能准确地预期自己的未来收入、收益率和能够享受到的社会福利数量，为了退休之后进行消费，只好减少当期消费。再次，近些年住房制度改革使低价的公费分房基本停止，而房价增速超过了居民收入的增长，居民为购买住房不得不增加储蓄，减少了当期消费。另外，近些年通货膨胀有所抬头，使得居民的实际购买力有所下降，这是造成居民消费率下降的原因之一。最后，由于在经济转轨中，收入分配差距扩大，一方面是少数人扩大高消费支出，另一方面是多数人维持基本消费，使得消费率的增长受到限制。

2. 消费拉动率

消费拉动率，是一定期间内最终消费增长额与支出法 GDP 增长额之比，这是以不变价格计算的。消费拉动率是直接反映消费对经济增长贡献的统计指标，其计算公式为：

$$消费拉动率=\frac{最终消费总额(当期不变价)-最终消费总额(上期不变价)}{支出法\ GDP(当期不变价)-支出法\ GDP(上期不变价)}$$

从上面的计算公式可以看出消费拉动率与消费率是有区别的。消费拉动率是当期新增的消费支出占当期新增 GDP 的比例，而消费率是当期消费支出总额占当期 GDP 总额的比例。消费率对 GDP 形成因素分析有极其重要的意义，而消费拉动率对 GDP 增长因素分析有重要意义。

消费率高不等于同期消费拉动率高。消费率高同期消费拉动率低、消费率低同期消费拉动率高、消费率高同期消费拉动率也高但非等高，这些情况都是存在的。而消费拉动率的波动幅度通常要比消费率大，因为 GDP 新增额与消费新增额的变化要比消费额占 GDP 总额的比重变化大得多。

在分析当年的经济增长原因时，我们通常使用年度的消费拉动率。在考虑中长期消费对经济增长的影响时，多年平均的消费拉动率可能更有意义。我们认为，以年度消费拉动率的数据为基础来计算中长期平均消费拉动率，比大幅跨年度直接以期初年和期末年的数据计算中长期平均消费拉动率可能更有助于反映真实情况。

我国消费对经济增长有多大的拉动呢？如表 4－3 所示。

表 4－3　　1978—2015 年我国的消费拉动率（%）

年份	消费拉动率	年份	消费拉动率	年份	消费拉动率
1978	4.5	1991	6.0	2004	4.3
1979	6.6	1992	10.3	2005	6.2
1980	6.1	1993	8.3	2006	5.3
1981	4.9	1994	4.0	2007	6.4
1982	5.9	1995	5.1	2008	4.3
1983	8.1	1996	6.0	2009	5.3
1984	10.5	1997	3.4	2010	4.8
1985	9.5	1998	4.4	2011	5.9
1986	4.0	1999	5.8	2012	4.3
1987	5.8	2000	6.6	2013	3.6
1988	5.6	2001	4.1	2014	3.6
1989	1.6	2002	5.1	2015	4.1
1990	3.6	2003	3.6		

说明：本表按可比的不变价格计算。

资料来源：根据中国国家统计局所编的《中国统计年鉴 2016》数据整理。

从表4-3中可看到，改革开放以来，中国消费拉动率变化幅度是比较大的。高时可达10.5%（1984年），说明当年经济增长部分主要是靠消费拉动的；低时仅为1.6%（1989年），说明消费对拉动当年经济增长作用十分有限。2015年时为4.1%，拉动率较低。近几年，中国政府与学界非常关心如何刺激消费，如何在转变经济增长方式中扩大消费需求，对此有多种建议，如改善供给，推出新品种，提高消费购买兴趣；提高收入，尤其是提高低收入地区和低收入群体的收入，增加人们的消费支出能力；健全消费信用，鼓励人们购买高档耐用品；改善商业服务，开拓农村消费市场；等等。

3. 消费弹性系数

消费弹性系数也常被作为反映消费需求对经济增长贡献度的一个较为具体的指标。消费弹性系数是经济增长率与消费需求增长率之比，说明消费需求每增长一个百分点能带动经济增长的比例关系，其计算公式为：

$$\text{消费弹性系数}=\frac{\text{经济增长率}}{\text{消费需求增长率}}$$

消费弹性系数与经济增长呈现明显的正相关关系，消费弹性系数大，就反映了消费需求拉动作用强或者说贡献度大，反之亦然。

消费弹性系数可以分为名义弹性系数和实际弹性系数。实际弹性系数消除了价格的影响，能够反映消费需求增长与经济增长的实际比例关系。

三、经济增长对消费的影响

一是经济增长阶段影响消费模式。在经济增长的不同阶段，消费模式有所差异。在工业化的不同阶段，消费倾向与主要消费品种类也有区别。工业化加速时期，需要有较高的投资率，整个社会出现了滞后型消费模式，消费水平提高速度低于国民收入的增长速度。工业化实现后，需要提高消费率以拉动经济，此时超前型消费模式应运而生，消费水平的增长速度高于国民收入的增长速度。此外，随着经济的发展，从消费的实现模式来看，一种趋势性规律是：个人消费所占比重下降，公共消费所占比重上升。

二是经济增长速度对消费水平提高有重要作用。经济增长是影响消费水平最根本的因素。一方面，经济发展水平越高，国民收入总量越大，个人收入水平就越高，消费水平提升的空间也就越大。另一方面，随着经济发展水平的提高，消费品的生产能力在提高，种类也在不断增加，为消费水平的提高创造着物质和精神条件。

三是经济增长促进消费结构[①]优化。一个国家或地区的消费结构会随着经济发展水平的提高而不断优化。一般而言，随着经济的发展，人们的收入水平不断提高，在总消费支出结构中，非耐用品（吃穿等）的支出比重将会下降；耐用消费品（住用等）的支出比重将会上升；服务性支出的比重还会有更大幅度的上升，并将超过其他支出，成为各项开支中最大的一项。不过这一规律并不完全绝对，但从长期看还是适用的。

四是经济增长决定了消费的商品化程度。随着社会经济发展水平和消费水平的提高，从消费的社会实现途径来看，自给性消费的比重将逐渐下降，商品性消费的比重将

① 所谓消费结构，是指人们在消费过程中所消费的各种消费资料（包括劳务）的组合和比例关系。

逐渐上升。消费的商品化程度既包括消费品的商品化，也包括消费服务的商品化。

第四节　转轨经济中的消费行为及理论假说

现代经济学各种消费理论对分析我国经济转轨时期的经济具有启发意义。根据这些理论，初步可以把经济转轨阶段的消费理论概括为三个假说：一是不稳定的收支消费假说；二是生命周期特殊阶段消费行为假说；三是信用消费制度约束假说。

一、不稳定的收支消费假说

转轨经济过程中的消费是不稳定的。计划经济向市场经济转轨，消费行为从一种计划下的超稳定向市场下的多变动转化，就出现了不稳定的、波动较大的消费和储蓄行为。这种不稳定表现为：消费支出有的年份很高，有的年份很低。

转轨经济中收支的不稳定主要来自制度变迁的影响。

（1）收入来源不稳定，人们的收入方式正在发生变化，一部分人按传统办法获得收入，相当部分的人以本职工作的收入为主，收入相对稳定，但长期收入的前景不明。而另一部分人走向市场，完全按市场经济的方式获得收入。后者的比例在不断增大过程中。这也分为两种情况：一种是市场中出现的高收入阶层。2005 年底，10%的最高收入户与10%的最低收入户的收入额相比，城镇为 9.2 倍，比 1990 年的 3.2 倍扩大了 6 倍；农村为 7.2 倍，比 1990 年扩大了 2.4 倍。而 2005 年后，城镇的倍数稍有缩小，而农村的仍在扩大；至 2009 年底，城镇为 8.9 倍，比 2005 年减小 0.3 倍；而农村为 7.9 倍，比 2005 年扩大了 0.7 倍。另据国家统计局调查数据，金融资产出现了向高收入家庭集中的趋势。按照调查样本户金融资产由低到高五等份排序，户均储蓄存款最多的 20%家庭拥有城市人民币和外币储蓄存款总额的比例分别为 64.8%和 89.1%，而户均储蓄存款最少的 20%家庭拥有城市人民币和外币储蓄存款总值的比例分别仅为 1.2%和 0.2%。另一种是市场经济中的低收入层，2005 年底，城镇 10%的低收入户每月收入只有 261 元，只为高收入户的 11%。2009 年底，城镇 10%的低收入户每月收入只有 438 元，只为高收入户的 11%。[①] 高收入人群和低收入人群收入都不稳定，变化较大。转轨中还有相当一部分人在获得双轨制收入，从单位拿一份工资，再从本职工作以外获得一些收入。

（2）预期的支出不稳定，住房制度、社会保障制度、医疗卫生制度、教育制度等正处于改革之中，政策经常出现调整与变化。大趋势是，住房、上学、看病越来越多地依靠个人账户支出。人们难以把握到底有多少钱在进行无选择支出后可供选择性消费支出，甚至不能保证未来收入能否承受支出。在这样的情况下，人们消费心理极不稳定。预期乐观时产生超前消费支出，预期悲观时又产生过强的强制性储蓄。消费心理和行为常随政策变化而波动，很不稳定。

消费支出的不稳定，不仅在中国，在当年经济转轨的东欧和独联体国家也存在。

---

① 参见国家发改委就业和收入分配司发布的《中国居民收入分配年度报告（2006）》《中国居民收入分配年度报告（2010）》。

转轨国家总体消费水平和经济转轨的过程密切相关。以1989年或1990年的总消费支出为基数，转轨之后部分国家的总消费支出有所下降，特别是以俄罗斯为首的独联体国家。将俄罗斯1990年总消费支出基数定为100，之后出现了下降，1998年仅为1990年的81.4%，1999年又进一步下降到80.4%；之后出现了恢复性增长，2002年的总消费支出恢复到1990年的97.7%。俄罗斯目前的消费以吃、穿和一般消费品为主，这方面的消费支出占总消费额的80.5%。住房和汽车方面的消费只占总消费额的12.7%，信息娱乐产品和服务的消费只占6.8%。

转轨期间东欧国家的情况和独联体国家有所区别。以2002年和1989年或1990年的数据作对比，东欧国家的消费支出水平均有增长，最显著的是波兰，2002年波兰的总消费支出是1989年的1.46倍；而且波兰从1998年到2002年的总消费支出一直保持快速稳定的增长。其他东欧国家如捷克、匈牙利、罗马尼亚等，2002年的总消费支出比1990年也有较明显的增加。

表4-4对东欧、独联体部分国家转轨时期的消费情况进行了大致比较，供大家参考。

表4-4　　部分国家转轨期间实际总消费支出

指数：1989年或1990年=100

国家＼年份	1989	1990	1998	1999	2000	2001	2002
俄罗斯		100.0	81.4	80.4	84.9	91.1	97.7
保加利亚	100.0	100.6	69.8	75.9	80.2	83.8	87.2
捷克	100.0	104.9	101.8	103.7	105.4	109.7	114.5
匈牙利	100.0	97.3	91.8	95.8	100.1	105.4	114.7
波兰	100.0	88.3	130.8	136.6	140	142.2	146.3
罗马尼亚	100.0	108.9	109.3	106.5	108.1	114.6	118.0
斯洛伐克	100.0	103.3	92.7	92.9	92.7	97.1	102.0
拉脱维亚		100.0	53.7	55.2	57.9	61.4	64.9
亚美尼亚		100.0	85.4	86.6	93.3	100	108.5
哈萨克斯坦		100.0	50.4	51.1	53.2	57.8	63.2
乌克兰		100.0	56.4	54.3	55.4	60.5	63.1

资料来源：俄罗斯东欧中亚国家年鉴2002. 北京：世界知识出版社，2004：316.

二、生命周期特殊阶段消费行为假说

不论处于何种经济制度和收入条件下，人总是存在生命周期，总是需要在支出时思前想后，生命周期理论所讲的那些问题总会出现。但是，在经济转轨条件下，人们在生命周期中碰到了转轨这一特殊阶段，收入和支出条件处于波动之中，人们考虑消费支出的方式与一般市场经济下是不同的，因此，称之为生命周期的特殊消费阶段。需要把生命周期阶段与转轨的特殊阶段结合起来进行分析。

处于转轨阶段的消费心理，最大的特点就是不稳定。改革之初的10年，这种不稳定反映在消费购物上就是有选择性偏差，比如集中动用储蓄和超前消费，同步化的“排浪式”消费，甚至出现过抢购问题。为什么？一个很重要的原因是在国家包住房、包教育、包看病的基础上，家庭对未来消费没有风险预期，因此，一旦收入有较大、较快的提高（包括补偿性收入增加），就会出现半生命周期现象，即用以前的储蓄解决当前超收入的消费需求，无暇顾及也没发现以后的消费支出尤其是养老要自己承担等问题。通俗地说，是“今朝有酒今朝醉，明日也不会喝凉水，住房、上学、看病、养老有公费”的潜意识在固有轨道上运行。这一阶段，反映在储蓄上则是短期化倾向加剧。20世纪90年代以后，半生命周期现象开始向全生命周期发展。现在消费者已适应了消费档次拉开、银行利率调整、价格水平变动等现状，开始按个人需求购物，尤其是养老、医疗、各类保险和子女上学需求的长期储蓄动机大为提高，这是向生命全程考虑消费支出的重要转变。

三、信用消费制度约束假说

信用消费制度约束假说是流动性约束理论在转轨国家尤其是中国的应用。在中国，流动性约束或说预支未来的贷款之所以会受阻，更多的原因还在于制度不健全，这与西方银行制度很健全引出的流动性约束不一样。现在中国百姓不论是购房还是购车，银行贷款支持的品种少、条件严。由于信贷条件限制，借款方树立信誉需要一个较长的过程，金融机构电子化程度亟须提高，因此，对没有大量储蓄又要透支未来的消费者而言，消费信贷相当困难，存在着信用消费制度的约束。假设今后消费信用普及了，有朝一日达到现在发达国家的水平，那也意味着流动性约束将会出现，并取代现在的信用消费制度约束。

综上所述，第一个假说是说转轨中消费行为不稳定的基本原因，即收入影响；第二个假说是说消费行为不稳定的表现；第三个假说是分析消费不稳定的约束。综合起来，就是转轨中消费行为的不稳定理论。

专栏一　消费是不是生产的目的

早在1979年批“两个凡是”的时候，经济学界就开始了对生产目的的讨论。这是结合经济调整而展开的。当时在社会上对积累和消费有根本性的错误认识，认为生产高于一切，主张为生产而生产，为积累而积累。于光远教授是这场讨论的杰出组织者和理论家。他先后发表了关于生产目的的13篇文章，大大促进了经济学界解放思想、正本清源。他在文章中说道：“这个问题的讨论开始后不久，就出现这样一种议论：‘我们干了这么久的经济工作，难道连生产目的都不懂？’很遗憾，情况就是这样。事实上对生产目的还存在许多种看法：如‘为生产而生产’‘为完成指标而生产’‘为完成政治任务而生产’‘为实现伟大号召而生产’等等。”① 他还说，“现在关于社会主义生产目的的讨论正从两个方面深入：一是从政治经济学理论与科学社会主义理论方面对社会主义生产目的作更进一步的探讨；二是依照从抽象到具体，探讨实现社会主义生产目的的途径，考虑适当的措施和步骤，如何根据市场需要在调整中重新安排生产。”② 他由此提出要从最终产品（主要指个人消费品）出发计划和安排整个社会生产的主张；提出开发

①② 于光远．社会主义生产目的的问题的十三篇文章．北京：中国社会科学出版社，1981：13.

土地资源，发展食品工业，满足“吃”的需要；还提出要解决城市住宅这种价值较大、使用时间较长的个人消费品。最后，于光远教授对讨论得出了这样的结论：社会主义生产的目的是满足社会成员的物质与文化生活需要。① 这个在今天看来人所共知的常识，在那个年代却是一种认识上的禁区。这些思想在30多年后的今天看来，也是完全正确的，而当时流行的极“左”思潮，是今天的年轻人难以理解的。这场讨论实际上是明确了消费就是生产的目的之一，这大大提高了人们对消费在经济流程中的地位和作用的认识，为以后把“消费”作为一门学科来研究正了名。

第五节 我国城乡消费增长、消费倾向和消费结构变动

本节主要介绍和分析中国城乡居民收入和消费增长与差距、消费倾向和消费结构的变动等。

一、城乡居民收入和消费增长情况

在改革开放以来的近40年时间，我国国内生产总值增长与城乡居民收入增长的基本情况如何？表4-5对20世纪80年代以来的情况进行了描述。

表4-5 城乡居民收入与消费年环比增长比较（%）

年份	国内生产总值增速	城镇居民家庭实际人均可支配收入增幅	农村居民家庭实际人均纯收入增幅	城镇居民消费水平年环比增幅	农村居民消费水平年环比增幅
1980	7.8	9.7	16.6	7.2	8.4
1990	3.9	8.5	1.8	8.5	—0.8
1991	9.3	7.1	2.0	10.7	5.4
1992	14.2	9.7	5.9	16.1	8.5
1993	13.9	9.5	3.2	10.4	4.3
1994	13.0	8.5	5.0	4.4	3.1
1995	11.0	4.9	5.3	7.2	6.8
1996	9.9	3.8	9.0	3.4	14.5
1997	9.2	3.4	4.6	2.2	3.1
1998	7.8	5.8	4.3	5.9	1.2
1999	7.7	9.3	3.8	7.0	5.1
2000	8.5	6.4	2.1	9.7	6.6
2001	8.3	8.5	4.2	3.8	4.6
2002	9.1	13.4	4.8	6.3	6.6
2003	10.0	9.0	4.3	3.5	4.6

① 于光远．社会主义生产目的问题的十三篇文章．北京：中国社会科学出版社，1981：32.

续前表

年份	国内生产总值增速	城镇居民家庭实际人均可支配收入增幅	农村居民家庭实际人均纯收入增幅	城镇居民消费水平年环比增幅	农村居民消费水平年环比增幅
2004	10.1	7.7	6.8	6.0	3.9
2005	11.4	9.6	6.2	8.5	6.8
2006	12.7	10.4	7.4	6.6	7.3
2007	14.2	12.2	9.5	11.6	8.7
2008	9.7	8.4	8.0	6.5	7.0
2009	9.4	9.8	8.5	8.0	9.3
2010	10.6	7.8	10.9	7.9	7.4
2011	9.5	8.4	11.4	8.2	12.9
2012	7.9	9.6	10.7	7.2	8.9
2013	7.8	7.0	9.3	5.3	8.6
2014	7.3	6.8	9.2	5.6	9.9
2015	6.9	6.6	7.5	5.1	9.2

说明：1. 国内生产总值增速是按上年＝100 和可比价格计算。2. 城镇居民家庭实际人均可支配收入增幅和农村居民家庭实际人均纯收入增幅是以 1978 年为基数的指数计算的环比增幅。表中 1980 年城镇和农村居民收入增幅是直接以 1978 年为基数计算得到的。3. 城镇居民消费水平年环比增幅和农村居民消费水平年环比增幅，是城镇居民消费水平和农村居民消费水平按可比价计算的指数（上年＝100）减 100 得到的。

资料来源：根据《中国统计年鉴 2016》整理而得。

从表 4－5 中可以看到：（1）城镇居民家庭实际人均可支配收入增幅在 1990 年后，只有 1999 年、2001 年、2002 年、2009 年和 2012 年超过了国内生产总值的增长速度，其他各年均低于国内生产总值的增速。相对而言，国内生产总值增长快的期间或年份，居民收入增长也会相应快一点。（2）农村居民家庭实际人均纯收入增幅在 20 世纪 80 年代后期就一直大大低于国内生产总值的增长速度，但从 2010 年以后，这一情况开始改变。（3）城镇居民消费水平年环比增幅从 1991 年到 1993 年，一直高于城镇居民家庭实际人均可支配收入增幅。而从 2001 年开始到 2015 年，除 2010 年外，城镇居民消费水平年环比增幅却一直低于城镇居民家庭实际人均可支配收入增幅；除 1990 年、1991 年、1992 年、2000 年四年外，城镇居民消费水平年环比增幅也一直低于国内生产总值的年增幅。（4）农村居民消费水平年环比增幅有多年较大幅度地高于农村居民家庭实际人均纯收入增幅，这是非常值得深思的。说明农民收入多元化了，其中有一部分可能没有统计进收入部分，但反映在了消费部分。（5）城镇居民家庭实际人均可支配收入增幅多数年份要高于农村居民家庭人均实际纯收入增幅，这也反映了提高农民收入的重要性。

二、城乡居民消费倾向及消费差距的变动情况

下面简单分析我国城乡居民消费倾向的变动趋势，重点分析边际消费倾向和平均消费倾向。

表 4－6 根据我国农村居民家庭人均纯收入和人均消费支出计算得到了 1978—2015 年农村居民的平均消费倾向和边际消费倾向。

表 4-6　1978—2015 年我国农村居民平均消费倾向和边际消费倾向变动表

年份	人均生活消费支出（元/人）	人均可支配收入（元/人）	平均消费倾向	边际消费倾向
1978	116.1	133.6	0.869	
1987	398.3	462.6	0.861	1.064
1988	476.7	544.9	0.875	0.953
1989	535.4	601.5	0.890	1.037
1990	584.7	686.3	0.852	0.581
1991	619.8	708.6	0.875	1.574
1992	659.0	784.0	0.842	0.520
1993	769.7	921.6	0.835	0.805
1994	1 016.8	1 221.0	0.833	0.825
1995	1 310.4	1 577.7	0.831	0.823
1996	1 572.1	1 926.1	0.816	0.751
1997	1 617.2	2 090.1	0.774	0.275
1998	1 590.3	2 162.0	0.736	−0.374
1999	1 577.4	2 210.3	0.714	−0.267
2000	1 670.1	2 253.4	0.741	2.152
2001	1 741.1	2 366.4	0.736	0.628
2002	1 834.3	2 475.6	0.741	0.853
2003	1 943.3	2 622.2	0.741	0.744
2004	2 184.7	2 936.4	0.744	0.768
2005	2 555.4	3 254.9	0.785	1.164
2006	2 829.0	3 587.0	0.789	0.824
2007	3 223.9	4 140.4	0.779	0.714
2008	3 660.7	4 760.6	0.769	0.704
2009	3 993.5	5 153.2	0.775	0.848
2010	4 381.8	5 919.0	0.740	0.507
2011	5 221.1	6 977.3	0.748	0.793
2012	5 908.0	7 916.6	0.746	0.731
2013	7 485.2	8 895.9	0.841	1.611
2014	8 382.6	9 892.0	0.847	0.901
2015	9 222.6	10 772.0	0.856	0.955

说明：边际消费倾向一般大于 0 小于 1，本表中出现大于 1 的情况是因为当年消费额中包含了非当年收入的部分，因此，严格说来，称之为当年的边际消费倾向是不准确的。

资料来源：根据相应年份《中国统计年鉴》计算整理而得。

改革开放以来我国农村居民平均消费倾向波动幅度不大，从 30 多年的趋势来看，基本保持在 0.7 和 0.9 之间。而边际消费倾向的波动幅度则很大，1998 年为−0.374，2000 年为 2.152，2010 年为 0.507，2015 年又达到了 0.955，说明边际消费倾向更易受到短期收入波动和预期的影响。

表 4-7 根据我国城镇居民家庭人均可支配收入和人均生活消费支出计算得到了 1978—2015 年城镇居民的平均消费倾向和边际消费倾向。

表 4-7　1978—2015 年我国城镇居民平均消费倾向和边际消费倾向变动表

年份	人均生活消费支出（元/人）	人均可支配收入（元/人）	平均消费倾向	边际消费倾向
1978	311.2	343.4	0.907	
1987	884.4	1 002.1	0.882	0.832
1988	1 104.0	1 180.2	0.934	1.225
1989	1 211.0	1 373.9	0.881	0.556
1990	1 278.9	1 510.2	0.847	0.498
1991	1 453.8	1 700.6	0.855	0.921
1992	1 671.7	2 026.6	0.825	0.668
1993	2 110.8	2 577.4	0.819	0.796
1994	2 851.3	3 496.2	0.816	0.807
1995	3 537.6	4 283.0	0.826	0.872
1996	3 919.5	4 838.9	0.810	0.687
1997	4 185.6	5 160.3	0.811	0.828
1998	4 331.6	5 425.1	0.798	0.551
1999	4 615.9	5 854.0	0.789	0.663
2000	4 998.0	6 280.0	0.796	0.897
2001	5 309.0	6 859.6	0.774	0.536
2002	6 029.9	7 702.8	0.783	0.855
2003	6 510.9	8 472.2	0.769	0.625
2004	7 182.1	9 421.6	0.762	0.707
2005	7 942.9	10 493.0	0.757	0.710
2006	8 696.6	11 759.5	0.740	0.595
2007	9 997.5	13 785.8	0.725	0.642
2008	11 242.9	15 780.8	0.712	0.624
2009	12 264.6	17 174.7	0.714	0.733
2010	13 471.5	19 109.4	0.705	0.624
2011	15 160.9	21 809.8	0.695	0.626
2012	16 674.3	24 564.7	0.679	0.549
2013	18 487.5	26 467.0	0.699	0.953
2014	19 968.1	28 843.9	0.692	0.623
2015	21 392.4	31 194.8	0.686	0.606

资料来源：根据相应年份《中国统计年鉴》计算整理而得。

从表 4-7 可以看出，与农村居民的消费倾向类似，1978 年以后我国城镇居民的平均消费倾向和边际消费倾向也呈现出下降的趋势，平均消费倾向从 1987 年的 0.882 下降到2015年的0.686，边际消费倾向从1987年的0.832下降到2015年的0.606，且大部分时期边际消费倾向低于平均消费倾向。但与平均消费倾向平稳的下降趋势相比，边际消费倾向的下降表现出较大的波动幅度。

从总体上看，我国城乡居民消费额不断增长的同时，城镇居民消费额的比重上升很快，而农村居民消费额的比重则呈下降趋势。30多年的时间，城乡居民消费格局由“农大城小”变为了“农小城大”。1978年时，农村居民消费占总消费的比重为62.1%，城镇居民占37.9%；到2015年，农村居民消费占总消费的比重为22.2%，城镇居民占77.8%。转折的时期是1992年，如表4-8所示。

表4-8　我国农村居民和城镇居民消费情况比较表

年份	绝对数（亿元）		所占比重（%）	
	农村居民	城镇居民	农村居民	城镇居民
1978	1 092.4	666.7	62.1	37.9
1980	1 414.9	922.0	60.5	39.5
1985	2 786.7	1 840.7	60.2	39.8
1986	3 113.0	2 180.5	58.8	41.2
1987	3 471.5	2 576.1	57.4	42.6
1988	4 151.6	3 380.5	55.1	44.9
1989	4 864.9	3 913.1	55.4	44.6
1990	5 240.9	4 194.2	55.5	44.5
1991	5 573.5	4 971.0	52.9	47.1
1992	5 946.7	6 365.6	48.3	51.7
1993	7 000.7	8 695.4	44.6	55.4
1994	9 172.3	12 273.8	42.8	57.2
1995	11 537.7	16 535.2	41.1	58.9
1996	14 155.0	19 505.3	42.1	57.9
1997	14 961.0	21 665.4	40.8	59.2
1998	14 874.8	23 947.0	38.3	61.7
1999	14 810.6	27 104.4	35.3	64.7
2000	15 611.8	31 375.9	33.2	66.8
2001	16 297.5	34 411.3	32.1	67.9
2002	17 016.7	38 059.7	30.9	69.1
2003	17 775.0	41 568.8	30.0	70.0
2004	19 232.6	47 354.4	28.9	71.1
2005	20 912.0	54 320.4	27.8	72.2
2006	22 639.6	61 479.5	26.9	73.1
2007	25 588.5	74 204.8	25.6	74.4
2008	28 840.7	86 497.5	25.0	75.0
2009	30 666.2	95 994.7	24.2	75.8

续前表

年份	绝对数（亿元）		所占比重（%）	
	农村居民	城镇居民	农村居民	城镇居民
2010	33 610.3	112 447.2	23.0	77.0
2011	41 075.3	135 456.6	23.3	76.7
2012	45 222.8	153 313.9	22.8	77.2
2013	49 432.1	170 330.4	22.5	77.5
2014	54 366.1	188 173.6	22.4	77.6
2015	58 845.5	205 912.1	22.2	77.8

资料来源：国家统计局．中国统计年鉴 2016．北京：中国统计出版社，2016．

专栏二　消费指标与社会零售总额指标的关系

分析宏观经济形势尤其是分析消费需求情况时，《中国统计年鉴》有两套数据摆在我们面前。一套数据是《中国统计年鉴》“综合”部分“支出法国内生产总值结构表”中，提供了居民消费和政府消费的数据；而在《中国统计年鉴》“国内贸易”部分中，提供了社会消费品零售总额的数据。这两套数据是不相同的，分析消费需求有多大、足还是不足时，到底使用哪一套数据为好呢？

先分析一下支出法中统计的消费需求与社会零售总额之间的关系。社会零售总额是商业统计中的指标，而支出法统计的消费需求是从买方支出角度进行统计的，因此，二者的角度是互为正反的。但是，按理讲，买卖双方的账是同一个数字。为什么会出现差异？而且消费需求与社会零售总额数据之差在30%左右。

我们分居民和政府两种情况具体看一看出现差别的原因。居民消费包括服务消费，如医疗保健服务、交通和通信服务、教育文娱服务等，包括居民以实物报酬和实物转移形式获得的货物和服务的消费，居民对自己生产的货物的消费，居民对自有住房服务的消费等，以及我国临时离境人员和驻外使馆人员在国外购买的消费品，以上这些都不包括在居民消费品零售额中。当然，也有居民消费零售额包括而居民消费统计不包括的，主要是：售给临时来华的外国人、华侨、台湾同胞和外国驻华使领馆人员的消费品，售给居民的建造房屋用的建筑材料，等等。可见，两种数据差别来自进账项目的口径不同。

政府消费包括政府单位关于服务、劳动者报酬、生产税的支出和政府单位固定资产的虚拟折旧价值，社会消费品零售额中不包括此项。社会集团消费品零售额包括对企业、企业化管理的事业单位等非政府单位的商品零售额，包括政府购买的免费或以较低价格提供给居民的消费性货物的全部市场价值，而政府消费只包括这些货物的市场价值与向居民收取的价值的差额。政府服务的经营收入是对政府消费的冲减，但对社会消费零售总额统计没有影响。值得注意的是，政府单位购置的各种车辆、电信设备等，并未统计进政府消费之中，而是统计进固定资本形成，这一点值得商榷。这不仅大大降低了政府消费对经济的拉动作用，而且使生产性资本与非生产性资本、营利性资产和消费用资产混为一谈。多年统计实践表明，政府消费一直大于社会集团消费品零售额，后者为前者的60%～70%。

最终消费是由居民消费与政府消费组成的，鉴于居民消费和政府消费与相应的社会零售总额的差额，1978—2015 年我国最终消费与社会消费品零售总额之间的差距在30%左右。这可以从《中国统计年鉴》提供的公开数据中计算出来。

三、我国现阶段消费结构的新特点

经过近 40 年的改革与发展，我国经济体制发生了重大变化，人均消费性支出结构也发生了很大变动。表 4-9 比较了我国城镇居民与农村居民的人均消费性支出结构的变化。

表 4-9　　我国城乡居民人均消费性支出结构变化表（%）

	城镇居民				农村居民			
	1985 年	2000 年	2015 年	2015 年较1985 年变化	1985 年	2000 年	2015 年	2015 年较1985 年变化
食品	52.25	39.44	29.73	−22.52	57.79	49.13	33.05	−24.74
衣着	14.56	10.01	7.95	−6.61	9.69	5.75	5.97	−3.72
居住	4.79	11.31	22.09	17.30	18.23	15.47	20.89	2.66
家庭设备用品及服务	8.60	7.50	6.11	−2.49	5.10	4.52	5.92	0.82
交通通信	2.14	8.54	13.53	11.39	1.76	5.58	12.61	10.85
教育文化娱乐服务	8.17	13.40	11.14	2.97	3.89	11.18	10.51	6.62
医疗保健	2.48	6.36	6.75	4.27	2.42	5.24	9.17	6.75

资料来源：国家统计局．中国统计年鉴 2016．北京：中国统计出版社，2016.

从表 4-9 中可以看出我国城镇居民与农村居民消费结构的变化：

（1）城乡居民的食品和衣着消费支出比重下降。我国城镇居民的食品和衣着消费支出占总消费支出的比重分别从 1985 年的 52.25%、14.56%下降到 2015 年的 29.73%、7.95%；而农村居民的食品和衣着消费支出占比分别从 1985 年的 57.79%、9.69%下降到 2015 年的 33.05%、5.97%。相比较而言，城镇居民的食品支出比重下降幅度（22.52%）低于农村居民这方面的下降幅度（24.74%）；衣着支出比重的下降幅度（6.61%）高于农村居民这方面的下降幅度（3.72%）。

（2）城乡居民居住消费支出的比重上升。1985 年城镇居民居住支出只占总消费支出的 4.79%，2015 年增长了 17.30%，达到 22.09%。农村居民居住支出占总消费支出的比重从 1985 年的 18.23%，上升到 2015 年的 20.89%。

（3）城乡居民家庭设备用品及服务消费支出的比重变动趋势相反。1985 年我国城镇居民家庭设备用品及服务支出占消费总支出的比重为 8.60%，2015 年降为 6.11%，下降了 2.49%；而农村居民的家庭设备用品及服务支出所占比重从 1985 年的 5.10%增加到 2015 年的 5.92%，上升了 0.82%。

（4）城乡居民交通通信消费支出的比重上升。1985 年，城镇居民用于交通通信方面的支出占总消费支出的比重仅为 2.14%，2015 年高达 13.53%，与其他消费支出相比，上升幅度较大；相比较而言，农村居民的交通通信支出占总消费支出的比重的增幅低于城镇居民，为10.85%，从1985年的1.76%上升到2015年的12.61%。

(5) 城乡居民教育文化娱乐服务消费支出的比重增大。我国城镇居民的教育文化娱乐服务支出占总消费支出的比重从1985年的8.17%上升到2015年的11.14%，成为继食品消费、居住、交通通信消费支出之后的第四大消费。我国农村居民的教育文化娱乐服务支出占总消费支出的比重从1985年的3.89%上升到2015年的10.51%，增加了6.62%。

(6) 城乡居民医疗保健消费支出的比重增大。1985年我国城镇居民医疗保健支出占总消费支出的比重为2.48%，2015年上升为6.75%，增幅为4.27%；1985—2015年，农村居民的医疗保健消费支出占总消费支出的比重的增幅为6.75%，高于城镇居民，从1985年的2.42%上升到2015年的9.17%。

这表明，我国城镇居民正从以满足吃、穿为主的生存型消费阶段逐步向发展和享受型消费阶段过渡。

四、不必过度解读"提高消费率"的政策主张①

2009年国际金融危机爆发后，在讨论国际经济不平衡时，人们在反思中国消费率偏低的问题。确实，不管与发展中国家的水平相比，还是与发达国家处于与我国类似发展阶段时的水平相比，目前中国在世界上已属于消费率最低的国家之一。而且，这种相对偏低格局越来越严重。改革开放以来，中国消费占GDP的比重急剧下降。从1978年到2005年，总的消费率下降大约10个百分点。从1990年到2007年，私人消费率则下降了15个百分点。大家公认，消费增长有助于家庭和个人更大程度地享受经济增长的成果，有助于降低经济增长的波动性，也有助于减少国际贸易争端，因此，提高消费率成为各方的共识。

但国内外有一种过度解读中国提高消费率的必要性的倾向。这表现在，一是把中国消费率偏低解释成了国际经济危机的原因之一。认为正是中国的低消费、高储蓄，与美国的高消费和低储蓄，导致了世界经济的不平衡，因而为今天出现的国际经济危机埋下了隐患。二是认为高储蓄、高投资和低消费，是中国经济发展30多年的主导模式，这个模式是错误的，不能持续的。

这种过度解读带来三点后果：一是否定中国出口的合理性。把中国的扩大内需过度解读为中国不要出口，在国际上传播一种中国停止出口、扩大进口的理念，并说成是中国人的观念，说成是对中国人有好处的必然之路。这助长了欧美一些国家贸易保护主义抬头。二是否定中国发展模式。把这些年对中国高速发展的正面经验与肯定，全变成负面的评价，这种把合理的反思变成自我完全否定的做法是有害的。三是夸大消费政策的主观任意性。认为政府的消费政策是最重要的，或者说政府的措施可以很快提高消费率，这可能会对政府决策产生不利影响。我们要切记日本"前川报告"的后遗症。

过度解读中国消费率的理由是站不住脚的。

首先，美国出现金融危机，既不是中国高储蓄造成的，也不是美国高消费造成的。责任在美国华尔街金融投机者麦道夫之流，在于金融监管不力，而不在美国民众的消费

① 可参阅中国台湾《联合报》2009年9月25日《李晓西谈消费率高低与中国模式》一文。

行为上。一些金融家的贪心与别有用心的金融衍生品设计，鼓动老百姓超出实际购买力买大房子这类操作，才搞出了一个次贷及其信贷违约互换的金融大泡沫。应该说，中美经济多年的快速发展与相互依赖，是世界经济十几年高速发展的协调与合作的典范，不能因这些投机者的问题而自我否定。

其次，消费率的高低，或者说储蓄消费的高低，有内在的制约因素。在经济增长的不同阶段，消费模式有所差异。在工业化加速时期，需要有较高的投资率，相应出现了滞后型消费模式。工业化实现后，需要提高消费率以拉动经济，此时超前型消费模式应运而生。因此，我们看到，消费占 GDP 的比重下降是大多数发展中国家的一个典型特点。事实上，从发展阶段来看，美国重工业化时期之前，其国内消费占 GDP 的比重很高；而在第一次世界大战、新政、第二次世界大战时期快速工业化进程中，消费占 GDP 的比重不断下降；战后时期消费占 GDP 的比重逐渐提升。在中国工业化与城市化中期，在中国经济转轨条件下，适当高的储蓄与投资也是合理的。

再次，对经济转轨国家来讲，消费率相对低也是必然的。养老看病，子女保障，为大件消费品的储蓄，这些考虑都影响着消费率，都需要社会保障制度的改革与完善。而收入制度的改革、收入差距的扩大，也有影响。

最后，我们应区分高消费与高投资中的合理与不合理情况。我们反对不合理的高储蓄和高投资，不反对客观形成的合理的高储蓄和高投资；我们认同有经济支持的高消费而反对金融投机刺激起来的高消费。同样，合理的高出口与不合理的高出口也应区别开来。

思考题

1. 试比较西方经济学的各种消费理论。
2. 利用边际消费倾向和平均消费倾向分析我国改革开放以来的城乡居民消费特点。
3. 试预测我国消费结构的变化趋势。
4. 试概括转轨经济中的消费理论。
5. 试分析近年我国消费需求不足的原因和解决的办法。
6. 试分析我国居民收入差距问题。
7. 试从国际角度考察一国的消费率高低的影响。
8. 试分析比较各国不同发展阶段消费率的变化特点。

附录

附录一　消费与储蓄在美国国民收入结构表中的位置

下面，我们借用一份美国《总统经济报告》来看看美国人的消费与储蓄在国民收入结构中是如何摆放的，其数量关系如何。这要感谢萨克斯教授，他把这份报告处理成非常容易理解的形式，见表 4－10[①]。虽然这是 20 世纪 90 年代的情况，但其中各指标的

① 在使用时，作者对表中数据作了些调整，有的进行了四舍五入，虽然在个位数上会有点小缺口，但这不影响我们对问题的把握。

关系在今天仍然是有效的，是富有意义的。

表 4-10　　1990 年美国国民生产总值、国民收入、国民消费和国民储蓄表

单位：十亿美元，以当年美元价值计算

项目	金额	项目	金额
1. 国民生产总值	5 463	15. + 个人红利收入	124
2. — 资本消费	576	16. + 企业转移支付	35
3. = 国民净产值	4 887	17. = 个人收入	4 641
4. — 间接工商税	440	18. — 个人税金和非税支付	700
5. — 企业转移支付	35	19. = 可支配个人收入	3 941
6. — 统计误差	3	20. — 个人消费支出	3 658
7. + 补贴	3	21. — 消费者向企业支付的利息	108
8. = 国民收入	4 412	22. — 对外国人的净转移支付	1
9. — 对存货价值和资本消费作过调整后的公司利润	297	23. = 个人储蓄	174
10. — 净利息	467	24. + 企业总储蓄	605
11. — 社会保险认购	507	25. = 私人总储蓄	779
12. — 扣除支付后的应计工资	0	26. + 政府储蓄	126
13. + 政府转移支付	660	27. = 国民总储蓄	905
14. + 个人利息收入	681		

资料来源：杰弗里·萨克斯，费利普·拉雷恩．全球视角的宏观经济学．上海：上海人民出版社，上海三联书店，2004：73.

表 4-10 相当清楚地解释了各关键统计指标之间的关系，使消费和储蓄有了一个确切无误的定位。

附录二　各国生活质量比较

生活质量与消费水平是紧密相关的。有些教科书中把二者视为同等内涵。我们编制表 4-11，旨在帮助读者了解各国的平均消费水平或者说生活质量，进而有助于深入理解本章的内容。

表 4-11　　2015 年主要国家生活质量表

生活质量指标	预期寿命（岁）	婴儿死亡数（人）	5 岁以下儿童死亡率（‰）	成人识字率[a]（%）		营养不良发生率（%）	人均 GNI（PPP）（美元）	城市人口比例（%）	城市卫生设施普及率（%）
				男性	女性				
数据年份	2014	2015	2015	2015	2015	2015	2015	2015	2015
世界	71	4 450 352	43	89	80	11	10 184	54	82
高收入国	81	57 072	6	99	98	—	41 434	81	100
中高收入国	70	4 393 267	46	—	—	13	4 173	49	77
中收入国	71	3 205 146	40	88	78	11	4 591	51	79

续前表

生活质量指标	预期寿命（岁）	婴儿死亡数（人）	5岁以下儿童死亡率（‰）	成人识字率[a]（%）		营养不良发生率（%）	人均GNI（PPP）（美元）	城市人口比例（%）	城市卫生设施普及率（%）
				男性	女性				
数据年份	2014	2015	2015	2015	2015	2015	2015	2015	2015
低收入国	61	1 188 121	76	68	54	26	554	31	40
美国	79	21 321	7	—	—	<5	52 062	82	100
英国	81	2 655	4	—	—	<5	40 363	83	99
加拿大	82	1 587	5	—	—	<5	49 686	82	100
日本	84	2 093	3	—	—	<5	48 928	93	100
澳大利亚	82	896	4	—	—	<5	53 587	89	100
法国	82	2 747	4	—	—	<5	42 213	80	99
德国	81	2 140	4	—	—	<5	46 403	75	99
意大利	83	1 378	4	99	99	<5	33 808	69	100
西班牙	83	1 299	4	99	97	<5	30 569	80	100
匈牙利	76	461	6	99	99	<5	13 838	71	98
波兰	77	1 629	5	100	100	<5	14 133	61	98
南非	57	34 078	41	96	93	5	7 402	65	70
俄罗斯	70	15 989	10	100	100	<5	10 741	74	77
巴西	74	46 995	16	92	93	5	10 918	86	88
中国	76[c]	156 450	11	98	94	9[c]	6 470	56	87
印度	68	946 304	48	81	63	15	1 731	33	63

说明：《2000/2001年世界发展报告》提出并分析了“生活质量”指标，我们在原指标的基础上，增加了婴儿死亡率和人均购买力（按购买力平价计算的人均国民收入）。a数据表示最近年份可获得的数据。c数据表示包括中国台湾。

资料来源：世界银行．世界发展指标2016. 北京：中国财政经济出版社，2016.

附录三　人均GDP 3 000美元时中国居民消费结构的变化①

2008年中国GDP为45 218亿美元，人均GDP首次超过3 000美元，达到3 414美元，比2007年的2 651美元增长了28.8%。中国经济发展进入了一个关键时期。

GDP反映了国家经济实力和市场规模，人均GDP则反映了国民的富裕程度和生活水平。人均GDP达到3 000美元意味着中国国民的消费水平有所提高并且消费支出结构发生了重大变化。我们这里所说的消费结构，是通过货币支出来反映的消费支出结构。不同国家或地区对消费支出的统计分类不尽相同，但都要反映出一定时期主要项目的支出状况。中国的统计分类方法把城镇居民的消费支出划分为八项：食品、衣着、家庭设备用品及服务、医疗保健、交通通信、文教娱乐服务、居住、杂项商品与服务支出。那么人均GDP达到3 000美元时对应的消费结构中这八项支出的比例有何变化呢？

① 荣婷婷助理根据世界银行数据库（http://data.worldbank.org.cn/）整理，并参考了2007年4月6日《环球时报》任建民等人的文章《人均GDP 2 000美元意味着什么》。

表 4-12 为 1995—2009 年中国城镇居民八类消费支出构成数据。

表 4-12　　1995—2009 年中国城镇居民消费支出构成

年份	消费支出构成（%）								人均 GDP（现价美元）
	食品	衣着	家庭设备用品及服务	医疗保健	交通通信	文教娱乐服务	居住	杂项商品与服务	
1995	50.09	13.55	7.44	3.11	5.18	9.36	8.02	3.25	604
1996	48.60	13.47	7.61	3.66	5.08	9.57	7.68	4.35	703
1997	46.41	12.45	7.57	4.29	5.56	10.71	8.57	4.44	774
1998	44.48	11.1	8.24	4.74	5.94	11.53	9.43	4.55	821
1999	41.86	10.45	8.57	5.32	6.73	12.28	9.84	4.96	865
2000	39.44	10.01	7.49	6.36	8.54	13.40	11.31	3.44	949
2001	37.94	10.05	8.27	6.47	8.61	13.00	10.32	5.35	1 042
2002	37.68	9.80	6.45	7.13	10.38	14.96	10.35	3.25	1 135
2003	37.12	9.79	6.30	7.31	11.08	14.35	10.74	3.30	1 274
2004	37.73	9.56	5.67	7.35	11.75	14.38	10.21	3.34	1 490
2005	36.69	10.08	5.62	7.56	12.55	13.82	10.18	3.5	1 731
2006	35.78	10.37	5.73	7.14	13.19	13.83	10.40	3.56	2 069
2007	36.29	10.42	6.02	6.99	13.58	13.29	9.83	3.58	2 651
2008	37.89	10.37	6.15	6.99	12.60	12.08	10.19	3.72	3 414
2009	36.52	10.47	6.42	6.98	13.72	12.01	10.02	3.87	3 744

说明：人均 GDP 数据来自世界银行数据库（http：//data.worldbank.org.cn/）。

资料来源：城镇居民消费支出构成根据 1996—2010 年各年《中国统计年鉴》整理得到。

根据表 4-12，我们对人均 GDP 达到 1 000 美元的 2001 年、人均 GDP 达到 2 000 美元的 2006 年和人均 GDP 达到 3 000 美元的 2008 年这三年数据进行比较，可以得出以下几点结论：从变化趋势来看，食品、家庭设备用品及服务和杂项商品与服务三项支出的比重基本上是呈先降后升的特征，居住、医疗保健、交通通信和文教娱乐服务四项支出的比重基本上是呈先升后降的特征；从单项变化来看，家庭设备用品及服务下降幅度最大，而交通通信上升幅度最大。如果我们将 2009 年与 1995 年的消费支出结构比较，可以看到，中国城镇居民的消费结构在这 15 年中有较为明显的变化，食品、衣着、家庭设备用品及服务三项所占比重都有不同程度的下降，而医疗保健、交通通信、文教娱乐服务、居住、杂项商品与服务五项所占的比重均呈上升趋势，其中上升幅度最大的是交通通信支出，其占总消费支出的比重从 1995 年的 5.18%增加到 2009 年的 13.72%，增加了一倍还多；家庭设备用品及服务的支出在总量上保持平稳，在比重上呈现下降趋势。自 2006 年之后，文教娱乐服务项变化规律有所改变，改变其上升的趋势，逐渐降低至 2009 年的 12.01%，而其他各项比例基本稳定，变化不大。这也表明了我们前面提出的观点，即我国城镇居民正从以满足吃、穿为主的生存型消费阶段逐步向发展和享受型消费阶段过渡。

各国人均 GDP 达到 1 000 美元、2 000 美元和 3 000 美元的年份是不同的，所花费的时间也有很大差异。下面，我们根据世界银行数据库中的各国或各地区人均 GDP 指标做了整理（详见表 4-13），供大家参考。

表 4-13　部分国家或地区人均 GDP 分别达 1 000、2 000、3 000 美元时的年份对比

国家/地区	年份（1 000/2 000/3 000 现价美元）	国家/地区	年份（1 000/2 000/3 000 现价美元）	国家/地区	年份（1 000/2 000/3 000 现价美元）
美国	1942/1951/1962	新西兰	1950/1965/1972	中国香港	1971/1974/1977
瑞典	1951/1961/1965	芬兰	1955/1967/1972	新加坡	1971/1974/1978
冰岛	1951/1956/1966	英国	1955/1969/1973	葡萄牙	1973/1979/1980
瑞士	1951/1963/1968	奥地利	1962/1971/1973	南非	1973/1979/1981
澳大利亚	1953/1963/1969	意大利	1963/1970/1973	韩国	1977/1983/1987
丹麦	1956/1965/1969	日本	1966/1971/1973	匈牙利	1975/1980/1990
挪威	1956/1966/1970	以色列	1963/1972/1974	巴西	1975/1994/1990
法国	1953/1965/1971	爱尔兰	1968/1973/1975	马来西亚	1977/1983/1992
比利时	1955/1967/1971	希腊	1969/1973/1975	波兰	1970/1994/1995
德国	1961/1969/1971	西班牙	1970/1973/1975	中国	2001/2006/2008

说明：此表根据国家人均 GDP 达到 3 000 美元时的年份先后来排序。
资料来源：世界银行数据库，http://data.worldbank.org.cn/.

从表 4-13 中可以看到，美国是人均 GDP 分别达到 1 000 美元、2 000 美元、3 000 美元最早的国家，但从人均 GDP 1 000 美元达到 3 000 美元用了 20 年，英国用了 18 年，德国用了 10 年，日本、新兴工业国家、新加坡和中国香港等国家和地区仅用了六七年，中国也只用了 7 年。特别是人均 GDP 从 2 000 美元达到 3 000 美元，美国用了 11 年，法国用了 6 年，英国和新加坡用了 4 年，中国香港地区用了 3 年，而日本和中国仅用了 2 年。

根据国际经验，世界许多国家和地区在人均 GDP 达到 3 000 美元后，其经济往往都能继续保持较高的增长速度，而且持续时间较长。在这一时期，居民对汽车和住宅这类代表资产和财富的商品的需求将快速增长，对金融产品的需求大大提高，对服务业的需求也将大幅增加。消费结构升级，带动投资结构和生产结构的变化。住房、汽车、电子通信等高成长产业群，正在成为产业升级和经济增长的主要动力，服务业也将迎来一个加速发展的转折点。但也有国家，由于没有处理好分配关系，社会矛盾尖锐，在人均 GDP 处于 2 000～3 000 美元时社会剧烈动荡，经济停滞不前。反观现今中国，同样面临着机遇和挑战。

参考文献

[1] 凯恩斯. 就业、利息和货币通论. 北京：商务印书馆，1963.

[2] 萨缪尔森，诺德豪斯. 经济学（第 16 版）. 北京：华夏出版社，1999.

[3] J. E. 斯蒂格利茨. 经济学（下）. 北京：中国人民大学出版社，1997.

[4] 杰弗里·萨克斯，费利普·拉雷恩. 全球视角的宏观经济学. 上海：上海三联书店，上海人民出版社，1997.

[5] 多恩布什，费希尔. 宏观经济学. 北京：中国人民大学出版社，1997.

［6］卡尔·F. 克里斯特. 西方宏观经济学导论. 上海：复旦大学出版社，1991.

［7］邓小平. 邓小平文选：第三卷. 北京：人民出版社，1993.

［8］刘国光等. 80年代中国经济改革与发展. 北京：经济管理出版社，1991.

［9］钱伯海. 供需平衡经济学. 北京：中国经济出版社，1997.

［10］高鸿业. 西方经济学（宏观部分）. 北京：中国人民大学出版社，2000.

［11］樊纲. 公有制宏观经济理论大纲. 上海：上海三联书店，1990.

［12］郭树清. 中国GNP的分配和使用. 北京：中国人民大学出版社，1991.

［13］郭树清. 经济体制转轨与宏观调控. 天津：天津人民出版社，1992.

［14］张风波. 中国宏观经济结构与政策. 北京：中国财政经济出版社，1988.

［15］杨圣明. 我国居民消费结构发展的新趋势. 上海商业，2002（5）.

［16］许宪春. 支出法国内生产总值的构成指标与有关统计指标之间的相互关系. 国家统计局统计所研究参考资料，第89期.

［17］孔泾源. 中国居民收入分配年度报告2004. 北京：经济科学出版社，2004.

［18］陈宗胜，周云波. 再论改革与发展中的收入分配. 北京：经济科学出版社，2002.

［19］李晓西，张琦. 中国区域收入差距分析及对策建议. 改革，2005（2）.

［20］林幼平，张澍. 20世纪90年代以来中国收入分配问题研究综述. 经济评论，2001（4）.

［21］黄继东. 从基尼系数看我国居民收入的差距. 西南民族大学学报，2003（10）.

［22］李万茂. 拉动经济增长的三个因素的分析. 国家统计局研究所《研究参考资料》，1998（102）.

［23］银纯泉. 我国消费需求的一些新变化. 国务院发展研究中心调查研究报告，1996（138）.

［24］国家统计局. 1996年城镇居民生活水平稳定提高. 简明统计资料，1997（14）.

［25］国家统计局. 城镇居民家庭年收入万元的户数占76%. 简明统计资料，1997（54）.

［26］国家统计局. 城镇居民收入差距呈扩大趋势但仍在合理范围之内. 统计资料，1997（22）.

［27］国家统计局. 1998年城镇居民收入稳中有升，消费增速趋缓，结构发生变化. 统计报告，1999（6）.

［28］国家统计局国民经济核算司. 积累和消费关系研究. 研究参考资料，2004.

［29］许永兵. 我国消费需求变动与经济增长的实证分析. 河北经贸大学学报，2001（5）.

［30］张艳华，李秉龙. 中国城乡居民收入差距与消费需求的定量研究. 农村经济，2004（7）.

［31］张旭宏. 完善各项宏观政策积极扩大城乡居民消费. 宏观经济管理，2004（8）.

［32］马强. 我国居民消费需求不足的成因与对策. 宏观经济管理，2004（5）.

［33］刘兆洪. 从我国消费升温看扩大消费需求. 消费经济，2005（2）.

［34］熊俊. 居民收入差距过大对消费需求增长的制约：一种分析框架. 中州学刊，

2004 (3).

[35] 刘文勇. 收入因素对中国消费需求影响的实证分析. 经济理论与经济管理，2005 (2).

[36] 田晖. 消费经济学. 上海：同济大学出版社，2006.

[37] 伊志宏. 消费经济学. 北京：中国人民大学出版社，2005.

不要把你所有的鸡蛋放在同一个篮子里。①

——詹姆斯·托宾

第五章

投资需求

我们在宏观经济学领域中分析“投资”时，必须有意识地从国民收支和总供求关系的角度来分析。投资是总需求的一部分，而且是总需求中最为动荡不定的部分，会影响国民收入，因此成为宏观经济学中的重要内容。换言之，投资理论在宏观经济理论中的重要性，首先是因为投资需求是国民收入的决定性因素。

第一节　投资定义及相关定位

一、投资的定义

投资是市场经济发展到一定程度的产物，投资概念也是在1936年凯恩斯的《就业、利息和货币通论》出版之后，才真正作为一个重要的经济变量被纳入经济学体系中。在此之前，经济学家们主要使用的是“资本”而不是“投资”这个概念。从托马斯·孟提出“存货”到魁奈提出“预付”，从亚当·斯密对资本形成的分析到新古典经济学派的主要代表人物约翰·莫里斯·克拉克提出加速原理，“投资”这个概念才一步步被明确地提出来。② 多恩布什则认为，投资是现有资本存量适应当前资本需求的一种调整。③ 虽然现代经济学家在人力资本投资、金融投资等方面有了重大发展，但在宏观

① 上海财经大学高等教育研究所．诺贝尔经济学奖之路．上海：上海财经大学出版社，2010：142.

② 任淮秀．投资经济学．北京：中国人民大学出版社，2005：14-16.

③ 多恩布什，费希尔，斯塔兹．宏观经济学（第8版）．北京：中国财政经济出版社，2003.

经济学中，我们的投资概念仍然是凯恩斯理论框架下的投资内涵，而且是以实物投资概念为基础的。

1. 狭义的定义

什么是投资？凯恩斯在《就业、利息和货币通论》中指出："投资是现有真实资本财产的一种增加物，即建筑新的厂房、新的办公室，交通工具和其他财产的增加，等等。所以投资即是指资本设备的增加额，无论是由固定资本、营运资本还是流动资本所组成。"此定义强调了实物资本投入，很多学者是同意这种定义的，但强调是在宏观经济学领域。比如，多恩布什在其所著的《宏观经济学》中指出："宏观经济学中，'投资'具有更为狭窄和技术性的含义：投资就是用来增加物质资本存量的支出流量。"而萨缪尔森在其《经济学》中对投资的定义是："对经济学者来说，投资总是意味着实际资本形成——存货的增加量，或新生产的工厂、房屋或工具。……只有当某种物质资本形成时，才会出现投资。"

概括以上理解，狭义的投资就是实物资本（建筑、设备和存货）的资金投入。在宏观经济学中，投资主要就是指这种实物投资，即作为总需求的一部分且创造国民收入的投资需求。宏观经济学家所使用的"投资"或"实际投资"，体现的是生产性资本和资本品存量的增加，而不包括现有资本在不同所有者之间的转移这类情况。这种实物投资是总需求的一个重要组成部分，也是国民经济核算意义上的"投资"。

2. 广义的定义

斯蒂格利茨在其《经济学》中对投资所下的定义如下："广义地讲，投资是指为在未来得到回报而购买一种资产。从经济整体的角度出发，区别实际投资和金融投资是有意义的。实际投资包括对新机器和新工厂的购买，而金融投资包括银行账户、股票、债券等等。两个市场是相互联系的：人们进行的金融投资为厂商提供了进行实际投资所需要的资金。"

事实上，很多经济学家也认同广义的投资定义。比如，多恩布什等所著的《宏观经济学》中也指出："在通常的用法上，'投资'常常是指购买存在着的金融资产或者物质资产。"萨缪尔森在其《经济学》中也说："对大多数人来说，投资往往意味着只是用货币去购买几张通用汽车公司的股票，购买街角的地皮或开立一个储蓄存款的户头。"

时至今日，广义投资中还可包括知识经济和人力资本投资的含义。比如，有专家认为，对知识的投资是经济发展的基础之一。知识投资主要包括研究与开发投资中的无形投资、教育支出和软件投资，同时包括对人力资源开发的投资。相对于实物投资和金融投资来说，知识投资的对象更多地集中于无形资产，其作用表现在对实物投资和金融投资效率的提高上。

概括以上理解，广义的投资就是包括实物资本、金融资本和人力资本的资金投入。

3. 狭义投资定义和广义投资定义的比较

狭义投资和广义投资有着紧密的联系。首先，这两类投资都是放弃今天的消费而着眼于增加未来的回报，这种收入是以等待的时间和承担的风险为代价的，体现了"当前投入，将来回报"。其次，广义投资实际上构成了狭义投资的投资环境。现代经济中的资本品投资不能离开高度发达的金融资本市场，而知识投资又促进了资本品投资的效率。再次，狭义投资即资本品的投资是任何广义投资的最终载体，金融投资预期回报的实现是通过实物投资的生产来支撑的，而知识投资也是通过作用于实物投资才能最终实现其价值。

广义投资和狭义投资也有着明显的不同。首先，投资主体不同。企业是狭义投资的主要投资主体，政府也进行部分实物投资；广义投资中的金融投资，其主体则涵盖了包括居民在内的多层次、多样化的投资主体。其次，两类投资形成的阶段不同。实物投资是最早出现的投资形式；金融投资是社会化大生产出现以后在实物投资的基础上衍生出来的投资形式；而知识投资是在信息产业和信息社会出现后呈现的新型投资形式。再次，两类投资对产品产出的作用机制也不同。实物投资是直接推动产出的投资，对市场需求的反映最直接，只要市场有需求的产品或行业，投资下去就会直接看到效果；而广义投资中的金融投资是间接推动产出的投资，它是实物投资的桥梁，而不是直接产生产出，企业家在资本市场上通过间接转换机制进行资金筹集后再进行实物投资；知识投资的生产性作用表现在实物投资和金融投资效率的提高上，最终也是通过实物投资来体现其效果。

二、投资定位

1. 从国民收入的角度定位投资①

凯恩斯在《就业、利息和货币通论》一书中，从国民收入角度深刻地分析了投资与储蓄。他说："大家都同意，所谓储蓄是所得减去消费开支"②，"储蓄是一期之所得之并未作消费之用者"③。他给储蓄和投资下了一个似乎最简单却相当深刻的定义，提出了国民收入一个最重要的公式或规律，即国民收入作为净所得，可分为两部分，一部分被消费，一部分未被消费即储蓄。这里的储蓄是广义的，不是单指银行的储蓄。他还说："只要大家同意，所得等于本期产品之价值，本期投资等于本期产品中未作消费之用者——那一部分产品之价值，储蓄等于所得减消费；只要大家同意这些用法（这些既与常识不悖，又与传统相符的用法），则投资与储蓄自然相等。总之，所得＝产品价值＝消费＋投资，储蓄＝所得－消费，故：储蓄＝投资。"④ 这段话构成现在进行宏观经济分析的框架。按这样一种界定，投资与消费就成为国民收入的两大部分，成为国民收入的基本内容。国民收入增长，就将直接得益于投资需求和消费需求的增长。由此可见，宏观经济学分析的一个基本前提是储蓄等于投资，这里的储蓄是指凡没有用于消费的收入的总和。现实经济中的储蓄主要指各种主体在金融机构的存款，因此，在现实中经常出现投资与储蓄（金融机构的储蓄）缺口。在做经济分析时，一般把储蓄大于投资称为正缺口，把投资大于储蓄称为负缺口。

宏观经济理论中的 $IS-LM$ 分析代表了对投资、储蓄与消费关系的更深入、更具体的理解，代表了对投资与国民收入、利率关系的透彻把握。IS 曲线的要点为：利率越高，储蓄越多，投资越少；反之，利率越低，储蓄越少，投资越多。储蓄与投资作为利率的函数形成了两条曲线，一条是减函数线，一条是增函数线，利率取决于储蓄与投资

① 部分内容由施发启博士和余洁雅助理提供。
② 凯恩斯．就业、利息和货币通论．北京：商务印书馆，1963：56.
③ 同②57.
④ 同②58.

的均衡点。这是古典的利率观，被凯恩斯接受并加以创新。当在“投资与储蓄决定利率”的命题之前加上一个“投资与储蓄相等”的条件来寻找均衡利率时，我们就引入了凯恩斯的国民收入决定论。

LM 曲线即货币供求曲线则完全源自凯恩斯的理论。货币需求与利率负相关，利率越高，货币需求越小，利率越低，货币需求越大。货币需求又与所得成正比关系，所得越高，货币需求越大。在货币量与利率关系及流动性偏好函数的基础上，我们得到了 *LM* 曲线。利率取决于货币数量与一般人的流动性偏好两个因素。后凯恩斯主义代表人物汉森认为收入和利率在“投资和储蓄相等”“货币供求相等”两个条件下形成它们的关系，由投资函数、储蓄函数、流动性偏好函数、货币量这四个因素确定利率。结论是：*IS* 曲线和 *LM* 曲线是同时被决定的，两条曲线都是收入与利率的函数。在这里，汉森指出，凯恩斯仅强调流动性偏好和货币量两个因素决定利率是不充分的。在 *IS*-*LM* 分析中，投资、储蓄与国民收入关系有了比较清晰的表述。对这些现代经济学基础理论已有大量的论著，这里不再展开讨论。

在现实中，常有一个重要问题，即储蓄向投资的转化。转化的渠道主要有两个：一是金融性的转化，即储蓄通过金融中介或资本市场进行转化；二是非金融性转化。金融性转化又分为两种：一类是银行贷款，又称间接融资；另一类是通过在资本市场上发行企业债券、股票、国债等将储蓄转化为投资，经常被称为直接融资。储蓄的非金融性转化事实上也是一种直接融资，它主要通过两种方式完成：一种是将企业未分配盈余用于投资；另一种是个人不通过金融中介或资本市场而是直接向一些企业（包括新设立的企业）出资。储蓄的非金融性转化又被称为内源化融资。

2. 从需求的角度定位投资

既然投资与企业紧密相关，企业是供给的主体，那么为什么不从供给角度而要从需求角度来定位投资？把投资称为投资需求有什么意义？投资需求是凯恩斯主义的提法，在凯恩斯之前，没有这种提法。但这不是简单的概念问题，而是源自凯恩斯的有效需求理论。对此，有以下两点应注意：

(1) 投资需求是相对于资本形成而言的。投资是货币资金的投入阶段，是需要购买大量资本品或劳动的阶段，因此，是需求的阶段，故被称为投资需求。但是，当投资已实物化为资本，已形成了生产能力后，就是供给而不是需求了。由此结论是：投资对企业而言是一个过程中的两个不同的阶段，投资活动是施工阶段，投资转为资本后是投产阶段；对社会而言，前者是需求阶段，后者是供给阶段。

(2) 我们为什么总是自然而然地把投资置于供给或生产的框架中呢？因为长期以来，社会主义国家的政治经济学强调了经济体系的生产、流通、分配、消费四分法，按这种分法，投资不能算在流通、分配和消费这三个领域，因此，很自然就划入生产领域了，因而也就很自然地划到供给方面而不是需求方面了。但是，在凯恩斯理论看来，消费品的购买与资本品的购买之和为总需求，它们并没有本质区别。购买消费品，就是消费需求。购买时间较长、能用于保值增值的商品，就成为投资，如消费者购房是典型的投资。这告诉我们一个道理，即并不因为你是消费者就认定你的一切行为都是消费。显然，凯恩斯及其理论后继者是从购买商品的性质（消费品还是投资品）来划分是投资还是消费，进而是需求还是供给，而不是依主体（生产者、消费者）来区别是供给还是需求。又比如，经济学普遍有意识地把增加存货称为存货投资，这与百姓的思维习惯也不同。百姓通常认为存货就是一种产出，是没有实现交换正在等待交换的供给品，不是需求，也就不是投资需求。现代经济学则认为，因为存货尚未进入供给阶段，还处于生产消费过程中，是对货币资金的占用且没有完成市场结清阶段，即对货币有实际需求而没有发生商品供给行为，因此存货是一种投资需求。

正因为现代宏观经济学从需求角度来看待投资，因此，不少经济学家很自然地把两大需求——消费与投资——放在一起进行分析。比如，萨缪尔森把"消费与投资"作为其《经济学》一书中的一章。斯蒂格利茨的《经济学》一书在"总需求"和"消费与投资"这两章中分析了投资问题。

但是，需要提醒一点，不能由此走得太远，不能用需求这个纽带把"投资"与"消费"等同起来，如果等同起来，就回到了古典经济学。古典经济学家穆勒（Mill）就认为，投资其实是给生产生产工具的专家的消费品，因此，它也是消费。从这个观点推导下去，投资就是消费或者说是生产消费，就会自然地排斥国民收入两分法（消费和投资），当然也就没有今天的宏观经济学了。固然可以把投资看成是生产消费，也可以把消费看成是人力资本投资，但如果我们未加思考地接受了这种说法，就会使我们在无意中与现代宏观经济理论失之交臂，将减少一个最重要的总量经济分析所运用的框架结构。古典经济学家所在的时代，还没有出现一定要把投资与消费分开的社会问题，这需要我们从历史的高度来认识。

3. 从微观之总和的角度定位"投资"

虽然单个企业的投资不是宏观经济学研究的对象，但企业的总体投资行为却构成了宏观经济学研究的对象。正因为如此，在宏观经济学读本中，也把总投资作为放大了的企业投资进行类比分析，或从企业投资、家庭投资开始分析，然后分析总投资。最典型的例子是，凯恩斯是从宏观角度来看待投资与储蓄概念的，但其对投资与储蓄概念的论证，也是从企业和家庭的情况开始的。在《就业、利息和货币通论》中他说："设A为一雇主以其制成品出售给消费者所得货款，$A1$为一雇主从另一雇主手中所购货物之价格，消费支出可规定为$\sum(A-A1)$，其中$\sum A$为一期中之总售价，$\sum A1$为该时期雇主与雇主之间原材料、半成品互相卖买之总值。"[①] 由此凯恩斯推出了投资与储蓄以及消费的内涵及外延。凯恩斯甚至从个人行为推导出社会行为，他说："一己之储蓄量，虽然对于他本人之所得，不致有重大影响，但他的消费，一定影响他人之所得，故不能每个人都同时储蓄一特定数目。如果每个人都想减少消费，增加储蓄，则因所得一定受到影响，故这种企业必自招失败。同样，社会全体之储蓄量也不能少于当前投资；若有此种企图，则所得一定会提高到一种水准，使得各人愿意储蓄之数相加起来，恰等于投资量。"[②] 在这里，凯恩斯讲了投资等于储蓄的内在机制，而这是从个人行为分析到社会行为分析，从微观到宏观的分析。显然，凯恩斯是为了得出宏观经济的结论而从微观讲起的，不能认为他是站在个人或厂商角度来发展微观的储蓄-投资理论。

萨缪尔森在其《经济学》一书中，也是把分析收益、成本及预期等投资要素与宏观层面的分析相结合。在他的论述中，这些要素既是企业作为个体进行投资的要素，也是企业作为整体进行投资的要素。他认为投资有两大作用，一是影响总需求，二是提高国

① 凯恩斯．就业、利息和货币通论．北京：商务印书馆，1963：51－57.

② 同①76.

家潜在的生产能力。这就把微观的投资行为分析与宏观的投资效果分析结合起来了。

也有的学者在宏观经济分析中，把分析重点放在企业上。比如夏皮罗在《宏观经济分析》一书的第十章讲“资本和投资”时，将研究的重点放在利润重要还是加速原则重要，或者，二者结合最重要上。① 夏皮罗在相当多的篇幅中，把投资作为企业家的行为进行分析，也就是引入微观层面分析投资。比如，讲企业层面的资本存量、技术状况和劳动力三者关系，分析企业家投资时考虑的预期收益、投资数额和市场利率等三大问题等。当然，这位学者对凯恩斯的投资理论是相当熟悉的，他只不过是在这个背景下对企业投资讲得更多一些而已。

当然，确实也存在一种现象，即有的宏观经济学教材中，讲投资理论过多，偏重于企业投资的问题，未能提升到宏观角度进行再分析，结果把宏观的投资理论讲成了微观的投资理论。看来，确实需要先问问自己在什么“房间”里，再判断眼前的是“餐桌”还是“书桌”。

第二节　投资规模、投资类型与投资效率

投资理论包括众多方面，如投资体制、投资结构、投资环境、投资回报以及决定投资水平的因素、投资在 GDP 中的比例、政府对投资的影响等等。这些在投资学和投资经济学中都有很多的阐述。从宏观经济学角度，我们认为分析投资规模、投资类型与投资效率，对深入理解投资的宏观经济意义有直接帮助。

一、投资规模

对一个国家或一个地区来说，投资规模是指一定时期内总的投资额。计划经济体制下一国的投资规模是由决策当局事先确定的，而市场经济体制下的投资规模是投资需求实际实现的事后结果。在统计上反映投资规模的指标主要有年度投资规模和在建投资规模。

投资规模是与投资资金的来源紧密相关的。凯恩斯、弗里德曼、莫迪利安尼等人均研究过投资资金来源问题。他们均认为，居民储蓄是资本形成的唯一来源。他们重点研究居民收入在消费和储蓄之间的分配关系，而不研究利润向投资的转化。刘易斯（William Arthur Lewis，1979 年获诺贝尔经济学奖）则主张，资本形成仅来源于企业利润。斯蒂格利茨等多位学者认为，投资来源于私人储蓄、政府储蓄和国外借款。

宏观经济学中的储蓄-投资恒等式表明，在一定时期内，一国可能进行的最大投资量取决于该国可以动员的储蓄量（由私人储蓄、政府储蓄、外国对本国的储蓄加总形成）。而从另一个角度来讲，如果私人储蓄、政府储蓄、外国对本国的储蓄相互独立，且储蓄完全转化为投资，则储蓄-投资恒等式隐含的经济意义是：一国的总投资是由私人部门投资、政府投资和外国投资共同构成的。在国民收入既定条件下，投资需求额取决于消费需求和国外需求的份额，投资规模与消费总额、净出口额是此消彼长的关系。储蓄率的高低会引起投资规模扩大或缩小。当经济活跃时，增加储蓄即减少消费可能会

① 爱德华·夏皮罗．宏观经济分析．北京：中国社会科学出版社，1985：225.

使投资扩大，产生推动经济增长的力量。但在经济萧条时，由于没有实现充分就业，因此，储蓄的增加不仅没有扩大投资，反而因减少消费使经济更不景气。

影响投资规模变化的具体因素有很多，主要有：经济增长速度，储蓄率的变化，经济体制，资金的成本和可获得性，投资预期利润率的高低等。投资规模的变动方向同经济增长率的变动方向相同，且变动幅度更大。当经济增长率上升时，投资规模增长率高于经济增长率，当经济增长率下降时，投资规模增长率降低的幅度会大于经济增长率降低的幅度，这就是投资的加速原理。

人们通常用投资率来判断投资规模。投资率有两种含义：一是指一国国民总储蓄加上国际资本净流入之和与国民可支配总收入的比率。二是指在支出法国内生产总值中，资本形成总额与国内生产总值的比率，即资本形成率。若一国的投资率过低，将会影响其资本形成，从而影响其经济增长；若过高，则会影响其最终消费的扩大，从而使其经济增长难以持续。一国的投资率必须适合国情和经济发展阶段。加速原理认为投资率是由产出变化率决定的，也就是说，产出增加时投资率高，产出下降时投资率低。

确定最优投资规模，首先需要确定最优的资本存量。当经济趋于均衡时，资本存量也相应趋于稳定状态，此时，投资恰好弥补资本存量的折旧，使得消费最大化的稳态资本存量水平被称为“资本的黄金律水平”[①]。满足这一资本存量水平的投资规模，就是我们要确定的最优投资规模。

专栏一　固定资产投资与固定资本形成总额的区别

固定资产投资与固定资本形成总额是一对相近的概念，在有些场合也可通用。但是，二者是有区别的。一般来讲，“固定资产投资”是一个专门的统计项目，固定资本形成总额则是在“国民经济核算”的统计项目下使用。各国统计的规定可能是有差异的。这里，主要就中国统计规定来看固定资产投资与固定资本形成总额的区别。

二者主要有以下五点区别：(1) 现行固定资产投资统计中不包括计划总投资在50万元以下单位的固定资产投资，而在计算固定资本形成总额时要包括这一块。(2) 在现行固定资产投资统计中包括旧设备（机器）购置、旧建筑物购置和土地购置的费用，在计算资本形成总额时购买方要将固定资产投资总额中的这三部分内容扣除。(3) 商品房销售增值和房屋买卖过程中发生的所有权转移费也应计入固定资本形成总额中，因为商品房销售增值主要反映商品房销售价值与其相应的投资完成额之间的差额。房屋交易费按国家规定的有关比例，根据商品房销售收入等数据推算。(4) 矿藏勘探费也应包括在固定资本形成总额中，因为矿藏勘探费是指为了发现可进行商业开采的矿物和燃料的新储量而进行的矿藏勘探支出，计算时需要从国土资源部门的有关报表中取得资料。(5) 因其他因素而增加的固定资本形成总额，如新产品试制增加的固定资产、土地改良形成的固定资产、生产性的无形固定资产等。综上，固定资本形成总额≈现行全社会固定资产投资额＋(1)－(2)＋(3)＋(4)＋(5)。

① 戴维·罗默．高级宏观经济学．北京：商务印书馆，1999.

二、影响三大类型实物投资的因素[①]

在市场经济中，政府、企业和居民作为三类不同主体，在投资领域充当不同的角色。企业是投资主体，承担着与总需求相关的实物投资，主要有三大类：企业固定投资、住宅投资、存货投资，这也是国民核算账户所列出的三种主要投资支出领域。[②] 企业和居民需要机器和住房等形式的资本存量，当需求超过现有存量时，新机器和新住房作为投资流量就开始填补缺口。企业固定投资是指企业为用于未来生产而购买的设备和建筑物等，“固定”一词是指与很快会使用或出售的存货投资相比，这种支出所形成的资本在一段时期内将保留下来。住宅投资包括人们为居住而购买的以及房东为出租而购买的新住房。存货投资包括企业持有的作为储备的产品，包括原料与供给品、加工中的产品和成品。

下面通过美国投资类型的一张表（表 5-1），直观地说明三种投资类型的布局和关系。虽然表 5-1 中使用的是 20 世纪 80 年代末和 90 年代初的数据，但三种投资类型的关系反映得却很清楚。

表 5-1　　1988—1990 年美国不同形式的投资

单位：十亿美元（以当年美元价值计算）

	1988	1989	1990p
私人国内总投资	747.1	771.2	745.0
(%GDP)	(15.4)	(14.9)	(13.7)
一资本折旧	514.3	554.2	575.7
(%GDP)	(10.6)	(10.7)	(10.6)
＝私人国内净投资	232.7	216.8	169.3
(%GDP)	(4.8)	(4.2)	(3.1)
一存货变化	26.2	28.3	−2.2
＝净固定投资	206.5	188.5	171.5
(%GDP)	(4.3)	(3.6)	(3.2)
住宅	118.0	104.5	—
非住宅（企业投资）	88.6	84.0	—
建筑物	18.1	16.8	—
生产者的耐用设备	70.4	67.2	—

说明：p=初始。

资料来源：杰弗里·萨克斯，费利普·拉雷恩．全球视角的宏观经济学．上海：上海三联书店，上海人民出版社，1997：170.

① 可参考曼昆和多恩布什的《宏观经济学》。

② 杰弗里·萨克斯，费利普·拉雷恩．全球视角的宏观经济学．上海：上海三联书店，上海人民出版社，1997：170.

下面我们从四个方面来大致地分析实物投资中最值得关注的因素或关系。

1. 投资与产出

在宏观经济学中，投资与产出的关系，实际上是由投资与储蓄的关系来决定的。现代经济学认为，投资决策是由企业作出的，而储蓄决策是由消费者和政府作出的。著名的凯恩斯公式 $I=S+(T-G)$，即投资等于私人储蓄加上公共储蓄（税收减去政府支出），反映了这一内在关系。此时，实现了商品市场的均衡，或者说实现了国民产出的均衡水平。[①] 当经济处于投资曲线与储蓄曲线的交点时，企业不会再有存货堆积，也不需要扩大产量，产出、就业、收入及支出都将保持不变。现实中经济常常出现的是 GDP 高于或低于这个均衡点的情况。这种不一致会导致企业改变其产量和就业水平，从而使经济体系回复到均衡的 GDP 水平上。[②]

投资变化对产出的影响有很多种情况。其中，人们最常引用的是投资的乘数作用，即投资增加会引起更大的乃至数倍的产出增加，换言之，投资所引起的 GDP 的增加量会大于投资本身的增加量，这就是著名的投资乘数原理。产出水平也决定了对资本的需求，从而决定了投资水平。由于资本的边际产出递减规律，产出的增加会使所需要的资本以更大的比例增加，即体现了投资的加速原理。

企业固定投资是投资支出中最大的一块。一般而言，任何单个企业的固定投资额都取决于企业拥有资本品的收益与成本的关系，当资本的边际产出与资本的边际成本相等时，产出量也就被确定了。企业对未来销售和利润的预期会影响企业的意愿投资数额，而经济状况的波动可能通过改变企业对未来销售的预期来影响现期投资。现期的较高产出会增加企业对未来盈利的预期，从而激励企业进行投资。

住房投资数量是与住房价格相关的。现有住房存量市场决定了均衡的住房价格，而住房价格决定了住房投资的流量，即新住房的供给。住房价格越高，对建房的激励越大，所建的住房就越多。

企业持有存货有多种原因：生产的平稳化与销售的淡旺季会形成部分产品存货；企业一次性采购原料会降低采购成本但会造成部分原材料存货；生产过程中的工序会造成中间品类型存货。较高的产出增加了企业希望持有的存货量，刺激了存货投资。存货投资是支出中最小的一部分，平均约占 GDP 的 1%，虽然数量不大却具有重要意义，存货投资的明显变动使它成为经济波动研究的中心。

2. 投资与利率

利率的变动改变了资本的成本从而影响投资水平。实际利率的上升（或下降）增加（或减少）了资本的成本，使企业资本利润率降低（或提高），从而使企业减少（或增加）其投资。所有企业的投资需求总和，即为某一个利率水平上的总投资需求。用来描述总投资需求与利率之间关系的函数一般称为总投资函数。

利率也是住房需求的一个重要决定因素，因为住房抵押贷款是购买住房的主要资金来源之一，而利率是贷款的成本。即使不必借贷买房的人也会对利率作出反应，因为这里利率起着一种机会成本的作用。利率的下降增加了住房需求，也增加了住房投资。

存货的水平也受利率的影响。企业购买与持有存货必须投入资金，这就涉及利息成

① 利维尔·布兰查德．宏观经济学（第 2 版）．北京：清华大学出版社，2003：63.

② 萨缪尔森，诺德豪斯．宏观经济学（第 16 版）．北京：华夏出版社，1999：112.

本，当利率上升时，持有存货变得更加昂贵，企业就会减少存货。

3. 投资与税收

税收也会改变资本的成本从而影响投资水平。有多种税种影响企业的成本，其中所得税和投资税减免对企业的投资决策影响最为明显。公司所得税是按照企业利润的一定比例课征的税，提高所得税税率会降低利润预期，使企业减少投资；而投资税减免政策则使投资成本降低，鼓励企业增加投资。尤其是暂时性的投资税减免可能会使得当期投资大量增加，从而成为一项特别有效的财政政策工具。

税收也影响住房投资。税收对住房投资的影响往往表现在供求两方面：税收若对购房者有优惠（或补贴形式），则会扩大住房需求；税收若对开发商有优惠，则会鼓励住房的开发与扩大供给。比如在美国，计算个人所得税应纳税收入时可扣除抵押贷款利息，这相当于对住房所有者给予了购房补贴，增加了家庭的住房需求。

事实上，税收对投资的影响是一个复杂的机制。这里，首先要考虑的是税收变动时政府支出是否变动以及如何变动。政府减税使私人可支配收入增加，但增加额中只有一部分会转化为储蓄。因此，如果不相应削减政府支出，私人储蓄的增加将不足以弥补政府储蓄的下降，从而总储蓄的下降会使均衡实际利率提高，造成投资水平下降。如果政府在平衡预算的前提下等量增加税收和支出（即平衡预算的税收与支出变动），政府储蓄不变，私人储蓄的减少致使总储蓄下降，也同样会导致均衡实际利率提高以及投资水平下降。[①]

4. 投资与信贷配给

信贷配给是指，尽管投资者愿意以现行利率借款，但是，金融机构会限制其能够借到的金额数量。显然，信贷配给对投资规模有着直接的影响。

信贷配给产生的原因主要有两个：第一，由于金融机构不能判断借款人或其融资项目的成功率，因此会提高贷款利率或减少贷款数量。但提高利率会引起“逆向选择”的结果，即项目风险小、预期利润相对较低的借款人会被迫退出，而留下的是风险大的借款人。为此，金融机构就倾向于在一个大致相同的利率下限制贷款金额。第二，中央银行把信贷限制作为经济的紧急刹车器。中央银行对商业银行和其他金融机构直接实行信贷限制时，投资者的资金来源就会严格受限。在这里，信贷配给成为货币政策的另一个重要传递渠道。

由于信贷配给造成企业投资的资金来源受限，尤其是那些还没有建立起信誉的小企业，企业投资主要靠自我积累，这意味着企业投资更多依赖于利润率而不是利息率。另一种情况是：当企业面临信贷配给时，它也可能被迫出售存货，以筹集所需资本，这会使存货投资下降。

三、投资效率

投资的效率在微观上表现为利润，具体衡量指标是投资回报率；在宏观上表现为对经济增长的贡献，用投资贡献率或投资拉动率来表示。作为宏观经济决策部门，更关心

① 斯蒂格利茨．经济学（第3版）：下册．北京：中国人民大学出版社，2005：578.

的是投资的宏观效率。[1] 投资高增长既可能是建立在投资高效率的基础上，也可能是建立在投资低效率的基础上。

投资对经济增长的影响，是现代经济学讨论最多的问题，也是关系投资效率判断的主要问题。在哈罗德-多马模型公式 $g=I/K=s/v$ 中，g 是国民收入增长率，I 是投资，K 是资本存量，s 是储蓄率，v 代表资本-产出率。索洛-斯旺增长模型的基本含义也是认为总产出是资本和劳动的函数。希克斯从技术进步对总产出的作用角度进行了详尽分析。萨克斯比较了不同国家因投资率不同而导致的增长率差别，认为在短期内消费和投资是总产出和就业水平的重要决定因素，等等。

那么，如何有效衡量投资的效率呢？我们主要从投资对产出影响的角度来判断投资效率，主要有三个指标：投资效果系数、资本产出率、投资乘数。

（1）投资效果系数即一定时期内单位投资量（这里是指资本形成总额）产生的国内生产总值增量。也就是说，在一定时期内，单位投资量产生的 GDP 增量越大，表明投资的宏观效率越高；反之，单位投资量产生的 GDP 增量越小，表明投资的宏观效率越低。根据投资和 GDP 是按现价还是按不变价计算，我们可以将投资效果系数分为名义投资效果系数和实际投资效果系数。由于后者剔除了价格影响，因而比前者更能真实反映投资效率。以中国为例，1978—2006 年，名义和实际投资效果系数平均分别为 0.34 和 0.25，也就是说，每投资 100 元能创造名义上 34 元而实际上 25 元的 GDP 增量。这个水平在国际上是相对比较低的。投资效果系数即经济学中常用的资本边际生产率，它们的数学表达式均为 $\Delta Y/\Delta K$。

（2）资本产出率为一定时期内（通常为一年）单位资本存量创造的产出，可以表示为 Y/K。资本产出率是对资本的产出效率或投资效率的一种有效测度，资本产出率越大，表明资本的产出效率或投资效率越高，反之亦然。而其倒数 K/Y，是单位产出所需的资本投入量，即为资本加速原理中的资本加速系数。此系数越小，表明增加单位产出所需的资本越少，投资效率就越高。

（3）投资乘数是指产出增量与投资增量的比值。它反映了投资的变化所引起的产出的倍增或倍减的变化。用公式可表达为：投资乘数$=\Delta Y/\Delta I$。其倒数 $\Delta I/\Delta Y$ 即投资增量对产出增量的比率，通常被用作投资对经济增长的贡献率。投资乘数越大，表明增加单位投资所带来的产出增量越大，投资效率就越高。

第三节 经典投资模型选解

一、投资加速原理模型[2]

加速原理（acceleration principle）模型最早是由美国经济学家约翰·莫里斯·克拉克（John Maurice Clark）于 1917 年提出来的，后经许多经济学家发展而成为投资理论

① 施发启．如何衡量我国的投资效率．上海证券报，2005-04-01.

② 余永定等．西方经济学．北京：经济科学出版社，1999：363-366；袁志刚，宋铮．高级宏观经济学．北京：高等教育出版社，2010：288-292.

的一个重要组成部分。投资加速原理是西方最有代表性和最具影响力的投资理论之一。

1. 人物及背景

约翰·莫里斯·克拉克（1884—1963）是美国著名的经济学家，曾为芝加哥大学和哥伦比亚大学经济学教授，1922 年担任美国经济学会会长。约翰·莫里斯·克拉克的父亲约翰·贝茨·克拉克（John Bates Clark，1847—1938）是美国边际效用学派的创始人之一，1893—1895 年间曾任美国经济学会会长，现在的克拉克奖便是为了纪念约翰·贝茨·克拉克对美国经济学的贡献。约翰·莫里斯·克拉克对经济周期、公共事业、战争的经济代价、劳动力市场都有论著发表，他的主要研究内容是竞争对福利和公共政策的含义。[①] 约翰·莫里斯·克拉克注意到，危机时的生产过剩不是消费资料生产扩张带来的，而是由生产资料生产扩张所引起的。为了说明这种现象，1917 年他在《商业的加速与需求规律》中提出了加速原理这一概念。

2. 关键方程或模型

$$I_t = a[Y_t - (1-\delta)Y_{t-1}]$$

式中，I_t 表示厂商在第 t 期的投资，Y_t 表示厂商在第 t 期的产出，a 为资本-产出率，δ 表示资本折旧率。$Y_t-(1-\delta)Y_{t-1}$ 即 $Y_t-Y_{t-1}+\delta Y_{t-1}$ 主要表明第 t 期产出与第 $t-1$ 期产出的差额，当然还考虑到了折旧投资。模型表明，现期投资 I_t 取决于产出的变化与资本-产出率。一般情况下，资本-产出率 $a>1$，因此，投资就会比产出的变动大，这表明现代生产使用了更多的机器设备，从而增加一定的产量时需要更多的投资，这也正是投资加速原理的核心。这反映了现代生产中投资额变动大于产量变动这一规律。

3. 关键图示及解释

图 5-1 简单地表达了投资加速原理。

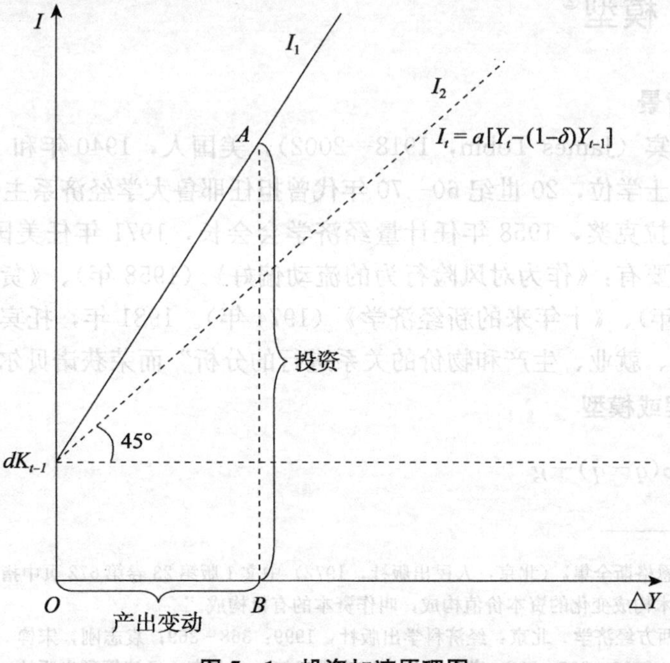

图 5-1　投资加速原理图

---

① http：//www. bjpeu. edu. cn/～jingguan/shizi/langling/yueducailiao. doc.

在图 5-1 中，横轴表示产出的变动 ΔY，纵轴表示投资 I，$I_t=a[Y_t-(1-\delta)Y_{t-1}]$ 是投资曲线，为图中向右上方倾斜的实线 I_1，表示投资和产出变动之间的函数关系。因 $I_t=a(Y_t-Y_{t-1})+a\delta Y_{t-1}=a\Delta Y+dK_{t-1}$，所以，就可以得到这条实线 I_1 的斜率与截距。假设我们将资本折旧率 δ 视为零，那么 45°线即 I_2 线就表示投资额与产出变动相等，此时，I_2 线的斜率 $a=1$。加速原理强调的是资本-产出率 $a>1$，所以通常投资曲线 I_1 的斜率大于图中 I_2 线的斜率。若图中 I_1 线上任一点 A 在横轴上的投影为 B，那么，图中线段 AB 的长度大于线段 OB 的长度，它反映的经济含义为：投资大于产出的变动，这就是投资加速原理模型的要点。

4. 特征归纳

投资加速模型有两个重要特征：(1) 与投资额决定于利率的古典投资理论相比，投资加速原理强调了投资额主要由产出额的变化量决定；(2) 投资加速原理强调了资本-产出率 $a>1$，这反映了生产中资本有机构成[①]提高的现实。

5. 应用前景评价

投资加速原理曾对解释美国经济发展起过重要作用，对发展中国家投资与经济增长也有一定的解释力。就中国转轨经济而言，投资加速原理可资借鉴的地方是：(1) 在经济发展水平提高的情况下，投资占 GDP 的比重以及固定资产投资占总投资比重的提高是正常的，也是需要我们高度关注投资扩张的内在机制。(2) 投资加速过程本身是导致经济波动的重要因素，因此，关注投资、产出和收入的相关变动情况，并进行适度调整，对经济的健康运行有重要作用。(3) 在投资过程中，不仅要注意新的扩大生产投资，也要关注为弥补资本折旧进行的简单再生产投资。

二、托宾 q 模型[②]

1. 人物及背景

詹姆斯·托宾（James Tobin，1918—2002），美国人，1940 年和 1947 年分别获哈佛大学硕士和博士学位，20 世纪 60—70 年代曾担任耶鲁大学经济系主任。1955 年获美国经济学会的克拉克奖，1958 年任计量经济学会会长，1971 年任美国经济学会会长。他的学术论著主要有：《作为对风险行为的流动偏好》（1958 年）、《货币理论的一般均衡分析》（1969 年）、《十年来的新经济学》（1974 年）。1981 年，托宾因“对金融市场及其与支出决策、就业、生产和物价的关系进行的分析”而荣获诺贝尔经济学奖。[③]

2. 关键方程或模型

$$\frac{\Delta K}{K}=\varphi(q-\bar{q})+g$$

---

① 在《马克思恩格斯全集》（北京：人民出版社，1972）中文 1 版第 23 卷第 672 页中指出：“我把由资本技术构成决定并且反映技术构成变化的资本价值构成，叫作资本的有机构成。”

② 余永定等．西方经济学．北京：经济科学出版社，1999：368－369；袁志刚，宋铮．高级宏观经济学．北京：高等教育出版社，2010：300－302；范金等．中级宏观经济学．北京：经济管理出版社，2004：85.

③ 张杰等．大师经典：1969—2003 年诺贝尔经济学奖获得者学术评介．济南：山东人民出版社，2004：163－164.

式中，$\frac{\Delta K}{K}$为资本增长率，g 为投资的自然增长率，φ 表示单调递增的函数关系，q 为企业资产的市场价值与其重置成本[①]之比（也是厂商的股票的市场价值对资本重置成本的比率），$\bar{q}$ 为企业资产的市场价值与重置成本相等时的均衡比值，可视为 1。当 $q>1$ 时，$\varphi(q-\bar{q})>0$，从而$\frac{\Delta K}{K}>g$，投资以超过 g 的速度扩张，投资者扩大投资；同理，当 $q=1$ 时，$\varphi(q-\bar{q})=0$，投资者保持原有投资不变；当 $q<1$ 时，投资者则减少投资。模型表明，厂商的投资力度取决于企业资产的市场价值与其重置成本之比，这就是 q 理论的关键。

3. 关键图示及解释

托宾 q 理论可以在图 5－2 中表示出来。

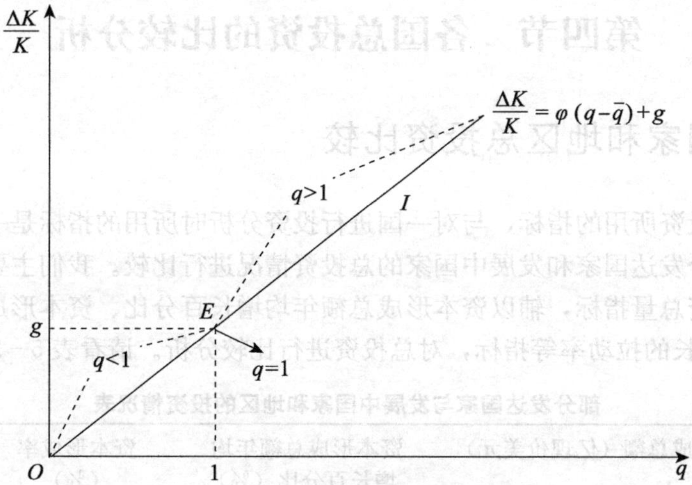

图 5－2 托宾 q 模型

在图 5－2 中，横轴表示 q，纵轴表示资本增长率$\frac{\Delta K}{K}$，纵轴上的 g 点为投资自然增长率，投资曲线 I 表示资本增长率与 q 之间的函数关系。该曲线上点 E 对应的 q 值为 1，即 q 值等于 $\bar{q}$ 值，对应的资本增长率为投资自然增长率 g。投资曲线 I 上 E 点右边的点，$q>1$，表示资本增长率高于投资自然增长率 g，投资者应扩大投资；投资曲线 I 上 E 点对应的 $q=1$，表示资本增长率等于投资自然增长率 g，投资者将保持原有投资不变；投资曲线 I 上 E 点左边的点，$q<1$，表示资本增长率低于投资自然增长率 g，投资者将减少投资。

4. 特征归纳

托宾 q 理论的主要特征有两方面：（1）q 理论普遍被认为具有新古典投资理论的色彩。托宾在 $IS-LM$ 模型框架中也曾引入 q 理论进行讨论。（2）q 理论充分运用了成本价格原理，以厂商盈利行为作为出发点，通过资产市场价值与重置成本的关系来确定投

① 重置成本指假设以现在的市场价格重新购置目前持有的某项资产所需发生的成本。对存货项目来说，其重置成本就是指以目前的市场价格重新购置现有的原材料、产品等所需支付的成本。对固定资产项目来说，其重置成本则是指现在重新建造或购置现有的设备或厂房所需的估计成本减去其累计折旧后的金额。

资力度。因而，该理论简单明了。

5. 应用前景评价

托宾 q 理论明白易懂，具有可操作性，曾对现实经济产生过很大影响。对经济转轨的中国，也有可资借鉴的地方：（1）q 理论为投资分析提供了一个较好的方法，对各类投资主体来讲，可以作为进行投资或扩大投资的参考依据之一。（2）中国股市投资曾广泛借用托宾 q 理论进行实际投资的操作。这种情况今后还会继续下去。比如，根据 q 理论，q 值大于 1，企业资本的市场价值会高于重置资本，在这种情况下，公司可以发行较多的股票而购买到较多的投资品，投资速度就会加快。（3）托宾的 q 理论还有助于分析宏观经济的投资活动。因为 q 的计算比较容易，股票市场价值和资本重置的价格指数也比较容易找到，因此，托宾 q 理论可作为分析宏观投资形势的方法之一。

第四节　各国总投资的比较分析

一、部分国家和地区总投资比较

比较各国投资所用的指标，与对一国进行投资分析时所用的指标是一致的。在本节中，我们对部分发达国家和发展中国家的总投资情况进行比较。我们主要以“资本形成总额”作为投资总量指标，辅以资本形成总额年均增长百分比、资本形成率、资本形成总额对 GDP 增长的拉动率等指标，对总投资进行比较分析。请看表 5－2。

表 5－2　　部分发达国家与发展中国家和地区的投资情况表

国家和地区	资本形成总额（亿现价美元）				资本形成总额年均增长百分比（%）			资本形成率（%）			资本形成总额对 GDP 增长的拉动率	
	1990	2000	2014	2015	1990—2000	2000—2008	2014—2015	1990	2005	2014[a]	2000	2008
世界	51 602	72 076	199 085	188 941	3.3[w]	4.1[w]	2.6	23	22	22	1.48	0.36
美国	10 165	20 367	34 810	36 700	7.5	2.1	4.5	18	19	19	1.02	0.00
瑞典	575	461	1 340	1 201	1.8	4.8	8.2	23	17	20	−0.08	−0.09
日本	10 006	11 874	11 580	10 479	−0.8	0.4	2.6	33	23	21	0.98	−0.28
英国	2 044	2 609	5 221	5 027	4.7	3.3	3.5	20	17	18	1.71	0.27
德国	3 971	4 138	7 666	6 472	1.1	0.6	−0.6	24	17	19	0.62	0.20
法国	2 803	2 718	6 391	5 409	1.8	2.8	1.5	22	20	22	0.30	0.04
澳大利亚	861	1 015	3 960	3 560	5.1	7.6	−2.9	23	26	27	1.07	1.23
加拿大	1 219	1 467	4 324	3 664	4.6	6.6	−5.4	21	21	24	1.02	0.11
意大利	2 533	2 271	3 635	3 095	1.6	1.4	1.6	22	21	17	0.49	−0.16
中国香港	208	464	694	671	4.8	2.2	−7.5	27	21	24	7.99	0.14
新加坡	137	309	886	770	7.7	—	−6.2	37	19	28	4.27	2.32

续前表

国家和地区	资本形成总额（亿现价美元）				资本形成总额年均增长百分比（%）			资本形成率（%）			资本形成总额对 GDP 增长的拉动率	
	1990	2000	2014	2015	1990—2000	2000—2008	2014—2015	1990	2005	2014[a]	2000	2008
西班牙	1 359	1 526	2 732	2 477	3.2	4.9	7.0	26	30	20	0.36	0.09
韩国	990	1 630	4 132	3 925	3.4	3.4	6.8	38	30	29	3.21	0.35
南非	199	211	729	652	5.0	9.3	2.5	18	18	20	9.12	0.06
巴西	932	1 177	5 043	3 143	4.2	4.0	—14.1	20	21	20	0.38	2.70
印度	767	1 112	6 963	6 782	6.9	15.0	3.8	24	33	31	—2.65	11.39
越南	8	92	500	536	19.8	12.7	9.0	13	35	27	3.56	1.36
埃塞俄比亚	16	17	211	242	6.5	10.0	18.9	13	26	20	—0.97	1.03

说明：1. 资本形成总额（gross capital formation）是指常住单位在一定时期内获得的减去处置的固定资产和存货的净额，包括固定资本形成总额和存货增加两部分。2. 表中资本形成总额对 GDP 增长的拉动率指标为整理计算数据，计算公式：资本形成总额对 GDP 增长的拉动率＝资本形成总额对 GDP 的贡献率×GDP 增长率，以现价计。3. a 数据表示最近年份可获得的数据。

资料来源："资本形成总额"来源于世界银行 WDI 数据库。"资本形成总额年均增长百分比"摘自世界银行的《世界发展指标 2016》。"资本形成率"摘自世界银行的《世界发展指标 2016》。

从表 5-2 中可以看到，美国、加拿大、意大利、法国等发达国家的投资率基本保持在一个稳定的水平上。瑞典是为数不多的投资率显著提高的发达国家，从 2014 年到 2015 年间，其资本形成总额年均增长率达到 8.2%，西班牙和韩国的资本形成总额增长率也表现不错，而部分发达国家的投资率在降低。2014 年度，在上述国家和地区中，作为发达国家的意大利的投资率是最低的，仅为 17%，而美国也仅为 19%，低于世界平均水平 22%。相对来看，一些发展中国家的投资率有很大幅度的提高，越南、印度从 1990 年到 2014 年间投资率分别增加了 14%和 7%，埃塞俄比亚也有不俗的表现。

从表 5-2 中还可以看到，2008 年的数据显示，日本、意大利、瑞典的投资拉动率为负，表明这三个国家的投资对经济增长没有起到拉动作用。2000 年的中国香港、南非和 2008 年的印度，投资拉动率都超过 7%，反映其投资对 GDP 的拉动很强。大部分发达国家有相对比较稳定的投资拉动率，如澳大利亚和新加坡，而瑞典 2000 年和 2008 年的投资拉动率都小于 0，应该引起重视。

还需要强调指出的是，这里所用的指标与第二节中提到的投资效率指标是有联系的。资本形成总额占 GDP 的百分比即投资率。投资率与本章第二节所讲的投资效果系数是有联系的。投资率表示一个经济体的总产出中有多少份额用于投资，而投资效果系数讲的是一定时期内资本形成总额能产生的国内生产总值增量。拉动率与本章第二节所讲的投资乘数也是有联系的。资本形成总额对国内生产总值增长的拉动率，通常指在经济增长率中投资需求拉动所占的份额，反映投资对 GDP 增长的贡献。投资乘数是指产出增量与投资增量的比值，它反映了投资的变化所引起的产出的倍增或倍减的变化。

专栏二　美国的投资体制①

美国是典型的自由市场经济国家，其投资体制主要以市场为主导，兼以政府的引导和调控，呈现以下几个方面的特点。

1. 市场投资为主体

美国市场经济体制较为完善，大部分投资来源于金融机构、企业等市场主体，政府投资较少。美国的各行业中，除了公路、铁路、邮政等以国营为主以外，其他行业均以私营为主，包括飞机制造、宇航工业等都已经转为私营。在美国总投资中，相关资料显示，近年来政府直接投入的资金仅占23.28%，主要以基础设施建设、教育医疗卫生公共产品提供等为重点，以市场为主的民间投资占了76.72%的份额，主导着美国的投资市场。

2. 政府发挥补缺、引导和调控作用

美国政府投资主要用于国家社会保障、卫生保健、国防支出、环境保护、基础设施建设等方面，这些投资关系人民民生和国家整体竞争力，耗资巨大，私人资本很少涉及，只能够依赖政府予以投资。2007年，美国社会保障支出、卫生保健支出、国防支出占政府财政投资的比例分别为19.54%、25.18%和19.96%，三项支出之和约占当年美国财政支出的三分之二。此外，美国政府对于具有外溢效应的教育事业也格外重视，2008年，政府财政支出中有14.8%的比例用于教育事业发展，约占当年GDP的5.7%，这两项指标均高于当年世界平均水平。

3. 资金来源渠道多样化

政府投资资金主要来源于税收和债券两个方面。其中税收包括所得税、工资税、财产税等，主要以所得税为主；债券包括中央政府债券和地方债券，主要以中央政府债券为主。2008年，美国的税收收入为15 398亿美元，占当年GDP总额的10.84%，很好地支持了政府投资对资金的需求。

市场投资资金主要来源于金融机构、企业以及个人投资。20世纪中后期，美国政府通过对金融市场的改革，放宽了对民间资本的管制，使企业发展所需要的资金除了可以通过银行、证券公司、基金公司等渠道获得以外，还可以通过企业间拆借、个人投资等方式实现，丰富了民间投资的资金来源。

4. 金融机构发挥了重要作用

美国的金融机构对美国资本市场的健康发展有着非常重要的作用，其涉及美国资本的方方面面。美国的金融机构主要包括银行系统金融机构和证券公司、基金公司、保险公司、信托公司等非银行金融机构两大类，前者为美国资本市场的短期融资提供了条件，而后者主要负责资本市场的中长期融资。2008年，美国私人部门贷款占国内生产总值的比重为190.5%，高出高等收入国家平均水平32.7个百分点，高出世界平均水平60.1个百分点，可见美国金融机构在美国资本市场中的重大作用。此外，美国的股票市场也格外活跃，为美国企业股市筹资和美国人民股票投资提供了方便。2008年，

① 蔡宁助理根据以下资料整理：中华人民共和国国家统计局．国际统计年鉴2010．北京：中国统计出版社，2010；世界银行．世界发展指标2010．北京：中国财政经济出版社，2010；王学武．当代美国投资研究．北京：经济管理出版社，2001．

美国上市公司数为 5 603 家，占全球上市公司总量的 11.46%；股票交易周转率为 232.3%，高出世界平均水平 74.59 个百分点。

二、转轨国家投资比较及分析

经济转轨国家国内投资变化比较特殊，这里专门做一分析。先请看表 5-3。

表 5-3　部分国家转轨期间实际总投资变动情况

(1989 年或 1990 年=100)

年份	1989	1990	1998	1999	2000	2001	2002
俄罗斯		100	15.5	16.8	19.6	22.0	22.6
保加利亚		100	60.5	73.1	84.4	104.0	113.7
捷克	100	97.9	114.7	113.5	119.6	126.2	127.0
匈牙利	100	92.9	117.3	124.2	133.7	138.3	148.3
波兰	100	75.2	160.0	170.9	175.5	160.2	150.8
罗马尼亚	100	64.4	69.2	65.9	69.5	75.9	82.2
斯洛伐克		100	109.3	88.0	81.6	92.9	92.1
拉脱维亚		100	50.4	48.4	58.0	67.9	75.0
亚美尼亚		100	12.0	12.1	14.0	14.8	18.1
哈萨克斯坦		100	17.8	17.9	20.7	26.0	28.6
乌克兰		100	15.5	15.5	17.4	18.5	19.6

资料来源：UN/ECE. *Economic Survey of Europe*，No. 1，2004；张森．俄罗斯东欧中亚国家年鉴 2002. 北京：世界知识出版社，2004：317.

从表 5-3 中我们可以看到，转轨国家投资水平的变动主要呈现三个特点：

1. 转轨国家在经济转轨之初，投资水平都有不同幅度的下滑

波兰在 1990 年的投资水平只有 1989 年的 75.2%，罗马尼亚只有 64.4%，独联体国家则更低。这是由于苏联、东欧实行了激进式的经济转轨，在很短时间内投资主体发生了很大变化，由过去的国家变为企业。但是企业在经历激烈转轨的过程中难以维持国家作为主体时的投资水平，因此国内总投资发生了明显的下滑。

2. 转轨国家投资恢复增长水平和经济转轨顺利程度密切相关

一国经济转轨越顺利，其投资水平恢复得就越快；相反，一国经济转轨面临的问题越多，其投资水平恢复得就越慢。东欧国家经济转轨进展相对顺利，以波兰、匈牙利和捷克三国为例，2002 年波兰的实际总投资水平是 1989 年的 1.5 倍还多，匈牙利 2002 年的实际总投资水平是1989年的1.48倍，捷克的这一比例也达到了1.27倍。相反，独联体国家如俄罗斯、哈萨克斯坦和乌克兰等国，2002年的实际总投资水平远低于1990年水平。俄罗斯2002年实际总投资只相当于1990年的22.6%，哈萨克斯坦的这一比例为28.6%，而乌克兰的这一比例仅为19.6%。

3. 转轨国家近年来投资水平总体呈现增长趋势

尽管各个转轨国家投资水平发展速度不同，但是大部分转轨国家近年来的投资都出现了增长的趋势。俄罗斯从1998年开始，实际总投资逐年增加，保加利亚、匈牙利、捷克、罗马尼亚、哈萨克斯坦、乌克兰等国的投资也都有不同程度的增长。波兰的投资水平尽管自1998年以来出现了下滑，但是相对于转轨之前，仍然维持在一个较高的水平上。

第五节　中国改革开放以来投资概况及分析

本节将对中国投资快速增长情况、投资结构变化及各种经济类型固定资产投资的增长情况等进行介绍和分析。

一、中国投资快速增长

改革开放以来我国投资增长很快，这反映在投资率和投资增长率两个方面。中国投资率不断提高。1978—2015年，中国的平均投资率为39.4%，并且总体仍有上升趋势。20世纪80年代的投资率平均为35.2%，90年代平均为37.8%，2001—2015年平均为43.8%。从投资增长率的角度看，中国的投资增长速度具有阶段性的波动。在1978—2009年之间，存在以1985年、1992年、1993年、1994年、2008年为峰值的几个投资快速增长的时期。其中1993年投资增长率达到最高，为55.8%，1997—2000年有所回落，2004年达到一新峰值23.6%，2008年又攀升至24.7%，随后回落。在经济高速增长时期（如1985—1988年、1992—1994年），投资率偏高。从表5-4中可以发现，随着经济体制改革的深入、产业结构优化升级和居民收入水平的不断提高，投资率基本上围绕40%上下波动。1978—2015年我国投资率与投资增长率的变动情况见表5-4。

表5-4　1978—2015年中国投资率与投资增长率情况（%）

年份	投资率	投资增长率	年份	投资率	投资增长率
1978	38.2		1986	37.5	14.0
1979	36.1	7.3	1987	36.3	13.2
1980	34.8	8.2	1988	37.0	27.7
1981	32.5	1.9	1989	36.6	11.1
1982	31.9	9.4	1990	34.9	6.5
1983	32.8	14.3	1991	34.8	16.6
1984	34.2	23.3	1992	36.6	28.2
1985	38.1	37.5	1993	42.6	55.8

续前表

年份	投资率	投资增长率	年份	投资率	投资增长率
1994	40.5	29.4	2005	41.6	12.6
1995	40.3	25.2	2006	41.8	19.4
1996	38.8	13.0	2007	41.7	19.4
1997	36.7	4.1	2008	43.9	24.7
1998	36.2	4.5	2009	47.7	18.9
1999	36.2	5.2	2010	47.9	21.3
2000	35.3	5.7	2011	48	18.6
2001	36.5	14.1	2012	47.2	9.4
2002	37.8	14.6	2013	47.3	10.5
2003	40.9	22.8	2014	46.8	7.3
2004	43.0	23.6	2015	44.9	3.4

说明：投资增长率为未扣除价格因素的资本形成总额的增长速度。

资料来源：根据《中国统计年鉴 2016》整理计算。

与表 5 - 2 中的一些发达国家相比，中国当前的投资率比较高。主要发达国家的投资率主要维持在 20%左右，其中美国、英国的投资率 1990 年、2005 年、2014 年均未超过 20%，而中国的投资率基本在 40%上下波动，远远高于上述发达国家。造成中国投资率高的主要原因有三点：第一，城市化水平的提高。1952 年，中国城市人口占总人口的比例为 12.5%，1978 年为 17.9%，2003 为 40.5%，2015 年为 56.1%。城市人口的增加必然伴随着城市规模的扩大和城市基础设施的建设，城镇化必然带来更多的城市基础设施投资和房地产投资，导致钢材、水泥等建筑材料和家居用品、家庭装修、装饰等行业产出的增长，从而带动这些行业的投资增长。第二，工业化的推动。工业化必然意味着大规模机器生产，必然意味着大量的设备投资，从而导致投资率高。第三，投资体制存在软约束问题。政府主导投资的传统投资体制并没有从根本上打破，市场配置投资资源的基础性作用尚未得到充分发挥。当然，与扩大投资的积极财政政策也相关。如果剔除经济高增长年份（如 1985—1988 年、1992—1994 年和 2003—2005 年），1978—2005 年投资率平均为 35.8%，该投资率可作为判断合理水平的一个参考值。

从表 5 - 4 中还可以看出，我国经济转轨过程中投资增长率波动很大。在不同的发展阶段，投资从饥渴到乏力，宏观调控从控制到鼓励，反映出各年度的投资增长率变化很大。这种变化与转轨中消费倾向变动紧密相关，转轨过程中消费倾向变化很大，比如，20 世纪 80 年代的抢购，表现出一种半生命周期的购买行为；现在则因住房和医疗改革走向只储蓄而不增加购买支出的倾向，因此，投资变动也很大。

二、各种经济类型固定资产投资的增长情况

表 5 - 5 和表 5 - 6 分别列出了中国各种经济类型的固定资产投资和全社会固定资产投资增长幅度的数据。

表 5-5　全社会固定资产投资额分经济类型表　单位：亿元

年份	总计	国有经济	集体经济	私营和个体经济	其他经济
1980	911	746	46	119	—
1985	2 543	1 681	328	535	—
1990	4 517	2 986	530	1 001	—
1991	5 595	3 714	698	1 183	—
1992	8 080	5 499	1 359	1 222	—
1993	13 072	7 926	2 317	1 476	1 353
1994	17 042	9 615	2 759	1 971	2 698
1995	20 019	10 898	3 289	2 560	3 271
1996	22 914	12 006	3 652	3 211	4 045
1997	24 941	13 092	3 851	3 429	4 570
1998	28 406	15 369	4 192	3 744	5 100
1999	29 855	15 948	4 339	4 196	5 373
2000	32 918	16 504	4 802	4 709	6 903
2001	37 214	17 607	5 279	5 430	8 898
2002	43 500	18 877	5 987	6 519	12 116
2003	55 567	21 661	8 010	7 720	18 176
2004	70 477	25 028	9 966	9 881	25 604
2005	88 774	29 667	11 970	13 891	33 246
1980—2005 年年均增长率（%）	20	16	25	21	—
2006	109 998	32 963	3 604	24 431	49 000
2007	137 324	38 706	4 637	33 114	60 866
2008	172 828	48 705	6 297	42 766	75 060
2009	224 599	69 693	8 483	55 795	90 628
2010	251 684	83 317	10 042	70 079	88 246
2011	311 485	82 495	10 245	81 821	136 924
2012	374 695	96 220	11 974	103 011	163 490
2013	446 294	109 850	13 312	133 637	189 495
2014	512 021	125 005	15 189	162 142	209 685
2015	562 000	139 711	15 448	183 785	223 056
1980—2015 年年均增长率（%）	20	16	18	23	—

说明：其他经济类型包括联营经济、股份制经济、外商投资经济、港澳台投资经济等。自 1997 年起，除房地产开发投资、农村集体投资、个人投资及城镇和工矿区私人建房投资外，固定资产投资的统计起点由 5 万元提高到 50 万元，1996 年及其之后的数据是按新口径统计的。因四舍五入原因，总计与各项之和略有出入。

资料来源：根据 2006—2016 年各年《中国统计年鉴》整理。

从表5－5中的数据可以看出，我国全社会固定资产投资额由1980年的911亿元，增长到1993年的13 072亿元，突破万亿元大关，到了2006年又增长到109 998亿元，突破10万亿元大关。2015年，我国全社会固定资产投资额达到562 000亿元，突破50万亿元大关。我国全社会固定资产投资额，虽然“底子薄，基础差”，但是增长迅速；从全社会固定资产投资额的构成来看，集体经济从总量上明显逊色于国有经济与私营和个体经济，而涵盖外商投资经济、股份制经济等的其他经济在总量上超过了国有经济、集体经济与私营和个体经济，不可轻视。

从表5－5和表5－6中可以得出：

(1) 从绝对数量上看，扣除价格水平因素，全社会固定资产投资总额从1980年的911亿元增加到2015年的562 000亿元，增长了近616倍；其中国有经济固定资产投资总额增长了186倍多，集体经济固定资产投资总额增长近335倍，私营和个体经济固定资产投资总额增长了1 543倍多。

(2) 从结构上看，30多年来，国有经济固定资产投资比重不断下降，从1980年的82%下降到2015年的25%，集体经济固定资产投资比重从5%下降到3%，私营和个体经济比重从13%上升到33%，其他经济比重从1993年的10%迅速上升到40%。

(3) 从环比指数上，投资率变动很大，总投资率1989年为－7.2%，而1993年超过60%，达61.8%，2009年为30.0%，也处于一个比较高的增长水平，2010年又降低为12.1%，而后逐年升高再降低，2015年下降到9.8%。集体经济投资率变化最大，高者达150.4%，低者至－69.9%。国有经济投资率变动与总投资率变动关联度最大，年度数据非常接近。

(4) 20世纪90年代中后期，各类经济投资都下降，尤以私营和个体经济投资率下降最大，但在2000年后各类投资都开始了新的增长。私营和个体经济、其他经济投资增长加快。

表5－6　全社会固定资产投资环比速度表

（上年＝100）

年份	总计	国有经济	集体经济	私营和个体经济	其他经济
1981	5.5	－10.5	150.4	49.8	—
1985	38.8	41.8	37.2	30.9	—
1990	2.4	6.3	－7.0	－3.0	—
1991	23.9	24.4	31.7	18.2	—
1992	44.4	48.1	94.7	3.3	—
1993	61.8	44.1	70.5	20.8	—
1994	30.4	21.3	19.1	33.5	99.4
1995	17.5	13.3	19.2	29.9	21.2
1996	14.5	10.2	11.0	25.4	23.7
1997	8.8	9.0	5.4	6.8	13.0
1998	13.9	17.4	8.9	9.2	11.6
1999	5.1	3.8	3.5	12.1	5.4
2000	10.3	3.5	10.7	12.2	28.5

续前表

年份	总计	国有经济	集体经济	私营和个体经济	其他经济
2001	13.1	6.7	9.9	15.3	28.9
2002	16.9	7.2	13.4	20.1	36.2
2003	27.7	14.7	33.8	18.4	50.0
2004	26.8	15.5	24.4	28.0	40.9
2005	26.0	18.5	20.1	40.6	29.8
2006	23.9	11.1	−69.9	75.9	47.4
2007	24.8	17.4	28.7	35.5	24.2
2008	25.9	25.8	35.8	29.1	23.3
2009	30.0	43.1	34.7	30.5	20.7
2010	12.1	19.5	18.4	25.6	−2.6
2011	23.8	−1.0	2.0	16.8	55.2
2012	20.3	16.6	16.9	25.9	19.4
2013	19.1	14.2	11.2	29.7	15.9
2014	14.7	13.8	14.1	21.3	10.7
2015	9.8	11.8	1.7	13.3	6.4

说明：增长速度未扣除价格因素。

资料来源：根据2006—2016年各年《中国统计年鉴》整理计算。

三、改革开放以来中国外商直接投资分析

外国直接投资（FDI），也称国际直接投资，在我国统计指标中为“外商直接投资”，是国际资本流动的主要形式之一，也是许多国家引入外国资本的重要方式。

自改革开放以来，外商直接投资在中国取得了突破性的发展。投资规模不断增大，投资来源、投资经营方式多样化，行业分布、区位分布不断合理化，从总量到结构，外商直接投资呈现良好发展态势。随着改革的不断推进，外商投资进入了快速发展的阶段，对我国经济的快速发展起到了重要的作用。

1. 外商在华直接投资的规模与比重不断提高

请看表5－7。

表5－7　　实际利用外资总额表

年份	外商直接投资（亿美元）	占世界比重（%）	位次
1980	—	0.11	60
1990	34.9	1.68	12
1995	375.2	11.33	2
1999	403.2	3.75	4
2000	407.2	2.95	9
2001	468.8	5.71	—

续前表

年份	外商直接投资（亿美元）	占世界比重（%）	位次
2002	527.4	8.38	—
2003	535.1	9.47	2
2004	606.3	8.25	2
2005	603.3	7.44	3
2006	630.2	4.98	4
2007	747.7	4.22	6
2008	924.0	6.38	3
2009	900.3	8.53	2
2010	1 057.4	7.61	2
2011	1 160.1	7.40	2
2012	1 117.2	7.39	2
2013	1 175.9	8.24	2
2014	1 195.6	9.36	1
2015	1 262.7	7.17	1

说明：2000—2015 年"占世界比重"指标数据为计算得出。

资料来源："外商直接投资"指标数据来源于《中国统计年鉴 2016》（北京，中国统计出版社，2016）；"占世界比重"指标数据根据联合国贸发会议 FDI 数据库计算；"位次"指标数据摘自历年《国际统计年鉴》。

从表 5－7 中可以看出，我国外商直接投资增长很快。1980 年外商直接投资额仅占世界的 0.11%，位居全球第 60 位，至 2015 年吸收外商直接投资额为 1 262.7 亿美元，占世界比重达 7.17%，位居世界第一位。值得注意的是，30 多年间，尤其是 1995 年以来，除 2005 年、2009 年和 2012 年受金融危机影响有小幅回落，我国实际利用外资额绝对值持续扩大的趋势显著，但是世界排名起伏较大，这与国内投资体制改革进程及国际投资环境的变化密切相关。

2. 行业分布呈现多样化的趋势

自 20 世纪 90 年代以来，外商在中国制造业投资日益增多，投资产业结构出现了多样化的趋势。从行业来看，外商投资范围基本上覆盖了国民经济各个行业，详见表 5－8。

表 5－8　　按行业分外商直接投资（2015 年）

行业	合同项目（个）	实际使用金额（万美元）	实际使用金额比重（%）
总计	26 575	12 626 660	100
农、林、牧、渔业	609	153 386	1.21
采矿业	34	24 292	0.19
制造业	4 507	3 954 290	31.32
电力、燃气及水的生产和供应业	264	225 022	1.78
建筑业	176	155 876	1.23
交通运输、仓储和邮政业	449	418 607	3.32
信息传输、计算机服务和软件业	1 311	383 556	3.04
批发和零售业	9 156	1 202 313	9.52

续前表

行业	合同项目（个）	实际使用金额（万美元）	实际使用金额比重（%）
住宿和餐饮业	611	43 398	0.34
金融业	2 003	1 496 889	11.85
房地产业	387	2 899 484	22.96
租赁和商务服务业	4 465	1 004 973	7.96
科学研究、技术服务和地质勘查业	1 970	452 936	3.59
水利、环境和公共设施管理业	84	43 334	0.34
居民服务和其他服务业	217	72 131	0.57
教育	38	2 894	0.02
卫生、社会保障和社会福利业	51	14 338	0.11
文化、体育和娱乐业	238	78 941	0.63
公共管理和社会组织	5	—	0.00

资料来源：中华人民共和国国家统计局．中国统计年鉴 2016．北京：中国统计出版社，2016.

从表 5－8 中可以看到，2015 年，FDI 主要投向中国的制造业，占了约 31％的比重。农、林、牧、渔业，制造业，电力、燃气及水的生产和供应业，建筑业，交通运输、仓储和邮政业，信息传输、计算机服务和软件业，批发和零售业，金融业，房地产业，租赁和商务服务业，科学研究、技术服务和地质勘查业等 11 个行业 FDI 均超过 10 亿美元。

综上所述，大量 FDI 流入中国，扩大了投资总规模，提高了投资质量，对中国经济持续高速增长起到了积极的作用。第一，FDI 在国内总固定投资中占有显著比重，弥补了我国建设资金的不足。第二，“三资”企业创造了数千万个新增工作岗位，扩大了中国劳动力的就业机会。第三，FDI 也给中国经济带来了技术转移，产生了外溢效应（spillover effect）。第四，大大促进了出口贸易的快速发展，加强了与国外的经济联系。第五，为中国带来了全新的商业模式与管理模式，促进了中国经济国际竞争力的提升。当然，外商在华投资也存在着有待解决的问题，比如，加剧了地区经济增长的不平衡，部分行业出现了外商企业的垄断现象，并购中对中国品牌保护不够，技术转让未达到预期目的等，这些问题都有待逐步加以解决。

四、我国投资体制改革进程

我国投资体制和投融资机制 30 多年来发生了很大变化：一是投资主体多元化，国有经济所占比重降低。1980 年时，在全社会固定资产投资中，国有经济投资所占比重达 82％，集体经济占 5％，个体和其他经济占 13％。而 2015 年在全社会固定资产投资额中，国有经济仅占 25％，集体经济占 3％，私营、个体和其他经济占 72％。二是资金来源多元化，主要表现为预算内投资比重大大下降。1981 年时，在全社会固定资产投资额中，国家预算内资金占 28％，国内贷款占 13％，利用外资占 4％，自筹和其他投资占 55％。2015 年，在全社会固定资产投资额中，国家预算内投资占 5.3％，国内贷款占 10.5％，利用外资占 0.5％，自筹资金占 83.8％。三是投资方向多元化。表现为：投资方向增多，投资于新型产业的投资额增加，而制造业投资额下降。四是政府从依靠行政命令直接控制企业投资，开始转变为通过各项经济政策引导市场，从而间接影响企业投资；从依靠国家计划指标和项目审批等手段直接控制投资总规模和投资结构，转变为主要通过经济、技术政策及政策工具，进行投资管理。五是金融机构发挥越来越重要的作用。银行、证券公司、基金公司、保险公司、信托公司等不仅是我国投融资市场上的投资主体，同时也为企业、个人等提供投融资服务。1990 年，全国通过金融机构实现上市的公司为 10 个，股票筹资额为 5 亿元；到 2015 年，上市公司为 2 827 个，筹资额达 10 974.9 亿元。金融机构丰富、活跃了我国的投资市场。

下面我们将具体分析我国投资体制改革的历程。

1. 投资体制初步下放管理权限阶段（1980—1987年）

改革开放以后，投资领域中的国家高度集中、指令性计划和行政管理的传统做法，已成为经济发展的障碍。1984 年开始了投资体制改革。其主要内容是：（1）打破政府作为单一投资主体的传统格局，扩大了地方政府和企业的投资决策权限，促进了投资计划管理体制改革，推行建设项目投资包干责任制。（2）改革了建设资金管理办法，建设资金开始由财政无偿拨付转向银行有偿贷款，拓宽了建设资金来源；投融资体制从以财政投资为主向间接融资为主转变。（3）改进了投资项目管理办法，推行项目投资承包责任制。（4）在投资项目建设施工领域引入招标投标的市场竞争机制。

2. 投资体制改革全面展开阶段（1988—1991年）

1988 年国务院颁布了《关于投资管理体制的近期改革方案》，1989 年颁布了《国务院关于当前产业政策要点的决定》，明确了国民经济各个领域支持和限制的重点，对投资结构进行调整。其主要内容有 5 方面：（1）明确了中央和地方政府的投资权责，重大建设投资分层管理，面向全国的项目由中央承担，区域性的项目由地方承担；实行谁投资谁受益的原则。（2）明确了企业的投资权责，使企业成为一般建设的投资主体。（3）明确了投资资金来源，建立基本建设基金制，保证重点建设有稳定的资金来源。（4）明确了国家投资组织方式，成立国家级投资公司，1988 年中央一级成立能源、交通、原材料、机电轻纺、农业、林业 6 个国家专业投资公司。（5）通过制定产业政策，表明政府对投资方向的支持或限制的态度。虽然这一时期以治理整顿为主，但投资体制改革迈出了实质性步伐。

3. 投融资体制改革继续推进阶段（1992—1997年）

1992 年以后，计划部门和体制改革研究部门提出深化投资体制改革的方案。改革的主要内容包括：（1）编制投资计划的重点从年度投资工作量计划转为年度投资资金计划。（2）将投资项目划分为竞争性项目、基础性项目和公益性项目三大类，明确竞争性项目以企业为基本投资主体；基础性项目主要由中央及各级地方政府进行投资，并吸收企业和外商参与投资；公益性项目主要由各级政府运用财政资金安排建设，同时鼓励企业、个人投资兴办社会事业项目。（3）组建国家开发银行、中国农业发展银行和国家进出口银行，实现商业性投资贷款和政策性投资贷款相分离。（4）实行项目法人责任制和固定资产投资项目资本金制度，开始建立和规范投资主体的风险约束机制。（5）企业进行股份制改造，发行内部股票或上市，加大了直接融资比重。

4. 投融资体制酝酿并开始重大改革的攻坚阶段（1998—2008年）

投资体制存在的问题主要是：（1）投资主体不明确，无人对项目筹资、建设、经营全过程统一负责并承担风险；投资权利和责任、收益和损失没有统一起来，缺乏产权明确而又具实力的企业型投资主体。(2) 投资的管理问题。政府对企业投资的审批和管理权限仍过大且没有相关法律。投资决策中行政干预多而且是多方干预多，条子工程屡禁不止，对投资真正有效的宏观调控体系尚未形成。(3) 银行背负着国有企业大批债务，对中长期的投资信贷信心不足。银行对企业还存在所有制歧视，不能从效益、安全等纯银行运作角度进行贷款。(4) 投资效益差，回报率低，不少项目建成之日便是亏损之时；资本形成的质量差，新置的固定资产不能很好地发挥作用等。为此，2004 年 7 月开始了一场投融资体制改革的攻坚战，《国务院关于投资体制改革的决定》的出台标志着这一阶段的开始。

这一阶段改革的目标，就是要建立：与社会主义市场经济相适应的投资融资体制；自主决策、行为规范、责权利统一的多元投资主体体系；直接融资与间接融资相结合、市场有效约束的融资体系；自主经营、自律性强的投资融资中介服务；以间接方式为主、覆盖全社会投资融资活动的宏观调控体系。从具体内容来说有六大特点：(1) 企业不使用政府投资建设的项目一律不再实行审批。(2) 颁布《政府核准的投资项目目录》和《企业投资项目核准暂行办法》。(3) 放宽社会资本的投资领域，2005 年出台《国务院关于鼓励支持和引导个体私营等非公有制经济发展的若干意见》与《国际金融组织和外国政府贷款投资项目管理暂行办法》。(4) 通过招标等方式，选择专业化的项目管理单位负责建设实施，严格控制项目投资、质量和工期，竣工验收后移交给使用单位。2005 年出台《财政部关于切实加强政府投资项目代建制财政财务管理有关问题的指导意见》。(5) 政府部门今后将主要通过经济的、法律的和必要的行政手段，对全社会的投资进行间接调控。(6) 建立政府投资责任追究制度。

5. 新时期新形势下投融资体制改革（2009 年至今）

2009 年，受世界金融危机的影响，我国的投融资体制改革在新形势下出现新的特点，以保增长、扩内需、调结构为主题，以转变政府投资管理职能为主线，以加强投资立法工作为重点，加强改革措施的贯彻落实，取得积极进展。(1) 在保增长、扩内需、调结构方面，调整固定资产投资项目资本金比例，降低基础设施、基础产业、民生工程等项目资本金比例，提高“两高一资”（即高能耗、高污染和资源性产业）等项目的资本金比例；投放 4 万亿元资金促进经济增长，应对金融危机对中国投资市场的影响；鼓励民间资本投资，扩大民间投资准入领域；制定七大战略性新兴产业，调整投资结构，引导投资方向。(2) 在转变政府投资管理职能方面，修订企业投资项目核准目录，扩大地方政府的核准权限；改进政府投资计划安排和管理方式，实行中央下达投资规模计划、地方安排具体项目等方式。(3) 在加强投资立法工作方面，起草了《政府投资条例》《企业投资项目核准和备案管理条例》《中央预算内投资资本金注入项目管理办法》《中央预算内直接投资项目管理办法》等，修订了《国家发展改革委委托投资咨询评估管理办法》，完善新时期新形势下的投资立法体系。(4) 在加强改革措施的贯彻落实方面，进一步规范委托咨询评估工作，将企业投资项目咨询评估的重点转到外部性上来；加强中央预算内投资项目概算调整管理，引进了审计监督，强调“先审计、后调概”；大力推行代建制，进一步规范政府投资管理；积极开展中央投资项目后评价试点工作，改变政府投资项目“重审批、轻监管、少总结”的状况。

2016 年，为进一步提高投资效率，畅通融资渠道，调动社会资本积极性，我国再一次优化投融资体制机制，在以下四个方面进行了改革：(1) 改善企业投资管理，充分激发社会投资动力和活力。确立企业投资主体地位，建立投资项目“三个清单”管理制度，优化管理流程，规范企业投资行为。(2) 完善政府投资体制，发挥好政府投资的引导和带动作用。进一步明确政府投资范围，优化政府投资安排方式，规范政府投资管理，加强政府投资事中事后监管，鼓励政府和社会资本合作。(3) 创新融资机制，畅通投资项目融资渠道。大力发展直接融资，充分发挥政策性、开发性金融机构积极作用，完善保险资金等机构资金对项目建设的投资机制，加快构建更加开放的投融资体制。(4) 切实转变政府职能，提升综合服务管理水平。创新服务管理方式，加强规划政策引导，健全监管约束机制。

思考题

1. 投资概念从狭义上和广义上分别怎么理解？如何从不同的分析角度来定位投资？
2. 实物投资一般分为哪几种类型？其各自的特点和决定因素是什么？
3. 投资加速原理和托宾 q 模型是从怎样的角度来理解和阐释投资决定的？
4. 投资规模与投资效率如何衡量？它们如何有助于理解投资的宏观经济意义？
5. 我国是否存在一个合理水平的投资率？请说出判断理由。
6. 联系中国实际，试分析政府投资与社会投资的关系。
7. 如何看待外资和民间资本在中国经济发展过程中的作用？
8. 试比较中美投资体制。

附录

附录一　世界 30 个典型国家和地区 FDI 变化趋势及比较

FDI 通过改变全球资本要素流动和配置，促进了世界各国尤其是资本输入国的产业和贸易的发展。我们根据联合国贸发会议 FDI 数据库的数据样本，编制了一个反映全球 FDI 变化趋势的简表（见表 5-9）。

表 5-9　世界 30 个典型国家和地区 FDI 额变化表　单位：百万美元

国家和地区	1985	1995	2005	2008	2012	2013	2014	2015
世界	55 831	341 523	950 125	1 497 788	1 510 918	1 427 181	1 276 999	1 762 155
发达国家	41 744	219 764	587 710	801 909	787 359	680 275	522 043	962 496
发展中国家	14 070	117 761	331 752	578 482	658 774	662 406	698 494	764 670
欧盟	16 161	130 965	472 095	318 631	446 454	319 457	292 025	439 458
新兴经济体	12 341	123 989	357 066	642 443	656 885	657 482	676 246	701 297
转轨经济体	—	3 999	30 668	117 397	64 786	84 500	56 463	34 988
高收入国家和地区								
美国	20 490	58 772	104 773	306 366	188 427	211 501	106 614	379 894
瑞典	430	14 448	11 626	36 888	16 334	4 858	3 561	12 579

续前表

国家和地区	1985	1995	2005	2008	2012	2013	2014	2015
日本	609	41	2 776	24 425	1 732	2 304	2 090	−2 250
英国	5 668	19 969	182 928	92 158	55 446	47 592	52 449	39 533
德国	—	12 024	47 449	8 127	28 181	11 671	880	31 719
法国	2 208	23 562	33 234	37 593	16 979	42 892	15 191	42 883
澳大利亚	2 099	11 679	−28 294	46 896	58 981	56 977	39 615	22 264
加拿大	1 372	9 255	25 692	61 553	43 111	71 753	58 506	48 643
意大利	1 072	4 817	23 291	−10 835	93	24 273	23 223	20 279
中国香港	−267	6 213	34 058	58 315	70 841	74 546	114 055	174 892
新加坡	1 047	11 943	18 090	12 201	57 150	66 067	68 496	65 262
西班牙	1 968	7 911	25 020	76 993	25 696	32 935	22 891	9 243
韩国	355	2 487	13 643	11 188	9 496	12 767	9 274	5 042
捷克共和国	—	2562	11 653	6 451	7 984	3 639	5 492	1 223
匈牙利	—	5 103	7 709	6 327	14 409	3 404	7 490	1 270
斯洛伐克	—	2 587	3 110	4 868	2 982	−604	−331	803
波兰	15	3 658	8 203	12 283	12 424	3 625	12 531	7 489
拉脱维亚	—	178	706	1 264	1 109	903	595	643
上中等收入国家和地区								
南非	−448	1 241	6 647	9 209	4 559	8 300	5 771	1 772
俄罗斯	—	2 066	14 375	75 856	30 188	53 397	29 152	9 825
罗马尼亚	—	419	6 152	13 492	3 199	3 601	3 211	3 389
巴西	1 418	4 405	15 066	45 058	76 098	53 060	73 086	64 648
保加利亚	—	90	3 920	9 855	1 697	1 837	1 777	1 774
哈萨克斯坦	—	964	1 971	14 322	13 337	10 321	8 406	4 021
中国	1 956	37 521	72 406	108 312	121 080	123 911	128 500	135 610
下中等收入国家和地区								
乌克兰	—	267	7 808	10 913	8 401	4 499	410	2 961
亚美尼亚	—	25	292	944	497	380	404	181
印度	106	2 151	7 622	47 102	24 196	28 199	34 582	44 208
越南	—	1 780	1 954	9 579	8 368	8 900	9 200	11 800
低收入国家和地区								
埃塞俄比亚	—	14	265	109	279	1 281	2 132	2 168

说明：1. 表中数据为美元现价。2. “—”表示数据无法获得。3. FDI是指投资者为获得在另一经济体中运作的企业的永久性管理权益（10%以上表决权）所做的投资的净流入。它是股权资本、收益再投资、其他长期资本以及国际收支平衡表中显示的短期资本之和。表中数据为当年来自外国投资者的净流入（新投资流入减去撤资）。4. 德国1990年两德合并前采用的是联邦德国的数据。本书此后类似情形同此。

资料来源：联合国贸发会议FDI数据库（UNCTAD FDI Database）.

表5-9从高收入、上中等收入、下中等收入及低收入国家和地区中选取了30个经济体，分别展示了这些国家和地区主要年度FDI的情况。为便于读者比较分析，指标数

据截取年度分别为 1985 年、1995 年、2005 年、2008 年、2012—2015 年，时间跨度较长。

根据表 5-9，我们还计算出了各个国家和地区当年引进 FDI 额占世界的比重，以便进一步观察和分析其 FDI 的变化趋势，具体见表 5-10。

表 5-10　世界 30 个典型国家和地区 FDI 额占世界比重变化表（%）

国家和地区	1985	1995	2005	2008	2012	2013	2014	2015
世界	100.00	100.00	100.00	100.00	100.00	100.00	100.00	100.00
发达国家	74.77	64.35	61.86	53.54	52.11	47.67	40.88	54.62
发展中国家	25.20	34.48	34.92	38.62	43.60	46.41	54.70	43.39
欧盟	28.95	38.35	49.69	21.27	29.55	22.38	22.87	24.94
新兴经济体	22.10	36.30	37.58	42.89	43.48	46.07	52.96	39.80
转轨经济体	—	1.17	3.23	7.84	4.29	5.92	4.42	1.99
高收入国家和地区								
美国	36.70	17.21	11.03	20.45	12.47	14.82	8.35	21.56
瑞典	0.77	4.23	1.22	2.46	1.08	0.34	0.28	0.71
日本	1.09	0.01	0.29	1.63	0.11	0.16	0.16	—0.13
英国	10.15	5.85	19.25	6.15	3.67	3.33	4.11	2.24
德国	—	3.52	4.99	0.54	1.87	0.82	0.07	1.80
法国	3.95	6.90	3.50	2.51	1.12	3.01	1.19	2.43
澳大利亚	3.76	3.42	—2.98	3.13	3.90	3.99	3.10	1.26
加拿大	2.46	2.71	2.70	4.11	2.85	5.03	4.58	2.76
意大利	1.92	1.41	2.45	—0.72	0.01	1.70	1.82	1.15
中国香港	—0.48	1.82	3.58	3.89	4.69	5.22	8.93	9.92
新加坡	1.88	3.50	1.90	0.81	3.78	4.63	5.36	3.70
西班牙	3.52	2.32	2.63	5.14	1.70	2.31	1.79	0.52
韩国	0.64	0.73	1.44	0.75	0.63	0.89	0.73	0.29
捷克共和国	—	0.75	1.23	0.43	0.53	0.25	0.43	0.07
匈牙利	—	1.49	0.81	0.42	0.95	0.24	0.59	0.07
斯洛伐克	—	0.76	0.33	0.33	0.20	—0.04	—0.03	0.05
波兰	0.03	1.07	0.86	0.82	0.82	0.25	0.98	0.42
拉脱维亚	—	0.05	0.07	0.08	0.07	0.06	0.05	0.04
上中等收入国家和地区								
南非	—0.80	0.36	0.70	0.61	0.30	0.58	0.45	0.10
俄罗斯	—	0.60	1.51	5.06	2.00	3.74	2.28	0.56
罗马尼亚	—	0.12	0.65	0.90	0.21	0.25	0.25	0.19

续前表

国家和地区	1985	1995	2005	2008	2012	2013	2014	2015
巴西	2.54	1.29	1.59	3.01	5.04	3.72	5.72	3.67
保加利亚	—	0.03	0.41	0.66	0.11	0.13	0.14	0.10
哈萨克斯坦	—	0.28	0.21	0.96	0.88	0.72	0.66	0.23
中国	3.50	10.99	7.62	7.23	8.01	8.68	10.06	7.70
下中等收入国家和地区								
乌克兰	—	0.08	0.82	0.73	0.56	0.32	0.03	0.17
亚美尼亚	—	0.01	0.03	0.06	0.03	0.03	0.03	0.01
印度	0.19	0.63	0.80	3.14	1.60	1.98	2.71	2.51
越南	—	0.52	0.21	0.64	0.55	0.62	0.72	0.67
低收入国家和地区								
埃塞俄比亚	—	0.00	0.03	0.01	0.02	0.09	0.17	0.12

说明：表中数据由表 5-9 中数据计算得到。

从表 5-9 和表 5-10 这两张表中，我们看到全球 FDI 发展变化呈现以下几个特点：

一是从全球 FDI 的总体规模看，各年 FDI 总额的变化幅度较大。以日本为例，2005 年日本 FDI 额为 27.76 亿美元，2015 年则变为−22.50 亿美元，表明 2015 年大量资本撤出日本。

二是从当前全球 FDI 的分布看，发达国家依旧占据较大份额。2015 年发达国家 FDI 占世界比重为 54.62%，发展中国家为 43.39%。但是 2000 年以来，发达国家 FDI 占世界比重主要呈下降趋势，但降中有升，如 2015 年美国的 FDI 额高达 3 798.94 亿美元，较上年同期增长了 256.3%。

三是中国、印度等国占世界的比重持续增加。2014 年中国引进 FDI 额为 1 285 亿美元，尽管在金融危机影响下增长缓慢，但是占世界的比重达 10.06%，相较 2008 年增加了 2.83 个百分点，位居世界第一位。印度 2014 年吸引外国直接投资额为 345.82 亿美元，占世界的比重为 2.71%。通过加快对外开放和改善投资环境，不少发展中国家越来越受到外国资本的青睐。

附录二　我国的外商直接投资的来源地及其投资方式变化①

本章第五节分析了我国的外商直接投资规模和进度以及行业分布，这里再补充介绍关于我国外商直接投资的来源地及其投资方式，供关心这方面情况的读者参考。

表 5-11 列出了部分国家和地区在我国的实际直接投资的金额及其所占份额，包括亚洲地区、欧洲、北美洲和部分自由港。2015 年实际直接投资比重居于前七位的分别是中国香港（68.4%）、维尔京群岛（5.9%）、新加坡（5.5%）、韩国（3.2%）、日本（2.5%）、美国（1.7%）、德国（1.2%）。事实上，维尔京群岛等自由港在我国的直接投资也主要来源于欧美发达国家。

① 本部分基础材料由王雪磊、侯蕊提供。

表 5-11　　部分国家和地区对我国实际直接投资情况

国家和地区	2002		2005		2008		2009		2013		2014		2015	
	总额（万美元）	比重（%）	总额（万美元）	比重（%）	总额（万美元）	比重（%）	总额（万美元）	比重（%）	总额（万美元）	比重（%）	总额（万美元）	比重（%）	总额（万美元）	比重（%）
总计	5 274 286	100	6 032 459	100	9 239 544	100	900 3267	100	11 758 620	100	11 956 156	100	12 626 555	100
亚洲	3 256 997	61.8	3 571 889	59.2	5 634 512	61.0	6 062 289	67.3	9 467 234	80.5	9 864 918	82.5	10 415 946	82.5
中国香港	1 786 093	33.9	1 794 879	29.8	4 103 640	44.4	4 607 547	51.2	7 339 667	62.4	8 126 820	68.0	8 638 672	68.4
中国台湾	397 064	7.5	215 171	3.6	189 868	2.1	188 055	2.1	208 771	1.8	201 812	1.7	153 710	1.2
日本	419 009	7.9	652 977	10.8	365 235	4.0	410 497	4.6	705 817	6.0	432 530	3.6	319 496	2.5
韩国	272 073	5.2	516 834	8.6	313 532	3.4	270 007	3.0	305 421	2.6	396 564	3.3	403 401	3.2
新加坡	233 720	4.4	220 432	3.7	443 529	4.8	360 484	4.0	722 872	6.1	582 668	4.9	690 407	5.5
欧洲	404 891	7.7	564 310	9.4	545 937	5.9	551 771	6.1	689 319	5.9	669 165	5.6	689 705	5.5
英国	89 576	1.7	96 475	1.6	91 401	1.0	67 902	0.8	39 194	0.3	73 534	0.6	49 648	0.4
德国	92 796	1.8	153 004	2.5	90 049	1.0	121 657	1.4	207 844	1.8	207 056	1.7	155 636	1.2
法国	57 560	1.1	61 506	1.0	58 775	0.6	65 365	0.7	75 189	0.6	71 207	0.6	122 390	1.0
意大利	17 674	0.3	32 201	0.5	49 326	0.5	35 168	0.4	31 685	0.3	37 200	0.3	24 519	0.2
荷兰	57 175	1.1	104 358	1.7	86 216	0.9	74 128	0.8	127 477	1.1	63 873	0.5	75 179	0.6
北美洲	601 190	11.4	372 996	6.2	395 780	4.3	367 672	4.1	408 372	3.5	325 619	2.7	304 272	2.4
加拿大	58 798	1.1	45 413	0.8	54 328	0.6	86 177	1.0	53 610	0.5	35 346	0.3	22 392	0.2
美国	542 392	10.3	306 123	5.1	294 434	3.2	255 499	2.8	281 987	2.4	237 074	2.0	208 889	1.7
部分自由港	729 693	13.8	1 096 921	18.2	1 909 881	20.7	1 388 047	15.4	782 683	6.7	748 075	6.3	883 224	7.0
维尔京群岛	611 739	11.6	902167	15.0	1 595 384	17.3	1 129 858	12.5	615 858	5.2	622 566	5.2	738 778	5.9
开曼群岛	117 954	2.2	194 754	3.2	314 497	3.4	258 189	2.9	166 825	1.4	125 509	1.0	144 446	1.1

资料来源：历年《中国统计年鉴》。

表 5-12 则反映了中国实际利用外商投资方式的大体情况。

表 5-12　　中国实际利用外商直接投资方式及构成　　单位：亿美元

年份	FDI 实际利用额	FDI 经营方式		
		合资经营	合作经营	独资经营
1979—1982	11.66	0.98	5.32	0.40
1985	16.61	5.82	5.85	0.13
1990	34.87	18.86	6.74	6.83
1995	375.21	190.78	75.36	103.17
1996	417.26	207.55	81.09	126.06
1997	452.57	194.95	89.3	161.88
1998	454.63	183.48	97.19	164.7
1999	403.19	158.27	82.34	155.45
2000	407.15	143.43	65.96	92.64
2001	468.78	157.39	62.12	238.73
2002	527.43	149.92	50.58	317.45
2003	535.05	153.92	38.36	333.84
2004	606.30	163.86	31.12	402.22
2005	603.25	146.14	18.31	429.61
2006	630.21	143.78	19.40	462.81
2007	747.68	155.96	14.16	572.64
2008	923.95	173.18	19.03	723.15
2009	900.33	172.73	20.34	686.82
2010	1 057.35	224.98	16.16	809.75
2011	1 160.11	214.15	17.57	912.05
2012	1 117.16	217.06	23.08	861.32
2013	1 175.86	237.72	19.44	895.89
2014	1 195.62	210.02	16.33	947.37
2015	1 262.67	258.85	18.45	952.85

说明：由于外商投资股份制企业、合作开发、其他经营方式比重较小，未在表内显示。

资料来源：国家统计局贸易物资司．1979—1991 年中国对外经济统计大全．北京：中国统计出版社，1992；国家统计局贸易外经统计司．中国对外经济统计年鉴 2003. 北京：中国统计出版社，2004；2006—2016 年各年《中国统计年鉴》.

外商直接投资方式按照投资企业法律性质划分为外商独资经营企业（外资企业）、中外合资经营企业（合资企业）、中外合作经营企业（合作企业）等几类。这几种方式构成我国外商直接投资的主体，此外还有少量的合作开发和 BOT 等方式。从表 5-12 中可以看出，1979—1985 年，我国外商直接投资以合作方式为主。1985 年，合作经营和合资经营占 FDI 总额的 70%以上，独资经营不到 1%。20 世纪 80 年代末到 2000 年，合资经营方式开始占主导和支配地位。自 20 世纪 90 年代中期以来，随着投资环境的不断改善，外商在华投资越来越倾向于采取独资经营的方式。即使是合资经营企业，外方也往往通过增资扩股等途径来达到股权控制的目的。从2001年开始，独资经营方式超过合资经营方式成为FDI在中国的主要形式，比重达到了50.9%，2015年更是达到了75.5%。同一年，合资经营方式占20.5%，而合作经营更是下降到1.5%。

参考文献

[1] 曼昆. 宏观经济学（第5版）. 北京：中国人民大学出版社，2005.

[2] 凯恩斯. 就业、利息和货币通论. 北京：商务印书馆，1963.

[3] 萨缪尔森，诺德豪斯. 经济学（第16版）. 北京：华夏出版社，1996.

[4] J. E. 斯蒂格利茨. 经济学（下）. 北京：中国人民大学出版社，1997.

[5] 杰弗里·萨克斯，费利普·拉雷恩. 全球视角的宏观经济学. 上海：上海三联书店，上海人民出版社，1997.

[6] 多恩布什，费希尔. 宏观经济学. 北京：中国人民大学出版社，1997.

[7] 高鸿业. 西方经济学. 北京：中国人民大学出版社，2000.

[8] 刘慧勇. 宏观投资学. 北京：中国人民大学出版社，1990.

[9] 梁小民. 高级宏观经济学教程. 北京：北京大学出版社，1993.

[10] 刘张君. 现代投资学. 北京：中国金融出版社，1993.

[11] 王小鲁等. 中国经济增长动因. 中国改革基金会国民经济研究所1999年课题论文.

[12] 江小涓. 利用外资对产业发展的促进作用. 中国工业经济，1999（2）.

[13] 魏后凯，贺灿飞等. 中国外商投资区位决策与公共政策. 北京：商务印书馆，2002.

[14] 李慕春. 西方投资理论述评. 东北财经大学学报，2001（9）.

[15] 林海. 投资理论研究文献综述. 财经理论与实践，2004（5）.

[16] 周继红. 不可逆投资理论及其启示. 理论与实践，2003（9）.

[17] 马冀勋. 不可逆投资理论对中国企业投资行为的解释. 中央财经大学学报，2003（7）.

[18] 刘允斌. 不对称信息与凯恩斯主义投资理论. 当代财经，2002（3）.

[19] 李向阳. 信息不对称与市场缺陷——诺贝尔奖获得者阿克洛夫的经济学理论述评. 国际经济评论，2001（11-12）.

[20] 杜丽群. 西方投资理论及其借鉴意义. 中央财经大学学报，2000（12）.

[21] 郭其友，张晖萍. 2001年诺贝尔经济学奖得主——乔治·阿克洛夫经济学思想述评. 外国经济与管理，2001（11）.

[22] 王志凤. 西方储蓄理论及其对我国的启示. 农村金融与市场经济，2001（1）.

[23] 国家统计局科研所. 投资体制改革的历史进程及取得的主要成就. 研究参考资料，1998（83）.

[24] 李万茂. 关于投资对经济增长贡献的计算方法简析. 研究参考资料，1998（136）.

[25] 国家统计局课题组. 新时期我国投资发展战略目标——固定资产投资问题研

究课题之五，2005.

[26] 姚枝仲. 中国的高投资问题. 国际经济评论，2004 (9).

[27] 闾海琪. 造成我国高投资率的三大原因. 经济研究参考，2004 (79).

[28] 刘新民. 我国投资率过高的原因、危害及对策建议. 中国投资，2004 (6).

[29] 宋光辉，柴曼莹. 中国高投资率与通货紧缩并存的原因分析. 国际贸易探索，2004 (3).

[30] 李扬. 中国经济对外开放过程中的资金流动. 经济研究，1998 (2).

[31] 武剑. 储蓄、投资与经济增长. 北京：经济科学出版社，2000.

[32] 刘保国. 中外储蓄转化为投资效率比较及我国的政策取向. 商业研究，2004 (4).

[33] 曹丽东. 加快储蓄转化为投资的思考. 中国金融，2004 (10).

[34] 林山，武志. 我国储蓄-投资的转化效率及其不完全制度分析. 江西财经大学学报，2002 (4).

[35] 许雄奇，符涛. 我国储蓄率与投资率关系的实证检验. 统计与决策，2005 (2).

[36] 李栋文. 我国储蓄转化投资问题研究. 金融研究，2001 (9).

[37] 周颖，周峰，彭补拙. 中国 FDI 的行业空间分布与对区域经济发展的影响分析. 经济地理，2001 (2).

[38] 金德环. 投资经济学. 上海：复旦大学出版社，2006.

[39] 任淮秀. 投资经济学. 北京：中国人民大学出版社，2005.

[40] 罗乐勤. 投资经济学. 北京：科学出版社，2003.

[41] 陈康幼. 投资经济学. 上海：上海财经大学出版社，2003.

[42] 司春林，王安宇. 宏观经济学——中国经济分析. 上海：上海财经大学出版社，2002.

[43] 白景明. 美国自由主义的市场经济. 武汉：武汉出版社，1997.

[44] 陈宝森. 美国经济与政府政策——从罗斯福到里根. 北京：世界知识出版社，1988.

[45] 汪同三. 中国投资体制改革 30 年研究. 北京：经济管理出版社，2008.

[46] 吴亚平等. 中国投资 30 年. 北京：经济管理出版社，2009.

[47] 中华人民共和国国家统计局. 中国统计年鉴 2010. 北京：中国统计出版社，2010.

进口是好事，因为它使我们享受到超越本国生产可能的更多产品，丰富了我们的选择，而出口只是我们为了偿付进口的手段，我们必须卖给国外产品才有能力负担我们的进口。[①]

——曼昆

第六章

对外贸易与国外需求

讲解总需求，不能不讲对外贸易与国外需求，这是总需求的三大组成部分之一。在经济全球化的今天，总需求更是各国普遍面临的最重大的一个现实问题。

第一节　外需的基本理论与概念解析

从总需求角度，我们把对外贸易进出口差额或称国外需求简称为外需。何为外需？外需就是一国商品和服务的净出口。这是开放经济条件下的常理，而在今天，已成为各国至少是主要国家的现实。本章正是从这个现实出发，分析与总需求相关的外需，阐述外需成为一国 GDP 组成部分的原因及其产生的影响。在本章中，我们将以货物流动为主来分析开放经济，同时，也将从货物流动与资本流动相关的角度，简单地分析资本流动的一些特点。

一、从总需求的角度看进出口贸易

1. 净出口在宏观经济中的地位

本书第一章列出的宏观经济关系式，即是一个开放经济的关系式，因为产出等于购买（即四大购买主体的支出或需求）。一国生产的商品和劳务（Y），最终被转化为消费、投资、政府支出和净出口。公式为：$Y=C+I+G+(X-M)$。这种开放式的经济关

① 陈晋．哈佛经济学笔记．南京：凤凰出版传媒集团，江苏文艺出版社，2010.

系，已成为多数国家的现实。这里的 $X-M$，是出口额减进口额，即净出口 NX。净出口代表国外对本国产品与服务的净支出，它为国内生产者提供了收入。净出口的另一个名字是贸易余额，说明在一个开放经济中，国内支出不一定等于国内产出，当国内产出大于国内支出时，我们的出口将大于进口，净出口为正；当国内产出小于国内支出时，进口将大于出口，净出口则为负数。这个公式借助对 GDP 的计算，已经非常清楚地表达了宏观经济关系中净出口的定位。该公式反映了出口对一国经济增长具有正向作用，而进口对 GDP 则具有反向作用。

进一步，我们可以从上式中推出，$X-M=Y-(C+I+G)$，设 $A=C+I+G$，则有 $X-M=Y-A$。这个式子表明，净出口等于产出减去国内支出。在经济学文献中，A 被称为国内吸收力，反映了一国对自己和国外所创造的产出的需求。

2. 储蓄、投资、政府预算与贸易[①]

我们从 $Y=C+I+G+(X-M)$ 这个基本关系式中可以推出储蓄、投资、政府预算与贸易的关系式。因为可支配收入（YD）等于在收入中减税款（TA）加上接受的净转移支付（TR），因此可得：$YD=Y+TR-TA$；可支配收入又分为消费与储蓄，即 $YD=C+S$；合并上两式可得 $C+S=Y+TR-TA$，则 $C=Y+TR-TA-S$；由基本关系式 $Y=C+I+G+(X-M)$ 可得 $C=Y-I-G-(X-M)$，代入 $C=Y+TR-TA-S$ 并经过移项整理后可得到：$S-I=(G+TR-TA)+(X-M)$。这是一个重要的关系式。右边（$G+TR-TA$）项中，$G+TR$ 是政府总支出，包括了政府购买和转移支付。税收 TA 则为政府的收入。显然，政府总支出减去税收即为支出大于收入的数额，为政府预算赤字（BD）。因此，上式表明，储蓄超过投资的部分（$S-I$）等于政府预算赤字加贸易盈余即净出口。通过这个关系式，我们看到了贸易与财政，以及与储蓄、投资的关系。

3. 贸易差额与资本流出入额的等量关系[②]

我们已知总需求包括消费、投资、政府购买和净出口，即

$$Y=C+I+G+(X-M) \tag{6-1}$$

其中，投资通常又包括私人投资（储蓄）、政府投资（储蓄）和资本净流入（net capital inflows，NCF），即有

$$I=SP+SG+NCF \tag{6-2}$$

进一步，私人投资（储蓄）等于家庭总收入 Y 减去消费和上缴的税收，即 $SP=Y-c-t$；而政府投资（储蓄）等于总税收减去政府购买，$SG=T-G$，将 SP 和 SG 代进式（6-2），并利用式（6-1）合并，就可得到 $X-M=NCF$，即净出口等于净资本流入。这是一个非常重要的关系式。反之，我们也将得到净进口等于净资本流出。在这种情况下，我们看到了贸易赤字和外国资本净流入是同一件事的两种说法。

4. 净出口影响总支出曲线[③]

总支出曲线反映的是每一国民收入水平上的消费、投资、政府购买和净出口的总

---

① 多恩布什，费希尔，斯塔兹. 宏观经济学（第7版）. 北京：中国人民大学出版社，2000：27-28.

② 斯蒂格利茨. 经济学（第3版）. 北京：中国人民大学出版社，2005：587.

③ 同②651-675.

和。图 6-1 横轴是国民收入等于国民产出的一条轴。收入等于产出反映的经济事实是，一种商品或劳务被购买时，所支付的货币最终必然成为生产者的工资，或偿付借贷的利息，或企业家的利润。在图 6-1 中我们还可以看到，总支出随收入增加而增加。我们从 Y 轴出发，通过 45°线，可以在总支出轴上找到相应的总支出。可以理解在任一总支出曲线和 45°线的交点即图中 E_0 点上实现了收支平衡。

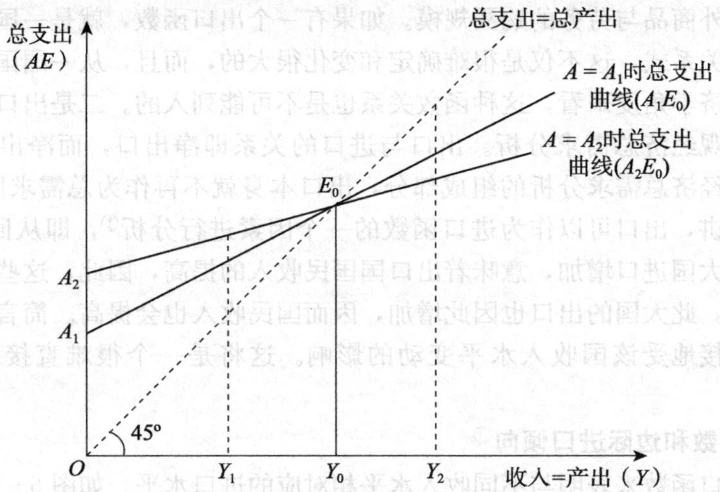

图 6-1　净出口影响总支出曲线图

图 6-1 反映了总支出方程即 $AE=A+bY$，A 是当收入或产出等于 0 时总支出的值，即纵轴上的截距，b 则为总支出曲线的斜率。

净出口的变动是如何影响总支出曲线的呢？具体到图 6-1 中，就是当净出口从 A_1 点提高到 A_2 点时，总支出曲线会发生什么变化呢？图中显示的是，总支出曲线 A_2E_0 与 A_1E_0 相比更平缓，换言之，总支出曲线的斜率 b 会变小。为什么？这是因为进口与收入的关系是正向的，收入越高进口越多，净出口则越少；由此可推出，净出口与收入的关系是反向的，收入越少，净出口则越多。当总支出轴上净出口从 A_1 点提高到 A_2 点时，因为收入增加小于支出的增加，所以总支出曲线 A_2E_0 就更平缓了。换言之，这也说明总支出曲线 A_2E_0 不是与 A_1E_0 平行移动变化的。同时，我们还要考察为什么提高净出口后，新的总支出曲线要通过 E_0 点。这是与我们采取均衡分析方法相关的。因为总支出与收入（产出）有三种关系，或大于，或小于，或等于。在图中，找到了相等点，就可以以此找到总支出曲线上此点左右的点，即大于或小于关系就自然清楚了。正因为如此，图中 E_0 点左边的 A_2E_0 总支出曲线上任一点，支出大于收入（产出）；而在 E_0 点右边的 A_2E_0 总支出曲线上任一点，收入（产出）大于支出。净出口越大，或说图中 A_1A_2 线越长，支出相对于收入（产出）的缺口越大。

当然，净出口既取决于国内收入，也取决于国外收入，还取决于真实汇率，加入汇率因素，净出口对总支出曲线的影响会更接近现实。

二、有关外贸的几个重要概念

1. 出口函数

在各类宏观经济学教材中，很少专门论述出口函数。那么，存不存在出口函数？当然存在。影响出口的主要因素，都会与出口构成一种函数关系。比如，国内价格水平、汇率、关税、外汇管制、出口退税等，都会影响一国的出口额。因此，我们可以说，如果把出口函数理解为是国内价格水平和汇率等的因变量，这肯定是可行的。但是，在讨论总需求中的出口时，这里并没有一个公认的出口函数。其原因如下：一是出口并不直接取决于出口国的收入状况，而是取决于进口国的收入状况。换言之，是购买者的收入决定了其对国外商品与劳务的购买规模。如果有一个出口函数，就是一国的出口与进口国国内收入的关系式，这不仅是很难确定和变化很大的，而且，从一国国内总需求组成部分的宏观经济学角度来看，这种函数关系也是不可能列入的。二是出口已作为净出口因素进入了宏观经济总需求分析。出口与进口的关系即净出口，而净出口是真正的外需，也是宏观经济总需求分析的组成部分，出口本身就不再作为总需求因素来分析了。三是对大国来讲，出口可以作为进口函数的一个因素进行分析①，即从回弹效应②角度来分析。一个大国进口增加，意味着出口国国民收入的提高，因此，这些出口国的进口能力相应提高，此大国的出口也因此增加，因而国民收入也会提高。简言之，一国总出口的变动，间接地受该国收入水平变动的影响。这将是一个很难直接表达的出口函数式。

2. 进口函数和边际进口倾向③

可以用进口函数来表明与不同收入水平相对应的进口水平，如图 6－2 所示。

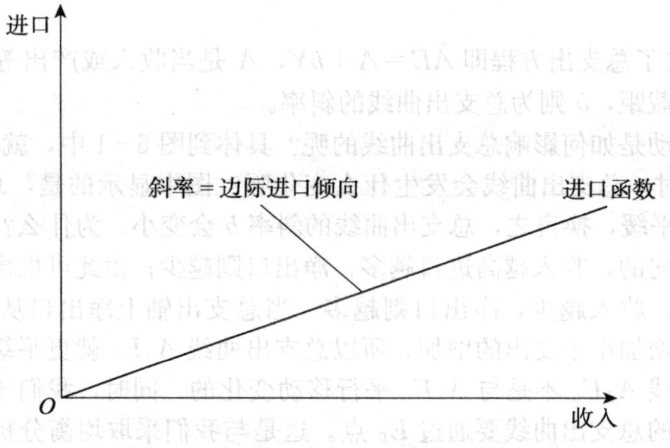

图 6－2　进口函数

进口品随一国购买力的提高而增加，即进口随收入的增加而增加，不论是家庭收入增加，还是一国国民收入增加，道理都是一样的，因此，图 6－2 中的进口函数线向右上方倾斜。边际进口倾向表示每单位新增收入中用于进口的数额，即为进口函数线的斜率，它决定着进口函数线的倾斜程度。

当然，正如对出口影响因素分析的那样，进口量大小也取决于很多因素，如国外和国内生产的产品的相对成本和相对价格，而相对价格受汇率的影响。如果本币的价值上

---

① 爱德华·夏皮罗．宏观经济分析．北京：中国社会科学出版社，1985：159－161.
② 多恩布什，费希尔，斯塔兹．宏观经济学（第 7 版）．北京：中国人民大学出版社，2000：270.
③ 斯蒂格利茨．经济学（第 3 版）．北京：中国人民大学出版社，2005：673.

升，国外的产品就变得相对便宜，进口就会上升。汇率的变动在每一收入水平上影响进口，本币的升值（贬值）使进口函数向上（向下）移动。

3. 国外冲击

在经济全球化的今天，商品贸易的国际网络已经形成。一国向另一国出口品的激增，就会出现“国外冲击”现象。这一方面可能是由于出口品价格的大幅上升造成的，另一方面也会因为这种商品的需求刚性而引发进口国的支出增加。由于这种现象已经很普遍了，因此，我们已将“国外冲击”视为一个专业名词来加以使用。[①] 国外冲击实质上是某商品形成了新的世界市场价格（如石油）而对进口国造成的一种影响。在这个过程中，贸易量能影响世界市场价格的一国，具有特殊的作用。

国外冲击不等同于商品倾销。前者是由进口国需求与供给国供给之间出现“需大于供”的缺口造成的，后者则是由进口国与出口国商品出现“需小于供”引起的；前者往往表现为进口品的价格上涨，后者则表现为进口品的价格下降。

第二节　外贸对经济影响的分析

一、对外贸易对经济增长影响的各种理论

进出口贸易与一国经济增长存在密切的内在联系，经济学家们就此提出了多种理论或观点。这里，仅举几种影响较大的外贸与经济增长关系的理论观点，供大家分析比较。

1. 亚当·斯密的绝对优势理论

斯密从劳动价值论出发，认为劳动生产力的绝对优势是国际分工与贸易产生的根源。每个国家都组织专业化生产具有绝对有利生产条件的特定产品，然后互相进行交换，获得利益。这有利于提高劳动生产率，也有利于增加各国的物质财富。这里的国际分工与贸易是按照绝对成本和绝对优势进行的，因而被称为绝对优势理论。当然，亚当·斯密的贸易理论中还包括“剩余产品出口”和市场扩张等内容，包括地域分工的思想。亚当·斯密假定一国在开展国际贸易之前存在着剩余的土地和劳动力，这些多余的资源可以用来生产剩余产品以供出口。这样，对外贸易为一国提供了利用过去没有充分利用的要素——土地和劳动力的机会，为本国剩余产品找到了“出路”。而且这种剩余产品的生产不需要从其他部门转移资源，也不必减少其他国内经济活动，因而出口带来的收益以及换回本国需要的产品就没有机会成本。这样，出口减少了国内的浪费和闲置，提高了该国的储蓄和投资，从而促进了经济增长。[②]

2. 大卫·李嘉图的比较优势理论

李嘉图在1817年提出建立在劳动生产率相对差异基础上的“比较成本说”。李嘉图认为，葡萄牙在酒和棉布的生产上具有较高的生产效率，拥有绝对优势，但是在酒的生产上具有更大的比较优势；即使英国在两种产品上都处于绝对劣势，但是在棉布的生产

---

① 理查德·E. 凯弗斯等．世界贸易与国际收支（第9版）．北京：中国人民大学出版社，2005：49.

② 亚当·斯密．国民财富的性质和原因的研究：上卷．北京：商务印书馆，1972：8.

上具有比较优势。英国、葡萄牙在技术上的差异导致了劳动生产率的差别，进行贸易对双方都有益。因此，按照比较优势进行国际分工，可以使资源配置更合理，从而增加经济总量，促进经济增长。①显然，比较优势理论强调了在优势中取最优，在劣势中选次劣，根据“两利相权取其重，两弊相衡取其轻”的原则进行国际分工。这有利于解释处于不同生产力发展水平的国家，特别是经济落后国家能否从国际贸易中获利的问题。而这恰恰是绝对优势理论的一大弱点。

3. 马克思的对外贸易实现与增加剩余价值的观点

马克思在《资本论》中指出，资本主义生产的实质是剩余价值的生产，国际贸易既影响了剩余价值的生产，也影响了剩余价值的实现，具体体现在三个方面：一是进口价格低廉的原料和其他投入品，使不变资本得到节约；二是进口比较便宜的消费资料，使可变资本得到节约；三是商品的出口会使剩余价值得到更有效的实现。②这清楚地表明，对外贸易通过要素成本下降、利润增加、资本积累增加等促进了经济增长。

4. 凯恩斯学派的对外贸易乘数论

凯恩斯认为，国际贸易通过调节国际收支，对国民收入和就业产生影响，因为顺差会增加国民收入、扩大就业，逆差会减少国民收入、增加失业。该思想接近于早期的重商主义。他从国民收入恒等式 $Y=C+I+(X-M)$ 出发，认为净出口 $X-M$ 的增长有利于国民收入 Y 的增长。而凯恩斯理论的后继者们借助于投资乘数理论，推导出对外贸易乘数，其主要观点是：出口和投资一样，会增加国民收入；进口则相反，是国民收入的漏出。出口从国外获得的货币收入会使出口产业部门的收入增加、消费增加，从而引起与出口相关产业的收入增加，如此循环往复，国民收入的增加量将是出口的数倍。仅当出口大于进口时，贸易才能增加一国的就业，从而促使国民收入成倍增加。

5. 赫克歇尔-俄林-萨缪尔森的资源禀赋及配置理论

该理论的倡导者认为，国际贸易产生的原因是存在国际分工，国际分工产生的原因是生产要素禀赋丰裕程度有差别。通过国际贸易可降低各国生产要素分布不均的程度，促进各种生产要素的有效利用，推进要素价格的均等化。③这一理论将生产要素禀赋与价格差异和国际贸易联系起来，更有力地阐释了比较成本与比较优势的理论基础。④

6. 克鲁格曼的国际贸易新理论

克鲁格曼认为，在完全竞争条件下，自然禀赋差异引发国际分工与贸易，而在不完全竞争市场结构框架中，规模经济和产品差异都是引发国际贸易的重要变量。⑤这种强调以规模经济和产品差异为基础的垄断竞争国际分工与贸易的理论，被称为新贸易理论。⑥

7. 马克斯·科登的贸易影响效应论

澳大利亚学者马克斯·科登强调外贸对生产要素及劳动生产率的影响：一是收入效

① 李嘉图．政治经济学及赋税原理．北京：商务印书馆，1962：113.
② 马克思，恩格斯．马克思恩格斯全集：第25卷上．北京：人民出版社，1974：264.
③ 俄林．地区间贸易和国际贸易．北京：商务印书馆，1986：247.
④ 萨缪尔森．经济学：下册．北京：商务印书馆，1982：78.
⑤ 保罗·H. 克鲁格曼．工业化国家间贸易的新理论．国际经济评论，1984（4）.
⑥ 保罗·H. 克鲁格曼．国际贸易新理论．北京：中国社会科学出版社，2001.

应，外贸带来的收入作为总需求的一部分对经济增长有拉动作用；二是资本效应，外贸所获利润可再投资和投资品进口均可促进经济增长；三是生产率效应，出口品因处于国际市场竞争中，将会刺激该出口品的生产率更快地提高。①

8. 戴维·N. 韦尔的贸易技术论

戴维认为，贸易通过使得一个国家生产它擅长生产的商品，然后把这些商品卖给那些不擅长生产这些商品的国家，可以使一个国家变得更有生产力。从这个角度看，贸易更像是某种形式的技术。贸易开放的国家更能够从国外进口技术。除美国外，所有国家的技术进步都主要源自国外产生的创意。一项新发明应用的市场越大，就越会提高技术创新的积极性。贸易的重要影响还在于，国内企业在面对额外的竞争压力时会提高效率并提高技术创新的积极性，可以在更大市场上竞争来提高效率。②

有关国际贸易对一国经济增长影响的理论还有不少，这里就不一一列举了。

二、外贸对经济影响的分析

外贸对经济增长与发展都有影响，但这种影响的测度是有争议的，因此，如何判断外贸对经济增长与发展影响的大小，尚没有取得统一或具有共识性的意见。这里，我们先分析一下外贸对经济增长的影响及其测度，然后分析一下外贸对经济发展的影响及其测度。

(一) 外贸对经济增长影响的分析

根据现有的国民经济核算体系，人们在分析对外贸易对 GDP 的贡献时，多借助于出口额与进口额之差即净出口额。其常用的公式是：外贸对经济增长的贡献率＝净出口增量/GDP 增量×100%。但人们又发现，借用这个指标来分析外贸贡献度，经常会低估甚至误估。比如，全球范围的进出口恒为零，因此，国际贸易总体上对全球经济增长是没有作用的。那么，难道进口对经济增长全是负面影响？另外，进出口规模和进出口商品结构不同是否会对经济增长产生不同的影响？这些都是净出口指标不能反映的。

显然，我们需要了解净出口这一指标的实际理论根据。净出口指标源自宏观经济基础理论。在现实生活中，产出等于购买是特别需要关注的情况。一国生产的商品和劳务（Y）最终被转化为居民消费（C）、私人投资者投资（I）、政府购买（G）和外国购买（NX），即四大购买主体的支出或需求。按最终用途，就分为总投资、总消费、净出口三部分。在本教材第一章中，我们曾介绍过，以凯恩斯理论为基础的宏观经济学正是把总需求视为解释总产出量的关键，并用消费者、企业、政府和外国人的支出来解释总需求。在国内生产总值核算中，相应就会在产出结束时有生产法统计，在最终消费时有支出法统计，在生产结束而消费开始前有收入法统计。生产法是从生产的角度衡量常住单位在核算期内所创造价值的方法，不涉及外贸活动统计。收入法是从收入形成的角度反映生产活动最终成果的一种计算方法，也不涉及外贸活动统计。支出法是从最终使用的

---

① 马克斯·科登．国际贸易理论和政策（1992）．//杨正位．中国对外贸易与经济增长．北京：中国人民大学出版社，2006：110.

② 戴维·N. 韦尔．经济增长．北京：中国人民大学出版社，2007.

角度衡量核算期内生产的所有商品和劳务的最终去向的一种计算方法，涉及外贸。这样看来，净出口指标以及支出法计算的外贸贡献度只是统计计算用指标，只是从总需求这一角度得出的结论，其在统计上的使用是合理的，但其只是一个统计贡献度。

这种理论是否有事实根据？这一点从本教材第一章所介绍的国民经济账户核算演进的过程中就可以理解。从第二次世界大战期间到20世纪60年代，围绕国民经济的总体统计，国际社会花费了大量时间和精力，在各种方法和指标中反复选择比较，最后才确定了使用国内生产总值这一指标，并赋予了计算的程序与方法。中国1985年建立了国内生产总值核算指标体系，1989年修订了国内生产总值的年报制度、指标解释和计算方法，1992年国家统计局制定了《国内生产总值、国民收入指标解释及测算方案》，1993年国家统计局取消了国民收入统计报表制度并建立了国内生产总值支出法年报制度。正因为如此，中国的国民经济核算才与国际社会统一起来，并具有了国际可比性。由此可知，国际社会坚持使用净出口来核算国民经济是经过多年实践检验的。

综上所述，我们对支出法中借助净出口指标核算国内生产总值的必要性就看得很清楚了：一是它是以宏观理论为根据，以长期统计实践为基础的。二是它是数量界定非常清楚的指标，用于统计计算便于操作。三是它成为国际公认的指标，具有很强的可比性。因此，它的存在有合理性。

既然如此，我们能否使用净出口这一指标来评价外贸对国民经济增长的贡献呢？回答是不能。理由是：第一，净出口指标确实不能反映进出口规模和进出口商品结构不同是否会对经济增长有不同的影响，而这些在实际经济生活中是重要的。第二，国内生产总值虽然是反映一国经济增长最重要的国际通用指标，但国内生产总值毕竟强调的是生产而不是贸易，国内生产总值是从生产角度来分析和统计经济的，尽管支出法从购买角度间接体现了生产的量。第三，由净出口核算出来的对经济增长的贡献度是对外贸易的统计贡献度，而不是实际贡献度。

进一步的推论有三点。首先，在把生产总值视为经济增长唯一指标的背景下，不可能建立反映外贸对经济增长实际贡献的测度方法。其次，如果净出口指标在判断外贸实际贡献上不能使用，那么在净出口计算基础上形成的外贸对经济增长的拉动度指标也难以成立。最后，净出口指标不能证明外贸对一国经济的贡献大小，进而不能证明一国经济增长是以内需为主还是以出口导向为主，借助净出口分析而得出的这两方面结论，理由均不充分。

国际贸易的实践也告诉我们，“净出口”对经济增长贡献的大小并不能代表“对外贸易”对经济增长贡献的大小，比如美国，净出口的贡献为负，但其外贸对经济增长的贡献却不可能为负，进口会提高国内投资水平和出口，对经济增长的作用不容忽视。尤其是资源匮乏的国家，进口的作用可能还大于出口。

(二) 外贸对经济发展影响的分析

外贸会从方方面面对经济产生影响，这些影响有直接的也有间接的，有宏观方面的也有具体方面的；这些方面既涉及经济增长，也涉及经济发展的其他方面内容。

这里，需要强调最重要的三个方面。

首先是外贸对国民收入的影响。外贸直接影响外贸企业的经济效益和利润变化，间接影响外贸产品的生产企业的外贸收入及其利润。如果进一步延伸，就会由于企业收入变化引起政府和个人收入变化，进而引起投资和消费的变化。我们也清楚，参与国际市场竞争带来的企业生产率提高，相应的技术引进或创新的开展，市场空间的扩大增加的规模经济效益，将会体现或内含在企业利润变化上。这明显是短期影响，可以纳入年度的经济分析中。

其次是外贸对就业的影响。直接影响体现在外贸企业的就业规模上，间接影响则体现在外贸产品的生产企业上。国际市场变化会影响出口规模，影响外贸企业的生产数量，进而影响外贸企业的用工数量。一般而言，在出口额增长的条件下，有利于外贸企业的就业人数增加，也间接增加出口型生产企业的就业人数。反之，在出口额下降的条件下，不利于外贸企业就业数的增加，也间接地影响到出口型生产企业就业人数的增加。这为短期影响，可以纳入年度的经济分析中。

最后是外贸对一国经济结构的影响。这是一种从供给角度的分析，对理解外贸尤其是进口的作用特别重要。在对外贸易过程中，进出口的商品结构都会发生变化。比如，初级产品、工业制成品、新产品如高新技术产品、服务贸易的出口占比均在变化。出口的扩大可以带动国内外更多的投资流向出口生产部门，促进相关产业的快速增长。进口资本品提供了先进的技术设备和国内生产所需资源，增强了一国经济发展的后劲，推动一国技术水平和管理水平接近国际先进水平。由此，对外贸易可促进资源转移和产业结构升级，使国民经济产业结构更趋于有利于国际化分工的良性格局。这体现了国际贸易主流理论：以比较优势为基础的国际贸易加深了专业化分工，使资源配置得到优化，从而获得了对外贸易的直接利益。评判外贸对一国经济结构的影响，可借用全要素生产率指标。当然，这多为中期影响，在年度分析时，自可专门论述。

由上可知，我们在分析外贸对经济发展的影响时，特别考虑到了外贸企业的关键作用，因为外贸活动归根到底是以外贸企业为主体进行的。进一步分析还可看到，以上所列三个方面将涉及三大指标：外贸拿回多少钱？用了多少人？为下一步发展提供了多少条件？细化整理这三方面问题，就可以形成外贸实际贡献的指标体系，这将是反映外贸贡献的最重要的判断，可以期待其成为一个年度分析用的基础指标。

这个指标设计中内含外贸进出口规模、结构的影响分析，体现了供给角度的分析，因此，在一定程度上与巴拉萨和泰勒利用生产函数计量外贸贡献度的思路相近。巴拉萨于 1978 年将传统的生产函数扩展为适用于开放经济条件下的出口扩展型总量生产函数，即 $Y=F(K, L, X)$，其中 Y、K、L、X 分别表示 GDP、资本、劳动力和出口。这里把出口作为与资本、劳动力两种生产要素并列的变量，是基于出口扩大可以产生规模经济效应并促进国内技术进步的判断。泰勒 1981 年在此基础上提出指数形式的生产函数以计量外贸贡献度：$Y=AK^{\alpha}L^{\beta}X^{\gamma}$。考虑到进口也可促进国内技术进步，泰勒把巴拉萨公式中的出口变量 X 替换为对外贸易额 T，然后对上式两边取对数，得到外贸生产函数的对数形式：$\ln Y=c+\alpha\ln K+\beta\ln L+\gamma\ln T$。① 在这两位学者的函数模型中，都可明显看出对企业中资本与劳动力因素的重视，而它们与外贸企业的就业与利润的联系度比较高。

① 姜鸿，张艺影．对外贸易对湖北经济增长的贡献度计量．中南财经政法大学 WTO 与湖北发展研究中心，http：//www. wto－znufe. com. cn/articleshow. asp？ContentId＝3368.

（三）外贸对经济发展影响分析中的参考指标

在前面分析的基础上，这里就可以借助一些常用指标来做辅助性的过程分析，主要有：

1. 外贸依存度

外贸规模对外贸企业就业人数、利润大小和结构优化都有影响。外贸依存度是指一个国家或地区在一定时期内对外贸易总额占该国国内生产总值的比重。外贸依存度又称对外贸易比率，即一国进出口总额占该国国内生产总值的比重（进出口总额/GDP）。外贸依存度又可分解为出口依存度（出口总额/GDP）和进口依存度（进口总额/GDP）两个指标。广义上，外贸依存度为商品贸易依存度和服务贸易依存度之和。在一定程度上，外贸依存度反映了一国贸易开放的程度，反映了国民经济对于国际市场的依赖程度。这里需要指出，外贸依存度是越高越好还是越低越好，离开发展阶段和具体国情是难以判断的。因此，与其把它看作一种独立的价值判断指标，不如将其视为分析外贸企业就业与利润的中间指标或参考指标。有学者依据出口额占 GDP 的比重即出口依存度得出中国经济是以外需为主的结论，其实是一种误解。出口额是类似于“销售收入”的概念，其中只有国内创造的增加值计入我国 GDP，而占出口额 50%左右的转移价值，即进口投入品是不计入 GDP 的。①

2. 贸易条件

贸易条件是指出口一单位商品可以换回多少单位的外国商品。换回的外国商品越多，称为贸易条件好转；换回的外国商品越少，称为贸易条件恶化。在以货币为媒介、以价格表示交换价值的条件下，贸易条件一般指一定时期内出口商品价格与进口商品价格之间的比率。所以贸易条件又叫进出口交换比价，或简称交换比价。这里涉及的是所有进出口商品的价格，而一个国家的进出口商品种类很多，因此通常用一国在一定时期（如一年）里的出口商品价格指数同进口商品价格指数之比进行计算。其具体公式是：

贸易条件指数(TOT)＝(出口价格指数/进口价格指数)×100%

TOT 的计算值有三种情况：(1) TOT 大于 100%，即贸易条件好转；(2) TOT 小于 100%，即贸易条件恶化；(3) TOT 等于 100%，即贸易条件不变。

一般来说，在 TOT 小于 100%的情况下，出口越多越不利。但是，孤立地考察贸易条件并不能很好地计量福利或贸易利益变动，还要结合考虑成本变动情况，关键还是要看外贸盈利情况。

3. 计量经济分析结果

很多学者以出口（X）、进口（M）或者进出口（$X+M$）作为自变量、以国内生产总值（GDP 或 Y）作为因变量，通过对时间序列数据进行相关性和回归分析，再进行格兰杰检验或类似检验，说明对外贸易与经济增长在数量上存在的相关关系和对外贸易对经济增长的影响。从 20 世纪 60 年代以来，这方面的研究非常多，分析技术在不断提高，如检验由普通的相关性检验、格兰杰因果检验，到基于单位根技术和协整（coin-

① 江小涓．加快形成内需外需协调拉动经济增长的格局．人民网，2010－04－13，http://theory.people.com.cn/GB/11350635.html.

tegration）技术的多变量格兰杰因果关系检验等。

国家统计局综合司（2004 年）则试图把进口、出口、经济增长三者作为一个系统，采用向量识错模型（VEC）技术来研究贸易与经济增长的关系，并区分了短期影响因素和长期影响因素。具体方法如下：先算出实际 GDP、实际进口、实际出口三个变量的对数（所有变量均按照 1978 年可比价格进行调整）；然后分五步进行检验——单位根检验、协整关系检验、长期关系及解释、短期关系及解释、因果关系检验；最后得出结论——进口和出口都是经济增长的原因，而经济增长对进口、出口没有什么影响。[①]

但由于计量经济学所选的模型自变量选择不同，时间序列不统一，计量方法不尽相同，计量分析结果往往不同，因此，在进行年度外需贡献度分析时很难把握和利用。如果想借用计量经济学的分析成果，需要先对计量经济学建立的模型作出合理性评判；对若干具有一定合理性模型的计量成果进行综合比较分析，重点关注具有共同倾向性的结论，将其作为年度分析时的参考。

第三节　国际贸易经典模型选解

这里选择了两个模型，即 H-O-S 模型和需求偏好相似理论模型。

一、H-O-S 模型

H-O-S 是三个人的姓名首字母缩写，他们是赫克歇尔（Eli F. Heckscher，1879—1959）、俄林（Bertil Gotthard Ohlin，1899—1979）和萨缪尔森（Paul Anthony Samuelson，1915—2009），下面简介之。

1. 人物及背景[②]

赫克歇尔是著名经济学家、经济史学家。他于瑞典乌普萨拉大学（Uppsala University）获哲学博士学位，曾任斯德哥尔摩大学（University of Stockholm）商学院经济统计学教授，经济史研究所所长。他于 1919 年发表的《外贸对收入分配的影响》，探讨了各国资源要素禀赋与国际贸易及其模式之间的关系，认为国际贸易导致要素价格的均等化。该论文对解释国际贸易具有开拓性的意义。赫克歇尔在经济史研究中引进了定量研究方法，被称为瑞典经济史研究的创始人。

俄林是当代瑞典学派的奠基人和主要代表人物。在隆德大学获得数学、统计学和经济学学位，在赫克歇尔的指导下获得斯德哥尔摩大学经济学学位，1924 年获得博士学位。后分别任哥本哈根大学、斯德哥尔摩大学、加利福尼亚大学教授。其主要著作有：《国际贸易理论》(1924 年)、《区间贸易和国际贸易论》(1933 年) 等，并因其对国际贸易理论的开拓性贡献荣获 1977 年诺贝尔经济学奖。

我们已经在第二章中介绍过萨缪尔森，这里侧重他在国际贸易方面的成就。他最早的一篇关于国际贸易的论文是 1941 年的《保护与实际工资》（Protection and Real Wa-

---

① 杨正位．中国对外贸易与经济增长．北京：中国人民大学出版社，2006：149.

② 新帕尔格雷夫经济学大辞典：第二卷，第三卷．北京：经济科学出版社，1996.

ges)，提出了斯托尔珀-萨缪尔森定理（Stolper-Samuelson theorem，简称 SS 定理）。在 1948 年发表了《国际贸易和要素价格均等化》（International Trade and the Equalisation of Factor Prices），1949 年发表了《再论国际要素价格均等化》（International Factor-Price Equalisation Once Again），指出了国际贸易对各国收入差距的影响将必然使不同国家间生产要素相对价格和绝对价格均等化。萨缪尔森对贸易理论的贡献是经典的，他还与赫克歇尔和俄林一起共同奠定了新古典贸易模型的分析框架。

2. 关键方程或模型

萨缪尔森教授在《国际贸易和要素价格均等化》和《再论国际要素价格均等化》两篇文章中，证明了 H－O 模型的核心思想，并提出了非常有价值的经典方程组，如下：

$$\left(\frac{P_f}{P_c}\right)f'\left(\frac{L_f}{T_f}\right)-c'\left(\frac{L_c}{T_c}\right)=0 \tag{6-3}$$

$$\left(\frac{P_f}{P_c}\right)\left[f\left(\frac{L_f}{T_f}\right)-\frac{L_f}{T_f}f'\left(\frac{L_f}{T_f}\right)\right]-\left[c\left(\frac{L_c}{T_c}\right)-\frac{L_c}{T_c}c'\left(\frac{L_c}{T_c}\right)\right]=0 \tag{6-4}$$

式（6－3）是一个工资等式，反映了生产粮食和生产衣服的劳动力工资相等。经济学原理告诉我们，粮农工资等于粮价与其边际产量之积，制衣工工资等于衣服价格与其边际产量之积，相等关系是因为通过自由贸易，两种产品的劳动力工资达到了均衡状态。设 P_f 表示粮食的价格（price of food），MPP_{Lf} 是劳动力生产粮食的边际产量（marginal physical product of labour in food），假定粮食是由劳动力和土地投入生产出来的，粮食的生产函数即为 $F=F(L_f,T_f)=T_f f\left(\frac{L_f}{T_f}\right)$，其中，$L_f$ 表示生产粮食需要的劳动力（labour devoted to food production），T_f 表示生产粮食需要的土地（land devoted to food production），则 $MPP_{Lf}=\frac{\partial F}{\partial L_f}=f'\left(\frac{L_f}{T_f}\right)$。$P_c$ 表示衣服的价格（clothing price），MPP_{Lc} 是劳动力生产衣服的边际产量（marginal physical product of labour in clothing），假定衣服也是由劳动力和土地投入生产出来的，衣服的生产函数即为 $C=C(L_c, T_c)=T_c c\left(\frac{L_c}{T_c}\right)$，其中，$L_c$ 表示生产衣服需要的劳动力（labour devoted to clothing production），T_c 表示生产衣服需要的土地（land devoted to clothing production），则有 $MPP_{Lc}=\frac{\partial C}{\partial L_c}=c'\left(\frac{L_c}{T_c}\right)$。用公式表示是：$P_f \cdot MPP_{Lf}=P_c \cdot MPP_{Lc}$。可用 $f'\left(\frac{L_f}{T_f}\right)$、$c'\left(\frac{L_c}{T_c}\right)$ 分别代替 MPP_{Lf}、MPP_{Lc}，并移项整理令等号右边等于 0，便可得到式（6－3）。

式（6－4）反映的是生产粮食和生产衣服的土地地租相等的关系，同理，生产粮食的土地地租等于粮价与其边际产量之积，生产衣服的土地地租等于衣服价格与其边际产量之积，相等关系是因为通过自由贸易，两种产品投入的土地地租达到了均衡状态。设 MPP_{Tf} 是投入的土地对粮食的边际生产量（marginal physical product of land in food），$MPP_{Tf}=\frac{\partial F}{\partial T_f}=f\left(\frac{L_f}{T_f}\right)-\frac{L_f}{T_f}f'\left(\frac{L_f}{T_f}\right)$，$MPP_{Tc}$ 是投入的土地对衣服的边际生产量（marginal physical product of land in clothing），$MPP_{Tc}=\frac{\partial C}{\partial T_c}=c\left(\frac{L_c}{T_c}\right)-\frac{L_c}{T_c}c'\left(\frac{L_c}{T_c}\right)$。用公式表示

是 $P_f \cdot MPP_{Tf}=P_c \cdot MPP_{Tc}$。同样，用 $f\left(\frac{L_f}{T_f}\right)-\frac{L_f}{T_f}f'\left(\frac{L_f}{T_f}\right)$、$c\left(\frac{L_c}{T_c}\right)-\frac{L_c}{T_c}c'\left(\frac{L_c}{T_c}\right)$分别代替$MPP_{Tf}$、$MPP_{Tc}$，并移项整理令等号右边等于0，便可得到式（6-4）。

萨缪尔森方程组还告诉我们，当我们在$\frac{L_f}{T_f}$、$\frac{L_c}{T_c}$、$\frac{P_f}{P_c}$这三个变量中确定了一个变量时，就可以得到其他两个变量的数值。其经济含义就是：当给定了粮食、衣服价格比，即确定了$\frac{P_f}{P_c}$后，则生产粮食的劳动力和土地数量之比$\frac{L_f}{T_f}$、生产衣服的劳动力和土地数量之比$\frac{L_c}{T_c}$也就确定了。换言之，在产品价格比确定的条件下，其生产要素的投入量之比甚至要素价格之比就可以唯一地被确定。

要进一步说明的是，方程组反映的是两个国家进行自由贸易达到均衡的情况。这里需要以下重要的假设条件：两个国家都生产两种产品——粮食和衣服，每一种产品的生产只需要两种生产要素——土地和劳动力，贸易是在完全竞争条件下进行的，技术差异暂不列为考虑的因素。

3. 关键图示及解释

H-O-S 模型的图示有很多种，这里，我们根据克鲁格曼《国际经济学》（第六版）第四章“资源和贸易：赫克歇尔-俄林模型”中的图 4-3 和图 4-8，综合给出了一个 H-O-S 模型的基本图示，请见图 6-3。

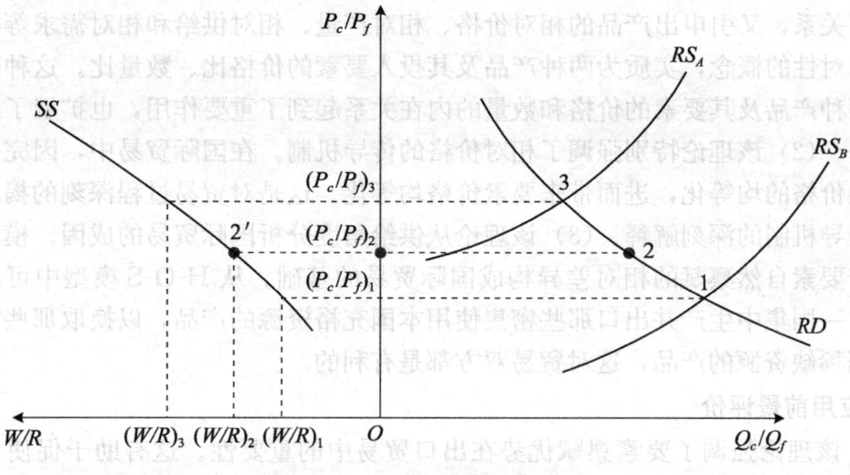

图 6-3 H-O-S 模型的基本图示

图 6-3 反映的是国际贸易中产品价格均等化并导致其生产要素价格均等化的过程。

我们从右侧图看起。右侧图反映的是国家 A 和国家 B 贸易前后的产品相对价格趋于一致的变动。如图所示，纵坐标表示衣服与粮食的价格比 P_c/P_f，我们称之为衣服的相对价格；横坐标表示衣服与粮食的产量比 Q_c/Q_f，我们称之为衣服的相对产量。RS 曲线是供给曲线，如我们常用的 S 曲线一样，但这里是衣服的相对供给（relative supply）曲线。RS 曲线有两条，A 国的衣服相对供给曲线为 RS_A，B 国的衣服相对供给曲线为 RS_B。RS_A 曲线之所以在 RS_B 曲线上方，是因为这里假设 B 国劳动力比 A 国充裕，而衣服是劳动密集型产品，因此，在衣服相对价格一定的情况下，B 国衣服的相对

供给比 A 国大，B 国的相对供给曲线 RS_B 要位于 A 国相对供给曲线 RS_A 的右下方。假定两国居民对粮食和衣服的消费偏好相同，因此，两国相对需求曲线共为一条 RD 曲线。

左侧图反映的是产品相对价格和要素相对价格的关系。在左侧图中，纵坐标与右侧图的纵坐标一样，也是衣服与粮食的相对价格 P_c/P_f；横坐标为工资-地租比率 W/R。图中的 SS 曲线是根据斯托尔珀-萨缪尔森定理（即 SS 定理）绘出的。SS 定理的含义是：一种产品的相对价格上升，将导致该产品密集使用的生产要素的实际价格或实际报酬提高，而生产该产品的另一种要素的实际价格或实际报酬下降。① 就本图而言，SS 曲线表示的是，工资-地租比率 W/R 和衣服与粮食的相对价格 P_c/P_f 之间存在一一对应的关系。

现在，让我们分析两国间产品的贸易过程。可以看到，在贸易前，B 国衣服的相对供求均衡点为 B 国的相对需求曲线 RD 和相对供给曲线 RS_B 的交点即点 1。同理，右侧图中的点 3 为 A 国的均衡点。也就是说，两国间如果没有贸易的话，B 国衣服相对于粮食的价格比 A 国低。当两国发生贸易后，两国衣服的相对价格会趋于一致，即达到图中 RD 曲线上的点 2。左侧图反映了产品相对价格均等化后对要素价格的影响。从右侧图的点 2 可在纵坐标上找到对应的点 $(P_c/P_f)_2$。从点 $(P_c/P_f)_2$ 在左侧图中 SS 曲线上找到相对应的点 $2'$，再从点 $2'$ 在横轴上找到点 $(W/R)_2$。$(W/R)_2$ 就是两个国家开展产品贸易后其生产要素的相对价格。

4. 特征归纳

(1) 该理论充分运用了“相对”的概念。从经济学对产品的供求关系引申出产品的相对供求关系，又引申出产品的相对价格、相对产量、相对供给和相对需求等概念。这些带有相对性的概念，实质为两种产品及其投入要素的价格比、数量比。这种理解方法对揭示两种产品及其要素的价格和数量的内在关系起到了重要作用，也扩展了经济学的分析方法。(2) 该理论特别强调了相对价格的传导机制。在国际贸易中，因完全竞争导致了产品价格的均等化，进而带来要素价格均等化。这是对贸易过程深刻的揭示，也是对价格传导机制的深刻解释。(3) 该理论从供给角度分析国际贸易的成因。模型强调了各国生产要素自然禀赋的相对差异构成国际贸易的基础。从 H-O-S 模型中可以得出一个结论，一国集中生产并出口那些密集使用本国充裕资源的产品，以换取那些需要密集使用本国稀缺资源的产品，这对贸易双方都是有利的。

5. 应用前景评价

(1) 该理论强调了要素禀赋优势在出口贸易中的重要性。这有助于促使各国政府普查清楚自己国家的资源状况，在参与国际分工体系时，遵循比较优势原则，注意发挥自身的优势，从要素禀赋优势出发决定出口产品选择和贸易模式。(2) 该理论在一定程度上反映了市场调节的过程及对资源配置的积极作用。因此，该理论有助于提醒各国政府在组织出口品的生产时，要尊重市场经济规律，以此为基础来解决资源配置的合理性问题，甚至是初步解决劳动力资源和土地等自然资源的合理利用问题。(3) 该理论比较理想化，若运用到实践中有较明显的局限性。该理论没有考虑技术进

---

① 沃夫冈·斯托尔珀和保罗·萨缪尔森在他们的一篇经典论文中阐明了产品价格和要素价格的关系：Wolfgang F. Stolper, Paul A. Samuelson, “Protection and Real Wages”, *The Review of Economic Studies*, Vol. 9, No. 1 (Nov., 1941), pp. 58－73。

步因素的影响和其他一些实际因素的作用，在一定程度上影响了理论的适用性。因此，在全面分析国际贸易时，可将强调劳动因素和强调技术水平差别因素的比较优势理论结合进来综合分析。

二、需求偏好相似理论模型

1. 人物及背景

斯戴芬·伯伦斯坦·林德（Staffan Burenstam Linder，1931—2000），瑞典著名经济学家，1986—1995 年任斯德哥尔摩经济学院院长。由于要素禀赋论只适用于解释初级产品贸易，而制成品贸易则需从需求方面去研究，林德一反传统的由供给方面寻找国际贸易的根源转而从需求角度入手来分析国际贸易的流向。他在 1961 年出版的《论贸易与转换》一书中，从需求方面探讨了国际贸易产生的原因、模式，提出了需求偏好相似理论（theory of demand preference similarity），或称重叠需求理论（theory of overlapping demand）。

2. 关键方程或模型

我们根据需求偏好相似理论中出口国的出口量等于两国相似收入引致的重叠需求量的关系，列出下式：

$$X=\sum_{y\in Y_{AB}} P(y) * \overline{N}_{buy}$$

式中，X 表示出口量；$\sum_{y\in Y_{AB}} P(y)$ 表示收入水平属于 Y_{AB} 集合的人口数，即两国相似收入人群的数目；而 $Y_{AB}=Y_A \cap Y_B$ 表示两国个人收入的交集，即需求偏好相似理论中的相似收入，其中 Y_A、Y_B 分别表示两国各自的收入水平集合，分别为从低到高的个人收入集；$\overline{N}_{buy}$ 表示进口国相似收入人群人均购买进口品的数量。因此，本式的含义就是：出口量等于进口国相似收入人数乘以其人均购买量，即等于总进口量或总的购买量。

从上式中可以看到，收入相似者越多，则消费偏好相似者也越多，重叠需求就越大，因而对出口国来讲拉动出口的需求也就越大。

3. 关键图示及解释

在图 6-4 中，横轴表示一国的人均收入水平（y），纵轴表示消费者所需的各种商品的品质等级（q）。人均收入水平越高，则消费者所需商品的品质等级也就越高，二者的关系由图中的 OP 线表示。假设 A 国的人均收入水平为 y_a，通过 OP 线可在纵轴上找到横坐标上的 y_a 点对应的商品品质等级即 D 点，则 A 国所需商品的品质等级是在以 D 点为基础的一个范围内。设其下限为纵轴上的 C 点，此即 A 国个人收入最低者购买的商品等级；再设上限点为 F，此即 A 国个人收入最高者购买的商品等级点。显然，F 点应在 C 点的上方，D 点在 F 点和 C 点之间。同理，假设 B 国的人均收入水平为 y_b，通过 OP 线可在纵轴上找到横坐标上的 y_b 点对应的商品品质等级即 G 点，则 B 国所需商品的品质等级是在以 G 点为基础的一个范围内。设其下限为纵轴上的 E 点，此即 B 国个人收入最低者购买的商品等级；再设上限点为 H，此即 B 国个人收入最高者购买的商品等级点。显然，H 点应在 E 点的上方，G 点在 E 点和 H 点之间。

图中，A 国需求的商品的品质等级处于 C 点和 F 点之间，B 国需求的品质等级处

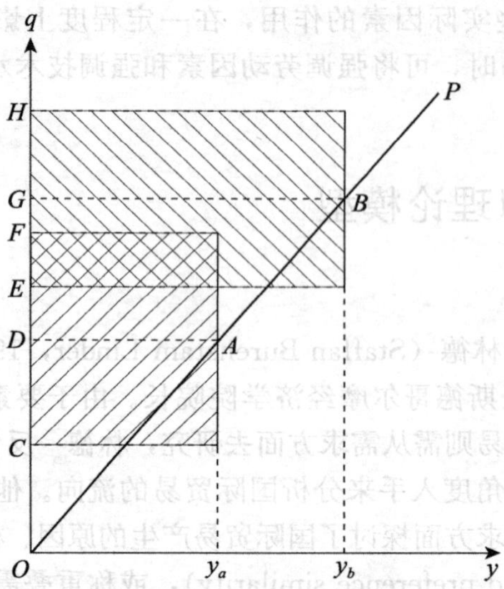

图 6－4　重叠需求理论模型

于 E 点和 H 点之间，两国的重叠需求是（C，F）和（E，H）的共同区间即（E，F）区间。这种重叠需求是两国开展贸易的基础。处于（E，F）区间的商品，为 A 国之输出和 B 国之输入。

4. 特征归纳

（1）需求偏好相似理论从需求的角度来分析国家间贸易，与其他理论多从供给角度说明国际贸易有所不同。林德教授认为，需求是引起生产变动和产生贸易的基础。（2）需求偏好相似理论强调两国间贸易关系的密切程度是由两国的需求结构决定的，而需求结构又是与收入水平紧密相关的，收入变动是引起需求变动的主要因素。如果两国的平均收入水平相近，则两国的需求结构也必定相似，即重叠需求的范围就大。（3）需求偏好相似理论主要适用于解释工业国家之间的贸易和产业行业的双向贸易。其他理论比如要素禀赋理论则主要用于解释发达国家与发展中国家之间资本密集型产品与劳动密集型产品之间的贸易。

5. 应用前景评价

人们多强调需求偏好相似理论对认识发达国家贸易的作用。这里，特别要提出该理论对发展中国家的意义。

（1）该理论有助于发展中国家直接开展对发达国家的出口贸易。虽然需求偏好相似理论的重点是在解释发达国家之间的贸易形成原因，但是，发达国家和发展中国家也存在着重叠需求情况。就生存型消费资料而言，发展阶段不同的国家都会有重叠需求；就发展型消费资料而言，重叠需求也同样存在。因此，认识和分析发达国家与发展中国家的重叠需求，有助于发展中国家做好向发达国家出口产品的经济活动。

（2）该理论有助于发展中国家解决与发达国家间的贸易争端问题。比如，发展中国家向发达国家的出口额增长较快时，尤其是当进口国出现贸易逆差时，往往会出现把贸易不平衡责任推给发展中国家的情况，或说是倾销，或说是不公正贸易。而需求偏好相似理论则揭示了发达国家存在着对发展中国家产品的需求，这就要求发达国家也要从自己国内的需求角度来看进口的增加问题。

(3) 该理论还有助于发展中国家在多边贸易中提高自己产品的出口竞争力，因为需求偏好相似理论不仅指双重需求，而且可引申出多重需求。换言之，可引申出需求相似国家出口的竞争。发展中国家可据此理论，分析出口国市场上多个国家同类产品的竞争情况，分析多重需求的特点，进而提高自己产品的差异性，创造受欢迎的新产品，提高自己产品被出口国消费者接受的程度。

第四节　贸易保护主义辨析

如果我们从国际贸易角度讨论一国对外贸易问题，就会发现一条始终离不开的主线是关于贸易自由与贸易保护的争论。300 年来围绕这个主题起起伏伏的争论，反映着国家利益与商业发展，也反映着学者们的立场与智慧。

一、当前贸易保护主义为什么抬头

近年来，国际贸易摩擦日益增多，“轮胎战”“玩具战”“汽车零部件战”“铁矿石之争”“石油战争”等层出不穷。发展中国家尤其是中国越来越多的出口产品受到反倾销、反补贴、保障措施、特殊保障措施等贸易救济措施的制约和惩罚。贸易保护主义为什么会抬头？这需要分析一下国际贸易出现的新动向。

下面，我们根据世界银行发布的《世界发展指标 2016》，就商品进出口和商业服务进出口两大方面，编制了一个反映全球贸易的简表（见表 6-1）。这张表从高收入、上中等收入、下中等收入及低收入国家和地区中选取了 30 个经济体，分别展示了这些国家和地区商品和商业服务进出口的情况。为便于读者比较分析，指标数据截取年度分别为 1995 年和 2015 年，时间跨度较长。

表 6-1　30 个典型国家和地区商品和商业服务进出口情况表　单位：百万美元

国家和地区	商品出口		商品进口		商业服务出口		商业服务进口	
	1995	2015	1995	2015	1995	2015	1995	2015
高收入国家								
美国	584 743	1 504 914	770 852	2 307 946	198 501	730 592	129 227	467 136
瑞典	80 440	139 889	65 036	137 625	15 336	72 295	17 112	59 030
日本	443 116	624 939	335 882	648 494	63 966	158 216	121 547	174 436
英国	237 953	460 446	267 250	625 806	77 549	340 500	62 524	206 577
德国	523 461	1 329 469	463 872	1 050 025	73 576	259 441	128 865	296 348
法国	301 162	505 897	289 391	572 661	83 108	240 709	64 523	230 970
澳大利亚	53 111	188 445	61 283	208 419	16 076	48 769	16 979	56 296
加拿大	192 197	408 475	168 426	436 372	25 425	77 092	32 985	95 869
意大利	233 766	459 068	205 990	408 932	61 173	97 344	54 613	98 790

续前表

国家和地区	商品出口		商品进口		商业服务出口		商业服务进口	
	1995	2015	1995	2015	1995	2015	1995	2015
中国香港	173 871	510 596	196 072	559 427	33 790	104 232	24 962	74 182
新加坡	118 268	350 506	124 507	296 745	25 404	139 335	20 728	143 268
西班牙	97 849	281 836	113 537	309 292	40 019	118 271	22 354	64 813
韩国	125 058	526 755	135 119	436 499	22 133	96 844	25 394	112 345
捷克共和国	21 335	158 164	25 085	140 479	6 638	22 694	4 860	19 617
匈牙利	12 865	98 578	15 465	92 600	5 086	22 006	3 765	15 893
斯洛伐克	8 580	75 584	8 770	73 509	2 378	8 016	1 800	7 927
波兰	22 895	198 243	29 050	192 601	10 637	45 096	7 008	32 492
拉脱维亚	1 305	12 054	1 815	14 312	718	4 437	225	2 506
上中等收入国家								
南非[a]	27 853	81 673	30 546[a]	104 620	4 414	14 665	5 756	15 111
俄罗斯	81 095	340 349	60 945	194 087	10 567	50 936	20 205	87 083
罗马尼亚	7 910	60 586	10 278	69 867	1 476	18 376	1 801	10 779
巴西	46 506	191 134	54 137	178 798	6 005	32 989	13 161	68 862
保加利亚	5 355	25 690	5 660	29 298	1 431	7 856	1 278	—
哈萨克斯坦	5 250	45 726	3 807	30 186	535	6 149	776	—
中国	148 780	2 274 949	132 084	1 681 951	18 430	285 476	24 635	466 330
下中等收入国家								
乌克兰	13 128	37 859	15 484	36 317	2 846	12 202	1 334	9 787
亚美尼亚	271	1 487	674	3 254	27	1 484	52	1 579
印度	30 630	267 147	34 707	391 977	6 763	155 717	10 062	—
越南	5 449	162 107	8 155	166 103	2 243	11 200	2 304	15 500
低收入国家								
埃塞俄比亚	422	3 825	1 145	19 063	310	—	337	—

说明：1. 表中商品出口表示提供给世界其他国家和地区的商品离岸价值；商品进口表示从世界其他国家和地区购买的商品的到岸价，以美元计价；商业服务出口等于服务出口总额减去未包括在其他项目中的政府服务出口；商业服务进口等于服务进口总额减去未包括在其他项目中的政府服务进口。2. 表中国家和地区分组与《世界发展指标 2016》一致。3. a 指南部非洲关税同盟（包括博茨瓦纳、莱索托、纳米比亚、南非和斯威士兰）。

资料来源：世界银行．世界发展指标 2016. 北京：中国财政经济出版社，2016.

表 6－1 对全球贸易变化有充分的反映。全球贸易变化是贸易保护主义抬头的重要经济原因。原来出口多的变少了，从鼓吹自由贸易变成了贸易保护，这是最明显的现象。这需要分析一下国际贸易出现的新动向。

下面，我们再具体地分析与表 6－1 相关的情况，首先是按不同收入等级经济体列出了商品和商业服务进出口占世界的比重及其变化。请看表 6－2、表 6－3。

表 6-2　　世界高、中、低收入国家和地区进出口占世界比重情况表（%）

国家和地区	出口总额比重			进口总额比重			进出口总额比重		
	1995	2015	比重差额	1995	2015	比重差额	1995	2015	比重差额
低收入国家	0.32	0.30	−0.02	0.33	0.55	0.22	0.33	0.43	0.10
中等收入国家	16.49	30.72	14.23	17.70	30.72	13.02	17.10	30.72	13.62
东亚和太平洋地区	21.70	31.49	9.79	25.82	29.05	3.23	23.77	30.27	6.50
高收入国家	83.33	69.31	−14.02	81.86	68.50	−13.36	82.59	68.91	−13.68
欧元区	33.88	25.88	−8.00	32.14	24.03	−8.11	33.00	24.96	−8.04

说明：1. 表中数据根据《世界发展指标 2016》计算得到。比重差额由 2015 年数据与 1995 年数据相减得到。2. 出口总额包括商品出口和商业服务出口；进口总额包括商品进口和商业服务进口。3. 由于还有未落实归属的贸易，各部分加总可能不等于 100%，黄金出口不包括在内。

表 6-3　　世界高、中、低收入国家和地区商品进出口占世界比重情况表（%）

国家和地区	商品出口比重			商品进口比重			商品进出口比重		
	1995	2015	比重差额	1995	2015	比重差额	1995	2015	比重差额
低收入国家	0.31	0.39	0.08	0.42	0.71	0.29	0.29	0.43	0.14
中等收入国家	16.98	33.31	16.33	17.85	31.28	13.43	14.02	25.09	11.07
东亚和太平洋地区	26.90	34.18	7.28	25.59	29.50	3.91	21.13	24.72	3.59
高收入国家	82.81	66.86	−15.95	81.76	67.90	−13.86	66.25	52.35	−13.90
欧元区	33.57	25.10	−8.47	31.47	22.83	−8.64	26.18	18.61	−7.57

说明：1. 表中数据根据《世界发展指标 2016》计算得到。比重差额由 2015 年数据与 1995 年数据相减得到。2. 商品出口表示提供给世界其他国家的商品离岸价值；商品进口表示从世界其他国家购买的商品的到岸价，以美元计价。3. 由于还有未落实归属的贸易，各部分加总可能不等于 100%，黄金出口不包括在内。

从表 6-2 和表 6-3 这两张表中，我们看到世界商品和商业服务贸易呈现以下几个特点：一是世界贸易总量在不同收入经济体间分布极为不均，其中高收入国家在世界贸易中占据主体地位，2015 年高收入国家的进口、出口比重均接近 70%，中等收入国家超过 30%，而低收入国家的相关指标则不足 1%；二是与 1995 年相比，高收入国家的贸易比重呈下降趋势，平均降幅超过 10 个百分点，该部分份额主要被中等收入国家吸纳，低收入国家的贸易比重虽有上升，但变化极小，几乎可以忽略不计；三是东亚和太平洋地区的贸易扩大迅速，2015 年该地区的进口、出口和进出口比重均达到 30%左右；四是商品进出口的分布格局及变化趋势与上述总体贸易的情况基本一致，与商业服务业贸易相比，其变化幅度更大，构成了中等收入国家贸易比重增加的主要来源。正是在这个大背景下，我们可以理解为什么现在发达国家对发展中国家的贸易出口提出种种排斥性理由。

当然，这里必须指出，近 30 年的经济史不仅是发达国家与发展中国家贸易关系的争端史，也是发达国家之间贸易保护的争端史，这主要是因为发达国家国内传统产业和现代产业发展不平衡，导致各发达国家要对本国劣势产业实行贸易保护，而对本国优势产业则愿意实行自由贸易，对此这里就不再展开分析了。

二、传统与当代贸易保护主义的比较[①]

随着发展中国家国际贸易地位的提高，在制成品出口中与发达国家竞争的加剧，发达国家忽视与发展中国家在环境保护及劳动条件方面的较大差距，对来自发展中国家的劳动密集型产品开始实行严格的保护，不仅运用传统的高额关税限制发展中国家的制成品进口，还设立严格的技术标准、劳工标准、环境标准等限制发展中国家出口。下面，就传统与当代贸易保护主义的理论与实践进行一个比较。

1. 传统贸易保护理论与实践

在传统的贸易保护框架下，发达国家采用战略性贸易政策，通过关税和补贴等手段实现规模经济效益，扩大市场份额，提高本国产品的国际竞争力，保护其战略性产业；发展中国家依据幼稚产业保护理论，通过关税和非关税壁垒，保护其幼稚产业。二者关注的焦点均为经济问题、产业问题。

传统的幼稚产业保护理论具有一定合理性。以德国经济学家李斯特[②]的贸易保护理论为例，他主张落后国家实行贸易保护的必要性、阶段性，认为保护是手段，是过渡性的，是有时间和范围限制的，但在有条件后要实现自由交换。在贸易交易实践中，幼稚产业保护论也较能让贸易对手接受。后进国产业的产品因处在初创阶段，因而成本较高，质量较差，竞争不过先进国的同类产品。但若有时间与条件来学习与提升，经过一段保护期后，就可以参与竞争而不用保护。实际上，在WTO规则的框架内，确实有一些规定，如黄箱、绿箱政策等，允许有限制的保护，在一定时期内支持发展中国家的幼稚产业和某些产品提高生产水平，走向自由竞争。但是，即使是有理由的幼稚产业保护政策，是否能真正达到保护目的，也是要具体分析的，越保护越幼稚的保护政策应当取消。在现实中，处于无竞争压力状态的幼稚产业很难真正发展起来。

但战略性贸易政策作为发达国家的保护手段，不但引来强国之间的贸易争端，最终导致双方利益受损，而且不利于发展中国家经济的提升，因此是不值得肯定与提倡的。贸易保护的结果不仅使消费者受到损失，使生产者付出了巨大的代价，而且，一国政府在限制别国进口的同时也限制了本国出口，使本国的出口贸易受到了影响。有不少研究显示，发达国家持续的贸易壁垒使世界经济每年损失5 000亿美元以上。

2. 当代贸易保护理论与实践

近年来打着保护就业、保护环境等旗号而实际上旨在实行贸易保护的新贸易保护主义，关注的焦点已由经济问题扩展到社会问题。在一定程度上，劳工标准、社会责任国际标准（SA8000）、产品质量认证标准、动植物检疫标准、环境标准等成为发达国家实行贸易保护的重要工具。新贸易保护的实践暴露出一些发达国家利己的动机。征收高额的如高于工业国10倍以上的反倾销税，通过设置技术性、社会性贸易壁垒，使发展中国家丧失在若干制造产品出口方面的国际竞争力。与此同时，发达国家通过多边贸易谈判将发达国家具有比较优势的产业如服务贸易产业纳入其保护框架，迫使其他国家开放市场，以扩大出口。

---

① 本部分参考并引用了赵瑾《当代全球新贸易保护主义的十大特点》等文章的观点。

② 李斯特．政治经济学的国民体系．北京：商务印书馆，1961.

新贸易保护主义也有各种理论来支撑。比如强调实行公平竞争的贸易管理论。它认为，政府应对特定产业加以贸易干预，主要指具有技术外溢性的产业，如高科技产业。同时，贸易管理论认为贸易不能破坏环境，贸易政策应保护知识产权等。贸易管理往往会造成过度的贸易干预，对自由贸易形成极大的危害。

新贸易保护主义对本国消费者、生产者以及一国经济必然带来损失。由于新贸易保护的手段必须改变现有的经济发展模式和发展战略，调整社会经济政策，建立健全相关的法律制度等，从而新贸易保护不仅影响到经济领域，而且会渗透到国内社会经济制度。如美国，其财政赤字和贸易赤字在短期内很难从根本上消除，国内保护主义势力抬头，引致国际新贸易保护主义更加盛行。但美国实施新贸易保护的结果致使贸易逆差越来越大，也引起学者们深思。鉴于经济全球化的发展和世界贸易组织的推动，自由贸易的潮流也将难以阻挡。

专栏一　美国总统经济顾问谈中美贸易[①]

在美国国会里，有一种认识有很广泛和持续的影响力，那就是中国对美国的出口产品影响了美国制造业的工人就业，如果没有中国大量的产品进入美国市场，就不会有200万名制造业工人的失业，因此，要惩罚来自中国的进口。但美国多数经济学家主张的仍然是自由贸易。著名学者、哈佛教授曼昆——小布什政府的经济顾问委员会主席——2003年在众议院筹款委员会曾讲到：近年美国制造业就业下降主要是由商业投资和出口减少造成的。来自中国的进口是影响制造业就业的众多因素之一，但“中国影响美国就业”的指责过分了。美国与各国的贸易逆差都在增长，甚至比中美贸易逆差增长更快。美国贸易逆差增加的原因主要是美国出口的减少，尤其是制造业出口的减少。美国从中国的进口在很大程度上替代了其他亚洲国家产品的进口，基本上没有增加美国进口的总量。曼昆教授认为，与中国进行贸易和与其他任何国家进行贸易一样，对美国经济都是有益的。近年来中美已成为重要的贸易伙伴，中国的进口额占其GDP的25%，美国和日本的这一比例仅仅是10%，中国表现得更为开放。

关于中美贸易摩擦增多的原因，中国学者们也提出不少看法，提及多种原因，如进出口统计误差和香港的转口贸易，美国对中国的出口限制，在中国的跨国公司内部贸易造成了所在国贸易顺差，国际贸易规则不完善，进口国国内政治，大国崛起的伴生现象等，但不少学者认为主要原因还是国际上贸易保护主义抬头的影响，当发达国家经济不景气时，这种保护倾向尤为严重。

三、公平贸易的再分析

新贸易保护主义基础的理论是公平贸易。在保护公平贸易的借口下，一些国家滥用WTO反倾销、反补贴和保障措施条款，实际上搞的是新贸易保护主义。显然，在国际竞争日趋激烈、贸易纠纷和摩擦日益增多的情况下，寻求公认的公平竞争理念和规则是

① 陈晋．哈佛经济学笔记．南京：凤凰出版传媒集团，江苏文艺出版社，2010：11.

非常重要的。有几点要强调。

首先，判断公平竞争是个复杂的过程。一是因为“公平”本身的判断是复杂的：在中国古代，无私谓之公，不偏不倚谓之平。但何为无私？何为不偏不倚？判断同样是复杂的。比如，经济学讲公平多在分配领域，所谓“不患寡而患不均”。分得一样多，是否公平？出力多者认为不公平；而分的不一样多，其中差别如何界定？这都是很复杂的。二是公平贸易的判断是复杂的。公平竞争属于贸易领域，即公平贸易。但这是一个巨大的综合的价值判断体系。贸易优惠或限制措施的对等，是否算是一种公平，或者说是竞争条件的公平？比如，贸易摩擦双方，针对已经发生的贸易摩擦，均采取积极的方式加以解决，包括出口国采取的自愿出口限制、最低限价，以及进口国技术标准的变化、市场准入条件的降低等，这算不算是达到了公平？针对已经发生的贸易摩擦，贸易摩擦双方均采取设限或惩罚的方式加以解决，这是否也是一种公平，但属于消极对等的公平？三是判断公平竞争有很多主观性因素，换言之，不同主体对公平竞争的理解不同，发达国家的话语权往往占据着主导地位。比如，国际贸易发生纠纷，各国对公平与否的理解，对公平贸易和非公平贸易的定义，差别很大，有时甚至相反，带有主观性。

其次，名义上的公平竞争与实际上的不公平竞争。产品输出国比产品进口国更喜欢自由贸易，但发展中国家产品出口形成高潮后，发达国家比发展中国家更早地制定出自己的公平贸易政策。不同重量级的拳击对手比赛，即使使用同一规则也不公平。这是名义上的公平和实际上的不公平。同理，发达国家与发展中国家按照同一规则行事，名义上公平实际上也不公平。因此，1994 年 4 月 15 日，124 个参加乌拉圭回合谈判的政府代表和欧洲共同体，在摩洛哥马拉喀什通过《马拉喀什宣言》，强调了对发展中国家采取区别对待和更大优惠待遇的规定，尤其注意到了最不发达国家的特殊情况。

再次，抽象的公平竞争原则与具体的公平竞争规定。讲公平竞争原则，有时用抽象的定义或内涵，但在具体实施时，在经济领域内，是有一套具体的办法和规定的。主要是三方面：一是进入市场的机会均等；二是竞争规则的同等；三是贸易优惠或限制措施的对等。市场准入的机会均等，包括对国内各种所有制企业的一视同仁，也包括对国内外企业的一视同仁，这里既有国民待遇的体现，也有最惠国待遇的体现。竞争规则的同等，首先是指世界各国在国际贸易活动中共同达成的规则。WTO 一直倡导自由贸易和公平竞争，形成了一系列具体的维护公平贸易的协议，包括《反倾销协议》《补贴与反补贴措施协议》《保障措施协议》。这些协议是一种规定其各成员政府在制定与实施国际贸易立法和规章方面的具体权利和义务的国际条约。它们要求各成员接受有关其贸易政策的各种规则，而不是接受任何特定的贸易政策。

最后，局部的公平与全局的不公平。如一国制定的公平竞争规则与多边协议的公平竞争规则。各国因利益关系和认识不同，对公平竞争的理解就会存在差异，而大家总是要做生意的，就需要有一个共同的规则。这就是多边协议的公平竞争规则，现时就是 WTO 的公平竞争规则。WTO 认为，各国发展对外贸易不应该采取不公正的贸易手段进行竞争，尤其是不能以倾销和补贴的方式销售本国的商品。这就是 WTO 的公平竞争原则，这一规则为各国所赞同。互惠互利是进行多边贸易谈判，也是建立 WTO 共同的行为规范、准则过程中的基本要求。但有的国家也直接挑战 WTO 规则，如美国运用其国内“301”条款采取单边贸易制裁措施，把一国的公平规则加在竞争对手国身上。再比如，一些发达国家一方面在 WTO 多边贸易谈判中，将贸易与环境、贸易便利化、贸易与竞争政策、贸易与技术转让、贸易与债务、财政、电子商务等议题列入多哈回合谈判，推动全球贸易自由化和公平化；另一方面又主导了若干区域经济集团和双边贸易谈判，对联盟内统一实行开放政策，对外实行贸易保护，导致局部的公平与全局的不公平。而这一矛盾的两个方面似乎并行不悖，都合理地存在。

第五节　中国对外贸易的快速扩张

在中国改革开放的历史进程中，对外贸易既是对外开放的重要组成部分，也是经济体制改革的重要领域。1978 年至今，中国的对外贸易经历了一个快速增长的过程，外贸总量持续扩大的趋势十分显著，进出口商品与服务结构也有很大优化，同时，持续发展面临的挑战也是严峻的。

一、中国外贸的增长与面临的挑战

（一）中国对外贸易快速增长

1. 贸易总额

1978—2015 年，中国商品进出口总额从 206 亿美元增长至 39 530 亿美元，进出口规模是原来的 192 倍，年均增速达 15.3%。其中，2015 年商品出口总额达 22 735 亿美元，相较改革开放之初，增加了 232 倍，年均增速达 15.9%；2015 年商品进口总额达 16 796亿美元，是 1978 年的 154 倍，年均增速达 14.6%。值得注意的是，2009 年，受全球金融危机的影响，中国商品进出口均受到极大冲击，出口和进口均低于上年同期水平，进出口总额比 2008 年降低了 13.9%，外贸规模不断扩大的势头受到遏制，危机的影响极为明显。但近年来，随着全球经济的逐渐复苏，中国外贸水平恢复到危机前水平，并保持良好增长态势。具体可参见表 6－4。

表 6－4　1978—2015 年中国商品进出口贸易总额变化表　单位：亿美元

年份	进出口总额	出口总额	进口总额	贸易差额	年份	进出口总额	出口总额	进口总额	贸易差额
1978	206.4	97.5	108.9	－11.4	1989	1 116.8	525.4	591.4	－66.0
1979	293.3	136.6	156.7	－20.1	1990	1 154.4	620.9	533.5	87.4
1980	381.4	181.2	200.2	－19.0	1991	1 357.0	719.1	637.9	81.2
1981	440.3	220.1	220.2	－0.1	1992	1 655.3	849.4	805.9	43.5
1982	416.1	223.2	192.9	30.3	1993	1 957.0	917.4	1 039.6	－122.2
1983	436.2	222.3	213.9	8.4	1994	2 366.2	1 210.1	1 156.1	54.0
1984	535.5	261.4	274.1	－12.7	1995	2 808.6	1 487.8	1 320.8	167.0
1985	696.0	273.5	422.5	－149.0	1996	2 898.8	1 510.5	1 388.3	122.2
1986	738.5	309.4	429.1	－119.7	1997	3 251.6	1 827.9	1 423.7	404.2
1987	826.5	394.4	432.1	－37.7	1998	3 239.5	1 837.1	1 402.4	434.7
1988	1 027.9	475.2	552.7	－77.5	1999	3 606.3	1 949.3	1 657.0	292.3

续前表

年份	进出口总额	出口总额	进口总额	贸易差额	年份	进出口总额	出口总额	进口总额	贸易差额
2000	4 742.9	2 492.0	2 250.9	241.1	2008	25 632.6	14 306.9	11 325.6	2 981.3
2001	5 096.5	2 661.0	2 435.5	225.5	2009	22 075.4	12 016.1	10 059.2	1 956.9
2002	6 207.7	3 256.0	2 951.7	304.3	2010	29 740.0	15 777.5	13 962.4	1 815.1
2003	8 509.9	4 382.3	4 127.6	254.7	2011	36 418.6	18 983.8	17 434.8	1 549.0
2004	11 545.5	5 933.2	5 612.3	320.9	2012	38 671.2	20 487.1	18 184.1	2 303.1
2005	14 219.1	7 619.5	6 599.5	1 020.0	2013	41 589.9	22 090.0	19 499.9	2 590.1
2006	17 604.0	9 689.4	7 914.6	1 774.8	2014	43 015.3	23 422.9	19 592.3	3 830.6
2007	21 737.3	12 177.8	9 559.5	2 618.3	2015	39 530.3	22 734.7	16 795.6	5 939.0

说明：货物进出口差额负数为逆差。由于四舍五入原因，数据存在略微偏差。

资料来源：1978—1989 年数据来源于：中华人民共和国国家统计局．中国统计年鉴 2002. 北京：中国统计出版社，2002；1990—2015 年数据来源于：中华人民共和国国家统计局．中国统计年鉴 2016. 北京：中国统计出版社，2016。

2. 商品进出口贸易方式

随着中国对外贸易的不断发展，商品进出口贸易方式也发生了相应的变化。1981 年以来，一般贸易、加工贸易及其他贸易方式在对外贸易中的份额变化趋势较为明显，贸易方式日趋合理。1981 年一般贸易出口额为 208 亿美元，2008 年增至 6 629 亿美元，在出口总额中所占的比重则由 94.5%降至 46.3%；1981 年加工贸易出口额为 11 亿美元，2008 年增至 6 751 亿美元，在出口总额中所占的比重则由 5%增至 47.2%，超过了一般贸易。从进口贸易方式看，1981 年一般贸易进口额为 204 亿美元，2008 年增至 5 721 亿美元，在进口总额中所占的比重则由 92.6%降至 50.5%；1981 年加工贸易进口额为 15 亿美元，2008 年增至 3 784 亿美元，在进口总额中所占的比重则由 6.8%增至 33.4%，超过了一般贸易；其他贸易方式发展也较快，2008 年其他贸易方式进口额为 1 821 亿美元，在出口总额中所占比重为 16.1%。

3. 服务贸易

服务贸易的发展是世界进入服务经济时代的重要标志。改革开放以来，随着中国对服务贸易的限制不断放宽，服务贸易市场化进程进一步加快，中国服务贸易进出口发展迅速，进出口总额占世界服务贸易总额的比重不断增加，详见表 6－5。

表 6－5　1982—2015 年中国服务贸易进出口变化表

指标 年份	进出口		出口		进口	
	总额（亿美元）	占世界比重（%）	总额（亿美元）	占世界比重（%）	总额（亿美元）	占世界比重（%）
1982	44	0.6	25	0.7	19	0.5
1985	52	0.7	29	0.8	23	0.6
1990	98	0.6	57	0.7	41	0.5
1991	108	0.6	69	0.8	39	0.5
1992	183	1.0	91	1.0	92	1.0
1993	226	1.2	110	1.2	116	1.2

续前表

年份＼指标	进出口 总额（亿美元）	进出口 占世界比重（%）	出口 总额（亿美元）	出口 占世界比重（%）	进口 总额（亿美元）	进口 占世界比重（%）
1994	322	1.6	164	1.6	158	1.5
1995	430	1.8	184	1.6	246	2.0
1996	430	1.7	206	1.6	224	1.8
1997	522	2.0	245	1.9	277	2.1
1998	504	1.9	239	1.9	265	2.0
1999	572	2.0	262	1.9	310	2.2
2000	660	2.2	301	2.0	359	2.4
2001	719	2.4	329	2.2	390	2.6
2002	855	2.7	394	2.5	461	2.9
2003	1 013	2.8	464	2.5	549	3.0
2004	1 337	3.1	621	2.8	716	3.4
2005	1 571	3.3	739	3.1	832	3.5
2006	1 917	3.6	914	3.4	1 003	3.8
2007	2 509	4.0	1 216	3.7	1 293	4.2
2008	3 045	4.2	1 465	3.9	1 580	4.6
2009	2 867	4.1	1 286	3.6	1 581	4.7
2010	3 624	4.8	1 702	4.4	1 922	5.2
2011	4 191	4.9	1 821	4.1	2 370	5.7
2012	4 706	5.3	1 905	4.2	2 801	6.5
2013	5 397	5.7	2 106	4.4	3 291	7.2
2014	6 043	6.0	2 222	4.3	3 821	7.7
2015	7 130	7.5	2 882	5.9	4 248	9.1

说明：遵循 WTO 有关服务贸易的定义，中国服务贸易数据不含政府服务。

资料来源：世界银行．世界发展指标 2016．北京：中国财政经济出版社，2016．

从表 6－5 中可以看到，1982 年中国服务贸易进出口总额为 44 亿美元，占世界比重仅为 0.6%，不足 1%，其中，出口额、进口额分别为 25 亿美元、19 亿美元，占世界的比重分别为 0.7%、0.5%；2015 年中国服务贸易进出口总额增至 7 130 亿美元，占世界比重达 7.5%，其中，出口额、进口额分别达 2 882 亿美元、4 248 亿美元，占世界的比重也分别增至 5.9%、9.1%。

4. 贸易结构

随着中国进出口贸易的快速增长，贸易结构也不断改善，初级产品在贸易总额中所占的比重大幅降低，工业制成品的比重则迅速上升。从出口贸易结构看，1980 年中国初级产品出口额为 91 亿美元，在出口贸易总额中所占的比重为 50.3%，工业制成品出口额为 90 亿美元，在出口贸易总额中所占的比重为 49.7%，比初级产品低 0.6 个百分点。1985 年以后，随着外资的大量流入和经济体制的快速转轨，国家出台了一系列鼓励出口的措施，如价格改革、出口退税、外汇留成、汇率并轨、降低关税和减少进出口数量限制等措施，提高了企业出口的积极性。2015 年中国初级产品出口额为 1 039 亿美元，在出口贸易总额中所占的比重降至 4.6%，工业制成品出口额则增至 21 695 亿美元，相较 1980 年增长了 240 倍多，在出口贸易总额中所占的比重达 95.4%，比初级产品高 90.8 个百分点，工业制成品已经成为我国出口的支柱产品。

再从进口贸易结构看，1980 年中国初级产品进口额为 70 亿美元，在进口贸易总额中所占的比重为 35%，工业制成品进口额为 131 亿美元，在进口贸易总额中所占的比重为 65%，比初级产品高 30 个百分点。2015 年中国初级产品进口额为 4 721 亿美元，在进口贸易总额中所占的比重降至 28.1%，工业制成品进口额则增至 12 075 亿美元，相较 1980 年增长了 91 倍多，在进口贸易总额中所占的比重达 71.9%，比初级产品高 43.8 个百分点，两者的比重差距不断扩大。

5. 企业的所有制结构

1978 年以来，通过经济和贸易体制改革，中国政府对外贸准入条件的控制不断放松，大批生产企业获得了进出口经营权，少数外贸专业公司垄断经营的格局被打破，外商投资企业、集体和私营企业等非国有企业进入外贸领域的数量越来越多，中国对外贸易的主体呈现出多种所有制性质的经营单位共同发展的态势。表 6-6 显示了 2005—2010 年中国进出口企业性质的变化。

表 6-6　　2005—2010 年中国进出口企业的性质变化表

年份＼指标	出口企业性质								
	国有企业			外商投资企业			其他性质企业		
	出口额（亿美元）	比重（%）	同比增长（%）	出口额（亿美元）	比重（%）	同比增长（%）	出口额（亿美元）	比重（%）	同比增长（%）
2005	1 688.1	22.15	9.9	4 442.1	58.30	31.2	1 489.8	19.55	47.3
2006	1 913.5	19.75	13.4	5 638.4	58.18	26.9	2 139.0	22.07	43.6
2007	2 248.1	18.46	17.5	6 955.2	57.10	23.4	2 976.8	24.44	39.2
2008	2 572.3	18.01	14.4	7 906.2	55.34	13.6	3 807.0	26.65	27.9
2009	1 909.9	15.89	−25.8	6 722.3	55.94	−15.0	3 384.4	28.16	−11.1
2010	2 343.6	14.85	22.7	8 623.1	54.65	28.3	4 812.7	30.50	42.2
年份＼指标	进口企业性质								
	国有企业			外商投资企业			其他性质企业		
	进口额（亿美元）	比重（%）	同比增长（%）	进口额（亿美元）	比重（%）	同比增长（%）	进口额（亿美元）	比重（%）	同比增长（%）
2005	1 972.0	29.87	11.8	3 875.2	58.71	19.4	753.9	11.42	24.8
2006	2 252.4	28.45	14.2	4 726.2	59.70	22.0	937.6	11.84	24.4
2007	2 697.2	28.22	19.8	5 594.1	58.53	18.4	1 266.9	13.25	35.1
2008	3 538.1	31.23	31.1	6 199.6	54.71	10.8	1 593.2	14.06	25.7
2009	2 884.7	28.69	−18.5	5 452.1	54.22	−12.0	1 718.8	17.09	7.9
2010	3 875.6	27.79	34.3	7 380.0	52.91	35.3	2 692.8	19.31	56.6

说明："比重"指标数据由表中其他相关数据计算得到。因四舍五入原因，数据略有差异。

资料来源：中华人民共和国海关总署．2005.12—2010.12 进出口企业性质总值［EB/OL］，http://www.customs.gov.cn/publish/portal0/tab4370/，2011-03-15.

如表 6-6 所示，从出口看，2005 年国有企业出口额为 1 688.1 亿美元，占当年中国出口总额的比重为 22.15%，外商投资企业出口额为 4 442.1 亿美元，比重为 58.30%，其他性质企业出口比重为 19.55%；2010 年国有企业出口额比重降至 14.85%，外商投资企业的这一指标值为 54.65%，其他性质企业出口增长迅速，出口额在当年出口总额中的比重增至 30.50%。再从进口看，2005 年国有企业进口额为 1 972 亿美元，占当年中国进口总额的比重为 29.87%，外商投资企业进口额为 3 875.2 亿美元，比重为 58.71%，其他性质企业进口比重为 11.42%；2010 年国有企业进口额比重降至 27.79%，外商投资企业的这一指标值为 52.91%，其他性质企业进口增长迅速，进口额占当年进口总额的比重增至 19.31%。

（二）中国外贸可持续发展面临的挑战[①]

中国外贸出口快速增长，在规模、地位、性质、影响等各方面都已经站在了全新的历史起点上。从出口看，中国是出口商品种类占首位的国家，如纺织、服装、鞋类、电视、摩托车、空调、DVD、集装箱等近 1 000 种。但是，中国产品生产要素（factors of production）的成本过低，中国外贸可持续发展能力存在很多问题。

一是比较利益小。中国虽为世界贸易大国，但由于在国际分工中的地位不高，在对外贸易过程中实现的利益相对较少。这是一个长期存在的问题。中国企业参与国际分工时，主要承担着劳动密集的环节，即加工组装环节；而外资企业多承担着资本密集环节和技术密集环节，即产品研发环节、零部件生产环节和产品销售环节，中国企业从亚洲地区进口原材料和中间产品，经加工组装后销往欧美市场。多年以来，中国出口商品利润分成偏低，商品主要增值环节在国外，中国企业所获利润很少，大部分利润归国外经销商。美国《洛杉矶时报》曾指出，中国出口产品中，中国生产商只得到出口产品 20%的价值。例如，国际服装商在我国的采购价与国外店面销售价之比为 1∶8 至 1∶10。此外，中国进口价格指数的涨幅持续高于出口价格指数，贸易条件在不断恶化。而外贸企业在出口上的恶性竞争进一步加剧了这个问题。

二是员工收入低。我国对外贸易增长速度高于经济增长速度，其中加工贸易又保持了一半左右的比重。中国在出口产品竞争中过于依赖价格优势，换句话说，中国出口优势就在于中国劳动力资源丰富，劳动力价格低廉。商品低成本的另一面，就是劳动者权益保护不够，员工收入低下。大量的农民工为发展劳动密集型产品出口和加工贸易作出巨大贡献，也为之付出了太多的劳动。最突出的是，多年来，出口产品集中地农民工平均工资上升很少，大大低于城镇职工人均收入增长的速度。

三是资源、环境回报少。我国出口生产的各类企业对其所占用土地的支付，相对发达国家讲，是非常低廉的。地方政府为吸引外资，大片优惠出让土地，更是降低了土地使用的成本。中国的经济技术开发区、产业园区、保税区和出口加工区，不仅提供各种经营上的优惠、通关上的便利，而且水、电、气的价格也比较低。资源价格的低廉成为世界加工业向中国转移的一大诱因。此外，其对环境使用的成本支付也是非常低廉的。近年来，发达国家将造纸、建材、制药、化工等污染严重的行业转移到发展中国家。个

① 傅自应．中国对外贸易三十年．北京：中国财政经济出版社，2008；隆国强．构建开放型经济新体制．广州：广东经济出版社，2017.

别地方政府为了追求政绩，不顾一切地吸引外资，降低准入门槛，甚至不惜牺牲当地居民的长远利益，对那些污染严重、破坏生态平衡的项目也大开方便之门。项目产生的大部分利润流向发达国家，而由此造成的环境污染、生态破坏却长久地留在了当地。较低的环保标准以及执行漏洞，使得企业环境成本社会化，导致生产成本低估。在低价格产品的生产企业中，有相当一部分属于资源消耗大、污染物排放重的产业。资源环境回报少，就出现了资源的浪费，环保的欠账，我国资源、环境容量难以持续支撑。

四是竞争力不高。中国绝大部分产品的国际竞争力排名，大大低于其在国际市场份额的排名。这与自主品牌匮乏、自主知识产权和核心技术缺失有关，也与国内外贸企业规模小、缺乏国际营销网络有关。根据2008年世界经济论坛发布的《全球竞争力报告》，中国的国际竞争力仅排名第30位，中国从事进出口业务的内资企业拥有自有注册商标的不到20%。

近年来，随着国际形势的不断变化及国内改革开放的持续深化，中国对外贸易面临着新的挑战：一是全球经济尚未摆脱金融危机的阴霾，对中国对外贸易的影响不确定性较大。美国经济在特朗普政府美国优先、税改、基建等政策措施下，能否持续增长？欧洲经济受英国脱欧、难民问题等的影响，能否加快复苏？日本安倍经济学的破产显示了日本仍然难以摆脱增长动力不足的困境。新兴市场国家在美国加息、大宗商品价格波动较大的背景下，也存在诸多困难。二是"逆全球化"急剧升温。由于世界经济增速放缓，需求回升乏力，国际市场竞争加剧，以国际贸易保护为代表的"逆全球化"日趋严重。2015年，共有23个经济体对华启动98起反倾销、反补贴，严重恶化了中国的对外贸易环境。三是国内生产成本持续走高。一方面，劳动力成本上升，2005—2015年，中国劳动力成本上升了5倍。另一方面，土地成本上升，政府对土地政策的变化导致工业用地成本大幅上升。另外，环境成本上升，国内国外对可持续发展的要求、对中国企业的对外贸易提出了新挑战。

专栏二　　中国可能遭遇美国贸易保护主义的产业[①]

一位中国专家认为服装及附件、金属加工产品、塑料及橡胶产品、初级金属产品、化工产品、鱼及其他海产品、纺织纤维等7个产业产品是最容易引发美国各种形式的贸易保护的产品。其依据的理由，一是美国对中国贸易逆差较大的产业，如2008年逆差超过100亿美元的有8个。二是美国自中国进口比重超过同类产品进口比重30%的产业，2008年共9个。三是自中国进口增长较快的产业产品，自2001年以来，美国自中国进口增长超过100亿美元的有6个。四是进口占美国国内生产的比重，在2001—2006年间增长率超过100%的有12个。五是在以上筛选的产业中，就业下降超过1万人的12个产业。六是进口价格低于美国总体进口单价超过20%的产业。

二、外贸体制改革的重要作用

中国对外贸易的快速发展，是与中国的经济改革与对外开放分不开的，也是与中国

① 根据商务部研究院李伟副研究员在《中国商务发展报告2009》中的文章《判断我国可能遭遇美国贸易保护主义的产业》摘编。

外贸体制改革分不开的。这里，我们分析一下为什么改革和开放会起到很大作用。

中国原有的高度集中的对外贸易体制是与传统的计划经济体制相适应的，虽然在历史上曾发挥过重要作用，但随着国内和国际形势的变化，原有体制的弊端日益显现，成为市场化改革的对象。1978 年后的经济与外贸体制改革之所以大大促进了中国外贸的发展，就在于改革解开了自我束缚，形成了经济正常运行规则，激发了市场主体的活力。

1. 中国外贸体制改革的三大关键环节

中国外贸体制改革涉及诸多方面，但最重要的是三大环节。

首先是外贸法规从为指令性计划服务转变为与国际规范接轨的市场经济法规。积极融入国际贸易体系，按照国际通行规则办事，是中国外贸体制改革的主要内容之一。符合国际市场经济的外贸法规有四个明显特点有助于经济发展：一是促进中国外贸融入国际贸易体系，按照国际通行规则办事，方便了国际贸易的进行，开拓了国内外两个市场，统筹配置了国内外两个资源，为中国外贸提供了空前广阔的空间；二是法律具有规范性，对人们的行为准则有普遍的约束力，人人必须遵守，保障了交易的正常秩序；三是法律具有公平性和公开性，不分等级贵贱，法律面前人人平等，调动了广大人民参与国内外市场交易的积极性；四是法制化管理，防止了领导者个人意志干预市场经济活动，防止了行政干预，保障了经济活动的稳定性。

中国不断健全对外贸易法律体系，特别是在加入世界贸易组织（WTO）前几年，中国政府开展了大规模的法律法规清理、修改和制定工作，并颁布了一系列新的法律法规。中国相继制定和颁布了《中华人民共和国货物进出口管理条例》、《中华人民共和国技术进出口管理条例》、《中华人民共和国反倾销条例》、《中华人民共和国反补贴条例》和《中华人民共和国保障措施条例》等《中华人民共和国对外贸易法》（以下简称《对外贸易法》）的五个配套法规，初步形成了以《对外贸易法》为一级法，以《中华人民共和国货物进出口管理条例》为二级法，以配套的部门规章为三级法的货物进出口管理的法律法规体系。对规范外贸经营行为、维护外贸秩序发挥了重要作用。入世后清理各种法规和部门规章3 000多个以及大量地方性法规，并建立了一系列新的法规体系，推进了外贸管理的依法行政。2004 年对《对外贸易法》进行了新的修订，确立了中国外贸改革发展的基本法律框架体系，提供了外贸运行的基本法律制度。同时，根据国际通行惯例完善了众多贸易规制。例如，在技术性贸易壁垒方面，中国按照 WTO 相关协议，推动权威认证机构相互认可，积极调整不符合国际标准和 WTO 有关原则的国内技术法规、技术标准和政策措施，引导和鼓励企业根据国际市场需求和发展趋势调整本企业的技术标准，主动与国际接轨。同时，中国政府根据 WTO 相关协议完善对进口商品的技术管理法规，制定与贸易和投资相关的环保标准，制定进口商品安全质量许可制度目录、卫生注册管理制度和标签审核制度。另外，在海关估价和原产地规则等方面，均采取国际上通行的规则。

其次是政府从政策性管理转变为依法行政的管理者。在计划经济体制下，政府通过制定政策，全面干预对外贸易的所有环节。而在市场经济条件下，政府干预大大减少。外贸体制改革始终以转变政府职能为核心，坚持政企分开，把政府不该管的事交给企业、市场、社会组织和中介机构，政府则力争做到主要运用经济手段和法律手段来管理经济和对外贸易。如减少在进出口贸易中的行政干预，变数量控制为关税调节，减少对出口商品的国家补贴，减少对进出口商品的数量控制，降低进口关税，形成与国际贸易条件相应的平等的贸易条件，促进了国内市场国际化和国内外经济一体化。

在贸易中，最重要的是明确贸易物的产权。产权是交换经济的基础条件，是人们交换行为合法化、秩序化的保证。在没有或失去所有权保护的社会中，交易就失去了意义，弱肉强食的生物学规律就代替了人类自我约束的平等规律。在传统的计划经济条件下，对相当比重的国有经济存在名义上的所有权，但实际上所有权是不清楚的，因为所有权总以全民的名义出现，在很多情况下，也就没有了所有者。在市场经济条件下，对一切个人、法人的财产权，法律都给予保护。国有财产与私有财产都是神圣不可侵犯的。企业希望在经济运行中有章可循，有法可依，希望政府能成为企业经济运行中的保护神。

政府行为和领导方法，是分辨市场经济还是计划经济的标志。党政领导直接抓生产经营项目，直接分钱调物，定进度、定方案等，行政参与、政企不分，这就是"市长经济"而不是"市场经济"。在计划经济下，市场交易的条件、场所、内容、时间、价格等，都不由交换者确定，而由政府或者管理者确定。在市场经济条件下，政府要尊重交易的自由，企业可以在国内与国际市场上自由进行商贸活动。企业有参与交易的自愿原则，企业还有权利与交易对方商定交易的条件（交易客体、价格、数量和地点）。经过近40年外贸体制改革，政府抓市场规则而不抓市场经营已成为共识，成为政府的行为指南。在现在的贸易政策中，体现着自由贸易精神，外贸品价格早已国际化，人民币也正在一步步成为可以自由兑换的国际性货币。

最后是企业从计划体制下的行政单位转变为市场主体。企业是市场的主体，是繁荣经济、发展经济的基础部分。企业能否具有活力是经济发展的关键，市场经济体制是促使企业搞活的基本条件。

传统的计划经济把企业按所有制划分为三六九等，把国有企业列为上等。市场经济要求市场主体平等化。这里有四层含义。一是在一个国家内，不同类型的企业是平等的，在社会主义市场经济条件下，对非国有外贸企业，如"三资"企业、乡镇企业、私营企业要允许其自由地发展。在各种交换中规则应是一样的，其产品的贸易在各环节中受到同等的待遇。二是对来自不同国家的进口产品应一视同仁，不应厚此薄彼，这是最惠国待遇问题。同样，也要求交易国在对待本国出口品时，应与对待其他国家的产品一样，不要歧视。三是对国内外产品一视同仁、平等相待的问题，即国民待遇问题。四是对外贸经营者，是按同一规则即市场规则进行贸易。市场主体能完全依市场参数如价格、利率、汇率等的变化进行决策，而不是从非市场因素出发来进行经营决策。

近40年的外贸体制改革，就是一步步地放开外贸经营权，使企业可根据国内外市场需求自主组织生产经营活动，形成了各种所有制企业为市场主体的外贸企业。比如，放开外经贸领域的经营限制，使一大批非公有制企业获得了进出口经营权；2004年7月1日后外贸经营权完全放开，进一步释放了民营企业的活力。2005年，从事外贸经营的内资企业包括私营企业和集体企业超过10万家，全年民营企业进出口额增长近40%，占进出口总额的比重迅速提高到近16%。显然，对涉外经济体制进行重大改革，增强了国际国内竞争能力，调动了各经济主体发展经济的积极性和创造性，成为我国经济和外贸发展的重要动力。

2. 对外开放，外贸成长抓住三次大的机遇

开放经济已成为各国的现实。这是本书宏观经济分析的起点，也是本章分析的基础。中国对外开放经历了三次重要突破。第一次是20世纪80年代初，改革开放方针的确立，为扩大开放、参与国际分工奠定了思想理论基础；第二次是1992年社会主义市场经济体制改革目标的确立，为进一步开放提供了体制基础；第三次是2001年成功加入世贸组织，成为全面参与经济全球化的新起点，中国对外开放进入了一个新阶段。与此相应，对外开放抓住了国际上产业大转移的三次机会：

(1) 20世纪80年代，中国抓住了国际上以轻纺产品为代表的劳动力密集型产业向发展中国家转移的时机，培育了纺织、服装、鞋类、玩具、箱包等一大批外向型产业，珠江三角洲等区域快速崛起，促使我国对外贸易实现了第一次大发展。

(2) 20世纪90年代，中国以扩大浦东开放为契机，再次抓住了国际产业结构调整的机遇，促进了机电产业的发展和出口的扩大。家电、手机、微型计算机、集成电路等一批新型产业群快速成长，长江三角洲等区域加速振兴，珠江三角洲等地带的产业结构不断优化，我国对外经济实现了第二次大发展。

(3) 加入世界贸易组织以来，中国抓住以IT为代表的高科技产业制造环节全球转移的大好机遇，促使信息产业从国民经济新兴产业转变为第一支柱产业。目前，中国已成功吸引了全球IT行业100强企业中的90%以上在华投资，在长江三角洲、珠江三角洲、环渤海湾、福厦沿海地区，初步形成了各具特色的IT产业基地。

3. 对外贸易体制改革的五大阶段

从1978年至今，外贸体制改革大体经历了五个阶段：

(1) 探索阶段（1979—1987年）：改革高度集中的经营体制和单一的指令性计划管理体制，下放外贸经营权，实行指令性计划、指导性计划和市场调节相结合。

(2) 整体推进阶段（1988—1990年）：全行业实行承包经营责任制。同时，国家运用价格、汇率、利率、税率等经济手段调控对外贸易活动的间接调控体系初步形成。

(3) 攻坚阶段（1991—1993年）：取消对外贸出口的财政补贴，从建立外贸企业自负盈亏机制入手，实行以大类商品区分的全国统一外汇留成比例办法，使外贸逐步走上统一政策、平等竞争、自主经营、自负盈亏、工贸结合、推行代理制的轨道。

(4) 继续深化阶段（1994—2000年）：1994年1月1日实行人民币汇率并轨，建立有管理的单一浮动汇率制度，实行银行结售汇制，取消各类外汇留成，进一步放开外经贸经营权。推进外经贸经营权由审批制向登记制过渡；取消进出口指令性计划，对部分出口商品配额实行公开招标；完善出口退税政策，运用出口信贷、出口信用保险等国际通行手段支持外经贸发展；加强外经贸中介组织建设，强化服务协调功能。按照社会主义市场经济要求和国际经贸通行准则建立新型外贸体制框架。

(5) 全面开放阶段（2001—2011）：2001年中国加入世界贸易组织，按照世贸组织规则框架，促进贸易主体多元化，外贸经营权全部放开；不断降低关税总水平，减少进出口配额许可证管理商品的种类；不断完善贸易管理法律体系建设，修改了一批与WTO规则不符的法规，同时制定了一批新的适应现实需要的外贸法律法规；大力推动了内外贸一体化，2003年设立商务部，取消外经贸部和国家经贸委，对内外贸分割的情况进行了改革。加入WTO以来，中国还充分利用WTO规则和争端解决机制，处理与有关成员的贸易纠纷，合理保护了国内产业和市场。另外，通过参与国际规则的制定，也有利于维护中国的正当利益。

(6) 大国开放阶段。经过近40年的改革开放，中国经济迅速发展，国力持续增强，在全球经济贸易体系中已名列前茅，中国逐步进入大国开放的新阶段。一是以自由贸易试验区为引领，构建开放型经济新体制，先后于2013年成立上海自贸区，2015年成立广东、天津、福建自贸区，2017年成立辽宁、浙江、河南、重庆等7个自贸区。二是推进“一带一路”建设，倡导开放包容、合作共赢、共商共建的全球经济新体系。三是推动由外贸大国向外贸强国转变。2015年，国务院发布《关于加快培育外贸竞争新优势的若干意见》，该意见提出我国外贸由规模速度型向质量效益型升级，努力建设成全球外贸强国。四是积极参与全球经济治理体系变革。主动参与多边贸易体系新协定谈判，推动制定《二十国集团全球贸易增长战略》，提升中国在国际金融体系中的话语权等。①

思考题

1. 解释什么是进口函数。有没有出口函数？
2. 试比较各种外贸作用的经典理论。
3. 如何理解外贸对经济发展的影响？
4. 如何看待使用净出口指标分析外贸贡献度？
5. 试陈述萨缪尔森的外贸理论及模型。
6. 你如何看待当前国际贸易中的各类争端？
7. 当代贸易保护主义的主要观点及做法有哪些？
8. 试举出中国外贸近40年来快速发展的若干原因。你认为这样的发展可否持续？
9. 试分析“一带一路”建设对中国及全球经济体系的影响。

附录

附录一　半个世纪以来世界商品进出口总额前五位国家的变化②

半个世纪以来，世界经济全球化带动商品进出口贸易迅速发展，各国经济联系不断增强。2015年世界商品贸易总额达332 070亿美元，与1960年相比，增加了129倍，年均增速达9.2%。与之相应，商品贸易的流向和分布也发生了较大变化，发展中国家在其中的份额进一步增加，重要性不断凸显，新的世界商品贸易格局正逐步形成。下面列出主要年份世界商品进出口总额前五位变化表（见表6-7）。

表6-7　主要年份世界商品进出口总额前五位变化表

指标	排名	国家	进口总额（亿美元）	出口总额（亿美元）	进出口总额（亿美元）	进出口总额占世界比重（%）
1960年	1	美国	163.81	206.01	369.82	14.56
	2	英国	130.34	106.09	236.43	9.31
	3	德国	101.72	114.16	215.88	8.50
	4	法国	62.82	68.66	131.49	5.18
	5	加拿大	60.73	58.18	118.91	4.68
		合计	519.43	553.10	1 072.53	42.23

① 隆国强．构建开放型经济新体制．广州：广东经济出版社，2017：18-20.
② 本部分内容由姜欣博士根据世界银行数据库资料整理而得。

续前表

指标	排名	国家	进口总额（亿美元）	出口总额（亿美元）	进出口总额（亿美元）	进出口总额占世界比重（%）
1970年	1	美国	423.89	432.41	856.30	13.93
	2	德国	299.47	342.28	641.76	10.44
	3	英国	218.71	194.30	413.02	6.72
	4	日本	188.81	193.18	381.99	6.21
	5	法国	191.31	180.99	372.30	6.06
		合计	1 322.20	1 343.16	2 665.36	43.36
1980年	1	美国	2 569.84	2 255.66	4 825.50	12.16
	2	德国	1 880.02	1 928.60	3 808.62	9.59
	3	日本	1 412.96	1 304.41	2 717.37	6.85
	4	法国	1 348.66	1 160.30	2 508.96	6.32
	5	英国	1 155.45	1 101.34	2 256.79	5.69
		合计	8 366.93	7 750.31	16 117.24	40.60
1990年	1	美国	5 169.87	3 935.92	9 105.79	13.02
	2	德国	3 556.86	4 211.00	7 767.86	11.10
	3	日本	2 353.68	2 875.81	5 229.49	7.48
	4	法国	2 344.36	2 165.88	4 510.24	6.45
	5	英国	2 229.77	1 851.72	4 081.49	5.83
		合计	15 654.54	15 040.33	30 694.87	43.88
2000年	1	美国	12 593.00	7 819.18	20 412.18	15.56
	2	德国	4 971.97	5 518.10	10 490.07	8.00
	3	日本	3 795.11	4 792.49	8 587.60	6.55
	4	法国	3 389.40	3 276.11	6 665.51	5.08
	5	英国	3 480.58	2 854.25	6 334.83	4.83
		合计	28 230.06	24 260.13	52 490.19	40.01
2015年	1	中国	16 819.51	22 749.49	39 569.00	11.92
	2	美国	23 079.46	15 049.14	38 128.60	11.48
	3	德国	10 500.25	13 294.69	23 794.94	7.17
	4	日本	6 484.94	6 249.39	12 734.33	3.83
	5	法国	5 726.61	5 058.97	10 785.58	3.25
		合计	62 610.77	62 401.68	125 012.45	37.65

说明：1. 表中各年排名依据为“商品进出口总额”指标数据，以当年现价美元计算。2. 表中商品进口表明收到的来自世界其他地方的以现价美元计算的商品的离岸价值；商品出口显示向世界其他地方提供的以现价美元计算的货物的离岸价值。3. 表中“进出口总额”“进出口总额占世界比重”指标数据由世界银行数据库中数据计算得到。4. 因四舍五入原因，数据略有差异。

资料来源：世界银行．世界发展指标 2016. 北京：中国财政经济出版社，2016.

从表6－7中可以看到，1960年以来，世界商品贸易排名前五位的国家及其贸易额的变化主要有以下几个方面的特点：

一是1960—2015年，总体而言，世界商品贸易总额排名前五位的国家总体变化不大，主要包括美国、英国、德国、法国、日本、中国等。尽管排名位次有些变化，但是这些国家的商品进出口贸易额长期位居世界前列。值得注意的是，前五位的贸易总额合计占世界的比重稳中有降，由集中趋向分散的态势较为明显，2015年这一指标数据为37.65%，不足40%，预计随着全球经济联系的加强，发展中国家的不断开放和经济增长加速，这种分散性将进一步显现。

二是50多年来，美国长期占据世界商品贸易总额的第一位。进一步分析可以发现，尽管具有一定的波动性，但是美国商品进出口总额占世界的比重主要呈下降趋势，且20世纪70年代之前，美国的商品出口额高于进口额，80年代之后则转变为进口额高于出口额，且贸易差额逐步扩大，这与中国、德国商品贸易出口额高于进口额的特征是不同的。

三是半个多世纪以来，美国、英国、德国、法国、日本等世界商品贸易大国的排名变化呈现不同的特点。如前文所述，美国长期占据世界商品贸易总额的第一位；英国从1960年的第二位跌落至2000年的第五位，2015年则未进入世界前五位；德国贸易规模和增长较为稳定，排名一直位居世界第二或第三位；法国与德国相似，排名一直位居世界第四或第五位；日本20世纪70年代经济开始起飞，商品贸易总额持续上升，1970年跃居至世界第四位，之后一直保持在世界前五位。

四是中国自改革开放以来对外贸易发展迅速，尤其是商品贸易进出口总额屡创新高。2000年之前，中国的贸易额排名从未进入世界前五位，2013年则实现商品进出口总额41 590亿美元，占世界比重达11.0%，超过德、日、法，跃居世界第一位，是世界贸易前五位中唯一的发展中国家。2015年仍然保持世界第一的地位。究其原因，这与中国主导发展外向型经济，外贸体制改革不断推进，企业被赋予了更多的经营自主权，改革开放的成果不断扩大等因素密切相关。

附录二　多哈回合谈判进展及中国政府的立场①

2001年11月，在卡塔尔的首都多哈举行了世界贸易组织第四次部长级会议，会上通过了《多哈宣言》，启动了新一轮多边贸易谈判。其时，中国成为世界贸易组织第143个成员。

1. 多哈回合谈判的主要议题及存在的分歧

多哈回合谈判的宗旨是促进世界贸易组织成员削减贸易壁垒，通过更公平的贸易环境来促进全球，特别是较贫穷国家的经济发展。该轮谈判确定了八大谈判领域，即农业、非农产品市场准入、服务、知识产权、规则、争端解决、贸易与环境以及贸易和发展问题。多哈会议涵盖大约20个议题，谈判的关键是农业和非农产品市场准入问题，主要包括削减农业补贴、削减农产品进口关税以及降低工业品进口关税三个部分。由于美欧等发达成员的主要目标是进一步打开发展中成员的工业品和服务市场，而发展中成

① 本部分内容由荣婷婷助理根据裴长洪编著的《共和国对外贸易六十年》、世界贸易组织网（http://www.wto.org/）资料等整理而成。

员则希望美欧降低农业补贴并开放农业市场，发达成员与发展中成员之间产生了很大分歧。因此，如何达成一项平衡的协议，使各方均得到好处而又尽量避免损失就成了谈判中的最大难题。

2. 多哈回合谈判的进程

多哈回合谈判自启动以来，主要经历了以下几个阶段，详见表6-8。

表6-8　多哈回合谈判进程简表

时间	主要阶段
2001年11月	举行第四次多哈WTO部长级会议，谈判正式启动
2002年11月	召开悉尼WTO小型贸易部长会议，为坎昆会议做准备
2003年12月	从多哈到坎昆，谈判无果而终
2004年7月	制定多哈框架协议，谈判呈逐渐恢复势头
2005年7—11月	依次举行大连、苏黎世、日内瓦小型部长会议，谈判进入涉及农业补贴等问题的实质性阶段
2005年12月	举行第六次香港WTO部长级会议，谈判进入关键时期，但仍旧存在严重分歧
2006年7月	世界贸易组织总干事拉米宣布全面中止多哈回合谈判
2007年1月	举行达沃斯WTO小型部长会议，正式全面地恢复多哈回合谈判
2008年7月	日内瓦WTO小型部长会议，谈判一直停留在技术层面，无任何实质性进展
2009年9月	多哈回合印度非正式谈判重启，旨在弥合分歧
2010年11月	二十国集团（G20）首尔峰会和亚太经合组织（APEC）领导人会晤期间，认为应加快多哈回合谈判进程，但不能确定能否顺利进行谈判

从表6-8可看出，多哈回合谈判进程一波三折。十年间，经过各方的努力，多哈回合谈判在部分领域取得了一定的成效，如在中国香港举行的第六次WTO部长级会议，在取消农产品出口补贴、优先解决棉花问题、对最不发达国家给予“双免”待遇以及确定非农关税削减公式等方面取得了进展，但在农业、非农产品市场准入和服务等核心领域，各成员间仍存在严重分歧，以致每次谈判都陷入僵局，甚至2006年7月暂时停止多哈回合谈判。尽管2007年1月在达沃斯WTO小型部长会议期间，各成员一致同意正式全面地恢复多哈回合谈判，但是之后的谈判大都停留在技术层面，在核心领域仍然存在严重分歧。

3. 中国政府在多哈回合谈判中的立场

多哈回合自启动以来很不顺利，但中国政府对于新一轮谈判的积极立场始终坚定不移，全面参加了多哈回合各项议题的谈判，并且充分利用各种适当的场合表达中方对于新一轮谈判的立场与关切。

在2001年11月卡塔尔多哈会议上，中国提出必须充分考虑发展中国家相关产业的发展水平，在开放的程度和速度上给予特殊处理；必须采取切实、有效的措施保证乌拉圭回合协议的实施；必须保证发展中成员的全面和有效参与，议题的确定和谈判必须在平等协商的基础上进行；必须以平衡和一揽子的方式进行谈判，保证谈判结果体现各方利益的总体平衡。

2003年9月在墨西哥坎昆会议上，中国与印度、巴西等共计20个成员联合组成了著名的二十国集团（G20）。中国代表认为农业议题是新一轮谈判的核心问题，高补贴、高支持、高关税的发达成员应该作出重大的实质性的减让承诺。中国代表认为，在非农产品的市场准入问题上，应该大幅削减关税高峰和取消关税升级，并遵循“非完全互惠”的原则，切实保障发展中成员的利益；在发展问题上，新一轮谈判应充分考虑包括中国在内的所有新加入成员的政府和产业，WTO 各成员应平等参与新一轮谈判，各方利益都应得到尊重和体现。

2005 年 7 月在中国大连举行的 WTO 小型部长会议上，根据 2004 年在日内瓦达成的《多哈回合框架协议》，中方呼吁所有发达国家给予最不发达国家出口产品零关税和零配额待遇；提倡关税削减，削弱国内支持力度，确定 2010 年为各国出口补贴的最终取消时间；非农谈判的核心是在削减关税的公式和系数之间寻找平衡点；坚决反对在世界贸易中滥用反倾销措施的趋势。

附录三　中国进出口贸易方式和商品构成变化表

随着中国对外贸易的不断发展，进出口贸易方式也发生了相应的变化，1981 年以来，一般贸易、加工贸易及其他贸易方式在对外贸易中的份额变化趋势较为明显，贸易方式日趋合理（详见表 6－9、表 6－10）。

表 6－9　　1981—2008 年中国进口贸易方式变化表

指标＼年份	进口贸易方式					
	一般贸易		加工贸易		其他贸易	
	贸易额（亿美元）	比重（%）	贸易额（亿美元）	比重（%）	贸易额（亿美元）	比重（%）
1981	203.66	92.53	15.04	6.83	1.40	0.64
1982	188.85	97.85	2.76	1.43	1.38	0.72
1983	187.68	87.74	22.72	10.62	3.50	1.64
1984	238.49	87.01	31.47	11.48	4.14	1.51
1985	372.72	88.22	42.74	10.12	7.04	1.67
1986	352.07	82.07	67.03	15.62	9.90	2.31
1987	287.72	66.59	101.91	23.58	42.47	9.83
1988	352.04	63.69	151.05	27.33	49.61	8.98
1989	356.14	60.22	171.64	29.02	63.62	10.76
1990	262.00	49.11	187.60	35.16	83.90	15.73
1991	295.40	46.31	250.30	39.24	92.20	14.45
1992	336.20	41.72	315.40	39.14	154.30	19.15
1993	380.50	36.60	363.70	34.98	295.40	28.41
1994	355.20	30.72	475.70	41.15	325.20	28.13
1995	433.70	32.84	583.70	44.19	303.40	22.97
1996	393.60	28.35	622.70	44.85	372.00	26.80
1997	390.30	27.41	702.06	49.31	331.34	23.27
1998	436.80	31.15	685.99	48.92	279.58	19.94
1999	670.40	40.46	735.78	44.40	250.81	15.14
2000	1 000.79	44.46	925.58	41.12	324.57	14.42

续前表

年份	进口贸易方式					
	一般贸易		加工贸易		其他贸易	
	贸易额（亿美元）	比重（%）	贸易额（亿美元）	比重（%）	贸易额（亿美元）	比重（%）
2001	1 134.56	46.58	939.74	38.58	361.23	14.83
2002	1 291.11	43.74	1 222.01	41.40	438.59	14.86
2003	1 876.51	45.47	1 629.04	39.48	621.22	15.05
2004	2 481.45	44.21	2 216.94	39.50	913.91	16.28
2005	2 796.33	42.37	2 740.12	41.52	1 063.08	16.11
2006	3 330.74	42.08	3 214.72	40.62	1 369.15	17.30
2007	4 286.13	44.84	3 684.75	38.55	1 588.62	16.62
2008	5 720.93	50.51	3 783.77	33.41	1 820.92	16.08

说明：1.“比重”指标数据由表中其他数据计算得到。2.《中国统计年鉴 2010》未统计相关指标。3. 因四舍五入原因，数据略有差异。

资料来源：1981—1989 年数据来源于：中华人民共和国国家统计局．中国统计年鉴 2002. 北京：中国统计出版社，2002；1990—2008 年数据来源于：中华人民共和国国家统计局．中国统计年鉴 2009. 北京：中国统计出版社，2009。

表 6-10　1981—2008 年中国出口贸易方式变化表

年份	出口贸易方式					
	一般贸易		加工贸易		其他贸易	
	贸易额（亿美元）	比重（%）	贸易额（亿美元）	比重（%）	贸易额（亿美元）	比重（%）
1981	208.00	94.50	11.31	5.14	0.79	0.36
1982	222.45	99.66	0.53	0.24	0.22	0.10
1983	201.60	90.69	19.44	8.74	1.26	0.57
1984	231.62	88.61	29.29	11.21	0.49	0.19
1985	237.30	86.76	33.16	12.12	3.04	1.11
1986	250.95	81.11	56.20	18.16	2.25	0.73
1987	296.43	75.16	89.94	22.80	8.03	2.04
1988	326.22	68.65	140.60	29.59	8.38	1.76
1989	315.52	60.05	197.85	37.66	12.03	2.29
1990	354.60	57.11	254.20	40.94	12.10	1.95
1991	381.20	53.01	324.30	45.10	13.60	1.89
1992	436.80	51.42	396.20	46.64	16.40	1.93
1993	432.00	47.08	442.50	48.23	43.00	4.69
1994	615.60	50.87	569.80	47.09	24.70	2.04
1995	713.70	47.97	737.00	49.54	37.10	2.49
1996	628.40	41.60	843.30	55.83	38.80	2.57
1997	779.74	42.66	996.02	54.49	52.14	2.85
1998	742.35	40.41	1 044.54	56.86	50.22	2.73
1999	791.35	40.60	1 108.82	56.88	49.14	2.52

续前表

指标 年份	出口贸易方式					
	一般贸易		加工贸易		其他贸易	
	贸易额（亿美元）	比重（%）	贸易额（亿美元）	比重（%）	贸易额（亿美元）	比重（%）
2000	1 051.81	42.21	1 376.52	55.24	63.70	2.56
2001	1 118.81	42.05	1 474.33	55.41	67.83	2.55
2002	1 361.87	41.83	1 799.28	55.26	94.82	2.91
2003	1 820.34	41.54	2 418.51	55.19	143.45	3.27
2004	2 436.06	41.06	3 279.70	55.28	217.44	3.66
2005	3 150.63	41.35	4 164.67	54.66	304.23	3.99
2006	4 162.00	42.95	5 103.55	52.67	423.81	4.37
2007	5 384.57	44.22	6 175.60	50.71	617.59	5.07
2008	6 628.62	46.33	6 751.14	47.19	927.17	6.48

说明：1. “比重”指标数据由表中其他数据计算得到。2.《中国统计年鉴 2010》未统计相关指标。3. 因四舍五入原因，数据略有差异。

资料来源：1981—1989 年数据来源于：中华人民共和国国家统计局．中国统计年鉴 2002. 北京：中国统计出版社，2002；1990—2008 年数据来源于：中华人民共和国国家统计局．中国统计年鉴 2009. 北京：中国统计出版社，2009。

随着中国进出口贸易的快速增长，贸易结构也不断改善，初级产品在贸易总额中所占的比重大幅降低，工业制成品的比重则迅速上升，如表 6－11、表 6－12 所示。

表 6－11　　1980—2015 年中国出口商品的构成变化表

指标 年份	出口商品分类					
	总出口		初级产品		工业制成品	
	贸易额（亿美元）	比重（%）	贸易额（亿美元）	比重（%）	贸易额（亿美元）	比重（%）
1980	181.19	100	91.14	50.30	90.05	49.70
1985	273.50	100	138.28	50.56	135.22	49.44
1990	620.91	100	158.86	25.59	462.05	74.41
1991	718.43	100	161.47	22.45	556.98	77.53
1992	849.40	100	170.04	20.02	679.36	79.98
1993	917.44	100	166.66	18.17	750.78	81.83
1994	1 210.06	100	197.08	16.29	1 012.98	83.71
1995	1 487.80	100	214.85	14.44	1 272.95	85.56
1996	1 510.48	100	219.25	14.52	1 291.23	85.48
1997	1 827.92	100	239.53	13.10	1 588.39	86.90
1998	1 837.09	100	204.89	11.15	1 632.20	88.85
1999	1 949.31	100	199.41	10.23	1 749.90	89.77
2000	2 492.03	100	254.60	10.22	2 237.43	89.78
2001	2 660.98	100	263.38	9.90	2 397.60	90.10

续前表

指标 年份	出口商品分类					
	总出口		初级产品		工业制成品	
	贸易额（亿美元）	比重（%）	贸易额（亿美元）	比重（%）	贸易额（亿美元）	比重（%）
2002	3 255.96	100	285.40	8.77	2 970.56	91.23
2003	4 382.28	100	348.12	7.94	4 034.16	92.06
2004	5 933.26	100	405.49	6.83	5 527.77	93.17
2005	7 619.53	100	490.37	6.44	7 129.16	93.56
2006	9 689.36	100	529.19	5.46	9 160.17	94.54
2007	12 177.76	100	615.09	5.05	11 562.67	94.95
2008	14 306.93	100	779.57	5.45	13 527.36	94.55
2009	12 015.95	100	631.12	5.25	11 384.83	94.75
2010	15 777.54	100	816.86	5.18	14 960.69	94.82
2011	18 983.81	100	1 005.45	5.30	17 978.36	94.70
2012	20 487.14	100	1 005.58	4.91	19 481.56	95.09
2013	22 090.04	100	1 072.68	4.86	21 017.36	95.14
2014	23 422.93	100	1 126.92	4.81	22 296.01	95.19
2015	22 734.68	100	1 039.27	4.57	21 695.41	95.43

说明：1."比重"指标数据由表中其他数据计算得到。2.1992 年、1993 年海关统计改用新商品目录，未分类的其他商品已包含在各大类中。

资料来源：1980—1989 年数据来源于：中华人民共和国国家统计局．中国统计年鉴 2002. 北京：中国统计出版社，2002；1990—2015 年数据来源于：中华人民共和国国家统计局．中国统计年鉴 2016. 北京：中国统计出版社，2016。

表 6-12　　1980—2015 年中国进口商品的构成变化表

指标 年份	进口商品分类					
	总进口		初级产品		工业制成品	
	贸易额（亿美元）	比重（%）	贸易额（亿美元）	比重（%）	贸易额（亿美元）	比重（%）
1980	200.17	100	69.59	34.77	130.58	65.23
1985	422.52	100	52.89	12.52	369.63	87.48
1990	533.45	100	98.53	18.47	434.92	81.53
1991	637.91	100	108.34	16.98	529.57	83.02
1992	805.85	100	132.55	16.45	673.30	83.55
1993	1 039.59	100	142.10	13.67	897.49	86.33
1994	1 156.14	100	164.86	14.26	991.28	85.74
1995	1 320.84	100	244.17	18.49	1 076.67	81.51
1996	1 388.33	100	254.41	18.32	1 133.92	81.68
1997	1 423.70	100	286.20	20.10	1 137.50	79.90
1998	1 402.37	100	229.49	16.36	1 172.88	83.64

续前表

指标/年份	进口商品分类					
	总进口		初级产品		工业制成品	
	贸易额（亿美元）	比重（%）	贸易额（亿美元）	比重（%）	贸易额（亿美元）	比重（%）
1999	1 656.99	100	268.46	16.20	1 388.53	83.80
2000	2 250.94	100	467.39	20.76	1 783.55	79.24
2001	2 435.53	100	457.43	18.78	1 978.10	81.22
2002	2 951.70	100	492.71	16.69	2 458.99	83.31
2003	4 127.60	100	727.63	17.63	3 399.96	82.37
2004	5 612.29	100	1 172.67	20.89	4 439.62	79.11
2005	6 599.53	100	1 477.14	22.38	5 122.39	77.62
2006	7 914.61	100	1 871.29	23.64	6 043.32	76.36
2007	9 559.50	100	2 430.85	25.43	7 128.65	74.57
2008	11 325.62	100	3 623.95	32.00	7 701.67	68.00
2009	10 059.23	100	2 898.04	28.81	7 161.19	71.19
2010	13 962.44	100	4 338.50	31.07	9 623.94	68.93
2011	17 434.84	100	6 042.69	34.66	11 392.15	65.34
2012	18 184.05	100	6 349.34	34.92	11 834.71	65.08
2013	19 499.89	100	6 580.81	33.75	12 919.09	66.25
2014	19 592.35	100	6 469.40	33.02	13 122.95	66.98
2015	16 795.64	100	4 720.57	28.11	12 075.07	71.89

说明：1.“比重”指标数据由表中其他数据计算得到。2.1992 年、1993 年海关统计改用新商品目录，未分类的其他商品已包含在各大类中。

资料来源：1980—1989 年数据来源于：中华人民共和国国家统计局．中国统计年鉴 2002. 北京：中国统计出版社，2002；1990—2015 年数据来源于：中华人民共和国国家统计局．中国统计年鉴 2016. 北京：中国统计出版社，2016。

参考文献

［1］多恩布什，费希尔，斯塔兹．宏观经济学（第 7 版）．北京：中国人民大学出版社，2000.

［2］斯蒂格利茨. 经济学（第 3 版）．北京：中国人民大学出版社，2005.

［3］亚当·斯密. 国民财富的性质和原因的研究：上卷. 北京：商务印书馆，1972.

［4］李嘉图. 政治经济学及赋税原理. 北京：商务印书馆，1962.

［5］马克思，恩格斯．马克思恩格斯全集：第 25 卷上. 北京：人民出版社，1974.

［6］萨缪尔森. 经济学：下册. 北京：商务印书馆，1982.

［7］爱德华·夏皮罗. 宏观经济分析．北京：中国社会科学出版社，1985.

［8］保罗·H. 克鲁格曼. 国际贸易新理论. 北京：中国社会科学出版社，2001.

［9］俄林. 地区间贸易和国际贸易论. 北京：商务印书馆，1986.

［10］新帕尔格雷夫经济学大辞典:第二卷，第三卷. 北京：经济科学出版社，1996.

[11] 世界银行. 世界发展指标 2010. 北京：中国财政经济出版社，2010.

[12] 戴维 · N. 韦尔. 经济增长. 北京：中国人民大学出版社，2007.

[13] 李斯特. 政治经济学的国民体系. 北京：商务印书馆，1961.

[14] 国际货币基金组织. 世界经济展望 2010——重新平衡经济增长. 北京：中国金融出版社，2010.

[15] 理查德 · E. 凯弗斯. 世界贸易与国际收支（第 9 版）. 北京：中国人民大学出版社，2005.

[16] 傅自应. 中国对外贸易三十年. 北京：中国财政经济出版社，2008.

[17] 裴长洪. 共和国对外贸易六十年. 北京：人民出版社，2009.

[18] 杨正位. 中国对外贸易与经济增长. 北京：中国人民大学出版社，2006.

[19] 蔡昉，王德文，张华初 . 中国经济刺激方案的就业效应 . 中国社会科学院人口与劳动研究所工作论文，2009.

[20] 世界贸易组织网，http：//www. wto. org/.

[21] 中国海关律师网，http：//www. customslawyer. cn/ztdt/wmgl/smxx/200811/13712. html.

[22] 隆国强. 构建开放型经济新体制. 广州：广东经济出版社，2017.

土地是财富之母，劳动是财富之父。①

——威廉·配第

第七章

经济增长中的劳动、资本和技术

经济增长取决于自然资源禀赋和劳动力（人力资本）、资本（产业资本）、技术进步等生产要素的积累，以及决定各种生产要素进行组合的社会政治与经济制度。本章主要从宏观角度分析劳动、资本和技术三大要素，以形成宏观经济学的供给篇。

第一节　经济增长中的劳动供给

在宏观经济学中，收入等于产出。在分析了收入的三大需求之后，从产出的角度来看生产要素的作用，是很有必要的。生产要素主要有劳动、资本和技术，本节先考察劳动这一要素，当然，这里的考察是从宏观经济的角度即从劳动总供给角度入手的。

一、基本概念剖析

1. 劳动的质与量②

劳动是重要的生产要素，它与其他各种生产要素投入结合在一起，就产出了各类产品与服务。产品与服务数量的多少、质量的高低，是与作为生产要素投入的劳动的数量

① 威廉·配第．政治算术．北京：中国社会科学出版社，2010.

② 斯蒂格利茨．经济学（第3版）：下册．北京：中国人民大学出版社，2005：495；曼昆．宏观经济学（第5版）．北京：中国人民大学出版社，2005：148；约翰·泰勒．宏观经济学（第5版）．北京：中国市场出版社，2006：72-73；伊兰伯格，史密斯．现代劳动经济学——舆论与公共政策（第6版）．北京：中国人民大学出版社，1999：176.

与质量紧密相关的。那什么是劳动的数量？什么是劳动的质量呢？事实上，劳动量与劳动质是不可分割的，但为分析方便，我们还是分别加以考察。

劳动的数量，主要指人们用于工作的时间或者劳动力投入的总时数。经济学家在度量劳动量时通常考察人们的工作时数而不是工作人数。总时数（aggregate hours）是指经济中全体工作者工作的总小时数，由每个人工作的小时数和工作的人数决定。在现代经济学的分析框架中，人们常常用劳动工时数之总和来表示经济体中的劳动总供给。

劳动的质量体现在劳动过程之中，表现在工作效率和劳动效果上。劳动的质量是由三种要素决定的：一是劳动的复杂程度，比如对不同复杂程度的劳动工具掌握的情况；二是技术的熟练程度，比如单位时间完成特定劳动产品的进度和精度；三是知识的积累程度，比如参与不同种劳动的能力。劳动质量的不同，可解释为单位时间里的劳动含量不同。

同质的劳动量有可比性，不同质的劳动不能直接比较。从理论上，我们可以找到一种社会平均劳动量，这种劳动量可以成为换算各种不同质劳动量的基本单位。

2. 劳动力参与率①

劳动力参与率（labor force participation rate）指劳动力占劳动适龄人口的比重。其中劳动力包括就业者和潜在就业者。设 L 代表劳动力，P 代表劳动适龄人口，E 代表就业者人数，U 代表潜在就业者人数，则 $L=E+U$，劳动力参与率可以表示为：$l=L/P=(E+U)/P$。我们需要进一步明确劳动力的概念及其范围。劳动力通常指在一定的年龄内，具有劳动能力与就业要求，能够从事某种职业劳动的全部人口。世界上大多数国家，包括美国和中国，都以 16 周岁作为劳动年龄的分界线。因此，劳动力是指 16 周岁及 16 周岁以上正在工作或积极地寻找工作的人。劳动力中的从业人员，具体指从事一定社会劳动并取得劳动报酬或经营收入的人员。各国情况大体相同，就中国而言，包括全部职工、再就业的离退休人员、私营业主、个体户主、私营和个体从业人员、乡镇企业从业人员、农村从业人员、其他从业人员（包括民办教师、宗教职业者、现役军人）等。劳动力中还包括潜在就业者即积极寻找工作而未能实现就业者，或说是各类失业者。

劳动适龄人口指满足一定年龄条件（16 周岁及 16 周岁以上）的全部人口，其中不仅包括劳动力，而且包括非劳动力。这里的适龄非劳动力主要有五类：一是在家专事家务劳动的人，这是非就业型劳动；二是福利慈善工作者提供的劳动，这也是非就业型劳动；三是学生的实习劳动，即使有报酬，也属于非就业型劳动，因为学生在离开学校之前，不属于现实的劳动力；四是退休人员；五是病残和其他人员。②

以美国 1998 年情况为例③：总人口为 270 200 000 人，劳动适龄人口为 205 200 000 人，劳动力为 137 600 000 人（其中就业者 131 400 000 人，失业者 6 200 000 人），非劳动力为 67 600 000 人，因此，劳动力参与率为 137 600 000/205 200 000，即为 67%。失

① 斯蒂格利茨．经济学（第 3 版）：下册．北京：中国人民大学出版社，2005：495；曼昆．宏观经济学（第 5 版）．北京：中国人民大学出版社，2005：148；伊兰伯格，史密斯．现代劳动经济学——舆论与公共政策（第 6 版）．北京：中国人民大学出版社，1999：23.

② 布拉德利·希勒．当代宏观经济学（第 8 版）．北京：人民邮电出版社，2003：86.

③ 奥利维尔·布兰查德．宏观经济学（第 2 版）．北京：清华大学出版社，2003：126.

业率为 6 200 000/137 600 000，可得 4.5%。

劳动力参与率不仅是分析宏观经济运行质量的一个参考指标，更是分析社会经济发展和劳动供给变动的一个重要工具。一国的劳动力参与率受经济发展状况、教育的发达程度、人口增长、收入税收政策、产业结构、社会文化、传统等很多因素影响，比如经济发展快速阶段或经济繁荣时，工资率有上升趋势，劳动机会增多，劳动力参与率往往上升；反之，在经济衰退时，工资报酬下降，劳动机会减少，劳动力参与率也就会随之下降。同样，一个国家的教育程度越发达，劳动者接受教育的时间越长，劳动资源中受教育的人所占比重越高，劳动力参与率也就会随之下降。人口增长同样也与劳动力参与率有正比关系，人口增长快，劳动力以及潜在劳动资源增长都会加快，反之亦然。再比如，随着女性在社会中传统角色的改变，更多的妇女选择工作，也使得很多国家的劳动力参与率呈上升趋势。劳动力参与率偏低或偏高都不利于经济的发展，应当在统筹兼顾下找到适合一国国情的合理的劳动力参与率区间。

劳动力参与率根据劳动力进入、退出劳动力市场的时间，可分为各种类型。在大多数国家里，18 岁左右进入劳动力市场到 60 岁左右退出劳动力市场，是比较普遍的。在一些发展中国家，劳动力进入市场的时间都偏早，从而导致这些国家的劳动力参与率偏高，中国是其中之一。在这些国家中，收入偏低、教育普及程度偏低、养老保险等社会保障制度不完善而使二次就业偏大等，都会使劳动力参与率偏高。显然，推迟青少年劳动力参与年限，同时推迟劳动人群退休年限，是对社会有益的双赢选择。适度降低劳动力的参与率，从而缓解劳动力市场的就业压力，是维持社会稳定的重要措施之一。

3. 劳动力总量与劳动报酬总量的关系①

提供劳动的人所获得的报酬之和，被视为劳动的总报酬或总所得。劳动力总量与劳动报酬总量的关系，是一个表面简单实际上却易混淆的问题。若不仔细分析，就以为二者是可以等同的，其实不然。有着某种相等关系的是劳动总量与劳动报酬总量，而不是劳动力总量与劳动力报酬总量。对问题的误解往往导致解决问题思路的偏差。有这样一种思路：既然劳动总量就是全体劳动力提供的劳动量之和，那么，如果让全体劳动力共同分配既定的劳动报酬，即通过降低劳动者工资水平以增加对失业者的劳动需求，从而提高就业率，就不存在失业了。这当然是一种美好的想法，尤其是在失业率高的时候是受人欢迎的。但在现实中我们却找不到任何例证，为什么？

我们可以分析一下这种想法在理论上的漏洞。第一，在现实生活中，劳动报酬只是给予参加劳动的人，即实际工作的人。因此，劳动总量并不能对应于劳动力总量，而是对应着总劳动力中的一部分。第二，在现实生活中，劳动总量只是就业人员提供的，是实际发生的；而并没有计算失业劳动力的潜在劳动量，即未发生的。因此，劳动总量中不包括失业者未实际提供的潜在劳动量。第三，在现实生活中，劳动力是不同质的，劳动总量是不同质劳动量的折算之和，因此，总劳动量让全体劳动力平摊的前提是不存在的。第四，劳动总量是会因经济周期的变化而变化的。劳动总量不仅是由劳动提供方决定的，也是由劳动需求方决定的。如果经济出现波动，首先就会引起劳动需求量的变化，进而影响劳动量的规模，尤其是在经济衰退导致劳动量下降时更为明显。这时，就更不可能将固定劳动总量分摊给全体劳动者了。正如萨缪尔森所说，事实上，不存在固

① 萨缪尔森，诺德豪斯．经济学（第 17 版）．北京：人民邮电出版社，2004：209.

定不变的劳动总量被加以分配的情况，即不存在向失业的劳动大军分配稀缺工作的问题。[①]

最后要指出，在一定意义上这种观点有它的正确之处。在一个不考虑效率的制度下，如集权式的计划经济下，通过计划当局来推行广就业、低工资的政策有其可行性。但如果制度无效率而导致转型或改革，那么这种可行性也就不存在了。

二、劳动经济简要分析

1. 劳动供给分析——劳动总供给曲线与个人劳动供给曲线的比较

劳动总供给曲线揭示的是劳动总供给数量与当前实际工资的关系。劳动总供给曲线 L^S 一般向上倾斜（如图 7-1 所示）。

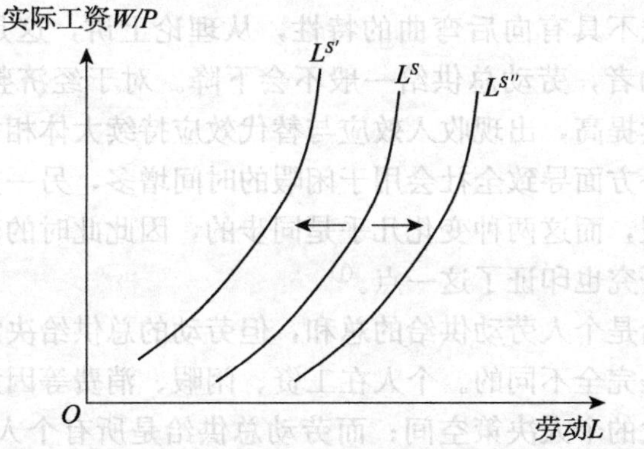

图 7-1　劳动总供给曲线

个人劳动供给曲线描述的是个人或家庭劳动供给量与当前实际工资的关系，个人劳动供给曲线 L^S 一般向上倾斜并后弯（如图 7-2 所示）。

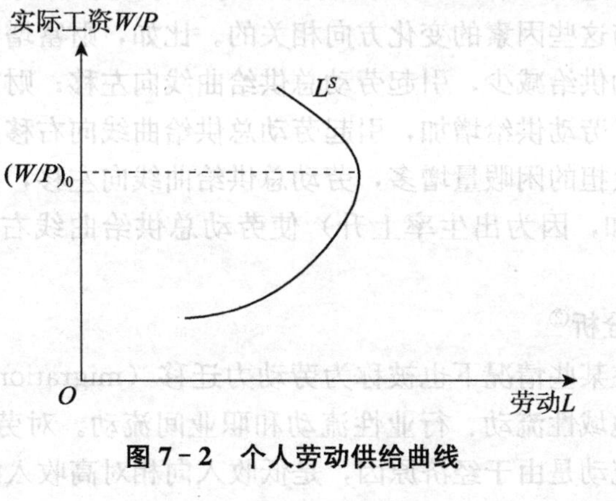

图 7-2　个人劳动供给曲线

① 萨缪尔森，诺德豪斯．经济学（第 17 版）．北京：人民邮电出版社，2004：209.

劳动总供给曲线和个人劳动供给曲线的相同之处在于：个人劳动供给曲线和劳动总供给曲线都是说明劳动量和劳动报酬即工资（这里用实际工资以排除物价因素的影响）之间的关系。进一步，也就是常用的价格和产量之间的关系。实际工资越高，提供的劳动量就越多，因此，两个图中的L^S曲线都是向右上方倾斜的。

但从图中可以看到，个人劳动供给曲线有向后弯曲的特性，即当工作报酬提高且劳动供给增加到某一点时，工作报酬再提高就出现了劳动供给减少的这种情形，在图 7-2 中表现为$(W/P)_0$点成为个人劳动供给曲线L^S向后弯曲的拐点。为什么呢？理论上的解释是，在$(W/P)_0$点上收入效应与替代效应相等，即再往上则收入效应大于替代效应。通俗讲就是，个人因收入增加而更多选择享受闲暇更少选择劳动的意愿，与因产量增长而更少选择闲暇更多拥有消费进而更多选择劳动的意愿在$(W/P)_0$上相等了，但随工资继续增长则出现了前一意愿高于后一意愿的情形，因而个人供给曲线向后弯曲。

劳动总供给曲线不具有向后弯曲的特性，从理论上讲，这是因为当工作报酬提高时，会吸引新的劳动者，劳动总供给一般不会下降。对于经济整体来说，在$(W/P)_0$点后，工作报酬继续提高，出现收入效应与替代效应持续大体相等的情形，即全社会平均的财富收入增加一方面导致全社会用于闲暇的时间增多，另一方面使得消费相对闲暇更便宜从而替代闲暇，而这两种变化几乎是同步的，因此此时的劳动总供给曲线接近于垂直。有关的实证研究也印证了这一点。①

虽然劳动总供给是个人劳动供给的总和，但劳动的总供给决定与个人或家庭在劳动供给时间上的选择是完全不同的。个人在工资、闲暇、消费等因素的比较中进行选择性的劳动供给，有很大的个人决策空间；而劳动总供给是所有个人劳动供给选择的结果，因此，其与收入的关系只是反映了结果，而不强调过程中的各种自由选择。关于这一点，我们看看法定的周工作小时制就清楚了，它反映了众多个人选择劳动时间的一个平均值，是相对固定的。

还要指出，在劳动总供给的图中，有三条平行的供给线。这里反映的是，受财富、预期未来实际工资、适龄工作人口、劳动力参与率等因素影响，劳动总供给曲线的移动。移动的方向是与这些因素的变化方向相关的。比如，财富增长使得劳动者能负担的闲暇时间增多，劳动供给减少，引起劳动总供给曲线向左移；财富减少使得劳动者能负担的闲暇时间减少，劳动供给增加，引起劳动总供给曲线向右移。预期未来实际工资的增加会使劳动者能负担的闲暇量增多，劳动总供给曲线向左移，反之则曲线右移；适龄工作人口增加（例如，因为出生率上升）使劳动总供给曲线右移，反之则曲线左移；等等。

2. 劳动力流动分析②

劳动力流动，在某些情况下也被称为劳动力迁移（migration of labor force），一般包含多重含义，即地域性流动、行业性流动和职业间流动。对劳动力流动的研究表明，70%～80%的人口流动是由于经济原因，是低收入向相对高收入的流动。

---

① 萨缪尔森，诺德豪斯．经济学（第 17 版）．北京：人民邮电出版社，2004：209.

② 本部分编写主要参考资料有：曾湘泉．劳动经济学．北京：中国劳动社会保障出版社，2005；杨河清．中国劳动经济蓝皮书（2009）．北京：中国劳动社会保障出版社，2010。

300 年来，众多经济学家都指出了收入与劳动力流动的关系。古典经济学创始人、英国经济学家威廉·配第（William Petty）在《政治算术》（1672 年）中就提出了不同产业收入差异定理，指出“与农业相比，工业的收入多，而商业收入更多”。这种收入差距必然会引起劳动力的流动和产业结构的调整。亚当·斯密在《国富论》中指出不同职业在报酬多寡、学费高低、精神是否愉悦、是否安定、责任的轻重等方面存在差异，这将最终导致劳动力在行业、职业、地区之间流动。美国教授 W. 阿瑟·刘易斯（W. Arthur Lewis）1954 年在《劳动力无限供给条件下的经济发展》一文中，首次提出了发展中国家农业劳动力向城镇工业部门流动的二元经济结构的发展模式。他认为，传统农业部门能够为先进的工业部门提供无限的劳动力供给，直到工业部门把农业部门的全部农业剩余劳动力吸收，二元经济也就变成了一元经济。1961 年，美国经济学家拉尼斯和费景汉（G. Ranis & C. H. Fei）在《美国经济评论》上发表了《一种经济发展理论》一文，分析了农村剩余劳动力流动的三个阶段及相应的工业中工资形成的关系。第一阶段，传统农业部门中存在大量的显性失业，农业剩余劳动力向城市流动不会影响工业工资水平；第二阶段，农业部门存在大量隐性失业，农村劳动力向城市部门转移会减少农产品供给而推高工业部门工资水平；第三阶段，农业部门也不存在隐性失业，工业部门要吸收农业劳动力就必须付出较高的、由劳动边际生产率决定的工资。显然，这个理论也重在从收入动因来分析农村劳动力流动。美国发展经济学家托达罗在《发展中国家城市失业和劳动力流动模型》中，分析研究了发展中国家城市失业加重而仍有大量农业劳动力涌入的现象，提出了城乡劳动力流动理论。他强调了预期收入的重要性，认为劳动力流动决策主要依据城乡预期收入差异和在城市就业的概率。当然，追求相对的高收入也不是唯一的理由，斯塔克的新迁移经济学理论就强调了家庭成员的个人迁移可以被视为家庭为了应付收入的不稳定而采取的一种自我保护行动。工资差异不是导致城乡迁移发生的必要条件，即便在不存在工资差距的情况下，家庭还是会有强烈的迁移动机，以求分散风险。

下面，以发展经济学中很有影响的哈里斯-托达罗的城乡人口迁移模型[①]为例，介绍劳动力流动与收入的关系。这个模型假设农村劳动力市场是完全竞争的，企业在城市雇用劳动力所付的工资高于市场的均衡水平，未找到正式工作的城市居民可以受雇于非正式部门。这一模型假设农民的迁移是在比较了迁移的预期效用和留在农村的预期效用后决定的。

哈里斯-托达罗的城乡人口迁移模型如图 7-3 所示。[②] 图中，横轴反映的是劳动力数量，L_m 表示城市制造业的劳动力数量，L_u 表示城市非正式部门的劳动就业量，L_r 表示农村劳动力数量，该模型中假设这三者之和为 1。纵轴反映的是工资水平，其中左纵轴反映的是城市工资水平，右纵轴反映的是农村收入水平。图中的 LL' 为劳动力流动曲线。$W_m=f'(L_m)$ 曲线反映的是城市工资水平与劳动力数量的反向变动关系，即工资水平越高，被雇用的城市劳动力越少。$W_r=g'(1-L_m-L_u)$ 曲线反映的是农村收入水平与劳动力数量的反向变动关系，即收入水平越高，能被吸纳的农村劳动力越少。

假设在纵轴上有 W_m^* 点，即有了一个城市工资水平，则它对应于 $W_m=f'(L_m)$ 上

① 李通屏等．人口经济学．北京：清华大学出版社，2008：308-309.

② 普兰纳布·巴德汉，克利斯托弗·尤迪．发展微观经济学．北京：北京大学出版社，2002.

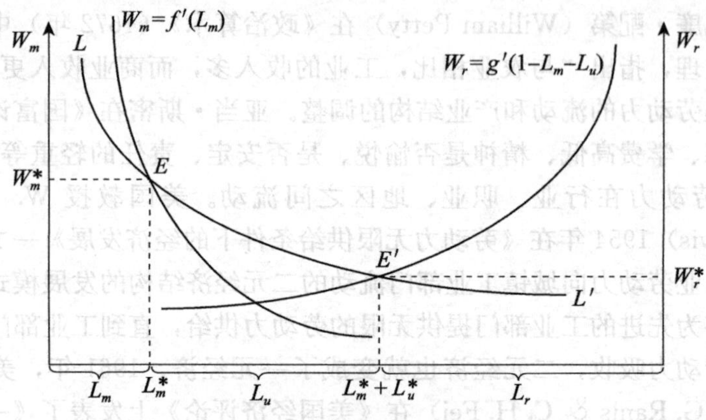

图 7-3　哈里斯-托达罗模型

的 E 点，并由 E 点可找到横轴上的 L_m^* 点，即在工资水平 W_m^* 下的劳动力数量。显然，此时的农村收入水平 $W_r{}^*$ 低于城市工资水平 W_m^*。二者之差距，是农村劳动力流向城市的动力。农民决定迁移时，形成了对这个差距大小的预期值。当该预期值为 0 时，劳动力流动就停止了，图中反映为劳动力流动曲线 LL' 与 $W_r=g'(1-L_m-L_u)$ 曲线的均衡点 E'。

进一步，应分析一下劳动力流动曲线 LL' 的形成，这是反映农村劳动力迁移的预期效用和留在农村的预期效用相等的点的轨迹，其公式是 $W_r=W_m\times\frac{L_m}{L_m+L_u}$，$W_r$ 是农村劳动力留在农村的预期效用，即农村劳动力市场的收入水平，$W_m\times\frac{L_m}{L_m+L_u}$ 是农村劳动力迁移的预期效用，即其在城市能够得到的期望工资水平，该期望工资水平等于城市正式部门的工资水平（W_m）与找到正式工作的概率（$\frac{L_m}{L_m+L_u}$）的乘积。将公式 $W_r=W_m\times\frac{L_m}{L_m+L_u}$ 变形后得 $W_r(L_u+L_m)=W_mL_m$，据此可画出若干平行的反比例曲线，其中过 E 点的某条曲线即为图中给定的城市工资水平 W_m^* 下的劳动力流动曲线 LL'。

哈里斯-托达罗模型提出以后，许多经济学家用发展中国家的实际人口迁移资料对其进行验证，一致认为：城乡收入差距的确是影响人口迁移的最重要因素之一。当然，该模型非正式部门的假设是有争议的。

3. 劳动生产率分析①

劳动生产率是指劳动者在一定时期内创造的劳动成果与其相适应的劳动消耗量的比值。劳动生产率是由劳动数量与质量、劳动对生产资料的使用、劳动在技术上的创造与运用等要素决定的，也会受生产过程中劳动者的分工、协作和劳动组合，以及与此相适应的工艺规程和经济管理方式的影响。劳动生产率水平可以用同一劳动在单位时间内生

① 主要参考资料有：坎贝尔·R. 麦克南，斯坦利·L. 布鲁伊. 经济学原理、问题与政策. 北京：中国财政经济出版社，2004：341-342；戴维·N. 韦尔. 经济增长. 北京：中国人民大学出版社，2007：165；曾湘泉. 劳动经济学. 北京：中国劳动社会保障出版社，2005：47；百度百科，http://baike.baidu.com/view/22499.htm。

产某种产品的数量来表示，单位时间内生产的产品数量越多，劳动生产率就越高；也可以用生产单位产品所耗费的劳动时间来表示，生产单位产品所需要的劳动时间越少，劳动生产率就越高。一国在任何年份的实际 GDP 都取决于其劳动力的投入（用工时来度量）乘以劳动生产率（用每个工人每小时的实际产量来度量）。劳动生产率是考核企业经济活动的重要指标。萨缪尔森说得好："一个国家可以购买最先进的通信设备、计算机、发电装置和超音速战斗机。但是，这些资本品只有那些有技术的、经过培训的劳工才能使用并使它们充分发挥效用。提高劳动的知识水平、健康程度和纪律意识，以及最近提高劳工的电脑操作技能，都将极大地提高劳动生产率。"①

劳动生产率的提高主要有两个途径：一个是技术进步，另一个是与经济结构相对应的就业结构的变化。由于技术进步，过去由两个人做的工作现在由一个人即可完成，劳动生产率提高了。就业弹性降低，也意味着劳动生产率的提高。就业弹性系数是研究经济发展与就业增长数量关系的函数，是指劳动力就业的增长率与经济增长率之间的比率。就业弹性系数的经济含义是指：经济每增长 1%，就业能增长多少个百分点。一般来说，在经济不断趋向成熟的过程中，就业的弹性会出现逐渐减小的趋势，就业弹性不断减小说明每创造一个增量的价值所需要的劳动增量变小了，这实际上意味着劳动生产率的提高。

行业劳动生产率的提高具有三个效应，它们是：(1) 纯生产效应（pure productivity effect）。该效应表示以基期产出或投入为权数的行业劳动生产率增长率，即按照基期产出或投入权重，计算行业劳动生产率增加率的加权平均值。之所以称为纯生产效应，是因为它测度了在产出或投入份额不变时各行业劳动生产率增加的平均值。(2) 流动效应，又称丹尼森效应（Denison effect）。该效应表示考察期内因为要素流动或投入权重差异所引起的生产率变动，即不同行业间劳动再分配对劳动生产率的影响。之所以称为丹尼森效应，是因为丹尼森认为劳动力从低生产率部门向高生产率部门转移也会提高整体劳动生产率。这是一种动态分析。(3) 行业权重效应，即鲍莫尔效应（Baumol effect）。该效应表示在考察期间内各行业劳动生产率和行业权重变动间的相互影响对整体劳动生产率的作用效果。之所以称为鲍莫尔效应，是因为鲍莫尔在其不平衡增长理论中阐述了整体产出与行业劳动生产率之间的关系——整体产出增长和行业劳动生产率增长正相关。这里是比较静态分析。

三、中国的劳动力总供给变化分析

劳动力供给是一个变量，受到人口规模和结构、经济结构和发展水平、人口流动、工资和失业水平等多种因素的影响和冲击。改革开放以来，随着劳动力市场化的推进，我国的劳动力资源不断丰富，劳动力供给变化特点突出。

（一）中国劳动力资源供给的变化

劳动力供给是影响经济增长和宏观经济运行的重要因素，结合数据的可比性和连续性等因素，下面我们以 1993 年为起始，从劳动力资源的规模变动和劳动力资源的结构

① 萨缪尔森，诺德豪斯．经济学（第 17 版）．北京：人民邮电出版社，2004：457.

变动两个角度，回顾劳动力供给的变动情况。

1. 劳动力资源的规模变动

表 7-1 从劳动力资源总量、劳动力参与率、劳动力工时数量等几个方面选取相关主要指标，展示了中国劳动力资源规模变动的情况。

表 7-1　　中国劳动力资源的规模变动表

指标	单位	1993	1998	2003	2008	2015
总人口	万人	118 517	124 761	129 227	132 802	137 462
劳动力资源	万人	81 510	85 684	99 836	105 789	113 296
经济活动人口	万人	60 969	72 087	76 075	77 046	80 091
劳动力参与率	%	74.8	84.1	76.2	72.9	70.7
指标	单位	2005 年 11 月	2006 年 11 月	2007 年 11 月	2008 年 11 月	2015 年 11 月
城镇就业人员调查周平均工作时间	小时/周	47.8	47.3	45.5	44.6	45.5

说明：1. 劳动力资源包括经济活动人口与非经济活动人口。2. 劳动力参与率根据劳动力资源和经济活动人口数计算。

资料来源：国家统计局．中国统计年鉴 2016. 北京：中国统计出版社，2016；国家统计局，人力资源与社会保障部．中国劳动统计年鉴 2016. 北京：中国统计出版社，2016.

从表 7-1 中可看到，1993 年我国劳动力资源总量为 8.2 亿人，2015 年增至 11.3 亿人，年均增速约 0.7%；2015 年我国劳动力资源总量占总人口比重为 82.4%，相较 1993 年增加了 13.6 个百分点，年均提高 0.62 个百分点。显然，1993 年以来，我国劳动供给总量不断增加。还可以看到，1993—2015 年，我国劳动力参与率变动区间为 70%～84%，呈现先增加后降低的趋势，这与我国劳动适龄人口接受教育的年限普遍提高，进入劳动力市场时间推迟等因素相关。就劳动力工时数量而言，2005 年以来，我国城镇就业人员调查周工作平均时间均在 40 小时以上，且呈下降趋势。另据相关分析①，从学历水平分布角度看，我国高中学历以下劳动力周平均工作时间在 48 小时以上的人群比重最高，这些劳动力主要从事建筑、批发零售、住宿餐饮等行业，劳动时间长，相对强度较大。

2. 劳动力资源的结构变动

表 7-2 从劳动力资源的年龄结构、城乡结构、产业结构以及素质结构等方面选取相关主要指标，展示了中国劳动力资源结构变动的情况。为便于比较，数据年代截取间隔为 5 年，其中 2000 年数据为人口普查数据，1995 年数据为 1%人口抽样调查数据。

① 杨河清．中国劳动经济蓝皮书（2009）. 北京：中国劳动社会保障出版社，2010.

表 7-2　　中国劳动力资源的结构变动表（%）

	指标	1995	2000	2003	2008	2015
年龄结构	15～24 岁	24.2	22.7	21.3	26.6	9.7
	25～44 岁	50.1	50.1	48.1	40.6	51.6
	45～64 岁	25.7	27.2	30.6	32.7	34.7
	指标	1993	1998	2003	2008	2015
城乡结构	城镇就业人员比重	27.3	30.6	34.4	39.0	52.2
	乡村就业人员比重	72.7	69.4	65.6	61.0	47.8
	指标	1993	1998	2003	2008	2015
产业结构	一产就业人员比重	56.4	49.8	49.1	39.6	28.3
	二产就业人员比重	22.4	23.5	21.6	27.2	29.3
	三产就业人员比重	21.2	26.7	29.3	33.2	42.4
	指标	1982	1990	2000	2008	2015
素质结构	文盲率	22.8	15.9	6.7	7.8	5.7
	大专及以上人口比重	1.0	2.0	4.3	6.7	9.8
	预期寿命	67.77*	68.55	71.40	—	76.34

说明：1. 1990、2000 年数据分别为第四次、第五次人口普查数据；1995 年数据为 1%人口抽样调查数据。2. * 表示 1981 年数据。3. 年龄结构数据根据劳动力人口年龄分布计算。

资料来源：国家统计局．中国统计年鉴 2016. 北京：中国统计出版社，2016；国家统计局人口和就业统计司，人力资源和社会保障部规划财务司．中国劳动统计年鉴 2016. 北京：中国统计出版社，2016；国家统计局人口和就业统计司．中国人口和就业统计年鉴 2010. 北京：中国统计出版社，2016.

由表 7-2 可知，我国劳动力资源的年龄结构呈以下特点：15～24 岁年龄组的劳动适龄人口比重总体呈下降趋势，近几年下降速度有所加快；25～44 岁年龄组的劳动适龄人口比重总体保持稳定，近几年有小幅上升；45～64 岁年龄组的劳动适龄人口比重则呈上升趋势，这意味着我国劳动适龄人口群体出现老化趋势，且老化速度有所加快，考虑到各个年龄段劳动力参与率的差异，人口老龄化问题将是我国劳动力资源供给面临的又一大挑战。

改革开放以来，我国劳动力资源的城乡结构也发生了较大变化。表 7-2 的数据显示，目前我国城镇就业人员的比重持续上升，乡村就业人员比重呈不断下降的趋势，且乡村就业人员比重已低于城镇就业人员比重。我国劳动力资源的产业结构格局也发生了较大变化：第一产业就业人员比重持续降低，2015 年相对 1993 年降低了 28.1 个百分点；第二产业就业人员比重经历了先降低再上升的过程；第三产业就业人员比重则不断上升，2015 年相对 1993 年增加了 21.2 个百分点。劳动力资源素质结构不断优化：劳动人口的文盲率不断下降，大专及以上人口比重不断上升，人口预期寿命也逐步提高，劳动力供给的质量得到了较大改善。

（二）中国劳动力流动规模的变动

在我国现阶段，农村剩余劳动力转移是劳动力流动最主要的形式，因此学界大多以跨乡镇的农村劳动力流动为口径估算其规模，具有一定的可比性。表 7-3 列出了不同来源的我国农村劳动力流动规模的估算值。

表 7-3　　关于我国农村劳动力流动规模的估计

年份	农村劳动力流动规模（万人）	数据来源
1983	200	国务院发展研究中心（杜鑫）
1985	2 000	盛来运
1995	7 500	劳动部、国家统计局（谭永生）
1999	10 107	国家统计局农调总队（胡枫）
2004	10 260	农业部（蔡昉）
2008	14 040	国家统计局
2009	14 533	国家统计局（农民工监测调查）
2015	16 884	国家统计局（农民工监测调查）

资料来源：1983—2008 年数据摘自：杨河清．中国劳动经济蓝皮书（2009）．北京：中国劳动社会保障出版社，2010：125-126。2009 年数据摘自：国家统计局农村司．2009 年农民工监测调查报告。2015 年数据摘自：国家统计局农村司．2015 年农民工监测调查报告。

为全面、及时、准确地反映农民工数量、流向、结构、就业、收支、居住、社会保障等情况，国家统计局于 2008 年底建立了农民工统计监测调查制度。据对全国 31 个省（区、市）23.6 万个农村住户和 8 906 个行政村的农民工监测调查结果推算，形成并发布了《2015 年农民工监测调查报告》。2015 年全国农民工总量为 27 747 万人，其中外出农民工总量为 16 884 万人，占农民工总量的 60.8%；本地农民工总量为 10 863 万人，比重为 39.2%。从输出地看，东部地区仍是农民工的主要来源，2015 年东部地区农民工达 10 760 万人，占全国农民工总量的比重为 38.8%，中部和西部地区各占 34.6%、26.6%。2015 年全国农民工外出流向和地域分布格局主要呈现以下几个特点：一是东部地区仍是外出农民工的主要流向地，但是农民工已开始从东部地区向中西部地区转移；二是跨省农村劳动力流动仍是主体，但是到省外务工的农民工比重在下降，中西部地区农民工就近转移加快；三是在长三角和珠三角务工的农民工数量减少明显，特别是在珠三角地区务工的农民工大幅减少，"用工荒"问题凸显；四是地级及以上城市吸纳的外出务工农民工较多，占外出农民工总量的 63.3%。

（三）中国劳动生产率的变化

劳动生产率的提高是劳动供给提高的重要方面。表 7-4 列出了 1978—2015 年以可比价计算的中国全员劳动生产率及三次产业劳动生产率的变化情况，其中全员劳动生产率分别用算术平均和加权平均方法计算，可比价基期为 1978 年。

表 7-4　　中国劳动力生产率变化表

指标 年份	全员劳动生产率（算术平均）		全员劳动生产率（加权平均）		一产劳动生产率	二产劳动生产率	三产劳动生产率
	绝对值（元/人）	增速（%）	绝对值（元/人）	增速（%）	绝对值（元/人）	绝对值（元/人）	绝对值（元/人）
1978	908	—	1 732		363	2 513	1 784
1979	956	5.3	1 802	4.0	381	2 618	1 818

续前表

指标 年份	全员劳动生产率（算术平均）		全员劳动生产率（加权平均）		一产劳动生产率	二产劳动生产率	三产劳动生产率
	绝对值（元/人）	增速（%）	绝对值（元/人）	增速（%）	绝对值（元/人）	绝对值（元/人）	绝对值（元/人）
1980	998	4.4	1 930	7.1	369	2 783	1 803
1985	1 410	9.7	2 446	12.9	513	3 327	2 418
1990	1 586	−11.3	2 887	−12.2	503	3 830	2 638
1995	2 690	9.9	5 877	11.7	676	7 555	3 137
1996	2 921	8.6	6 408	9.0	725	8 183	3 232
1997	3 153	7.9	6 994	9.1	750	8 853	3 480
1998	3 361	6.6	7 627	9.1	769	9 611	3 686
1999	3 578	6.5	8 357	9.6	777	10 506	3 958
2000	3 843	7.4	9 281	11.1	790	11 640	4 208
2001	4 108	6.9	10 052	8.3	801	12 572	4 547
2002	4 438	8.0	11 361	13.0	817	14 249	4 816
2003	4 838	9.0	12 736	12.1	844	15 758	5 100
2004	5 271	9.0	13 535	6.3	930	16 637	5 320
2005	5 819	10.4	14 356	6.1	1 016	17 447	5 780
2006	6 507	11.8	15 483	7.9	1 113	18 609	6 371
2007	7 372	13.3	16 892	9.1	1 196	19 955	7 299
2008	8 031	8.9	18 178	7.6	1 293	21 428	7 808
2009	8 705	8.4	19 549	7.5	1 390	22 933	8 252
2010	10 021	15.1	21 178	8.3	1 385	23 640	8 886
2011	10 931	9.1	22 642	6.9	1 494	25 709	9 569
2012	11 746	7.5	23 620	4.3	1 635	27 571	10 113
2013	12 613	7.4	24 803	5.0	1 762	28 981	10 762
2014	13 485	6.9	26 096	5.2	1 951	31 392	10 890
2015	14 380	6.6	27 177	4.1	2 153	33 817	11 093

说明：1. 表中各年国内生产总值及三次产业增加值均以可比价计算，基期为 1978 年。2. 全员劳动生产率（加权平均）权重为各产业增加值在国内生产总值中的比重。

资料来源：国家统计局．中国统计年鉴 2016. 北京：中国统计出版社，2016；国家统计局人口和就业统计司，人力资源和社会保障部规划财务司．中国劳动统计年鉴 2016. 北京：中国统计出版社，2016.

根据表 7 - 4 中数据可得以下几点结论：1978 年以来，我国全员劳动生产率保持了较高的增长速度，2015 年全员劳动生产率的算术平均水平和加权平均水平相较 1978 年分别增加了 14.8 倍和 14.7 倍，年均增长率分别达 7.75％和 7.72％。期间各年的增幅变化较大，极个别年份出现负增长，但总体而言，上升趋势为主导，且 2000 年以来增速趋于稳定。

(四) 劳动供给制度的改革[①]

中国劳动总供给一步步优化，与近40年来在用工制度、工资制度、劳动保护制度等方面的改革是分不开的。

从1980年开始，进行劳动合同制的试点探索，到1986年，国务院发布《国营企业实行劳动合同制暂行规定》，对新招收录用的工人一律采用劳动合同制。到1992年，劳动部发出《关于扩大试行全员劳动合同制的通知》，1994年制定和颁布了《中华人民共和国劳动法》（简称《劳动法》）及一系列相关配套法规，明确推出全员劳动合同制，由此实现了国有经济内部用工制度的并轨，并在法律上确认了劳动力供求双方在劳动合同基础上可进行双向选择。同时，改革了社会劳动保险体制，初步建立起统一的、覆盖全部城镇劳动者的失业、养老、医疗保险制度。2000年组织部和人事部联合下发了《关于加快推进事业单位人事制度改革的意见》，2002年国务院办公厅转发了人事部《关于在事业单位试行人员聘用制度的意见》，决定对事业单位新录用人员一律实行聘任制。此外，在新增就业人群中，城镇大中专毕业生的分配陆续放开。[②] 2003年劳动和社会保障部颁布的《关于农民工适用劳动法律有关问题的复函》指出，凡是与企业签订劳动关系的农民工，《劳动法》对其也是适用的。随后还要求各地劳动保障部门本着"公平对待，合理引导，完善管理，搞好服务"的方针，消除限制农民进城务工就业的歧视性政策，努力营造城乡劳动者公平就业的政策环境。2004年，建设部颁布《关于进一步解决拖欠农民工工资问题的紧急通知》，要求各地政府采用法律、经济和必要的行政措施，督促拖欠农民工工资的企业尽快偿付，并落实责任追究制度，对恶意拖欠和拒不按计划偿付的，要依法严肃处理。劳动和社会保障部颁布《关于农民工参加工伤保险有关问题的通知》《关于开展春风行动完善农民工就业服务的通知》，要求各级政府高度重视农民工工伤保险权益维护工作，进一步改善农民进城就业环境，加强对进城求职农民的就业服务，净化劳动力市场，改善就业环境，使进城求职农民能得到及时有效的就业服务。2005年的政策与2004年相比较，进一步保护了农民工权益，进一步改善了就业环境，更加重视农民工合同管理问题。2006年颁布了近十部法规，均是围绕农民工就业环境的改善，农民工权益的保障，改善农民工的劳动关系，实行城乡平等的就业制度，农民工权益保障制度的建设等。2008年落实《国务院机构改革方案》，人事部、劳动和社会保障部合并为人力资源和社会保障部，统一规范的人力资源市场也出现新的发展局面。

2009年以来，为进一步应对适龄劳动人口总量出现负增长和就业的结构性、摩擦性矛盾日益突出等问题，国家继续深化劳动力供给制度改革：一是实施"二孩"政策。2011年全面实施"双独二孩"政策；2013年开始实施"单独二孩"政策；2015年党的第十八届中央委员会第五次全体会议公报指出，"坚持计划生育基本国策，积极开展应对人口老龄化行动，实施全面二孩政策"。二是户籍制度改革。2012年国务院办公厅下发《关于积极稳妥推进户籍管理制度改革的通知》，2014年国务院正式公布《关于进一

① 杨河清．中国劳动经济蓝皮书（2009）．北京：中国劳动社会保障出版社，2010：119－122；刘燕斌．中国劳动保障发展报告（2017）．北京：社会科学文献出版社，2017：1－37.

② 鲁利玲．推进要素市场化．光明观察，2006（2）.

步推进户籍制度改革的意见》，着力提高劳动力的流动性和供给能力。三是调整最低工资标准。全国31个省市先后在2015—2017年集中进行了调整，平均上调幅度较2010年提高15%左右。四是缩小行业间工资分配差距。城镇单位就业人员平均工资最高行业与最低行业工资倍数由2010年的4.2倍降到2015年的3.59倍。

第二节　经济增长中的资本供给

我们主要从资本供给和资本交易两个角度来考察作为生产要素的资本。从资本供给角度看，有国内来源与国外来源。在国内资本来源上，最突出的变化是民间资本在增加，对经济增长的贡献在提高。在国外资本来源上，主要是外资对中国全社会资金供给的贡献逐渐增加。从资本交易角度看，中国各类资本市场建成并日益完善，交易规模不断扩大，交易行为更加规范。

本节中的“资本供给”不同于第四章中讲的“投资”，那是从总需求角度进行分析，这里要从总供给角度进行分析，内容相似，角度不同。在本节中，我们重点分析生产性资本和资本品，但会简要介绍金融资本的某些理论要点。

一、基本概念剖析[①]

1. 实物资本和虚拟资本

资本（capital）是生产产品的基本要素，它包括实物资本、货币资本和人力资本等不同的形式。实物资本指厂房、办公楼、机器设备、原材料和库存，还有道路、港口等基础设施、运输商品和原材料的交通工具等；货币资本指可流通的票据和证券等；人力资本指个人在经过教育、培训和保健后所获得的能力和技巧。商标、专利权等也被包括在资本之内。虚拟资本（fictitious capital）是以有价证券的形式存在、能给持有者按期带来一定收入的股票、公债券、不动产抵押单等。广义的虚拟资本还包括银行的借贷信用（期票、汇票、存款货币等）、名义存款准备金以及由投机票据等形成的资本的总称。

虚拟资本是以实体资本为基础的，没有实体经济，就没有虚拟资本，即没有股份制企业，没有发行债券和其他有价证券的经济实体，股票和债券等有价证券或者说虚拟资本也就不可能产生。虚拟资本虽然可能比较容易获得利润甚至大额利润，但它不能创造价值，它的利润的价值最终来源于实体经济。虚拟资本能否实现价值增值，必须以企业实体资本运作的有效性为前提。同时，虚拟资本又独立于实体资本。例如上市股票可在资本市场流通转让，用于获取交易（价差）利润。在有价证券基础上产生的金融衍生工具更具相对独立性。

---

① 胡代光，高鸿业．现代西方经济学辞典．北京：中国社会科学出版社，1996：90、418；戴维·N. 韦尔．经济增长．北京：中国人民大学出版社，2007：49；戴维·皮尔斯．现代经济学词典．上海：上海译文出版社，1988：26；斯蒂格利茨．经济学：下册．北京：中国人民大学出版社，2010：203-204.

2. 资本流量和资本存量①

资本流量（capital flows）是一定时期内发生的资本变动的数值。在一个经济过程中，期末资金与期初资金的差额是资本流量。投资是一个资本流量的概念，它多指一年中增加到资本存量上的新的资本流量。投资是厂商在厂房、设备和存货上的支出以及家庭在住宅上的支出的综合。经济体中的流动资金增加额也是资本流量。从货币资本角度看，资金流量也是一种资本流量。狭义的资金流量主要是指金融交易流量，也就是以现金、信用、证券等金融资产负债为交易对象而形成的资金流量。广义的资金流量概念，指整个社会资金的循环过程，体现了与实物循环对应的价值循环。资本按流向划分为资本流入和资本流出。资本流入分为短期资本流入和长期资本流入，资本流出分为短期资本流出和长期资本流出。就一国而言，资本流出如向外国居民购买债券使一国资产增加或负债减少，资本流入如进口商品支付外汇计入短期资本流入，使该国短期金融资产减少。

资本存量（capital stock）是作为生产基础的全部建筑物和机器的总价值。按照1993 年国民经济核算体系的定义主要包括固定资产、存货，是剔除固定资本消耗后的资本形成总额的累计。从企业资本经营角度看，资本存量是已投入企业的各类资本的总和，是企业现存的实物资本总量，它通常可反映企业现有生产经营规模和技术水平。资本存量增加是经济增长的源泉之一。资本存量以资产形式存在又叫资产存量。根据它在生产过程中所处的状态可以划分为两类，即正在参与再生产的资产存量和处于闲置状态的资产存量，后者包括闲置的厂房、机器设备等。由资本的边际收益和资本的租赁价格相等可确定资本存量的合理规模。而从社会角度看，资本存量是指经济社会在某一时点上的资本总量。

资本流量与资本存量之间有着密切的关系。一方面，资本流量规模在一定程度上决定于资本存量的大小，例如一国的投资流量决定于该国资本存量的规模；另一方面，资本存量的大小又依赖于资本流量在相应时期内的变动大小。例如一国的资本存量依其一定时期内的流入量和流出量的大小而改变。

3. 资本积累和资本折旧②

资本积累（capital accumulation）是增加资本存量的过程，是扩大再生产的前提条件。从企业角度看，资本积累是企业扩大再生产的源泉，展示了企业的发展潜力。从国家角度看，资本积累是国有资产投入社会经济领域形成的资本存量增长，象征着国家财政和国有经济实力的提升。广义的国有资本则包括所有被宪法认定的国有财产。从社会角度看，资本积累和全社会资本即所有各类资本组成的总和即社会总资本存量的增长，象征着国家实力提升和具有更大发展潜力。

资本积累变化是通过资本积累率反映的。企业资本积累率反映了投资者投入企业资本的增长性，该指标越高，表明企业的资本积累越多，持续发展的能力越大。在会计账

---

① 胡代光，高鸿业．现代西方经济学辞典．北京：中国社会科学出版社，1996：579；罗伯特．宏观经济学原理．北京：中国人民大学出版社，2008：82；斯蒂芬．宏观经济学．北京：中国人民大学出版社，2007：505、533、590－593.

② 戴维·皮尔斯．现代经济学词典．上海：上海译文出版社，1988：70；胡代光，高鸿业．现代西方经济学辞典．北京：中国社会科学出版社，1996：645；斯蒂格利茨．经济学：下册．北京：中国人民大学出版社，2010：579、590；高鸿业．西方经济学．北京：中国人民大学出版社，2007：137.

目上，资本积累率是企业本年所有者权益增长额与年初所有者权益的比率，反映企业当年资本的积累能力。所有者权益（owner's equities）是指资产扣除负债后由所有者应享的剩余利益，即一个经济主体在一定时期所拥有或可控制的具有未来经济利益资源的净额，包括所有者投入的资本、直接计入所有者权益的利得和损失、留存收益等。所有者权益按经济内容划分，可分为投入资本、资本公积、盈余公积和未分配利润四种，如按形成渠道划分，可分为原始投入的资本和经营中形成的资本。

资产折旧（depreciation of an asset）指资产价值的下降。无论在国民经济核算还是在企业核算中折旧都指在所考察的时期，资产所消耗掉的价值的货币估计值。在国民收入账户中也被称为资本消耗补偿（capital consumption allowance）。固定资产的物质形态在报废之前是在生产中长期被使用的，它的价值却是按照其在生产中的损耗程度逐渐地转移到产品中去的。为了保证再生产的正常继续进行，必须在产品销售以后，把那部分已经转移到新产品中去的固定资产的价值，以货币形式提取并积累起来，以便若干年后即在固定资产价值全部转移完毕时用于更新固定资产。这种按固定资产的损耗程度进行补偿的方法就称为折旧。资本存量在每期都按照一定的比例折旧，即折旧率（depreciation rate）。

4. 资本市场的短期均衡与长期均衡①

资本市场是指资金交易（筹集、借入和借出）市场。在资本市场中，家庭是资本的供给方，厂商是资本的需求方，供求双方的共同作用形成实际利率。下面，我们以一个没有人口增长或技术变革的稳定状态为背景来分析短期资本市场和长期资本市场的供求平衡及均衡利率的决定，并且在该例中，所有实物资本品都是同质、无差别的。

在短期资本市场中，随着利率的升高，企业对资本的需求逐渐减少；而资本的供给总量在短期内无法随收益率的改变而改变，是刚性的，因此短期资本市场的均衡主要取决于资本的需求。在某一利率水平下，市场上的资本正好全部分配给有需求的企业，资本的回报率正好等于市场利率，从而市场出清，此时的利率水平即为短期资本市场的均衡利率。高于均衡利率的利率水平会使企业不愿借钱进行投资，而低于均衡利率的利率水平会刺激企业扩张性的借贷。只有在均衡利率水平下，资本的供需才是均衡的。

短期资本市场的均衡状态会因为家庭的储蓄积累进而市场上资本存量增加而被打破，从而形成长期资本供给。与短期资本供给不同，在长期中，资本的供给是有弹性的，并且与利率呈正向变动关系，即利率越高，人们愿意提供的资金越多。因此，在长期资本市场中，资本供求使资本市场重新出清，形成长期资本均衡，长期资本均衡决定的利率水平即长期均衡利率。在均衡利率下，企业拥有的意愿资本存量与人们愿意提供的财富数量相当，此时，达到了长期均衡。

专栏一　　资本项目名称简表

国际货币基金组织编撰的《国际货币基金组织汇兑安排与汇兑限制年报》，将资本项目交易分为7大类共40个子项，如表7-5所示。

---

① 萨缪尔森，诺德豪斯．经济学（第17版）．北京：人民邮电出版社，2004：226-227.

表 7-5　　　　资本项目名称简表

一、资本和货币市场工具
1. 资本市场证券交易
A. 买卖股票或有参股性质的其他证券
非居民在境内购买
非居民在境内出售或发行
居民在境外购买
居民在境外出售或发行
B. 债券和其他债务性证券
非居民在境内购买
非居民在境内出售和发行
居民在境外购买
居民在境外出售和发行
2. 货币市场工具
非居民在境内购买
非居民在境内出售或发行
居民在境外购买
居民在境外出售或发行
3. 集体投资类证券
非居民在境内购买
非居民在境内出售和发行
居民在境外购买
居民在境外出售和发行
二、对衍生工具和其他工具的管制
非居民在境内购买
非居民在境内出售和发行
居民在境外购买
居民在境外出售和发行
三、对信贷业务的管制
1. 商业信贷
居民向非居民提供
非居民向居民提供
2. 金融信贷
居民向非居民提供
非居民向居民提供
3. 担保、保证和备用融资便利
居民向非居民提供
非居民向居民提供
四、对直接投资的管制
1. 对外直接投资
A. 创建或拓展完全由自己拥有的企业、子公司，或全额收购现有企业
B. 对新建或现有企业的入股
2. 对内直接投资
A. 创建或拓展完全由自己拥有的企业、子公司，或全额收购现有企业
B. 对新建或现有企业的入股
五、对直接投资清盘的管制
六、对不动产交易的管制
居民在境外购买
非居民在境内购买
非居民在境内出售
七、对个人资本流动的管制
1. 贷款
居民向非居民提供
非居民向居民提供
2. 礼品、捐赠、遗赠和遗产
居民向非居民提供
非居民向居民提供
3. 外国移民在境外的债务结算
4. 资产的转移
移民向国外的转移
移民向国内的转移
5. 博彩和中奖收入的转移
6. 非居民员工的储蓄

说明：根据《国家外汇管理局年报 2016》，截至 2015 年末，中国 90%的资本项目交易已实现可兑换。
资料来源：国家外汇管理局网站，中国人民银行网站.

二、经典模型选解：拉姆齐-卡斯-库普曼斯经济增长模型[①]

1. 人物及背景

弗兰克·拉姆齐（Frank Ramsey）是英国剑桥大学的天才数学家和逻辑学家，他

① 戴维·罗默．高级宏观经济学．上海：上海财经大学出版社，2009：52－95；孔爱国．高级宏观经济学教程．上海：上海三联书店，2003：42－54；范金，朱强，王艳．中级宏观经济学．北京：经济管理出版社，2004：338－342.

26 岁就英年早逝。他在《储蓄的数学理论》（1928）这一论文中讨论了单一部门最优增长问题，奠定了最优积累和最优增长理论研究的基础。凯恩斯曾评价此论文为“对数理经济学所做的最卓越的贡献之一”①。1965 年，卡斯（Cass）在《总量资本积累模式中的最优增长》、库普曼斯（Koopmans）在《论最优经济增长的概念》等文章中，在拉姆齐模式的基础上引入贴现率和外生指数的人口增长，建立了一个储蓄率内生化的最优增长模型，称为拉姆齐-卡斯-库普曼斯模型（Ramsey-Cass-Koopmans model），书中简称为拉姆齐模型。

2. 关键方程或模型

拉姆齐模型的动态方程为：

$$\dot{k}=f(k)-c-(n+g)k \tag{7-1}$$

$$\frac{\dot{c}}{c}=\frac{f'(k)-\rho-\theta g}{\theta} \tag{7-2}$$

式（7-1）中，c 为单位有效劳动的平均消费，其余字母的含义同索洛模型，有效劳动资本变动率 $\dot{k}$ 也是实际投资与持平投资之差。由于假定没有折旧，因此持平投资为 $(n+g)k$；实际投资为产出减消费，即 $f(k)-c$。

式（7-2）描述了在给定 $c(0)$ 的情况下，$c(t)$ 如何随时间的变化而变动。由于人均消费 $C(t)$ 等于每单位有效劳动的平均消费 $c(t)$ 乘以劳动的有效性 $A(t)$，即 $C(t)=c(t)A(t)$，所以，$C(t)$ 的增长率等于 $c(t)$ 和 $A(t)$ 的增长率之和，人均消费的增长率 $\frac{\dot{C}(t)}{C(t)}$ 等于资本的收益率 $f'(k)$ 与贴现率 ρ 之差乘以消费的替代弹性 $\frac{1}{\theta}$，即 $\frac{\dot{C}(t)}{C(t)}=\frac{f'(k)-\rho}{\theta}$（$\theta$ 为相对风险规避系数，$\theta>0$；$1/\theta$ 则为任意两时点消费的替代弹性；ρ 为贴现率）。因此，如果真实利率（即资本的收益率）大于家庭对未来消费进行贴现时的贴现率，则人均消费上升；反之则下降。

3. 关键图示及解释

图 7-4 表明了单位有效劳动的平均消费 c 和单位有效劳动的资本存量 k 的关系。根据式（7-1），当 $\dot{k}=0$ 时，$c=f(k)-(n+g)k$，据此，可得到图 7-4 中的 $\dot{k}=0$ 线；根据式（7-2），当 $\dot{c}=0$ 时，$f'(k)=\rho+\theta g$，据此，可得到图 7-4 中的 $\dot{c}=0$ 线。$\dot{k}=0$ 线和 $\dot{c}=0$ 线的交点是 E 点。在 E 点上，$\dot{c}=0$，$\dot{k}=0$，c 和 k 保持不变，经济处于均衡状态。在 E 点的上、下、左、右共 4 个方位中，出现了 c 和 k 的不同组合关系。箭头表示 c 和 k 的运动方向：在 $\dot{c}=0$ 线的左方和 $\dot{k}=0$ 线的上方，$\dot{c}$ 为正，$\dot{k}$ 为负，因而 c 在上升，而 k 在下降，因而箭头指向上方和左方。同理可得出该图中其他部分的箭头。在 $\dot{c}=0$ 和 $\dot{k}=0$ 线上，c 和 k 只有一个在变，因此，箭头只指向一个方向。

4. 特征归纳

该模型中，家庭在经济总量分析中占有特别重要的地位。因为一方面，家庭被认定是消费的主体，其效用最大化决定着消费的数量；另一方面，家庭被认定是生产劳动和资本的供给方，它从生产劳动和提供资本中获利。因此，从家庭总和角度分析经济总量

① 石良平．中级宏观经济学．上海：上海财经大学出版社，2004：57.

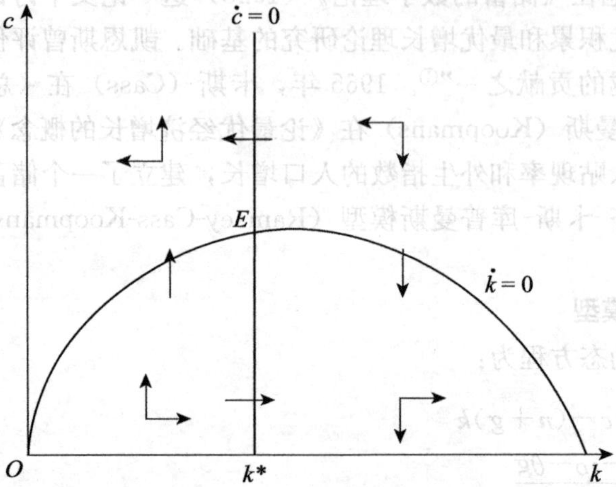

图 7-4　c 和 k 的动态均衡图

变化，是一个非常有特色的选择。也正因为如此，储蓄率成为内生变量，而不同于索洛模型中储蓄率外生的假定。经济学界认为，拉姆齐模型是宏观经济学中第一次系统阐述具有微观基础的宏观模型。

对于 k 的任意初始正值，都存在唯一的 c 的初值，使经济从该点出发系统达到均衡增长道路。也就是说，资本和消费有达到均衡的唯一比例。与索洛模型一样，这里反映的也是在均衡增长路径上，总资本存量、总产量、总消费以人口和技术进步增长率（$n+g$）的速度增长，以及人均资本、人均产出、人均消费以技术进步增长率 g 的速度增长。

5. 应用前景评价

拉姆齐模型反映了经济增长中资本存量、家庭消费和厂商行为的关系。对这些影响经济增长的因素进行观察和分析有着普遍的意义。就中国经济而言，拉姆齐模型给我们的启示有三点：(1) 家庭充当了生产者和消费者的双重身份，对其行为的研究是理解宏观经济和经济增长的不可或缺部分。(2) 对经济长期均衡增长，寻求投资与消费的合理比例是很重要的。(3) 贴现率与利率的关系在影响经济变量和经济行为中的作用，也要给予必要的重视。

三、中国经济增长中的资本供给

中国改革开放近 40 年来，经济保持了高速增长，其中资本的作用是很大的。本节重点展示资本供给的快速提升，分析资本供给渠道与机制的新变化和新特点。

1. 资本供给总量估算[①]

我们采用国内资本存量测算方法。国内资本存量是指与生产过程有关的非金融资产，按照 1993 年国民经济核算体系的定义主要包括固定资产、存货，因此，可视为社会生产总资本。可将资本存量定义为剔除固定资本消耗后的资本形成总额的累计和，根据计价方式的不同，它又可分成现价资本存量和不变价资本存量，这里根据研究的需要

① 由国家统计局核算司高级统计师施发启博士测算与提供。

重点介绍不变价资本存量的估计方法。

估计资本存量的基本公式为：

$$K_t = K_{t-1} + I_t$$

其中，K_t 为第 t 年的资本存量，I_t 为第 t 年的净资本形成（资本形成总额减去固定资本折旧）。

从表 7－6 可知，1952—2008 年，按照可比价计算，GDP 增长了将近 77 倍，而资本存量增长了近 60 倍。

表 7－6　　1952—2008 年我国资本存量的估计　　单位：亿元

年份	现价 GDP	1952 年价 GDP	现价资本形成总额	现价固定资本折旧	1952 年价资本存量
1952	679	679	154	69	2 213[a]
1961	1 221	1 010	275	121	4 382
1962	1 151	953	178	114	4 441
1970	2 261	2 032	744	225	6 828
1977	3 221	2 866	1 098	320	11 695
1978	3 645	3 201	1 378	343	12 755
1987	12 059	7 498	4 462	1 293	26 586
1997	78 973	19 330	29 968	10 801	58 641
2000	99 215	24 324	34 843	15 228	69 627
2001	109 655	26 343	39 769	17 163	73 743
2002	120 333	28 735	45 565	18 830	78 599
2003	135 823	31 616	55 963	21 511	84 719
2004	159 878	34 805	69 168	22 921	92 459
2005	183 868	38 434	80 646	27 444	101 012
2006	211 923	42 892	94 402	30 703	110 916
2007	257 306	48 469	110 920	36 426	122 035
2008	300 670	52 831	133 612	42 094	134 588

说明：a 表示数据是美国普林斯顿大学邹至庄教授的估计。

资料来源：《2002—2005 中国宏观经济运行轨迹》和各年《中国统计年鉴》。

2. 社会资本的来源变化

在传统的高度集中的计划经济体制下，全社会固定资产投资和其他资金完全按照政府的投资计划和财政预算无偿调拨，在改革开放后，社会固定资产投资或企业的扩大再生产资金的获得不再依赖政府的无偿拨款，而是通过对商业信贷、证券、外资的有偿使用来筹集，一步步实现资本的自由流动和有效配置。

根据《中国统计年鉴》各年资金流量表，我国各部门资金来源（融资）结构如表 7－7 所示。

表 7-7　　1998—2014 年我国各部门资金来源（融资）结构（%）

年份	非金融企业部门融资	金融机构部门融资	政府部门融资	住户部门融资	国内合计	国外部门融资	资金来源（融资）总计
1998	36.07	38.31	12.83	2.24	89.45	10.55	100
1999	31.78	48.38	7.54	3.20	90.90	9.10	100
2000	34.05	38.67	8.30	6.64	87.67	12.33	100
2001	28.29	49.07	6.29	7.19	90.83	9.17	100
2002	27.95	48.24	6.49	6.87	89.56	10.44	100
2003	29.30	49.76	4.14	6.56	89.76	10.24	100
2004	25.33	50.24	4.19	5.26	85.02	14.98	100
2005	22.00	53.75	3.65	2.65	82.05	17.95	100
2006	21.62	53.58	2.44	3.82	81.45	18.55	100
2007	20.28	46.63	9.01	5.20	81.14	18.86	100
2008	24.63	52.18	2.46	2.98	82.26	17.74	100
2009	30.17	50.75	3.42	7.48	91.82	8.18	100
2010	27.41	52.97	3.23	7.10	90.71	9.29	100
2011	29.13	51.42	2.67	6.69	89.90	10.10	100
2012	30.64	54.13	3.62	6.11	94.51	5.49	100
2013	28.65	51.56	3.98	8.09	92.29	7.71	100
2014	26.49	57.05	3.62	7.06	94.21	5.79	100

说明：1. 资金来源指各经济组织或机关单位取得资金的渠道。资金来源包括非金融企业部门融资、金融机构部门融资、政府部门融资、住户部门融资和国外部门融资。资金来源结构是各部门融资情况的一种反映。2. 由于统计口径发生变化，1997 年以前的统计数据与 1997 年以后的统计数据不可比，故本表数据从 1998 年开始。3. 因四舍五入原因，数据略有差异。

资料来源：根据中华人民共和国国家统计局 2001—2016 年《中国统计年鉴》中的资金流量表测算绘制。

从表 7-7 可以看到：（1）在我国资金构成中，国内各部门融资所占比例呈现先降后升趋势，金融危机前逐年下降，2008 年降为 82.26%，金融危机后则缓慢上升，2014 年升至 94.21%。（2）国内各部门中，金融机构部门融资呈上升趋势，非金融企业部门融资和政府部门融资逐年下降，而住户部门融资比例波动相对较大。1998 年到 2014 年，金融机构部门融资比例增长 18.74 个百分点，非金融企业部门融资和政府部门融资分别下降 9.58、9.21 个百分点。（3）我国资本供应来源已经形成以市场供给为主，政府供给为辅的格局。2014 年我国政府部门融资 19 502 亿元，仅占资金总额的 3.62%。

3. 民间资本作用不断提升

1984 年，中国共产党十二届三中全会做出了《中共中央关于经济体制改革的决定》，对财政预算内基本建设投资由财政无偿拨款改为银行有偿贷款，硬化企业的预算约束，发行债券筹集资金，拓宽筹资渠道，投融资体制从以财政投资为主向间接融资为主转变，逐步将重点建设工作中的行政关系改为经济合同关系，资金价格、成本、收益、风险等成为资本交易的参考系数。1992 年以后，按照党的十四大提出的建立社会主义市场经济的总体目标要求，明确了竞争性项目、基础性项目和公益项目的投融资主体间的分工，而且明确各种项目资本来源的渠道、方式，竞争性项目以企业为基本投资主体，投融资活动推向市场，由企业通过市场来筹集资金、建设和经营，基础性项目可以吸收企业和外商参与投资，鼓励企业、个人投资兴办社会公益性项目，市场化的资本和运营机制开始形成。2008 年《国务院办公厅关于加快发展服务业若干政策措施的实施意见》，为民间资本进入服务领域提供了大量机会。2009 年发布《国务院批转发展改革委关于 2009 年深化经济体制改革工作意见的通知》，鼓励民间资本进入石油、铁路、电力、电信、市政公用设施等重要领域，拓宽民间资本投资领域，以求带动社会投资。2016 年《中共中央国务院关于深化投融资体制改革的意见》，创新投融资机制，充分激发社会资本的动力和活力，吸引社会资本投融资。

下面从企业资金角度分析资本配置的变化（见表 7-8）。企业扩大再生产所自筹资金既包括自有资金的积累，也包括股票融资。自有资金的积累虽然不是通过市场融资得来的，但其本身也存在机会成本，也必然要参照利率、股息等市场价格因素来配置，不可能是无偿的，因此可以视为是市场化的。

表 7-8　各种投资资金来源占全社会固定资产投资比重（%）

年份	国家预算内资金	国内贷款	利用外资	自筹和其他资金
1981	28.1	12.7	3.8	55.4
1991	6.8	23.5	5.7	64.0
1992	4.3	27.4	5.8	62.5
2000	6.4	20.3	5.1	68.2
2001	6.7	19.1	4.6	69.6
2008	4.3	14.5	2.9	78.3
2009	5.1	15.7	1.8	77.4
2014	4.9	12.0	0.7	82.3
2015	5.3	10.5	0.5	83.8

说明：1993 年及以后的资金来源为财务拨款数。

资料来源：根据中华人民共和国国家统计局 2001—2016 年《中国统计年鉴》数据测算。

在中国国有企业改革和金融体制改革的大背景下，企业的资本筹集方式已经发生了重大变化，原有的依靠政府财政预算的比重已经大幅度缩减，而银行贷款、证券融资、企业自筹等比重已经大幅度提高。在企业经营体制得到转变的情况下，企业扩大再生产所自筹资金既包括企业自有资金的积累，也包括上市公司的股票融资。从 1992 年以来的变化情况看，这部分资金基本上呈增长趋势，到 2008 年达到 78.3%，到 2015 年更是高达 83.8%。这表明，中国的资本市场化程度在提高，中国企业资金解决方式在改善。

4. 支持经济增长需要发挥资本市场的作用①

从世界各国的发展情况看，企业融资的渠道是多元化的，不仅包括间接融资方式，而且包括直接融资方式，债券市场和股票市场的发展水平已成为衡量一个国家资本市场化程度的主要标准。中国资本市场的快速发展，不仅为经济增长提供了强大的资金支

① 这部分内容主要参考：中国证监会．中国资本市场发展报告．北京：中国金融出版社，2008；吴晓求等．中国资本市场研究报告（2017）．北京：中国人民大学出版社，2017．

持，也极大地推动了中国的资本市场化进程。

资本市场对经济的影响越来越大。通过资本市场可以迅速进行产业结构的调整，使有效益、有成长性的企业得到资本市场的支持而扩张性地发展，没有市场效益的企业得不到资本市场的支持而受到抑制，这本身就是进行产业结构的调整。资本市场还是促进企业改进内部治理结构的重要手段，凡是要上市的公司都要对内部结构进行符合现代企业制度的改造。利用资本市场调整国有资产存量结构是一种重要手段。另外，可利用证券化解决银行不良资产。把经营不善要关闭的金融机构或企业置于政府的监管下，由商业银行或金融公司来托管处理，大大减轻了政府因行政性关闭而背上的包袱。

通常，我们通过分析证券化率指标——股票市值占 GDP 的比率，说明股票市场在整个经济发展中的重要程度；通过分析境内股票筹资与银行贷款增加额的比率和境内外股票筹资占固定资产投资额的比率这两个指标，说明股票市场在发挥筹资功能上对经济做出的贡献；通过分析债券余额与 GDP 的比率指标，说明债券市场的发展规模和状况；通过分析期货市场交易额和交易量变动比例以及占当年 GDP 的比重指标，说明期货市场的发展水平以及对经济的重要程度。表 7-9 列出了 1993—2016 年中国资本市场的证券化率。

表 7-9　　1993—2016 年中国股票市值占 GDP 的比率

年份	GDP（亿元）	市价总值（亿元）	市价总值占 GDP 的比率（%）	流通市值（亿元）	流通市值占 GDP 的比率（%）
1993	35 260.0	3 541.5	10.04	861.6	2.44
1995	59 810.5	3 474.3	5.81	938.2	1.57
2000	98 000.5	48 090.9	49.07	16 087.5	16.42
2001	108 068.2	43 522.2	40.27	14 463.2	13.38
2002	119 095.7	38 329.1	32.18	12 484.6	10.48
2003	135 174.0	42 457.7	31.41	13 178.5	9.75
2004	159 586.7	37 055.6	23.22	11 688.6	7.32
2005	185 808.6	32 430.3	17.45	10 630.5	5.72
2006	217 522.7	89 403.9	41.10	25 003.6	11.49
2007	267 763.7	327 140.9	122.18	93 064.3	34.76
2008	316 228.8	121 366.4	38.38	45 213.9	14.30
2009	343 464.7	243 939.1	71.02	151 258.7	44.04
2010	413 030.3	265 422.6	64.26	193 110.4	46.75
2011	489 300.6	214 758.1	43.89	164 921.3	33.71
2012	540 367.4	230 357.6	42.63	181 658.3	33.62
2013	595 244.4	230 977.2	38.80	199 579.5	33.53
2014	643 974.0	372 547.0	57.85	315 624.3	49.01
2015	689 052.1	531 304.2	77.11	417 925.4	60.65
2016	744 127.2	508 245.1	68.30	393 266.3	52.85

说明：GDP 及市价总值、流通市值都是按照当年价计算。

资料来源：根据中华人民共和国国家统计局 1995—2016 年《中国统计年鉴》数据整理。

一般而言，发展中国家市场化、金融化程度不高，低收入国家股票市场市价总值占GDP的比率大致为20%～30%，中等收入国家平均在50%左右。市场经济发达的国家，股市市值高于GDP或与GDP持平。比如伦敦证券交易市场股票总市值与其GDP比率在140%左右，美国在150%左右，中国的这一比率在40%以上。从表7-9可以看到，中国资本市场的规模不断扩大，市场涵盖面和对经济的影响力不断增强，资本通过市场进行配置的功能日趋深化。当然，2007年有些特殊，一是大批非流通股转化为流通股，二是股市出现大的泡沫。

资本市场的快速发展为中国经济增长提供了强大的资金支持。20世纪80年代初，城市中的一些小型国有和集体企业开始进行多种多样的股份制尝试，最初的股票开始出现。1987年9月，中国第一家专业证券公司——深圳特区证券公司成立。1988年，为适应国库券转让在全国范围内的推广，中国人民银行下拨资金，在各省组建了33家证券公司。1990年上海证券交易所、深圳证券交易所成立并营业。1992年10月，国务院证券管理委员会和中国证券监督管理委员会成立，标志着中国资本市场开始逐步纳入全国统一监管框架。《中华人民共和国证券法》于1998年12月颁布并于1999年7月实施，是中国第一部规范证券发行与交易行为的法律，并由此确认了资本市场的法律地位。到2016年底，境内上市公司数（A、B股）3 052家，境内上市外资股（B股）100家，境外上市公司数（H股）241家。市价总值达到508 245亿元，流通市值393 266亿元。[①]随着我国期货交易越来越活跃，期货市场对国际定价权的影响日趋重要，上海期货市场已经成为期铜的三大定价中心之一，其规模已经超过纽约市场。

第三节　经济增长中的技术供给

除劳动和资本以外，产出的第三个决定因素是技术。下面简单介绍几个与技术相关的概念。

一、基本概念剖析

1. 技术与高新技术[②]

(1) 技术（technology）。该词出自希腊文 techne 与 logos 的组合，意思是对造型艺术和应用技术进行论述。现在，技术是指制造一种产品或提供一项服务的系统知识，这种知识可能是一项产品或工艺的发明、一项外形的设计、一种实用新型产品、一种动植物新品种，也可能是一种设计、布局、维修和管理的专门技能。技术是一定时期一定范

---

① 参见中国证券监督管理委员会网站，http://www.csrc.gov.cn/pub/zjhpublic/G00306204/zqscyb/201104/t20110411_194178.htm。

② 世界知识产权组织（World Intellectual Property Organization，WIPO，1967）网站；阿尔丁夫．技术经济学．北京：中国物资出版社，1994：1-2；杨青．技术经济学．武汉：武汉理工大学出版社，2007：1-2；董景荣．技术创新扩散的理论方法与实践．北京：科学出版社，2009：17；宋晓洪．我国高新技术产业竞争力研究．北京：人民出版社，2008：30-31；钟茂初，吴玉凯等．知识经济学可持续发展辞典．北京：现代知识出版社，2004：168.

围的劳动工具、劳动对象和劳动者经验、知识和技能的有机结合的总称。技术是人类在认识自然和改造自然的实践中，基于实践经验和科学原理并根据社会需求发展起来的。一般我们把体现为机器、设备、厂房、建筑物、原材料、燃料与动力等的物化形态技术称为硬技术，而把体现为工艺、方法、配方、程序、信息、经验、技能、规划和谋略等管理能力的非物化形态的技术称为软技术。根据不同分类标准，技术还可以分为实验技术、生产技术、服务技术、管理技术等。

（2）高新技术。1971 年，美国国家科学院在《技术和国家贸易》一书中首次明确提出了高新技术概念。1981 年美国出版了用"高新技术"命名的杂志。1982 年 8 月，日本新闻周刊和商业周刊相继出版了《日本的高新技术》和《高新技术》专集。现在，高新技术已成为世界各国报刊出现频率较高的术语之一。

高新技术是对知识密集、技术密集的一类产品或产业的统称，是以当代尖端技术为基础建立起来的技术群，它包括反映当时科技发展最高水平的高技术和具有创新性的新技术。一般情况下，当产品研究或开发经费占产品销售额的比例、科技人员占雇员的比重、产品的技术复杂程度这三项指标超过标准时，这类产品就被称为高新技术产品，生产和经营这类产品的企业就被称为高科技企业。高新技术具有前沿性、知识密集性和发展快捷性。当然，不同的经济发展阶段会形成与之相适应的高新技术。

高新技术的出现往往推动高新技术产业的形成，或因其导致与此高新技术相关的产品大量涌现而形成新的技术产业，如当年的电视机、计算机等产业；或因其改变传统产业产品及产业的生产技术和生产方式，使得产品性能提高、生产成本下降形成新的产品与服务市场，高新化的传统产业迅速地成长。

2008 年科技部、财政部、国家税务总局联合发布《高新技术企业认定管理办法》，将国家重点支持的高新技术领域重新定义为如下 8 个：电子信息技术、生物与新医药技术、航空航天技术、新材料技术、高技术服务业、新能源及节能技术、资源与环境技术、高新技术改造传统产业。同时暂停《国家高新技术产业开发区外高新技术企业认定条件和办法》（国科发火字［1996］018 号）、《国家高新技术产业开发区高新技术企业认定条件和办法》（国科发火字［2000］324 号）。

2. 知识产权①

知识产权是依法对人们在科学技术和文化艺术领域中作出的创造性智力劳动成果所享有的经济权利和精神权利的总称。知识产权制度是保护智力劳动成果的一项基本法律制度，也是促进技术创新，加速科技成果产业化，增强经济、科技竞争力的重要激励机制之一。在世界贸易组织的《与贸易有关的知识产权协议》（简称 TRIPS）中，划出了该协议中所包含的知识产权的范围，它们是：（1）版权与邻接权；（2）商标权；（3）地理标志权；（4）工业品外观设计权；（5）专利权；（6）集成电路布图设计权；（7）未披露过的信息专有权。

知识产权中存在法定的垄断，法律认可的垄断权。知识产权在某种意义上是一种知识技术的独占权，并可能转化为市场的垄断权。这种垄断性是天然的，即具有人身归属

① 李晓西，董念清．知识经济时代的知识产权保护战略．中国社会科学院研究生院学报，2003（3）；吴汉东．知识产权法学．北京：北京大学出版社，2000；克利斯托夫·帕斯等．科林斯经济学辞典（第 3 版）．上海：上海财经大学出版社，2008：367.

性质；这种垄断是公平的，每个人都具有这种权利；这种垄断是有限制的，如 WTO 规定是 20 年，或在一定地域中承认；这种垄断是通过相关法律认定并保护的。我们强调，尊重别人的知识产权与保护自己的知识产权同等重要。

为了解决我国高科技关键技术领域的创新能力，必须创立有自主知识产权的核心技术体系。因此，要进一步明晰投资人、项目完成单位和实施单位的知识产权，尊重和保护知识产权权利人的人身权、合法使用权和资产收益权，优化配置高科技产业人力资本和知识产权资源，充分发挥知识产权制度在促进科技创新、经济发展和社会进步中的推动作用，增加我国高科技产业的国际竞争力。

3. 全要素生产率①

全要素生产率（total factor productivity，TFP）是用来度量经济增长中技术因素贡献的一个重要指标。在经济分析中，产出被认定为资本、劳动与技术的贡献。任何不能归于资本或劳动力的产出增长，都被归于技术变动，即：产出的增长＝资本的贡献＋劳动的贡献＋全要素生产率的增长。也就是，不能用资本与劳动的增加解释的那一部分增长被称为全要素生产率的增加。全要素生产率无法直接观察到，需要间接地衡量。当我们有了产出、资本和劳动增长的数据，有了资本在产出中所占份额的数据，就可以计算出全要素生产率的增长。这里，全要素生产率的增长是作为一个余量计算出来的，即考虑了可以衡量的增长决定因素后剩余的产出增长量。这个观点是美国经济学家索洛的贡献，因此，全要素生产率的增长有时被称为索洛余量（Solow residual）。索洛教授之所以提出这个理论，是因为他发现，仅仅运用资本和劳动增长率解释，难以回答生产率的上升或下降，因此需要找到新的因素。显然，索洛这里把技术进步结合到生产函数中，表明增长必定也来自技术进步。同样可以看到，这里的技术是广义的，它包括影响劳动和资本生产率的任何东西，即除包括通常意义上的技术外，也包括厂商组织与管理的效率等。在新古典增长模型中，技术进步——给定劳动和资本投入下产出的提高——是外生的。而在内生增长理论中，技术进步将不再是外生的，是模型内部的经济力量。运用增长核算框架进行的著名研究之一是美国布鲁金斯学会（Brookings Institution）的爱德华·丹尼森（Edward Denison）的成果。② 他运用美国 1929—1982 年的数据核算了美国经济增长来源的具体份额。

4. 技术发明③

技术发明是通过运用想象、独创思维以及实验，借助自然规律和科学办法解决技术领域中的各类问题并提出创新性方案的过程和成果。技术发明是创造过去没有且更为先进的技术。一项技术成果如果在已有技术体系中能找到在构思、结构和功能上同一的东西，则不能叫作发明。技术发明不同于科学发现，发现主要是揭示已存在但未知的事

---

① 曼昆．宏观经济学（第 5 版）．北京：中国人民大学出版社，2005；霍尔，泰勒．宏观经济学（第 5 版）．北京：中国人民大学出版社，2000；多恩布什，费希尔，斯塔兹．宏观经济学（第 8 版）．北京：中国财政经济出版社，2003；斯蒂格利茨．经济学（第 3 版）．北京：中国人民大学出版社，2010；亚伯，伯南克．宏观经济学（第 5 版）．北京：中国人民大学出版社，2007.

② Edward Denison, *Trends in American Economic Growth*, *1929—1982*, Washington, D. C., The Brookings Institution, 1985.

③ 坎贝尔·R. 麦克南，斯坦利·L. 布鲁伊．经济学原理、问题与政策．北京：中国经济出版社，2004：537；克利斯托夫·帕斯等．科林斯经济学辞典（第 3 版）．上海：上海财经大学出版社，2008：387；百度百科，http://baike.baidu.com/view/116921.htm.

物。技术发明将提供新模型、新工艺、新机器、新仪表、新生产流程、新检测方法等，并转化为现实技术。技术发明有助于企业增强竞争力，也有助于增加一国的国民收入。每一个时代的技术发明都与当时的社会生产力水平和科学技术状况密切相关，并且取决于发明者的素质、能力和思维方式。

技术发明有两大类：一是开创性技术发明，又称基本技术发明，大都以科学原理的突破为条件，开创性技术发明往往导致技术系统的根本性变革；二是改进性技术发明，多是在基本原理不变的情况下对已有技术作程度不同的改变和补充。在技术发明中，数量最多的是改进性的。把一种基本技术移植、应用于多种对象，通常要求改变基本技术的某些环节，将派生出另一些发明，这属于应用改进性技术发明。把多种已有技术结合起来组成新系统，实现某种新的功能，也会引发一些发明，这属于综合改进性技术发明。为了推动发明及其应用，国家以法律形式把发明确认为专利。

5. 技术创新①

技术创新是指由技术的新构想，经过研究开发或技术组合，到获得实际应用，并产生经济、社会效益的商业化全过程的活动。技术创新既包括新产品的产生及其在市场上的商业化，也包括新工艺的产生及其在生产过程中应用的过程。企业是技术创新的主体，技术创新有助于提高企业的市场竞争力。技术创新是发展高科技、实现产业化的重要前提。

现代技术创新理论是在熊彼特创新理论的基础上发展起来的，开发新产品和采用新技术是熊彼特创新思想的内容之一。按照熊彼特的观点，创新是一个经济范畴，是把一种从来没有过的生产要素和生产条件的“新组合”引入生产体系，包括产品创新、工艺创新、市场创新、资源开发利用创新、体制和管理创新。

专栏二 TRIPS

知识产权保护与货物贸易、服务贸易一起构成 WTO 的三大支柱。一方面，在商品贸易和服务贸易中充满了知识产权保护问题；另一方面，知识产权的侵权对国际贸易的影响也越来越大。近年来，全球因知识产权侵权所造成的损失每年近千亿美元。国际贸易组织中的知识产权保护形成了一份《与贸易有关的知识产权协议》，简称 TRIPS。该协议不仅制定了知识产权的各个领域实体权利保护标准，而且详细规定了知识产权法律保护的实施程序，包括行政、民事、刑事程序。TRIPS 中有几点值得我们关注：第一，将最惠国待遇原则纳入知识产权保护之中。这是在 TRIPS 中首次把国际贸易中对有形商品的贸易原则延伸到知识产权领域。在四个重要的知识产权国际公约（即《巴黎公约》《伯尔尼公约》《罗马公约》《关于集成电路的知识产权条约》）已有的国民待遇的基础上，将最惠国待遇原则纳入知识产权保护之中，这是知识产权领域国际保护方面的重大进展。第二，强调了对驰名商标的保护。TRIPS 将驰名商标保护扩大到相类似的商品或服务，只要这类商品或服务上的商标与驰名商标相联系，损害驰名商标人的利益，也应禁止注册与使用。第三，强调了对地理标志的保护。地理标志是提出应予保

① 坎贝尔·R. 麦克南，斯坦利·L. 布鲁伊．经济学原理、问题与政策．北京：中国经济出版社，2004：537；吴贵生．技术创新管理．北京：清华大学出版社，2009：10；赵建春等．技术创新原理及体系构成．郑州：河南人民出版社，2002：7－8.

护的除商标之外的又一商业标记，是指识别货物（产品）原产于一个成员境内，或境内的一个区域，或区域内的某一地方的标记，并且该货物的特定质量、声誉或其他特征主要取决于该产地，如“法国香水”“中国东北大米”“景德镇瓷器”等。保护地理标志主要是为了反对假冒和不正当竞争行为。第四，第一次将商业秘密的保护纳入国际公约的范围。有关未公开信息的条款是第一个明确要求成员方保护未公开信息包括商业秘密和专有技术的国际协定。第五，在专利保护上，强调了对几乎所有的发明都应当给予专利保护，统一了专利的保护期为自申请之日起 20 年。第六，使 WTO 的一般争端解决机制适用于与 TRIPS 有关的冲突。世界贸易组织《关于争端解决规则和程序的谅解》是一个非常重要的协议，为成员解决各种贸易争端，包括知识产权保护上的争端提供了一整套程序，如争端的发起、磋商、争端解决小组的裁定、上诉和执行有关裁定的监督等。

二、经典模型选解：内生增长模型——罗默的知识积累简化模型①

内生增长理论，又称新增长理论，是 20 世纪 80 年代新兴的理论。新增长理论学者们持有的共同观点是：经济增长是经济系统内生因素作用的结果，而不是外部力量推动的结果。西方学者认为，保罗·罗默 1986 年的论文《报酬递增和长期增长》和罗伯特·卢卡斯 1988 年的论文《论经济发展机制》标志着新增长理论的产生。新增长理论将其研究重点放在了知识和人力资本对经济增长的贡献上，并产生了两个分支：第一种观点认为增长的原动力是知识积累，第二种观点则认为人力资本是增长的关键。

1. 人物及背景

保罗·罗默在内生增长领域做出了杰出贡献，是新增长理论的主要创立者。罗默曾就学于芝加哥大学，后转到麻省理工学院攻读博士学位，开始了对经济增长理论的研究。他先后在芝加哥大学、加利福尼亚大学、斯坦福大学任教授。保罗·罗默于 1986 年在《政治经济学期刊》上发表的《报酬递增和长期增长》一文，激起了经济学界对经济增长理论新的兴趣。他于 1990 年发表在《政治经济学期刊》上的《内生技术革新》一文，对形成知识积累模型有直接的意义。他曾被《时代》杂志评为 1997 年美国最有影响的 25 人之一。

这里介绍的是保罗·罗默（1990）、格罗斯曼和赫尔普曼（Grossman and Helpman，1991）以及阿吉翁和豪伊特（Aghion and Howitt，1992）提出的知识积累模型（也称研究与开发模型）的一个简化形式。该模型强调了知识在提高劳动的有效性进而促进经济增长方面具有重大意义。

2. 关键方程或模型

资本增长率的动态方程：

① 戴维·罗默．高级宏观经济学．上海：上海财经大学出版社，2009：125-159；孔爱国．高级宏观经济学教程．上海：上海三联书店，2003：71-86；石良平．中级宏观经济学．上海：上海财经大学出版社，2004：75-81.

$$\dot{g}_K(t)=[(1-\alpha)\cdot(g_A(t)+n-g_K(t))]\cdot g_K(t) \tag{7-3}$$

知识增长率的动态方程：

$$\dot{g}_A(t)=[\beta g_K(t)+\gamma n+(\theta-1)g_A(t)]\cdot g_A(t) \tag{7-4}$$

式（7-3）揭示了资本增长率的变动，资本增长率 $g_K(t)$ 的变动是用其一阶导数 $\dot{g}_K(t)$ 来表示的。式中，$g_K(t)\equiv\frac{\dot{K}(t)}{K(t)}$为资本增长率；$g_A(t)\equiv\frac{\dot{A}(t)}{A(t)}$为知识增长率；$n$ 为人口增长率；α 为产品生产部门中资本存量的收入份额；$1-\alpha$ 为产品生产部门中有效劳动的收入份额。

式（7-4）揭示了知识增长率的变动，知识增长率 $g_A(t)$ 的变动是用其一阶导数 $\dot{g}_A(t)$ 来表示的。式中，β 和 γ 分别为研究和开发部门中的资本存量和劳动力的收入份额；θ 为现有知识存量对研发成败的影响程度，$\theta-1$ 为知识存量增长对知识增长率的影响程度。

3. 关键图示及解释

根据式（7-3），当资本增长率保持不变，即其导数 $\dot{g}_K(t)=0$ 时，可推导出 $g_K(t)=g_A(t)+n$，即资本增长率 $g_K(t)$ 等于知识增长率 $g_A(t)$ 与人口增长率 n 之和；据此，可得到图 7-5 中的 $\dot{g}_K(t)=0$ 线。如果 $g_A(t)+n-g_K(t)$ 为正，则 g_K 上升；若 $g_A(t)+n-g_K(t)$ 为负，则 g_K 下降；若 $g_A(t)+n-g_K(t)$ 为零，则 g_K 不变。显然，图 7-5 反映了资本增长率 $g_K(t)$ 的动态变化。

根据式（7-4），当知识增长率 $g_A(t)$ 保持不变，即其导数 $\dot{g}_A(t)=0$ 时，可推导出资本增长率 $g_K(t)$ 满足：$g_K(t)=-\frac{\gamma n}{\beta}+\frac{1-\theta}{\beta}\cdot g_A(t)$，据此，可得到图 7-6 中的 $\dot{g}_A(t)=0$ 线（这是以 $\theta<1$ 的情形为例）。如果 $\beta g_K(t)+\gamma n+(\theta-1)g_A(t)$ 为正，则 g_A 上升；若 $\beta g_K(t)+\gamma n+(\theta-1)g_A(t)$ 为负，则 g_A 下降；若 $\beta g_K(t)+\gamma n+(\theta-1)g_A(t)$ 为零，则 g_A 不变。显然，图 7-6 反映了知识增长率 $g_A(t)$ 的动态变化。

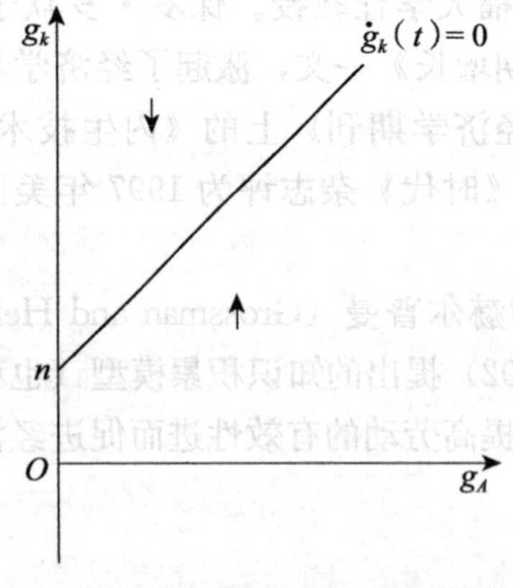

图 7-5　资本增长率的动态变化图

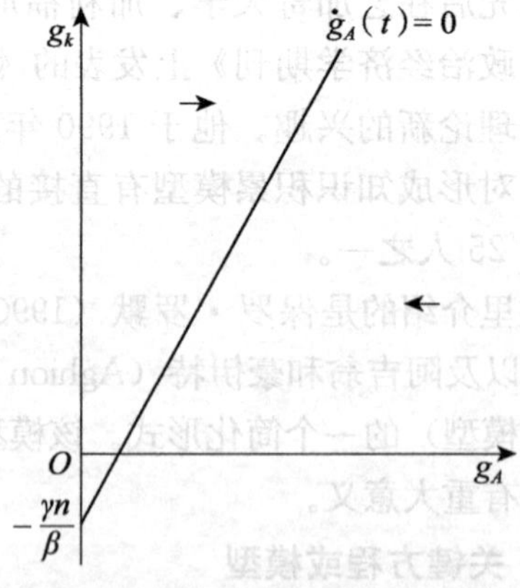

图 7-6　知识增长率的动态变化图

4. 特征归纳

经济增长的重要因素是知识的积累，这是该模型的核心思想。知识要增长，知识要获得收益，这样知识才能积累。知识积累模型的两个动态方程反映出来的就是：资本增长率的变化与知识的价值即有效劳动的收入份额正相关，也与知识增长率正相关；知识增长率的变化与资本增长率正相关，与人口增长率也正相关。这种关系正如罗默所简明指出的，表明了如果更多的劳动资源被用于技术的生产，技术会进一步提高；如果更多的资本被用于技术的生产，技术也会进一步提高。在这种情况下，就出现了经济的持续增长。

5. 应用前景评价

将劳动的有效性明确解释为知识，强调知识在经济增长中的关键性作用，这对我们是有启发性的。我们可以从罗默知识积累的理论方面获得三点启示：(1) 知识的生产和创新，虽然各部门各行业都存在，但将其抽象地视为一个知识生产和创新的研发部门，给予高度重视，制定具有普遍性的支持规则，显然是有意义的。(2) 加大对教育和科技的投资，是中国的国策。这一点非常重要，也需要进一步落实和扩展。(3) 提高劳动者的知识素质，保证知识创新者的合理利益，对提高经济增长率、实现经济持续发展非常重要。

三、中国的科技发展与创新

改革开放的40年，是中国科技体制改革的时期，也是科技成果最多的时期。

1. 中国科技快速发展

近年来，中国科技在重大专项、应用高新技术推动产业结构优化升级、发展农业及民生科技、加强基础研究及前沿技术研究等方面取得重大成就。既有上天登月的“神舟七号”“嫦娥三号”，也造出了潜水 7 000 米的深海载人潜水器；既制造出了世界上运算速度最快的“天河一号”超级计算机，也制造出了拥有自主知识产权的纯电动轿车和混合动力轿车等。我国的科技产出逐年增长，专利申请量、专利授权量等创历史新高。2000—2015 年中国科技产出具体情况如表 7-10 所示。

表 7-10　　2000—2015 年中国主要科技成果产出表

年份	专利申请量（万件）	专利授权量（万件）	发表科技论文（万篇）	科技成果登记（项）	国家技术发明奖（项）	国家科技进步奖（项）
2000	17.1	10.5	—	32 861	23	250
2005	47.6	21.4	94.0	32 359	40	236
2006	57.3	26.8	106.0	33 644	56	241
2007	69.4	35.2	114.0	34 170	51	255
2008	82.8	41.2	119.0	35 971	55	254
2009	97.7	58.2	141.0	38 688	55	282
2010	122.2	81.5	142.0	42 108	46	273
2011	163.3	96.1	150.0	44 208	55	283

续前表

年份	专利申请量（万件）	专利授权量（万件）	发表科技论文（万篇）	科技成果登记（项）	国家技术发明奖（项）	国家科技进步奖（项）
2012	205.1	125.5	151.8	51 723	77	212
2013	237.7	131.3	154.5	52 477	71	188
2014	236.1	130.3	157.0	53 140	70	202
2015	279.9	171.8	164.0	55 284	66	187

资料来源：中华人民共和国国家统计局．中国统计年鉴（2001—2016）．北京：中国统计出版社，2001—2016；中华人民共和国国家统计局，中华人民共和国科学技术部．中国科技统计年鉴（2001—2016）．北京：中国统计出版社，2001—2016．

从表 7－10 可以看到，2015 年，我国申请专利量 279.9 万件，是 2000 年的 16.4 倍；专利授权量 171.8 万件，是 2015 年的 16.4 倍；科技成果、国家重大技术发明与技术进步等也保持稳步增长，为我国的科技创新体系注入新活力。

特别要指出，中国高新技术企业在国民经济发展中显示出较强的经济增长能力。自 1988 年 8 月中国国家高新技术产业化发展计划（火炬计划）开始实施以来，我国的高新技术产业从无到有，从弱到强，从国内走向国际，蓬勃发展。2015 年，中国高新技术企业全年实现总收入 222 234.10 亿元，净利润 14 894.80 亿元，其中，出口额达到 4 768.70 亿美元，占全国出口额的比重为 20.98%；实缴税金 11 052.10 亿元，占全国税收总额的比重为 8.85%。此外，高新技术企业每年还为我国的劳动人口提供 1 000 万个以上就业岗位，缓解了我国的就业问题。高新技术企业较高的经济贡献在我国经济发展中发挥了重要的作用，见表 7－11。

表 7－11　2008—2015 年中国高新技术企业经济贡献

经济指标	2008	2010	2015
全年总收入（亿元）	105 115.18	129 505.20	222 234.10
增加值（亿元）	20 956.27	28 713.79	—
增加值占 GDP 比重（%）	6.92	6.95	—
净利润（亿元）	5 853.62	9 806.70	14 894.80
出口额（亿美元）	3 563.80	3 594.90	4 768.70
占全国出口总额比重（%）	24.91	22.78	20.98
实缴税金（亿元）	5 804.81	6 262.10	11 052.10
占全国税收总额比重（%）	10.71	8.55	8.85
从业人员（万人）	1 274.79	1 313.60	2 045.20

资料来源：王元．高新技术企业发展报告 2009．北京：北京出版社，2010：23；中华人民共和国国家统计局．中国统计年鉴 2016．北京：中国统计出版社，2016；中华人民共和国国家统计局，中华人民共和国科学技术部．中国科技统计年鉴 2009—2016．北京：中国统计出版社，2009—2016．

2. 科技投入和转化能力不断提高

近年来，国家加强了对科学技术创新能力的建设工作，使我国对科技发展所需的经费、人力、高端科研设施等资源的投入呈逐年上升趋势。

2000—2015年中国科技投入情况如表7-12所示。

表7-12　　2000—2015年中国科技投入

年份	国家财政科技拨款（亿元）	占财政总支出比重（%）	研发经费（亿元）	占GDP比重（%）	研发人员全时当量（万人年）
2000	575.6	3.62	895.7	1.00	92.2
2005	1 334.9	3.93	2 450.0	1.32	136.5
2007	2 113.5	4.25	3 710.2	1.40	173.6
2009	3 224.9	4.23	5 802.1	1.70	229.1
2010	3 250.2	3.62	7 062.6	1.76	255.4
2011	3 828.0	3.50	8 687.0	1.84	288.3
2012	4 452.6	3.54	10 298.4	1.98	324.7
2013	5 084.3	3.63	11 846.6	2.08	353.3
2014	5 314.5	3.50	13 015.6	2.05	371.1
2015	5 862.6	3.33	14 169.9	2.07	375.9

说明：1.2007年政府收支分类体系改革后，国家科技财政支出包括“科学技术”科目下支出和其他支出中用于科技发展的支出。2.2008年以前的专业技术人员指国有企事业单位的专业技术人员；2009年以后的专业技术人员指公有制经济企事业单位的专业技术人员。3.由于部分指标统计口径发生变化，2000年以前的数据与2000年以后的数据不可比，因此本表的数据均从2000年开始。

资料来源：中华人民共和国国家统计局．中国统计年鉴（2001—2016）．北京：中国统计出版社，2001—2016；中华人民共和国国家统计局，中华人民共和国科学技术部．中国科技统计年鉴（2001—2016）．北京：中国统计出版社，2001—2016.

尤其是在中国高新技术企业创新能力建设上，国家更是加大了创新投入。2006—2008年中国高新技术企业创新投入情况见表7-13。

表7-13　　2006—2008年中国高新技术企业创新投入

创新投入指标		2006	2007	2008
人力资源	科技人员（万人）	215.0	279.7	294.9
	科技人员占全体职工比例（%）	18.18	19.26	23.13
	研发人员（万人）	100.8	109.3	129.3
	研发人员占全体职工比例（%）	8.52	7.53	10.14
科研经费	科技活动经费（亿元）	3 187.0	4 622.8	4 688.1
	人均科技活动经费（万元/人）	2.69	3.18	3.67
	研发经费（亿元）	1 729.2	1 995.5	2 464.7
	人均研发经费（万元/人）	1.58	1.63	1.85
研发强度（%）		2.50	2.13	2.63

资料来源：中华人民共和国国家统计局．中国统计年鉴（2007—2009）．北京：中国统计出版社，2007—2009；中华人民共和国国家统计局，中华人民共和国科学技术部．中国科技统计年鉴（2007—2009）．北京：中国统计出版社，2007—2009；中华人民共和国科学技术部．中国科学技术发展报告2009．北京：科学技术文献出版社，2010；王元．高新技术企业发展报告2009．北京：北京出版社，2010：23.

1988—2015 年近 30 年来，我国技术交易日趋活跃，技术市场规模不断扩大。技术合同成交总额持续快速增长，从 1988 年的 72.5 亿元提高到 2015 年的 9 835.8 亿元，年均增长率达 20%，请见表 7-14。

表 7-14　　1988—2015 年全国技术市场成交合同情况变动表[①]

年份	项数（万项）	金额（亿元）	GDP（亿元）	技术市场成交额占 GDP 的比值（%）
1988	26.5	72.5	15 042.8	0.48
1992	22.6	141.6	26 923.5	0.53
2000	24.1	650.8	99 214.6	0.66
2005	26.5	1 551.4	184 937.4	0.84
2009	21.4	3 039.0	340 506.9	0.89
2010	23.0	3 906.6	413 030.3	0.95
2015	30.7	9 835.8	689 052.1	1.43

资料来源：相关年份《中国科技统计年鉴》和《中国统计年鉴》。

技术市场为技术交易提供平台和保障，促进了技术成果的转化和应用，也促进了科技资源的优化配置。2015 年，我国企业共签订技术合同 196 517 项，输出技术交易额 8 477亿元，占技术合同成交总金额的 86.2%。2015 年企业吸纳技术合同 209 342 项，占技术合同成交项数的 68.2%；技术交易额 7 464 亿元，占技术合同成交金额的 75.9%。

3. 改革开放以来中国的科技体制改革

改革开放以来，中国的科学技术水平有了很大提高，这与中国的科技体制改革是分不开的。中国科技体制改革涉及的内容较多，但其重点主要包括以下四个方面：首先是逐步建立起适应社会主义市场经济体制特征的国家科技投入制度，形成了有利于新时期科技创新活动的科技投入体制机制。1986 年，国家科技拨款制度改革启动实施，从三个方面对拨款体制进行了调整：一是财政科学事业费以行政配给方式调整为按照不同类型科研活动进行分类拨付；二是将开发研究单位费用开支更改为有偿合同制或招标制；三是在科研机构经费来源中引入竞争机制，改变过去全部由国家负责的状况。其间，国家财政科技拨款开始以财政专项资金的形式安排国家科技计划，从科技活动的实际情况出发，设立了国家自然科学基金、863 计划、星火计划、火炬计划、973 计划・科技基础条件平台等，由国家集中拨款和管理。2000 年，国务院各部门的科学事业费不再进行归口拨付和安排，而是直接与各部门财政对接。2006 年，国家出台《关于改进和加强中央财政科技经费管理的若干意见》，强调要完善科技经费配置的统筹协调和决策机制，健全科研经费的立项、预算、评估及监督机制，进一步完善了新时期国家科技经费管理制度。在我国科技投入机制改革的进程中，企业科技投入的主体地位日益显著。企业为满足自身发展和市场需求的需要，不断加强技术创新的主动性，积极投入科研经费，逐步成为中国技术创新市场的主体。其次是进一步加强有利于中国科技发展的科技

① 张江雪．中国技术市场发展研究：基于总体和区域的实证分析．北京：北京师范大学出版社，2011.

人才队伍建设，为我国发展成为科技人力资源强国打下坚实的基础。1978 年，邓小平同志在全国科学大会上做出“科学技术是第一生产力”“知识分子是工人阶级的一部分”“四个现代化，关键是科学技术现代化”等重要论断，重新确立了中国科技人员的地位。1985 年后，改革科研人员管理制度，实行专业技术职务聘任制，同时试办博士后流动站，试行博士后研究制度。1992 年，提出科教兴国战略，科技和教育成为国家发展的主要战略之一。1999 年后，推出促进科技人员创业创新的政策，支持创新型科技人才队伍建设，改善科技人才发展的环境、政策、体制、机制，推动了科技人才队伍快速发展。再次是形成促进科技创新的科技法律法规体系，使我国的科技发展和社会进步有了强有力的制度保障。1982 年修订的《中华人民共和国宪法》明确规定“国家发展自然科学和社会科学事业”，成为科技立法的依据和基础。1985 年后，我国进入以法制建设促进科技体制改革的阶段。1993 年，以《中华人民共和国科学技术进步法》的颁布为标志，中国科技发展建设进入全面开展阶段。这一时期科技立法在法律、行政法规、部门规章、规范性文件等多个层次展开，内容涉及知识产权、科技奖励、科技成果转化等多个方面。2006 年《国家中长期科学和技术发展规划纲要（2006—2020 年）》的颁布、2008 年《中华人民共和国科学技术进步法》的修订实施，使我国的科技发展进一步规范化和法制化。最后是开启我国国际科技合作新征程，推动我国的科技发展走向国际舞台。在 1978 年和 1979 年召开的两次科技外事工作会议上，我国确立了“在独立自主、自力更生的前提下，从国内实际情况出发，讲求实效，认真学习各国对中国适用的先进科学技术和科技管理经验，积极、稳妥、深入、扎实地开展国际科技合作与交流活动，为发展中国国民经济和科学技术服务”的对外科技合作与交流方针，并同世界上多个国家建立了科技交流关系。进入 21 世纪以后，我国的科技国际合作进入了新阶段。制定国际科技合作重点计划，设立国际科技合作专项经费，重点开展了清洁能源、信息技术、生命科学等方面的国际合作，还加强了对发展中国家的技术援助。

十八大以来，为进一步增强科技创新活力，集中力量推进科技创新，国家持续开展科技体制改革：2015 年 3 月，《中共中央 国务院关于深化体制机制改革加快实施创新驱动发展战略的若干意见》下发，全面推动创新驱动战略的贯彻实施；2015 年 9 月，为解决科技体制改革中的重点与难点问题，中共中央办公厅、国务院办公厅印发《深化科技体制改革实施方案》，该方案被称为中国科技体制改革的“施工图”；2016 年 7 月 28 日，国务院印发《“十三五”国家科技创新规划》，强化科技体制改革与其他领域改革的协同；2016 年 7 月 31 日，中共中央办公厅、国务院办公厅印发《关于进一步完善中央财政科研项目资金管理等政策的若干意见》，科研项目资金管理中困扰科研人员多年的问题得以改善；2017 年 10 月，十九大报告提出要“加快建设创新型国家”，要“建设科技强国”，持续深化推进科技体制改革。①

专栏三　劳动、资本和全要素生产率对经济增长的贡献②

截至目前，本章用三节内容分别论述了劳动、资本与技术的供给和作用。这里，引

① 王佳雯．十八大以来我国深化科技体制改革综述．中国科学报，2017－09－28.

② 由国家统计局核算司高级统计师施发启博士测算与提供。计算方法还可参见：国际货币基金组织．世界经济展望——重新平衡经济增长．北京：中国金融出版社，2010：106.

用中国学者的研究成果，综合三者作用，列出一张1978—2008年劳动、资本和全要素生产率对经济增长的贡献表（见表7-15）。

表7-15　1978—2008年中国劳动、资本和全要素生产率对经济增长的贡献（%）

年份	经济增长率	资本增长率	劳动力增长率	资本贡献率	劳动贡献率	全要素生产率贡献率
1978	11.7	9.1	2.0	39.1	8.4	52.6
1988	11.3	9.7	2.9	41.6	13.4	45.0
1998	7.8	6.3	1.2	39.8	7.6	52.6
1999	7.6	5.9	1.1	38.8	7.0	54.2
2000	8.4	5.4	1.0	33.0	5.6	61.4
2001	8.3	5.9	1.3	36.8	7.6	55.6
2002	9.1	6.6	1.0	37.8	5.2	57.0
2003	10.0	7.8	0.9	41.8	4.3	53.9
2004	10.1	9.1	1.0	53.1	4.2	42.7
2005	10.4	9.3	0.8	52.0	3.3	44.7
2006	11.6	9.8	0.8	50.2	2.7	47.1
2007	13.0	10.0	0.8	46.5	2.4	51.2
2008	9.0	10.3	0.6	68.6	2.8	28.6
1979—2008	9.8	8.2	1.8	45.9	10.6	43.5

资料来源：《2002—2005中国宏观经济运行轨迹》和各年《中国统计年鉴》。

由表7-15可知，1979—2008年，我国经济年均增长率为9.8%，其中资本投入增长率为8.2%，对经济增长的贡献率为45.9%；劳动投入增长率为1.8%，对经济增长的贡献率为10.6%；全要素生产率对经济增长的贡献率为43.5%。可见，资本投入对经济增长的贡献最大，其次为全要素生产率（或科技进步），劳动投入的贡献最小（部分原因是这里重在考察劳动投入的数量）。

此表的测算是根据传统的柯布-道格拉斯生产函数模型进行的。已有 $Q=AK^{\alpha}L^{\beta}$，其中 Q 为产出（这里是指不变价GDP），K 为不变价资本存量，L 为劳动力数量，$\alpha=\frac{K}{Q}\frac{\partial Q}{\partial K}=\frac{\partial \ln Q}{\partial \ln K}$ 为资本的产出弹性系数（$\alpha>0$），$\beta=\frac{L}{Q}\frac{\partial Q}{\partial L}=\frac{\partial \ln Q}{\partial \ln L}$ 为劳动的产出弹性系数（$\beta>0$），在规模报酬不变的假设下有 $\alpha+\beta=1$。$\frac{\Delta Q}{Q}=\frac{\Delta A}{A}+\alpha\frac{\Delta K}{K}+\beta\frac{\Delta L}{L}$，利用此式可以估计出1978—2008年劳动、资本和全要素生产率对经济增长的贡献。①

① 从传统的柯布-道格拉斯生产函数模型可推导出索洛增长方程，利用索洛余值法也可测算技术进步对经济增长的影响。

第四节　劳动、资本与技术供给的国际比较

下面，我们分别选取劳动、资本与技术的几个要素进行国际比较。

一、劳动供给的国际比较

这里，我们用劳动力参与率和劳动生产率两个重要参数，对世界主要经济体的劳动供给进行观察和比较分析。

1. 世界主要经济体劳动力参与率比较分析

联合国国际劳工组织（ILO）的数据显示，2016 年全球平均劳动力参与率为 62.8%，按照性别分类统计，男性平均劳动力参与率为 76.2%，女性平均劳动力参与率为 49.5%①，男性平均劳动力参与率明显高于女性，二者相差 26.7 个百分点。下面，我们按照世界银行的分类标准，从世界高收入、上中等收入、下中等收入及低收入国家和地区中选取了 30 个经济体，列出了这些国家和地区 1980 年、1990 年、2000 年、2005 年、2010 年、2015 年和 2016 年的劳动力参与率，具体见表 7 - 16。

表 7 - 16　30 个典型国家和地区主要年份的劳动力参与率情况表（%）

国家和地区	1980	1990	2000	2005	2010	2015	2016
世界	**66.1**	**66.5**	**65.4**	**64.8**	**63.2**	**62.9**	**62.8**
高收入国家和地区	**59.9**	**60.9**	**60.7**	**60.7**	**60.5**	**60.1**	**60.0**
美国	63.8	66.1	66.8	65.4	63.7	62.1	62.0
瑞典	66.4	67.6	62.4	64.4	63.5	64.5	64.4
日本	63.2	63.3	62.4	60.5	60.2	59.3	59.1
英国	59.7	62.6	61.4	61.7	62.1	62.7	62.7
德国	55.3	58.2	58.2	58.9	59.4	60.3	60.3
法国	57.1	55.2	55.2	56.1	55.9	55.2	54.9
澳大利亚	61.5	63.8	63.3	64.5	65.5	64.7	64.6
加拿大	63.9	66.8	65.3	66.7	66.6	65.6	65.4
意大利	50.4	50.0	47.6	48.9	48.0	48.4	48.3
中国香港	64.4	63.7	60.9	60.8	59.5	60.3	60.0
新加坡	63.4	65.0	65.5	65.4	67.2	67.2	67.0
西班牙	51.3	50.0	52.6	56.4	59.3	58.4	58.2
韩国	59.7	60.1	60.9	61.4	60.3	60.8	60.8
捷克共和国	61.6	60.7	60.0	59.3	58.4	59.4	59.4
匈牙利	60.5	54.9	49.0	50.1	50.5	54.0	54.0
斯洛伐克	66.4	65.3	59.7	59.6	59.0	59.5	59.4
波兰	64.9	63.3	56.2	55.0	56.0	56.9	56.8
拉脱维亚	71.4	69.0	56.0	57.6	59.0	60.4	60.5

① ILO, Trends econometric models, October 2010; see also source of table A2.

续前表

国家和地区	1980	1990	2000	2005	2010	2015	2016
上中等收入国家和地区	**61.0**	**61.0**	**60.1**	**60.7**	**62.8**	**62.3**	**62.3**
南非	46.6	48.4	52.3	53.5	51.3	53.0	53.3
俄罗斯	70.4	67.2	60.4	61.2	63.0	63.5	63.3
罗马尼亚	68.2	66.3	64.6	54.0	55.1	55.9	55.7
巴西	61.5	64.7	68.0	70.1	68.8	67.1	67.0
保加利亚	65.7	59.0	52.4	50.5	53.3	54.2	54.1
哈萨克斯坦	69.1	69.8	70.1	69.4	70.4	71.2	71.4
中国	79.5	79.2	77.4	74.8	70.9	70.9	70.8
下中等收入国家和地区	**69.1**	**68.8**	**66.9**	**65.6**	**—**	**—**	**—**
乌克兰	64.2	62.6	57.7	57.8	58.5	59.1	59.1
亚美尼亚	66.9	69.0	64.1	65.2	61.6	63.3	63.6
印度	60.6	60.2	58.4	57.8	55.3	53.7	53.8
越南	77.9	77.5	73.3	72.3	76.9	78.3	78.4
低收入国家和地区	**75.1**	**75.7**	**74.7**	**74.9**	**76.8**	**76.2**	**76.2**
埃塞俄比亚	81.1	81.2	81.7	84.6	83.6	83.0	83.0

说明：表中“劳动力参与率”是指年龄在15周岁及15周岁以上的人口中从事经济活动的人口比率；经济活动人口包括所有在特定阶段为商品和服务的生产提供劳力的人员。“—”表示数据缺失。

资料来源：世界银行数据库，http://data.worldbank.org.cn/.

从表7-16中可以看到：(1) 2016年世界平均劳动力参与率为62.8%，高收入、上中等收入及低收入国家和地区的劳动力参与率分别为60.0%、62.3%和76.2%，劳动力参与率与收入水平明显负相关。(2) 1980年以来，世界平均劳动力参与率主要呈下降趋势。而不同收入水平的国家和地区，其劳动力参与率的变化趋势完全不同：上中等收入经济体和低收入经济体的劳动力参与率逐步上升，高收入经济体的劳动力参与率则变化不一。(3) 1980年以来中国的劳动力参与率逐步降低，但仍高于上中等收入经济体的平均水平，2016年高出8.5个百分点。

2. 世界主要经济体劳动生产率比较分析

联合国国际劳工组织的数据显示，若以购买力平价汇率将GDP换算为2011年不变价国际元，2016年全球平均劳动生产率（单位就业人员产出）为33 538元，较上年同期增长1.5%。[①] 下面，我们按照世界银行的分类标准，从世界高收入、上中等收入、下中等收入及低收入国家和地区中选取了30个经济体，列出了这些国家和地区1991年、1995年、2000年、2005年、2010年、2015年和2016年的劳动生产率，具体见表7-17。

表7-17　30个典型国家和地区主要年份的劳动生产率情况表　单位：2011年国际元

国家和地区	1991	1995	2000	2005	2010	2015	2016
世界	**11 748**	**12 513**	**13 714**	**15 479**	**29 904**	**33 030**	**33 538**
高收入国家和地区	**37 805**	**40 834**	**45 107**	**48 279**	**87 133**	**91 206**	**91 932**
美国	48 211	51 455	57 909	62 655	106 690	111 131	111 712

① ILO, Trends Econometric Models, October 2010; see also source of table A2.

续前表

国家和地区	1991	1995	2000	2005	2010	2015	2016
瑞典	33 256	37 929	42911	48145	88 459	92 002	94 533
日本	37 666	38 765	40771	44113	69 916	72 119	72 619
英国	35 616	39 996	44657	48537	76 840	79 720	80 371
德国	34 481	37 566	39855	41373	86 484	88 481	89 805
法国	45 304	47 902	51311	53989	89 324	93 419	94 178
澳大利亚	37 621	41 189	45739	48 587	81 720	87 808	88 981
加拿大	39 697	42 736	47186	48 793	79 465	83 370	83 891
意大利	40 805	45 145	47247	46 411	94 005	92 840	93 232
中国香港	38 346	44 212	45 644	53 714	96 461	104 098	105 962
新加坡	28 098	38 890	42 940	48 821	133 814	140 993	141 227
西班牙	36 637	40 345	40 098	38 687	81 188	85 258	85 274
韩国	21 889	26 624	31826	36 813	62 968	68 655	70 011
捷克共和国	16 221	16 974	19 041	22 639	60 367	62 407	63 322
匈牙利	13 149	16 422	18 810	22 978	57 711	56 894	57 179
斯洛伐克	14 378	17 754	21 825	26 954	57 090	61 232	62 373
波兰	11 378	14 540	19 324	23 202	49 212	54 672	55 716
拉脱维亚	16 525	14 711	19 630	26 771	44 264	49 486	51 112
上中等收入国家和地区	**13 822**	**13 427**	**14 487**	**16 253**	**19 484**	**23 128**	**23 659**
南非	9 875	9 353	9 450	10 769	44 615	44 482	44 197
俄罗斯	14 807	10 761	11 991	15 589	43 523	45 760	45 832
罗马尼亚	5 122	5 995	6 182	9 620	40 088	45 965	48 450
巴西	10 501	11 656	12 109	12 068	30 652	30 589	30 230
保加利亚	11 629	12 084	12 924	15 497	36 833	40 294	41 347
哈萨克斯坦	14 106	11 462	13 692	19 149	39 017	46 246	45 640
中国	2 691	3 941	4 660	7 710	16 773	23 845	25 369
下中等收入国家和地区	**3 953**	**4 805**	**5 492**	**7 564**	—	—	—
乌克兰	11 184	6 157	6 661	9 433	17 012	15 567	15 845
亚美尼亚	10 429	7 327	10 869	22 872	16 415	18 424	18 877
印度	3 498	4 111	5 061	6 276	12 077	15 652	16 528
越南	2 424	3 094	3 803	4 832	7 724	9 431	9 894
低收入国家和地区	**1 947**	**1 932**	**2 184**	**2 570**	**3 173**	**3 612**	**3 658**
埃塞俄比亚	1 136	1 283	1 372	1 522	2 441	3 342	3 456

说明：1. 表中“劳动生产率”是指就业人口的人均 GDP，即国内生产总值（GDP）除以经济体中的就业人口总数。2. GDP 数据按购买力平价（PPP）计算，即用购买力平价汇率将 GDP 换算为 2011 年不变价国际元。国际元的购买力与美元在美国的购买力相当。3. “—”表示数据缺失。

资料来源：世界银行数据库，http：//data.worldbank.org.cn/.

从表 7 - 17 中可以看到：(1) 2016 年世界平均劳动生产率为 33 538 国际元，高收入、上中等收入及低收入国家和地区的劳动生产率分别为 91 932 国际元、23 659 国际元和 3 658 国际元，劳动生产率与收入水平明显正相关。(2) 1991 年以来，世界平均劳动生产率主要呈上升趋势，年均增长率达 4.3%。按照劳动生产率的增幅由高到低排序，依次为高收入、低收入、上中等收入经济体，其年均增幅分别为 3.6%、2.6%、2.2%。(3) 1991 年以来中国的劳动生产率迅速提高，年均增速高达 9.4%，比世界平均水平高 5.1 个百分点，是表中所列经济体中劳动生产率增长最快的国家。

二、资本供给的国际比较

下面我们选取了资本形成总额占 GDP 的比重和上市公司资本形成总额占 GDP 的比重、世界主要证券交易所市值及排名这几个重要指标，来对世界主要国家和地区的资本状况进行比较。

1. 世界主要经济体资本形成总额占 GDP 比重比较分析

我们按照世界银行的分类标准，从世界高收入、上中等收入、下中等收入及低收入国家和地区中选取了 30 个经济体，列出了这些国家和地区 1980 年、1990 年、2000 年、2005 年、2010 年、2015 年和 2016 年的资本形成总额占 GDP 比重的状况，具体见表 7 - 18。

表 7 - 18　30 个典型国家和地区主要年份的资本形成总额占 GDP 比重（%）

国家和地区	1980	1990	2000	2005	2010	2015	2016
世界	**21.7**	**23.5**	**22.3**	**21.8**	**24.2**	**24.2**	**—**
高收入国家和地区	**22.9**	**23.0**	**22.0**	**20.6**	**20.7**	**21.4**	**—**
美国	17	18	21	20	18	20	—
瑞典	21	24	19	18	23	24	25
日本	27	33	25	24	21	24	—
英国	19	20	18	17	16	17	17
德国	23.5	23	22	17	20	19	19
法国	23.7	23	20	20	22	22	23
澳大利亚	26	27	24	26	28	27	26
加拿大	21	21	20	22	24	24	23
意大利	23	22	21	21	21	17	17
中国香港	27	25	12	28	24	22	22
新加坡	39	37	33	20	28	27	25
西班牙	27	26	26	29	24	20	20
韩国	36	38	31	30	32	29	29
捷克共和国	27	25	29	26	27	27	26
匈牙利	26	25	27	26	21	22	19
斯洛伐克	31	33	26	29	24	23	22
波兰	26	26	25	19	21	20	20
拉脱维亚	33	40	24	34	19	22	20

续前表

国家和地区	1980	1990	2000	2005	2010	2015	2016
上中等收入国家和地区	**26.8**	**26.1**	**24.0**	**27.2**	**32.6**	**31.1**	**—**
南非	16	18	16	18	20	21	19
俄罗斯	22	30	19	20	23	22	23
罗马尼亚	27	30	20	23	27	25	25
巴西	19	20	18	16	22	18	15
保加利亚	24	26	18	28	23	21	20
哈萨克斯坦	32	—	19	30	25	28	28
中国	38	36	35	42	48	45	—
下中等收入国家和地区	**26**	**25.8**	**23.9**	**27.1**	**—**	**—**	**—**
乌克兰	25	27	20	23	21	16	22
亚美尼亚	35	47	19	30	33	21	19
印度	23	24	24	34	41	33	30
越南	17	13	30	36	36	28	27
低收入国家和地区	**19.2**	**17.5**	**20.6**	**24.7**	**20.6**	**26.8**	**23.6**
埃塞俄比亚	18	13	20	23	—	41	40

说明："—"表示数据缺失。

资料来源：世界银行数据库，http：//data.worldbank.org.cn/.

从表 7-18 中可以看出，1980 年以来世界资本形成总额占 GDP 的比重基本保持稳定，大约在 22%左右。其中，中等收入国家和地区的资本形成总额占 GDP 的比重较其他地区而言相对较高。2005 年以后中国的资本形成率增长明显高于世界平均水平大约 20 个百分点。

2. 世界主要经济体上市公司的市场资本总额占 GDP 的比重比较分析

下面，我们仍旧按照世界银行的分类标准，从世界高收入、上中等收入、下中等收入及低收入国家和地区中选取了 30 个经济体，重点分析这些国家和地区上市公司的市场资本总额占 GDP 的比重，具体见表 7-19。

表 7-19　30 个典型国家和地区主要年份上市公司的市场资本总额占 GDP 的比重（%）

国家和地区	1991	1995	2000	2005	2006	2007	2008
高收入国家	**18.0**	**64.8**	**71.5**	**101.8**	**—**	**104.2**	**83.3**
美国	53.2	93.4	154.7	134.9	145.7	142.4	81.7
瑞典	40.0	70.2	133.7	109.0	143.6	132.4	51.8
日本	96.7	69.9	67.6	104.0	108.3	101.7	65.9
英国	83.8	121.7	174.4	134.1	155.5	137.9	69.6
德国	20.7	22.9	66.8	43.8	56.2	63.4	30.3
法国	25.2	33.3	108.9	81.9	107.2	106.8	52.3
澳大利亚	34.7	66.1	89.4	115.5	146.2	151.5	65.0
加拿大	108.5	210.6	368.6	390.1	471.4	561.4	617.0

续前表

国家和地区	1991	1995	2000	2005	2006	2007	2008
意大利	41.5	62.0	116.1	130.6	133.0	153.5	66.9
中国香港	42.1	35.2	32.2	85.0	87.8	107.1	53.1
新加坡	93.1	175.6	164.8	252.5	190.5	200.0	93.1
西班牙	21.3	33.1	86.8	84.9	107.2	124.9	59.3
韩国	13.1	18.6	70.0	44.9	55.1	50.7	22.7
捷克共和国	3.9	6.3	8.9	10.8	—	12.1	10.8
匈牙利	—	5.4	25.1	29.6	37.1	34.3	12.0
斯洛伐克	—	4.9	4.2	7.2	8.1	8.3	5.2
波兰	—	3.3	18.3	30.9	43.6	48.7	17.1
拉脱维亚	—	0.2	7.2	15.8	13.6	10.8	4.8
上中等收入国家	**12.5**	**—**	**18.9**	**11.5**	**—**	**9.5**	**8.4**
南非	123.2	185.6	154.2	228.9	273.9	291.1	177.7
俄罗斯	—	4.0	15.0	71.8	106.8	115.6	23.8
罗马尼亚	—	0.3	2.9	20.8	26.7	26.5	10.0
巴西	3.6	19.2	35.1	53.8	65.3	100.3	36.0
保加利亚	—	0.5	4.9	18.7	32.6	55.1	17.7
哈萨克斯坦	—	—	7.3	18.4	53.9	39.5	23.3
中国	4.9	5.8	48.5	34.6	89.3	177.6	61.6
下中等收入国家	—	**13.6**	**—**	**23.8**	**—**	**27.3**	**40.0**
乌克兰	7.0	6.3	6.0	29.0	39.8	78.3	13.5
亚美尼亚	—	—	—	0.9	0.9	1.1	1.5
印度	12.2	35.7	32.2	66.1	86.3	147.6	53.2
越南	—	—	—	0.9	14.9	27.5	10.6
低收入国家	**—**	**14.5**	**11.6**	**—**	**—**	**14.7**	**4.1**
埃塞俄比亚		64.8	71.5				

说明：1. 市场资本总额，也称作市场价值，是股票价格乘以已发行股票的数量。国内上市公司是指截至年末在国内注册成立的公司在该国股票交易所挂牌的数量；2. 表示“—”表示数据缺失；3. 目前本表指标仅有到2008年的数据。

资料来源：世界银行数据库，http：//data. worldbank. org. cn/.

从表7-19中可以看到：1991—2007年，世界整体的上市公司的市场资本总额占GDP的比重主要呈上升趋势，2007年达118.84%，2008年则有大幅下降；高收入国家和地区资本市场总额占GDP的比重明显高于其他组别，低收入国家和地区上市公司的市场资本额占GDP的比重较小；中国上市公司资本市场总额占GDP的比重逐渐上升，这与我国的市场化体制改革密切相关。

3. 世界主要证券交易所市值及排名

下面将目前世界上主要证券交易所的市值以及排名情况列于表7-20。

表 7-20　世界主要交易所市值及排名

名称	2015 市值（百亿美元）	2015 排名	2014 市值（百亿美元）	2014 排名	2009 市值（百亿美元）	2009 排名	2007 市值（百亿美元）	2007 排名	2005 市值（百亿美元）	2005 排名
纽约证券交易所	1 778.68	1	1 935.14	1	1 183.78	1	1 565.08	1	1 331.06	1
纳斯达克证券交易所	728.08	2	697.92	2	323.95	3	401.37	4	360.40	3
东京证券交易所	489.49	3	437.80	3	330.61	2	433.09	2	457.29	2
上海证券交易所	454.93	4	393.25	5	270.48	6	369.43	6	28.62	20
伦敦证券交易所	387.88	5	401.29	4	279.64	5	385.17	5	305.82	4
深圳证券交易所	363.87	6	207.24	9	86.84	16	78.45	20	11.57	31
泛欧证券交易所	330.59	7	331.91	6	286.94	4	422.27	3	270.68	5
香港证券交易所	318.49	8	323.30	7	230.51	7	265.44	7	105.50	8
多伦多证券交易所集团	159.19	10	209.37	8	167.68	8	218.66	8	148.22	6
西班牙马德里交易所	78.72	17	99.29	17	143.45	9	179.98	11	95.99	9

资料来源：中国证券监督管理委员会．中国证券期货统计年鉴 2016．北京：中国金融出版社，2016．

从表 7-20 可知，在世界范围内，美国、日本和欧洲证券交易所规模排前，中国近些年上升也很快。

三、技术供给的国际比较

技术作为促进经济增长的生产要素之一，对其投入的资金与人力资源对于判断一个国家的经济发展情况有重要意义。下面我们选取“R&D 支出占 GDP 比重”“每百万人从事 R&D 的研究人员”“国家创新指数”三项指标，对世界主要经济体的技术供给进行比较与分析。

1. 世界主要经济体 R&D 支出占 GDP 比重比较分析

受金融危机影响，2014 年全球经济普遍下滑，但多个国家 R&D 经费支出占 GDP 的比重却在增加。美国 2014 年 R&D 经费支出占 GDP 的比重为 2.7%。下面，我们按照世界银行的分类标准，从世界高收入、上中等收入、下中等收入及低收入国家和地区中选取了 30 个经济体，列出了这些国家和地区 1998 年、2000 年、2002 年、2004 年、

2005年、2007年和2014年的R&D支出占GDP比重，具体见表7-21。

表7-21　30个典型国家和地区主要年份的R&D支出占GDP比重情况表（%）

国家和地区	1998	2000	2002	2004	2005	2007	2014
世界	**2.1**	**2.2**	**2.1**	**2.1**	**2.1**	**2.2**	**2.1**
高收入国家和地区	**2.3**	**2.4**	**2.4**	**2.3**	**2.3**	**2.5**	**2.5**
美国	2.6	2.8	2.7	2.6	2.6	2.7	2.7
瑞典	—	—	—	3.7	3.7	3.7	—
日本	3.0	3.0	3.2	3.2	3.3	3.5	3.6
英国	1.8	1.9	1.8	1.7	1.8	1.8	1.7
德国	2.3	2.5	2.5	2.5	2.5	2.6	2.9
法国	2.1	2.2	2.2	2.2	2.1	2.1	2.3
澳大利亚	1.5	1.6	1.8	1.9	—	—	2.2
加拿大	1.8	1.9	2.0	2.1	2.1	2.0	1.6
意大利	1.1	1.1	1.1	1.1	1.1	—	1.3
中国香港	0.4	0.5	0.6	0.7	0.8	—	0.7
新加坡	1.8	1.9	2.2	2.2	2.3	2.6	2.2
西班牙	0.9	0.9	1.0	1.1	1.1	1.3	1.2
韩国	2.3	2.4	2.5	2.9	3.0	3.5	4.3
捷克共和国	1.2	1.2	1.2	1.3	1.4	1.6	2.0
匈牙利	0.7	0.8	1.0	0.9	0.9	1.0	—
斯洛伐克	0.8	0.7	0.6	0.5	0.5	0.5	—
波兰	0.7	0.6	0.6	0.6	0.6	0.6	0.9
拉脱维亚	0.4	0.4	0.4	0.4	0.6	0.6	
上中等收入国家和地区	**0.6**	**0.7**	**0.9**	**1.0**	**1.0**	**1.2**	**1.4**
南非	—	—	—	0.9	0.9	—	0.7
俄罗斯	1.0	1.1	1.3	1.2	1.1	1.1	1.2
罗马尼亚	0.5	0.4	0.4	0.4	0.4	0.5	—
巴西	—	0.9	0.9	0.8	1.0	—	1.2
保加利亚	0.6	0.5	0.5	0.5	0.5	0.5	—
哈萨克斯坦	0.2	0.2	0.3	0.3	0.3	0.2	0.2
中国	0.7	0.9	1.1	1.2	1.3	1.5	2.0
下中等收入国家和地区	**—**	**0.7**	**0.8**	**0.8**	**0.8**	**—**	**—**
乌克兰	1.1	1.0	1.0	1.1	1.0	0.9	0.7
亚美尼亚	0.2	0.2	0.3	0.2	0.2	0.2	—

续前表

国家和地区	1998	2000	2002	2004	2005	2007	2014
印度	0.7	0.8	0.7	0.7	0.8	0.8	0.8
越南	—	—	0.2	—	—	—	0.2
低收入国家和地区	—	—	—	—	—	—	—
埃塞俄比亚	—	—	—	—	0.2	0.2	—

说明："—"表示数据缺失。

资料来源：世界银行数据库，http：//data.worldbank.org.cn/.

从表 7－21 中可以看到：（1）2014 年 R&D 经费支出占 GDP 比重的世界平均水平为 2.1%，高收入国家和地区平均水平高出世界平均水平约 0.4 个百分点，中等收入及低收入国家和地区分别比世界平均水平低约 1 个百分点。（2）1998 年以来，各个国家 R&D 经费支出占 GDP 比重整体呈上升趋势，其间略有波动。高收入国家和地区由于基数相对比较大，增速较为缓慢，中等收入及低收入国家和地区增速较快。（3）1998 年以来中国 R&D 经费支出占 GDP 比重呈逐年上升趋势，且增速较快。中国的平均水平远高于下中等收入国家和地区，甚至略高于上中等收入国家和地区的平均水平。

2. 世界主要经济体每百万人从事 R&D 的研究人员比较分析

近年来，世界主要国家和地区技术发展所需人力资源方面的投入稳步增长。下面，我们按照世界银行的分类标准，从世界高收入、上中等收入、下中等收入及低收入国家和地区中选取了 30 个经济体，列出了这些国家和地区 2000 年、2002 年、2004 年、2006 年、2010 年和 2012 年每百万人从事 R&D 的研究人员数，具体见表 7－22。

表 7－22　30 个典型国家和地区主要年份每百万人从事 R&D 的研究人员情况表　单位：人

国家和地区	2000	2002	2004	2006	2010	2012
世界	—	—	—	—	**1 281.68**	—
高收入国家和地区	**3 417.78**	**3 540.25**	**3 699.72**	**3 850.10**	**3 845.41**	**3 985.14**
美国	4 480.86	4 566.02	4 647.84	4 663.28	3 866.96	4 018.63
瑞典	—	—	5 409.35	6 115.35	5 255.86	5 163.75
日本	5 110.83	5 087.02	5 316.25	5 568.35	5 152.63	5 083.75
英国	2 739.08	2 936.98	2 936.06	2 909.03	4 091.18	4 029.28
德国	3 141.94	3 232.46	3 279.98	3 391.71	4 077.77	4 379.08
法国	2 910.12	3 115.74	3 337.88	3 440.08	3 867.99	4 073.41
澳大利亚	3 442.78	3 723.28	4 028.81	4 230.63	4 530.73	—
加拿大	3 535.46	3 703.03	3 997.60	—	4 649.22	4 634.31
意大利	1 157.47	1 237.15	1 235.40	1 499.27	1 735.66	1 853.01
中国香港	1 159.19	1 570.35	2 130.78	2 649.97	2 942.99	2 990.20
新加坡	4 139.22	4 397.51	5 087.03	5 736.04	6 306.52	6 442.28
西班牙	1 904.16	2 019.48	2 377.15	2 657.19	2 889.46	2 718.38
韩国	2 334.09	3 022.83	3 298.11	4 186.86	5 380.28	6 361.60

续前表

国家和地区	2000	2002	2004	2006	2010	2012
捷克共和国	1 354.80	1 469.49	1 601.11	2 569.01	2 781.85	3 149.99
匈牙利	1 410.31	1 473.16	1 475.20	1 745.27	2 131.08	2 393.67
斯洛伐克	1 850.86	1 706.16	1 990.88	2 184.98	2 808.04	2 819.85
波兰	1 435.59	1 479.87	1 593.75	1 561.02	1 672.37	1 735.35
拉脱维亚	1 606.73	1 476.64	1 441.69	1 765.05	1 863.65	1 916.46
上中等收入国家和地区	**499.61**	—	—	—	**660.94**	—
南非	—	—	377.33	381.87	362.63	404.69
俄罗斯	3 452.79	3 384.80	3 320.13	3 257.95	3 087.99	3 093.56
罗马尼亚	924.93	925.04	978.20	951.95	974.44	903.29
巴西	367.46	400.98	480.88	628.70	698.10	—
保加利亚	1 183.98	1 168.57	1 261.61	1 344.09	1 482.19	1 547.15
哈萨克斯坦	—	—		—	369.21	609.64
中国	548.61	630.28	710.50	926.58	902.96	1 035.88
下中等收入国家和地区	**340.70**	—	—	—	**618.16**	—
乌克兰				1 475.53	1 332.20	1 234.66
亚美尼亚				—	—	—
印度	111.20	—	—	—	156.64	—
越南	—	115.36	—	—	—	—
低收入国家和地区	—	—	—	—	—	—
埃塞俄比亚	—	—	—	—	42.27	—

说明："—"表示数据缺失。

资料来源：世界银行数据库，http：//data.worldbank.org.cn/.

从表 7－22 中可以看到：(1) 进入 21 世纪以来，全球技术发展的人力资源供给总体稳步增加。其中高收入经济体增速较快，中等收入和低收入经济体增速相对较慢。(2) 每百万人从事 R&D 的研究人员数与国家和地区的经济发展水平呈明显正相关关系，高收入经济体的平均值几乎为中等收入国家和地区的 5 倍以上，是低收入国家和地区的 10 倍以上。(3) 2000 年以来中国的每百万人从事 R&D 的研究人员数逐年增长，年均增速保持在 10%左右。且中国的指标值远高于下中等和上中等收入国家和地区水平，但与高收入国家和地区的水平也有较为明显的差距。

3. 国家创新指数①

国家创新指数由创新资源、知识创造、企业创新、创新绩效和创新环境 5 个一级指标及 31 个二级指标构成。该指标体系选择 R&D 经费占世界总量 98%、GDP 占全球总量 88%的 40 个国家作为评价对象，测算了这些国家 2000—2008 年的创新指数，表 7－23 列出了 2008 年的创新指数。

① 根据中国科学技术发展研究院的《国家创新指数报告 2010》整理、摘编。

表 7-23　　2008 年全球 40 个国家创新指数及排名

排名	国家	创新指数	排名	国家	创新指数	排名	国家	创新指数	排名	国家	创新指数
1	美国	100	11	英国	76.5	21	中国	57.9	31	斯洛伐克	41.3
2	瑞士	95.3	12	爱尔兰	72	22	冰岛	56	32	波兰	38.9
3	韩国	89.9	13	以色列	71.6	23	西班牙	53.5	33	南非	37.5
4	日本	85.3	14	挪威	70	24	斯洛文尼亚	53.1	34	俄罗斯	36.1
5	新加坡	84.6	15	法国	69.2	25	意大利	52.6	35	罗马尼亚	34.2
6	瑞典	84.3	16	奥地利	68.8	26	卢森堡	50.3	36	巴西	30.4
7	芬兰	82.2	17	比利时	67.3	27	捷克共和国	48.6	37	土耳其	29.4
8	丹麦	79.7	18	澳大利亚	65.8	28	匈牙利	48.4	38	墨西哥	28.5
9	荷兰	77.7	19	加拿大	65.8	29	葡萄牙	48	39	阿根廷	28.1
10	德国	77.0	20	新西兰	58.8	30	希腊	46.6	40	印度	22.7

资料来源：中国科学技术发展研究院．国家创新指数报告 2010．北京：科学技术文献出版社，2011：29.

从表 7-23 可知，若以美国创新指数为 100 计，2008 年中国创新指数为 57.9，在全球 40 个科技实力较强国家中排名第 21 位。美国、瑞士、韩国和日本分别位居第 1 位至第 4 位，处于优势地位。新加坡依托在知识创造、企业创新和创新绩效方面的进步，排在第 5 位。以瑞典、芬兰和丹麦为代表的北欧国家依然强势地位，分别处于第 6、7 和 8 位。

思考题

1. 试分析劳动力参与率与失业率的关系。
2. 你如何理解个人劳动力供给中的收入效应和替代效应？
3. 试分析中国农村劳动力的流动。
4. 谈谈你对拉姆齐模型的理解。
5. 试比较分析资本存量的不同测算方法。
6. 试分析中国资本市场的国际化进程。
7. 你如何理解自由竞争与知识产权垄断性的关系？
8. 简述罗默的知识积累简化模型及其特征。
9. 试分析本章第四节提供的各国相关数据表，并提出自己的结论。
10. 试分析经济增长中自然资源与制度的作用。

附录

附录一　自然资源分析——主要国家的自然资源比较[①]

自然资源是人类生存的物质基础。淡水、土地、矿产、森林、能源及其所组成的生态系统和环境等自然资源是一个国家经济社会发展的重要支撑。与劳动、资本、技术等

① 本附录由宋涛博士提供初稿。

要素一样，自然资源也是生产活动中必不可少的要素。下面我们从“人均淡水资源”“森林资源”“每日石油生产量与消费量”“铀产量以及核电站分布”四个方面，对世界主要国家的自然资源进行观察和比较分析。

1. 世界主要国家人均淡水资源比较

近年来，随着人口的增长与淡水资源的过度开采和污染，世界各国的人均淡水资源量持续下降。近些年世界主要国家的人均淡水资源量如表 7 - 24 所示。

表 7 - 24　　世界主要国家人均淡水资源　　单位：立方米

年份	2000	2005	2007	2012	2014
世界	8 513	6 794	6 624	6 066	5 922
高收入国家	—	9 640	9 313	8 841	8 734
中等收入国家	9 938	8 677	6 589	5 608	5 481
低收入国家	6 416	3 149	4 619	4 895	4 634
中国	2 210	2 156	2 132	2 083	2 062
印度	1 819	1 152	1 122	1 145	1 118
美国	9 772	9 446	9 283	8 975	8 846
印度尼西亚	13 405	12 867	12 578	8 112	7 914
巴西	41 941	29 066	28 277	28 226	27 721
尼日利亚	2 109	1 680	1 493	1 321	1 252
俄罗斯	31 222	30 135	30 350	30 111	29 982
日本	3 382	3 365	3 365	3 369	3 378
墨西哥	4 543	3 967	3 885	3 385	3 293
菲律宾	5 992	5 767	5 450	4 945	4 785
德国	3 186	1 297	1 301	1 330	1 321
土耳其	3 369	3 150	3 072	3 044	2 947
法国	2 662	2 932	2 893	3 046	3 015
英国	2 482	2 408	2 377	2 276	2 244
南非	1 103	955	936	853	827
韩国	1 465	1 344	1 338	1 292	1 278
加拿大	92 532	88 238	86 246	82 013	80 181
委内瑞拉	28 796	27 185	26 287	26 929	26 189
马来西亚	23 863	22 882	21 846	19 883	19 187
澳大利亚	25 022	24 202	23 412	21 647	20 971
斯里兰卡	2 636	2 548	2 499	2 585	2 542
白俄罗斯	5 844	3 805	3 834	3 592	3 589
以色列	259	116	104	95	91

续前表

年份	2000	2005	2007	2012	2014
新西兰	83 016	79 778	77 336	74 182	72 510
蒙古	14 210	13 626	13 322	12 366	11 902

说明：可再生内陆淡水资源是指某国国内的可再生资源（内陆河流及降雨产生的地表水）。人均可再生内陆淡水资源使用世界银行的人口估算值进行计算。

资料来源：根据国家统计局编制的《国际统计年鉴》（2000—2016）整理。

2. 世界主要国家森林资源国际比较

森林覆盖率和森林平均消失率最为直观地反映了一个国家或地区的森林资源状况。采用《国际统计年鉴》的相关数据，我们编制了表 7－25，反映了 2000 年、2005 年、2015 年三年的森林覆盖率和 1990—2000 年、2000—2015 年两个阶段森林平均消失率情况。

表 7－25　　世界主要国家森林覆盖率及森林平均消失率（%）

指标 国家	森林覆盖率			森林平均消失率	
	2000	2005	2015	1990—2000	2000—2015
世界	30.7	30.4	30.8	0.2	0.1
中等收入国家	32.7	32.4	28.9	0.2	0.0
高收入国家	28.8	28.9	32.8	－0.1	0.1
低收入国家	26.0	25.1	27.4	0.7	0.4
中国	19.0	21.2	22.2	－1.2	－1.2
印度	22.7	22.8	23.8	－0.6	－0.5
美国	33.0	33.1	33.9	－0.1	－0.1
印度尼西亚	54.0	48.8	50.2	1.7	0.6
巴西	58.3	56.5	59.0	0.5	0.4
巴基斯坦	2.7	2.5	1.9	1.8	2.0
孟加拉国	6.8	6.7	11.0	—	0.2
尼日利亚	14.4	12.2	7.7	2.7	3.1
俄罗斯	49.4	49.4	49.8	—	－0.1
日本	68.2	68.2	68.5	—	0.0
墨西哥	33.7	33.0	34.0	0.5	0.2
菲律宾	26.7	24.0	27.0	2.8	－1.0
德国	31.8	31.8	32.8	－0.3	0.0
土耳其	13.1	13.2	15.2	－0.4	－1.0
泰国	29.0	28.4	32.1	0.7	0.2
法国	27.9	28.3	31.0	－0.5	－0.7

续前表

国家 \ 指标	森林覆盖率			森林平均消失率	
	2000	2005	2015	1990—2000	2000—2015
英国	11.5	11.8	13.0	—0.7	—0.4
意大利	32.1	33.9	31.6	—1.2	—0.7
南非	7.6	7.6	7.6	—	—
韩国	63.8	63.5	63.4	0.1	0.1
乌克兰	16.4	16.5	16.7	—0.2	—0.1
西班牙	32.9	35.9	36.8	—2.0	—0.6
阿根廷	12.3	12.1	9.9	0.4	1.0
波兰	29.8	30.0	30.8	—0.2	—0.3
加拿大	34.1	34.1	38.2	—	0.0
委内瑞拉	55.7	54.1	52.9	0.6	0.3
马来西亚	65.7	63.6	67.6	0.4	—0.2
澳大利亚	21.4	21.3	16.2	0.2	0.2
斯里兰卡	32.2	29.9	33.0	1.2	0.4
荷兰	10.6	10.8	11.2	—0.4	—0.3
以色列	7.6	7.9	7.6	—0.6	—0.5
新西兰	30.7	31.0	38.6	—0.6	0.0
蒙古	6.8	6.5	8.1	0.7	—0.5

说明：负值表示森林面积的增长。

资料来源：根据国家统计局编制的《国际统计年鉴》（2000—2016）整理。

如表 7 - 25 所示，世界各国的森林覆盖率情况总体变动不大，多年来世界平均水平维持在 30%左右。森林平均消失率近年来世界各国的情况有所不同。中国、印度等发展中国家以及英国、法国等发达国家的森林平均消失率呈现负值，森林资源的数量状况在逐渐得到改善。

3. 世界主要国家每日石油生产量与消费量国际比较

下面将 2016 年石油日消费量排名前 15 名的国家与石油日生产量排名前 15 名的国家列示在表 7 - 26 中。

表 7 - 26　2016 年石油日消费量前 15 名的国家和石油日生产量前 15 名的国家　单位：千桶/日

石油日消费量前 15 名的国家		石油日生产量前 15 名的国家	
国家	石油日消费量	国家	石油日生产量
美国	19 631	沙特阿拉伯	12 349
中国	12 381	美国	12 354
印度	4 489	俄罗斯	11 227

续前表

石油日消费量前15名的国家		石油日生产量前15名的国家	
国家	石油日消费量	国家	石油日生产量
日本	4 037	伊朗	4 600
沙特阿拉伯	3 906	伊拉克	4 465
俄罗斯	3 203	加拿大	4 460
巴西	3 018	阿拉伯联合酋长国	4 073
韩国	2 763	中国	3 999
德国	2 394	科威特	3 151
加拿大	2 343	墨西哥	2 456
墨西哥	1 869	委内瑞拉	2 410
伊朗	1 848	尼日利亚	2 053
印度尼西亚	1 615	挪威	1 995
法国	1 602	卡塔尔	1 899
英国	1 597	巴西	1 807

资料来源：BP. 世界能源统计报告 2010. http://www.bp.com/zh_cn/china/reports-and-publications/_bp_2017-_.html.

从表 7-26 可以看出，石油消费最多的国家大都是经济发达国家。石油日消费量最多的国家是美国，为 19 631 千桶，是中国日消费量的近 1.6 倍。石油日生产量最多的国家是沙特阿拉伯，为 12 349 千桶。美国、中国、俄罗斯、巴西、沙特阿拉伯、加拿大、墨西哥、伊朗等国既是石油消费大国，又是石油生产大国。从 1996 年到 2016 年，中国的石油消费增长了将近两倍。

4. 世界铀产量以及核电站分布

铀是国际社会重要的战略资源，是核能开发利用过程中的重要原料。下面将世界主要国家和地区 2007 年的铀产量分布、核电站数量以及核电发电情况列表，并按照铀产量从高到低排序，如表 7-27 所示。

表 7-27　2007 年世界主要国家和地区的铀产量分布、核电站数量以及核电发电情况

国家和地区	铀产量（tU）	核电站（座）	核电（万千瓦时）
世界	41 279	439	38 500.9
加拿大	9 476	18	1 334.5
澳大利亚	8 611	—	—
俄罗斯	3 413	31	2 374.2
尼日利亚	3 153	—	—
纳米比亚	2 879	—	—
乌兹别克斯坦	2 320	—	—
美国	1 654	104	10 576.4

续前表

国家和地区	铀产量（tU）	核电站（座）	核电（万千瓦时）
乌克兰	846	15	1 383.5
中国	712	11	860
印度	—	17	412
日本	—	55	4 946.7
韩国	—	20	1 771.6
法国	—	59	6 326
德国	—	17	2 020.8
英国	—	19	1 098.1
中国台湾	—	9	—

说明：tU 指吨铀，将与氧气结合状态下的铀除去氧的质量后剩余的铀重量单位。

资料来源：［日］资源问题研究会．世界资源真相和你想的不一样．北京：新世界出版社，2010.

由表 7－27 可见，铀资源分布不均衡，主要分布在澳大利亚、加拿大、俄罗斯等国家和地区。到 2007 年底，世界共有 439 座核电站，核电发电量为 38 500.9 万千瓦时。2007 年世界上核电站最多的国家是美国，拥有 104 座核电站。

附录二　制度分析——非公有制经济只有效率没有公平吗①

非公有制经济在公平性方面具有两重性，既有不公平的一面，也有向公平发展的一面。不公平的一面，社会主义的传统经济理论讲得很多了，这里重点分析非公有制经济公平的这一面。

1. 随着生产力的发展，非公有制经济不公平的一面在弱化

（1）任何一个所有者，其财富越巨大，消费其财富的比重就越小。私有化发展的结果出现异化，即名义上的私有财产实际上成为了社会的财富。这当然不是法律意义上的，而是从财富发挥作用的效果上讲的。（2）由于知识经济的发展，传统意义上的生产资料个人所有的重要性将会大大下降。知识的价值上升，知识在国民收入分配中的份额在增大。这意味着固定资产所有者的地位在分配中的份额有所下降。（3）消费的多样化，对私有经济造成的不平等有纠正的作用。当吃、穿、住、行的形式多样化后，对什么为吃得好、穿得好，就要按消费者个人的需求满足程度进行判断了，这使消费权利是否平等的比较复杂化和多样化，大大淡化了非公有制经济或说私有经济在消费上的特权引起的公众不满。

2. 生产关系不断调整，使非公有制经济中不平等的一面在缓解

非公有制尤其是私有制，其罪恶之显露，主要在 18 世纪和 19 世纪初期。这一时期，资本对劳动处于优越而不平等的地位上，劳动者的合法权益得不到保护。但是，在 200 年的发展过程中，资本与劳动的关系不断调整。生产关系的不断调整使非公有制经济中不平等的一面得到很大缓解。（1）劳资矛盾在新形势下有新的解决办法。强大的劳工运动迫使资方采取多种办法缓解劳资矛盾。各资本主义国家都制定了对劳工的保护

① 作者李晓西，原文载《财贸经济》，1998（9），这里有较大压缩。

法，全面、具体地实施对劳动权益的保护，并对资本权益的范围加以界定。（2）股份制企业组织形式使资本所有者多元化、大众化，使资本与劳动关系从所有与非所有关系，变化为大所有与小所有的关系，这种变化淡化了资本作为所有者对劳动作为非所有者的不平等关系。（3）私人财产继承权的制度得到完善和发展。私人财产权的继承，不仅是对个人权益的保护，也体现着对社会的贡献。私有权造成了对公众的一种巨大的外部效益，对人文和自然环境以及社会做出了一种特殊的贡献。

3. 国家对非公有制经济造成的不平等一面进行了调剂和改善

国家通过税收和补助，对经济发展中出现的分配差距有所调节。对贫困有所补助，对高收入有较大征税，因此，部分地缓解了收入分配上的不平等。非公有制经济在给国家提供财税方面，是不可忽视的一支力量。在发达国家，非公有制经济是基础，是税收的主要来源。

总之，公有制与非公有制两种经济都有自己存在的价值，都有自己最适宜的领域，需要通过实践来达到最优的配置。

参考文献

［1］布兰查德. 宏观经济学. 北京：清华大学出版社，2003.

［2］斯蒂格利茨. 经济学（下册）. 北京：中国人民大学出版社，2010.

［3］罗伯特. 宏观经济学原理. 北京：中国人民大学出版社，2008.

［4］斯蒂芬. 宏观经济学. 北京：中国人民大学出版社，2010.

［5］戴维·皮尔斯. 现代经济学词典. 上海：上海译文出版社，1988.

［6］戴维·罗默. 高级宏观经济学. 上海：上海财经大学出版社，2009.

［7］萨缪尔森，诺德豪斯. 经济学（第17版）. 北京：人民邮电出版社，2004.

［8］坎贝尔·R. 麦克南，斯坦利·L. 布鲁伊. 经济学原理、问题与政策（第15版）. 北京：中国财政经济出版社，2004.

［9］戴维·N. 韦尔. 经济增长. 北京：中国人民大学出版社，2007.

［10］布莱恩·斯诺登，霍华德·R. 文. 现代宏观经济学：起源、发展和现状. 南京：江苏人民出版社，2009.

［11］兹维·博迪，亚历克斯·凯恩，艾伦·J. 马库斯. 投资学. 北京：机械工业出版社，2010.

［12］北京师范大学经济与资源管理研究院. 中国市场经济发展报告2010. 北京：北京师范大学出版社，2010.

［13］中国证券监督管理委员会. 中国资本市场发展报告. 北京：中国金融出版社，2008.

［14］中华人民共和国国家统计局. 中国统计年鉴2010. 北京：中国统计出版社，2010.

［15］国家统计局人口和就业统计司，人力资源和社会保障部规划财务司. 中国劳动统计年鉴2010. 北京：中国统计出版社，2010.

［16］国家统计局人口和就业统计司. 中国人口和就业统计年鉴2010. 北京：中国统计出版社，2010.

[17] 国家统计局农村司．2009年农民工监测调查报告，2010.
[18] 国际劳工组织，国际劳工研究所．2009年世界劳工报告——全球就业危机与后危机．北京：中国财政经济出版社，2011.
[19] 中华人民共和国科学技术部．中国科学技术发展报告2009．北京：科学技术文献出版社，2010.
[20] 中国科学院．2011科学发展报告．北京：科学出版社，2011.
[21] 中国科学院．2011高技术发展报告．北京：科学出版社，2011.
[22] 中华人民共和国国家统计局．2010中国发展报告．北京：中国统计出版社，2010.
[23] 国际货币基金组织．世界经济展望——重新平衡经济增长．北京：中国金融出版社，2010.
[24] 邱东．国民经济核算分析．上海：上海人民出版社，2009.
[25] 李晓西．中国经济改革30年——市场化进程卷．重庆：重庆大学出版社，2008.
[26] 李晓西等．中国货币与财政政策效果评析．北京：人民出版社，2007.
[27] 李晓西．国际金融危机下的中国经济发展．北京：中国大百科全书出版社，2010.
[28] 高鸿业．西方经济学．北京：中国人民大学出版社，2007.
[29] 孔爱国．高级宏观经济学教程．上海：上海三联书店，2003.
[30] 范金，朱强，王艳．中级宏观经济学．北京：经济管理出版社，2004.
[31] 石良平．中级宏观经济学．上海：上海财经大学出版社，2004.
[32] 张军，章元．对中国资本存量K的再估计．经济研究，2003（7）.
[33] 张军，吴桂英，张吉鹏．中国省际物质资本存量估算：1952—2000．经济研究，2004（10）.
[34] 贺菊煌．我国资产的估算．数量经济技术经济研究，1992（8）.
[35] 任若恩，刘晓生．关于中国资本存量估计的一些问题．数量经济技术经济研究，1997（1）.
[36] 朱钟棣，李小平．中国工业行业资本形成、全要素生产率变动及其趋异化：基于分行业面板数据的研究．世界经济，2005（9）.
[37] 李扬，何德旭．经济转型中的中国金融市场．北京：经济科学出版社，1999.
[38] 薛俊波，王铮．中国17部门资本存量的核算研究．统计研究，2007（7）.
[39] 曾湘泉．劳动经济学．北京：中国劳动社会保障出版社，2005.
[40] 杨河清．中国劳动经济蓝皮书（2009）．北京：中国劳动社会保障出版社，2010.
[41] 李通屏等．人口经济学．北京：清华大学出版社，2008.
[42] 王元．高新技术企业发展报告2009．北京：北京出版社，2010.
[43] 张平．“十二五”规划战略研究．北京：人民出版社，2010.
[44] 万钢．中国科技改革开放30年．北京：科学出版社，2008.
[45] 赖德胜，李长安，张琪．中国就业60年（1949—2009）．北京：中国劳动社会保障出版社，2010.

[46] 陈宗胜. 中国经济体制市场化进程研究. 上海：上海人民出版社，1999.

[47] 张铁山，吴永林，李纯波，王崇镗. 技术经济学——原理、方法、应用. 北京：清华大学出版社、北京交通大学出版社，2009.

[48] 王洛林，张宇燕. 2011 年世界经济形势分析与预测. 北京：社会科学文献出版社，2011.

[49] 张延. 中级宏观经济学. 北京：北京大学出版社，2010.

[50] 刘燕斌. 中国劳动保障发展报告（2017）. 北京：社会科学文献出版社，2017.

[51] 吴晓求等. 中国资本市场研究报告（2017）. 北京：中国人民大学出版社，2017.

[52] 王佳雯. 十八大以来我国深化科技体制改革综述. 中国科学报，2017-09-28.

在实际生活中，没有不自愿失业之存在。此种情况，我们称之为充分就业。摩擦的与自愿的失业，都与“充分”就业不悖。①

——凯恩斯

第八章 失业问题

失业是现代社会中的中心问题。从宏观经济角度看，失业问题是总供求矛盾的反映，是宏观经济的一个重要组成部分。就个人而言，失业会带来不幸的后果。当失业率居高不下时，人们收入下降进而生活水平降低，经济上的困扰将会在社会生活中弥漫开来，影响人们的情绪和家庭生活。因此，各国政府都非常重视解决失业问题。相当多的国家把实现充分就业作为宏观经济政策的主要目标之一。充分就业指没有非自愿失业或只有最小的非自愿失业的就业水平。宏观的需求管理政策，包括财政政策、货币政策，均与解决失业或者说就业紧密相关。

第一节　失业理论及重要概念②

一、重要概念

1. 关于失业、失业率的定义

失业像许多其他社会现象一样，可以有很多不同的定义。如何定义失业，长期以来

① 凯恩斯．就业、利息和货币通论．北京：商务印书馆，1963：19.

② 多恩布什，费希尔，斯塔兹．宏观经济学（第8版）．北京：中国人民大学出版社，2005；布兰查德．宏观经济学．北京：清华大学出版社，2003；杰弗里·萨克斯，费利普·拉雷恩．全球视角的宏观经济学．上海：上海三联书店，上海人民出版社，1997；余永定．西方经济学．北京：经济科学出版社，2002；世界银行．世界发展指标2006. 北京：中国财政经济出版社，2006.

一直存在争议。其原因在于，每个人对失业的理解不尽相同。事实上，很难找到一个能同时满足不同分析目的的失业定义。为了国际比较的方便，国际劳工组织为定义和测度失业制定了一些标准并推荐给世界各国。根据国际劳工组织的定义，失业指在某个年龄以上，在考察期内没有工作，而又有能力工作，并且正在寻找工作的人员。在美国劳动统计局的定义中，所谓失业，指某人眼下没有工作，或者正在等待重新被雇用或者在最近4周里，主动地寻找过工作。目前，欧盟国家、经济合作与发展组织（OECD）国家以及世界上很多其他国家，在度量失业时都遵循国际劳工组织推荐的失业定义。国际劳工组织第13届国际劳工统计大会通过的《关于从事经济活动人口、就业、失业和不充分就业统计的决议》，将失业者界定为在参照期内无工作，但目前能够工作并寻找工作的某一特定年龄以上的所有人员。

严格地说，国际劳工组织所提供的并不是准确的失业定义，而是度量失业的一些参考标准。因为要照顾到不同国家的情况和发展水平，它不得不在某些方面含糊不清或者允许灵活处理。因此，世界各国在使用这些失业标准时都会根据本国的情况而具体化，从而形成具有本国特色的失业定义。

失业率指失业人数占劳动力的百分比，即：

$$失业率=\frac{失业人数}{劳动力}=\frac{失业人数}{失业人数+就业人数}$$

各国在失业率的统计方面有较大区别。有多方面的制度与失业相关，如劳动力市场制度，其中重点是工资形成的机制；有人口状态与结构情况、人口政策、失业保险制度，还有工会力量以及其对就业所起的作用等等。鉴于在对国际劳工组织推荐标准的具体处理上存在差异，世界各国的失业率定义虽然在原则上是一致的，但其差异也非常明显。正是这些差异使得不同国家失业率的相互比较存在困难。例如，欧洲联盟统计办公室（EUROSTAT）在国际劳工组织标准的基础上，为欧盟各国统计失业率制定了一个实施的标准，美国和加拿大也都推出了自己的失业标准。①

在中国，凡是在调查周内工作时间不足20小时，或劳动报酬低于最低小时工资、并愿意从事更多工作的都是不充分就业。中国的失业可以界定为：16岁以上，在调查周没有工作、愿意接受最低标准的工资并能及时就业，并已采取上述切实行动寻找工作的人员。就业和失业都以当地常住人口作为统计对象基础，而不以户籍为依据。失业只统计城镇范围，农业人口都视为就业。

综上所述，虽然国际劳工组织就如何定义失业率推荐了有关标准，但由于对具体情况的处理不同，各国的失业定义事实上存在着很大的差异。如果以某一个国家的失业率定义为标准，则其他国家的失业率定义就会在一些方面造成对失业率的高估，而在另外一些方面造成对失业率的低估。例如，在美国，计算失业率分母的年龄下限为16岁，而欧盟和加拿大为15岁。由于15岁的年龄段（15～19岁）一般具有比其他年龄段较高的失业率，因此，就这一差异来说，美国的失业率定义会造成对失业率的低估。再如，在美国的失业率定义中，判断失业时有“主动找工作”和“被动找工作”之分，“被动找工作”的人不被视为失业者；而加拿大和欧盟的标准则没有找工作的“主动”

① 可参见本章附录一。

和“被动”之分，因此，从这一点来看，美国的失业定义也会造成对失业率的低估。但也有一些方面的差异会造成美国的失业率被高估的情况。例如，在美国，没有工作且正在找工作的学生被视为失业者，而在加拿大，这样的学生被视为不在劳动力市场。因此，如果要进行失业率的国际对比，就需要按照某一个国家的失业定义对其他国家的失业定义进行调整。

不同人群或部门都可以统计出失业率，为与各种失业率区别，有专家提出了总失业率①概念，其含义是：劳动力中不同人群组别之间失业率的加权平均。其中权数代表了特定组别人群在劳动力总数中所占的比重。不同人群组别之间失业率的差异，就可以借助权数进行比较。

2. 周期失业与长期失业②

经济运行具有起伏不平的特点。这种起伏波动主要通过国内生产总值、价格总水平和失业人数的变动反映出来。绝大多数现代商业周期理论强调总需求移动在引起商业波动中的作用，即是以凯恩斯理论为基础进行分析的。但近年来，供给冲击问题如石油价格变化也列入了周期的影响因素中。在市场经济运行中，周期性特征是很明显的，有上升期、高峰期、衰退期、低谷期。商业周期有长达 50 年的长周期，也有 10 年左右的中周期，还有 2 年左右的短周期。就业指数的变动能很好地反映出商业周期的波动。与周期性变动相关而出现的失业，可以称为景气性失业或周期性失业，它是指由于存在工资和价格刚性，当总需求水平下降时，整个经济低迷，被解雇人数增加所导致的一种现象。

长期（hard-core）失业与暂时的失业肯定有所区别，不论是对个人还是对社会，这两种情况都具有完全不同的影响。世界银行在对各国经济指标的分析中，明确提出长期失业率的定义，即：持续失业时间在一年及以上的失业人口占全体失业人口的百分比。③ 显然，长期失业率是一个以失业持续时间来衡量失业的指标，即回答一个失业者处于无工作或正在找工作状态中的时间长度。可以看到，长期失业与短期失业相比较，问题更为突出。在长期失业情况下，失业的负担主要由少数人承担。因此，这种形式的失业引发的社会成本较高。在暂时失业情况下，有很多人不断地进入和离开失业队伍，虽然不少人没有长时间就业但也没有持续失业，所以他们每个人所受的失业打击较轻。在这种情况下，失业的负担分散给很多人。

3. 奥肯法则

在商业周期中，产出和失业率之间有明显的联系。关于这一点，曾任约翰逊总统经济顾问委员会主席的阿瑟·奥肯教授有独到的见解。奥肯发现，GNP 和失业的周期波动之间存在一定的关系。根据经验数据分析，他得出这样的结论：当实际 GNP 相对潜在 GNP 下降 2%时，失业率上升大约 1%。例如，如果期初 GNP 为潜在 GNP 的 100%，后来下降到潜在 GNP 的 98%，失业率就会上升 1 个百分点（在早期的估计中，这个比率为 3：1）。这被称为奥肯法则（Okun's law）。奥肯法则实质上是一个经验公

① 多恩布什，费希尔，斯塔兹．宏观经济学（第 8 版）．北京：中国人民大学出版社，2005：135.

② 杰弗里·萨克斯，费利普·拉雷恩．全球视角的宏观经济学．上海：上海三联书店，上海人民出版社，1997：712；Robert E. Hall, "A Theory of the National Rate of Unemployment and the Duration of Unemployment," *Journal of Monetary Economics* 5（April 1979）：153－169.

③ 世界银行．世界发展指标 2006．北京：中国财政经济出版社，2006：65.

式。根据奥肯法则可对美国的周期性失业做出估计，对此奥肯曾有过成功的预测。

美国1979—1982年是经济停滞时期，真实GNP没有增长，潜在GNP每年增长3%，三年增长了9%。奥肯认为，这会使失业率上升4.5%。由于1979年失业率为5.8%，1982年失业率将为10.3%。事实如何呢？官方统计显示，1982年实际失业率为9.7%，三年间上升了3.9个百分点，奥肯法则在此的误差为0.6/3.9和0.6/4.5之间，即正确程度在85%和87%之间，可以说预测的正确度较高。美国著名经济学家斯蒂格利茨指出：根据美国1960—2000年的统计数据，当产出缺口为0时，美国的失业率通常在6%左右，如果实际GDP低于潜在GDP，产出缺口变成负值，失业率上升到6%以上，4%的产出缺口与8%的失业率相联系——奥肯法则的2：1的关系。[①]由于奥肯法则提供了产品市场和劳动力市场之间极为重要的观测系数，描述了短期内真实GNP与失业率变动的联系，阐明了缩小实际增长率与潜在增长率的差距对提高失业率的作用，因此为决策提供了一种相当朴素而具体的政策分析工具。

4. 自然失业率[②]

自然失业率是产出和就业处于充分水平时的失业率，是经济趋向均衡时的失业水平。根据罗伯特·E.霍尔1979年的论著，曼昆和巴罗教授用公式和例证非常清晰地阐述了什么是自然失业率，推导出模型并以实例进行了有说服力的旁证。

设U代表失业工人人数，L代表就业工人人数，s代表离职率，f代表就业率，则有自然失业率模型：$U/L=s/(s+f)$。这个式子表明，稳定状态失业率U/L取决于离职率s和就业率f。离职率越高，失业率越高；就业率越高，失业率越低。自然失业率是稳定状态的失业率，它取决于离职率和就业率。[③]

下面，我们借用巴罗教授所举的例子来说明非均衡的失业率如何走向均衡，达到了自然失业率。请看表8-1。

表8-1　从失业动态到自然失业率

时期	就业人数（百万人）	失业人数（百万人）	失去工作人数（百万人）	找到工作人数（百万人）	就业净增量	失业净增量
1	90.0	10.0	0.9	1.5	0.6	−0.6
2	90.6	9.4	0.9	1.4	0.5	−0.5
3	91.1	8.9	0.9	1.3	0.4	−0.4
4	91.5	8.5	0.9	1.3	0.4	−0.4
5	91.9	8.1	0.9	1.2	0.3	−0.3
6	92.2	7.8	0.9	1.2	0.3	−0.3
…	…	…	…	…	…	…
∞	93.8	6.2	0.9	0.9	0	0

资料来源：Robert E. Hall (1997), "A Theory of the National Rate of Unemployment and the Duration of Unemployment," *Journal of Monetary Economics* 5.

① 斯蒂格利茨．经济学（第3版）．北京：中国人民大学出版社，2005：496.

② Robert E. Hall (1997), "A Theory of the National Rate of Unemployment and the Duration of Unemployment," *Journal of Monetary Economics* 5.

③ 曼昆．宏观经济学（第5版）．北京：中国人民大学出版社，2005：149，163.

从表 8－1 中可以看到，我们假定整个经济起初有 9 000 万人就业，有 1 000 万人失业。再假定就业者中每个时期都有 1%失去工作，失业者中有 15%找到工作。就业净增量因而为新找到工作人数减去新失去工作人数。每一时期失业增量与就业增量绝对值相等但为其相反数，增加一个就业者相当于减少一个失业者。当就业人数达到 9 380 万而失业人数达到 620 万时，就业与失业人数的净增量为零。因此自然失业率在本例中为 6.2%。当然，这张表中的计算是粗略的，以一位小数点为尾数进行。

设 U 代表失业工人人数，L 代表劳动力，把离职率 $s=0.01$ 和就业率 $f=0.15$ 代入自然失业率公式 $U/L=s/(s+f)$ 就得出 $0.01/0.16\approx0.062$，即 6.2%。这样，曼昆推导的公式和巴罗的例证就一致了，也就给了我们一个清晰的自然失业率概念。

当然，也要指出，不少人认为自然失业率是一个反映长期均值的概念，是一个理想的水平，自然失业率是很难准确地计算出来的。比如哈佛大学的萨克斯教授指出：尚没有广泛接受的衡量自然失业率的标准程式，这导致了关于方法和大小的争论。一个简单的方法是计算一个长时期里的平均实际失业率，这一方法认为长期平均熨平了失业在自然率上下的周期性偏差。另一简单办法是挑选一特定年份，其时经济已处于充分就业，预期通货膨胀率同实际水平几乎一致。更系统的方法是估计附加预期的菲利普斯曲线，确定与非加速通货膨胀率相适应的失业率。自然失业率的真实值虽然很难知道，但对政策极为重要。①

5. 失业的成本或损失②

失业对个人的影响是不言而喻的。其对社会而言，也是一种损失。这主要体现在两个方面。一是无法工作的人无法进行生产，因而，失业使社会馅饼变小了。经济学家们特别强调的是经济并未达到充分就业时的失业，它使得本来能够生产出来的商品和劳务没有生产出来，因而造成了产出损失。这种损失可以被视为一种机会成本，其大小在理论上可以用实际产出和潜在产出的差距衡量，这里是借用失业率每超过自然失业率 1%，经济大约会损失 2%的产量的奥肯法则来估计的。多恩布什列举了美国 1991 年和 1992 年的例子。1991 年，美国经济有轻微衰退。根据数据资源公司（DRI）的估算，1991 年的自然失业率是 5.5%，而实际失业率是 6.6%，根据奥肯法则，1991 年 GDP 损失了 2.2%，数额约为 1 300 亿美元。1992 年经济衰退加剧，平均失业率为 7.4%，DRI 估计当年自然失业率是 5.4%，因此损失的产量约为 GDP 的 4%，约达2 500亿美元。

失业造成的另一个明显的损失是对收入分配产生的不利影响。它既使失业人员面对收入减少而生活拮据，又加剧了社会上穷人和富人之间的收入差距。以上所述的失业损失主要指周期性失业，此时失业率是超过自然失业率的。

① 杰弗里·萨克斯，费利普·拉雷恩．全球视角的宏观经济学．上海：上海三联书店，上海人民出版社，1997：725－726．

② 多恩布什，费希尔，斯塔兹．宏观经济学（第 8 版）．北京：中国人民大学出版社，2005：130－147；霍尔·利伯曼．经济学：原理与应用（第 2 版）．北京：中信出版社，2003：501－502；迈克尔·帕金．宏观经济学（第 5 版）．北京：人民邮电出版社，2006：63．

二、失业理论[①]

经济学家把失业分为四种基本类型：季节性失业、摩擦性失业、结构性失业和周期性失业。季节性失业（seasonal unemployment）是随季节变换而变化的失业。摩擦性失业（frictional unemployment）是指从一个工作转移到另一个工作过程中造成的失业。结构性失业（structural unemployment）是经济中的结构因素造成的失业，如建筑工人的失业与大量程序员的空缺并存。如果对一种劳动的需求上升，另一种劳动的需求下降，而劳动的供给未能及时做出调整，则这种不匹配就会产生。周期性失业（cyclical unemployment）是在经济增长放慢时上升而在经济繁荣时下降的失业率，它出现在对劳动整体需求比较低的时候。周期性失业是宏观经济学主要关心的一种失业，因为政府决策者特别关心通过降低产生失业的衰退的频率和规模来降低这种失业的程度。政府还寻求通过为短期失业者提供失业救济来减少失业的影响。

西方经济学早期就有对失业问题的研究。其中成果较大者，有古典主义失业理论。这种理论认为工资和价格的弹性可以保证充分就业。但古典失业理论无法解释20世纪30年代出现的持续高失业，因此被新的理论所取代。新的理论最早要从凯恩斯算起，他对失业问题有一套新的解释，可以称为需求不足失业理论，即失业是有效需求不足的结果。在经济正常状态下，即使总供求平衡，有效需求仍然不足，因此，政府要通过需求管理，通过财政政策扩张需求，解决就业问题。当然，政府需求管理政策不能消除自愿失业，这时就需要供给管理的配合。下面介绍和简评几种有影响的失业理论。

1. 与通货膨胀相关的失业理论

讨论失业问题往往是与通货膨胀问题联系在一起进行的。一个最基本的观点是，货币供给增加引起总需求上升，导致价格上涨，总需求上升则会使就业增加。这个理论实质上就是凯恩斯的就业理论，它影响了近半个世纪。但把这个理论变成更直观曲线的人是英国经济学家A. W. 菲利普斯。这位学者在对英国一个多世纪的失业和货币工资的有关资料进行研究之后，发现在失业和货币工资的变化之间存在着一种反向关系，即当失业率较低时，工资会趋向于上升，而当工资上升时，失业率也较低；高失业率则会降低货币工资的增长速度。进一步讲，这种反向关系可归结到失业与价格水平的关系上。菲利普斯曲线对分析短期失业和通货膨胀的关系很有用。按此理论，一国如果愿意付出较高通货膨胀的代价，就可以获得较低的失业水平。

美国经济学家、货币主义理论的开拓者米尔顿·弗里德曼针对通货膨胀与失业提出自然失业率假说。自然失业率就是指在没有货币因素干扰的情况下，劳动力市场和商品市场的自发供求力量发挥作用时，即工资和价格处于均衡状态的失业率，或称为充分就业情况下的失业率。按照弗里德曼的观点，自然失业率的存在，使得任何使失业率低于

① 斯蒂格利茨．经济学（第3版）．北京：中国人民大学出版社，1997：496；多恩布什，费希尔，斯塔兹．宏观经济学（第8版）．北京：中国人民大学出版社，2005；曼昆．宏观经济学（第5版）．北京：中国人民大学出版社，2005：149，163；布兰查德．宏观经济学（第2版）．北京：清华大学出版社，2003；杰弗里·萨克斯，费利普·拉雷恩．全球视角的宏观经济学．上海：上海三联书店，上海人民出版社，1997；余永定．西方经济学（第3版）．北京：经济科学出版社，1997；Robert E. Hall, "A Theory of the National Rate of Unemployment and the Duration of Unemployment," *Journal of Monetary Economics* 5 (April 1979).

自然失业率的政策措施都只有在下述条件下才能暂时有效，即工人要求提高工资时预期的物价上涨率低于实际发生的物价上涨率，从而货币工资增长率低于物价上涨率。在这种条件下，雇主乐于增加产量，于是就业量也随之增加，这时失业的减少必然伴随着物价的上涨。但是，物价上涨又会影响到人们对物价的预期所进行的重新调整，当工人察觉到货币工资增长率低于物价上涨率时，就会进一步提出提高货币工资的要求，使货币工资进一步上升，实际工资恢复到原来的水平，这样，雇主也就会因工资上升而减少产量、解雇工人，从而使失业率回到一个相对较高的物价上涨率和较高的货币工资增长率的水平上。这种情况下，继续扩大货币供应量并不能将失业率降到自然失业率水平之下，只是引起物价同比例的上涨。根据这一分析，弗里德曼认为，菲利普斯曲线所反映的通货膨胀与失业之间的交替关系，只有在短期内的一定条件下才存在，在长期中是根本不能成立的。由于自然失业率的存在，凯恩斯主义以充分就业为目标的扩张性财政政策和货币政策不仅无法消除失业，反而会因增加货币供应量而引起通货膨胀。

在弗里德曼理论的基础上，经过计量经济学的验证，经济学家又得出了新的结论，即自然失业率是通货膨胀既不上升也不下降时出现的。自然失业率是与一国潜在产出能力相适应的最高就业水平。当然，自然失业率水平是变动的。比如美国的自然失业率在20世纪60年代时，被认为是4%以下；在20世纪70年代时，被认为是5%；到了20世纪80年代，这个数字介于5.5%和6%之间。原因是人口变动以及就业结构和政策的变化。长期中，失业和通货膨胀之间并不存在永久的交替互换关系。同时可以推出，长期菲利普斯曲线是一条垂直线。

在20世纪70—80年代的滞胀时期，为了解释现实，出现了新的失业理论，非加速通货膨胀失业率理论即为比较有影响的一种。其基本观点是：与劳动力市场均衡相对应的通货膨胀率不是唯一的，通货膨胀率的增长速度下降时，通货膨胀率仍可能上升；把失业率降到自然失业率以下不仅将导致通货膨胀，而且将导致加速的通货膨胀。失业率增长在开始阶段并不能导致通货膨胀率的下降，只能导致通货膨胀率增长速度的下降。因此，价格上涨同失业率提高的并存，不仅是可能的，而且是正常的。在滞胀时期，当通货膨胀率与失业率同时上升时，通货膨胀率的增长速度往往会下降，即为非加速的通货膨胀。只有当较高的失业率保持相当一段时间，使通货膨胀率的增长速度停止并为负时，才会出现高失业与低价格水平并存的菲利普斯格局，出现零通货膨胀率。显然，这种理论的重点是解释当时的滞胀。

2. 与市场结构相关的失业理论

发展经济学对现代工业部门和传统农业部门并存的二元经济结构中农村隐性失业问题进行了分析，代表人物主要有刘易斯（Lewis）、费景汉（J. Fei）、拉尼斯（Ranis）和托达罗（Todaro）。费景汉-拉尼斯模型把经济发展分为三个阶段。第一阶段是农业部门存在隐性失业，劳动力供给弹性无限大，劳动边际生产率为零。在第二、三阶段中，农业出现了日益增加的生产剩余，可以满足工业部门的消费，劳动力由农业部门向工业等部门转移。托达罗认为，由于城市存在失业，使预期收入下降，而预期收入是对劳动力转移决策产生影响的因素，只要预期收入仍大于劳动力从农村转移出来的损失，转移就会发生。这样就解释了为什么在有些发展中国家虽然农业的边际劳动产品大于零，城市失业水平很高，但农业劳动力仍然向城市转移的问题。二元经济结构中特有的农村剩余劳动力的存在，是发展中国家在工业化进程中不可避免的现象。

20世纪60年代末期特别是70年代以后，资本主义各国的通货膨胀率都在不断提高，最终导致了滞胀的局面。一些经济学家开始运用微观经济学补充宏观经济学以解释失业与通货膨胀并存问题。托宾（James Tobin）、杜森贝利（J. S. Duesenberry）等人提出了结构性失业问题，力图用市场结构的变化来解释失业和通货膨胀并发症。他们认为，所谓结构性失业，是指因经济结构的变化，劳动力的供给和需求在职业、技能、产业、地区分布等方面不协调所引起的失业。一种情况是某些具有劳动力的工人由于工作的产业进入萧条而失去工作机会，但他们又不一定适应新工业部门的技术要求，因而，一部分人找不到工作；另一种情况是由于地区经济发展不平衡，落后地区的剩余劳动力因地理位置的限制不能迅速流动到发展迅速的地区，因而也有一部分劳动者失业。结构性失业的存在必然引起失业与工作空缺并存。由于强大的工会力量使工资易涨不易跌，所以尽管社会上存在着失业，但货币工资却不下降，而只要存在工作空缺，货币工资就会迅速上升。这样，失业与工作空缺的并存就转化为失业与货币工资上涨并存，进而转化为失业与通货膨胀的并发症。

20世纪70年代后期以来，经过皮萨里德斯（Pissarides）、乔瓦诺维奇（Jovanovic）、豪伊特（Howitt）等人的努力，职业搜寻和匹配理论获得了长足发展，我们将这种理论也归为一种与劳动力市场结构相关的失业理论。[①]

3. 与劳资关系相关的失业理论

（1）解释非自愿失业的效率工资理论。效率工资理论（efficiency wage theory）认为，在一定限度内，企业通过支付给工人比劳动力市场出清时更高的工资率，可以促进劳动生产率的提高，获得更多的利润。首先，较高的工资率可以保障劳动队伍的质量。在经济衰退时期，企业对劳动的需求降低，若削减工资水平，最有可能离去的往往是最好的雇员。其次，工资率会影响劳动者的努力程度。雇主通常并不可能完全监督工人的行为，工资就构成了工人偷懒被发现因而被解雇的机会成本。最后，工资影响劳动流动率。降低工资率会使工人辞职的比率增加，特别是熟练工辞职率上升。效率工资理论指出，劳动生产率是实际工资的增函数，厂商为保持劳动生产率，首先改变的是雇员数量而非实际工资，从而解释了实际工资黏性。此外，它合理地解释了高工资和高失业率并存的现象。企业支付高工资来防止职工偷懒，会导致劳动力的需求下降，出现非自愿失业。

（2）解释非自愿失业的隐性合同论。隐性合同论最初由阿札里亚蒂斯（C. Azariadis）、贝利（Pele）以及戈登（Gordon）提出。他们首先指出劳资双方在确定工资时达成默契：实际工资保持相对稳定而不随经济周期波动，作为不承担风险的代价，工人要接受低于市场出清的工资水平，这就是隐性合同。为减少调整货币工资所需的信息成本，一般情况下，调整工资的合同只是根据几个简单的经济参数确定，这使工资不能随需求变动迅速调整。当总需求下降时，工资不能迅速调整，对劳动的派生需求会减少，这是出现失业的原因。由于信息不对称，厂商宣称的状态劣于实际生产状态，从而出现就业不足，形成非自愿失业。

林德尔伯格和斯诺尔最先提出内部人-外部人理论，他们将已经就业的工人称为“内部人”，把劳动力市场上的失业者称为外部人。内部人和外部人拥有不同的就业机会，内

① 本章第二节将具体分析与介绍这一模型。

部人在工资决定上有着较强的谈判能力，因而具有就业优势。该理论认为：厂商用外部人替换内部人需花费调整成本，包括强制性解雇和诉讼成本，搜寻劳动力市场、议定就业条件、考核和选择成本，培训成本等。因此，尽管外部人愿意接受比内部人低的工资，但由于存在调整成本，厂商宁愿雇用内部人。内部人可以利用已经就业的优势和在岗位上“干中学”所积累的技能和知识，实施内部人控制，提出一个高于市场出清水平的工资，从而产生非自愿失业。如果考虑到工会的作用，则非自愿失业还可能加剧。

第二节　经典失业模型选解

失业模型主要有两类：一是短期失业模型；二是长期失业模型。短期失业模型是关于当前失业率决定的模型，而长期失业模型是关于自然失业率决定的模型。

一、搜寻和匹配模型①

1. 人物及背景

由于劳动力市场存在工人和工作的异质性，因此，将工人和工作匹配起来的过程不是通过自发解决的，而是通过一个复杂的搜寻过程进行的。这类模型被称为搜寻和匹配模型（search and matching model)，它可以用来解释劳动力市场中出现的失业与空缺并存现象。20世纪70年代以来，费尔普斯（Phelps，1970）、卢卡斯和普雷斯科特（Lucas and Prescott，1974）把职业搜寻和匹配理论正式引入经济学，阐明了摩擦性失业的形成和解决机制；随后，经过皮萨里德斯（Pissarides，1985）、乔瓦诺维奇（Jovanovic，1979）和豪伊特（Howitt，1988）等人的努力，职业搜寻和匹配理论获得了长足的发展。

下面介绍的是一个简化的皮萨里德斯模型。

2. 关键方程或模型

$$V=\left(\frac{\beta}{a+\beta+2b+2r}A-C\right)/r \tag{8-1}$$

式中，V 为单位时间内工作岗位空缺所造成的收益损失的价值；a 为单位时间内失业工人找到工作的比例；β 为单位时间内空缺职位被人填补的比例（或者厂商找到新工人的速率）；b 为单位时间内工作中止的概率；r 为利率；A 为工人单位时间的产出；C 为资本成本。式（8-1）反映了单位时间里，找工作、中止工作和安排工作对单位时间产出的影响；在产出 A 减去成本 C 后，借助利率水平即借助贴现的概念理解，就可以得到工作岗位空缺所造成的收益损失的价值。当然，这里的产出 A 有一个表面复杂的系数$\frac{\beta}{a+\beta+2b+2r}$。

在$\frac{\beta}{a+\beta+2b+2r}$中，若 a 趋于0（即单位时间内失业工人找到工作的比例很低），β

① 庄子银．高级宏观经济学．武汉：武汉大学出版社，2004：454-457；戴维·罗默．高级宏观经济学，611-622页；袁志刚，宋铮．高级宏观经济学．北京：高等教育出版社，2010：422-427.

趋于无穷大（即单位时间内空缺职位被人填补的比例很高，或者说厂商找到新工人的速度很快），$\frac{\beta}{a+\beta+2b+2r}$就趋近于1，此时，工作岗位空缺的价值$V$就趋于$(A-C)/r$。反之，若$a$趋于无穷大（即单位时间内失业工人找到工作的比例很高），β趋于0（即单位时间内空缺职位被人填补的比例很低），$\frac{\beta}{a+\beta+2b+2r}$就趋于0，此时，工作岗位空缺的价值$V$就趋于$-C/r$。

3. 关键图示及解释

在图8-1中，横轴表示就业人数E，纵轴表示工作空缺的价值V。a会因为就业人数E的增加而增加，是就业人数E的增函数；β会因为就业人数E的增加而减少，是就业人数E的减函数。L点表示的是劳动力总量，包括就业人数E与失业人数。根据“关键方程或模型”里的分析，V值随a的增加而减少，a是E的增函数，V值随β的增加而增加，β是E的减函数，因此，V是就业人数E的减函数，可用图8-1中的曲线表示。该曲线与纵轴交点的纵坐标为$(A-C)/r$，是V的最大值；V的最小值为$-C/r$。图中E^*点表示均衡就业点，它是由该曲线和$V=0$共同决定的。$V=0$即工作岗位空缺价值为零，即新工作岗位不论增加还是填补空缺均无成本，这也意味着工人可以自由进入岗位。达到E^*点时，搜寻和匹配过程就结束了。

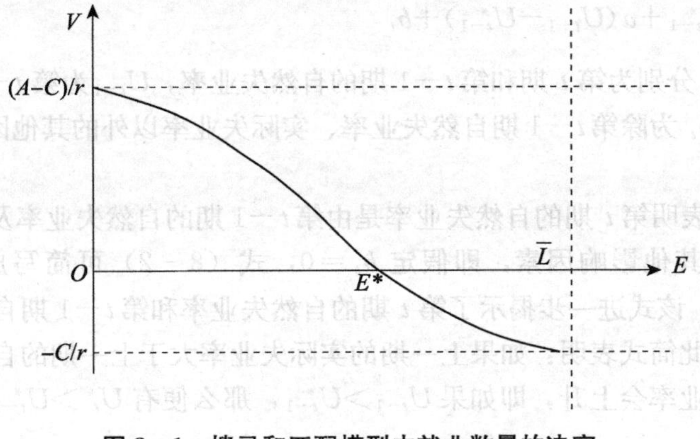

图8-1　搜寻和匹配模型中就业数量的决定

4. 特征归纳

搜寻和匹配模型具有以下三个基本特征：(1) 围绕着工作岗位空缺价值这一创新概念，并巧妙地借助利率和成本概念，把工人寻找工作、厂商给工人安排或中止工作等搜寻和匹配的活动联系起来，构建了搜寻和匹配模型。(2) 该模型认为，若处于失业状态的预期效用大于保留原有工作的预期效用，工人宁愿选择等待，此时的摩擦性失业可能是一种自愿失业，因此，搜寻和匹配模型奠定了自然失业率的微观基础，是对新古典主义失业理论的一个重要补充。(3) 该模型把失业与就业的活动放在一种过程论框架中进行分析，而不是不考虑时间因素的纯理论解析，因此，更接近现实。

5. 应用前景评价

搜寻和匹配模型对劳动力市场的各种现象具有洞察力，对解释失业现象有相当的说服力，也启发了经济学家对失业问题的思考方式。更重要的是，该模型对我们理解经济转轨中的失业问题也有启示。表现在：(1) 在经济转型中出现了大量的失业问题，该模型提出的搜寻和匹配理念对稳定失业人员情绪、指导就业过程有参考价值。(2) 工作岗位空缺价值的理念，对鼓励企业和机构主动、积极地吸收劳动力是有促进作用的。(3) 该模型包含了自愿失业的情况，理解并鼓励失业人员实现更好的工作匹配，这对于我们理解和做好非正式就业和灵活就业工作有一定参考价值。

二、失业回滞模型①

1. 人物及背景

回滞（hysteresis）本来是一个物理学概念，1972 年，费尔普斯最早将此概念应用于解释 20 世纪 70—80 年代西方国家持续的高失业率，并建立了失业回滞模型。哈格里夫斯-希普（Hargreaves-Heap）、克罗斯（Cross）、布兰查德（Blanchard）、萨默斯（Summers）等人对此均有所贡献。他们认为自然失业率会不断发生变化，因此劳动力市场均衡值也不应该是唯一的、稳定的；自然失业率受过去实际失业率的影响，不仅具有某种惯性，而且具有某种不可逆转性。

这里介绍哈格里夫斯-希普于 1980 年提出的失业回滞模型。

2. 关键方程或模型

$$U_t^* = U_{t-1}^* + a(U_{t-1} - U_{t-1}^*) + b_t \tag{8-2}$$

式中，U_t^*、U_{t-1}^*分别为第 t 期和第 $t-1$ 期的自然失业率，U_{t-1}为第 $t-1$ 期的实际失业率，a 为常数，b_t 为除第 $t-1$ 期自然失业率、实际失业率以外的其他因素对第 t 期自然失业率的影响。

式（8-2）表明第 t 期的自然失业率是由第 $t-1$ 期的自然失业率及实际失业率决定的。如果不考虑其他影响因素，即假定 $b_t=0$，式（8-2）可简写成：$U_t^* - U_{t-1}^* = a(U_{t-}1 - U_{t-1}^*)$。该式进一步揭示了第 t 期的自然失业率和第 $t-1$ 期自然失业率及实际失业率的关系。此简式表明：如果上一期的实际失业率大于上一期的自然失业率，那么这一期的自然失业率会上升，即如果 $U_{t-1} > U_{t-1}^*$，那么便有 $U_t^* > U_{t-1}^*$。这就体现了失业回滞的含义。

3. 关键图示及解释

为简明地反映失业回滞模型的含义，这里将公式 $U_t^* - U_{t-1}^* = a(U_{t-1} - U_{t-1}^*)$ 即 $U_t^* = U_{t-1}^* + a(U_{t-1} - U_{t-1}^*)$ 用图 8-2 来表示。在图 8-2 中，横轴表示上期失业率缺口，即实际失业率与自然失业率之差（$U_{t-1} - U_{t-1}^*$），纵轴表示当期自然失业率，图中曲线 L 表示$U_t^* = U_{t-1}^* + a(U_{t-1} - U_{t-1}^*)$，其在纵轴上的截距坐标即上期自然失业率 U_{t-1}^*，其斜率为 a。根据 $U_{t-1} - U_{t-1}^*$的值 X，在曲线 L 上选择对应的点 Z，Z 点在纵轴上的投影点为 Y，Y 点即为当期自然失业率 U_t^*。

图 8-2 中曲线 L 向右上方倾斜，并不表示自然失业率是逐年上升的，而是表明当期自然失业率与上期失业率缺口存在同向变动的关系。当期自然失业率的大小取决于上

---

① 袁志刚．失业经济学．上海：上海人民出版社，1997：184-191；袁东明．西方失业回滞理论述评．经济学动态，2002 (4).

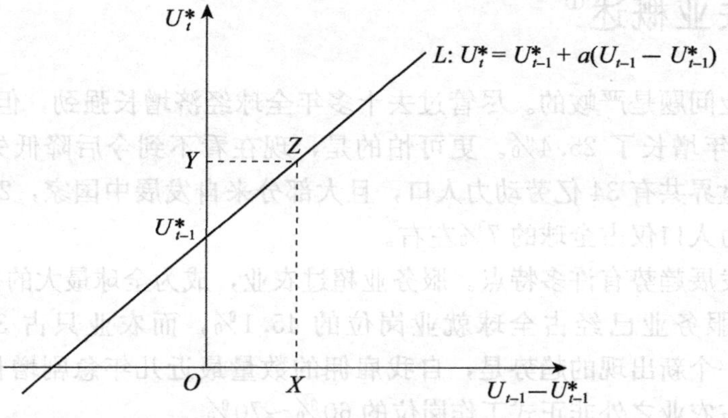

图 8-2　失业回滞模型图

期失业率缺口的大小。如果上期失业率缺口为正，那么当期自然失业率大于上期自然失业率；反之亦然。

4. 特征归纳

失业回滞模型有两个最大的特点：一是回滞性，即自然失业率不仅取决于当前的市场情况，更取决于过去的市场均衡即实际失业率的变化情况；二是该模型强调了自然失业率与实际失业率的内在联系。

5. 应用前景评价

20 世纪 70—80 年代西方国家的失业率持续高涨，一些新凯恩斯主义者通过建立和完善失业回滞模型，发展了已有的失业理论，解释了西方国家自然失业率上升和长期失业人口增加这一现象。失业回滞模型对中国的启示有三点：(1) 失业回滞模型的一个潜在含义是，失业者失业时间越长，技能可能退化得越快，就越难就业，从而成为不能再就业的长期失业人口。因此，政府应重视长期失业者的权利，帮助他们缩短失业时间，并使之获得重新就业的机会。(2) 良好的市场环境是形成自然失业率的基础条件。因此，进一步提高我国经济的市场化程度有助于判断和解决失业问题。同时，政府也应采取积极的就业管理政策并实施就业培训措施，以降低失业率。(3) 该模型揭示了一条规律，即仅通过通货膨胀来解决失业是不行的。需要全方位启动政策措施，采用能够降低自然失业率的政策，如健全劳动力市场、对失业者加强培训、提高他们的人力资本投入等。

第三节　失业问题的全球视角

失业问题不仅是宏观经济学专家们讨论的重点之一，也是现实世界中时起时伏的严峻课题。本节力求通过概述现实世界失业的变化情况，通过对不同类型国家、不同类型人群的失业讨论来寻找解决失业问题的思路。

一、全球失业概述[①]

全球的失业问题是严峻的。尽管过去十多年全球经济增长强劲，但是 2016 年失业人数却较 1995 年增长了 25.4%。更可怕的是，现在看不到今后降低失业率的任何希望。目前，全世界共有 34 亿劳动力人口，且大部分来自发展中国家，2016 年欧盟等发达地区的劳动力人口仅占全球的 7%左右。

全球就业发展趋势有许多特点。服务业超过农业，成为全球最大的提供就业机会的产业，2010 年服务业已经占全球就业岗位的 45.1%，而农业只占 33.6%，工业占 21.3%。另外一个新出现的趋势是，自我雇佣的数量最近几年急剧增长。在发展中国家，自我雇佣占农业之外非正式工作岗位的 60%～70%。

图 8－3 描述了 1995—2016 年全球劳动力增长以及失业人口增长的基本情况。

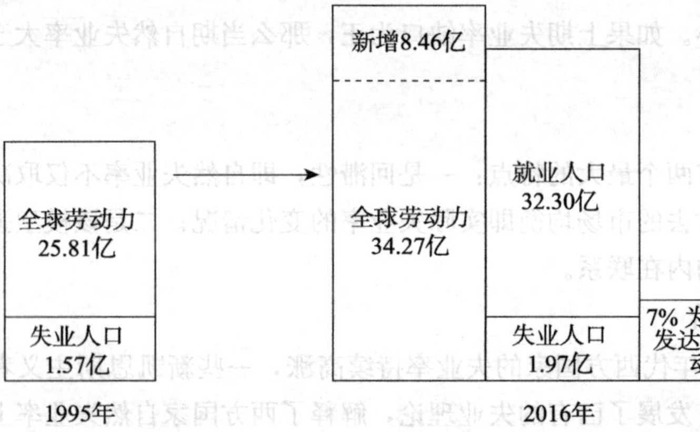

图 8－3　1995—2016 年全球劳动力增长以及失业人口增长情况

从图 8－3 可知，2016 年世界各国共有 1.97 亿人登记失业，比 1995 年的 1.57 亿人多出 4 000 万人，失业率达到新高，而且这一数字还不包括那些没有登记的失业者，因此，实际失业人数将高出许多。此外，各地区失业率存在较大差距，详见表 8－2。

表 8－2　　全球各地区的失业率情况（%）

	世界	欧盟	东亚与太平洋地区	南亚	拉丁美洲和加勒比	中东与北非地区	撒哈拉以南非洲
1999	6.4	7.0	4.7	4.3	8.5	9.3	8.2
2016	5.7	8.6	4.3	3.8	8.1	11.1	7.4

资料来源：国际劳工组织数据库，http://www.ilo.org/global/statistics-and-databases/lang--en/index.htm.

表 8－2 显示，各地区失业率是有差异的，2016 年，失业率最高的是中东和北非地区，最低的是南亚。

① International Labour Office. Global Employment Trends 2011，www.ilo.org/publns.

专栏一　国际劳工组织简介

国际劳工组织（International Labor Organization）成立于1919年。在国际劳工组织中，政府、雇主和工会三方机构地位平等，投票权利相同。1946年，国际劳工组织与联合国建立了联系。至1993年，国际劳工组织有150个成员国。其中心目标是促进充分就业和改善工作与生活条件及其他紧迫的社会问题。

国际劳工组织大会每年召开一次。每次会议都讨论或通过有关劳工权益的问题。其成果以《国际劳工公约和建议书》（International Labor Conventions and Recommendations）的形式记录下来，形成公认的"国际劳工标准"。凡是批准了某一公约的国家必须就其在立法和实践中实施公约的情况定期提出报告，因为在法律上这些成员国受到这些国际契约的约束。

国际劳工组织的常设秘书处为国际劳工局（International Labor Office），其总部设于瑞士日内瓦。多年来，国际劳工局编辑、出版了大量研究成果和报告，出版发行了上千种书刊。国际劳工组织亚太地区局（International Labor Organization Regional Office for Asia and the Pacific）设在泰国曼谷，其在开发亚太地区人力资源、引导各国劳务输出行业进行科学管理等方面做了许多有益的尝试和探讨。

多年来，国际劳工组织通过了一系列国际劳工公约和建议书。比如在结社自由方面的有关公约和建议书有：1921年《农业工人的集会结社权公约》，1948年《结社自由及组织权利的保障公约》，1949年《组织与集体谈判权利的原则的实施公约》，1971年《工人代表公约》和《工人代表建议书》。在工资方面的主要公约和建议书有：1928年《确定最低工资办法的制定公约》和《实施最低工资确定办法建议书》，1949年《工资保障公约》和《工资保障建议书》，1970年《特别参照发展中国家情况确定最低工资公约》和《特别参照发展中国家情况确定最低工资建议书》等。在就业方面的主要公约和建议书有：1919年《失业建议书》，1919年《失业公约》，1935年《未成年人失业建议书》，1964年《就业政策公约》和《就业政策建议书》，1975年《开发人力资源中有关职业指导与职业培训的作用公约》等。在工作时间方面的主要公约和建议书有：1919年《工业工作时间每日限为8小时及每周限为48小时公约》，1930年《商业及办事处所工作时间的规定公约》，1931年《限制煤矿工作时间公约》，1935年《每周工作时间减至四十小时公约》，1962年《减少工作时间建议书》等。此外，在社会保障，福利设施、住房，工业卫生与安全，以及在反对就业歧视、反对强迫劳动，保护女工、童工、老年工人权益等方面均形成过公约与建议书。

二、失业率与生产率提高的关系分析①

一种常见的观点是，生产率提高会减少就业工作岗位，因此，会增加失业。两个世纪前，英国纺织工人砸毁新机器来保护就业的做法，一直被视作生产率提高会造成失业增加的典型案例。但这种看法是否正确？我们同情工人们为生存而表现的勇气，但不得

① 国际劳工局．世界就业报告2005．北京：中国劳动社会保障出版社，2006：1-12.

不指出的是，在个别的微观上的正确判断，就全局而言，可能是不正确的。因为生产率的提高将导致单位产品价格下降，消费者的实际收入会提高，因此，将增加对这一部门以及其他部门产品的需求。换言之，一个部门生产率的提高可以改变整个经济中消费需求的构成，带来宏观经济利益，带来整体就业的增长。要指出的第二点是，在短期看来是正确的判断，在长期看，可能是不正确的。在发展的任何阶段，生产率的提高都会推动经济结构的调整，只要政府能顺应社会需要，通过适当的劳动培训和宏观经济政策完善经济制度，就业的渠道就会拓宽，短期失业上升的势头就能扭转。最后，更重要的是，各国经济发展的历史事实证明，生产率提高的同时，失业率没有提高甚至有所下降，如20世纪60年代和21世纪初期，美国生产率提高很快但失业率上升很慢。从美国近50年的经济发展看，生产率提高与失业率没有直接的正相关关系（见图8－4）。各国尤其是发达国家，这方面情况类似。发展中国家总体上也是这样，但如果体制与政策有问题，相当长时期里生产率提高与失业率上升共存也是可能的。总之，把失业归咎于生产率提高的传统认识，肯定是不全面的，甚至是不正确的。

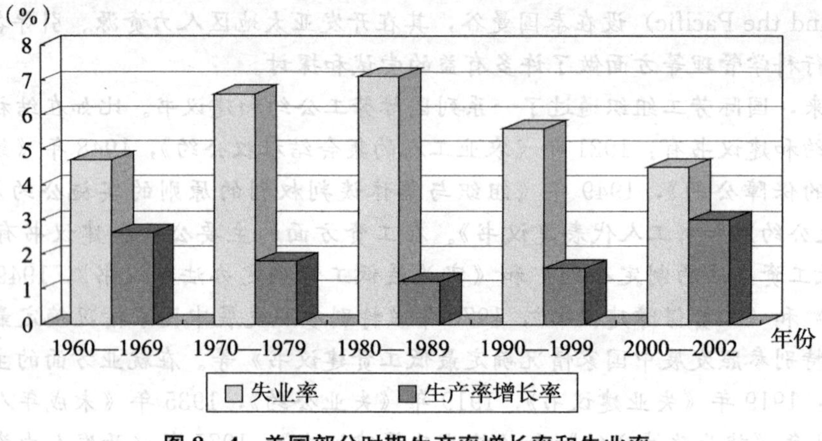

图8－4　美国部分时期生产率增长率和失业率

资料来源：C. Walsh. 生产率与工作岗位的关系：长期和短期的情况．//旧金山联邦储备银行．经济来信，2004－07－16.

需要指出的是，很多人在生产率提高与失业关系中，提出要关注一种倾向，即生产率提高后，只反映在厂商利润的提高上，而不体现在工资的提升上。生产率提高后，工人的工作被转移到劳动强度更大的工作上，报酬水平却没有变化。

最后要指出的是，走向生产率与就业双提高的良性循环，是需要条件的。有些国家的现实表现出来是恶性循环。这就与一国的市场完善程度、政策有效性、管理制度的合理与完备性等相关。

三、失业率与受教育程度的关系分析

为分析比较各国失业率与受教育程度的关联情况，下面我们按照世界银行的分类标准，从世界高收入、上中等收入、下中等收入及低收入国家和地区中选取30个经济体，列出了这些国家和地区2005—2008年、2014—2015年这两个阶段的失业率及2014—2015年根据不同受教育程度区分的失业率，具体见表8－3。

表 8-3　　世界 30 个典型国家和地区失业率基本情况对照表（%）

	失业率 总失业人口占总劳动力的百分比		长期失业率	根据受教育程度划分的失业率		
				初等	中等	高等
	2005—2008[a]	2014—2015	2005—2008[a]	2014—2015	2014—2015	2014—2015
世界	—	—	—	—	—	—
高收入经济体	5.9	—	25.2	—	—	—
美国	5.8	5.3	10.6[b]	9.9	3.1	1.4
瑞典	6.2	7.4	12.4	18.9	6.2	4.3
日本	4.0	3.3	33.3	—	4.0	2.7
英国	5.6	5.3	25.5	9.5	6.0	2.9
德国	7.5	4.6	53.4	11.2	4.2	2.3
法国	7.4	10.4	37.9	17.5	10.8	6.3
澳大利亚	4.2	6.1	14.9[b]	—	—	—
加拿大	6.1	6.9	7.1[b]	—	—	—
意大利	6.7	11.9	47.5	15.4	11.4	7.1
中国香港	3.5	3.3	—	3.7	3.4	2.9
新加坡	3.2	1.7	—	3.5	4.1	3.7
西班牙	11.3	22.1	23.8	30.4	21.6	13.2
韩国	3.2	3.6	2.7	2.7	4.1	3.6
捷克共和国	4.4	5.1	50.2	22.7	4.7	2.4
匈牙利	7.8	6.8	47.6	17.3	6.4	2.4
斯洛伐克	9.5	11.5	66.1	37.7	10.9	6.0
波兰	7.1	7.5	29.0	16.8	8.4	4.0
拉脱维亚	7.5	9.9	25.7	21.9	10.8	4.9
上中等收入经济体	8.0	—	—	—	—	—
南非	22.9	25.2	—	—	—	—
俄罗斯	6.2	5.6	—	13.9	7.2	3.9
罗马尼亚	5.8	6.8	41.3	7.9	7.2	4.1
巴西	7.9[b]	6.9	—	11.4	9.9	4.6
保加利亚	5.7	9.1	51.7	24.2	8.3	4.0
哈萨克斯坦	—	5.0	—	—	—	—
中国	4.2[b]	—	—	—	—	—
下中等收入经济体	—	—	—	—	—	—
乌克兰	6.4	9.1	—	12.2	10.1	8.2
亚美尼亚	—	18.5	—	15.2	19.1	17.9

续前表

	失业率 总失业人口占总劳动力的百分比		长期失业率	根据受教育程度划分的失业率		
				初等	中等	高等
	2005—2008[a]	2014—2015	2005—2008[a]	2014—2015	2014—2015	2014—2015
印度	—	—	—	—	—	—
越南	—	2.1	—	—	—	—
低收入经济体	—	—	—	—	—	—
埃塞俄比亚	17.0[b]	—	—	—	—	—

说明：a 表示最近年份可以获得的数据；b 表示有限覆盖范围。

资料来源：世界银行数据库，http：//data.worldbank.org.cn/.

表 8－3 的数据显示：从全世界范围看，初等教育水平的失业人数占总失业人数的比例最高，其次是中等教育水平、高等教育水平，这一分布趋势在不同收入经济体中大致相同，其中，中等收入经济体中不同受教育程度的失业人员分布的不平衡性最高。但是各国的情形不尽相同，如新加坡、韩国，其中等教育水平的失业人数占总失业人数的比例最高，而德国、西班牙、巴西等国的初等教育水平的失业人数占总失业人数的比例最高。

四、青年人的失业问题为什么会突出

联合国国际劳工组织数据显示，2016 年全球平均失业率为 5.7％，按照人口分布统计，青年人的平均失业率却达到 13.6％，青年人平均失业率是世界平均失业率的 2.4 倍左右。下面，我们列出 2011—2016 年世界主要地区平均失业率与青年人失业率，如表 8－4 所示。

表 8－4　2011—2016 年世界主要地区平均失业率与青年人失业率（％）

地区	平均						青年人					
	2011	2012	2013	2014	2015	2016	2011	2012	2013	2014	2015	2016
世界	6.0	6.0	5.9	5.8	5.7	5.7	13.9	14.0	14.0	13.6	13.5	13.6
欧盟	9.6	10.5	10.9	10.2	9.4	8.6	23.2	25.1	26.0	24.6	22.7	20.9
东亚与太平洋地区	4.4	4.3	4.4	4.3	4.3	4.3	11.1	11.0	11.6	11.1	11.2	11.0
南亚	3.9	4.0	4.0	3.9	3.9	3.8	10.3	10.6	10.6	10.4	10.2	10.1
拉丁美洲和加勒比	7.2	6.8	6.7	6.5	7.0	8.1	15.3	14.8	14.7	14.3	15.0	16.9
中东与北非地区	11.3	11.5	11.1	11.2	11.3	11.1	27.8	29.5	28.7	29.9	29.5	29.7

续前表

地区	平均						青年人					
	2011	2012	2013	2014	2015	2016	2011	2012	2013	2014	2015	2016
撒哈拉以南非洲	7.8	7.6	7.5	7.2	7.2	7.4	13.9	13.7	13.4	12.8	12.6	13.0

说明：表中青年人指15～24岁人群。

资料来源：国际劳工组织数据库，http：//www.ilo.org/global/statistics-and-databases/lang—en/index.htm.

从表8-4可知，青年人的失业问题比较严重，2011—2016年，全世界青年人的失业率超过10%，高于世界平均水平约8个百分点，是世界平均水平的2.4倍左右。具体到世界各地区，中东与北非地区、欧盟青年人的失业情况更为严峻，二者均超过20%；东亚与太平洋地区、撒哈拉以南非洲情况稍好，但二者也高于世界平均水平。

对于青年人的失业问题为什么这么突出，我们有很多可能的解释[①]：（1）年轻人不清楚自己的工作定位和工作需求，他们在不停地寻找自己认为最好的工作，并试着体验不同的工作，因此，他们的离职概率就比成人的概率更大。（2）青年人比成人更容易接受企业提供的临时性工作，当这些短期性的工人在其工作任务完成以后，极有可能会被公司解雇，因此，青年人失去工作的比率高于其他人。（3）青年人拥有的工作经验比成人少，如果雇主要求雇员有工作经验，那么第一次进入劳动力市场的青年人就处于劣势，当过剩劳动力竞争数量有限的岗位时，青年人会因为竞争力不强而失业。（4）从企业的角度来看，青年人进入企业的时间比成人短，企业为培训青年人而投入的成本相对较少，因此企业认为让比较年轻的工人在经济下降时期离开是比较合算的。（5）从测算方法来看，在计算青年人的失业率时，只是将作为劳动力的那部分青年人计入考评对象。而实际上，大多数青年人不属于经济活动人口而是在学校，这就意味着有大量的在校青年人没有包含在其中，从而扩大了青少年的失业率。

五、女性失业问题分析

2016年，全球女性失业人员为8 341万人，10年间增加了461万人，年均增长率达0.57%。女性的失业问题已经引起世界的广泛关注。为分析全球女性失业情况，我们列出2011—2016年世界主要地区男性与女性的失业率，如表8-5所示。

表8-5　2011—2016年世界主要地区男性与女性失业率（%）

地区	男性						女性					
	2011	2012	2013	2014	2015	2016	2011	2012	2013	2014	2015	2016
世界	5.7	5.7	5.6	5.5	5.5	5.5	6.5	6.4	6.4	6.1	6.1	6.2
欧盟	9.6	10.4	10.8	10.1	9.3	8.4	9.7	10.5	10.9	10.3	9.5	8.8
东亚与太平洋地区	4.7	4.7	4.8	4.8	4.8	4.7	4.0	3.9	3.9	3.7	3.7	3.7

① 迈克尔·帕金．宏观经济学（第5版）．北京：人民邮电出版社，2006：99-100.

续前表

地区	男性						女性					
	2011	2012	2013	2014	2015	2016	2011	2012	2013	2014	2015	2016
南亚	3.6	3.7	3.6	3.6	3.6	3.6	5.0	4.9	5.0	4.7	4.7	4.6
拉丁美洲和加勒比	6.0	5.7	5.7	5.5	5.8	6.7	8.8	8.3	8.2	7.9	8.6	9.9
中东与北非地区	8.9	9.1	8.7	8.8	9.0	8.9	20.2	20.6	19.9	20.1	19.9	19.6
撒哈拉以南非洲	6.8	6.6	6.5	6.3	6.2	6.4	8.9	8.8	8.6	8.3	8.3	8.5

资料来源：国际劳工组织数据库，http：//www.ilo.org/global/statistics-and-databases/lang--en/index.htm.

从表 8-5 中可以看到：(1) 2011—2016 年，男性的失业率稳定在 5.5%和 5.7%之间，女性的失业率稳定在 6.1%和 6.5%之间，女性的失业率普遍比男性高。在这 6 年时间内，2011 年和 2013 年女性失业率比男性高出 0.8 个百分点，为最高年份，2014 年和 2015 年女性比男性高 0.6 个百分点，为最低年份。(2) 中东与北非地区是女性失业率较高的地区，2011—2016 年达到 20%左右，高出世界女性失业率平均水平 14 个百分点；东亚与太平洋地区、南亚女性失业率较低，分别低于世界平均水平约 2.5 个百分点和 1.5 个百分点，东亚与太平洋地区女性失业率甚至低于男性失业率；欧盟、拉丁美洲和加勒比地区女性失业率也较高，分别高于世界平均水平 3.7 个百分点和 2.3 个百分点。

女性失业率普遍比男性高，有以下几点原因[①]：(1) 与男性相比，女性在平均受教育程度、技能水平、心理承受能力等方面缺乏竞争力。因此，当男性与女性共同竞争时，女性通常处于劣势，其失业的概率相对较高。(2) 在工作过程中，女性将会把比男性更多的精力投入到家庭生活与对孩子、老人的照顾中，因此，部分企业对女性存在一定的歧视。当需要裁员时，会更多地选择女性。(3) 女性特殊的生理状况在一定程度上提高了女性失业的可能性。女性会面临着生孩子等问题，企业认为产假等增加了企业的人力资源成本，降低了员工的整体工作效率。(4) 部分劳动强度较大的工作不适合女性。当这些领域的企业面临危机而需要裁员时，女性首当其冲。(5) 传统“男强女弱”等社会性别角色分工观念使女性处于弱势地位，企业的性别歧视在裁员时将增加女性失业的概率。

第四节 中国的就业与失业

一、就业增长与失业扩大并存

从 1978 年到 2015 年，中国经济在高速增长，同时，经济转型也在加快进行。这一

① 主要参考：ILO，“Global Employment Trends”(2009—2011)；袁志刚．失业理论与中国失业问题．经济研究，1994 (9)。

时期，有很多因素促进就业的增长，也有不少因素造成失业的上升。下面，先看看这一时期的就业与失业的基本情况（见表 8-6）。

表 8-6　　1978—2015 年中国劳动力就业、失业情况

年份	就业人口（万人）	就业人口占总人口比重（%）	城镇登记失业人数（万人）	城镇登记失业率（%）
1978	40 152	41.7	530	5.3
1980	42 361	42.9	542	4.9
1985	49 873	47.1	239	1.8
1990	64 749	56.6	383	2.5
1991	65 491	56.5	352	2.3
1992	66 152	56.5	364	2.3
1993	66 808	56.4	420	2.6
1994	67 455	56.3	476	2.8
1995	68 065	56.2	520	2.9
1996	68 950	56.3	553	3.0
1997	69 820	56.5	577	3.1
1998	70 637	56.6	571	3.1
1999	71 394	56.8	575	3.1
2000	72 085	56.9	595	3.1
2001	72 797	57.0	681	3.6
2002	73 280	57.0	770	4.0
2003	73 736	57.1	800	4.3
2004	74 264	57.1	827	4.2
2005	74 647	57.1	839	4.2
2006	74 978	57.0	847	4.1
2007	75 321	57.0	830	4.0
2008	75 564	56.9	886	4.2
2009	75 828	56.8	921	4.3
2010	76 105	56.8	908	4.1
2011	76 420	56.7	922	4.1
2012	76 704	56.6	917	4.1
2013	76 977	56.6	926	4.1
2014	77 253	56.5	952	4.1
2015	77 451	56.3	966	4.1

说明：城镇登记失业率计算公式：城镇登记失业率＝城镇登记失业人数/（城镇单位就业人员－使用的农村劳动力－聘用的离退休人员－聘用的港澳台及外方人员＋不在岗职工＋城镇私营业主＋城镇个体户主＋城镇私营企业及个体就业人员＋城镇登记失业人数）。

资料来源：国家统计局人口和就业统计司，人力资源和社会保障部规划财务司．中国劳动统计年鉴 2016. 北京：中国统计出版社，2016.

由表 8-6 可知，改革开放以来，中国就业人口总数持续增长，就业人口占总人口的比重不断上升，近年来增速有所放缓，趋于稳定。2015 年就业人口总数为 77 451 万人，相较 1978 年增加了 92.89%，年均增速约 1.79%；2015 年就业人口占总人口比重达 56.3%，相较 1978 年上升了 14.6 个百分点。1985 年之后城镇登记失业人数总体上呈上升趋势，2015 年达 966 万人。1978—2015 年城镇登记失业率变动趋势与城镇登记失业人数基本一致，2002 年以来稳定在 4%和 4.3%之间。必须说明的是，由于城镇登记失业率指标统计中仅限城镇户口人员，不包括未登记失业人员，因此与实际状况相比，处于较低水平，低估了我国的真实失业水平。

二、经济转轨过程中的失业

我国和前苏联国家在向市场经济转轨过程中，在改革开放的不同阶段出现了程度有别、比较严重的失业问题。特别是在我国，既存在与通货膨胀相联系的失业，也存在与经济周期相关联的失业，还存在与市场结构调整相关的失业。这三种失业与西方国家的同类失业有类似的特点与规律。西方经济学中分析的自愿失业、摩擦性失业和结构性失业，在我国现阶段也都不同程度地存在，这里就不展开讨论了。下面重点分析一种影响很大的转轨型失业。

1. 转轨型就业和失业的特点

这一时期就业和失业主要表现出三大特征。

第一个特点是转轨初期失业率在上升。改革前失业率较低，在改革进程中，随着国有经济战略性调整，国有企业的改革深化，产业结构合理化，农村劳动力流向城镇，在某一个阶段，各种形式的失业将较为集中地增加，形成高失业期。我们也可以对部分转轨国家 1992—2002 年的失业率变动情况做一对照分析，请看表 8-7。

表 8-7　　1992—2002 年部分国家转轨期间失业率变动情况（%）

国家＼年份	1992	1993	1994	1995	1996	1997	1998	1999	2000	2001	2002
俄罗斯	0.80	5.70	7.50	8.90	9.90	11.30	13.30	12.70	10.60	9.00	—
保加利亚	15.30	16.40	12.40	11.10	12.50	13.70	12.20	16.00	16.85	19.78	17.80
匈牙利	9.80	11.90	10.70	10.18	9.88	8.73	7.80	6.95	6.38	5.70	5.80
波兰	13.60	16.40	16.00	15.20	13.20	10.50	10.40	13.00	13.93	16.20	17.76
罗马尼亚	8.20	10.40	10.96	9.95	7.78	7.49	9.26	11.32	11.20	8.98	9.97
哈萨克斯坦	0.40	0.60	1.10	2.10	4.20	3.80	3.70	3.90	3.70	2.90	—
乌克兰	—	—	—	5.60	7.60	8.90	11.30	11.90	11.73	11.05	10.15

资料来源：世界银行数据库，http://data.world bank.org.cn/.

转轨国家随着经济走向平稳发展，转轨任务基本完成，失业率也会有所下降并正常化，以后就会在自然失业率基础上波动。

第二个特点是不同所有制的企业就业数量在发生不同变化，如表 8-8 所示。

表 8-8　　1978—2015 年城镇不同所有制类型的就业变动（%）

年份	城镇就业人员	国有单位	集体单位	股份有限及有限责任公司	私营及个体企业	港澳台及外商投资单位	其他
1978	100	78.32	21.53	—	—	—	0.16
1980	100	76.19	23.04	—	—	—	0.77
1985	100	70.19	25.95	—	—	—	3.86
1990	100	60.71	20.83	—	3.94	0.39	14.14
1995	100	59.14	16.53	—	10.74	2.69	10.89
2000	100	35.00	6.48	4.94	14.70	2.77	36.11
2001	100	31.91	5.39	5.53	15.28	2.80	39.08
2002	100	28.91	4.53	6.54	17.22	3.06	39.75
2003	100	26.82	3.90	7.23	19.20	3.37	39.49
2004	100	25.34	3.39	7.78	20.83	3.90	38.75
2005	100	23.74	2.96	8.96	22.82	4.56	36.96
2006	100	22.71	2.70	9.40	24.61	4.97	35.61
2007	100	21.89	2.45	9.75	26.89	5.39	33.63
2008	100	21.34	2.19	10.04	28.91	5.37	32.15
2009	100	20.63	1.99	10.89	31.46	5.46	29.58
2010	100	18.79	1.72	10.49	30.38	5.26	33.37
2011	100	18.67	1.68	12.40	33.80	5.98	27.47
2012	100	18.43	1.59	13.56	35.58	5.97	24.87
2013	100	16.64	1.48	20.37	37.62	7.75	16.14
2014	100	16.06	1.37	20.52	42.91	7.52	11.64
2015	100	15.36	1.19	20.26	46.97	6.90	9.31

说明：1. 表中各类型就业比重用就业人员年底数计算。2. 表中“其他”类型城镇就业包括股份合作单位、联营单位以及行政事业单位等。3. 因四舍五入原因，数据略有差异。

资料来源：国家统计局．中国统计年鉴 2016．北京：中国统计出版社，2016．

由表 8-8 可知，总体而言，改革开放以来，中国城镇就业的所有制类型由单一到多元，形式不断丰富，结构发生了重大变化：国有和集体单位的就业比重持续、大幅下降。如国有企业职工从 1995 年巅峰时的 11 261 万人减少到 2015 年的 6 208 万人，减少了 45%。私营及个体企业从无到有，吸纳劳动力的比重不断上升；股份有限及有限责任公司、港澳台及外商投资单位等就业人员有所增加，成为城镇就业的重要所有制类型。2015 年国有和集体单位的城镇就业人员的比重分别为 15.36%、1.19%，相较 1978 年，分别下降了 62.96、20.34 个百分点；私营及个体企业就业人员比重达 46.97%，超过了国有和集体单位；股份有限及有限责任公司、港澳台及外商投资单位就业人员逐步增加，2015 年占城镇就业人员的比重分别为 20.26%和 6.90%。

第三个特点是农村从事非农经济的就业人员比重在上升，而从事农业经济活动的就业人员比重有较大下降。如表 8－9 所示。

表 8－9　　1978—2009 年农村按登记类型就业变动（%）

年份	乡村就业人员	非农经济活动			农业经济活动
		乡镇企业	私营企业	个体	
1978	100	9.23	—	—	90.77
1980	100	9.42	—	—	90.58
1985	100	18.83	—	—	81.17
1990	100	19.42	0.24	3.13	77.22
1991	100	20.01	0.24	3.36	76.39
1992	100	22.00	0.28	3.58	74.14
1993	100	25.43	0.39	4.14	70.04
1994	100	24.62	0.65	5.23	69.50
1995	100	26.24	0.96	6.23	66.57
1996	100	27.55	1.12	6.75	64.58
1997	100	26.61	1.22	7.18	64.98
1998	100	25.57	1.50	7.86	65.06
1999	100	25.94	1.98	7.81	64.27
2000	100	26.20	2.33	6.00	65.48
2001	100	26.66	2.42	5.36	65.57
2002	100	27.14	2.88	5.05	64.93
2003	100	27.82	3.59	4.63	63.96
2004	100	28.46	4.15	4.24	63.15
2005	100	29.43	4.88	4.38	61.31
2006	100	30.53	5.47	4.46	59.54
2007	100	31.68	5.61	4.59	58.13
2008	100	32.69	5.88	4.58	56.85
2009	100	33.25	6.53	4.99	55.22

说明：1. 表中各类型就业比重用就业人员年底数计算。2. 因四舍五入原因，数据略有差异。

资料来源：国家统计局．中国统计年鉴 2010．北京：中国统计出版社，2010．

由表 8－9 可知，总体而言，改革开放以来，中国农村就业人口仍以从事农业经济活动为主，但是从事非农经济活动的就业人口比重呈上升趋势，乡镇企业是吸纳农村剩余劳动力的主要形式。2009 年农业经济活动就业比重为 55.22%，相较 1978 年下降了 35.55 个百分点；乡镇企业就业比重为 33.25%，相较 1978 年增加了 24.02 个百分点；私营企业和个体的就业量增长很快，但所占比重不高，分别为 6.53%和 4.99%。值得注意的是，由于乡镇企业发展的条件和环境与农村经济体制改革之初有了很大变化，其先发优势不复存在，扩大就业的能力逐渐趋弱。

2. 转轨型失业原因分析

转轨国家大量失业，是由于制度变迁引起的结构性失业，与发达国家普遍存在的周期性失业不同。在经济转轨初期，由于制度剧烈变化引起经济结构急剧变动，比如，原苏联和东欧国家由于激进式改革导致失业人口剧增。经济大幅滑坡是20世纪90年代初期转轨国家出现大量失业人口的主要原因。一些转轨国家由于政局混乱、经济战略失误和战乱导致经济长期衰退，从而出现总量性的长期严重失业，成为经济转轨的障碍。具体原因有：一是产业转型造成的失业。在经济转轨过程中，生产结构必然要进行重大调整，有的部门将会衰退甚至消失，这时就出现了改革性或变革性失业，即体制性失业。在原苏联和东欧国家，这类情况也很普遍。在经济改革进一步深入之后，在市场机制作用下企业增长方式发生转变也会释放出一定的多余劳动力。市场竞争推动科技进步和管理体制改善，为资本有机构成的提高创造了有利条件，这是形成结构性失业和摩擦性失业的直接原因。二是企业走向市场造成的失业。计划体制下的企业，体制僵化、管理能力差，过度就业和效益不高，成为影响企业竞争力的重要因素。转轨中一个重要的问题，就是要让经济效益成为企业最重要的考量指标。为了走向市场，企业必须减员增效，即要使一部分职工下岗或失业。这种做法得到了国有企业的主管部门或高层决策部门的支持，因此，很快成为国有企业共同的做法，成为一种普遍的现象。三是农村劳动力流向城市出现的失业。改革开放以来，农村生产体制发生了巨大变化，大量农村剩余劳动力从农业中释放出来，转向了城镇和非农产业，在中国表现为农民由经济欠发达地区向大中城市流动，由中西部地区向沿海地区和发达地区流动。大中城市、发达地区和沿海地区吸纳了大批民工，同时，也使大批民工在经济波动中加入了失业大军的行列。四是对外开放造成的失业。由于从封闭走向开放，大量有国际竞争力的跨国公司进入中国市场，国内相当一批企业不能适应竞争，被迫关闭或破产，形成了大量失业。当然，跨国公司进入中国也会带来新的就业机会，即如果它进一步扩大投资就有可能增加就业，但如果它采用先进技术和资本代替劳动力，则可能减少就业。

专栏二　中国的“隐性就业率”到底有多高①

“隐性就业”也被称为非正规就业，是指与原单位还保持着劳动关系，享受原单位的各种福利待遇、社会保险和基本生活费，而自己又在外从事有报酬的劳动。劳动部门的调查表明“隐性就业”有如下方式：一是当事人“停薪留职”，关系在企业放着，人却在社会上重新就业；二是“病休”的方式，享受原企业的一切待遇，可本人却在社会上找一份有报酬的工作；三是被企业分流下岗在家多年，并且已有了职业，但是仍在企业拿生活费。近年来，在金融危机和历年累积未就业者双重因素的影响下，许多大学生没有通过规范就业渠道获得固定职业，而是从当翻译、开网店、当自由撰稿人、做家教等途径获得收入，成为“隐性就业新一族”。

针对中国城镇登记失业人员隐性就业的普遍程度，各种途径得来的数据不一，从官方和学术研究机构已公布的结果看，全国城镇登记失业人员隐性就业率最低值估计不少于24%，最高值估计可能在50%及以上。在中国会出现如此高比例的隐性就业，从理

① 本部分主要参考了：曾湘泉．劳动经济学．北京：中国劳动社会保障出版社，2005：379-381。

论上分析主要有以下三个方面的原因。从用人单位的角度来看，主要是为了降低生产成本。一些小型的企业，特别是非公有制企业，为了逃避替职工缴纳失业保险、养老保险、医疗保险等费用，故意不与职工签订正式的劳动合同。在目前劳动力供大于求、失业率比较高的情况下，部分求职者不得不接受如此的安排。从劳动者的角度来看，一些失业人员特别是下岗职工隐性就业是因为他们的工作并不稳定，生活都比较困难，虽有收入但比较低，放弃了失业救济金就等于增加了自己生活的机会成本。客观上讲，还有一定的政策原因：政府为了谋求公平与效率之间的平衡，最大限度地降低社会不稳定因素带来的社会成本，不得不推行积极的就业政策。大力鼓励中小企业吸纳就业，鼓励失业人员自主择业，自谋职业。各种灵活的、临时性的工作纷纷涌现出来。

总体而言，隐性就业有一定的积极意义。这些就业形式对缓解就业压力和稳定社会起到了一定的作用，解决了一部分人无事可做的问题，增加了失业人员的收入。在这么多登记的失业人员中，如果有很大一部分通过各种形式实现了非正规就业，他们就业的迫切性相对有所减弱，这就使得政府可以有时间、有步骤地解决失业问题，把工作重点放到解决更弱势群体的就业问题上。此外，它的负面作用也不可否认，如使国有资产流失，影响在岗职工的稳定，助长了非法用工现象，同时扰乱了市场秩序。总之，无论从政府的再就业政策还是从隐性就业的正面和负面作用来讲，全面准确地估计中国的“隐性就业率”都将是十分必要和紧迫的。

三、就业管理体制的改革①

改革开放前，我国长期实行统包统配的就业管理方针，即城镇全部新增劳动力的就业由国家统一包揽，新增劳动力的工作岗位由国家统一调配，就业的特点是城镇劳动力统包统配，城乡劳动力市场分割。这种统包统配的就业管理政策，对解决城镇就业曾发挥过十分重要的作用。但其弊端是：企业缺乏用工权和选择权，不管是否需要一律接收，造成人力资源浪费和人浮于事，也造成劳动就业靠国家的思维定式。改革开放 40 年来，采取了多种措施创造就业，并取得明显的成效。

1. “三结合”就业方针的提出

“文化大革命”期间大批知识青年上山下乡，造成了从 1979 年开始的 1 700 多万知识青年大返城，而城市就业基本上依赖国有经济，就业吸纳能力十分有限，再加上城市新生劳动力增加，造成城镇失业率急剧提高。据统计，1978—1980 年三年的城镇登记失业率分别达到 5.3%、5.4%和 4.9%。在此情况下，在 1980 年召开的全国劳动工作会议上提出了“三结合”就业方针，即在国家统筹规划和指导下实行劳动部门介绍、自愿组织起来就业和自谋职业相结合的方针。1981 年中共中央、国务院又发布了《关于广开门路，搞活经济，解决城镇就业问题的若干决定》，强调把解决就业问题和调整所有制结构以及产业结构密切结合起来，并提出了逐步改革国营企业的劳动用工制度，解

① 庆祝新中国成立 60 周年系列报道之六：《多方式就业格局初步形成，规模显著扩大》，http://www.stats.gov.cn/tjfx/ztfx/qzxzgcl60zn/t20090914_402586654.htm；纪念改革开放 30 年报告之六：《人口素质全面提高，就业人员成倍增加》，http://www.stats.gov.cn/tjfx/ztfx/jnggkf30n/t20081103_402513671.htm。

决“大锅饭”和“铁饭碗”问题，进一步明确了多渠道解决就业问题的政策。到 1982 年，全国多数地区基本解决了返城知识青年的就业问题。到 1984 年，城镇失业率下降到了 1.9%。

2. 劳动合同制的建立

改革以前单位用工普遍实行的是固定工制度，能进不能出。企业难以自主用工，职工个人难以自主择业，“大锅饭”和“铁饭碗”同时严重挫伤了劳动者的工作积极性。1983 年劳动人事部下发了《关于积极试行劳动合同制的通知》。到 1983 年底，全国所有省、市都试行了劳动合同制。1986 年，国务院制定了更为完善的劳动合同制规定。1992 年，劳动部《关于扩大试行全员劳动合同制的通知》缓解了新老用工制度的矛盾。1994 年颁布《中华人民共和国劳动法》，各类企业建立以契约合同为核心的劳动用工管理制度，运用市场手段来配置劳动力资源的制度框架基本形成。到 1997 年末，全国劳动合同制职工已达 7 700 万人，占全国职工总数的 52.6%，其中企业合同制职工已达 7 200万人，占企业职工总数的 66.3%。截至 2015 年，非国有经济单位和大型企业集团基本实现了合同制。①

3. 城乡统一的劳动力市场的培育与发展

1993 年《中共中央关于建立社会主义市场经济体制若干问题的决定》，明确提出要建立社会主义市场经济体制及培育、发展劳动力市场。之后随着一系列配套法规的制定和措施的实施，我国的劳动力市场初步形成，政府作用已逐步转向制定政策和提供服务，市场机制配置劳动力成为主要方式。20 世纪 90 年代中后期，随着我国市场化改革的深入，不同部门、不同地区之间工资率的差异催生了我国农村劳动力的大规模转移。就此，2000 年 6 月中共中央、国务院制定了《关于促进小城镇健康发展的若干意见》，提出对进城农民不得实行歧视性政策。2002 年后，各省（直辖市、自治区）纷纷进行以“取消指标限制，实行准入制度”“打破城乡界限，实行城乡户口登记一体化”为核心内容的户籍制度改革，促进农村剩余劳动力向城镇的有序流动。这一系列就业制度建设为我国劳动力供求市场化运作奠定了制度基础，大大促进了我国城乡统一劳动力市场的形成和劳动力的自由流动。② 2006 年，统筹城乡就业、建立城乡一体化的劳动力市场被列为“十一五”规划纲要的一项重要任务，统筹城乡就业取得积极成效。十八大以来，国家全面推进户籍制度改革，2012 年国务院办公厅下发《关于积极稳妥推进户籍管理制度改革的通知》，2014 年国务院正式公布《关于进一步推进户籍制度改革的意见》，着力提高劳动力市场的流动性和供给能力。

4. 覆盖城乡的公共就业服务体系基本形成

为适应就业再就业形势的需要，2003 年国务院提出了“就业服务要实现专业化、制度化、社会化”的要求，就业服务开始进入以人本服务为核心的新的发展阶段。2007 年，公共就业服务写入《就业促进法》，以法律形式要求县以上政府设立公共就业服务机构，免费为劳动者提供就业政策法规咨询、职业供求信息、市场工资指导价位信息和职业培训信息等方面的服务。随着市场经济体制改革的深化和劳动力市场的培育，目前

① 北京师范大学经济与资源管理研究院．2010 中国市场经济发展报告．北京：北京师范大学出版社，2010；刘燕斌．中国劳动保障发展报告（2017)．北京：社会科学文献出版社，2017.

② 曾学文，张国会，余洁雅．工资率决定自由度．国际经济合作，2005（2）.

已基本形成包括下岗职工、城镇新增劳动力、农民工、高校毕业生在内的“四位一体”的积极就业政策体系框架。2017年1月，国务院印发《“十三五”促进就业规划》，旨在坚持实施就业优先战略，全面提升劳动者就业创业能力，实现比较充分和高质量的就业。截至2015年，所有城市街道社区全部建立了劳动保障工作平台，90%以上的乡镇建立了劳动保障工作机构，全国已经基本形成市、区（县）、街道（乡镇）、社区四级公共就业服务网络，逐步实现了职业介绍、职业培训、就业指导和劳动保障事务代理等“一条龙”服务。截至2015年，全国基层以上工会职业介绍机构已发展到1 904家，基层以上工会职业培训机构1 820家，民办职业培训机构18 887家，各级公共就业服务机构在实现劳动力资源有效配置、促进就业等方面发挥着越来越大的作用。①

5. 劳动就业的法制建设逐步成熟

1994年，制定和颁布了《中华人民共和国劳动法》及其相关配套法规，确立了以“劳动者自主择业，市场调节就业，政府促进就业”为主要特征的市场导向就业管理体制的法律地位，从法律上保证了这一管理体制的贯彻实施。2007年6月，十届全国人大常委会第二十八次会议通过了《中华人民共和国劳动合同法》，进一步规范了劳动关系，在《劳动法》的基础上进一步加大了对员工的保护力度。同年8月，十届全国人大常委会第二十九次会议表决通过了《就业促进法》，将对劳动者的权益保护提升到了一个较高的层次，强调国家实行统筹城乡和区域的就业政策，逐步建立城乡劳动者平等就业的制度，建立就业援助制度，制定政策并采取措施对就业困难人员给予扶持和援助。此外，2003—2004年国务院修订公布了《禁止使用童工规定》、制定颁发了《工伤保险条例》和《劳动保障监察条例》。劳动和社会保障部还公布了《工伤认定办法》《最低工资规定》等一系列部门规章。通过颁布和实施一系列劳动就业法律、条例和规章，涉及劳动关系的法律体系建设逐步完善，劳动者合法权益的保障机制逐渐形成。2012年、2015年，全国人大先后对《中华人民共和国劳动合同法》《就业促进法》进行修订以适应新形势下中国经济社会发展的需要。

思考题

1. 试比较各种不同的失业理论。
2. 借助相关参考书，试推导搜寻和匹配模型的均衡方程。
3. 试运用失业回滞理论对我国20世纪90年代的自然失业率进行分析与估计。
4. 试比较发达国家的失业与我国现阶段的失业的不同特点。
5. 联系第七章，试分析我国农村劳动力流动产生的原因、趋势及意义。
6. 试分析我国公共就业服务体系的作用。
7. 试从全球视角，谈谈你对受教育程度与就业关系的认识。
8. 试分析国际金融危机冲击对就业的影响。

① 国家统计局人口和就业统计司，人力资源和社会保障部规划财务司. 中国劳动统计年鉴2016. 北京：中国统计出版社，2016.

附录

附录一　关于失业定义的国际对比

各国对失业的定义有所不同，下面仅列表提示（详见表 8-10）。

表 8-10　关于失业定义的国际对比

	国际劳工组织（1982 年之后）	美国（1994 年之后）	加拿大（1997 年之后）	欧盟（1992 年之后）
计算失业率的分母				
年龄限制	没有指明	16 岁以上	15 岁以上	15 岁以上
公民还是全体人口	全体人口	公民	公民	包括职业军人
工作时间不足 15 小时的不领取报酬的家务劳动者	在业	不在劳动力市场；潜在失业者	在业	在业
失业者找工作的要求				
找工作的参考时间段	指明最近一段时间	四周	四周	四周
只通过读报纸广告找工作者	不包括	不包括	包括	包括
正在等待新工作者	不需要找工作的条件	需要找工作的条件	不需要找工作的条件；工作必须在四周内开始	不需要找工作的条件
暂时下岗者	找工作不是必需条件	不需要找工作的条件	不需要找工作的条件	需要找工作的条件
能否到岗的要求				
什么时间能够到岗	没有指明	在参考周内	在参考周内	在调查的两周内
是否询问能否到岗的问题	是	是	是	是
能够到岗的例外情况	没有指明	“暂时生病”和“等待开始新工作”	“暂时生病”、“个人或家庭事务”、“假期”以及“等待开始新工作”	没有
一些具体情况的处理				
暂时下岗者	附着正式工作算就业；不附着正式工作且能够到岗算失业，不需要找工作的条件	如果能在六个月内被召回或者雇主给出明确的召回日期被认为是失业，不需要找工作的条件，但必须能够到岗	如果能在一年内被召回并能够到岗算失业，不需要找工作的条件	在过去四周内积极找工作，且能够在两周内到岗才被认为是失业；否则被认为是非经济活动人口

续前表

	国际劳工组织（1982年之后）	美国（1994年之后）	加拿大（1997年之后）	欧盟（1992年之后）
找工作且能够到岗的学生	失业	失业	不在劳动力市场	失业
工作不足15个小时、找工作并能够到岗的家务劳动者	在业	失业	在业	在业

资料来源：Sorrentino（2000）.

表8－10比较了国际劳工组织的失业标准与欧盟、美国和加拿大的失业标准的差别。从表中可以看出，欧盟、美国和加拿大对失业的定义都或多或少偏离了国际劳工组织的失业标准。具体来说，其差异主要体现在两个方面：第一是如何计算失业率的分母；第二是对失业者的界定。

附录二　发达国家或地区失业情况

我们在正文里简析了全球失业的基本情况，也简析了转轨国家的失业情况，这里，特列出有关发达国家或地区近30年来的失业情况，以供参考（见表8－11）。

表8－11　　1990—2016年部分发达国家和地区各年失业率表（%）

国家和地区	1990	1995	2000	2005	2010	2011	2012	2013	2014	2015	2016
澳大利亚	6.7	8.2	6.3	5.0	5.2	5.1	5.2	5.7	6.1	6.1	5.7
比利时	6.6	9.7	6.9	8.5	8.3	7.1	7.5	8.4	8.5	8.5	8.3
加拿大	8.2	9.5	6.9	6.8	8.1	7.5	7.3	7.1	6.9	6.9	7.1
法国	9.0	11.2	9.1	9.3	9.3	9.2	9.8	10.4	10.3	10.4	10.0
德国	6.2	8.0	7.5	10.6	7.0	5.8	5.4	5.2	5.0	4.6	4.3
中国香港	1.3	3.2	4.9	5.6	4.3	3.4	3.3	3.4	3.3	3.3	3.4
以色列	9.6	6.9	8.8	9.0	8.5	7.1	6.9	6.2	5.9	5.3	5.6
意大利	8.9	11.2	10.1	7.7	8.4	8.4	10.7	12.1	12.7	11.9	11.5
日本	2.1	3.2	4.7	4.4	5.1	4.5	4.3	4.0	3.6	3.4	3.1
韩国	2.5	2.1	4.4	3.7	3.7	3.4	3.2	3.1	3.5	3.6	3.7
新西兰	8.0	6.5	6.2	3.8	6.1	6.0	6.4	5.8	5.4	5.4	5.2
新加坡	1.8	1.8	2.7	3.1	3.1	2.9	2.8	2.8	2.8	1.7	1.8
西班牙	16.2	22.9	13.9	9.2	19.9	21.4	24.8	26.1	24.4	22.1	19.4
瑞典	1.7	8.8	5.6	7.6	8.6	7.8	8.0	8.1	8.0	7.4	7.1
英国	7.0	8.7	5.5	4.8	7.8	8.0	7.9	7.5	6.1	5.3	4.8
美国	5.6	5.6	4.0	5.1	9.6	8.9	8.1	7.4	6.2	5.3	4.9

资料来源：世界银行数据库，http：//data.worldbank.org.cn/.

参考文献

[1] 凯恩斯. 就业、利息和货币通论. 北京：商务印书馆，1963.

[2] 萨缪尔森，诺德豪斯. 经济学（第 14 版）. 北京：北京经济学院出版社，1996.

[3] J. E. 斯蒂格利茨. 经济学（下册）. 北京：中国人民大学出版社，1997.

[4] 亚诺什·科尔内. 短缺经济学. 北京：经济科学出版社，1986.

[5] 杰弗里·萨克斯，费利普·拉雷恩. 全球视角的宏观经济学. 上海：上海三联书店，上海人民出版社，1997.

[6] 迈克尔·帕金. 宏观经济学（第 5 版）. 北京：人民邮电出版社，2004.

[7] 世界银行. 世界发展指标 2009. 北京：中国财政经济出版社，2009.

[8] ILO. "Global Employment Trends 2011", 2011.

[9] 国家统计局. 中国统计年鉴 2010. 北京：中国统计出版社，2010.

[10] 国家统计局人口和就业统计司，人力资源和社会保障部规划财务司. 中国劳动统计年鉴 2010. 北京：中国统计出版社，2010.

[11] 北京师范大学经济与资源管理研究院. 2010 中国市场经济发展报告. 北京：北京师范大学出版社，2010.

[12] 曾湘泉. 劳动经济学. 北京：中国劳动社会保障出版社，2005.

[13] 张浩若. 辉煌的历程——中国改革开放二十年. 北京：中国商业出版社，1998.

[14] 董辅礽. 我国失业成因分析. 改革月刊，1998 (6).

[15] 余永定等. 西方经济学. 北京：经济科学出版社，1997.

[16] 袁志刚. 失业经济学. 上海：上海人民出版社，1997.

[17] 李晓西. 宏观经济学：转轨的中国经济. 北京：首都经贸大学出版社，2000.

[18] 夏杰长等. 增长、就业与公共政策. 北京：社会科学文献出版社，2005.

[19] 赖德胜，李长安，张琪. 中国就业 60 年（1949—2009）. 北京：中国劳动社会保障出版社，2010.

[20] 曾学文. 中国转型期就业潜力研究. 北京：北京师范大学出版社，2010.

[21] 李梅. 发达国家失业问题探析. 研究参考资料，1998 (8).

[22] 岳颂东. 关于城镇职工下岗问题的思考与对策. 经济研究参考，1998 (52).

[23] 宋长青. 经济发展与就业增长的数量关系. 研究参考资料，1998 (52).

[24] 王朝才. 当前我国劳动力过度供给的成因及其对策. 研究报告，1999 (3).

[25] 李培林. 努力缩短下岗与失业制度并轨的过渡期. 经济活页文选，1999 (5).

[26] 莫荣. 再就业也要顺应结构调整的规律. 经济活页文选，1999 (5).

[27] 唐绍欣，刘雯. 80 年代以来西方失业理论的新进展. 国外社会科学，1998 (6).

[28] 刘智. 就业理论的演变及其发展. 云南社会科学，1998 (6).

[29] 蒋选. 论各类失业的结构性质——对西方失业理论的另一种思考. 中央财经大学学报，2002 (5).

[30] 赵红，丁鸿雁. 西方失业理论和就业对策给我们的启示. 发展论坛，2001 (8).

[31] 韩志萍. 西方经济学家对失业问题的理论探讨. 经济问题探索，2000 (11).

[32] 罗恩立，孙定东. 西方就业理论的演变进程剖析与借鉴. 华东理工大学学报(社会科学版)，2003（2）.

[33] 赵红. 西方失业理论及其就业对策. 云南财贸学院报，2000（10）.

[34] 刘兰. 西方失业理论的最新发展及启示. 经济纵横，2004（1）.

[35] 冯华，张淑梅. 西方失业理论的回顾与我国就业政策的反思. 学术论坛，2002（6）.

[36] 李珍. 现代主流经济学新综合失业理论研究. 经济评论，1995（5）.

[37] 黄新萍. 现代西方主要就业理论及其启示. 国外财经，2001（2）.

[38] 刘燕斌. 中国劳动保障发展报告（2017）. 北京：社会科学文献出版社，2017.

[39] 国家统计局人口和就业统计司，人力资源和社会保障部规划财务司. 中国劳动统计年鉴 2016. 北京：中国统计出版社，2016.

如果拥有当前以及未来的完全信息，我们便几乎可以不用再谈论失业或者通货膨胀的话题，它们也会由于公众决策而不复存在。①

——埃德蒙·S. 费尔普斯

第九章 通货膨胀及其应对

本章围绕着通货膨胀这个宏观经济失衡的重要表现，分析了通货膨胀的测度、分类、成因等基本理论问题，讨论了国际、国内价格水平变化及对经济的影响，同时对各国尤其是中国应对通货膨胀的政策进行了评论。

第一节 通货膨胀基本概念及其分类

一、通货膨胀的定义

通货膨胀（inflation）的定义有多种，但总体上可分为两类：一类是从现象上定义，一类是从成因上或者说本质上定义。大部分西方学者是从现象上来定义的。② 英国经济学辞典对通货膨胀的定义是："通货膨胀指价格总水平持续上升，可看作货币的贬值。"③ 这个定义言简意赅，比较准确。美国经济学辞典的定义是："在产品市场和资源市场上，通货膨胀指本国货币单位购买力的下降，即价格上升和单位货币购买东西的减少。"④ 饶余庆给出的定义很清楚："通货膨胀是一般物价水平采取不同形式（公开或变相）的一贯上升的过程。'一般物价水平'就是包括所有商品和劳务的价格在内。局部

① 埃德蒙·S. 费尔普斯. 通货膨胀政策与失业理论. 北京：北京大学出版社，2010：8.

② 瑞典经济学家汉森估计有 12 种不同的通货膨胀类型的定义；法国理论家比阿卡伯认为有 32 种；德国学者勒格认为有 60 种。汉森. 通货膨胀理论的研究. 纽约，1951：27；比阿卡伯. 当代通货膨胀的分析. 巴黎，1952：1；勒格. 百年一次的通货膨胀. 法兰克福，1959：33.

③ Graham Bannook，*Dictionary of Economics*，fourth edition，Pongain Books Ltd，1987，p. 204.

④ Donald W. Moffat，*Economics Dictionary*，second edition，New York，EI Serier Science Publishing Co Inc，1981，p. 154.

性的价格上涨不能视为通货膨胀。而‘一贯上升’，即在通货膨胀中，个别物价虽有升有降，但总的水平是长期上升趋势。”[①] 社会主义国家学者多从成因或本质上下定义，例如：“通货膨胀是纸币发行量超过商品流通中的实际需要量所引起的货币贬值现象”[②]；“通货膨胀指纸币的发行量超过商品流通所需要的金属货币量”[③]。古典逻辑学比较倾向于本质类定义，但本质类定义会使多种学派难以进行沟通。现代逻辑学比较强调定义的“非创新原则”[④]，虽然可能是从表象出发，但可以使用各种学派的观点从不同角度解释这种现象。在这个意义上，本章所指通货膨胀，就是价格总水平持续、全面上升的现象，其基本特征一是货币贬值，二是价格上涨。

二、通货膨胀的测度

在现实中，主要用若干价格指数来衡量通货膨胀。最常用的三种度量通货膨胀的价格指数是：消费者价格指数、生产者价格指数、GDP 平减指数。

消费者价格指数（consumer price index，CPI）是反映一组代表性商品和服务项目价格水平变化趋势和变动幅度的统计指标，是世界各国普遍编制的一种指数。CPI 的变动能够反映一国通货膨胀率的变化情况，反映出普通消费者在指定时间间隔（如年度）内购买固定的一篮子产品和服务的成本变化。因此是用于分析市场价格基本动态的重要指数，是政府制定物价政策和工资政策的重要依据。在一些发达国家，当 CPI 增幅连续超过 3%时，即意味着发生了通货膨胀。西方一些国家还提出“核心 CPI”作为衡量价格变动的指标。所谓“核心 CPI”，就是把食品和能源排除在代表性商品之外而计算的消费者价格指数。其理由是：食品的生产受季节性影响大，短期波动大；而能源价格受国际市场价格的影响大，一国市场难以控制。

中国用于计算消费者价格指数的商品和服务项目包括食品、烟酒及用品、衣着、家庭设备用品及服务、医疗保健及个人用品、交通和通信、娱乐教育文化用品及服务、居住等八大类 262 个基本分类，涵盖城乡居民的全部消费内容。该指数于 1994 年正式编制，2000 年开始采用定基比消费者价格指数，以后每 5 年或每 10 年更换一次对比基期。**2016 年，为更好地适应中国经济社会发展和城乡居民消费结构变化，切实保障 CPI 计算的科学性和准确性，中国例行调整了 CPI 调查方案，包括以下四方面内容：**（1）从 2016 年 1 月起，CPI 开始计算以 2015 年为对比基期的价格指数序列。（2）对 CPI 统计商品和服务项目权重进行调整，其中食品烟酒的权数下降 3.4 个百分点，生活用品及服务的权数下降 1.1 个百分点，居住的权数上升 2.2 个百分点，交通和通信的权数上升 1.1 个百分点，医疗保健的权数上升 1.3 个百分点，其他分类的权数变动相对较小。（3）调查目录发生了变化：一是按照《居民消费支出分类（2013）》，原来的“食品”“烟酒”合并为现在的“食品烟酒”；原来的“医疗保健和个人用品”被拆分到现在的“生活用品及服务”、“医疗保健”和“其他用品和服务”中；原来的“娱乐教育文化用

① 饶余庆．现代货币银行学．北京：中国社会科学出版社，1983：225.

② 许涤新．政治经济学辞典（上）．北京：人民出版社，1980：616.

③ 辞海（经济分册）．上海：上海辞书出版社，1980：477.

④ 这个原则是由波兰逻辑学家 S. 列斯涅夫斯基（1886—1939）第一次表述的。P. 苏佩斯．逻辑导论．北京：中国社会科学出版社，1984：190.

品及服务”被拆分到现在的“教育文化和娱乐”和“其他用品和服务”中；原来的“家庭设备用品及服务”被拆分到现在的“生活用品及服务”和“其他用品及服务”中。二是食品的指标内涵发生了变化，旧分类中的“食品”为大类，包括粮食、肉禽、鲜菜、鲜果、水产品、茶及饮料、在外餐饮等分类；新“食品”为“食品烟酒”大类下的中类，仅包括粮食、畜肉、禽肉、鲜菜、鲜果、水产品等，不再包括“茶及饮料”和“在外餐饮”两项。三是新增了“园艺花卉及用品”、“宠物及用品”、“养老服务”和“金融服务”等居民支出增加较快的分类，能够更加及时准确地反映居民消费结构的新变化。(4) 各调查网点根据当地居民的消费水平和消费习惯，对部分代表规格品及时进行了更新。①

生产者价格指数（producer price index，PPI）与CPI不同，主要的目的是衡量企业购买的一篮子产品和服务的总费用，是反映全部工业产品出厂价格总水平的变动趋势和程度的相对数。2011年，中国将工业品出厂价格指数和原材料、燃料、动力购进价格指数重新命名为工业生产者出厂价格指数和工业生产者购进价格指数。工业生产者出厂价格指数即原“工业品出厂价格指数”，是反映各种工业产品以各种价格形式的出厂价格水平变动趋势和程度的相对数。工业生产者出厂价格指数又分为生产资料出厂价格指数（简称生产资料价格指数）和生活资料出厂价格指数，两者又都可细分为矿产品、粮食加工产品、纺织产品、化学产品、机械产品等数个大类。其中，生产资料出厂价格指数被认为是一个重要的先行指标，能率先反映出经济运行的方向和CPI走势。② 工业生产者购进价格指数即原“原材料、燃料、动力购进价格指数”，是反映工业企业通过各种价格形式购进的主要原材料、燃料、动力价格水平变动趋势和程度的相对数。工业生产者购进价格指数分为燃料动力、黑色金属材料、有色金属、化工原料、木材及纸浆、建材及非金属矿、其他工业原料及半成品、农副产品、纺织原料九个大类。该指标也是一个重要的先行指标。③

GDP平减指数是某一时期名义GDP与实际GDP之比，名义GDP是以当期价格度量的某一时期的GDP值，实际GDP是用某一给定时期的物价衡量的另一时期的国内生产总值，反映的是不同时期生产实物量的变化。GDP平减指数统计范围很广，包括不动产等，因此，统计分析的工作量很大，发展中国家难以及时和全面地统计和处理。在美国等发达国家，GDP平减指数是按季度公布的。应当说，这个指数对分析通货膨胀很有价值。

三、通货膨胀的分类

西方经济学对通货膨胀的分类有多种角度。从表现方式上看，可以分为公开的通货膨胀和压抑的通货膨胀；从价格水平上涨幅度上看，可以分为温和的通货膨胀、奔腾的通货膨胀和超级通货膨胀；按照预料程度，可以分为预期的通货膨胀和未预期的通货膨胀；按照通货膨胀的成因，可以分为需求拉动型通货膨胀、成本推动型通货膨胀、混合

① 中华人民共和国国家统计局网站，http://www.stats.gov.cn/index.htm.

② 中华人民共和国国家统计局.2010年统计年报和2011年定期统计报表制度修订的主要内容，2010-09-03.

③ 中华人民共和国国家统计局网站，http://www.stats.gov.cn/index.htm.

型通货膨胀和结构性通货膨胀等。[①] 由于从成因角度划分通货膨胀的类型对于进一步研究通货膨胀的治理更有针对性，因此我们着重从这个角度对通货膨胀的类型进行分析。

1. 需求拉动型通货膨胀

需求拉动型通货膨胀有很多理论解释，比较流行的是新古典学派的理论分析。他们认为，由于总需求的拉动引起的价格水平上涨，就是需求拉动型通货膨胀。借用 *AD*-*AS* 模型来说，就是当总供给量与价格总水平关系不变时，如果总需求量增加，即 *AD* 曲线右移，就会使价格总水平上涨。消费需求、投资需求、政府需求和国外需求的过度增长都会产生需求拉动型通货膨胀。

2. 成本推动型通货膨胀

西方的成本推动型通货膨胀理论是在 20 世纪 50 年代后期流行起来的。由于西方的限制性货币政策和财政政策在抑制通货膨胀方面经常失灵，达不到预期目的，使得一部分经济学家怀疑通货膨胀的成因不单纯是需求拉动，也可能来自供给方面，由成本推动。一般认为，成本推动型通货膨胀是在没有需求拉动的情况下，由供给方面成本提高造成的。借用 *AD*-*AS* 模型来说，当总需求量与价格总水平关系不变而总供给量减少即 *AS* 曲线左移时，就会出现成本推动的价格总水平上升。

成本推动型通货膨胀有更多具体的分类，如工资推动型通货膨胀、利润推动型通货膨胀、进攻性成本推动型通货膨胀、防御性成本推动型通货膨胀、外生性成本推动型通货膨胀、惯性通货膨胀和比价或相对收入变动型通货膨胀等。一般常见的是工资推动型通货膨胀和利润推动型通货膨胀。成本推动型通货膨胀有三个重要特征：第一，成本推动型通货膨胀与不完全市场条件相关，即市场上存在垄断力量，也就存在垄断价格，因此市场竞争对遏制成本推动型通货膨胀很重要。第二，劳动生产率和工资增长的比较是判定是否是工资推动型通货膨胀的必要条件而非充分条件。对劳动的过度需求也可能使工资增长率超过劳动生产率。第三，没有货币供给支持的纯粹成本推动型通货膨胀是不可能存在的。一时的成本推动只能出现价格水平一时的上升，而不是持续的上升；这种一时的上升又导致了货币供给或需求的增加，才能出现价格持续上升。

3. 混合型通货膨胀

单纯的需求拉动和成本推动型通货膨胀理论已经越来越不能解释当今的通货膨胀现象，实际中的通货膨胀产生的因素都是交织在一起的。西方学者把这种既有需求拉动又有成本推动的通货膨胀称作“混合型通货膨胀”。借用 *AD*-*AS* 模型来说，如果 *AD*、*AS* 两条曲线同时上移，就出现了需求拉动和成本推动的混合型价格上涨。实际通货膨胀取决于货币需求与成本相关的制度结构的相互影响。需求拉动型通货膨胀论者只注意到第一个方面，而成本推动论者只注意到第二个方面，这都有片面性。如果就业和稳定物价是政策的首要目的，那么有必要既注意资源配置的均衡，也要注意议价对成本推动价格的作用。尽管成本推动可以在短期内发生，但是西方学者普遍认为，不论通货膨胀是成本推动还是需求拉动，长期内这两者都会发生。“成本推动”必然以“需求拉动”为依托，“需求拉动”也会引起“成本推动”过程的发生。

4. 结构性通货膨胀

结构性通货膨胀是指在没有需求拉动和成本推动的情况下，由于经济结构的因素使

① 吴易风等．西方经济学．北京：中国人民大学出版社，1999：526，527.

一般价格水平持续上涨造成的通货膨胀。根据西方学者的解释，从生产率提高的速度看，社会经济结构中一些部门生产率提高速度快，另一些则慢；从经济发展角度看，一些部门迅速发展而另一些则渐趋衰落；从同国际经济的关系看，一些部门是开放部门，与国际经济联系密切，而另一些是非开放部门，与国际经济没有密切联系。生产要素在这些部门中存在转移的障碍，但是各部门在工资水平上却追求与生产率高、发展速度快的部门一致，因此造成了一般价格水平的上涨。

四、通货紧缩的定义

通货紧缩（deflation）是与通货膨胀相对应的概念，通常指价格总水平持续下降这样一种现象。国外历史上发生的通货紧缩，往往与经济萧条和失业上升相伴随。

西方流行的经济学教科书认为：通货紧缩“表示价格和成本正在普遍下降”（萨缪尔森），“表示价格水平的稳定下降”（斯蒂格利茨）。美国学者格林沃尔德主编的《现代经济词典》的解释是：通货紧缩指“与货币和信贷供应紧缩同时发生的一般物价水平的下降。物价的下跌（通常伴之以产量的不断下降和失业人数的日益增加），是同经济周期的下降阶段联系在一起的”。巴塞尔国际清算银行认为，一国消费品价格连续两年下降可视为通货紧缩。

通货紧缩可分为良性与恶性两种。良性通货紧缩是指技术进步、生产率提高而导致的价格下跌，此时消费需求仍然旺盛。恶性通货紧缩则与投资、消费需求不足相伴随，这才是令人担心的。

目前，国内对通货紧缩主要有三种看法。第一种看法认为通货紧缩就是物价普遍的持续下跌。第二种看法认为通货紧缩应该具有物价普遍、持续下跌和货币供应量持续下降这两个特征。第三种看法认为通货紧缩除了以上两个特征外，还表现为有效需求不足，经济衰退（连续两个季度以上负增长）。

国内外经济学家大都认为，通货紧缩的危害不可轻视：一是通货紧缩使实际利率上升，抑制消费与投资；反过来，需求不足又会加剧通货紧缩，交互影响，恶性循环。二是通货紧缩使企业利润下降，失业增加，社会矛盾上升。三是企业和个人债务负担加重，银行坏账增多，危及社会信用，加剧金融动荡。四是国际市场需求不足，各国出口竞争更加激烈，贸易保护主义抬头，国际贸易关系趋于紧张。

专栏一　马克思对价格变动的分析

马克思认为，价格是商品价值的货币表现，是商品同货币交换比例的指数。既然如此，对价格变动的分析，也就是对商品与货币价值关系的分析。在《资本论》第3卷中，马克思从多方面论述了影响价格变动的原因，可归为六个方面：

一是价值规律对商品价格有决定作用。“不同商品的价格不管最初用什么方式来互相确定或调节，它们的变动总是受价值规律的支配。在其他条件相同的情况下，如果生产商品所必需的劳动时间减少了，价格就会降低；如果增加了，价格就会提高。”①

二是货币影响商品价格。表现在三个方面：首先，货币材料影响价格。“价格完全

① 马克思，恩格斯．马克思恩格斯全集：第25卷．北京：人民出版社，1974：198.

取决于实在的货币材料。……根据充当价值尺度的是金、银还是铜，就具有完全不同的价格表现……”①。其次，货币价值会影响价格。“在商品价值不变的情况下，商品的价格会同金（货币材料）本身的价值一起变动，金的价值降低，商品的价格会相应地提高；金的价值提高，商品的价格会相应地降低。”② 商品价格同货币价值成反比变化。最后，货币流通量影响价格。“贵金属的追加生产，只要时而增加、时而减少，就会不仅在比较长的时期内，而且在极短的时期内扰乱商品价格。”③

三是成本价格影响商品价格。马克思认为，生产某种产品的原料价格提高时，已经上市的该产品的价格必然随之提高；反之，该产品的价格就随之下降。倘若市场上该产品严重积压，则其价格变动与原料价格变动不成比例；倘若市场原料储存充足，则会抑制原料价格上升。④

四是劳动生产率影响商品价值。马克思认为，由于生产力的发展以及与之相适应的资本有机构成提高，使单个商品或一定量产品中物化在生产资料中的劳动力和生产中追加的劳动量减少，单个商品的价格呈下降趋势。价格下降，是有机构成提高在商品价格中的反映。⑤ 由于劳动生产率的下降或经济效益下降，致使价格上升。

五是资本周转影响商品价格。不同部门商业资本周转的快慢，会直接影响商品的商业售卖价格。“商业加价的多少，一定资本的商业利润中加到单个商品的生产价格上的部分的大小，和不同营业部门的商业资本的周转次数或周转速度成反比。”⑥“不同商业部门的商业利润的同一百分率，会按照这些部门周转时间的长短，以完全不同的就商品价值计算的百分率，提高该商品的出售价格”⑦。

六是供求影响商品价格。供不应求，商品价格就会上升；供过于求，商品价格就会下跌。但马克思认为供求不能决定价值，“供求关系一方面只是说明市场价格同市场价值的偏离，另一方面是说明抵销这种偏离的趋势，也就是抵销供求关系的影响的趋势。”⑧

第二节　经典通货膨胀模型选解

一、附加预期的菲利普斯曲线

1. 人物及背景

A. 威廉·菲利普斯1914年生于新西兰的一个农民家庭。第二次世界大战爆发后在太平洋战场上作战。战争结束后到伦敦经济学院先学习社会学，后转入经济学的学习与

① 马克思，恩格斯. 马克思恩格斯全集：第23卷. 北京：人民出版社，1972：113.
② 同①136.
③ 马克思，恩格斯. 马克思恩格斯全集：第24卷. 北京：人民出版社，1972：564.
④ 马克思，恩格斯. 马克思恩格斯全集：第25卷. 北京：人民出版社，1974：129.
⑤ 同③251-255.
⑥ 同④348.
⑦ 同④349.
⑧ 同④212.

研究。1958年，菲利普斯在《经济学》杂志上发表了著名的《1861—1957年英国失业率和货币工资变化率之间的关系》，研究了英国近百年工资的统计资料，发现失业率的变动与货币工资率之间存在一种互相替换的关系。后在澳大利亚与新西兰从教近20年。1975年，菲利普斯在新西兰去世，留下了他富有传奇色彩的一生。[①]

1960年美国经济学家萨缪尔森和索洛在《美国经济评论》上发表的《关于反通货膨胀政策的分析》一文中，用美国的数据替换英国的数据，用物价上涨率代替名义工资增长率，同样得出了短期内通货膨胀率和失业率之间的替换关系。萨缪尔森和索洛将此关系的图示命名为“菲利普斯曲线”[②]。

对菲利普斯曲线的讨论非常热烈。美国芝加哥大学教授米尔顿·弗里德曼（Milton Friedman，1968）和哥伦比亚大学教授埃德蒙·S. 费尔普斯（Edmund S. Phelps，1970）利用预期理论对传统的菲利普斯曲线做了重大修正。他们认为，通货膨胀与失业之间并不存在固定的负相关关系，而未预期到的通货膨胀（真实通货膨胀率与预期通货膨胀率之差）和周期性失业（真实失业率与自然失业率之差）之间却应该存在负相关关系。弗里德曼在1976年获诺贝尔经济学奖时发表了关于菲利普斯曲线演变的讲演词，而费尔普斯则由于“在加深人们对于通货膨胀和失业预期关系的理解方面所做的贡献”，获得了2006年诺贝尔经济学奖。在他们研究的基础上，经济学家已经对原始的菲利普斯理论进行了修正，得到了附加预期的菲利普斯曲线。

下面我们将详细讨论附加预期的菲利普斯曲线方程，分析短期和长期的菲利普斯曲线。

2. 关键方程或模型

$$\pi=\pi^e-\beta(u-u^n)+v \tag{9-1}$$

式（9-1）即为附加预期和供给冲击的菲利普斯曲线方程。[③] 其中，π 是实际通货膨胀率；π^e 是预期的通货膨胀率；u 是实际失业率，u^n 是自然失业率，β（$\beta>0$）是衡量通货膨胀对周期性失业（在一定时期内实际失业率对自然失业率的偏离）反应程度的参数；v 是反映供给冲击的随机扰动变量[④]。因此，菲利普斯曲线方程所表达的是，实际通货膨胀率取决于：预期的通货膨胀率；一定时期内实际失业率与自然失业率的偏离；供给冲击的扰动。

为得到“未预期到的通货膨胀率”，可对式（9-1）进行移项。将 π^e 移到公式的左边，即可得到

$$\pi-\pi^e=-\beta(u-u^n)+v \tag{9-2}$$

式（9-2）中，左边是实际通货膨胀率与预期通货膨胀率之差，右边是一定时期内实际失业率与自然失业率的偏离度，再加上供给冲击的扰动。

式（9-2）清楚地表达了弗里德曼和费尔普斯的核心观点：未预期到的通货膨胀

① 百度百科，http://baike.baidu.com/view/142700.htm.

② 约瑟夫·E. 斯蒂格利茨．经济学（第4版）．北京：中国人民大学出版社，2010：799.

③ 事实上，“菲利普斯曲线和总供给曲线仅仅是同一枚硬币的两面”，利用奥肯定律，菲利普斯曲线方程和总供给曲线方程可以互相推导出来，推导过程可参考：N. 格里高利·曼昆．宏观经济学（第6版）．北京：中国人民大学出版社，2009：357-359。

④ 在更为一般的数学表达中，该项常被写成体现供给冲击的随机扰动（ε_t^s），可参见：戴维·罗默．高级宏观经济学．上海：上海财经大学出版社，2009：181。本书与弗里德曼的最初版本保持一致。

（实际通货膨胀率与预期通货膨胀率之差）和周期性失业（实际失业率与自然失业率之差）之间存在负相关关系。①

3. 关键图示及解释②

附加预期的菲利普斯曲线有短期与长期之分，其短期曲线明显体现着未预期到的通货膨胀和周期性失业之间的负相关关系，而长期曲线则反映了在一定的自然失业率条件下预期通货膨胀与实际通货膨胀的一致关系。

下面我们简单介绍一下短期菲利普斯曲线（short-run Phillips curve，SRPC），如图 9-1 所示。横轴 u 表示失业率，纵轴 π 是通货膨胀率，E 点对应于横坐标上的自然失业率 u^n，同时也对应着纵坐标上的预期的通货膨胀率与供给冲击之和（π^e+v）。经过 E 点，可以画出一条向右下方倾斜的直线，即短期菲利普斯曲线（$SRPC$）。在短期菲利普斯曲线上，E 点左边的点代表实际失业率小于自然失业率 u^n，此时通货膨胀存在向上的压力，实际通货膨胀率大于预期通货膨胀率；反之，E 点右边的点表示实际发生的失业率大于自然失业率，此时通货膨胀存在向下的压力，实际通货膨胀率小于预期通货膨胀率。

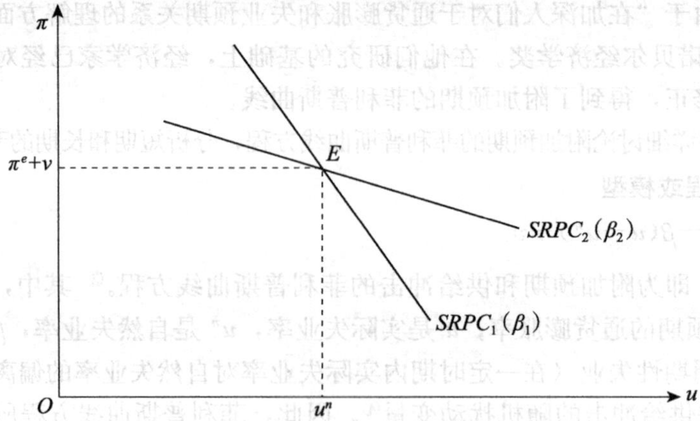

图 9-1 附加预期的短期菲利普斯曲线

由于 β 表示通货膨胀对周期性失业的反应参数，决定了短期菲利普斯曲线的斜率，那么，两条短期菲利普斯曲线 $SRPC_1$ 和 $SRPC_2$ 就分别对应 β_1 和 β_2，这里，$\beta_1>0$，$\beta_2>0$，$\beta_1>\beta_2$。两条曲线均是未预期到的通货膨胀和周期性失业替换关系组合点的集合。由于 $\beta_1>\beta_2$，图中 $SRPC_1$ 相对于 $SRPC_2$ 更加陡峭，也就是说，前者的通货膨胀对周期性失业的反应更敏感，这意味着将失业率降到自然失业率之下，前者比后者承受的通货膨胀代价更大。

分析可知，预期的通货膨胀、自然失业率和供给冲击对短期菲利普斯曲线的影响是明显的：在其他条件不变的情况下，预期的通货膨胀上升将使短期菲利普斯曲线沿着自然失业率（即 E 点的横截距）垂直向上移动；自然失业率提高将使短期菲利普斯曲线沿着预期的通货膨胀（即 E 点的纵截距）水平向右移动；而不利的供给冲击会导致通

① 埃德蒙·S. 费尔普斯. 通货膨胀政策与失业理论. 北京：北京大学出版社，2010.

② N. 格里高利·曼昆. 宏观经济学（第 6 版）. 北京：中国人民大学出版社，2009：362. 图示有改动。

胀预期上升，提高自然失业率，引起短期菲利普斯曲线向右上方移动。[①]

长期菲利普斯曲线是垂直的，等于非加速通货膨胀的失业率（nonaccelerating inflation rate of unemployment，NAIRU）。[②] 这里不再详述。

4. 特征归纳

附加预期的菲利普斯曲线模型具有以下三个基本特征：(1) 该模型在传统的菲利普斯曲线中加入了预期的作用，并利用自然失业率的概念，得出了短期内未预期到的通货膨胀和周期性失业之间的负相关关系。(2) 该模型包含了供给冲击，这就为研究包括世界石油价格大幅波动的各类外部冲击提供了一种可能的解释，并提醒各界更加重视总供给冲击的重要性。(3) 短期菲利普斯曲线和长期菲利普斯曲线有不同形状，前者斜率为负，后者斜率无穷大，即为垂线。

5. 应用前景评价

主要有以下几个方面：(1) 附加预期的菲利普斯曲线揭示了未预期到的通货膨胀与周期性失业的负相关制约关系，这就为政策制定者提供了对二者综合考虑、统筹协调的政策思想，即选择降低通货膨胀率与提高就业率的搭配关系。(2) 自然失业率概念说明了一定比例的失业人口是始终存在的，因此政策目标不应是反对任何水平的物价上升，而应是反对与自然失业率偏离程度过大的物价水平上升。(3) 通货膨胀的"预期"概念带给我们的启发是，控制通货膨胀预期是有必要的，也是有效果的。当然，如何实施这种控制则需要进一步研究。(4) 从模型中也可以体会到，在不同经济形态和条件下，通货膨胀对失业的敏感度不同，从而反通胀的成本是不同的，这也是需要认真关注的。(5) 在本模型中我们还看到，外部冲击对通货膨胀的影响是不可忽视的。随着中国国际地位的提高和对外交往的密切，在全球化背景下，这种影响就更加不能忽视。因此，中国必须高度重视输入型通货膨胀及其危害，加强相关政策措施的研究。

二、超级通货膨胀卡甘模型

1. 人物及背景

菲利普·卡甘（Phillip Cagan）1948 年毕业于加州大学洛杉矶分校，1951 年和 1954 年在芝加哥大学先后获得经济学硕士和博士学位。毕业后，在美国国家经济研究局（NBER）工作两年。后回芝加哥大学任教三年，赴布朗大学任教七年。1966 年被哥伦比亚大学聘用，在该校从事经济学教学长达 30 年。卡甘教授论著颇丰，其中最著名的是《1875—1960 年美国货币存量变化的决定及其影响》(1965) 一书。其"超级通货膨胀"理论是 1956 年完成的，发表于米尔顿·弗里德曼等编著的《货币数量论研究》一书中，论文题目为《超级通货膨胀的货币动态学》(The Monetary Dynamics of Hyperinflation)。这被视为最早研究超级通货膨胀的论文。[③] 在该篇论文中，卡甘将价格上

---

① 安德鲁·B. 亚伯，本·S. 伯南克，迪安·克鲁肖．中级宏观经济学（第 6 版）．北京：机械工业出版社，2009：355 - 358．读者可参考此书试画短期菲利普斯曲线移动图。

② 非加速通货膨胀的失业率与自然失业率只是同一概念的两种表达，由于本部分主要讨论的对象是通货膨胀与失业率的关系，因此统一使用"非加速通货膨胀的失业率"这一说法。

③ 菲利普·卡甘．超级通货膨胀的货币动态学．//米尔顿·弗里德曼等．货币数量论研究．北京：中国社会科学出版社，2001：25 - 128；袁志刚，宋铮．高级宏观经济学．北京：高等教育出版社，2010：372 - 379；杰弗里·萨克斯，费利普·拉雷恩．全球视角的宏观经济学．上海：上海三联书店，上海人民出版社，1997：628 - 657.

涨超过 50%的通货膨胀称为“超级通货膨胀”。他被公认为超级通货膨胀理论领域的权威之一。

2. 关键方程或模型

$$\dot{p}=\frac{\beta}{\alpha\beta-1}(p-m) \tag{9-3}$$

该模型反映了价格水平及其变化与名义货币量的关系。式（9-3）[①] 中，p、m 分别是价格水平 P 和名义货币量 M 的对数形式，即 $p=\ln P$，$m=\ln M$；α 表示货币需求对预期价格变化率的反应程度，即 $\alpha=\frac{p-m}{\pi^e}$，这也是大家熟悉的货币需求函数方程的变化形式，这里，$\alpha>0$，π^e 为预期的通货膨胀率；β 被称作预期系数，表示人们对通货膨胀预期的反应程度，即预期价格变化率向实际价格变化率的调整速度，用方程表示是 $\beta=\frac{\pi^e}{\pi-\pi^e}$，$\beta>0$，这里 β 越大，调整速度越快。

式（9-3）反映了这样一种关系，即在 m 保持不变的情况下，$\alpha\beta-1$ 是关系到价格稳定的条件：当且仅当 $\alpha\beta<1$ 时，价格的变化是稳定的，这就是著名的卡甘稳定条件；当 $\alpha\beta>1$ 时，价格的变化是不稳定的，会出现严重通货膨胀。因为 $\alpha\beta>1$ 就意味着人们调整现金余额用于购买商品和服务的速度和人们调整预期通货膨胀率的速度之积大于 1，反映在公式中就是价格的变化率 $\dot{p}$ 和价格水平 p 完全正相关，因此，这两种预期的结合促使价格水平螺旋式上涨，出现超级通货膨胀。

3. 关键图示及解释

图 9-2 中，横轴 p 表示价格水平的对数，纵轴 $\dot{p}$ 表示价格水平对数 p 的变化率，

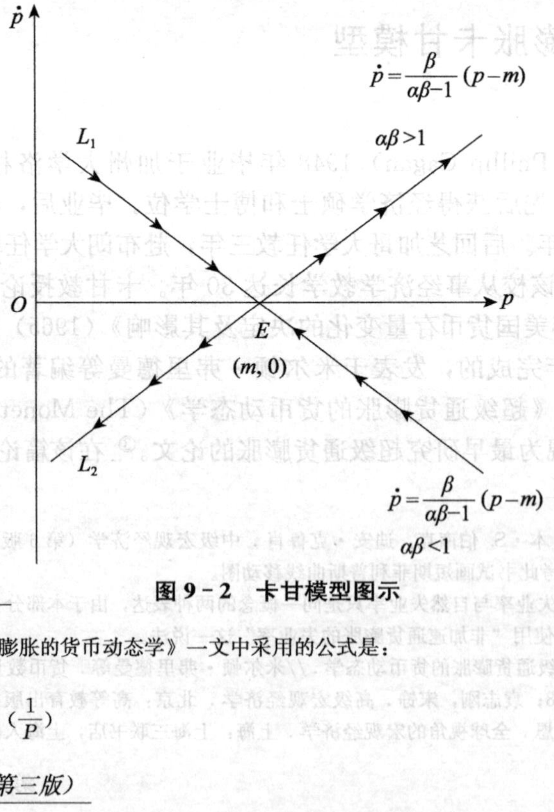

图 9-2　卡甘模型图示

① 卡甘在《超级通货膨胀的货币动态学》一文中采用的公式是：

$$\frac{\partial\left(\frac{d\ln P}{dt}\right)}{\partial P}=\frac{-\beta}{1-\alpha\beta}\left(\frac{1}{P}\right)$$

E 点位于横轴上，表示价格水平的对数与名义货币量的对数相等时，价格水平的对数的变化率为 0，也就是说，价格水平与名义货币量一致时，价格水平保持稳定。L_1、L_2 都是经过 E 点的直线，即卡甘模型的图形表达。其中，直线 L_1 斜率为负，表示 $\alpha\beta<1$ 的情况，此时价格水平的变化率与价格水平呈负相关关系；直线 L_2 斜率为正，表示 $\alpha\beta>1$ 的情况，此时价格水平的变化率与价格水平呈正相关关系。

在直线 L_1 上，E 点左边的点表示 $p<m$，此时，价格水平的变化率大于 0，即 $\dot{p}>0$，这意味着虽然会出现通货膨胀，但价格水平越高，价格水平的变化率越小，因此，价格水平向 m 收敛；E 点右边的点表示 $p>m$，此时，价格水平的变化率小于 0，即 $\dot{p}<0$，这意味着虽然会出现通货紧缩，但价格水平越低，价格水平的变化率越小，因此，同样，价格水平向 m 收敛。也就是说，在 $\alpha\beta<1$ 的直线 L_1 上，价格的变化是收敛于 m 的，即趋于稳定的，这就是卡甘稳定条件的含义。

在直线 L_2 上，E 点左边的点表示 $p<m$，此时，价格水平的变化率小于 0，即 $\dot{p}<0$，这意味着将会出现通货紧缩，且价格水平越低，价格水平的变化率越大，因此，价格水平加速下跌；E 点右边的点表示 $p>m$，此时，价格水平变化率大于 0，即 $\dot{p}>0$，这意味着价格水平持续上升，且上升幅度越来越大，因此，将出现超级通货膨胀。

4. 特征归纳

（1）卡甘模型属于货币主义学派的模型，即认为通货膨胀最主要的成因是源于货币数量过多。在卡甘模型中，卡甘将货币数量定位为现金余额，而现金余额爆发性增加才能造成超级通货膨胀。（2）卡甘模型是现代的、附加预期理论的通货膨胀理论。这里的预期是指货币持有者即公众，由于对通货膨胀的预期而改变了资产持有方式，具体讲，就是根据不同资产在通货膨胀下的成本差异，而倾向于增加现金余额用于购物，使得流通中的货币余额大量增加，促成和助升了通货膨胀。（3）显然，卡甘模型中稳定条件是两种预期的结合，即 $\alpha\beta<1$。该条件强调了货币需求对预期价格变化率的反应程度与通货膨胀适应程度之间的替代。（4）卡甘模型强调超级通货膨胀，不是一般的通货膨胀，因此，在卡甘模型中，可设收入和实际利率保持不变。这是因为卡甘在统计分析中发现，当若干国家出现超过 50％以上的通货膨胀率时，收入和实际利率均没有太大的变化。（5）卡甘模型中的货币数量和价格水平及其变化率使用了对数形式，即将预期价格变化率与实际现金余额之间的关系线性化，这样，我们就可以利用线性方程及图形进行描述。

5. 应用前景评价

通货膨胀率超过 50％的通货膨胀在中国近百年历史上仅出现过三次，因此，卡甘模型提供的思路起到的更多是警示作用。（1）通货膨胀预期不是单一而简单的，因此，对通货膨胀预期的控制应认清其复杂性而进行综合治理。（2）超级通货膨胀是螺旋式自我推进的过程，且利率和收入手段也失效，因此，要高度关注严重的通货膨胀及其发展态势。（3）由于卡甘模型属于货币主义的一种，其局限与货币数量论一样，忽视实际需求拉动和成本推动的成因，因此，需要结合多种通货膨胀理论来完善自己的思考。

第三节　通货膨胀成本与应对通货膨胀的政策思路

通货膨胀使同量货币收入的实际购买力下降，存款减少，企业投资决策困难，政府若滥发钞票则使通货膨胀成为秘密掠夺公民财富的手段，因此，人们普遍地反对通货膨胀。通货膨胀通常被认为是一个严重的经济社会问题，需要及时予以解决。本节通过对通货膨胀带来的经济社会成本的分析，简要说明为什么要反对通货膨胀。同时，提出应对通货膨胀的思路。

一、通货膨胀带来的成本

通货膨胀到底会给我们带来什么影响？它给我们增加了什么样的经济或社会成本？这需要进一步的分析与研究。

1. 不可预期通货膨胀的社会财富再分配

通货膨胀具有社会财富再分配的功能，这种情况多发生在通货膨胀不可预期的时候。举一个例子进行说明：设双方签署了一个 5 年期贷款合同。假设银行希望获得的利率为 5%，且银行估计 5 年内国家的通货膨胀率将维持在 5%左右，那么这笔贷款的利率为 10%。如果从第 3 年开始，通货膨胀率增长为 8%，那么银行实际获得的利率仅为 2%，借款者将少支付 3%的利率。显然，通货膨胀率是否能够预期对利益分配起了重要作用。

这样的社会成本不仅在贷款中产生，工人的名义工资、政府提供的固定养老金等都会受到类似的影响。当不可预期的再分配使财富偏向消费者时，则厂商的成本增加，而消费者的实际收益增加；当再分配的财富偏向厂商时，则企业员工的实际收入下降，而厂商的利润增加。为了应对不可预期通货膨胀的再分配影响，人们采用浮动利率、指数化合同、指数化养老金等方法来增加预期进而减少通货膨胀造成的再分配。①

另外，不可预期的通货膨胀加大了经济活动中的不确定因素，进而影响到生产者与消费者的行为与决策，降低了反映供需关系的价格信号的作用，因此，可能造成资源配置的失误。②

2. 可预期通货膨胀的鞋底成本

在通货膨胀时期，尤其是在通货膨胀可预期的情况下，银行为稳住存款和储户，会不断根据保持实际利率水平的需要来调高存款的名义利率。人们则会力求避免由通货膨胀而导致的损失即货币持有机会成本增加，因此会根据存款利率的不断调整而频繁地往返银行。在此过程中产生的交通费、交易费等被通俗地称为“鞋底成本”（shoe leather costs），即为通货膨胀导致的鞋底成本。③ 人们可能认为鞋底成本是微不足道的，但实际上，国外学者的相关计算表明，10%完全预期的通货膨胀所带来的鞋底成本约为当年

---

① 杰弗里·萨克斯，费利普·拉雷恩．全球视角的宏观经济学．上海：上海三联书店，上海人民出版社，1997：307－309；安德鲁·B. 亚伯，本·S. 伯南克，迪安·克鲁肖．中级宏观经济学（第 6 版）．北京：机械工业出版社，2009：365－366.

② 安德鲁·B. 亚伯，本·S. 伯南克，迪安·克鲁肖．中级宏观经济学（第 6 版）．北京：机械工业出版社，2009：367.

③ 杰弗里·萨克斯，费利普·拉雷恩．全球视角的宏观经济学．上海：上海三联书店，上海人民出版社，1997：304－305；N. 格里高利·曼昆．宏观经济学（第 6 版）．北京：中国人民大学出版社，2011：94；萨缪尔森，诺德豪斯．宏观经济学（第 18 版）．北京：人民邮电出版社，2008：290.

GDP 的 0.3%，这对任何一个国家来说，都将是一笔巨额的费用。[①]

3. 可预期通货膨胀的菜单成本

菜单成本（menu costs）是厂商或企业变更当前价格而投入资源所形成的成本，是除鞋底成本以外通货膨胀产生的另外一种较为明显的成本。在通货膨胀时期，当价格发生变化时，厂商或企业为了保证自己的利润，必须消耗一定的资源重新进行定价。在此过程中，相关的市场调研、产品价格评估、新价格目录和菜单的印制、新调整的计价仪表等付出的费用，即为菜单成本。[②] 相对于鞋底成本，菜单成本主要是厂商和企业的直接支付，不是消费者的直接支付。

4. 可预期通货膨胀的非指数化税制成本

通货膨胀导致名义收入增加而被征税，这里人们承担的额外税负就是非指数化的税制成本。[③] 如果把可预期通货膨胀率与名义收入进行指数化挂钩，人们就不会付出这个成本。由此可理解这个成本名称的含义。为便于理解，可举一例：假设中国的个人所得税起征点为 3 000 元人民币，当没有通货膨胀时，工人 A 的工资刚好为 3 000 元，此为实际收入。当出现 10%的通货膨胀时，厂商按照通货膨胀率将工人的工资涨到 3 300 元。此时的收入超过了个税起征点，国家将会对超出的 300 元收入征税，假设税率为 10%，则实际上工人增加的工资为 270 元。显然，工人实际工资增长率仅为 9%，非指数化税制使实际工资增长率低于通货膨胀率，工人在无形当中承担了 30 元的税负成本。

还有一种非指数化税制成本源自财产收入，即因通货膨胀导致名义资本收益增加而产生的税负成本。这里也举一例进行说明：假设将 1 000 元人民币用于投资，年实际投资收益率为 10%。在没有通货膨胀的条件下，第二年你将获得 100 元的收入。国家将会对这 100 元收益以 10%的税率征税，实际收益为 90 元。现在存在 10%的通货膨胀，在保证年实际投资收益率 10%不变的条件下，名义年投资收益率将为 20%，那么第二年你将获得 200 元的收入，国家征税 20 元人民币，税后收益为 180 元。易知，在这 180 元税后收益中，除去由 10%通胀率导致的名义收入增加 100 元以外，实际收益仅为 80 元，也就是说，非指数化的税制将由通胀导致名义收入增加而产生的 10 元税负转移给了你，你将额外地承担 10 元人民币的税负，实际收益反而减少。[④] 显然，非指数化税制成本实际上源自通货膨胀对收入及其税收的扭曲。实际上，部分国家已经开始研究并实行指数化税制，通货膨胀以税收方式增加的成本在一定程度上将会降低。[⑤]

二、政府稳定价格水平的政策

财政政策、货币政策作为应对通货膨胀的重要政策手段，在各国反通胀中被广泛应

---

① Stanley Fischer, "Towards an Understanding of the Costs of Inflation: Ⅱ", in K. Brunner and A. Meltzer, eds., *Carnegie-Rochester Conference Series on Public Policy*, vol. 15, Autumn 1981.

② 安德鲁·B. 亚伯，本·S. 伯南克，迪安·克鲁肖．中级宏观经济学（第 6 版）. 北京：机械工业出版社，2009：365；萨缪尔森，诺德豪斯．宏观经济学（第 18 版）. 北京：人民邮电出版社，2008：290.

③ 杰弗里·萨克斯，费利普·拉雷恩．全球视角的宏观经济学．上海：上海三联书店，上海人民出版社，1997：306.

④ N. 格里高利·曼昆．宏观经济学（第 6 版）. 北京：中国人民大学出版社，2011：94.

⑤ 萨缪尔森，诺德豪斯．宏观经济学（第 18 版）. 北京：人民邮电出版社，2008：290.

用。由于世界各国通货膨胀的基本情况各异，因此各国在运用财政政策、货币政策抑制通货膨胀时存在一定的差异。目前，世界各国在应对通货膨胀时所采取的财政政策主要包括减少政府支出、增加税收、变动税率、弥补赤字等，而应对通货膨胀的货币政策措施主要包括控制货币和信用量、改变法定存款准备金比例、公开市场业务、改变贴现率等。因多数财政、货币政策工具在专题章节中有专门介绍，因此，下面仅从控制通货膨胀角度简单介绍几种。

1. 增税减支

这是抑制通货膨胀最常见的一种财政政策。当出现通货膨胀时，政府采用增税措施，通过提高税收、开征新税种、扩大税基等，减少个人和企业的可支配收入，抑制消费需求从而减少生产和就业；改变所得税结构，增加赋税负担；政府减少对商品和劳务的购买，减少转移支付，抑制消费和投资，减少总需求，最终控制物价快速上涨。这种政策的理论根据是需求管理，即抑制总需求的膨胀，达到稳定物价的目标。

2. 铸币税

铸币税（seigniorage）指在现代社会中，政府凭借它对印刷货币的垄断权而获得的收入，是反通货紧缩的政策操作。铸币税又称货币发行收入。在金属货币制度下，铸造货币的实际成本与货币表面价格之差是归铸币者所得的收入。铸币者取得的该项收入被称为铸币税。在纸币制度下，货币当局发行货币，取得全部收入。它的价值计算公式是 $S=(M_{t+1}-M_t)/P_t$。式中，S 为铸币税，M_{t+1} 为第 $t+1$ 期的货币发行量；M_t 为第 t 期的货币发行量，P_t 为第 t 期的价格水平。这个通用的公式反映出这样几个特点：一是铸币税与价格水平成反比，价格越低，铸币税越高。二是铸币税与新增加的货币发行量成正比，货币发行量越大，铸币税就越高。以铸币税为其实质的财政性货币发行，不是单纯的货币供给，而是与货币需求直接相伴的财政性发行。

铸币税作为一种货币发行收入，在正常情况下就存在。在通货紧缩情况下，通过多发行货币得到的超额货币发行收入，应当说是特种铸币税。通过特种铸币税进行反通货紧缩政策操作是一件严肃的事。这里必须要以维护价格和币值稳定、促进国民经济增长为目标。增发货币的目的不是弥补财政赤字，而是进行反通货紧缩的政策操作。

3. 汇率锚

汇率锚指货币当局为了防止通货膨胀的持续上升和汇率的大幅度贬值，宣布汇率的钉住目标，并按照给定的汇率随时准备入市买卖外汇，使市场在给定的水平上出清。这里的汇率变量作为货币政策的中介目标，发挥着名义锚的作用。这种汇率稳定政策称为汇率锚政策。

考察汇率锚作为反通货膨胀政策的绩效时，有必要将短期和长期分别对待。短期内，可以对通货膨胀惯性产生快速的抑制作用，效果较好；长期来看，配套宏观经济政策是必需的，而且由于汇率锚本身的一些问题，使用汇率锚政策反通货膨胀并不是长久之计，需要在基本控制通货膨胀之后，逐步实施退出战略，避免发生货币金融危机。

4. 应对通货膨胀常用的货币政策三大调控手段

当经济过热、通货膨胀率太高时，要采取紧缩性货币政策，通过减少货币供给以提高利率，抑制投资和消费，使生产和就业减少或增长放慢。

（1）通过公开市场业务控制通货膨胀。公开市场业务是指中央银行在金融市场上公开买卖政府债券以控制货币供给和利率的行为。中央银行卖出政府债券意味着收紧银根，会使货币供给量倍减。在以利率为货币政策中介目标的国家，中央银行通过公开市场业务影响货币供给量，从而可调控利率。

（2）通过再贴现率政策控制通货膨胀。贴现是商业银行向企业提供资金的一种方式，再贴现是中央银行向商业银行提供资金的一种方式。再贴现率是中央银行规定的利率。贴现率提高减少了商业银行向中央银行的借款，因此，减少基础货币的生成。再贴现率提高时，商业银行也相对提高贷款利率，因此，减少了货币供给。

（3）调整法定准备金率以控制通货膨胀。准备金主要指存款准备金。金融机构按规定向中央银行缴纳的存款准备金占其存款总额的比例就是法定存款准备金率。出现通货膨胀时，中央银行可以提高商业银行的准备金率，以减少能参与存款创造货币的数量。

三种政策手段在抑制通货膨胀时常常配合使用，以达到最优效果。

专栏二　弗里德曼认为通货膨胀总是货币现象

米尔顿·弗里德曼（1963）曾提出“通货膨胀总是货币现象”。这一命题是一句纲领性的判断，其含义是丰富的。这就是说，通货膨胀是由货币量过多造成的，而不是由其他原因造成的。弗里德曼明确地否认了各种非货币的通货膨胀成因。他认为，成本推动论是不能成立的，除非同时存在着货币量的增加条件。否则，若干物价的任何上涨，只能使其他物价下跌，价格总水平不会持续上升。他还认为，所谓成本推动型通货膨胀，不过是早期的需求拉动引起的通货膨胀的迟缓反应的作用。对风行一时的国际石油价格上涨推动通货膨胀的观点，他提出质疑：如果把过去几年通货膨胀归咎于石油输出国卡特尔组织的设置和强化，归咎于过去几年原油价格猛然抬高的结果，那么，通货膨胀应该发生在最依赖石油进口的国家。日本和联邦德国几乎完全依赖石油进口，但为什么它们的通货膨胀率远远低于不十分依赖石油进口的美国？弗里德曼认为，这是把一次性物价上涨与物价持续上涨相混淆，把相对价格变动同价格总水平变动相混淆。他认为，这一时间通货膨胀的根本原因还是若干工业国家为抵消石油价格上升造成的失业和减产而迅速增加了货币供给量的结果。日本和联邦德国没有这样做，从而避免了高通货膨胀。

弗里德曼的“通货膨胀总是货币现象”的命题，还有一层含义。就是说，从供给方面去探究通货膨胀成因的重要性不可能是第一位的。尽管这位货币主义者多次承认，通货膨胀是在货币量增加的速度超过产品增加的速度下发生的，而且每单位产品所配合的货币量增加得越快，通货膨胀率就越高，但是他又强调，产品市场受到物质资源、人力资源、技术力量和生产开工率等限制，其增长可能性与货币相比是大为逊色的。而且，生产率的大幅度变化本身，就是货币变化的结果。往往在发生通货膨胀初期，促进生产率的上升。正是由于这两个原因，他肯定了货币过多是通货膨胀的主要成因。

弗里德曼认为，根治通货膨胀的唯一出路是减少政府对经济的干预，控制货币增长。控制货币增长的方法是实行“单一规则”，即中央银行在制定和执行货币政策的时候要“公开宣布并长期采用一个固定不变的货币供应增长率”。

第四节　全球视角的通货膨胀

本节拟从实证角度来简单介绍世界范围内的通货膨胀。

一、借用三个价格指数来描述世界范围内的通货膨胀

首先是世界主要国家35年来消费者价格指数（CPI）的增长率。35年来世界主要国家的消费者价格指数增长率变化情况，具体如表9-1所示。

表9-1　1981—2016年世界主要国家和地区的消费者价格指数增长率（%）

国家	1981	1985	1990	1995	2000	2005	2010	2014	2015	2016
中国	—	—	3.1	16.9	0.3	1.8	3.3	2.0	1.4	2.0
美国	10.3	3.6	5.4	2.8	3.4	3.4	1.6	1.6	0.1	1.3
瑞典	12.1	7.4	10.5	2.5	1.0	0.5	1.2	−0.2	0.0	1.0
日本	4.9	2.0	3.1	−0.1	−0.7	−0.3	−0.7	2.8	0.8	−0.1
英国	11.9	6.1	9.5	3.4	2.9	2.8	3.3	1.5	0.1	0.6
德国	—	—	—	1.7	1.5	1.6	1.1	0.9	0.2	0.5
法国	13.3	5.8	3.4	1.8	1.7	1.7	1.5	0.5	0.0	0.2
澳大利亚	9.7	6.7	7.3	4.6	4.5	2.7	2.8	2.5	1.5	1.3
加拿大	12.5	4.0	4.8	2.2	2.7	2.2	1.8	1.9	1.1	1.4
意大利	17.8	9.2	6.5	5.2	2.5	2.0	1.5	0.2	0.0	−0.1
新加坡	8.2	0.5	3.5	1.7	1.4	0.4	2.8	1.0	−0.5	−0.5
西班牙	14.6	8.8	6.7	4.7	3.4	3.4	1.8	−0.2	−0.5	−0.2
韩国	21.3	2.5	8.6	4.5	2.3	2.8	2.9	1.3	0.7	1.0
波兰	19.1	11.5	555.4	28.1	10.1	2.1	2.7	0.1	−1.0	−0.6
南非	15.3	16.3	14.3	8.7	5.3	3.4	4.3	6.1	4.6	6.3
俄罗斯	—	—	—	197.5	20.8	12.7	6.9	7.8	15.5	7.1
巴西	101.7	226.0	2 947.7	66.0	7.0	6.9	5.0	6.3	9.0	8.7
印度	13.1	5.6	9.0	10.2	4.0	4.2	12.0	6.6	4.9	4.9
荷兰	6.7	−9.6	2.5	1.9	2.3	1.7	1.3	1.0	0.6	0.3
阿根廷	104.5	672.2	2 314.0	3.4	−0.9	9.6	10.8	—	—	—
乌克兰	—	—	—	376.7	28.2	13.6	9.4	12.2	48.7	13.9
越南	—	—	—	—	−1.7	8.3	8.9	4.1	0.9	—
埃塞俄比亚	6.1	19.1	5.2	10.0	0.7	11.6	8.1	7.4	10.1	7.3
捷克共和国	—	—	—	9.2	3.9	1.8	1.4	0.3	0.3	0.6

续前表

国家	1981	1985	1990	1995	2000	2005	2010	2014	2015	2016
斯洛伐克	—	—	—	9.9	12.0	2.7	1.0	−0.1	−0.3	−0.5
匈牙利	4.5	7.0	29.0	28.3	9.8	3.6	4.9	−0.2	−0.1	0.4
希腊	24.5	19.3	20.4	8.9	3.2	3.5	4.7	−1.3	−1.7	−0.8
哈萨克斯坦	—	—	—	176.2	13.2	7.6	7.1	6.7	6.6	—
罗马尼亚	—	—	—	32.2	45.7	9.0	6.1	1.1	−0.6	−1.5
挪威	13.6	5.7	4.1	2.5	3.1	1.5	2.4	2.0	2.2	3.6
沙特阿拉伯	2.8	−3.1	2.1	4.9	−1.1	0.7	5.3	2.7	2.2	3.5
拉脱维亚	—	—	—	25.0	2.6	6.7	−1.1	0.6	0.2	0.1
保加利亚	—	—	23.8	62.1	10.3	5.0	2.4	−1.4	−0.1	−0.8

资料来源：国际货币基金组织国际金融统计数据库.

如表 9－1 所示，从 1981 年到 2016 年，世界各国的消费者价格指数增长较快，总体的波动也较大。20 世纪 80 年代初期，价格水平增长较快的国家主要有意大利、波兰、韩国、希腊、巴西、阿根廷等国家，之后这些国家的消费者价格指数增长速度逐渐下降。到 80 年代末期，世界大部分国家的消费者价格指数的增长率普遍较低。在此期间，部分国家由于政治动荡，其消费者价格指数剧烈变动，消费者价格指数增长率快速上升。1990 年，波兰的消费者价格指数的增长率达到 555.4%，而同期巴西的消费者价格指数增长率高达 2 947.7%，阿根廷高达 2 314%。进入 21 世纪后，各国的消费者价格指数变动趋势较为平缓。2016 年底，世界主要国家的消费者价格指数增速加快，随后又快速下降，很多国家甚至出现负增长。

其次，请看世界主要国家近 30 年生产者价格指数（PPI）增长率。近 30 年来世界主要国家的生产者价格指数增长率变化情况如表 9－2 所示。

表 9－2　1981—2009 年世界主要国家的生产者价格指数增长率（%）

国家	1981	1985	1990	1995	2000	2005	2006	2007	2008	2009
中国	—	—	—	—	2.80	3.20	3.10	3.10	6.90	−5.40
美国	9.11	−0.61	3.65	3.66	5.77	7.30	4.70	4.78	9.85	−8.80
瑞典	11.17	5.17	4.61	9.02	0.55	5.15	5.40	3.70	5.58	−1.04
日本	1.38	−0.77	1.47	−0.84	0.10	1.63	2.20	1.76	4.52	−5.24
英国	10.60	6.12	6.19	4.00	1.59	1.83	2.20	2.54	7.35	1.24
德国	−5.98	−0.95	2.95	1.71	3.31	4.38	5.40	1.33	5.52	−4.17
法国	−5.30	3.30	2.51	1.01	4.36	3.09	2.90	2.33	4.75	−5.62
澳大利亚	8.51	6.70	5.95	4.19	7.23	5.93	7.90	2.41	8.24	−5.43
加拿大	10.31	2.70	0.26	7.49	4.24	1.52	2.40	1.56	4.33	−3.41
意大利	—	7.66	4.15	7.94	6.09	3.95	5.60	3.50	4.76	−4.63
新加坡	3.84	−2.16	1.75	0.00	10.04	9.65	5.00	0.29	7.50	−13.87

续前表

国家	1981	1985	1990	1995	2000	2005	2006	2007	2008	2009
西班牙	15.71	7.89	2.18	6.35	5.33	4.71	5.40	3.61	6.50	−3.35
韩国	20.43	0.84	4.18	4.70	2.02	2.15	0.90	1.39	8.60	−0.18
波兰	0.00	50.00	621.05	25.72	7.73	0.91	2.20	2.25	2.49	3.45
南非	14.14	14.94	12.30	9.84	6.64	3.63	7.70	10.96	14.31	0.00
俄罗斯	—	—	—	236.50	46.50	20.60	12.40	14.10	21.40	−7.20
巴西	—	—	—	57.44	18.24	5.60	0.80	5.56	13.72	−0.25
印度	12.11	4.37	8.99	9.52	6.60	4.71	4.70	4.87	9.11	2.09
荷兰	8.65	1.61	1.06	1.50	4.82	3.20	3.60	4.54	5.08	−3.78
阿根廷	—	—	—	4.49	3.80	8.34	11.00	11.80	14.50	4.86
乌克兰	—	—	—	487.90	20.90	16.80	9.60	19.50	35.50	6.60
斯洛伐克	4.15	1.69	4.70	9.09	9.82	4.71	8.40	2.03	6.15	−2.64
匈牙利	6.32	5.17	21.15	28.49	10.79	4.71	6.50	2.35	3.49	6.38
墨西哥	−33.33	50.00	21.60	38.82	7.87	4.17	6.60	3.66	6.52	5.95
希腊	—	20.75	15.93	−7.23	5.26	5.93	7.30	4.10	10.12	−5.85
泰国	9.47	0.00	3.35	8.28	3.94	9.17	7.10	3.17	12.40	−3.78
埃及	8.54	13.71	16.94	6.44	1.85	5.26	7.00	10.00	21.16	−5.68
罗马尼亚	—	—	—	37.50	53.28	10.50	11.60	8.06	15.75	1.86
挪威	10.50	4.76	3.96	2.53	6.90	16.55	12.80	0.00	22.87	−0.79
沙特阿拉伯	—	—	1.72	7.23	0.43	2.88	1.20	5.63	8.98	−3.00
新西兰	16.99	15.40	4.69	0.76	8.24	5.37	5.20	3.52	10.01	−2.59
拉脱维亚	—	—	—	11.79	0.62	7.76	10.30	16.14	11.79	−4.75
保加利亚	—	—	0.00	53.33	17.45	6.95	11.90	7.69	10.95	−6.28

资料来源：国际货币基金组织国际金融统计数据库.

从表9-2可以看出，世界主要国家的生产者价格指数增长率大部分为正值，说明各国的PPI指数在不断增长。各国PPI指数增长率的波动性较强，但整体而言，相对于1981年的PPI指数增长率，2008年的增长率都有一定程度的下降。2009年，世界上多个国家的PPI指数出现负增长的状况，其中，新加坡的负增长率达到13.87%。20世纪90年代初期，部分东欧国家由于政治因素的影响，其PPI指数的增长率出现异动，例如1990年波兰PPI指数的增速高达621.05%，1995年乌克兰的PPI指数增速达到487.9%，而同期俄罗斯的增速达到236.5%。之后这些国家的PPI指数变化趋势逐渐趋于缓和。2000年以来，世界主要国家的PPI指数增长情况逐渐缓和。

再次，请关注世界主要国家和地区35年来GDP平减指数增长率。在对同一地区不同时期的GDP进行纵向比较时，由于核算期价格和计算口径的差异，会产生一些不可比的因素，因此不能直接利用现行价格计算GDP的增长速度，需要编制一套各行业的指数体系，以消除各行业在价格和口径因素上的差异，这样的指数体系称为平减指数。GDP平减指数是用来衡量在一定时期内整体经济中价格年度变化情况的指标。①

35年来世界主要国家和地区的GDP平减指数增长率变化情况如表9－3所示。

表9－3　1981—2016年世界主要国家和地区的GDP平减指数增长率（%）

国家和地区	1981	1985	1990	1995	2000	2005	2010	2014	2015	2016
中国	2.3	10.2	5.8	13.7	2.1	3.9	6.9	0.8	0.1	1.2
美国	9.4	3.1	3.9	2.1	2.2	3.3	1.2	1.8	1.1	1.3
中国香港	10.3	5.5	7.5	4.1	－3.6	－0.1	0.3	2.9	3.6	1.8
瑞典	9.5	6.6	8.7	3.7	1.4	0.9	1.0	1.8	2.0	1.4
日本	3.2	1.0	2.3	－0.5	－1.7	－1.2	－1.9	1.7	2.0	0.3
英国	11.4	5.8	7.7	2.7	1.2	2.0	1.5	1.6	0.6	1.7
德国	4.2	2.1	3.4	1.9	－0.7	0.7	0.8	1.8	2.0	1.4
法国	11.4	5.5	2.6	1.3	1.4	2.0	1.1	0.6	1.1	0.4
澳大利亚	9.6	4.8	7.1	1.7	2.6	4.1	1.0	1.4	－0.7	－0.4
加拿大	10.8	3.1	3.2	2.3	4.1	3.3	2.9	1.9	－0.8	0.6
意大利	18.8	9.2	8.4	5.0	1.9	2.1	0.3	1.0	0.7	0.8
新加坡	6.6	－1.4	4.1	2.3	3.7	－0.6	0.0	－0.4	2.5	－1.4
西班牙	12.4	8.6	7.3	4.9	3.5	4.3	0.2	－0.3	0.5	0.3
韩国	18.2	4.8	10.5	7.4	5.0	0.7	3.2	0.6	2.4	1.8
波兰	—	—	—	40.8	7.2	2.6	1.7	0.5	0.8	0.2
南非	9.9	16.8	15.5	10.3	8.8	5.4	6.4	5.8	5.0	6.8
俄罗斯	—	—	15.9	144.0	37.7	19.3	14.2	10.7	8.2	3.6
巴西	107.2	231.7	2 736.0	93.5	6.2	7.2	8.4	7.8	7.9	8.3
印度	10.8	7.2	10.7	9.1	3.5	4.2	9.0	3.1	1.8	3.6
荷兰	6.4	0.9	1.6	2.1	4.1	2.4	0.8	0.1	0.1	0.8
阿根廷	106.4	625.8	2 077.0	3.2	1.0	8.8	20.9	40.3	24.5	40.9
乌克兰	—	—	16.3	415.8	23.1	24.6	13.4	15.9	38.9	17.1
越南	—	—	42.1	17.0	3.4	8.2	12.1	3.7	－0.2	1.1
埃塞俄比亚	—	31.8	3.3	12.7	6.9	9.9	1.4	11.0	10.8	9.5
捷克共和国	—	—	—	17.0	1.5	－0.3	－1.5	2.5	1.0	1.1
斯洛伐克	—	1.7	6.9	9.1	9.4	2.4	0.5	－0.2	－0.2	－0.4
匈牙利	5.2	5.9	25.7	26.7	11.6	2.3	2.3	3.4	1.7	1.0
墨西哥	26.0	56.7	28.1	37.9	12.1	4.5	4.5	4.7	3.0	4.6

① 北京市统计局网站，http://www.bjstats.gov.cn/tjzs/mcjs/200605/t20060531_43177.htm，2006－05－31.

续前表

国家和地区	1981	1985	1990	1995	2000	2005	2010	2014	2015	2016
希腊	21.6	19.0	20.7	9.8	3.4	2.8	0.7	−1.8	−1.0	0.1
哈萨克斯坦	—	—	—	160.9	17.4	17.9	19.5	5.8	1.8	10.8
泰国	8.4	2.2	5.8	5.6	1.3	4.5	4.1	1.3	0.6	1.7
以色列	125.9	260.0	15.9	20.6	1.6	0.8	1.2	1.1	2.8	1.1
罗马尼亚	—	0.3	13.6	35.2	44.3	12.3	5.4	1.7	2.4	2.2
挪威	12.9	5.2	3.8	3.0	15.7	8.7	6.0	0.3	−2.3	−1.2
沙特阿拉伯	8.7	−6.4	13.1	5.8	11.6	19.3	17.2	−2.3	−16.9	−2.9
伊拉克	—	—	—	—	47.4	24.0	16.6	−0.7	−26.9	−12.9
保加利亚	2.8	0.2	26.2	62.4	6.6	7.4	2.6	0.5	2.2	1.1
印度尼西亚	10.4	4.3	7.7	9.7	20.4	14.3	15.3	5.4	4.0	2.5

资料来源：国际货币基金组织国际金融统计数据库.

从表 9－3 可以看出，1981—2016 年，世界主要国家和地区的 GDP 平减指数总体处于上升的阶段，1980—1985 年间，GDP 平减指数增长较快的国家为巴西、阿根廷、以色列等，而同期新加坡、沙特阿拉伯的 GDP 平减指数出现负增长。1990 年，巴西、阿根廷（其 GDP 平减指数的增速分别高达2 736％和 2 077％）等国家的 GDP 平减指数出现了异常波动。2000 年之后，世界主要国家和地区 GDP 平减指数的增速比较缓和，但总体有下降的趋势。2016 年，部分国家的 GDP 平减指数出现负增长，沙特阿拉伯和伊拉克的负增长率分别达到－2.9％和－12.9％。

用上述三个价格指数来描述世界范围内的通货膨胀时，是否存在自我矛盾或不一致呢？可以说，大体上的接近与存在一定程度的不一致是并存的。下面，以美国为例进行分析。

图 9－3 给出了美国近 35 年的通货膨胀率。从图中可以看到，用 CPI 指数、PPI 指数和 GDP 平减指数测度的美国通货膨胀率的基本趋势是一致的，尤其是使用 CPI 和 GDP 平减指数测度的通货膨胀率非常接近，而使用 PPI 测度的通货膨胀率与其他测度结果差异较大。

我们还可以从一些国家的测度中得到这样一个结论，即消费者价格指数、生产者价格指数和 GDP 平减指数测度结果基本趋势一致但有一定差异。

二、通货膨胀与货币发行量

货币发行量超过实体经济发展所需要的货币量是通货膨胀的重要成因。货币供应量是指某个时点上全社会承担流通手段和支付手段职能的货币存量。我国目前货币供应量分为 M0、M1、M2 三个层次：M1＝M0＋活期存款；M2＝M1＋企事业单位定期存款＋居民储蓄存款＋证券公司客户保证金＋其他定期存款。其中 M0 是最活跃的货币，流动性最强；M1 反映了现实的购买力；M2 则不仅反映了现实的购买力，还反映了潜在的购买力，能较好地体现总需求的变化。

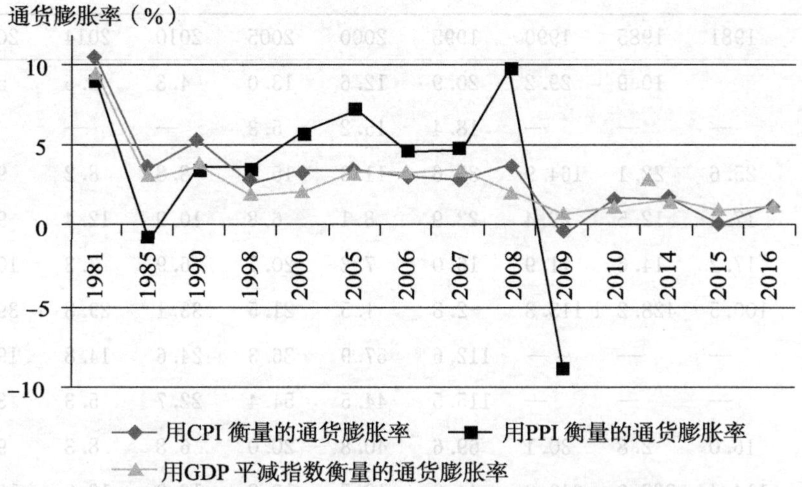

图 9-3　用三种方法度量的美国 35 年来通货膨胀情况

20 世纪 80 年代以来，各国经济快速复苏，国家的货币发行量迅速增长，如表 9-4 所示。2016 年，中国的货币发行量增长率高达 11.3%，阿根廷、墨西哥、巴西、挪威、乌克兰、菲律宾等国家的货币发行量增速也超过 10%。

表 9-4　　世界主要国家 35 年来广义货币供应量 M2 增长率（%）

国家	1981	1985	1990	1995	2000	2005	2010	2014	2015	2016
中国	18.3	35.5	28.9	29.5	12.1	16.7	18.9	11.0	13.3	11.3
美国	12.1	8.3	2.7	6.9	8.1	8.2	−2.7	5.1	3.4	3.8
瑞典	14.2	3.2	−100.0	—	—	18.7	3.5	4.2	6.7	8.6
日本	11.8	8.7	6.9	4.1	1.3	0.5	1.7	3.0	3.0	—
德国	—	—	—	—	3.6	4.0	—	—	—	—
法国	—	—	—	—	3.4	7.1	—	—	—	—
澳大利亚	9.9	17.9	12.8	8.5	3.7	8.6	10.1	7.0	6.0	6.9
加拿大	29.6	7.2	8.1	4.8	6.6	9.8	—	—	—	—
意大利	—	—	—	—	6.3	8.3	—	—	—	—
新西兰	16.4	32.6	10.2	9.4	1.5	9.5	8.4	—	—	—
荷兰	—	—	—	—	11.5	15.4	—	—	—	—
挪威	13.3	15.0	5.6	3.8	8.7	—	6.5	6.1	−5.3	11.2
沙特阿拉伯	33.0	1.1	4.6	3.4	4.5	13.2	5.2	11.8	2.9	0.5
新加坡	22.4	3.8	20.0	8.5	−2.0	6.2	8.6	3.3	1.5	8.0
西班牙	—	—	—	—	10.0	29.7	—	—	—	—
捷克共和国	—	—	—	29.3	16.0	11.0	1.9	5.9	8.0	6.5
韩国	25.0	15.6	17.2	15.6	25.4	3.1	6.0	8.1	8.2	7.1
墨西哥	50.2	42.0	83.8	31.9	−4.5	10.0	10.1	12.9	8.3	11.4

续前表

国家	1981	1985	1990	1995	2000	2005	2010	2014	2015	2016
匈牙利	—	10.9	29.2	20.9	12.6	13.0	4.3	2.5	5.7	7.0
斯洛伐克	—	—	—	18.4	15.2	5.3	—	—	—	—
波兰	25.6	22.1	164.9	35.6	11.6	15.1	8.8	8.2	9.1	9.6
菲律宾	17.4	12.5	22.4	23.9	8.1	6.8	10.9	12.4	9.2	13.3
南非	17.2	14.6	11.9	16.0	7.2	20.7	6.9	7.3	10.3	6.1
阿根廷	100.5	428.2	1 113.3	−2.8	1.5	21.5	33.1	29.8	39.6	41.5
俄罗斯	—	—	—	112.6	57.9	36.3	24.6	14.8	19.7	−0.9
乌克兰	—	—	—	115.5	44.5	54.4	22.7	5.3	3.9	10.9
罗马尼亚	16.0	2.8	30.1	69.6	40.8	20.0	6.8	8.3	9.4	9.8
巴西	114.4	268.0	640.9	44.3	19.7	19.2	16.9	13.9	10.8	11.8
保加利亚	—	—	—	40.3	30.8	23.8	6.3	1.1	8.8	7.6
泰国	15.8	11.5	25.5	17.7	4.9	6.1	10.9	4.7	4.4	4.2
印度	17.5	16.9	15.1	11.0	15.2	15.6	17.8	10.6	10.6	—

说明：表中为货币和准货币的年均增长率。货币和准货币包括银行外的通货，除中央政府外的活期存款，以及除中央政府外的居民定期存款、储蓄存款和外汇存款的总和。这个定义往往称作 M2；它与国际货币基金组织（IMF）的《国际金融统计》（IFS）中第 34 行和第 35 行相对应。货币供应变化是根据年底总值相对于上一年 M2 水平的差异来衡量的。

资料来源：国际货币基金组织国际金融统计数据库.

1981—2016 年世界各国的通货膨胀率与其货币和准货币（M2）有程度不同的相关性。除个别国家外，大多数国家的通货膨胀率和其 M2 呈现明显的正相关关系，且其相关系数较高。这一现象在东欧国家尤为明显，这在一定程度上与东欧国家转轨时期货币贬值和滥发货币密切相关。由此可见，通货膨胀的产生与货币供给密切相关，换言之，货币供给的增加是通货膨胀的基本原因之一。

三、通货膨胀与生产成本

生产成本的变动对通货膨胀具有重要影响。从全球来看，目前，影响企业成本的主要因素包括土地和劳动力成本、原材料以及能源价格等。这些影响因素的变动直接影响企业的生产成本，与成本推动型通货膨胀关系紧密。

能源消费价格指数是反映能源价格变动的重要指标。随着经济的快速发展，资源短缺对经济的制约作用更加明显，能源作为重要的自然资源，对经济发展具有不可替代的重要作用，同时能源作为企业发展的重要原材料，其价格的变动直接影响了企业的生产成本。近些年，世界能源价格的不断攀升极大地增加了企业的生产成本。

如表 9－5 所示，2002—2011 年世界能源消费价格指数处于不断上升阶段，其中，英国、土耳其、俄罗斯等国的能源消费价格指数上升更迅速。2008 年底，土耳其的能源消费价格指数高达 604，俄罗斯的能源消费价格指数达到了 417.6。相对而言，能源消费价格指数变动较小的国家和地区主要有日本、中国香港、西班牙、法国等，其中，日本、中国香港以及新加坡的能源消费价格曾经出现负增长，但到 2011 年底，大部分国家的能源消费价格指数都明显上升。

表 9-5　2002—2011 年世界主要国家和地区能源消费价格指数

(2000 年=100)

国家和地区	2002	2005	2006	2007	2008	2009	2010	2011
美国	103.6	131.6	144.2	148.0	163.5	153.2	154.1	157.7
日本	99.4	99.8	103.4	104.2	110.5	105.9	105.7	—
英国	104.0	129.0	160.7	172.1	204.7	217.4	211.5	234.0
德国	108.0	129.8	143.4	148.6	165.2	161.3	161.9	177.3
法国	100.9	113.2	121.1	123.4	135.2	127.3	135.7	149.7
澳大利亚	110.0	124.2	129.4	135.4	148.2	165.6	187.7	206.8
加拿大	106.0	127.0	133.4	134.2	143.6	133.4	139.2	144.8
意大利	101.1	113.7	124.8	126.5	140.3	133.2	130.9	—
中国香港	91.3	107.4	109.6	108.8	101.7	—	—	—
新加坡	95.7	109.5	128.3	125.8	157.5	136.0	—	—
西班牙	103.5	108.5	119.2	121.4	134.1	131.6	140.0	161.9
韩国	107.1	122.5	132.0	135.4	146.5	—	—	—
捷克共和国	122.4	131.1	146.9	151.6	172.7	—	—	—
荷兰	121.2	153.5	168.2	170.8	175.3	181.9	167.4	177.3
墨西哥	117.2	160.6	173.1	178.2	190.7	—	—	—
波兰	117.1	129.5	138.1	143.2	157.5	—	—	—
伊朗	129.7	176.4	179.5	—	—	—	—	—
南非	114.5	135.7	141.9	153.3	182.8	—	—	—
俄罗斯	181.2	282.0	329.2	367.2	417.6	—	—	—
以色列	115.0	146.7	145.9	147.7	168.7	—	—	—
中国	—	130.0	137.7	141.8	150.9	—	—	—
新西兰	105.6	131.8	140.2	149.5	160.2	167.4	—	—
土耳其	291.6	400.0	446.0	479.1	604.0	—	—	—
印度	120.5	136.1	139.8	144.1	154.0	—	—	—
泰国	109.3	119.0	127.1	126.4	106.2	96.6	105.9	109.7
阿根廷	103.1	118.6	115.9	—	—	—	—	—

资料来源：联合国国际劳工组织数据库。

作为企业生产成本变动的重要指标，能源消费价格指数与成本推动型通货膨胀具有明显的相关性。以美国为例来分析通货膨胀率与能源消费价格指数的相关性，具体如图 9-4 所示。

如图 9-4 所示，2002—2011 年间，美国的能源消费价格指数变动趋势与同期美国的通货膨胀率变化趋势基本一致。从 2002 年开始，两者都处于缓慢上升阶段，2008 年同时达到同期最大值，2009 年，两者同时下降。2010 年之后两者同时上升。两者同向变化趋势反映了能源消费价格的变动是影响通货膨胀水平的重要因素之一。

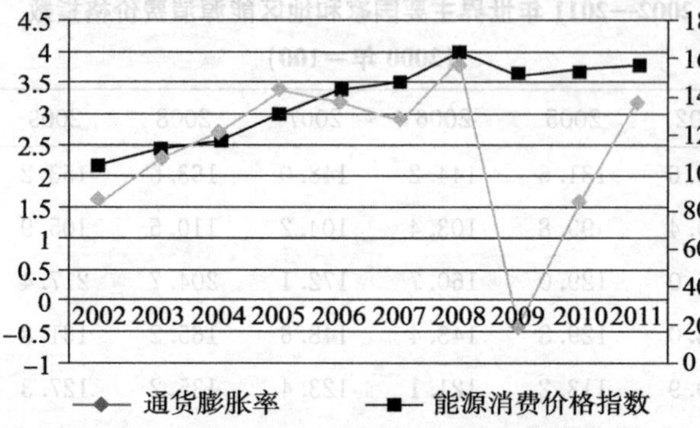

图 9-4　2002—2011 年美国通货膨胀率与能源消费价格指数

资料来源：根据世界银行数据库数据和联合国国际劳工组织数据库数据整理。

第五节　改革开放以来中国的通货膨胀

改革开放以来，中国主要经历了两轮较为严重的通货膨胀：第一轮是 1988 年和 1989 年，这两年消费者价格指数环比增速分别达到 18.8%和 18.0%；第二轮是 1993—1995 年，消费者价格指数分别增长 14.7%、24.1%和 17.1%。本节从中国价格总水平的变动趋势、变动成因分析和价格管理体制改革等方面，简略地分析中国的通货膨胀情况。

一、中国价格总水平的变动趋势

中国价格总水平年度环比变动的基本情况如表 9-6 所示。

表 9-6　　改革开放以来中国价格总水平年度环比变动情况（%）

年份	商品零售价格指数	消费者价格指数	工业生产者出厂价格指数	工业生产者购进价格指数	GDP 平减指数
1979	2.0	1.9	—	—	3.6
1980	6.0	7.5	—	—	3.8
1985	8.8	11.9	8.7	—	10.2
1986	6.0	6.5	3.8	9.5	4.7
1987	7.3	7.3	7.9	11.0	5.2
1988	18.5	18.8	15.0	20.2	12.1
1989	17.8	18.0	18.6	26.4	8.5
1990	2.1	3.1	4.1	5.6	5.8
1991	2.9	3.4	6.2	9.1	6.9

续前表

年份	商品零售价格指数	消费者价格指数	工业生产者出厂价格指数	工业生产者购进价格指数	GDP 平减指数
1992	5.4	6.4	6.8	11.0	8.2
1993	13.2	14.7	24.0	35.1	15.2
1994	21.7	24.1	19.5	18.2	20.6
1995	14.8	17.1	14.9	15.3	13.7
1996	6.1	8.3	2.9	3.9	6.4
1997	0.8	2.8	−0.3	1.3	1.5
1998	−2.6	−0.8	−4.1	−4.2	−0.9
1999	−3.0	−1.4	−2.4	−3.3	−1.3
2000	−1.5	0.4	2.8	5.1	2.0
2001	−0.8	0.7	−1.3	−0.2	2.1
2002	−1.3	−0.8	−2.2	−2.3	0.6
2003	−0.1	1.2	2.3	4.8	2.6
2004	2.8	3.9	6.1	11.4	6.9
2005	0.8	1.8	4.9	8.3	3.9
2006	1.0	1.5	3.0	6.0	3.8
2007	3.8	4.8	3.1	4.4	7.6
2008	5.9	5.9	6.9	10.5	7.8
2009	−1.2	−0.7	−5.4	−7.9	−0.6
2010	3.1	3.3	5.5	9.6	7.0
2011	4.9	5.4	6.0	9.1	8.2
2012	2.0	2.6	−1.7	−1.8	2.4
2013	1.4	2.6	−1.9	−2.0	2.2
2014	1.0	2.0	−1.9	−2.2	0.8
2015	0.1	1.4	−5.2	−6.1	0.1
2016	0.8	2.0	−1.4	−2.0	1.2

说明：1. 由于中国统计制度的原因，工业生产者出厂价格指数（工业品出厂价格指数）数据从 1985 年开始，工业生产者购进价格指数（原材料、燃料、动力购进价格指数）数据从 1986 年开始。2. 本表中 GDP 平减指数变动率［＝100×(GDP 现价发展速度/GDP 不变价发展速度－1)］主要根据《中国统计年鉴 2016》有关数据推算。3. 工业生产者出厂价格指数 2010 年及以前为工业品出厂价格指数。4. 工业生产者购进价格指数 2010 年及以前为原材料、燃料、动力购进价格指数。

资料来源：中华人民共和国国家统计局．中国统计年鉴 2016. 北京：中国统计出版社，2016.

为了更清楚地说明 1979—2016 年这 38 年来中国价格总水平的变动情况，这里把商品零售价格指数、消费者价格指数、GDP 平减指数做一简图，如图 9－5 所示。

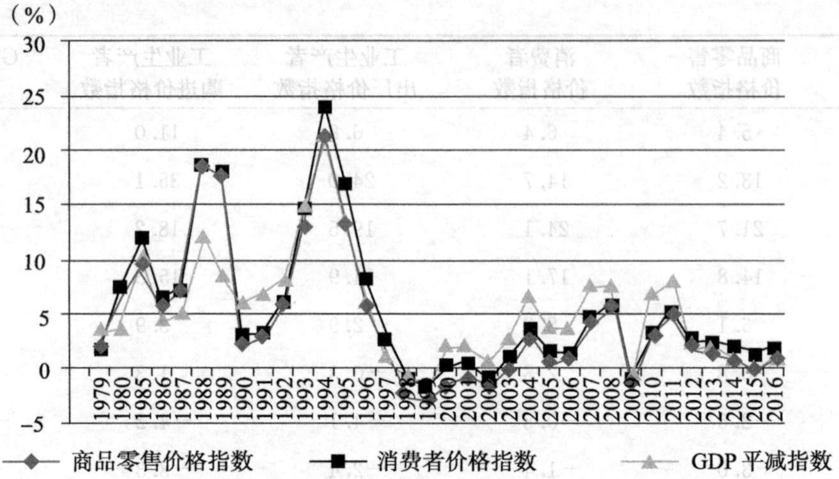

图 9-5　改革开放以来中国价格总水平变动趋势图

从表 9-6 和图 9-5 中可以看到：（1）改革开放以来中国的价格水平保持稳定增长，部分年份价格水平稍有下降，但并不影响其总体增加的趋势。（2）各年份价格水平变化幅度较大，以消费者价格指数为例，1994 年达到峰值 24.1%，1999 年达到谷值−1.4%，前后相差超过 20 个百分点。（3）商品零售价格指数、消费者价格指数、GDP 平减指数三条价格曲线变动趋势高度一致，说明中国价格总水平的变化趋势是比较明朗的，也说明三个价格指数有很好的一致性。（4）商品零售价格指数、消费者价格指数、GDP 平减指数三条价格曲线相比较，消费者价格指数比商品零售价格指数高一些，但有些年份要略低于 GDP 平减指数。

二、中国价格总水平变化的相关分析

在中国多年的经济发展过程中，价格总水平变化与多方面因素相关。这些因素对价格总水平的影响程度不同，影响机制也有所不同。下面，我们先从现象上分析这些相关的因素，见表 9-7。

表 9-7　　中国价格总水平变化因素分析表（上年=100）(%)

年份	消费者价格指数	GDP 增长率	固定资产投资增长速度	社会消费品零售总额增长速度	农产品生产价格指数	M1 增长率	M2 增长率	进口增长率	出口增长率
1979	1.9	7.6	3.2	16.7	22.1			40.1	44.0
1980	7.5	7.8	5.3	21.5	7.1			33.7	24.7
1985	11.9	13.5	38.8	31.1	8.6	5.8		4.6	54.1
1990	3.1	3.8	7.5	2.5	−2.6	11.8		18.2	−9.8
1991	3.4	9.2	23.8	13.7	−2.0	24.2	26.5	15.8	19.6
1992	6.4	14.2	42.6	17.7	3.4	35.9	31.3	18.1	26.3
1993	14.7	14.0	58.6	28.4	13.4	38.8	37.3	8.0	29.0

续前表

年份	消费者价格指数	GDP增长率	固定资产投资增长速度	社会消费品零售总额增长速度	农产品生产价格指数	M1增长率	M2增长率	进口增长率	出口增长率
1994	24.1	13.1	36.8	30.5	39.9	26.2	34.5	31.9	11.2
1995	17.1	10.9	17.5	26.8	19.9	16.8	29.5	23.0	14.2
1996	8.3	10.0	14.8	20.2	4.2	18.9	25.3	1.5	5.1
1997	2.8	9.3	8.6	10.2	−4.5	22.1	19.6	21.0	2.5
1998	−0.8	7.8	13.9	6.8	−8.0	11.9	14.8	0.5	−1.5
1999	−1.4	7.6	5.1	6.8	−12.2	17.7	14.7	6.1	18.2
2000	0.4	8.4	10.3	9.7	−3.6	16.0	12.3	27.8	35.8
2001	0.7	8.3	13.0	10.1	3.1	12.7	17.6	6.8	8.2
2002	−0.8	9.1	16.9	11.8	−0.3	18.4	16.9	22.4	21.2
2003	1.2	10.0	27.7	9.1	4.4	18.7	19.6	34.6	39.8
2004	3.9	10.1	26.8	13.3	13.1	13.6	14.7	35.3	35.8
2005	1.8	11.3	26.0	12.9	1.4	11.8	17.6	27.6	16.9
2006	1.5	12.7	23.9	13.7	1.2	17.5	17.0	23.9	16.8
2007	4.8	14.2	24.8	16.8	18.5	21.1	16.7	20.4	15.6
2008	5.9	9.6	25.9	22.7	14.1	9.1	17.8	7.4	8.5
2009	−0.7	9.1	30.0	15.5	−2.4	32.4	27.7	−18.3	−13.7
2010	3.3	10.6	23.8	18.3	7.7	21.2	19.7	30.5	38.0
2011	5.4	9.5	23.8	17.1	20.3	7.9	13.6	15.2	19.5
2012	2.6	7.9	20.3	14.3	−2.5	6.5	13.8	5.0	1.4
2013	2.6	7.8	19.3	13.1	2.9	9.3	13.6	6.1	5.5
2014	2.0	7.3	15.3	12.0	11.3	3.2	12.2	4.9	−0.5
2015	1.4	6.9	9.8	10.7	5.6	15.2	13.3	−1.8	−13.2
2016	2.0	6.7	7.9	10.4	1.4	21.4	11.3	−2.1	0.4

说明：1. GDP 增长率为不变价 GDP 增长率，即实际经济增长率。2. 农产品生产价格指数 2000 年及以前为农副产品收购价格指数。3. 1997 年中国人民银行对金融统计制度进行了调整，因此 M1 和 M2 增长率自 1997 年起的数据与历史数据不完全可比。

资料来源：中华人民共和国国家统计局．中国统计年鉴 2016. 北京：中国统计出版社，2016.

结合表 9－7 的数据，并将消费者价格指数与其他指标分别画出趋势图，我们可以得到以下几点结论：

1. 经济增长与中国价格水平变化有相关性

从图 9－6 可以看到，消费者价格指数与经济增长变动趋势十分接近，但在时间上有滞后。一般是经济增长或跌落 1～2 年后，价格水平才开始上升或下降。这说明在中国经济发展过程中，经济增长对价格水平变化有一定影响。国内关于经济增长和 CPI 变动关系的研究成果颇多，其中绝大多数认为 CPI 的变动和实际经济增长率对潜在经济增长率的缺口有关。具体内容这里不展开分析。

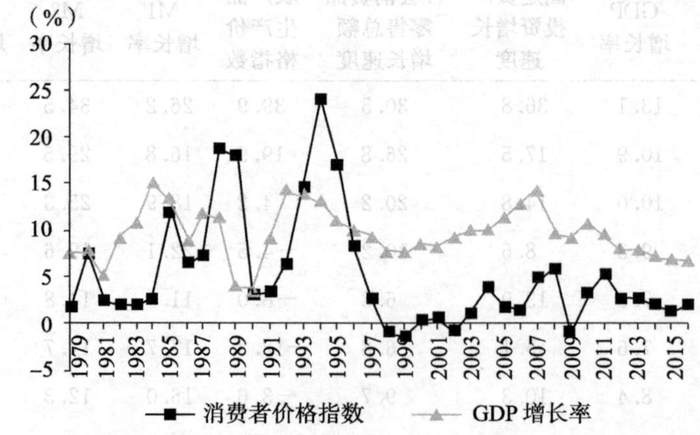

图 9-6　1979—2016 年消费者价格指数与 GDP 增长率变动趋势图

2. 社会消费品零售总额变动与中国价格水平变化高度相关

从图 9-7 可以看出，社会消费品零售总额变动与 CPI 变动是高度相关的，其共同上升或下降的趋势十分明显，且社会消费品零售总额的增长快于零售价格水平的增长。实际上，我们是把社会消费品零售总额作为消费拉动经济的一个指标看待的，这意味着在中国经济发展的历程中，消费需求对价格的影响是很关键的。

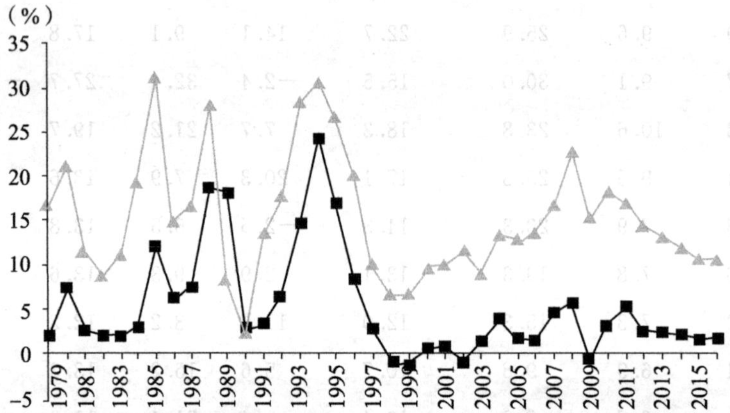

图 9-7　1979—2016 年消费者价格指数与社会消费品零售总额增长率变动趋势图

3. 农产品生产价格变动与中国价格水平变化基本吻合

从图 9-8 可以看到，农产品生产价格指数曲线与消费者价格指数曲线几乎是吻合的，只略微领先，高峰时高过 CPI 水平，低谷时低于 CPI，这说明农产品价格变动更为主动、更为活跃，对 CPI 影响很大。在图 9-8 中，农产品生产价格曲线在 1994 年升到最高点，这一年农产品涨价对通货膨胀影响相当之大，按成本上升办法推算，大约占 60%。当年农副产品收购资金增加 639 亿元，占新增 M2 的 5%。农产品生产价格与 CPI 的高度相关性，一方面是因为中国成本推动型通货膨胀比较明显，另一方面与食品在中国 CPI 权数中的比重较高（超过 1/3）有关。

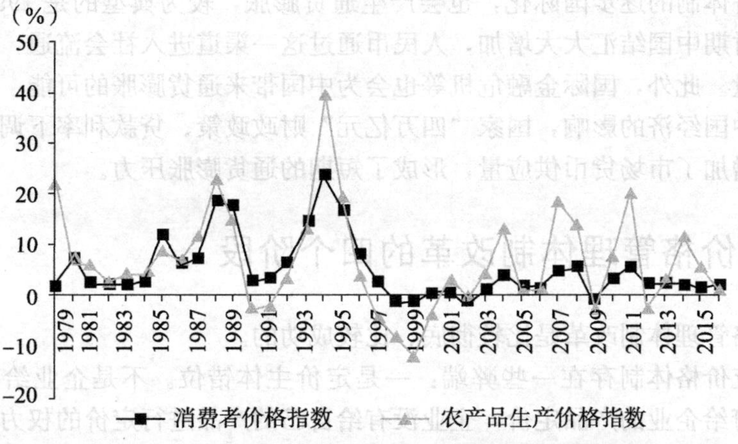

图 9-8 1979—2016 年消费者价格指数与农产品生产价格指数变动趋势图

三、改革开放与中国的通货膨胀

在近 40 年中，中国的改革开放与经济中价格水平变化的影响是更为深层次的、更重要的。下面，我们从体制性通货膨胀、结构性通货膨胀和国际化三个方面简析中国的通货膨胀。

体制性变革对价格总水平的影响主要是两方面的，一方面是宏观的管理体制影响。在计划经济时期，中国要素价格大大低于均衡水平，其核心原因包括以下几个方面：土地一级市场被行政垄断；人民币存贷款利率和汇率仍由行政控制；政府保护职能的缺位使得劳动力市场并没有实现真正的市场化；重要资源价格也由政府确定。这些使得中国的要素价格不能真实地反映稀缺性，从而使其偏离市场均衡价格。改革开放以后，中国的市场化在一定程度上放松了对要素价格等的管制，使土地管理方式改革、资金市场化、资源市场化等成为可能。此时，中国的要素市场价格得以放开，其均衡价格得以实现。当要素价格的上升加大了企业生产成本时，便对物价产生巨大的上推影响，价格水平出现上升的可能。另一方面是微观企业变革的影响。改革开放解放了微观企业的生产力，当普遍出现的劳动生产率增长要求货币工资增长时，以工资为代表的成本压力上升会促使价格水平上升。

中国结构性通货膨胀的压力，主要基于国有经济与非国有经济之间的关系。在从计划经济向社会主义市场经济发展的过程中，这两个部门是影响整个社会经济的关键因素。在改革开放进程中面临种种困难的国有部门和国有企业，不断得到政策性的倾斜贷款，却又不能相应形成市场所需产品，使通货膨胀压力增大。同时，非国有经济员工收入水平高，增长也快，这对国有经济部门和企业形成了较大的压力，迫使国有企业千方百计提高本企业职工收入水平，在一段时期内，产生了通货膨胀压力或出现通货膨胀。①

经济全球化对中国通货膨胀的影响也是显而易见的。一方面，在开放经济中，由于国际通货膨胀传递的范围加大，因此与国外增强经济联系，会影响到国内的通货膨胀，如国际价格上涨使中国进口成本增加，出现输入性成本推动的通货膨胀压力。另一方

① 李晓西．转轨过程中的结构性通货膨胀．经济研究，1994 (3).

面，中国经济体制的逐步国际化，也会产生通货膨胀，较为典型的是1994年外汇体制改革。这一时期中国结汇大大增加，人民币通过这一渠道进入社会流通，增加了市场中的实际货币量。此外，国际金融危机等也会为中国带来通货膨胀的可能。如为应对美国次贷危机对中国经济的影响，国家“四万亿元”财政政策、贷款利率下调货币政策等在一定程度上增加了市场货币供应量，形成了短期的通货膨胀压力。

四、中国价格管理体制改革的四个阶段

中国价格管理体制改革是比较彻底、比较成功的。

中国传统价格体制存在一些弊端：一是定价主体错位。不是企业给自己的产品定价，而是政府给企业的产品定价，企业没有给自己的产品进行定价的权力。尤其是重要的产品，完全是行政定价。价格按照行政隶属关系层层上报审批，并通过行政法令颁布，借助于行政手段实施。二是价格形式单一。在传统计划价格体系中，主要是固定价格。这种价格一定就沿袭多年，很少变化。少量的浮动价，也是以固定价格为中心而略有浮动。在多数时期，市场自由价格被宣布为非法的或黑市价格，经常处于被取缔之中。正因为这样，价格水平脱离市场供求，价格不能反映产品的需求程度，不能调节产量。于是出现了两种后果，或是产品大量积压，或是长期的短缺。进而价格平衡供求、分配利益、配置资源的功能也就被扭曲了。

改革开放以来，中国价格管理体制进行了大的改革，可概括为四个阶段①：

第一阶段从1979年到1984年，这是计划价格思路占主导的阶段。改革的重点是调整价格结构，改革的方式是调放结合，以调为主。在这一阶段，以大幅度提高农副产品价格为重点，先后六次较大规模地调整了价格。主要是：提高粮食、油料、棉花、糖料等18种农副产品的收购价格；提高猪肉、鸡蛋等8种主要副食品的零售价格；提高统配煤的厂销价格，同时陆续提高焦炭、钢材、化肥等原材料和农业生产资料的价格；提高铁路货物运价等。在“放”的方面，主要是中央对地方下放了部分价格管理权限，分三批逐步放开了小商品价格和部分农产品（主要是三类土特产品）的价格，对部分机电产品实行了浮动价等。

第二阶段从1985年到1991年，这是价格双轨制改革思路占主导的阶段。这一阶段又分为两个时期：第一个时期是1985—1988年，为大步“放”的阶段；第二个时期是1989—1991年，则是对价格因双轨制而出现诸多问题进行治理整顿阶段。在1985—1988年，“放”的方面主要是：农产品由统购部分放为定购，并扩大了自由购销部分；放开了原派购农产品如猪、牛、羊、禽、蛋、水产品的价格，放开城市鲜菜的价格管制。“放”的方面最引人注目的是：工业生产资料价格改革，调放结合，以放为主。在工业生产资料方面，放开了企业自销和超产部分产品的价格，实行了计划内外生产资料价格“双轨”制，极大地冲击了原有计划价格体系，但由于制度化的规则矛盾，也带来了相当大的市场秩序混乱。在工业消费品及收费方面，放开了一批产品价格管制，全部

① 国家发展改革委价格司．中国价格改革30年．经济日报，2009-02-05；温桂芳．认真总结经验，积极推进新时期的价格改革．价格理论与实践，2008（11）；许光建．价格改革30年的回顾与展望．中国国情国力，2008（9）；中国价格协会课题组，王永志．敢于变革，敢于创新，推进价格改革深化——价格改革30年的回顾与展望．经济研究参考，2008（50）．

放开了小商品价格。在“调”的方面，调整了一批工业消费品价格，提高了部分计划内生产资料价格，调整了部分服务收费。1989—1991年，面对严重的通货膨胀，政府有计划、分步骤地对价格进行了结构性大调整，生产资料双轨差价逐渐缩小，初步形成了以经济手段、法律手段为主，以行政手段为辅的价格管理框架。

第三阶段从1992年到2001年，初步建立了社会主义市场经济价格体系。1992年社会主义市场经济体制改革目标确立后，从中央到地方，大面积地放开了一批商品和劳务的价格，重新修订了中央管理价格的分工目录，重工业生产资料和交通运输价格一次性放开近600种，政府定价仅保留33种，政府指导价保留56种①；农产品价格由40种减为10种，政府定价6种，政府指导价4种；轻工商品价格由原来41种减少为9种。同时，根据市场供求情况，大幅度地提高了主要农产品和基础产业产品的价格。由市场形成价格的机制成为了价格体系中的主要格局。2001年，经国务院批准，国家发展计划委员会公布了《国家计委和国务院有关部门定价目录》(简称《中央定价目录》)，放开大多数原由中央政府制定的商品和服务价格，将国务院价格主管部门及有关部门定价的商品和服务项目由1992年定价目录颁布时管理的141种（类）减少为13种（类），这13种（类）项目包括：重要的中央储备物资、国家专营的产品、部分化肥、部分重要药品、教材、天然气、中央直属及跨省水利工程供水、电力、军品、重要交通运输、邮政基本业务、电信基本业务、专业服务等。同时还规定了这些项目的定价部门和价格的制定方法。截至2001年，工业品除卷烟、食盐以及木材、黄金和天然气某些环节实行指令性计划外，全部由市场调节生产。农业生产方面的指令性计划已全部取消。社会消费品零售总额、社会农副产品收购总额和生产资料销售总额中，政府定价的比重分别从1992年的5.6%、10.3%和19.8%下降到2001年的2.7%、2.7%和9.5%。以市场为基础的价格形成机制已经确立，在中国商品市场和要素市场中发挥着主要作用。

第四阶段从2002年至今，是社会主义市场经济价格体系的完善阶段。中国于这一时期正式加入世界贸易组织，对市场价格形成机制和政府价格管理提出了新要求，主要包括以下三个方面的改革内容。一是进一步完善价格形成机制：全面放开粮食收购市场，推动实施城乡同网同价政策；将水资源价格转变为包括水资源费、供水价格和污水处理费在内的全成本水价；放开电煤价格，实施煤电、煤热价格联动等。二是积极推进政府定价规范化，改进政府定价方法，在价格制定或调整过程中逐步引入成本监审制度、价格听证制度、专家评审制度、集体审议制度和价格公示制度，不断提高政府价格决策的科学性和透明度。2002年，国家发改委发布了《政府价格决策听证办法》，并于2002年12月1日正式实施。2008年，国家进一步调整价格听证制度，在颁布实施备受社会关注的《政府制定价格听证办法》的同时，废止了《政府价格决策听证办法》，使中国的听证制度更加完善。三是更加注重民生价格的监管与改革：清理涉农收费，规范教育收费，取消不合理收费，降低过高的价格或收费标准，加强药品价格监管，推行农村与城市电信资费同价政策，明确经济适用住房价格、廉租住房租金和物业服务收费构

① 政府指导价是由政府价格主管部门或者其他有关部门，按照定价权限和范围规定基准价及其浮动幅度，指导经营者制定的价格。这是一种具有双重定价主体的价格形式，政府制定基准价和浮动幅度，经营者可以在政府规定的基准价和浮动幅度内灵活地制定调整价格。一般情况下，对不适宜在市场竞争中形成价格或者尚未形成竞争的极少数商品和服务项目实行政府指导价。《中华人民共和国价格法》规定，在必要时政府可对以下五类商品和服务实行政府指导价或者政府定价：(1) 与国民经济发展和人民生活关系重大的极少数商品价格；(2) 资源稀缺的少数商品价格；(3) 自然垄断经营的商品价格；(4) 重要的公用事业价格；(5) 重要的公益性服务价格。

成，规范价格管理等。

十八大以来，为有效运用价格杠杆，进一步激发市场活力，健全科学定价制度，使价格机制能真正引导资源配置，中国价格管理体制改革再次取得突破性进展：一是完善农产品价格形成机制，全面放开种子、桑蚕茧、食盐、烟叶等的价格，农产品价格全部由市场形成。二是加快推进电力价格改革，开展电力市场化交易，完善跨省跨区电能交易价格机制，2014—2017年完成省级电网输配电价改革。三是健全成品油价格市场化调整机制，2013年取消调价幅度限制，将调价周期缩短至10个工作日，2016年设置了40美元价格调控下限，建立油价调控风险准备金。四是全面推进天然气价格改革，2013—2015年分三步实现非居民存量气与增量气价格并轨，建立了与可替代能源价格挂钩的动态调整机制，先后放开页岩气、煤层气、液化气（LNG）、直供用户用气，以及进入交易市场公开交易的天然气价格，出台天然气管输价格管理办法和成本监审办法，改革管道运输价格机制。五是稳步推进水资源价格改革，出台推进农业水价综合改革意见，推进农业水价综合改革，提高水资源费征收标准。此外，还深化推进了医药价格改革、交通运输价格改革等，大幅缩减行政事业性、经营服务性收费项目，以市场决定价格机制基本建立。①

思考题

1. 如何测度价格总水平？
2. 试比较马克思与弗里德曼价格变动分析上的异同。
3. 试比较附加预期的菲利普斯曲线模型与卡甘模型的异同。
4. 谈谈你对通货膨胀成本及其危害的理解。
5. 试比较分析通货膨胀的政策效果。
6. 试以一国为例分析通货膨胀与货币发行量的关系。
7. 谈谈你对输入型通货膨胀的理解。
8. 试评价中国价格管理体制改革的成绩与效果。

附录

附录一　美国百年主要宏观经济数据②

美国百年主要宏观经济数据见表9-8。

表9-8　美国百年主要宏观经济数据

年份	国内生产总值（十亿美元）	货币存量（十亿美元）	生产者价格指数		消费者价格指数
			全部商品	工业商品	
1890	13.1	3.9	10.8	—	10.9

① 国家发改委政策研究室．简政放权，创新机制，十八大以来价格改革取得新突破．国家发改委网站，2017.

② 部分数据摘自：北京大学中国经济研究中心宏观组．1998—2000中国通货紧缩研究．北京：北京大学出版社，2000。

续前表

年份	国内生产总值（十亿美元）	货币存量（十亿美元）	生产者价格指数		消费者价格指数
			全部商品	工业商品	
1895	13.9	4.5	9.4	—	10.1
1900	18.7	6.5	10.8	—	10.1
1905	25.1	10.2	11.5	—	10.9
1910	33.4	13.4	13.6	—	11.3
1915	38.7	12.5	12.0	11.6	12.3
1920	88.9	23.7	26.6	27.5	24.3
1925	91.3	25.7	17.8	17.5	21.3
1930	91.2	25.8	14.9	14.5	20.2
1935	73.3	25.9	13.8	13.3	16.6
1940	101.4	39.7	13.5	14.1	17.0
1945	223.0	99.2	18.2	17.0	21.8
1950	293.7	114.1	27.3	25.0	29.2
1955	414.7	134.4	29.4	27.8	32.5
1960	526.4	152.2	31.7	30.5	15.2
1965	719.1	184.4	32.3	30.9	16.1
1970	1 038.3	241.0	36.9	35.2	19.9
1975	1 637.7	323.7	58.4	54.9	27.6
1978	2 293.8	408.1	69.9	67.1	33.4
1979	2 562.2	446.2	78.7	75.7	37.2
1980	2 788.1	464.5	89.8	88.0	42.2
1981	3 126.8	484.8	98.0	97.4	46.5
1982	3 253.2	522.7	100.0	100.0	49.4
1983	3 534.6	562.5	101.3	101.1	51.0
1984	3 930.9	609.7	103.7	103.3	53.2
1985	4 217.5	691.4	103.2	103.7	55.1
1986	4 460.1	814.1	100.2	100.0	56.1
1987	4 736.4	815.9	102.8	102.6	58.2
1988	5 100.4	855.4	106.9	106.3	60.6
1989	5 482.1	863.4	112.2	111.6	63.5
1990	5 800.5	907.1	116.3	115.8	66.9
1991	5 992.1	985.8	116.5	116.5	69.7

续前表

年份	国内生产总值（十亿美元）	货币存量（十亿美元）	生产者价格指数		消费者价格指数
			全部商品	工业商品	
1992	6 342.3	1 104.0	117.2	117.4	71.8
1993	6 667.4	1 210.3	118.9	119.0	74.0
1994	7 085.2	1 206.6	120.5	120.7	75.9
1995	7 414.7	1 179.2	124.8	125.5	78.0
1996	7 838.5	1 172.3	127.7	127.3	80.3
1997	8 332.4	1 178.6	127.6	127.7	82.2
1998	8 793.5	1 187.2	124.4	124.8	83.5
1999	9 353.5	1 281.5	125.5	126.5	85.3
2000	9 951.5	1 211.5	132.7	134.8	88.2
2001	10 286.2	1 213.5	134.2	135.7	90.7
2002	10 642.3	1 224.2	131.1	132.4	92.1
2003	11 142.1	1 318.7	138.1	139.1	94.2
2004	11 867.8	1 404.8	146.7	147.6	96.7
2005	12 638.4	1 405.1	157.4	160.2	100.0
2006	13 398.9	1 379.5	164.8	168.8	103.2
2007	14 061.8	1 380.4	172.7	175.1	106.2
2008	14 369.1	1 443.5	189.6	192.3	110.2
2009	14 119.0	1 680.1	172.9	174.9	109.9
2010	14 660.4	1 870.6	184.8	187.0	111.7
2011	15 517.9	2 207.4	201.0	197.5	115.2
2012	16 155.3	2 509.3	202.2	205.2	117.6
2013	16 691.5	2 714.9	203.4	208.3	119.3
2014	17 427.6	2 991.4	205.3	216.5	121.2
2015	18 120.7	3 140.4	190.4	209.1	121.4
2016	18 624.5	3 381.4	185.4	203.5	122.9

说明：1. 1890—1925年国内生产总值数据来自：J. W. Kendrick，*Productivity Trends in the United States*，National Bureau of Economic Research，Princeton University Press，1961。1930年及以后的国内生产总值数据来自：美国商务部经济分析局数据，http：//www.bea.gov/national/xls/gdplev.xls。2. 货币存量是流通中的货币加上所有商业银行的活期存款及在联邦储备银行的国外活期存款余额。1890—1910年货币存量包括定期存款，这些数据来自《美国的货币统计》。其中1885—1907年的货币存量是每年6月份的数值。1960年及以后的数据来源于世界银行数据库。3. 1915年之前的生产者价格指数是以1980年为基期的，1915年以后是以1982年为基期的，1915年以后的生产者价格指数数据来源于圣路易斯联邦储备银行。4. 1960年之前的消费者价格指数是以1980年为基期的，1960年以后是以2005年为基期的。1960年以后的消费者价格指数数据来源于世界银行数据库。5. 因本表是按五年来选用数字，因此，个别年份的说明略有调整。

附录二　近 35 年中美价格变化比较①

下面对比分析中国和美国的消费者价格指数增长情况，具体趋势如图 9－9 所示。

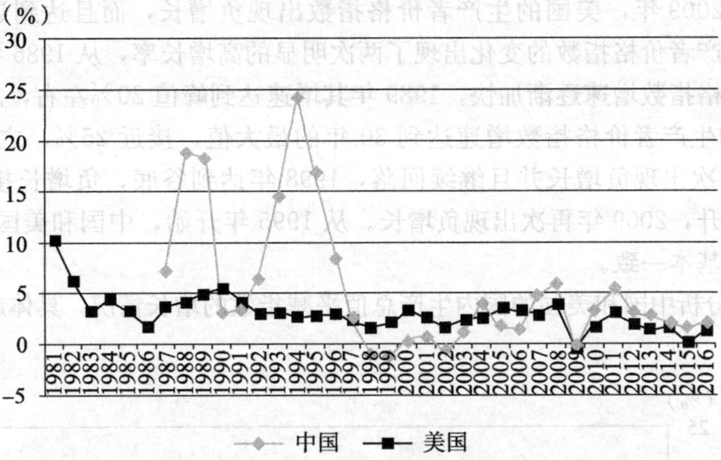

图 9－9　1981—2016 年美国和中国的消费者价格指数增长率

资料来源：国际货币基金组织数据库.

1981—2016 年美国的消费者价格指数增长比较平缓，其增长率基本保持在 1％和 5％之间，20 世纪 80 年代末到 90 年代初期，美国的消费者价格指数增长率开始上升，1990 年达到同期的最大值，为 5.4％左右，之后变化情况不显著。中国的消费者价格指数增长率的变化较大，出现了几次较大的波动，从 1987 年到 20 世纪 90 年代初期为第一次较大的波动，其间消费者价格指数的增长率快速上升之后迅速下降到同期最低点。中国消费者价格指数增长率的第二次波动是从 1990 年到 1999 年底，其值先呈直线上升，1994 年达到同期最高值 24.1％，之后增速快速回落，1999 年达到谷底，出现消费者价格指数的负增长，随后开始缓慢上升。

下面对比分析中国和美国的生产者价格指数增长情况，具体趋势如图 9－10 所示。

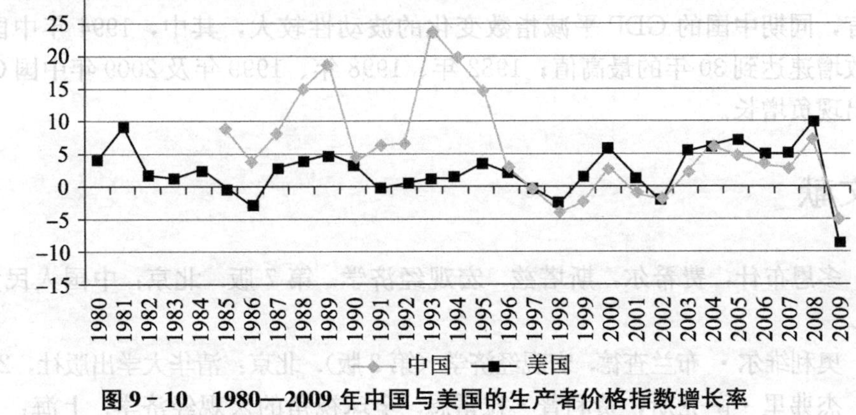

图 9－10　1980—2009 年中国与美国的生产者价格指数增长率

资料来源：国际货币基金组织数据库.

① 宋涛博士根据国际货币基金组织国际金融统计数据库相关资料整理。

从图 9－10 可以看出，美国的生产者价格指数变化具有一定的规律性，其增长率呈现有规律的波动状况。从 1981 年较高的增长率开始下降，1986 年底达到同期的低谷，之后又开始缓慢上升，随后再下降，故整体上看，美国的生产者价格指数增长率的波动具有规律性。2009 年，美国的生产者价格指数出现负增长，而且达到近 30 年的最低值。中国的生产者价格指数的变化出现了两次明显的高增长率，从 1986 年到 1989 年中国的生产者价格指数增速逐渐加快，1989 年其增速达到峰值 20%左右，之后快速下降。1993 年中国的生产者价格指数增速达到 30 年的最大值，接近 25%，之后增速快速回落。1997 年首次出现负增长并且继续回落，1998 年达到谷底，负增长接近 5%，随后增速又缓慢上升，2009 年再次出现负增长。从 1995 年开始，中国和美国的生产者价格指数增长情况基本一致。

下面对比分析中国和美国的国内生产总值平减指数的增长情况，具体趋势如图 9－11 所示。

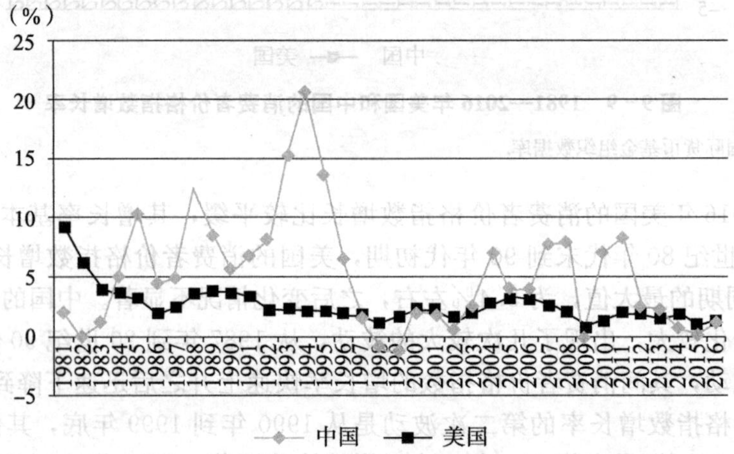

图 9－11　1981—2016 年中国与美国的 GDP 平减指数增长率

资料来源：国际货币基金组织数据库.

从图 9－11 可以看到，1981—2016 年，美国的 GDP 平减指数的变动较为平缓。相比较而言，同期中国的 GDP 平减指数变化的波动性较大，其中，1994 年中国的 GDP 平减指数增速达到30年的最高值；1982 年、1998 年、1999 年及 2009 年中国 GDP 平减指数则出现负增长。

参考文献

［1］多恩布什，费希尔，斯塔兹. 宏观经济学. 第 7 版. 北京：中国人民大学出版社，2000.

［2］奥利维尔·布兰查德. 宏观经济学（第 2 版）. 北京：清华大学出版社，2003.

［3］杰弗里·萨克斯，费利普·拉雷恩. 全球视角的宏观经济学. 上海：上海三联书店，上海人民出版社，1997.

［4］萨缪尔森，诺德豪斯. 宏观经济学（第 18 版）. 北京：人民邮电出版社，2008.

［5］约瑟夫·E. 斯蒂格利茨：经济学（第四版）. 北京：中国人民大学出版

社，2010.
[6] 高鸿业. 西方经济学（宏观部分）. 北京：中国经济出版社，1996.
[7] 李晓西. 宏观经济学（中国版）. 北京：中国人民大学出版社，2005.
[8] 李晓西等. 中国货币与财政政策效果评析. 北京：人民出版社，2007.
[9] 李晓西. 宏观经济学：转轨的中国经济. 北京：首都经贸大学出版社，2000.
[10] 余永定等. 西方经济学. 北京：经济科学出版社，1997.
[11] 袁志刚. 失业经济学. 上海：上海人民出版社，1997.
[12] 夏杰长等. 增长、就业与公共政策. 北京：社会科学文献出版社，2005.
[13] 李永宁. 通货膨胀预期形成、锚定：基于消费者和经济学家预期的分析. 当代经济科学，2010（4）.
[14] 柳欣，冯伟. 通货膨胀还是滞胀——对当前我国通货膨胀的分析. 经济学动态，2008（5）.
[15] 张五六. 经济转型期通货膨胀的运行特征及形成机制研究述评. 经济社会体制比较，2009（6）.
[16] 马龙，刘澜飚. 货币供给冲击是影响我国农产品价格上涨的重要原因吗. 经济学动态，2010（9.）
[17] 陈炳才. 用结构性货币政策应对和治理通货膨胀. 经济学动态，2010（6）.
[18] 刘霞辉. 对当前国内几个宏观经济问题的思考. 经济学动态，2010（6）.
[19] 柳欣. 滞胀与我国当前宏观经济政策的两难选择. 经济学动态，2010（6）.
[20] 罗永泰，李津. 我国农产品价格波动对通货膨胀的影响分析. 上海金融，2010（7）.
[21] 赵景峰. 当前我国通货膨胀预期管理的对策分析. 市场经济与价格，2010（5）.
[22] 程锋，李世峰，高弘. 对当前通货膨胀成因的理论探析. 价格理论与实践，2008（3）.
[23] 陈彦斌. 中国当前通货膨胀形成原因经验研究：2003—2007 年. 经济理论与经济管理，2008（2）.
[24] 张明文. 当前我国通货膨胀成因及对策研究. 黑龙江对外经贸，2010（1）.
[25] 杜孟蓓. 关于我国通货膨胀影响因素的实证研究. 金卡工程（经济与法），2010（8）.
[26] 王超. 当前我国通胀预期的基本特征及其管理对策. 价格理论与实践，2010（8）.
[27] 国家统计局. 2010 中国发展报告. 北京：中国统计出版社，2010.
[28] 国家统计局. 2010 年统计年报和 2011 年定期统计报表制度修订的主要内容. 2010-09-03.
[29] 成致平. 价格改革 30 年. 北京：中国市场出版社，2006.
[30] 李晓西. 转轨过程中的结构性通货膨胀. 经济研究，1994（3）.
[31] 国家发展改革委. 中国价格改革 30 年. 经济日报，2009-02-05.
[32] 马凯. 中国价格改革 20 年的历史进程和基本经验. 经济日报，1999-01-18.
[33] 温桂芳. 认真总结经验，积极推进新时期的价格改革. 价格理论与实践，2008

(11).

[34] 许光建. 价格改革30年的回顾与展望. 中国国情国力，2008（9）.

[35] 中国价格协会课题组，王永志. 敢于变革，敢于创新，推进价格改革深化——价格改革30年的回顾与展望. 经济研究参考，2008（50）.

[36] 国家发改委政策研究室. 简政放权，创新机制，十八大以来价格改革取得新突破. 国家发改委网站，2017.

为了理解经济周期，我们首先要获得那种可以称为历史上的经验的知识，这种历史经验，体现了经济生活对上述各种社会动乱的反应。①

——约瑟夫·熊彼特

第十章

经济周期：萧条与过热②

从各国的经济发展历史看，国民经济在长期运行中，经济不是稳定上升的，扩张与衰退、繁荣与萧条经常轮流出现。本章拟从实例、理论流派、统计分析等角度来解剖经济周期。

第一节　经济周期的过去和现在③

在经济学中，经济周期指一个经济体系总体运行中扩张和衰退交替反复出现的过程。总体经济活动的下降称为衰退，如果下降比较严重，就称为萧条；总体经济活动的上升称为扩张。经济周期的两个阶段相互交替的转折点，分别称为波峰和谷底。早期经济学家认为经济周期是实际产出水平即绝对量上升或者下降交替出现的过程，这被称为古典周期。现代经济学家则认为经济周期是经济增长率即相对水平上升或者下降的交替过程，这被称为增长周期。历史资料表明，在所有国家经济的长期发展过程中，经济增长总是处于不断波动之中。

美国国家经济研究局（NBER）的创始人米切尔（W. Mitchell）和伯恩斯（Arthur Burns）在1946年出版的《衡量经济周期》一书中曾为经济周期下了一个经典性定义：

① 熊彼特．经济发展理论：对于利润、资本、信贷、利息和经济周期的考察．北京：商务印书馆，1990.

② 中国社会科学院技术数量研究所的王静博士为本章写作提供了若干基础材料和对模型的理解。

③ 蔡继明．宏观经济学．北京：人民出版社，2002.

"经济周期是在主要按商业企业来组织活动的国家的总体经济活动中所看到的一种波动：一个周期由几乎同时在许多经济活动中所发生的扩张，随之而来的同样普遍的衰退、收缩和与下一个周期的扩张阶段相连的复苏所组成；这种变化的顺序反复出现，但并不是定期发生的；经济周期的持续时间在一年以上到十年或十二年：它们不再分为具有接近自己的振幅的类似特征的更短周期。"①

一、从美国经济史看经济周期

美国国家经济研究局从1920年成立后不久开始编制和发布从1854年起以月度数据为基础的、美国每个经济周期峰与谷出现日期的表式资料。他们认为，经济收缩（或经济衰退）开始于经济周期的峰顶，结束于经济周期的谷底。在谷底与峰顶之间，经济处于扩张期。扩张是经济常态，多数衰退是短暂的。

图10-1是美国经济近80年来的波动一览图。从图中可以看到，从1930年以来，美国经济出现过多次波动，确实存在着周期性现象。

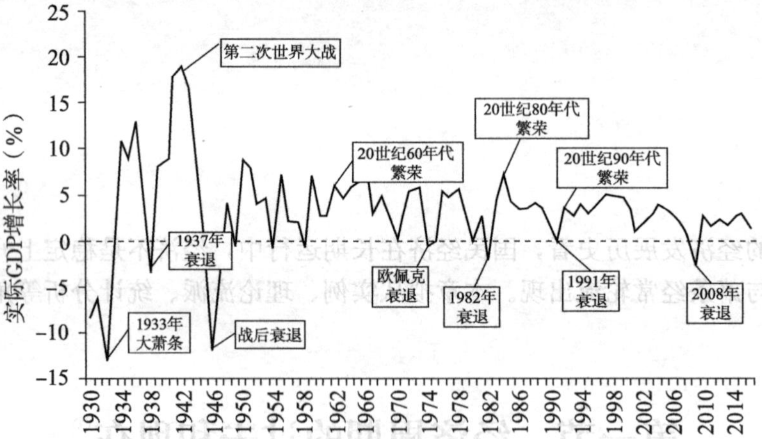

图10-1　美国经济周期图

资料来源：美国经济分析局，http：//www.bea.gov/.

从整个历史发展进程来看，美国的经济周期大体包括以下阶段：（1）19世纪70年代之前欧洲共发生了5次经济危机，美国作为危机波及对象而出现经济波动。1837年的经济危机是美国最严重的一次危机。（2）19世纪70年代至第一次世界大战结束期间共发生3次经济危机：1873年、1900年、1907年。1873年的经济危机首先在美国爆发而后波及欧洲，从此，美国取代英国在资本主义经济周期发展进程中居主导地位。（3）两次世界大战之间，美国在1920—1921年、1929—1933年、1937年出现过经济危机，其中，1929—1933年的危机具有极大的破坏力，使美国的工业生产倒退到1905—1906年的水平。（4）1945—1991年，美国一共发生了9次经济危机，时间是1948—1949年、1953—1954年、1957—1958年、1960—1961年、1969—1970年、1974—1975年、

① Burns，Arthur F. and Mitchell，Wesley C.，*Measuring Business Cycles*，New York：National Bureau of Economic Research，1946.

1980 年、1981—1982 年、1990—1991 年。每一个周期的平均持续时间为 5 年。(5) 在20 世纪美国出现了 80 年代中后期里根时代的繁荣和 90 年代克林顿时期的经济增长，但是进入 21 世纪以后，美国的经济增长速度较为缓慢，并出现了次贷危机引起的严重经济波动。

经济学家们把规模广且持续时间长的衰退称为萧条。美国经济中的大萧条时期给了人们特别深刻的印象。1929—1933 年是典型的经济大萧条。那段时期，GNP 下降了近 30%，失业率从 3%上升到 25%，股市暴跌了 85%，净投资实际上成为负值。由于银行倒闭或被迫提高准备金，货币供给大幅下降；财政政策也无力应对，为平衡预算而提高税收。大萧条促进了制度重建，联储重组，储蓄保险建立起来了，证券交易委员会成立了，社会保障机构也建立起来了。[①] 同时，这次大萧条也催生了凯恩斯的经济学说及其政府干预理论。

对美国经济过去 70 年表现的分析可知，美国在第二次世界大战后爆发的 12 次危机中，经济下降幅度超过 10%的只有 4 次，其中，下降幅度最大的一次是 1973 年 12 月至 1975 年 3 月由于以原油价格提高为标志的“石油危机”冲击而导致的危机，危机持续 16 个月，生产下降 15.1%，详情见表 10-1。

表 10-1　战后历次美国经济周期扩张期与收缩期之比及生产下降幅度

序号	周期时间	扩张期（月）	收缩期（月）	扩张期/收缩期	生产下降幅度（%）
1	1945—1949	37	11	3.36	10.10
2	1949—1954	45	10	4.50	9.40
3	1954—1958	39	8	4.88	13.50
4	1958—1961	24	10	2.40	8.60
5	1961—1970	106	11	9.64	6.80
6	1970—1975	36	16	2.25	15.10
7	1975—1980	58	6	9.76	9.60
8	1980—1982	12	16	0.75	12.30
9	1982—1991	92	8	11.50	5.00
10	1991—2001	120	8	15.00	1.30
11	2001—2009	73	18	4.06	0.04
12	2009—2016	66	6	11.00	—

资料来源：根据美国经济研究局（www.nber.org）发布的数据和圣路易斯联邦储备银行的数据计算整理，至 2016 年底止。

表 10-1 中列示了美国最近 12 次经济周期的时间、扩张期和收缩期持续时间，以及生产下降幅度。从中可以看出，扩张时间最长的是 1991 年至 2001 年，10 年的经济增长；生产下降幅度最大的是 1970 年至 1975 年，下降超过了 15%。

从美国经济周期波动中，我们可以初步得出以下两点印象：一是经济周期的出现是总体经济活动的波动，扩张和衰退总是同时在许多经济活动中发生，不是某一个具体经济变量的波动。我们在图表中多采用的是 GDP 这个指标，因为这是一个总量指标。二

① 多恩布什，费希尔，斯塔兹．宏观经济学（第 7 版）．北京：中国人民大学出版社，2000：419-423.

是经济周期循环发生，具有同样的扩张-衰退过程，但并不具有同样的时间间隔。这两点，其实就是本章开始时米切尔和伯恩斯为经济周期所下定义的内容。

二、中国经济周期分析①

研究中国经济周期，一般从1953年开始。因为1949年中华人民共和国成立后经过3年的恢复调整，1953年才开始了第一个五年计划。请看图10-2。

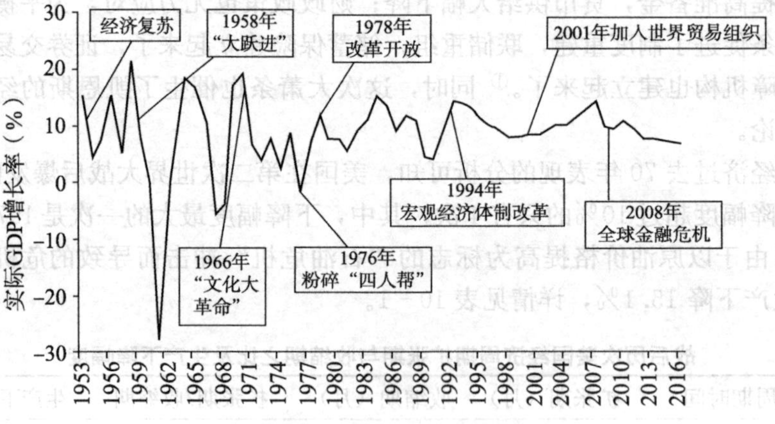

图10-2　中国经济周期轨迹图

资料来源：国家统计局．中国统计年鉴2016．北京：中国统计出版社，2016.

如图10-2所示，1953—2016年，经济增长率（GDP增长率）的波动共经历了11个周期。其中大起大落有三次，每次大起，经济增长率的峰位都在20%左右（1958年为21.3%，1964年为18.3%，1970年为19.4%），大落在1961—1962年最为严重，低至−27.3%。

中国经济周期波动在改革开放前后呈现出不同的特点。1978年前，经济大起大落，且GDP绝对值下降，出现负增长，呈现古典周期。改革开放后，中国经济周期波动的主要特点为波幅减缓，即GDP绝对值并未下降，GDP增长率下降，呈现增长周期。改革开放后，中国经济周期越来越多地显示出市场经济和开放型经济的特征（见表10-2）。

表10-2　中国的经济周期

序号	周期起止年份	时间长度（年）	平均增长率（%）	峰位（%）	谷位（%）	峰谷落差（%）
1	1977—1981	5	8	11.7	5.2	6.5
2	1982—1986	5	11.5	15.2	8.8	6.4
3	1987—1990	4	7.7	11.6	3.8	7.8
4	1991—1999	9	10.7	14.2	7.6	6.6

① 重点参考文献有：刘树成．中国经济周期研究报告．北京：社会科学文献出版社，2006；刘树成．经济周期与宏观调控．北京：社会科学文献出版社，2005；崔友平．熨平经济周期的宏观经济政策研究．北京：经济科学出版社，2004；刘恒．当代中国经济周期波动及形成机理研究．成都：西南财经大学出版社，2003.

续前表

序号	周期起止年份	时间长度（年）	平均增长率（%）	峰位（%）	谷位（%）	峰谷落差（%）
5	2000—2001	2	8.4	8.4	8.3	0.1
6	2002—2009	8	10.8	14.2	9.1	5.1
7	2010—2016	7	8.1	10.6	6.7	3.9

说明：这里是借鉴刘树成（2006）、崔友平（2004）的划分方法，把 GDP 的增长率由下降开始上升的年份作为周期的开始。

资料来源：根据历年《中国统计年鉴》数据整理。

改革开放后我国经济周期波动的统计特征是：（1）经济增长快，但相对平稳。1978—2016 年我国 GDP 的平均增长速度超过 10%，但经济波动升降的振幅逐渐趋向平稳。（2）经济周期波动中扩张期在延长，收缩期在缩短，扩张期走向呈下降趋势，“软着陆”方式渐为有效。（3）GDP 绝对量不下降而增长率波动成为常态，即由改革开放前的古典波动转变为增长型波动。（4）经济扩张动力由改革前的“中央计划扩张冲动”转变为“多元主体扩张冲动”。（5）价格变化成为经济波动的重要信号，而在改革开放前产量为主要信号。

三、中美两国经济周期比较的启示①

中美两国虽距离遥远，制度不同，但近年来经济联系越来越紧密，经济波动有了越来越多相近的特点。下面请看 1979—2016 年间，中美两国经济周期波动的比较图（见图 10－3）。

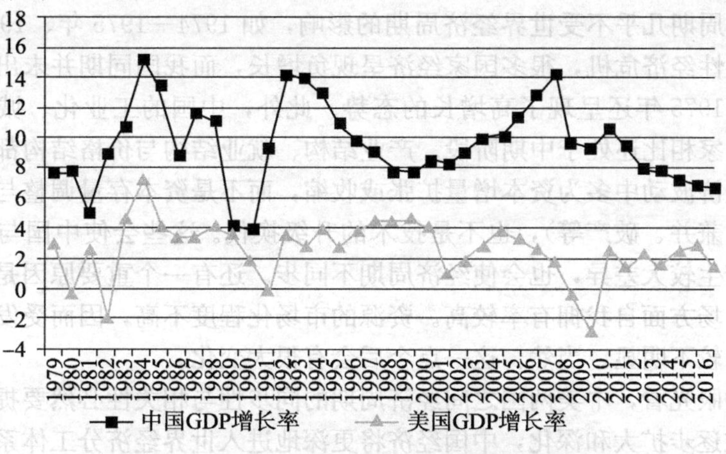

图 10－3　1979—2016 年中美经济周期波动比较

资料来源：根据世界银行世界发展指数数据库（http://databank.worldbank.org/ddp/home.do?Step=1&id=4）各年数据整理。

从图 10－3 中可以看出，尽管作为发展中国家的中国和作为发达国家的美国在 GDP 增长率数值上存在很大差异，但是经济周期的波动轨迹呈现出一定的相似性。根据

① 张军．中美经济周期的同步性及其传导机制分析．世界经济研究，2006（10）；胡志刚．当代西方经济周期理论．上海：上海财经大学出版社，2001.

图 10－3 的波动情况，采用从“谷”到“谷”的划分方法，我们将图中中美经济周期同步波动划分为四个时段，分别是 1981—1990 年周期、1991—2000 年周期、2001—2009 年周期和 2010—2016 年周期。在这四个周期中，两国经济呈现出的“增长”、“繁荣”和“衰退”过程都十分明显。

从图 10－3 看，中美两国经济上升和下降出现的时间非常接近，经济周期持续的时间也比较重合，似乎可以说中美经济具有同步性特点。但是，表面上经济波动的近似并不证明必然相关。我们试做了这方面的比较，请看表 10－3。

表 10－3　　中美经济周期相关性

经济周期	相关系数	中国实际 GDP 增长率均值（%）	美国实际 GDP 增长率均值（%）
1981—1990 年周期	0.494 9	9.34	3.27
1991—2000 年周期	－0.162 9	10.46	3.41
2001—2009 年周期	0.404 2	10.49	1.56
2010—2016 年周期	0.011 9	8.10	2.14
1979—2016 年	0.269 7	9.60	2.63

资料来源：根据世界银行世界发展指数数据库提供的数据计算。

为什么中美两国经济周期相关性均小于 0.5，统计相关度不高？总体讲，这是因为这两个国家都具有其相对独立的供求关系。两国之间在制度框架、经济环境、人文环境等方面差异明显，微观条件、宏观环境的不同决定了经济模型的不同。这里不妨简单分析一下中国经济周期的特点。中国经济周期具有独立于世界经济的封闭型波动。2000 年前中国经济周期几乎不受世界经济周期的影响，如 1974—1975 年、1980—1982 年两次出现了世界性经济危机，很多国家经济呈现负增长，而我国同期并未出现经济增长率的明显降低，1975 年还呈现了高增长的态势。此外，中国的工业化、城市化、信息化程度与发达国家相比还处于中期阶段。产业结构、就业结构与价格结构都有着调整不灵活的特点。经济波动中多为资本增量扩张或收缩，而不是资本存量调整与更新（如企业的重新组合、兼并、破产等），也不是技术的升级换代。这些会使中国与发达国家遇到的经济问题产生较大差异，也会使经济周期不同步。还有一个重要原因是作为大国，中国在资源和市场方面自我拥有率较高。资源的市场化程度不高，因而受发达国家经济周期波动的影响较不明显。当然，这一点今后会有很大变化。

从发展的眼光看，中美两国之间经济周期的同步性与相关性必然要提高。中美之间的经济交流在逐步扩大和深化，中国经济将更深地进入世界经济分工体系，这个过程将决定着未来两国经济的相关性。

第二节　经济周期的理论流派

自 1825 年英国爆发世界上第一次经济危机之后，经济中繁荣与萧条的周期性交替现象引起了经济学界的关注。经济学家们对经济周期现象进行了长达两百年的研究，形成了众多的理论学派。周期的成因是理解和应对经济周期的基础和关键，以下就从成因入手进行比较，回顾和反思各种不同的经济周期理论。

本节列举了四种有影响的经济周期理论：一是马克思主义的经济周期理论，二是早期的经济周期理论，三是凯恩斯主义的经济周期理论，四是卢卡斯的货币商业周期理论。在第三节“经济周期经典模型选解”中，我们还将对萨缪尔森的“乘数-加速数模型”、普雷斯科特和基德兰德的真实商业周期模型进行解读。

一、马克思主义经济周期理论①

1. 马克思主义重点研究经济周期引发的经济危机

马克思所说的经济危机，是指在资本主义社会再生产过程中，周期性地出现生产相对过剩的危机。马克思认为经济周期是建立在现代机器生产基础上的商品经济的产物，是与现代机器大工业紧密相连的范畴。现代机器大工业使生产规模具有巨大的、突然跳跃式的膨胀力和收缩力，这种膨胀力和收缩力，是整个社会经济活动扩张与收缩相交替的周期运动的物质基础。马克思认为，在资本主义商品经济下，危机是由生产社会化和生产资料资本主义私人占有之间的矛盾决定的，经济危机和周期具有必然性。经济危机爆发的直接原因，是无限扩大的生产能力超过市场上有支付能力的需求，导致商品积压，生产剧减，失业猛增，社会经济秩序混乱。

马克思认为，形成危机与走出危机，与固定资本的物质更新有重要的关联。经济周期的长短是由大工业中具有决定意义部门的固定资本平均使用寿命决定的。固定资本的更新是危机周期性发生的物质基础。固定资本的更新既可使经济摆脱危机，又在为再度危机准备着物质条件。随着科技的进步，固定资本的使用寿命在缩短，从而经济危机的周期有逐步缩短的趋势。

马克思用真实因素和金融因素的相互作用来解释经济周期。马克思认为随着商业的发展，信用制度在扩大和发展。信用制度既可促使经济上升，也能加速经济下降。货币制度、银行制度、汇兑制度、信用制度等，为潜在危机的现实化提供了制度条件。马克思深入分析了利率的变化，认为市场利率围绕平均利率的波动反映了经济周期的一些规律性特征。在繁荣时期，就业充分，工资提高，资本家收入增加，消费会普遍提高，市场利率会上升。在危机期间，对作为支付手段的货币需求增长会导致虚拟资产的大规模出售，结果其价格迅速下降。在随之而来的衰退中，利率会下降。总之，市场利率根据经济周期的变动围绕平均利率波动。

2. 政治周期学派②

20 世纪 30 年代后，不少经济学家从政治经济结合角度分析经济周期。因为他们发现，在一些公共支出和价格的变化中，政治因素起了很大作用。例如，公共汽车票价在选举后比选举前调整得更为频繁，社会保险金趋向于恰好在竞选前而不是竞选后给付。

---

① 刘崇仪等．经济周期论．北京：人民出版社，2006：269－291；乔洪武，梁向东．马克思的经济周期论研究——兼与后凯恩斯主义经济周期论比较．马克思主义研究，2006（4）；吕光明．经济周期波动：测度方法与中国经验分析．北京：中国统计出版社，2008.

② W. D. Nordhaus（1975），“The Political Business Cycle”，*The Review of Economic Studies*，Vol. XIII（2），pp. 169－190；陈祥，靳卫萍．有效需求：马克思、凯恩斯与卡莱茨基经济学．南开经济研究，2004 年第四季度；MBA 智库百科，http://wiki. mbalib. com/wiki/Michal_ Kalecki.

这表明，政治家们想通过选择特定政策操纵经济以赢得选举，这样就引起了经济的周期性波动。

这里简要介绍波兰经济学家卡莱茨基（Miehal Kalecki）和美国经济学家威廉·诺德豪斯（William D. Nordhaus）的政治周期理论。

卡莱茨基于1933年出版了《经济周期概论》一书，提出了关于资本主义经济是需求决定体系的理论。10年后，提出了政治经济周期理论。卡莱茨基认为，工人希望实现充分就业，而政府通过增加公共支出有能力促进充分就业。但商人们不喜欢充分就业，失业大军的存在有利于压低工人工资。结果出现这样的情况：在衰退和失业时，政府会为赢得选票而刺激就业，从而使经济扩张实现繁荣。此后，经济会过热，出现通货膨胀、罢工、生产率下降，进而商人和资本家的反对就加强了。迫于压力，政府放弃充分就业的政策，使经济进入失业和衰退。当政府再次刺激就业时，新一轮经济周期性波动又开始了。

美国耶鲁大学教授、著名经济学家威廉·诺德豪斯于1975年对政治经济周期理论做出了新的解释。他认为典型的周期运行如下：选举结束后不久，获胜一方会将失业率抬升到一个相对高的水平以抑制通货膨胀。而在竞选前，失业率会一直保持下降，直到选举前夜达到一个纯粹的短视点为止。该理论强调指出了政治家为了达到选举目的而操纵经济政策的倾向。

二、早期经济周期理论[①]

对经济周期的认识和解释很早就开始了，而且站在众多各具特色的角度上。

1. 消费不足论

英国经济学家马尔萨斯（Thomas Robert Malthus，1766—1834）等认为，随着人口的增加、生产手段的改进，生产量的长期趋势是增长，但由于购买力不足，使得消费不足，从而导致经济萧条。消费不足的主要原因是储蓄过度。该理论认为，经济衰退的原因并不在于人们没有充足的购买力，而是在于人们收入中用于储蓄的部分比例过大，而用于消费的部分比例过小，打乱了生产和消费之间的平衡。储蓄过多与国民收入分配不均有关。富人收入过多导致整体的储蓄过度。

2. 技术创新论

美籍奥地利经济学家熊彼特（Joseph Alois Schumpeter，1883—1950）提出，技术创新和发明创造的到来具有不确定性，不是均匀的连续的过程，而是有着高潮和低潮的周期波动过程。技术创新活动破坏了经济原来的均衡，导致新的经济繁荣的出现；但当技术创新引起了旧的产业部门的衰落和淘汰时，比如汽车工业使马车工业难以为继，经济就会萧条。因此，熊彼特把衰退和萧条描述为经济体系趋向于新的均衡的必然调整过程，是创新所带来的不可避免的和必要的代价。

3. 货币现象论

英国经济学家霍特里（R. Hawtrey）在1913—1937年间多次指出，经济周期不过是显著的通货膨胀或者通货紧缩的翻版而已，是一种纯货币现象。银行货币和信用的扩

① 梁小民．高级宏观经济学教程．北京：北京大学出版社，1993.

张导致利率下降，引起投资增加，收入上升，收入的增加带来了投资需求的进一步上升，这又会使银行货币和信用进一步扩张，经济走向繁荣；反之，银行货币和信用的紧缩导致利率上升，投资下降，经济走向衰退。一旦因信用过度扩张所产生的资产泡沫破灭，银行不良资产比例就会迅速上升，使银行陷入恐慌之中。恐慌中的银行倒闭、信用收缩停止后，经济开始复苏。因此，经济波动是银行货币和信用波动的结果。当然，认为经济周期是一种纯粹的货币现象的观点引起了争议。

4. “投资过度”论

美国经济学家哈伯勒（Gottfried Haberler）在其名著《繁荣与萧条》（*Prosperity and Depression*）中对20世纪三四十年代以前的各种经济周期理论做了一次系统的总结，提出了“投资过度”的经济周期理论。该理论认为经济衰退的原因在于投资过多，资本品部门的生产超过了消费部门，而资本品工业所受到的经济周期的影响远比消费品工业更为严重。经济扩张时，资本品比消费品增长得快；经济衰退时，资本品投资下降的速度也比消费品快。正是资本品投资的波动，造成了整个经济的波动。促使繁荣趋于崩溃的原因，是生产结构的失调。该理论还认为，投资波动是经济周期的原因，投资的波动引起了消费者收入的波动，而不是消费者收入的波动引起投资的波动。投资过度是由货币投资过度或由新发明、新发现、新市场开辟等因素导致的。

三、凯恩斯主义经济周期理论①

1. 凯恩斯的经济周期观点

凯恩斯并没有提出系统的经济周期理论，但其国民收入决定理论为经济周期理论提供了重要的思维方式。凯恩斯承认经济周期波动存在的事实，从经济体制内部寻找危机的根源。相关的理论要点是：第一，将宏观经济的波动看作主要由有效需求的变动引起。凯恩斯在《就业、利息和货币通论》中论证了即使在总供求平衡时，也会出现有效需求不足，从而必然导致大规模失业和生产过剩。繁荣之后出现衰退，然后开始了新一轮经济增长。这里将宏观经济的波动看作主要由有效需求的变动引起。由于有效需求尤其是投资需求不稳定，经济危机和经济周期几乎不可避免。第二，提出了资本边际效率变动是导致经济周期的关键变量。他认为，由于消费倾向和流动性偏好在短期相对稳定，资本边际效率是真正影响周期变化的因素。经济扩张时资本边际效率上升，但由于原料或劳动力成本上升和供大于求出现的收益下降，资本边际效率又会大跌，危机爆发。在萧条期间因收入减少，成本下降，利息率降低，资本边际收益率及市场预期又逐步提高，经济又开始走向复苏和繁荣。如果预期的资本边际效率非常低，投资对利率失去弹性，利率极低，会出现货币的“流动偏好陷阱”，经济会陷入持续和长期的萧条。第三，凯恩斯认为周期波动的持续时间与固定资本的寿命和存货保管费用有关。决定经济走上复苏之路的时间长短取决于两个因素：一是固定资本的寿命，复苏时间过程的长短是资本平均寿命的函数。二是存货的保管费用，危机之后，存货逐渐增多，保管费用与日俱增，等存货吸收完毕，保管费用才下降，需求和就业才会出现较大改善。从中可

① 武康平．高级宏观经济学．北京：清华大学出版社，2006：84-94；梁小民．高级宏观经济学教程．北京：北京大学出版社，1993；傅皓辉．马克思主义和新凯恩斯主义经济周期理论比较．集团经济研究，2006（6）．

以看出，凯恩斯对经济波动的理解主要是从需求角度，而不是供给的角度。第四，凯恩斯认为经济向上和向下运行具有相当明显的规律性，经济从向上趋势变为向下趋势时非常突然，从向下趋势变为向上趋势时并无尖锐的转折点。

2. 卡尔多、希克斯和斯蒂格利茨等人的观点

一些经济学家在凯恩斯思路的基础上，继续从经济的内在动态机制上寻找造成宏观经济波动的原因，提出了一些新的经济周期理论，建造了一批内生经济模型。这里主要介绍卡尔多和希克斯关于经济周期的理论要点。

美国经济学家卡尔多（N. Kaldor）于 1940 年发表了《一个经济周期模型》一文。卡尔多认为在现实中，投资函数与储蓄函数是非线性的，呈 S 形。在不同的收入水平下，当商品市场不均衡时，非线性投资函数和非线性储蓄函数两条曲线会做相反方向的运动，因而导致收入曲线的周期性振荡。经济波动幅度的大小由投资和储蓄曲线的形状决定，经济活动和资本存量变动对储蓄和投资的影响越大，周期振幅就越大，反之周期振幅就越小。经济周期的长短一是取决于储蓄和投资对经济活动和资本存量变动反应的大小与快慢，二是取决于调整投资和消费的速度。

英国著名经济学家、1972 年诺贝尔经济学奖获得者希克斯（J. Hicks）在《对经济周期理论的一种贡献》（1950）一书中，论述了投资因素内生出的周期波动。希克斯认为，投资由自发投资和引致投资两部分组成。自发投资多为长期投资，比较稳定。引致投资是由上期消费或产量变化引起的投资，易受需求变化影响。引致投资是导致经济体系失衡的主要原因。加速系数越大，引致投资的变化幅度越大，经济体系失衡的可能性就越大。如果加上乘数的作用，经济体系就更容易出现较大幅度的周期性波动。

美国著名经济学家斯蒂格利茨、曼昆和罗默等，在企业行为分析基础上，提出工资和价格具有黏性，因此使其调整速度变慢，以至市场得不到出清。价格黏性就是指价格不能随着总需求的变动而迅速变化。他们认为经济周期仍来自需求方面的冲击，但短期内这只会影响经济的总产出和就业，不影响工资和价格；在长期内影响价格水平和实际工资水平，但对总产出和就业没有影响。因此，经济的短期波动只表现为总产出的波动，而长期波动只表现为物价水平的波动。黏性价格是新凯恩斯主义的一个非常有影响的理论。

四、卢卡斯的货币商业周期理论[①]

罗伯特·卢卡斯（Robert E. Lucas）1937 年出生于美国华盛顿，现为芝加哥大学经济学教授。因对理性预期假说应用和发展所做的贡献，获 1995 年诺贝尔经济学奖。瑞典皇家科学院在授奖时指出，他改变了宏观经济的分析，加深了人们对经济政策的理解，对经济周期理论提出了独到的见解，并为各国政府制定经济政策提供了崭新的思路。

① 杰弗里·萨克斯，费利普·拉雷恩．全球视角的宏观经济学．上海：上海三联书店，上海人民出版社，1997：461－462；武康平．高级宏观经济学．北京：清华大学出版社，2006：84－94；宋玉华等．世界经济周期理论与实证研究．北京：商务印书馆，2007：29－33；卢卡斯．理解商业周期．北京大学中国经济研究中心学刊，1999（2）．

关于货币商业周期理论，卢卡斯在1972年的《预期与货币中性》[①]一文中，提出了货币周期观点及其模型，1975年又在《经济周期均衡模型》[②]一文中做了扩展。卢卡斯认为，货币供给是引起产出波动的关键因素。当中央银行增加货币供给时，商品价格总水平就会上升。但厂商不能判断这是价格总水平上升还是相对价格水平上升，换言之，误以为这是市场对自己产品需求增加了因而产品价格上升，于是就扩大产量，并力图扩大员工规模。但由于价格总水平上升会迫使原材料和工资成本上升，因此，增加产量的做法不仅不能多获利润，反而可能因成本上升而减少利润。厂商因此开始降低产量，降低就业，工人也会因闲暇成本较小而放弃工作，总供给因此下降，经济进入了衰退。

从这一过程中可以看到，总供给既包括一个均衡的或者说自然的产出量水平，还包括一个因实际价格与预期价格之差而促成的产量水平。经济出现波动的原因在于企业预期有误。如果企业可预知货币政策变化，那就不会带来经济总量的变化。而厂商对价格信息的了解是不充分的。这里，要用厂商供给理论来解释经济波动。增加货币供给引起的总产出增加只是暂时现象，货币冲击是造成经济波动最常见的原因。从卢卡斯的这一理论中，可以推导出一个重要结论，就是货币政策无效，政府干预是不正确的。因此，经济自由主义仍是正确的、重要的。

就货币商业周期理论，卢卡斯还补充了这样几个特点：一是产出在一个大的部门范围内共同运动，表现出高度的一致性。这是对厂商行为的宏观化处理。二是消费耐用品的生产比非耐用品的生产表现出更大的振幅，农产品和自然资源的生产和价格的一致性低于平均水平，商业利润比其他行业表现出更高的一致性和更大的振幅，这些是对商业周期中产业表现特点的概括。三是价格、利率、货币供给量和流通速度等，均是顺周期的，换言之，是与周期波动正相关的。显然，这是对这几个参数变动与商业周期变化相关关系的概括。

第三节　经济周期经典模型选解

经济学家对经济波动问题进行了持续不断的研究，提出了若干经济周期理论及模型，这里，我们选取两个经典模型加以讲解。

一、乘数-加速数模型[③]

1. 人物及背景

保罗·萨缪尔森（Paul A. Samuelson）[④] 于1939年发表了《乘数分析与加速原理的相互作用》一文，指出乘数-加速数的相互作用将使经济呈现出扩张—收缩—扩张—

---

① R. E. Lucas, Jr. (1972), "Expectations and Neutrality of Money", *Journal of Economic Theory*, 4 (2), pp. 103 - 123.

② R. E. Lucas, Jr. (1975), "An Equilibrium Model of the Business Cycle", *Journal of Political Economy*, 83 (6), pp. 1113 - 1144.

③ 武康平．高级宏观经济学．北京：清华大学出版社，2006：88 - 89.

④ 本书第三章第三节已对保罗·萨缪尔森有过介绍，此处不再赘述。

收缩……的动态过程，并将克拉克的加速原理与凯恩斯的乘数理论结合起来，构建了经济波动的乘数-加速数模型，说明了为什么经济体系中一个小的扰动就会引起一个大的周期性波动，说明了利用主动的财政和货币政策稳定经济的可能性。这一理论及模型在20世纪70年代以前在解释商业周期方面一直占据统治地位。经济学界认为这一开创性的研究是对经济周期理论的重要贡献之一。

萨缪尔森的这一理论创新，得益于其早期的导师阿尔文·汉森（Alvin Hansen）。阿尔文·汉森是著名的凯恩斯主义经济学家，曾在哈佛大学任教20年。阿尔文·汉森在经济周期的研究上影响颇大，曾提出了长期停滞理论，主张利用国家财政政策有效地控制停滞，实现充分就业和经济稳定增长。

2. 关键方程或模型

萨缪尔森的乘数-加速数基本模型如下：

$$Y_t=C_t+I_t+G_t \tag{10-1a}$$

$$C_t=c_n+cY_{t-1} \tag{10-1b}$$

$$I_t=i_n+(a/c)(C_t-C_{t-1}) \tag{10-1c}$$

式（10-1a）是凯恩斯基本的国民收入方程，这里就不赘述了。式（10-1b）表示当期消费 C_t 等于上期收入增加导致的消费增加量 cY_{t-1} 和自主消费 c_n 之和。式（10-1c）体现了国民收入增加值（C_t-C_{t-1}）$/c$ 对投资的加速作用关系，其中 a 是加速数，i_n 表示自主投资。从上述方程中我们看到，其实质是通过对消费函数和投资函数的具体化，求解出式（10-1a）的国民收入 Y_t，并赋予国民收入变化的动态因素。

基于此，并利用收入增加值的代换即 $Y_{t-1}-Y_{t-2}=(C_t-C_{t-1})/c$，我们从乘数-加速数方程组推出乘数-加速数简化模型：

$$Y_t=(c+a)Y_{t-1}-aY_{t-2}+c_n+i_n+G \tag{10-2}$$

式中，我们直观地看到了加速数 a 的作用；而投资乘数 m 则潜含在模型中，由于 $m=\Delta Y/\Delta I$，$\Delta Y=Y_t-Y_{t-1}$ 的关系就包含在公式中。

如果我们利用式（10-2）将变化着的 a、c、m 数值代入，则数值模拟结果会显示出经济波动的程度或者逐渐加剧，或者逐渐衰减，或者保持不变，由此，可以看出国民收入水平表现出周期性的起伏轨迹。

3. 关键图示及解释

为便于理解，请看图10-4。

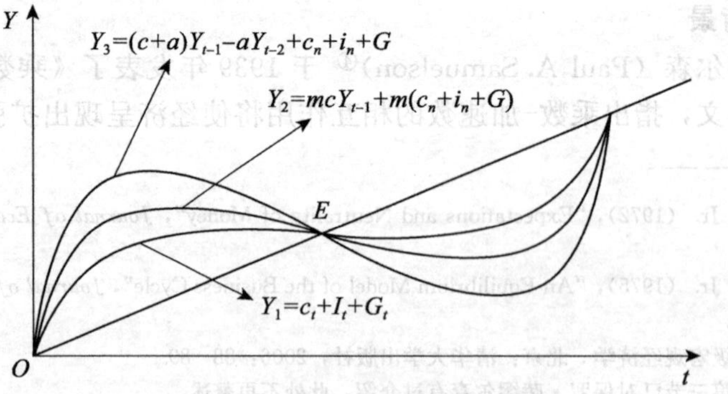

图10-4　乘数-加速数原理示意图

在图 10-4 中，横轴表示时间 t，纵轴表示国民收入 Y。图中有三条曲线，Y_1 对应的曲线表示没有投资乘数作用和收入加速作用的情况下，国民收入的走势；Y_2 对应的曲线表示存在投资乘数作用下的国民收入发展趋势；Y_3 对应的曲线则表示在乘数和加速数原理的共同作用下，国民收入大幅波动的情况。

需要说明的是，为了简单起见，我们假设初始的自主消费 c_n、自主投资 i_n 和政府支出都为零，因此三条曲线从原点出发。同时，为了突出经济轨迹振幅的不同，集中关注经济波动振幅，而不是波动的长度等，我们还假设三条曲线与均衡产出线（图中的直线）相交于同一点 E。

在上述“关键方程或模型”中，对于 Y_1 和 Y_3 两式的含义已经有了明确的介绍，这里我们对 Y_2 曲线的含义做补充简介。在乘数-加速数基本模型方程组中，将式（10-1c）中的投资函数设为 $I_t=i_n+bY_t$，则可推导出 $Y_t=\frac{cY_{t-1}}{1-b}+\frac{c_n+i_n+G}{1-b}$，由于$\frac{1}{1-b}=m$，即投资乘数，所以 $Y_2=mcY_{t-1}+m(c_n+i_n+G)$ 代表只存在乘数作用时的国民收入。

从图中可以看出，经济存在波动是常态，国民收入围绕均衡产出（图中的直线）上下波动，乘数作用和加速数作用会影响经济波动的幅度，强化着繁荣或加剧着萧条，使经济呈现周期性发展态势。

4. 特征归纳

萨缪尔森的乘数-加速数模型有以下几个特点：（1）该模型强调了投资与收入的相互影响。加速原理说明的是收入对投资的作用，其加速数为 $a=\Delta k/\Delta Y$；乘数效应说明的是投资对收入的作用，其乘数为 $m=\Delta Y/\Delta I$。模型把这两个作用结合起来，形成了经济效应的一个自循环作用链。（2）该模型强调了内生机制与外生变量的结合关系，试图将引起经济周期的内、外因素结合起来。在该模型中，自发性消费、政府支出和自发性投资是外生的。外生变量的变动会扰动经济原有的均衡，或者说外部因素引起经济波动。但这又与内生因素是相关的。比如就投资而言，外生的投资引发的投资乘数效应则属于内在机理，是内部因素；加速数对一个处于波动的经济运行而言，是会加剧其波动的振幅，因此，也是一种内部因素。（3）该模型中含有滞后性的因素。从模型中可以看到，T 期的消费取决于当期的自发性消费与上期的收入水平，T 期的投资取决于上期甚至更早时期总产量的变动。乘数和加速数的交互作用，是在存在时间间隔的一个时间段里完成的。（4）该模型分析的是一种古典的周期，即从经济总量的绝对值的升降来判断周期，而不是从经济总量的相对值即增长率来判断周期。

乘数-加速数模型存在一些局限性。在该模型中，边际消费倾向和加速数被假定为常数，经济的运行或者一直沿着均衡路径，或者单调增减，或者呈收敛式或发散式摆动，这些结论与现实经济情况不符合。事实上，边际消费倾向和加速数都将随国民收入而变化，消费量和投资量的增加在数量上并不是成固定比例的，在时间上也有不同的时滞。此外，一国的经济波动既可以由实际因素引起，也可能是货币因素冲击的结果，萨缪尔森的乘数-加速数模型完全没有考虑货币因素对经济周期的影响。

5. 应用前景评价

萨缪尔森乘数-加速数模型虽然已有 70 年的历史，但其中的思路至今仍然有着启发性意义：（1）萨缪尔森模型有助于我们认识波动，正视周期。萨缪尔森模型说明了在市场机制条件下，由于消费、投资和国民收入之间的相互影响，必然发生经济周期，从而证明了国家干预经济的必要性。这有助于我们对中国经济波动产生思想上的准备，有助于我们克服经济能持续平稳发展的幻觉，提前做好经济周期的预测，做好各种应对经济衰退的准备。(2) 萨缪尔森模型有助于我们把握政策方向。模型认为经济波动是由总需求变化引起的，因此，要缓和经济波动的波幅，政府应该采取反周期的需求调控政策。例如，在谷底阶段，总需求不足，政府应该采取扩张性的财政政策和货币政策来刺激总需求，以缓和国民收入下降的趋势；在高峰阶段，总需求过大，政府应该采取紧缩性的财政政策和货币政策来抑制总需求，以控制通货膨胀。(3) 萨缪尔森模型有助于我们把握政策内容。模型分析了经济波动形成的内外成因，这对我们全面设计政策提供了有益的启发。为维持经济平稳健康运行，密切关注投资和消费的变化是非常重要的。根据萨缪尔森模型，政府应重视政府投资的作用，看到在乘数作用下对国民收入倍增的影响。同时要重视收入分配，看到在加速原理作用下，国民收入导致消费增加而对投资扩张的加速数影响。(4) 萨缪尔森模型有助于我们把握政策的出台时间。模型揭示了经济行为具有时滞性特点，因此，我们在选取政策工具时，必须认真考虑时滞影响，政策出台要有一定的提前量。

二、真实经济周期模型

20世纪70年代后，经济周期理论复苏。真实经济周期理论［也称实际经济周期(real business cycles) 理论，简称RBC理论］及其模型是其中最有影响的。由于“在动态宏观经济学领域作出的贡献：经济政策的时间一致性和商业周期的驱动力量”方面的研究，爱德华·普雷斯科特 (Edward Prescott) 和芬恩·基德兰德 (Finn E. Kydland) 两位教授获得2004年的诺贝尔经济学奖。

1. 人物及背景

普雷斯科特教授于1940年生于美国纽约，1967年获卡内基·梅隆大学经济学博士学位。普雷斯科特执教过多所美国名校，2003年以后，一直执教于亚利桑那大学。普雷斯科特教授曾任美国经济动态与控制协会主席、高级经济理论协会主席和美国艺术与科学院院士。主要研究领域为宏观经济学与计量经济学。

基德兰德教授于1943年生于挪威，1973年获卡内基·梅隆大学经济学博士学位，现任卡内基·梅隆大学和加利福尼亚大学圣巴巴拉分校教授。基德兰德的研究领域主要是经济周期、宏观政策和劳动经济学。基德兰德在卡内基·梅隆大学曾接受过普雷斯科特的指导，后来他们成为密友和长期合作者。

1982年他们合作发表了《投资期和总量波动》(Time to Build and Aggregate Fluctuations) 一文，提出了著名的基德兰德-普雷斯科特模型 (以下简称K-P模型[①])，试图用实际因素去解释经济波动的根源。该模型被认为是所有用实际因素解释经济周期的最具代表性的模型。

2. 关键方程或模型

基德兰德和普雷斯科特在《投资期和总量波动》一文中构建了34个函数式，其中

① Finn E. Kydland and Edward C. Prescott (1982), “Time to Build and Aggregate Fluctuations”, *Econometrica*, 50 (6), pp. 1345-1370.

最后的也即综合性的方程式如下：

$$y_{t+1}=y(m_{2t},z_t,s_{Jt},n_t) \tag{10-3}$$

我们称此式为K-P模型关键方程。在上式中，y_{t+1} 为第 $t+1$ 期的存货投资水平；m_{2t} 是在第 t 期进行二次相机决策时观测到的技术创新的平均水平，即为当期技术创新的一般水平；向量 z_t 表示的是技术对生产率的随机冲击，用对稳态生产率的离差表示；显然，向量 m_{2t} 和 z_t 都与技术变迁向量有关。s_{Jt} 代表 t 期的投资决策变量，即在第 J 期投资、在第 t 期产出的投资项目数量；n_t 是第 t 期的劳动力投入量。

综上，K-P模型反映的是：存货投资水平取决于上期技术冲击、投资决策和劳动投入这三大真实因素。"存货投资数量不大，但是却有重要的意义。它是支出中最小的一个部分，平均约占GDP比重的1%。但它明显的波动，使它成为经济波动研究的中心"①。

3. 关键图示及解释

在图10-5中，横轴表示实际GDP，纵轴表示价格水平。图中垂直的 $LRAS_1$ 和 $LRAS_2$ 是长期总供给曲线，向下倾斜的 AD_1 和 AD_2 为总需求曲线。该图展示了真实经济周期的思想：由于真实因素对经济供给面的冲击而导致实际GDP的波动（下降或者上升）情况。

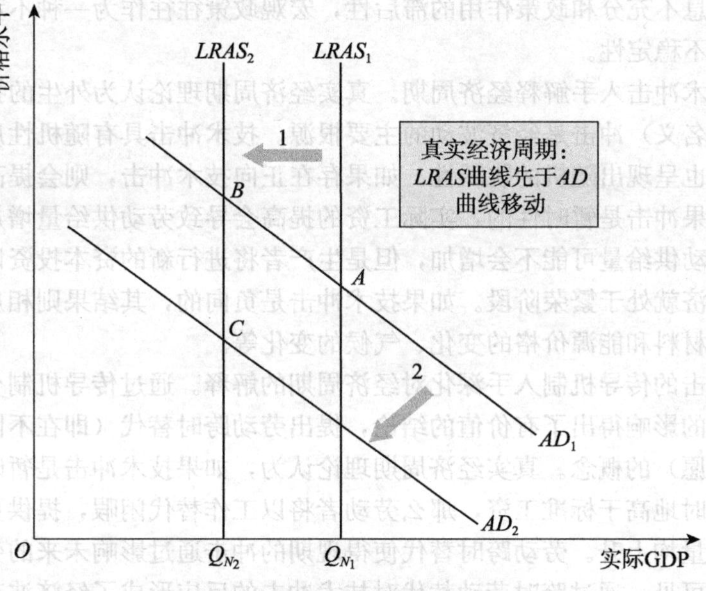

图10-5　真实经济周期理论示意图

资料来源：罗杰·A. 阿诺德. 经济学. 北京：中信出版社，2004：418.

图10-5中显示了不利的供给冲击在经济运行中的作用过程。冲击使经济的生产能力下降，表现为长期总供给曲线从 $LRAS_1$ 向左移动到 $LRAS_2$，从而经济均衡点从 A 点移动到 B 点。长期总供给曲线向左移动意味着实际GDP从 Q_{N1} 下降到 Q_{N2}。经济生产能力的下降会渗透到经济的需求方面，企业减少劳动需求→就业规模下降→实际工资

① 曼昆. 宏观经济学（第6版）. 北京：中国人民大学出版社，2009：449.

下降→工人的收入减少→工人的消费下降→企业对未来的预期变得悲观→企业投资减少→企业贷款减少→货币供给下降。因此，导致图 10-5 的总需求曲线从 AD_1 移动到 AD_2。此时，经济的均衡点为 C 点。与 A 点相比，产出下降，价格降低，经济进入衰退。对于供给曲线移动的更深入分析，我们在上述"关键方程或模型"部分做了介绍。

图 10-5 强调，对供给方面的冲击会导致 GDP 和失业率的变动，从而使经济发生波动。在受到冲击时，长期总供给曲线先于总需求曲线移动，这也是真实经济周期理论在解释引起经济波动的原因时，区别于其他理论的地方。

4. 特征归纳

真实经济周期模型已衍生出许多种形式，这里就其共同点略加概括，当然仍会突出 K-P 模型。

（1）从供给角度解释经济周期。真实经济周期模型是从供给一方，包括技术、劳动和资本等，特别是技术进步对于经济周期的影响大于需求一方所产生的影响，即周期波动的根源在于供给来解释周期的。

（2）从本体论角度解释经济周期。真实经济周期理论认为经济周期不是对均衡的偏离，而是经济基本趋势的波动，是均衡本身的波动，因此，经济周期并不是由市场机制的不完善性引起的，不存在市场失灵，依靠市场机制经济就可以实现充分就业的均衡，由外部冲击引起的周期性波动不可能由政府政策进行稳定，政府没有干预经济的必要。加之决策者信息不充分和政策作用的滞后性，宏观政策往往作为一种不利的外部冲击而加剧了经济的不稳定性。

（3）从技术冲击入手解释经济周期。真实经济周期理论认为外生的技术（实际）冲击而非货币（名义）冲击是经济波动的主要根源。技术冲击具有随机性质，它使产出的长期增长路径也呈现出随机的跳跃性。如果存在正向技术冲击，则会提高劳动生产率和实际工资。如果冲击是暂时性的，实际工资的提高会导致劳动供给量增加。如果冲击是永久性的，劳动供给量可能不会增加，但是生产者将进行新的资本投资以增加未来的生产。此时，经济就处于繁荣阶段。如果技术冲击是负向的，其结果则相反。技术冲击是广义的，如原材料和能源价格的变化、气候的变化等。

（4）从冲击的传导机制入手深化对经济周期的解释。通过传导机制分析，对技术冲击对劳动供给的影响得出了有价值的结论，提出劳动跨时替代（即在不同时段重新配置工作时间的意愿）的概念。真实经济周期理论认为，如果技术冲击是暂时的，使得当期的实际工资暂时地高于标准工资，那么劳动者将以工作替代闲暇，提供更多的劳动，于是产量和就业量均上升。劳动跨时替代使得现期的冲击通过影响未来的劳动供给而影响未来的产出。可见，通过跨时劳动替代对技术冲击的反应形成了经济波动。

（5）从宏观经济与微观经济结合的角度剖析经济周期。K-P 模型引入了对消费者最优化分析等微观经济学方法。模型以所有行为人均是理性的为基础，集中分析了厂商和家庭的行为。厂商的投资决策是考虑生产函数约束下的利润最大化，家庭决策是在预算约束下实现效用（消费和闲暇的选择）最大化。因此，该理论把经济周期解释为理性行为人对技术冲击的最优反应。K-P 模型事实上提出了一套进行随机动态一般均衡分析的完整办法，所以，真实经济周期理论已成为一种方法论的代名词。

5. 应用前景评价

各种理论或方法均有所长，亦有所短。我们着眼于吸收其长项，启发我们的思路，改善我们的做法。当然，何种理论与方法适合何时何地何种情况，则是看应用者的理解、倾向与选择了。真实经济周期理论对我们的启示至少有：(1) 如何把握政策干预的力度，控制行政介入的欲望，这是很重要的。真实经济周期理论告诫政府不要干预，认为经济周期是必然的，并非可由反周期办法来缓和。不能认为经济波动都是不好的，都需要政策干预。从中我们考虑的是，不否认经济周期形成的客观因素，要特别维护市场调节的自组织能力，但也不能完全不作为，只是要谨慎从事，不要夸大政府作用。(2) 关注科技动向，重视技术创新，这是我们从真实经济周期理论中获得的最大的启示。既然正的技术冲击对经济波动以及长期的经济增长是有好处的，我们就要力促多形成这种正的技术冲击。了解其形成规律，创造其良好发展环境。(3) 维护市场竞争秩序，保护企业和消费者权益，是政府应承担的关键责任。既然真实经济周期理论认为经济波动是生产者和消费者对技术冲击进行调整的最优反应，那么，政府为生产者和消费者有能力、有充分信息来应对技术冲击提供便利就是有必要的，也是可以做到的。(4) 重视财政政策与货币政策的合力是必要的。既然真实经济周期模型认为货币是中性的，那么我们在宏观调控中，就可以也应该考虑如何运用好财政政策，让财政政策与货币政策协调和配套。当然，否认货币政策也是不可取的。(5) 更全面地关注经济波动的出现及原因。有太多的理论可以解释经济周期形成的原因，但各有重点，角度各异。真实经济周期模型特别强调技术冲击，在带来启发的同时，也要求我们不能仅以此作为经济周期的应对。各类批评者的观点也应重视，比如对技术冲击引发衰退的怀疑，也值得我们思考。

第四节　经济周期的统计分析①

我们在经济周期研究中，既要了解经济周期的现实与理论，也应了解经济周期的统计测量。在本节中，我们拟从综合指标、周波解析、统计方法要点三个方面，对周期的统计分析与测量作概略的讲解。

一、综合指标

在经济周期的度量中，选择和构造综合指标有其必要性。因为无论一种单一指标的涵盖面有多广泛，经济周期波动总是以多种指标变化为特征的。根据对相关文献的理解，本节把综合指标分为三类：第一类是总量类综合指标，第二类是非总量类综合指标，第三类是时间类综合指标。下面分别进行阐述。

1. 总量类综合指标

判断经济周期最常用的一种办法是借用 GDP 进行描述。我们在描述中美以及世界的经济周期时，就用了这种最简单的办法，即用实际 GDP 增长率作为指标来画图，找到周期的峰与谷。GDP 是反映经济活动的综合性总量指标，可以反映经济周期的基本情况。美国国家经济研究局（NBER）常用的增长周期思路，就是用 GDP 增长率来分析经济周期。伯恩斯和米切尔研究经济周期方法的一个主要假设是：产量和就业有一种

① 尼米诺等．金融与经济周期预测．北京：中国统计出版社，1998.

基本增长途径，即增长趋势，经济周期是围绕这个基本趋势的波动。增长型周期反映了增长率趋势上的离差，因此，有时也称为离差型周期。美国国家经济研究局的专家认为，增长型周期更为普遍，包含了古典型经济周期；增长型周期领先古典型周期和通货膨胀周期，且在波长和振幅上更具有对称性。

我们也可以把就业率与价格总水平视为总量类综合指标，借用这两个指标来反映周期性经济波动。

2. 非总量类综合指标

这是选用若干非总量指标加总后来反映经济周期的做法。事实上，在经济周期中，有众多经济指标都在变动，有的顺周期变动，有的逆周期变动。那么，如果选择一些能反映周期变化的指标，综合处理，各指标以共存关系一起用于周期判断的综合性指标，这有助于克服单一指标的误差。日本政府企划厅曾做过这样的尝试。1960 年时，它提出按 11 个因子——工业生产指数、生产者交货指数、生产能力使用比率指数、原料消费指数、大用户的电力消费量、进口数量指数、新开工建筑面积、求职者得到工作的比率、百货商店销售额、净利润、中小企业销售额——组成综合指标。澳大利亚更是采用了包括工业生产、货币与信贷、国内活动、国外贸易、就业和政府行为 5 方面的 52 个指标进行测度。以上这两种综合指标都有比较广泛的基础，客观性较好。

这种综合指标形成的一个关键是不同指标的权重如何确定。这是根据现实中各指标对经济波动影响力的大小或对实现宏观经济稳定目标的重要性来确定的，而这往往是由有经验的经济专家综合判断。

3. 时间类综合指标

这是选用若干与时间相关的经济指标形成一个体系来追踪某一特定的经济活动，以反映经济周期的变动。主要有：领先指标（leading indicators）、同步指标（coincident indicators）和滞后指标（lagging indicators）。1937 年 NBER 开始建立这个体系。选择哪些指标，确定哪些指标是领先指标、同步指标或滞后指标，并不容易，既需要有实践的基础，也需要有逻辑的检验。NBER 提出可供考虑的几点是：一要借助于因果关系判断指标的领先和滞后，中国人常讲的一句话就是“前因后果”；二是关注高频率出现的指标，比如有月度数据的指标，它们可能对跟踪经济波动更有价值；三是关注领先指标、同步指标和滞后指标的转化关系，前一期的滞后指标可能成为下一期的领先指标，要观察，并定期调整。

实际上，领先指标、同步指标和滞后指标均是由若干因子形成的。比如，美国商务部的领先指标中有：一周工作的平均小时数、厂商的新订单数、建房许可数、股票价格指数、货币供给 M2 变化率等。日本的领先指标（即景气先行指数）一般包括以下几项指标：额定外劳动时间指数、新雇佣人数、企业倒闭指数、住宅开工指数、矿工业库存指数、银行借贷平均余额指数，其中企业倒闭指数和矿工业库存指数是反向指数。

同步指标反映与经济周期同步变化的经济因素，这些指标的转折点大致与国民经济周期的转变同时发生，因此，它们并不能预示将来的变迁，而是表示国民经济正在发生的情况。日本的同步指标一般包括 7 项指标：矿业工业生产指数、大宗电力使用量、进口通关业绩、有效聘用比率、建筑开工面积（矿业、工业）、零售店销售额、参观水族馆人数。中国常采用如下指标作为一致同步指标：工业总产值、预算内工业企业销售收入、社会商品零售额、国内商品纯购进、国内商品纯销售、海关进口额、货币流通量、广义货币 M2、银行现金收入等。研究同步指标的变化情况可以确定预测对象的发展状况。

滞后指标则指其变动落在经济变化之后的经济指标，或者说是反映前一段时间经济走势的指标，包括劳动力成本和银行短期商业贷款利率等。日本的滞后指标一般包括 6 项指标：雇佣保险领取者数、固定雇佣人数（制造业）、法人事业税调整额、借贷平均利息（地方银行）、家庭消费支出、消费者价格指数。其中雇佣保险领取者数为反向指标。

二、周波解析

有众多文献在讨论经济周期的方方面面，问题越来越复杂。这里从中摘取拐点、波幅、周长、波段四个要素，来具体解析经济波动的周期图形。

1. 拐点分析

经济周期波动中的峰与谷是经济周期波动中的最高点和最低点，通常被看成是最重要的拐点（turning point）。

不论是以什么指标反映的经济周期，不论我们认识的经济周期与实际经济周期是否有差距，只要我们绘出了经济波动的时间序列图，就一定会出现高与低的波动，一定会出现经济的转折点。我们看到，经济扩张到了高峰就要下降，出现衰退甚至萧条，而到了谷底就要回升，重新扩张直至达到新的峰点。在用统计方法时，这个拐点的确定就必须具体化，这应成为经济周期的一个时间序列的转折点。

在股市中，有一套对市场及个股趋势转折点或者反转点的技术分析规则，有些对我们理解经济周期也有一定参考价值。比如说，波段趋势的“流畅性”和“运行停顿”，这两个概念显然要借鉴。在经济周期分析中，我们也必须观察运行是否正常，速度上的变化是否均衡。如果出现停顿、加速或减速，就要考虑是否出现了转折点。美国国家经济研究局的专家们在这方面有不少经验的归纳：如实际 GDP 出现至少 1 个季度的下降，而且工业生产出现至少 2 个季度的萎缩；实际个人可支配收入或就业的每周工作时数也连续数月出现下降等。观察这些统计值的目的，就是对顺周期变量的速度变化进行判断，以确认是否出现拐点；又比如在峰或谷出现持续平移时，将持续水平移动中最后的点即变化前的那个值作为转折点，这也是一种确定拐点的技巧。

当然，这里必须要提到，对拐点的理解也是有差别的。比如，熊彼特拐点就是一种特殊含义的拐点。这里的拐点不是峰与谷的概念，而是经济周期波动线与均衡发展线的交点。这显然会出现在峰与谷的中间领域。在熊彼特看来，均衡线以上的经济周期走势是高涨与衰退，而在均衡线以下的经济周期走势则是萧条与复苏。[①] 所以，虽然熊彼特认为拐点是确定经济周期阶段的关键性概念被广泛接受，但他的拐点却因太模糊而没能得到实际运用。但要指出，熊彼特拐点是古典周期的拐点，如果对应到增长周期中，也将是峰与谷所示的点。

专栏一　略论经济增长的重大拐点——“狼点”[②]

在我们讨论中国经济增长是否会出现拐点前，我想应对经济增长拐点做进一步的

① 尼米诺等．金融与经济周期预测．北京：中国统计出版社，1998：13.

② 引自李晓西教授 2007 年在中国社会科学院经济所“经济增长与经济周期”研讨会上的发言。

区分。经济增长中有大大小小的波动点，如果都称之为拐点，我们讨论的意义就不那么大了。拐点中有一种是经济大幅下降的转折点，是出现经济危机的转折点，这才是我们关心的拐点。这个拐点要专门起个名字，它不是一般的拐点。大家对经济危机的转折常用一句形象的话形容，叫“狼来了”，所以，我建议把这种经济由繁荣走向衰退的拐点叫作“狼点”。显然，这是一种特别的拐点。

中国经济学家们正在讨论中国经济增长的前景，很多学者担心中国经济下一步会出现“刘易斯拐点”。刘易斯模型的核心是：现代部门的农民工工资从长期稳定不变逐步趋向于由劳动力市场供求决定，是指农民工收入水平经过拐点以后工资必然提升，出现二元一体化过程。“刘易斯拐点”并不是讲经济增长的拐点。

2. 波幅分析

经济周期的波幅指某一综合指标偏离长期增长趋势线的程度。通常人们的理解是，实际GDP相对于潜在GDP上升（扩张）或下降（收缩或衰退）的程度。在实际运用中，专家们多用实际GDP背离趋势线的程度来计算并作基本的图形。在以上例子中，趋势线背后的经济含义就是潜在GDP。趋势线通常可用高-低中点法来计算并绘出。具体讲，就是对经济波动中的若干高点与低点，选择其中点后再求均值，作为水平趋势线的数值。

一般情况下，我们将经济周期波动的峰点到趋势线的垂直距离称为上波幅，把经济周期波动的谷点到趋势线的垂直距离称为下波幅。这时候，我们说经济波动的波幅达到上下若干点，其实这里面包含着正常的波动。

当我们认为这条趋势线应具有一个允许波动的合理区间时，就要找到上下两个标准差的值，并可绘出上下标准差的虚线。这时的上波幅就是峰点到趋势线的上标准差线的垂直距离，下波幅就是谷点到趋势线的下标准差线的垂直距离。这时候，我们说经济波动的波幅达到上下若干点，其实这里面就已不包含正常的波动了。

为了区别这两种波幅，可以将第一种波幅称为全波幅，将第二种波幅称为超波幅。

假定我们用产出指标来测度经济周期，那么，这里所关注的波幅就有了具体内容。比如，可以将下波幅称为产出缺口，并用来度量衰退的程度。

不同产业对经济周期的影响力是不同的，有些产业如房地产业，其本身的波动对总量类指标的经济周期有强化波幅的作用。

有专家指出，经济波动的波幅具有对称性，如产出波动围绕产出的均值趋势线有近似对称分布现象①，这一点值得进一步关注。

3. 周长及其类型

经济周期从开始到结束，就是一个周长。周长往往用峰点到峰点或谷点到谷点来确定。当然，从熊彼特均衡拐点到下一个熊彼特均衡拐点也是一种衡量标准。

周长有四种基本的类型，第一种是基钦短周期（Kitchin cycle）。这是1923年由英国经济学家基钦提出的。他认为经济周期实际上有主要周期与次要周期两种。主要周期即中周期，次要周期为3～4年一次的短周期。这种为期3～4年的短周期就称为基钦周

① 武康平．高级宏观经济学．北京：清华大学出版社，2006：80.

期。第二种是朱格拉中周期（Juglar cycle）。这是1860年法国经济学家朱格拉提出的一种为期9～10年的经济周期。他认为以国民收入、失业率和大多数经济部门的生产、利润和价格的波动为标志加以划分，可发现一种为期9～10年的中周期。第三种是库兹涅茨中长周期（Kuznets cycle）。这是1930年美国经济学家库兹涅茨提出的一种为期15～25年，平均长度为20年左右的中长经济周期。由于该周期主要是以建筑业的兴旺和衰落这一周期性波动现象为标志加以划分的，所以也被称为"建筑周期"。第四种是康德拉季耶夫长周期（Kondratieff cycle）。这是1926年俄国经济学家康德拉季耶夫提出的一种为期50～60年的经济周期。他认为从18世纪末期以后，经历了三个长周期。第一个长周期从1789年到1849年，上升部分为25年，下降部分为35年，共60年。第二个长周期从1849年到1896年，上升部分为24年，下降部分为23年，共47年。第三个长周期从1896年起，上升部分为24年，1920年以后进入下降期。

4. 波段分析

对经济周期进行阶段划分，是深入分析周期变化特征及进行预测的基础。有多种经济周期的阶段（又称"波段"）划分。经济周期阶段划分，也可以看成是波长的划分。波长可以用来说明周长，比如说长波或短波周期，但更多的是用来说明周期中的一个延续阶段的长度。最常见的是分析衰退和复苏的长度，即持续时间。两分法是把经济周期划分成衰退和扩张这两个主要阶段。三分法则把经济周期划分成衰退、复苏和扩张三个阶段。比较常见的是四分法，即把经济周期划分为扩张（expansion）、衰退（recession）、紧缩（contraction）、复苏（revival）四个阶段。

实际上，周期的阶段划分是相对的，两分、三分、四分是紧密相关的。每一个经济周期都可以分为上升和下降两个阶段。上升阶段也称为繁荣，最高点称为顶峰。顶峰也是经济由盛到衰的转折点，此后经济就进入下降阶段，即衰退。衰退严重则经济进入萧条，衰退的最低点称为谷底。当然，谷底也是经济由衰到盛的一个转折点，此后经济进入上升阶段，经济开始扩张。从一个顶峰到另一个顶峰，或者从一个谷底到另一个谷底，就是一次完整的经济周期。

美国国家经济研究局在经济周期阶段划分上非常深入。它将一个从波峰到波峰或波谷到波谷的完整周期分成九个阶段，然后逐段将现在的发展状况与过去的增长模型相比较。这种近于标准化的九阶段划分，并纳入增长阶段模型分析，有助于利用经济指标对经济周期进行分析、监控和预测。① 当然，在多阶段划分中，大家关注最多的还是从经济高峰到低谷的"衰退"的持续时间。美国国家经济研究局的专家根据财政政策状况、经济部门间的不平衡程度、短期利率等多个因素，通过对因果效应的理解，构建经济周期持续时间的模型来预测经济衰退持续的时间。

有专家认为，经济波动的波长具有不对称性（length asymmetries），指当产出超过均值以后，它在均值上方滞留时间较长，而当产出低于均值时，在均值下方滞留时间较短。② 这也是值得关注的。

---

① 尼米诺．金融与经济周期预测．北京：中国统计出版社，1998：140.

② 可参考本章第二节中凯恩斯的经济周期观点。还可参考：武康平．高级宏观经济学．北京：清华大学出版社，2006：80。

三、统计分析技术简评

这里将对经济周期中运用较多的三种统计技术做一简单介绍，主要是平滑处理技术、拐点辨识的技术思路和相关性分析。

1. 平滑处理技术

在时间序列模型分析中，分清周期运动、季节运动和趋势运动是有必要的。为了突出这三种运动及其轨迹，舍略一些运动过程中的其他细节因素，比如在季节运动中解决非固定日期的节日影响，有时就采用曲线的平滑处理技术。通俗点讲，就是剔除经济周期轨迹线上太多的“皱纹”，使之平滑一些。当然，这种平滑处理必须不影响经济周期线的基本特征，不歪曲原始的关系模型。具体的处理方法有很多，这里仅简单介绍移动中位数法（moving average method）。此办法是趋势变动分析的一种较简单的常用方法。该方法的基本思想和原理是，通过扩大原时间序列的时间间隔，并按一定的间隔长度逐期移动，分别计算出一系列移动平均数，由这些平均数形成的新的时间序列对原时间序列的波动起到一定的修匀作用，削弱原序列中短期偶然因素的影响，从而呈现出现象的发展变动趋势。由于平均数易受异常数据的影响，为避免这种情况，可以用中位数代替平均数，这就是移动中位数法。比如有 10 个时间点上的系列数据，为平滑这些数据，按从小到大排序，让每一数据均作一次起点，每 3 个数据求一中位数，得到一新的时间序列。问题是选择每 3 个还是每 4 个呢？一般讲，若时间序列是季度资料，应采用 4 项移动平均，若为月份资料，应采用 12 项移动平均。此办法多适用于时间序列的变动趋势为线性状态的情况。此方法计算简便、光滑性能好、拟合度较高，对变量数列具有广泛的适应性和良好的修匀效果。

2. 拐点辨识的技术思路

拐点辨识是经济波动分析中非常重要的技术。辨识的要义是：什么是真拐点？何时出现真拐点？要辨识真拐点，就要舍去伪拐点，这一步需要进行大量的工作。平滑处理已经帮助我们舍去了一些伪拐点。要判断何时出现真拐点，就要对出现真拐点前不同提前量的征兆有一个辨识真伪的判断。显然，这两点都是相当不容易的。

有多种统计方法可运用在拐点辨识上，这里，主要介绍领先指标概率法。[①] 这种方法实质上是确认领先指标综合指数发生变化体现的趋势线变化的概率。在经济持续繁荣时领先指标出现下降，或者在经济持续低迷时领先指标出现上升，都要求我们作出判断，这是非拐点类的波动还是拐点类的波动。在具体操作中，一是要分析领先指标观察值来自复苏趋势线（或衰退趋势线）的概率，即对领先指标与周期趋势线的关系作出判断；二是在经济复苏或衰退时间已达到历史平均值时，对领先指标变化速度加快或放慢是预兆周期趋势出现拐点的可能性作出判断；三是当领先指标提供不变速度的系列观察值时，要综合分析并判断是否在接近经济周期真实拐点。专家们会使用理论观察值、实际观察值、最新实际观察值来自趋势线的概率值等来观察并计算累积概率。当累积的估计概率达到预先设置的统计置信水平时，则会得出拐点出现的结论，尽管只能宣布出现的可能性是多少。

拐点判断的准确度，也有相应的统计评估方法。拐点判断与实际情况之间有四种可

---

① 尼米诺．金融与经济周期预测．北京：中国统计出版社，1998：223－225.

能的组合：当未发生转折时判断出了拐点，当实际发生转折时没有判断出拐点，当实际发生转折时判断出了拐点，当实际未发生转折时预测无拐点。把实际判断的结果作为分子，把同类情况出现的概率作为分母，就得到了判断精确度的一个统计参考值。①

辨识拐点需要很多经济理论作为支撑，因此，统计分析与理论分析的综合是必要的。比如，专家们认为，当经济周期到达峰点后，经济活动将急转直下，领先指标将率先下降；当经济周期到达谷点后，经济活动将缓慢反弹，领先指标将率先回升。这可能为拐点辨识提供一个参考。

3. 相关性分析

统计相关分析，是用来确定整个时间序列内两个或更多个序列之间的关系的一种方法。在经济周期分析中，我们经常要遇到对领先指标、同步指标和滞后指标的关系分析，遇到非总量指标与总量指标的关系分析。因此，相关性分析是非常重要的。这里我们仅作简单介绍。

首先，明确什么是相关系数。相关系数是用以反映变量之间相关关系密切程度的统计指标。依据相关现象之间的不同特征，其统计指标的名称有所不同。如将反映两变量间线性相关关系的统计指标称为线性相关系数（相关系数的平方称为判定系数）；将反映两变量间曲线相关关系的统计指标称为非线性相关系数、非线性判定系数；将反映多元线性相关关系的统计指标称为复相关系数、复判定系数等。

相关系数用 r 表示，它的基本公式为：

$$r=\frac{n\sum xy-\sum x\sum y}{\sqrt{n\sum x^2-(\sum x)^2}\sqrt{n\sum y^2-(\sum y)^2}}$$

相关系数的值介于-1和$+1$之间，即$-1\leqslant r\leqslant+1$。其性质如下：当$r>0$时，表示两变量正相关；当$r<0$时，表示两变量负相关；当$|r|=1$时，表示两变量完全线性相关；当$r=0$时，表示两变量间无线性相关关系；当$0<|r|<1$时，表示两变量存在一定程度的线性相关关系，且$|r|$越接近1，表示两变量的线性关系越强，$|r|$越接近0，表示两变量的线性关系越弱。

其次，这里简略介绍一下最小二乘法的原理，因为这个方法在相关性分析中运用得很普遍。在我们研究两个变量 x、y 之间的相互关系时，通常可以得到一系列成对的数据 (x_1, y_1)，(x_2, y_2)，…，(x_m, y_m)，将这些数据描绘在 $x-y$ 直角坐标系中，若发现这些点在一条直线附近，则可以建立 $y=\alpha_0+\alpha_1 x$ 的简单线性方程，寻找到 x 和 y 的相关关系。这里，需要找到 α_0 和 α_1 的估计值，这可以按照最小二乘法误差平方和最小的原则进行参数估计。

以简单线性模型 $y=\alpha_0+\alpha_1 x$ 为例，最小二乘估计可表达为

$$\alpha_1=\frac{\sum_{i=1}^{n}x_i y_i-n\cdot\bar{x}\,\bar{y}}{\sum_{i=1}^{n}x_i^2-n\cdot(\bar{x})^2}$$

① 尼米诺．金融与经济周期预测．北京：中国统计出版社，1998：270.

以及

$$\alpha_0=\bar{y}-\alpha_1\bar{x}$$

其中，$\bar{x}=\frac{1}{n}\sum_{i=1}^{n}x_i$，为 x 值的算术平均值。函数式 $y=\alpha_0+\alpha_1 x$ 反映变量关系的具体形式，参数 α_1 反映其线性相关性的大小。

以上分析旨在加深对经济周期特征的了解。这些都是预测经济周期的基础知识。在复杂多变的经济世界中，预测经济周期，既需要科学，也需要艺术，但肯定需要以科学为基础的艺术。复杂多样的经济周期理论，为预测提供了各种各样的思路，既方便了预测者的选择，也增加了预测者的困惑。计量经济学家通过对宏观经济模型的估算来预测经济发展前景，统计学家利用各种观察值来发掘经济变化的预兆。在这些方面，有很多专业的书籍，需要专门的学习。

第五节　世界经济周期①

本节从存在、特征、协动性和传导机制等方面来认识和分析世界经济周期。

一、世界经济周期是否存在

世界经济周期是否存在，这既是一个实际问题，也是一个理论问题。如果客观上不存在，理论上讨论其存在与特征就是伪命题；但客观上存在，没有理论的证明，也无法证实其存在，因为这毕竟是不能从直观上把握的。

对这个问题的回答，可以分两步。第一步是判定一些国家之间是否存在共同的经济周期；第二步是判定全球性的经济周期是否存在。

1. 区域经济周期②

区域经济周期，有时也被称为国家间的经济周期或国际经济周期，以区别于世界经济周期。其含义就是说，几个国家之间经济周期同步出现，而不是全球性的经济协动和同步经济波动。对区域经济周期的存在，很多人持肯定态度。早期的学者如摩根斯顿（Morgenstern，1959），对美、英、德、法四国在金本位时期和两次世界大战间隔时期的经济周期进行比较分析，发现存在很强的同向联系；罗纳德·麦金农（Ronald McKinnon）和冈瑟·施纳布尔（Gunther Schnabl）2003 年选择东亚 9 个国家以及日本进行了分析，认为东亚经济体都经历了同步的经济周期。德拉斯（Dellas，1986）则发现在

① 尼米诺．金融与经济周期预测．北京：中国统计出版社，1998；宋玉华等．世界经济周期理论与实证研究．北京：商务印书馆，2007；刘崇仪等．经济周期论．北京：人民出版社，2006.

② 中国人民银行西安分行金融研究处．东亚国家（地区）经济周期比较分析（1965—2004）．西安金融，2006（5）.

英、美、德、日四国，长期存在着同步的经济周期。[1] 这里，我们以东南亚四国为例来分析区域经济周期，请看图 10－6。

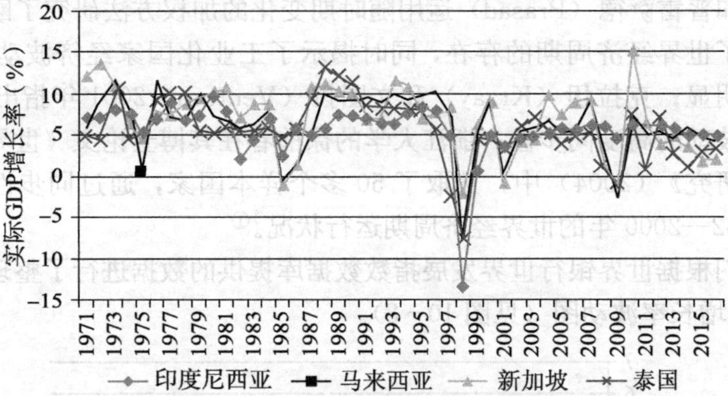

图 10－6 东南亚四国经济波动比较图

资料来源：根据世界银行世界发展指数数据库（http://databank.worldbank.org/ddp/home.do? Step=1&id=4）各年数据整理并绘图。

从图 10－6 中可以看到，印度尼西亚、马来西亚、新加坡和泰国作为东南亚四国，除了新加坡在 2003—2006 年出现了较大的经济增长又小幅回落外，1971—2016 年间，尤其是 1983 年以后，其经济波动趋势非常接近，显示出一种同步经济周期的迹象。实际上，中国香港、中国台湾和韩国的经济周期也具有很强的相关性；日本、菲律宾相互间存在一定程度的相关性；中国的经济周期较为独立，东亚地区性大国（中国、日本）与其他国家经济周期的相关性相对比较弱；但 20 世纪 90 年代以来，中国与其他东亚国家的经济相关性呈现不断加强的趋势。[2]

进一步，我们根据联合国统计数据库将东亚和太平洋地区经济的波动与世界经济波动（主周期）做一比较，就可以发现，20 世纪 70 年代后，东亚和太平洋地区经济与世界经济有大体同步的发展轨迹，尤其是 1971—1975 年、1993—2016 年这两个时间段，同步性很强，请看图 10－7。

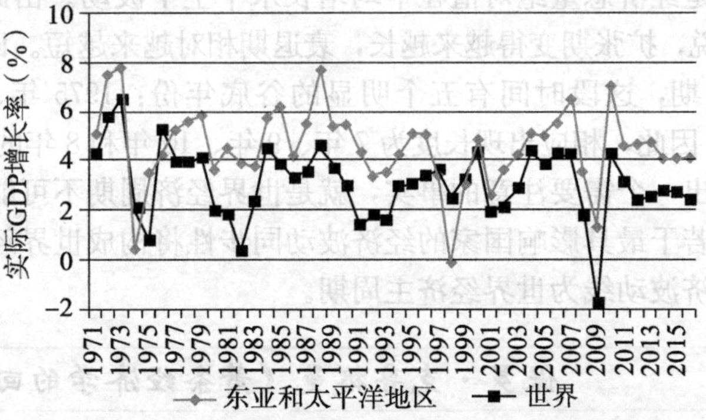

图 10－7 东亚和太平洋地区与世界经济波动对比图

资料来源：根据世界银行世界发展指数数据库（http://databank.worldbank.org/ddp/home.do? Step=1&id=4）各年数据整理并绘图。

① 宋玉华等．世界经济周期理论与实证研究．北京：商务印书馆，2007：9.

② 刘树成．中国经济周期研究报告．北京：社会科学文献出版社，2006：419.

2. 从统计图表看世界经济周期的存在

许多学者运用各种方法，在不同程度上证明了世界经济周期的存在。朗姆斯戴纳（Rumsdana）和普雷萨德（Prasad）运用随时期变化的加权方法研究了欧盟和世界的经济波动，证明了世界经济周期的存在，同时揭示了工业化国家经济波动同步性自1973年以来越来越明显；克拉伊（Kraay）和文图拉（Ventura）2001年指出OECD国家之间表现出经济波动的高度同步性；浙江大学的徐前春在其博士论文《世界经济周期的生成和传导机制研究》（2004）中，选取了50多个样本国家，通过同步性分析和波形观察，考察了1882—2000年的世界经济周期运行状况。①

这里，我们根据世界银行世界发展指数数据库提供的数据进行了整理和编制，绘出世界实际GDP增长率波动图（见图10-8）。

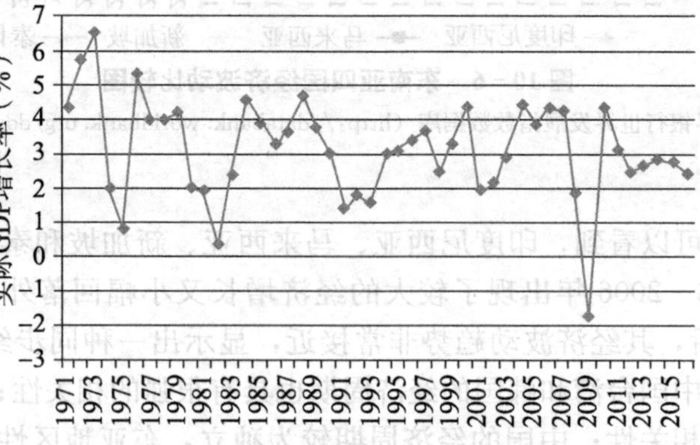

图10-8　世界实际GDP增长率波动

资料来源：根据世界银行世界发展指数数据库（http://databank.worldbank.org/ddp/home.do? Step=1&id=4）各年数据整理并绘图。

从图10-8中可以看到，1970年以后世界实际GDP的增长率变化趋势反映出四个现实：一是存在世界范围的经济周期波动现象。二是经济波动基本均在正值范围内，只有2009年出现了负值，为−1.74%，即周期主要表现为经济增长率围绕平均增长率趋势上下波动，而不是经济总量绝对值在平均增长水平上下波动。由此可推出第三点，即从经济周期总体来说，扩张期变得越来越长，衰退期相对越来越短。四是按照从低点到低点观察世界经济周期，这段时间有五个明显的谷底年份：1975年、1982年、1991年、2001年和2009年。因此，相应出现长度为7年、9年、10年和8年的4个朱格拉周期。

这里特别要提出一个需要注意的事实，就是世界经济周期不可能等同于所有国家经济波动的同步性。若干最具影响国家的经济波动同步性将构成世界经济周期的主体，或者我们称相应的经济波动线为世界经济主周期。

专栏二　保罗·克鲁格曼《萧条经济学的回归》②

著名经济学家克鲁格曼教授预见到了20世纪90年代末的亚洲金融危机。克鲁格曼指出亚洲金融危机前，经济学界对世界经济情况的趋势分析存在很大误区。在美国的长

① 宋玉华，吴聃．从国际经济周期理论到世界经济周期理论．经济理论与经济管理，2006（3）；宋玉华，徐前春．世界经济周期理论的文献述评．世界经济，2004（6）．

② 此专栏内容为肖博强助理根据保罗·克鲁格曼《萧条经济学的回归》一书整理、摘编而成。

期无衰退繁荣之后，部分经济学家在 1997 年提出“经济周期已经被驯服”。而信息化、全球化和亚洲一些国家持续的经济高增长，又使许多人认为，亚洲新兴工业化国家的经济增长是非常成功的，不用担忧。克鲁格曼认为，这些看法被表面现象迷惑，其实是不正确的，并进而质疑亚洲经济增长的真实性。

克鲁格曼认为，亚洲经济奇迹在很大程度上不是靠技术革新促进生产率提高来实现的，而是依靠对劳动力和资本的高强度投入获取的，这种单纯的投入增长产生的利润会越来越少，而且是有限度的。印度尼西亚、泰国、韩国、中国台湾和中国香港的经济增长几乎完全是劳动力和资金投入增加的结果。克鲁格曼指出，亚洲的高速发展中很少或者根本没有综合要素生产率提高的因素，这种发展模式不能持久，亚洲经济可能会有麻烦发生，将来可能面临困境。他指出，20 世纪 90 年代初日本、墨西哥、阿根廷、泰国、马来西亚、韩国、中国香港、印度尼西亚、巴西等经济体经历了与美国 1923—1933 年大萧条极为相似的严重的经济衰退，一连串事件接着在现代社会中爆发，而且令传统的财政政策和货币政策失效，足以让人们警惕全球经济有无重陷 1929—1933 年大危机危险的可能性。他指出，1994—1995 年间，墨西哥和阿根廷分别出现经济危机，均可视为亚洲出现危机的前兆。

在讨论如何防范危机、走出萧条时，克鲁格曼提出：对受到经济危机影响的国家责难没有意义。需要做的是两个方面：保护发达国家远离“流动性陷阱”，发展中国家在危机发生前应该提高金融体系透明度，在危机发生后应该立刻实行强有力的外汇管制措施。要警惕外来金融冲击，克鲁格曼认为，要回到凯恩斯曾经主张的经济学理论上来。中国政府充分认识到了风险，并通过大规模的公共支出来克服它们，这正是典型的“凯恩斯疗法”。

1999 年在深入分析刚发生过的亚洲金融危机后，克鲁格曼出版了他的《萧条经济学的回归》一书。作者分别阐述了危机前世界经济的情况和经济学界的认识状况、亚洲各国发展的真实性、危机前后拉美国家情况、面对危机和萧条各国的处理方法、国际组织机构在危机中的角色，以及如何走出萧条等内容。

二、世界经济周期的特征

世界经济周期最主要的特征就是各国经济波动的同步性。首先看一下图 10－9 和图 10－10。

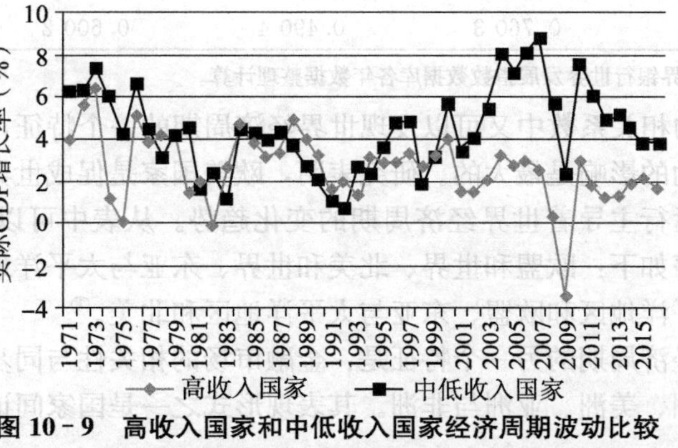

图 10－9　高收入国家和中低收入国家经济周期波动比较

资料来源：根据世界银行世界发展指数数据库（http://databank.worldbank.org/ddp/home.do? Step=1&id=4）各年数据整理并绘图。

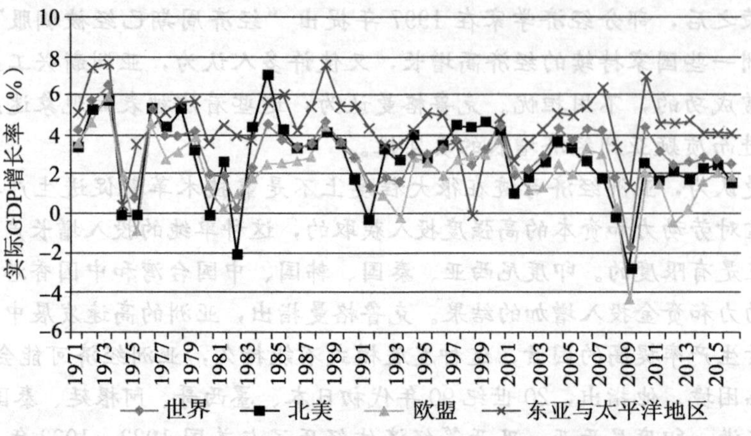

图 10－10　世界、北美、欧盟、东亚与太平洋地区经济周期波动比较

资料来源：根据世界银行世界发展指数数据库（http://databank.worldbank.org/ddp/home.do? Step＝1&id＝4）各年数据整理并绘图。

从图中可以看出世界主要区域经济波动具有一定的相似性，换言之，存在着同步性。进入20世纪70年代后，不论OECD国家还是发展中的非OECD国家，不论欧美还是亚洲，经济增长都呈现同步性，由此造就了鲜明的世界经济周期。虽然发达国家与发展中国家经济同步性低于发达国家自身，但同步国数量增加却是世界经济周期的一个重要新特征，即世界经济主周期国别涵盖面日益增大，同步国家日益多元化。

进一步分析同步性现象，就会发现这源于各国间宏观经济变量存在明显的相关性，表现在各国间产出总量和产出增长率、消费、投资、就业皆呈正相关性，虽然消费的相关性小于产出的相关性。其中，多国工业生产指数的变动在一定周期波段上的高度相关性，更有着重要的影响。这种经济变量的相关性，也是世界经济周期的一个明显特征。表10－4是世界主要区域GDP增长率相关系数表。

表 10－4　　世界、北美、欧盟、东亚与太平洋地区实际 GDP 增长率相关系数

地区	世界	北美	欧盟	东亚与太平洋地区
世界	1.000 0	0.861 1	0.900 2	0.760 3
北美	0.861 1	1.000 0	0.707 4	0.490 4
欧盟	0.900 2	0.707 4	1.000 0	0.600 2
东亚与太平洋地区	0.760 3	0.490 4	0.600 2	1.000 0

资料来源：根据世界银行世界发展指数数据库各年数据整理计算。

从表10－4的相关系数中又可以发现世界经济周期的一个特征，那就是欧美国家对世界经济周期波动的影响是最大的。研究表明，欧美国家是促成世界经济周期的主成分国，它们的经济运行主导着世界经济周期的变化趋势。从表中可以看到，GDP相关度从强到弱依次排序如下：欧盟和世界、北美和世界、东亚与太平洋地区和世界、欧盟和北美、东亚与太平洋地区和欧盟、东亚与太平洋地区和北美。[①]

最后，世界经济周期的另一个特征是：金融市场的相关性与同步性在增强，其强弱按区域排序为欧洲、美洲、亚洲与非洲。其表现形式之一是国家间证券价格波动的波峰

① 宋玉华等．世界经济周期理论与实证研究．北京：中国统计出版社，1998：9－10.

通常领先于产出的波峰，证券价格衰退的同步性比国家间经济衰退的同步性要强；表现形式之二是国家间利率波动的波峰通常领先于产出的波峰，利率达到峰值前的持续上涨和经济的持续衰退有很强的正相关性。①

三、世界经济周期的协动性和传导机制②

世界经济环境在向全球化方向演变，各类国际市场的相互依赖性不断增强，现代企业制度在世界范围内广泛扩散，私有金融资产和资本商品的数量不断膨胀，这些为经济周期在世界范围内相互联系的增强提供了基础。国家制度和国际制度不断优化和趋同，国别经济对外部冲击的敏感性增强，各国经济运动越来越显示出同步性。为此，我们需要回答，经济波动如何从世界经济的局部向整体传导？而回答这个问题，就要研究各国经济周期的互动或称协动，研究经济波动的跨国传导机制及运动规律。

1. 世界经济周期的协动性

世界经济周期的协动性是指在特定的时间内，各国经济周期循环阶段在方向和波幅上表现出的一致性。显然，这种一致性呈现出来的现象就是经济波动的同步性。因此，协动性研究就是对同步性现象的原因分析，是对经济周期相关性特征的具体阐释，是对经济周期解释从统计学走向经济学的一个重要环节。现有的研究成果表明，影响协动性的主要因素有：区域经济的一体化，一国经济的开放度，国家间的贸易关系，国际政策协调和市场经济制度的全球普及化等。经济的全球化正在导致经济波动的全球化，通信技术的不断创新更为经济预期的全球同步化提供了基础。

我们重点分析区域一体化对世界经济周期协动性的影响。从理论上讲，区域经济一体化消除或降低了国家间经济往来的交易成本，强化了国家间的贸易和投资联系，因而增强了区域内国家间经济周期的协动性。图 10－11 给出了欧洲四国经济同期波动的对比情况。

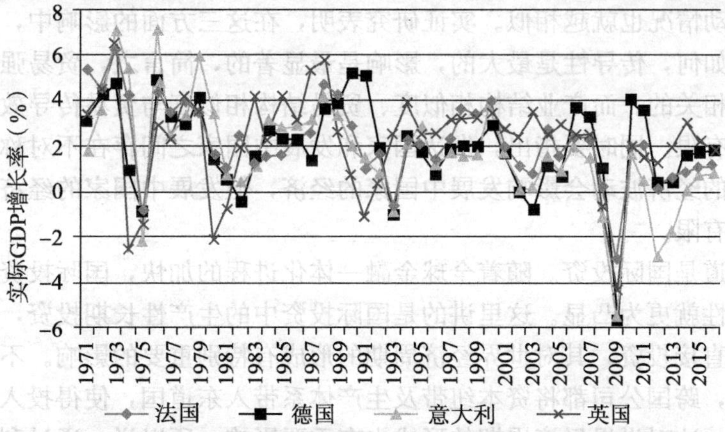

图 10－11　法国、德国、意大利和英国经济周期波动比较

资料来源：根据世界银行世界发展指数数据库（http://databank.worldbank.org/ddp/home.do? Step=1&id=4）各年数据整理并绘图。

① 宋玉华等．世界经济周期理论与实证研究．北京：商务印书馆，2007：71－72，272.

② 宋玉华等．世界经济周期理论与实证研究．北京：商务印书馆，2007：28－176；刘崇仪等．经济周期论．北京：人民出版社，2006：127－173.

从图 10－11 可以看到，40 多年来，法、德、意、英四国的经济增长有着非常近似的波动走向。其重要原因之一就是欧洲经济一体化的影响。这种一体化使区域内的贸易和投资大幅上升，使区域内各国经济政策协调和一致，这就增强了区域内各国经济的协动性。有专家研究了北美、欧洲和东亚三个区域后得出一个结论：区域经济周期的协动性明显强于世界经济周期的协动性。[①] 也要指出，对协动性的理解不能绝对化，事实上，不仅非区域一体化国家间存在着不协动现象，而且在区域一体化国家间，也会出现经济波动在方向和波幅上的非一致性。

国际经济协动的产生，与共同的外部冲击也有直接关系。当国际产品价格波动冲击区域内各国时，经济一体化的特点就充分显露出来了，即对冲击会有相同的反应，使区域内经济周期出现明显的同步性。当然，现实中，各国本国供求方面的冲击比国际供求因素的冲击，对一国经济尤其是产出的波动，具有更重要的作用。

最后要指出，在区域内的经济周期协动性过程中，存在主导国家。而美国在世界经济波动中，因其经济实力和跨国公司的数量，也起着主导性作用。

2. 世界经济周期形成中的传导渠道

传导渠道主要有国际商品贸易和国际金融交易。其中金融交易主要是指国际资本投资和短期资金国际流动。显然，国际贸易制度、国际金融制度和国际汇率制度的内容及其调整，会对世界经济周期产生正面或负面的影响。下面分别加以阐述。

第一条渠道是国际贸易。国家间的贸易关系，对形成国家间的经济同步，甚至促成世界经济周期，有着相当大的影响。判断这种影响，可以分三个基本方面：一是贸易量的大小，二是贸易双方产业结构的相似性，三是贸易结构的相似性。贸易量越大，或者说贸易强度越大，贸易伙伴国的联系越紧密，因而，经济波动的传导机制发挥的作用越大；产业结构相似度越高，受外部产业冲击比如石油危机冲击时，经济受损情况就越类似，因而，经济波动轨迹也越相似；贸易结构相似度越高，面临价格冲击时，表现也越相似，经济波动情况也就越相似。实证研究表明，在这三方面的影响中，贸易量大小或者说贸易强度如何，传导性是最大的，影响是最显著的，简言之，贸易强度与贸易传导效应是显著正相关的。而产业结构相似度、贸易结构相似度与贸易传导效应则显示出弱相关性，影响有限。同时要指出，发达国家和发展中国家之间存在不对称的贸易传导渠道：发达国家的经济波动会影响发展中国家的经济，但发展中国家的经济波动对发达国家的影响十分有限。

第二条渠道是国际投资。随着全球金融一体化进程的加快，国际投资对生成世界经济周期的重要性就更为凸显。这里讲的是国际投资中的生产性长期投资，主要指跨国公司在东道国的直接投资，其对世界经济周期的形成有特别重要的影响。不论是新建企业还是兼并收购，跨国公司都将资本纽带及生产体系带入东道国，使得投入与产出、生产与营销国际化，这对世界经济周期的形成也有重要影响。所以说，通过利益与风险共担机制，跨国公司把母国的经济波动传导给东道国，而东道国也把其经济波动传导到了母国。跨国公司的全球战略及全球管理深刻地影响了各国经济波动的相关性。

第三条渠道是短期资金的国际流动。短期资金凭借流速快、成本低、逐利性强等特点，在金融全球化背景下，利用国际金融管制日益放松的条件，借助离岸金融市场制度

① 刘崇仪等．经济周期论．北京：人民出版社，2006：131.

和金融衍生工具的多种形式，在不同国家或地区之间迅速转移，以牟取暴利。短期国际流动资金常常利用汇率、利率变动及其差额，在外汇市场、货币市场、证券市场之间流动套利。大量资金的流入，可在短期内改变一国货币的汇率和利率，影响一国的进出口贸易，影响投资与消费行为，影响一国的内外需求，从而影响到一国的实体经济。如果干预这种影响，一国的货币供应量、物价水平、资本市场供求关系等均会有变化，使本来已造成的经济波动迅速扩散，再度影响实体经济的稳定性。

在分析了协动性和传导机制后，我们有一个初步的认识，那就是：世界经济周期不是各国经济周期的简单加总，而是一个具有相对独立运行规律和特征的有机整体。

思考题

1. 你如何理解中美两国经济周期的相关性？
2. 中国经济周期中政治因素的影响有多大？是否在降低？
3. 试比较从需求角度解释经济周期与从供给角度解释经济周期的说服力。
4. 你是否同意从政治角度来分析经济周期？
5. 请比较萨缪尔森的乘数-加速数基本模型与基德兰德-普雷斯科特模型的主要区别。
6. 试综合分析真实经济周期理论的新进展。
7. 试归纳出领先指标、同步指标和滞后指标的具体内容。
8. 谈谈你对经济周期拐点的理解。
9. 试归纳世界经济周期的特征。
10. 试分析世界经济周期形成中的传导渠道与影响。

附录

附录一　美国国家经济研究局与美国经济周期测定

美国国家经济研究局创立于1920年，是一个民间的、非营利性的、非党派性的研究机构。该局先后有12人获得诺贝尔经济学奖。目前，美国国家经济研究局负责经济周期测算的分支机构为商业周期测定委员会（Business Cycle Dating Committee）。

美国国家经济研究局所测定的完整的美国经济周期如表10-5所示。

表10-5　美国经济周期列表（1857—2009年）

经济周期起始时间		时间跨度（月）			
峰	谷	衰退	扩张	周期	
（季度在括号中标明）		峰到谷	前一个谷到峰	谷到谷	峰到峰
	1854.12（Ⅳ）	—	—	—	—
1857.6（Ⅱ）	1858.12（Ⅳ）	18	30	48	—
1860.10（Ⅲ）	1861.6（Ⅲ）	8	22	30	40
1865.4（Ⅰ）	1867.12（Ⅰ）	32	46	78	54

续前表

经济周期起始时间		时间跨度（月）			
峰	谷	衰退	扩张	周期	
（季度在括号中标明）		峰到谷	前一个谷到峰	谷到谷	峰到峰
1869.6（Ⅱ）	1870.12（Ⅳ）	18	18	36	50
1873.10（Ⅲ）	1879.3（Ⅰ）	65	34	99	52
1882.3（Ⅰ）	1885.5（Ⅱ）	38	36	74	101
1887.3（Ⅱ）	1888.4（Ⅰ）	13	22	35	60
1890.7（Ⅲ）	1891.5（Ⅱ）	10	27	37	40
1893.1（Ⅰ）	1894.6（Ⅱ）	17	20	37	30
1895.12（Ⅳ）	1897.6（Ⅱ）	18	18	36	35
1899.6（Ⅲ）	1900.12（Ⅳ）	18	24	42	42
1902.9（Ⅳ）	1904.8（Ⅲ）	23	21	44	39
1907.5（Ⅱ）	1908.6（Ⅱ）	13	33	46	56
1910.1（Ⅰ）	1912.1（Ⅳ）	24	19	43	32
1913.1（Ⅰ）	1914.12（Ⅳ）	23	12	35	36
1918.8（Ⅲ）	1919.3（Ⅰ）	7	44	51	67
1920.1（Ⅰ）	1921.7（Ⅲ）	18	10	28	17
1923.5（Ⅱ）	1924.7（Ⅲ）	14	22	36	40
1926.10（Ⅲ）	1927.11（Ⅳ）	13	27	40	41
1929.8（Ⅲ）	1933.3（Ⅰ）	43	21	64	34
1937.5（Ⅱ）	1938.6（Ⅱ）	13	50	63	93
1945.2（Ⅰ）	1945.10（Ⅳ）	8	80	88	93
1948.11（Ⅳ）	1949.10（Ⅳ）	11	37	48	45
1953.7（Ⅱ）	1954.5（Ⅱ）	10	45	55	56
1957.8（Ⅲ）	1958.4（Ⅱ）	8	39	47	49
1960.4（Ⅱ）	1961.2（Ⅰ）	10	24	34	32
1969.12（Ⅳ）	1970.11（Ⅳ）	11	106	117	116
1973.11（Ⅳ）	1975.3（Ⅰ）	16	36	52	47
1980.1（Ⅰ）	1980.7（Ⅲ）	6	58	64	74
1981.7（Ⅲ）	1982.11（Ⅳ）	16	12	28	18
1990.7（Ⅲ）	1991.3（Ⅰ）	8	92	100	108
2001.3（Ⅰ）	2001.11（Ⅳ）	8	120	128	128
2007.12（Ⅳ）	2009.6（Ⅱ）	18	73	91	81
平均值					
1854—2009（33 个周期）		17	42	56	55[a]
1854—1919（16 个周期）		22	27	48	49[b]
1919—1945（6 个周期）		18	35	53	53
1945—2009（11 个周期）		11	59	73	66

说明：a 表示 32 个周期；b 表示 15 个周期。

资料来源：美国国家经济研究局网站，http://www.nber.org/cycles/cyclesmain.html.

按照美国国家经济研究局的划分方法，从 1857 年到 2009 年美国共经历了 33 个经济周期，其中每次周期波动的特点都有所变化。

附录二　中国的十三个“五年计（规）划”①

为方便读者更深入地分析中国的经济周期，特列出中国的“五年计（规）划”供分析参考。中国从 1953 年开始实行第一个“五年计（规）划”，到现在为止已经编制了十三个“五年计（规）划”。“五年计（规）划”主要是对全国重大建设项目、生产力分布、国民经济重要比例关系等作出规划，为国民经济发展远景制定目标和方向。中国先后十三个“五年计（规）划”的实施时间及基本任务如表 10－6 所示。

表 10－6　　　　十三个“五年计（规）划”实施时间及基本任务

序号	期间	基本任务
第一个“五年计划”	1953—1957 年	集中主要力量进行以苏联帮助我国设计的 156 个建设单位为中心的、由限额以上 694 个建设单位组成的工业建设，建立中国社会主义工业化的初步基础，发展部分集体所有制的农业生产合作社，发展手工业生产合作社，建立对农业和手工业的社会主义改造的初步基础。
第二个“五年计划”	1958—1965 年	继续进行以重工业为中心的工业建设，推进国民经济的技术改造，进一步发展工业、农业和手工业的生产，相应发展运输业和商业；努力培养建设人才，加强科学研究工作，以适应社会主义经济文化发展的需要；在工农业生产发展的基础上，增强国防力量，提高人民的物质生活和文化生活水平。
第三个“五年计划”	1966—1970 年	大力发展农业，基本上解决人民的吃穿用问题；适当加强国防建设，努力突破尖端技术；与支援农业和加强国防相适应，加强基础工业，继续提高产品质量，增加产品品种，增加产量，使我国国民经济建设进一步建立在自力更生的基础上。相应地发展交通运输业、商业、文化、教育、科学研究事业，使国民经济有重点、按比例地向前发展。
第四个“五年计划”	1971—1975 年	狠抓战备，集中力量建设大三线战略后方，改善布局；大力发展农业，加速农业机械化的进程；狠抓钢铁、军工、基础工业和交通运输的建设；加强协作，大搞综合利用，积极发展轻纺工业；建立经济协作区和具有各自特点、不同水平的经济体系，做到各自为战，大力协同；大力发展新技术，赶超世界先进水平；初步建成我国独立的、比较完善的工业体系和国民经济体系，促进国民经济新飞跃。
第五个“五年计划”	1976—1980 年	建立独立的比较完整的工业体系和国民经济体系，把工作重点转移到社会主义现代化建设上，解决国民经济重大比例的严重失调，制定了关于加快农业发展的决定，提出了“调整、改革、整顿、提高”的方针。
第六个“五年计划”	1981—1985 年	继续贯彻执行“调整、改革、整顿、提高”的方针，进一步解决过去遗留下来的阻碍经济发展的各种问题，取得实现财政经济根本好转的决定性胜利，并且为“七五”时期国民经济和社会发展奠定更好的基础，创造更好的条件。

① 根据以下资料摘编：中华人民共和国中央人民政府网站（http://www.gov.cn/）相关内容；刘国光，张卓元等．中国十个五年计划研究报告．北京：人民出版社，2006；向春玲．变迁：从五年计（规）划看中国 60 年社会发展．长沙：湖南人民出版社，2009。

续前表

序号	期间	基本任务
第七个“五年计划”	1986—1990年	进一步为经济体制改革创造环境，努力保持社会总需求平衡，力争在五年或更长一些时间内，基本上奠定有中国特色的新型社会主义经济体制的基础；保持经济的持续稳定增长，在控制固定资产投资总额的前提下大力加强重点建设、技术改造和智力开发，在物质技术和人才方面为90年代经济和社会的继续发展准备必要的后续能力；在发展生产和提高经济效益的基础上，继续改善城乡人民生活。
第八个“五年计划”	1991—1995年	在大力提高经济效益和优化经济结构的基础上，国民生产总值按不变价格计算，到20世纪末比1980年翻两番；全国人民生活从温饱达到小康水平；发展教育事业，推动科技进步，改善经济管理，调整经济结构，加强重点建设，为21世纪初叶我国经济和社会的持续发展奠定物质技术基础；初步建立适应以公有制为基础的社会主义有计划商品经济发展的、计划经济和市场调节相结合的经济体制和运行机制；社会主义精神文明建设达到新的水平，社会主义民主和法制进一步健全。
第九个“五年计划”	1996—2000年	全面完成现代化建设的第二步战略部署，到2000年，在全国人口控制在13亿以内也就是比1980年增长3亿左右的情况下，实现人均国民生产总值比1980年翻两番；基本消除贫困现象，人民生活达到小康水平；加快现代企业制度建设，初步建立社会主义市场经济体制；推动科技进步，调整产业结构、提高经济效益，增强发展后劲。
第十个“五年计划”	2001—2005年	国民经济保持较快发展速度，经济结构战略性调整取得明显成效，经济增长质量和效益显著提高，为到2010年国内生产总值比2000年翻一番奠定坚实基础；国有企业建立现代企业制度取得重大进展，社会保障制度比较健全，完善社会主义市场经济体制迈出实质性步伐，在更大范围内和更深程度上参与国际经济合作与竞争；就业渠道拓宽，城乡居民收入持续增加，物质文化生活有较大改善，生态建设和环境保护得到加强；科技、教育加快发展，国民素质进一步提高，精神文明建设和民主法制建设取得明显进展。
第十一个“五年规划”	2006—2010年	宏观经济平稳运行；产业结构优化升级；资源利用效率显著提高；城乡区域发展趋向协调；基本公共服务明显加强；可持续发展能力增强；市场经济体制比较完善；人民生活水平继续提高；民主法制建设和精神文明建设取得新进展。
第十二个“五年规划”	2011—2015年	加快转变经济发展方式，统筹兼顾，改革创新，着力解决经济社会发展中不平衡、不协调、不可持续的问题。经济平稳较快发展；结构调整取得重大进展；科技教育水平明显提升；资源节约环境保护成效显著；人民生活持续改善；社会建设明显加强；改革开放不断深化。
第十三个“五年规划”	2016—2020年	经济保持中高速增长；创新驱动发展成效显著；发展协调性明显增强；人民生活水平和质量普遍提高；国民素质和社会文明程度显著提高；生态环境质量总体改善；各方面制度更加成熟更加定型。

参考文献

[1] 尼米诺等. 金融与经济周期预测. 北京：中国统计出版社，1998.

[2] 多恩布什，费希尔，斯塔兹. 宏观经济学（第 7 版）. 北京：中国人民大学出版社，2000.

[3] 杰弗里·萨克斯，费利普·拉雷恩. 全球视角的宏观经济学. 上海：上海三联书店，上海人民出版社，1997.

[4] 克鲁格曼. 萧条经济学的回归. 北京：中国人民大学出版社，1999.

[5] 罗杰·A. 阿诺德. 经济学（第 5 版）. 北京：中信出版社，2004.

[6] 蔡继明. 宏观经济学. 北京：人民出版社，2002.

[7] 刘树成. 中国经济周期研究报告. 北京：社会科学文献出版社，2006.

[8] 刘树成. 经济周期与宏观调控. 北京：社会科学文献出版社，2005.

[9] 张军. 中美经济周期的同步性及其传导机制分析. 世界经济研究，2006（10）.

[10] 刘崇仪等. 经济周期论. 北京：人民出版社，2006.

[11] 梁小民. 高级宏观经济学教程. 北京：北京大学出版社，1993.

[12] 武康平. 高级宏观经济学. 北京：清华大学出版社，2006.

[13] 宋玉华等. 世界经济周期理论与实证研究. 北京：商务印书馆，2007.

[14] 毕大川，刘树成. 经济周期与预警系统. 北京：科学出版社，1990.

[15] 刘遵义. 十年回眸：东亚金融危机. 国际金融研究，2007（8）.

其实，汇率只是一个国家的物价和另一个国家的物价的相对比例，没有好与坏的区别。①

——N. 格里高利·曼昆

第十一章 汇率与国际收支

西方宏观经济政策的目标之一是国际收支平衡，这既是对一国国际经济活动的要求，也会影响到国内经济活动。本章我们着重论述汇率与国际收支问题。

第一节 宏观经济学中的汇率和国际收支

一、汇率与国际收支基本概念

通常，外汇是指以外币表示的资产，是用于国际汇兑活动的支付手段和工具。外汇汇率，简称汇率，又称汇价，是不同货币之间兑换的比率，也就是用一种货币单位所表示的另一种货币单位的价格。国际收支概念和国际收支平衡表在开放经济中也是非常重要的，将在下面详细讨论。

1. 汇率标价

汇率有两种基本的标价方法，一是直接标价法，二是间接标价法。在直接标价法下，用一单位的外国货币作为标准，折算为一定数额的本国货币来表示汇率。此时，一单位外国货币折算的本国货币量减少，表示外汇汇率上升，即本国货币升值或外国货币贬值。反之，若一单位外国货币折算的本国货币量增加，则表示外汇汇率下跌，即本国

① 陈晋．哈佛经济学笔记．南京：江苏文艺出版社，2010：27.

货币贬值或外国货币升值。在间接标价法下，用一单位的本国货币作为标准，折算为一定数额的外国货币来表示汇率。此时，一单位本国货币折算的外国货币量增加，表示外汇汇率上升，即本国货币升值或外国货币贬值。反之，若一单位本国货币折算的外国货币量减少，则表示外汇汇率下跌，即本国货币贬值或外国货币升值。根据上述说明，两种货币分别用直接标价法和间接标价法表示的汇率，在数值上"互为倒数"，这两种汇率可以互相换算。[①]

在现实经济生活中，大多数国家采用的都是直接标价法，我国国家外汇管理局公布的人民币兑美元等外币的外汇官方汇价也是采用的直接标价法。世界上采用间接标价法的国家主要是美国和英国。欧元正式发行后，也采用了直接标价法。

在本章及本书其他章节中，为了便于叙述，通常用字母"e"表示汇率，并采用直接标价法加以表示，即 e 是外币的本币价格。

2. 四种汇率

在实际应用中，根据不同的标准，如制定方法、支付方式等，可以将汇率划分为不同的种类，也就是说，在不同的场合，汇率有不同的表现形式。这里，主要是从理论研究出发，选取几种比较重要的汇率加以阐释和说明。

(1) 名义汇率和实际汇率。名义汇率是两个国家通货的相对价格，即由一国货币所表示的另一国货币的价格。实际汇率是两国物品的相对价格。有的经济学家直接把实际汇率定义为两种商品——贸易品和非贸易品的相对价格。国外大量的理论和实证研究表明，真正对一国产品的国际竞争力和宏观经济运行产生影响的是实际汇率的变动。

(2) 有效汇率。这是一种由贸易权重确定的多种货币的加权平均价格，有效汇率与双边汇率的关系类似于价格指数与各种商品价格的关系，可分为名义有效汇率和实际有效汇率。有效汇率的计算分为四个步骤：1) 选择一篮子有代表性的样本国货币；2) 根据该国与样本国的经贸联系程度计算出贸易权数；3) 计算出本币与样本国货币的双边汇率；4) 用这些贸易权数分别乘以本币与样本国货币的双边汇率，再加总得到有效汇率。

(3) 均衡汇率。均衡汇率是指一个经济体同时达到内部均衡和外部均衡时所确定的汇率水平。均衡汇率是一种理论上的汇率，在现实经济生活中无法观测到，只能通过模型进行测算。在中长期内，名义汇率必然向均衡汇率靠拢。

(4) 影子汇率。最初的定义是单位外汇的社会福利价值。后来，项目评估者通常把影子汇率定义为单位外汇的经济价值。在准确评估项目社会价值的时候，影子汇率是一个关键的价格因素。只要存在各种关税或者配额之类的非关税壁垒，名义汇率和影子汇率都会存在一定差距。

3. 两种基本汇率制度

不同于过去的金本位制或布雷顿森林体系等统一的国际货币制度，在当今的国际货币体系中，各国实行的汇率制度主要有两种，即固定汇率制和浮动汇率制。前者是货币当局把本国货币对其他货币的汇率加以基本固定，波动幅度限制在一定的范围内。在固定汇率制度下，政府有权调整外汇汇率，理由或是为了出口，或是为了资本流入等。后

---

① 高鸿业．西方经济学．北京：中国人民大学出版社，2001：613. 陈雨露．国际金融．北京：中国人民大学出版社，2000：4－8.

者指两国货币之间的汇率不由货币当局规定，而是由外汇市场的供求状况自发决定。浮动汇率制又分为自由浮动汇率制和管理浮动汇率制。自由浮动汇率制是指货币当局对外汇市场很少干预，管理浮动汇率制是指货币当局通过各种措施和手段干预市场，使汇率向有利于本国的方向浮动，或维持在对本国经济有利的水平上。在有管理的浮动汇率制度下，政府可通过买卖外汇或外汇管制等直接或间接手段影响外汇市场上的短期汇率。在自由浮动汇率制度下，政府的干预很少，汇率是如何决定的？从经济学观点看，与其他商品的价格一样，汇率高低最终由外汇市场决定，取决于市场上供求力量的对比。外汇供大于求，本币汇价相对上升；外汇供不应求，本币汇价相对下降。也就是说，一切影响外汇供求的因素都会影响外汇汇率的变动。①

更具体的汇率制度分类，我们将在本章第三节中进行分析。

4. 国际收支定义

关于国际收支，萨缪尔森的定义是："一国的国际收支是这个国家与世界其他国家之间全部经济往来的系统记录，它从总体上衡量出一个国家与世界其他国家之间的商品、劳务以及资本往来的流量。"②国际货币基金组织的定义是："国际收支是某一时期的统计表，它表明：(a) 某一经济体同世界其余地方之间在商品、劳务以及收入方面的交易；(b) 该经济体的货币黄金、特别提款权以及对世界其余地方的债权、债务的所有权的变化和其他变化；(c) 从会计意义上讲，为平衡不能相互抵消的上述交易和变化的任何账目所需的无偿转让和对应项目。"③高鸿业的定义是："一国在一定时期内从国外收进的全部货币资金和向国外支付的全部货币资金的对比关系。"④ 余永定的定义是："一个国家的国际收支是一定时期该国居民与非居民之间的全部经济交易的系统记录。"⑤

以上定义，有几点值得讨论并确认：(1) 一般情况下，讲"经济体"比讲"国家"涵盖面更广，也更准确。(2) 强调国际收支活动必须发生在居民与非居民之间，必须表现为货币从国外来或到国外去，这个限定太死，与现实有出入。首先，一个经济体的国际收支涉及若干项，不仅有来自国外或去向国外的，还可能有发生在经济体内的，尤其是就年度情况而言，更是如此。比如，我国外贸企业把多年积累的外汇拿到银行去结汇，使外汇储备大增，这个活动全部被记录进国际收支平衡表，这算不算是国际收支活动？我认为应该算。(3) 应当重视"外汇"的往来，即重视外币这种形式的收支。从一定意义上讲，外币收支只能产生于国际经济交往中。国内贸易和服务不会用外汇进行结算，而黄金和特别提款权往来在我国国际收支中几乎是可以忽略的。

综上所述，本书对国际收支提出一个广义的定义："一定时期内，多种形式的、主要在特定经济体之间的、全部的外汇收入和支出的经济活动"。这里用"主要在特定经济体之间的"限定语，一是希望对"经济体"作出规定，限制在以国家为主的经济体上，将国内非国有的各种经济体排除在外，如跨国公司等。就中国情况而言，国际收支就是指国家的全部外汇收支活动。二是想强调有一些发生在特定经济体内部的外汇收支

① 萨缪尔森，诺德豪斯．经济学（第 17 版）．北京：人民邮电出版社，2004：230.

② 萨缪尔森，诺德豪斯．经济学（第 14 版）．北京：北京经济学院出版社，1996：1238.

③ 国际货币基金组织．国际收支手册．北京：中国金融出版社，1988：12.

④ 高鸿业．西方经济学．北京：中国人民大学出版社，2001：691.

⑤ 余永定．西方经济学．北京：经济科学出版社，1997：521.

活动，也可能属于国际收支范围，当然是“次要”的部分，即包括某些发生在经济体内部的外汇收支活动。

5. 国际收支平衡表

一国国际收支的状况反映在该国（特定经济体）的国际收支平衡表上。国际收支平衡表是在一定时期内，对于一国（特定经济体）与他国（特定经济体）居民之间所进行的一切经济交易，以及一国（特定经济体）内某些年度不属于但最终涉及特定经济体之间关系的经济交易加以系统记录的报表。该表以借贷形式的复式会计报表列出，借贷总和为零。国际收支平衡表反映特定经济体与世界其他经济体商品和服务的交易，以及债权与债务的变化。国际收支平衡表内所有贷方项之和，原则上与各借方项的总和在数字上是相等的，任何实际上可能出现的不平等，都可以归结为统计误差和遗漏。国际收支平衡表对经济体内的事务会产生影响。

国际收支平衡表分为经常项目、资本和金融项目、储备资产变动项目、净误差与遗漏项目这四大项目，每个大项目下又分若干子项目，有统一规格和标准解释。

（1）经常项目中主要包括：商品、服务贸易、收益和无偿转移。商品项目主要是进出口，服务贸易项目包括运输、旅游、通信、银行、保险、信息服务、专利转让等收支。这两个子项目分量最重，但因比较常见，这里不多解释。收益项目指生产要素在国家间流动而引起的要素报酬收支。其中，职工收益（国外多用“雇员收益”）指劳工的输出、输入，贷方记录本国工人受雇他国获取的收入，借方记录本国雇用他国劳工所支付的报酬。投资收益记录资本收益的输出入，贷方记录本国居民因持有国外资产获取的各种收益，借方记录非本国居民因持有本国资产而被支付的各种收益。无偿转移（又称转移），包括所有非资本转移的单方面转让。其中，贷方反映外国对本国的无偿转移，借方反映本国对外国的无偿转移。转移又分为政府转移和私人转移。政府转移一般指政府间的债务豁免、经济或军事援助、战争赔款和捐款等，私人转移主要有汇款和赠与等。

（2）资本和金融项目为一个项目。其中，资本项目包括移民转移、债务减免等资本性转移；金融项目包括直接投资、证券投资和其他投资。在资本项目中，资本流出记入借方，反映本国对外资产的增加或对外负债的减少；资本流入记入贷方，反映本国对外资产的减少或对外负债的增加。直接投资和证券投资是比较明确的。其他投资是不包括在直接投资、证券投资和储备等项目之内的一切资本交易，主要有贸易信贷、贷款、货币和存款、短期票据等其他资产负债。

（3）储备资产变动项目，指国际收支平衡表中反映黄金储备、外汇储备、在国际货币基金组织的储备头寸、特别提款权、使用基金信贷等方面在本年末与上年末余额之间的变动额。储备资产变动用于平衡国际收支，国际收支顺差表现为储备资产的增加，国际收支逆差表现为储备资产的减少。在平衡表中，储备资产增加用负号表示。

（4）净误差与遗漏项目，指国际收支统计上的误差和遗漏，用以填补统计报表的差额，以求国际收支形式上的平衡。此项为一种补误手段，是一个估计数字。

二、汇率决定与国际收支平衡

1. 影响汇率的因素

在没有资本控制、资本可以自由流动的情形下，就短期而言，影响汇率的因素主要有以下几个方面：（1）国内货币和资本市场上，本币的供求情况。当本币供给大于需求时，本币相对贬值；当本币供给小于需求时，本币相对升值。（2）国内本币利率上升，导致国外资金流入，并且外汇持有者会抛出外汇换取本币以获得利差，因此，外币价格下降，相应地，本币汇价上升；国内本币利率下降，导致资金外流，本币会换成外币，对外币需求增大，因此，外币价格上涨，相应地，本币汇价下降。（3）一国内外币的存贷利率与本币存贷利率的相对关系，也会影响本币汇价。这里又分利率差大于、等于和小于汇价三种情况。利率差等于汇价时，不影响汇价；利率差大于汇价时，外币相对升值；利率差小于汇价时，本币相对升值。（4）国际金融市场的相互影响，世界经济、政治形势带来的心理预期以及各种季节性因素，国内各项政策的变动以及因此而带来的心理变化，都可能影响汇率。

2. 汇率变化对经济的影响

汇率受制于各经济因素，又反作用于经济运行。（1）汇率变动影响一国的贸易和非贸易外汇收支，从而影响国际收支状况。当一国货币对外贬值时，刺激出口，抑制进口，导致贸易收入增加，且吸引更多的国外旅游者，增加旅游收入；反之，当一国货币对外升值时，刺激进口，抑制出口，导致贸易收支恶化，还会减少旅游的外汇收入。这里，需要指出的是，只有在满足马歇尔-勒纳条件，即进口和出口的需求弹性之和大于1的条件下，一国的货币贬值才会改善其贸易逆差。事实上，在实践中被证实的现象是，货币贬值导致贸易差额的最终改善需要一个“收效期”，即贬值后净出口先减少，后增加。这被称为“J曲线效应”[①]。（2）汇率变动还会影响国际收支中的资本项目。一般情况下，本币贬值会使国内的金融资产价值下跌，从而引起资金外流，尤其是短期资本外流。反之，本币升值会使国内的金融资产价值上升，从而吸引外部资金流入，尤其是短期资本流入。当然，对以投资为主、追求经营利润的长期资本来说，汇率变动是不可能产生大的影响的。（3）汇率变动对国内价格水平也有一定影响。汇率变动通过影响进出口，进而对国内价格水平也有一定影响。比如，20世纪80年代我国提高汇率水平就引发了出口商品价格攀升，要求分利的现象。

3. 国际收支平衡及其调节

人们常有一种潜意识的错觉，认为国际收支永远是平衡的，因为外汇储备资产和误差与遗漏这两项，总可以使经常项目和资本项目下的差额被调节平衡。因此，有专家将外汇储备资产和误差与遗漏合称为平衡项目，是与经常项目和资本项目并列的第三大项目。需要指出的是，国际收支平衡表与国际收支平衡是两个概念。国际收支平衡表本身永远是平衡的，但国际收支不可能永远是平衡的。因为国际收支平衡是指经常项目与资本项目之和为零，换言之，经常项目顺差等于资本项目逆差，或者反过来，经常项目逆差等于资本项目顺差，如果实现了这种状况，就是国际收支平衡。但在现实中，经常不可能达到这种状态，经常出现的是国际收支的不平衡。

人们常讲要保持国际收支平衡，理由是什么呢？或者说保持国际收支平衡的重要性

---

① 安德鲁·B. 亚伯，本·S. 伯南克，迪安·克鲁肖．中级宏观经济学（第6版）．北京：机械工业出版社，2009：383；陈雨露．国际金融．北京：中国人民大学出版社，2000：23.

何在？保持国际收支平衡对一个国家经济的重要性在于：(1) 国际收支总体平衡与否，反映了一个国家宏观经济总体情况。总体顺差或逆差，反映的是经常项目和资本项目比例失调。或是经常项目差额过大，或是资本项目差额过大，这都会造成外汇储备或速增或速减，这对国内经济的稳定性都会产生一定影响。(2) 国际收支总体失衡，不论是总体逆差还是总体顺差，都有可能引起国内货币供给量的变化。若顺差，意味着外汇进来多，可能迫使货币扩大供应；若逆差，则意味着外汇支出过多，国内外汇供给相应下降，外汇可能升值，要使本币币值稳定，就必须考虑减少供给。以上仅仅是多种情况中的两种可能，但这已表明，国际收支差额会影响货币供给量的变化，进而对国内经济的稳定性产生影响。(3) 在浮动汇率制度下，国际收支总体失衡会对汇率直接产生影响。总体顺差，外汇供给量增大，本币汇价相应升值；总体逆差，外汇供给量减少，本币汇价相应贬值。国际收支总体失衡对国内经济的进一步影响，则可从汇率变动的影响中得知。(4) 总体失衡的原因还在于具体项目的失衡，表明某些具体经济领域中还需要改革或改善。比如，经常项目逆差过大，表明出口努力受挫，创汇能力下降；资本项目逆差过大，表明吸引外资不足，国内资本外流过多，国内投资环境可能有问题。

对国际收支失衡的调节方法主要有：(1) 国际收支的汇率调节法。指在收入不变的条件下，通过汇率变动调节国际收支。具体含义是：汇率变动通过国内外产品之间、本国生产的贸易品与非贸易品之间的相对价格变动，影响一国进出口的供给和需求，从而影响国际收支。(2) 国际收支的收入调节法。指当经济处于非充分就业状态，即汇率和价格固定不变而收入可变化时，通过支出扩张引起国民收入成倍变动，进而影响进口支出变动，影响到国际贸易收支。具体来讲，通过紧缩性财政政策和货币政策，减少国民收入，从而减少进口，减少贸易赤字，改善国际收支；通过扩张性财政政策和货币政策，增加国民收入，从而增加进口，减少贸易盈余，改善国际收支。(3) 国际收支的收支配合调节法。指利用收入水平和支出水平之间的多种组合关系，调整国际收支。国际收支盈余为收大于支，国际收支赤字为收小于支。因此，根据国际收支的具体问题，改善的办法有：收入增加同时支出不变，或收入不变同时减少支出，或收入增加同时减少支出，或收入水平的上升大于支出水平的上升，或收入水平的下降小于支出水平的下降，等等。(4) 国际收支的货币供需调节法。国际收支失衡是货币现象，可通过国内货币政策进行调节。一个办法是调节货币供给，即当国际收支出现赤字时，可减少货币供给，使货币需求大于货币供给，导致外资流入，平衡国际收支赤字；当国际收支盈余时，可增加货币供给，使货币需求小于货币供给，导致资本外流，平衡国际收支盈余。另一个办法是调节货币需求，即保持货币供给不变。当国际收支出现赤字时，通过各种政策使价格水平和实际国民收入增加，导致货币需求大于货币供给，进而使外资流入以抵消赤字；当国际收支出现盈余时，促使价格总水平和实际国民收入下降，导致货币需求小于货币供给，进而使资本外流，以抵消盈余。

第二节　经典汇率决定模型选解

一、多恩布什汇率超调模型①

1. 人物及背景

鲁迪格·多恩布什（Rudiger Dornbusch），美国麻省理工学院经济学与管理学教授，著名国际经济与贸易问题专家。他曾担任过巴西和阿根廷的经济顾问，并作为美国国会的顾问多次参加国际会议。他的研究领域包括汇率和货币、通货膨胀、经济稳定以及贸易政策等。主要著作有：《开放经济下的宏观经济学》以及与斯坦利·费希尔（Stanley Fischer）等合著的《宏观经济学》。1976 年，多恩布什在发表于《政治经济学杂志》上的《预期与汇率动态》一文中提出了多恩布什模型，该模型是 20 世纪 70 年代后期以来最重要的汇率决定模型之一。

2. 关键方程或模型

当汇率对某一扰动（多数情况下是货币供给量的变动）作出反应时，短期汇率水平的变动会超过它最终将达到的汇率水平（一般被称为长期均衡水平），这就被称为汇率的“超调”现象。② 显然，对该现象的描述需用短期和长期均衡的方程组加以说明。

首先，从短期均衡开始：

$$p=-\rho\mu e+\rho\mu\bar{e}+m-\lambda\bar{y}+\rho r^{*} \tag{11-1}$$

$$p=\left(\frac{\delta}{\beta}\right)e+\frac{\omega}{\beta}-\left[\frac{(1-\gamma)\rho+\sigma\lambda}{\rho\beta}\right]\bar{y}+\left(\frac{\delta}{\rho\beta}\right)m \tag{11-2}$$

式（11-1）表示在浮动汇率制度下的开放经济中，货币市场和外汇市场的短期均衡，即由汇率、货币供给量、收入水平、利率③等变量形成了均衡价格 p。其中，p、e 是方程的两个内生变量，分别是以对数形式表示的价格水平和汇率水平；m、$\bar{y}$、$\bar{e}$、r^{*} 分别表示货币供给量、充分就业时的实际收入、长期均衡汇率水平、国际市场利率，在模型中外生给定；λ、ρ 分别表示货币需求的收入弹性和利率弹性，$\lambda>0$，$\rho>0$；μ 为汇率预期调整系数，代表人们以 μ 的速度调整当前汇率水平对长期均衡汇率水平偏离的预期，$\mu>0$。根据式（11-1），此时，物价水平 p 与汇率水平 e 呈反向变动关系。

式（11-2）表示的是没有通货膨胀，即物价水平变动率为 0 时，产品市场的短期均衡④，即由汇率、货币供给量、收入水平等变量形成了均衡价格 p。式中，ω、δ、γ、

---

① 余永定等．西方经济学．北京：经济科学出版社，1997：545-550；保罗·克鲁格曼等．国际经济学．北京：中国人民大学出版社，1998：365-366.

② 超调模型中内含着这样的思想：在人们心中有一长期汇率水平的预期值，若现实中汇率低于该长期汇率预期值，则人们会预计现实汇率将上升，反之则预计现实汇率将下降。

③ 这里的利率是指开放经济条件下形成的利率，是非抛补利率平价所描述的现象，即在资本具有充分国际流动性的条件下，投资者的套利行为使得国际金融市场上以不同货币计价的相似资产的收益率趋于一致，也就是说，套利资本的跨国流动保证了一价定律适用于国际金融市场。由此可见，这里的利率具有外生性。

④ 实际上，在该方程的推导中，运用了对数形式的 *LM* 曲线方程，因此，该模型中的产品市场均衡隐含了货币市场均衡的假设。

σ 均为参数，分别表示自主支出、总需求的实际汇率弹性、总需求的实际收入弹性以及总需求的利率弹性，这些参数均为正。β 是为了简便运算设定的一个参数，令 $\beta=\delta+\frac{\sigma}{\rho}$。根据式（11-2），此时，物价水平 p 与汇率水平 e 呈正向变动关系。

下面，我们再介绍长期均衡方程：当货币市场和外汇市场处于长期均衡时，预期汇率变动为 0，即汇率水平等于长期均衡汇率水平，可以表示为 $e=\bar{e}$。由此，改写式（11-1）可得式（11-3），得到货币市场和外汇市场的长期均衡条件：

$$p=m-\lambda y+\rho r^{*} \tag{11-3}$$

在式（11-3）中，等式右边均为常量，不妨记为 $\bar{p}$，代表长期均衡价格水平。据此，式（11-1）、式（11-2）、式（11-3）均可推导出其简化形式，分别由式（11-4）、式（11-5）、式（11-6）表示：

$$p=\rho\mu e+\rho\mu\bar{e}+\bar{p} \tag{11-4}$$

$$p=\frac{\delta}{\beta}e-\frac{\delta}{\beta}\bar{e}+\bar{p} \tag{11-5}$$

$$p=\bar{p} \tag{11-6}$$

虽然形式上简化了，但是式（11-4）、式（11-5）、式（11-6）所表示的变量之间的关系与其原各方程是一致的。其中，式（11-6）表示货币市场和外汇市场达到长期均衡时，短期价格水平与长期均衡价格水平相等，不受短期汇率水平变动的影响。

3. 关键图示及解释

多恩布什超调模型的核心思想可用图 11-1 表示。

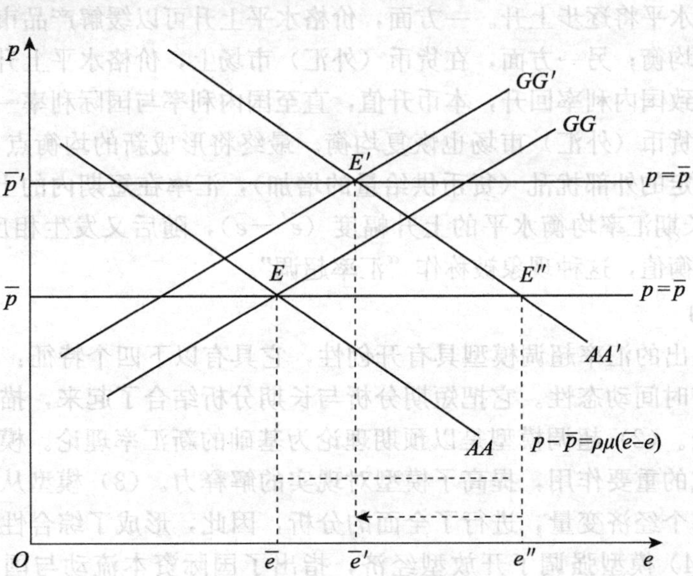

图 11-1　汇率超调图示

在图 11-1 中，横轴表示以对数形式表示的汇率水平 e，纵轴表示以对数形式表示的价格水平 p。货币市场和外汇市场的短期均衡用 AA 曲线表示，根据式（11-4），

AA 曲线斜率为负、向右下方倾斜，反映了价格水平 p 与汇率水平 e 的反向变动关系。产品市场的短期均衡用 GG 曲线表示，根据式（11-5），GG 曲线斜率为正、向右上方倾斜，反映了价格水平 p 与汇率水平 e 的正向变动关系。$p=\bar{p}$ 线是一条不受汇率影响的水平线，表示货币市场和外汇市场的长期均衡。这三条曲线在产品短期价格水平等于长期均衡价格时相交，如图 11-1 中的 E 点所示，该点对应的价格水平为长期均衡价格水平 $\bar{p}$，对应的汇率则是长期均衡汇率 $\bar{e}$。

现在，我们利用图 11-1，就汇率超调现象的形成进行分析，首先分析超调后形成长期均衡的图示。假设经济最初的均衡点为 E，此时增加货币供给量，在货币（外汇）市场上，将使 AA 曲线向右平移至 AA'。因为在给定的物价水平下，货币供给量的增加使得货币市场供大于求，利率下降；而在浮动汇率制下，本国利率相对国际利率的下降将即刻导致资本流出，从而对本币需求降低，本币贬值，表现为汇率水平上升即 AA 曲线右移。而在产品市场上，由于增加货币供给量使利率下降，导致投资需求增加，对于给定的物价水平，为保持总需求规模不变，汇率水平必须下降以减少净出口，这在图中意味着 GG 曲线左移至 GG'。那么，GG'曲线和 AA'曲线如何调整以形成新的均衡呢？这需要时间。在长期中，货币供给量的增加将自然使货币（外汇）市场的长期均衡曲线上移，即价格水平上升。届时，AA'曲线、GG'曲线、$p=\bar{p}'$曲线相交，达成三个市场新的均衡，即图中的点 E'，此时，新的均衡价格水平为 $\bar{p}'$，均衡汇率水平为 $\bar{e}'$。

现在，我们具体分析汇率短期内形成超调然后回归长期均衡的过程。在短期内，由于价格黏性，物价水平无法迅速调整，在图中表现为货币（外汇）市场的长期均衡曲线 $p=\bar{p}$ 无法上移，也就是说，此时货币市场通过资产价格，即利率、汇率水平的调整单独发挥调节机制，AA 曲线右移至 AA'，与 $p=\bar{p}$ 线形成短期的货币市场均衡，均衡点为 E''，其对应的短期均衡汇率水平为 e''，而此时，产品市场呈供不应求状态。随着时间的推移，物价水平将逐步上升。一方面，价格水平上升可以缓解产品市场供不应求的状态，使其恢复均衡；另一方面，在货币（外汇）市场上，价格水平上升减少了实际货币供给，从而导致国内利率回升，本币升值，直至国内利率与国际利率一致，本币升值预期完全消除，货币（外汇）市场也恢复均衡。最终将形成新的均衡点 E'。在此过程中，对于一个给定的外部扰乱（货币供给量的增加），汇率在短期内的上升幅度（$e''-\bar{e}$）超过了最终长期汇率均衡水平的上升幅度（$\bar{e}'-\bar{e}$），随后又发生相反的调整过程，最终回到长期均衡值，这种现象被称作“汇率超调”。

4. 特征归纳

多恩布什提出的汇率超调模型具有开创性，它具有以下四个特征：(1) 多恩布什的超调模型具有时间动态性。它把短期分析与长期分析结合了起来，描述了汇率水平变化的动态路径。(2) 超调模型是以预期理论为基础的新汇率理论。模型强调了市场预期对汇率形成的重要作用，提高了模型对现实的解释力。(3) 模型从三大市场的均衡入手，综合多个经济变量，进行了全面的分析，因此，形成了综合性较强的一种汇率决定模型。(4) 模型强调了开放型经济，指出了国际资本流动与国内利率形成的关系。

5. 应用前景评价

多恩布什模型曾对解释 20 世纪 70 年代布雷顿森林体系解体后汇率大起大落现象起了较大作用。虽然多恩布什模型的假定如资本市场完全自由流动、汇率完全浮动等与中国国情有所不同，不能简单套用，但在现实中，仍有一定的借鉴意义，可归纳为三点：(1) 该模型提示我们在运用货币政策时，要充分考虑政策短期效果的过度放大，尤其要防止汇率的过度变动。(2) 该模型提示我们要从三大市场均衡的角度来思考宏观经济政策，要关注汇率与货币供给量、收入水平、利率、价格水平等的关系。(3) 该模型有助于我们在确定目标汇率水平时，考虑的因素多一点，情景分析更全面一点。

二、资产组合模型[①]

1. 人物及背景

美国普林斯顿大学教授布兰森（W. H. Branson）最早于1975年提出了资产组合模型，后来考雷（Kolly）、艾伦（Allen）与凯南（Kenen）、多恩布什、费希尔等人对该理论作了进一步的研究。资产组合模型认为，投资者根据对收益率和风险的考察，将财富分配于各种可供选择的资产，确定自己的资产组合。资产组合达到了稳定状态，国内外资产市场的供求也就达到了均衡，汇率也就相应地被决定了。当财富总量（资产供给）发生变化时，通过汇率和利率的共同调节，资产组合达到新的平衡。

2. 关键方程或模型

$$\frac{M}{P}=m(r,\ r^*)\frac{W}{P},\ m_r<0,\ m_{r^*}<0 \tag{11-7}$$

$$\frac{B}{P}=b(r,\ r^*)\frac{W}{P},\ b_r>0,\ b_{r^*}<0 \tag{11-8}$$

$$\frac{eF}{P}=f(r,\ r^*)\frac{W}{P},\ f_r<0,\ f_{r^*}>0 \tag{11-9}$$

$$W=M+B+eF \tag{11-10}$$

式中，r、r^*分别为国内债券、国外债券的利率，e为本币与外币兑换的汇率。式(11-7)是货币市场的均衡条件，它表明本国货币的需求变动与本国利率水平和外国债券收益率负相关。式(11-8)是国内债券市场的均衡条件，它表明本国债券的需求变动与本国利率水平正相关，与外国债券收益率负相关。式(11-9)是外国债券市场的均衡条件，它表明外国债券的需求变动与本国利率水平负相关，与外国债券收益率正相关。式(11-10)是本国总资产约束，它表明一国财富数量W是本国货币M、本国债券B和以本币计的外国债券eF之和。

3. 关键图示及解释

下面用图11-2来表示资产组合模型。在图11-2中，横轴表示国内债券的利率r，纵轴表示汇率e。MM曲线代表货币市场的均衡，BB曲线代表本国债券市场的均衡，FF曲线代表外国债券市场的均衡。三条曲线的斜率是不同的：对MM曲线来说，国内债券利率r的上升将导致对货币需求的减少，为了维持货币市场的均衡，在某一既定比例的资产组合水平下，汇率e必须升值，因而，本币相应贬值，这将会增加货币需求，

① 余永定等．西方经济学．北京：经济科学出版社，1997：550－553；陈建国等．宏观经济分析．广州：华南理工大学出版社，2002：186－189.

正因为国内债券利率 r 和汇率 e 同时上升，因而，MM 曲线的斜率为正；对 BB 曲线来说，国内债券利率 r 的上升将导致对国内债券的需求增加，为了维持债券市场的均衡，汇率 e 必须下降，以减少对国内债券的需求，正因为国内债券利率 r 和汇率 e 反向变动，因此 BB 曲线的斜率为负；对 FF 曲线来说，国内债券利率 r 的上升将导致对国外债券的需求减少，为了维持债券市场的均衡，汇率 e 必须下降（即本币升值），以增加对国外债券的需求，正因为国内债券利率 r 和汇率 e 也是反向变动，因此 FF 曲线的斜率也为负。另外，因为本国债券对国内利率的反应要灵敏一些（$b_r > f_r$），外国债券对汇率的反应要灵敏一些（$f_{r^*} > b_{r^*}$），因此，BB 曲线要比 FF 曲线陡峭一些，即 BB 曲线对 r 的任一变动的直线距离，要比 FF 曲线对同一变动的直线距离大。

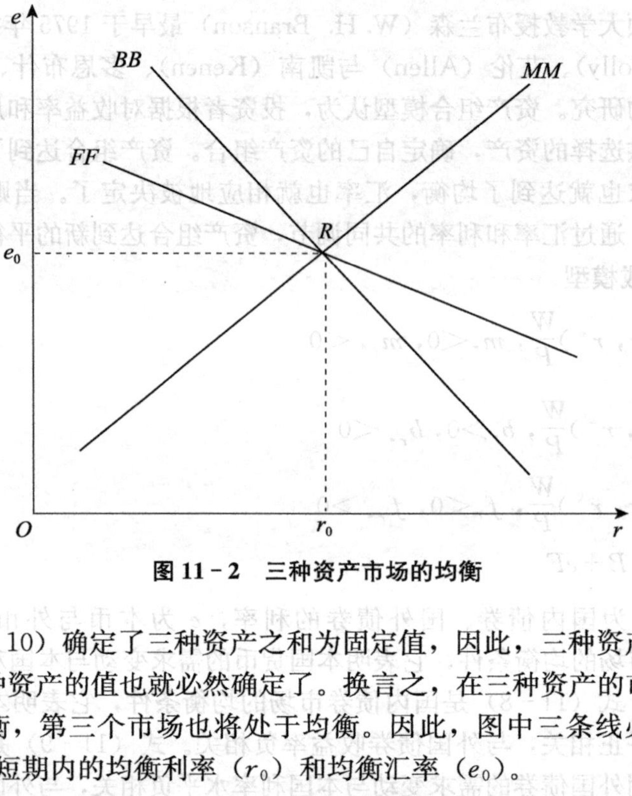

图 11-2　三种资产市场的均衡

由于式（11-10）确定了三种资产之和为固定值，因此，三种资产中任意两种的取值确定后，第三种资产的值也就必然确定了。换言之，在三种资产的市场中，只要任意两个市场达到均衡，第三个市场也将处于均衡。因此，图中三条线必然交于一点（R 点），并由此得到短期内的均衡利率（r_0）和均衡汇率（e_0）。

4. 特征归纳

资产组合模型具有以下两个特征：(1) 该模型作为一种汇率决定理论的模型，把汇率作为一种资产价格，把分析的焦点放在资产市场均衡上。从短期来看，均衡汇率由三种资产市场供求相等时的交点决定。当利率和汇率不处于均衡水平时，投资者的行为将会自然改变其投资组合比例并促使其达到均衡。(2) 通过总资产约束条件，确认了资产组合有三种形式，即一国财富数量 W 是本国货币 M、本国债券 B 和以本币计的外国债券 eF 之和，并引入了汇率因子。这充分体现了该模型强调国内外资产共同影响和决定一国汇率的思路。

5. 应用前景评价

就中国经济而言，资产组合模型给我们的启示有三点：(1) 该模型假定本国同国外债券不具有充分可替代性，或者说，特别强调了国外债券在一国资产组合中的独立价值，因此，提醒我们关注国内外债券市场一体化的意义，关注我们用外汇储备购买国外债券对国内经济的影响渠道。(2) 该模型是从资产存量范畴或者说以存量分析的方法来考察汇率的。由于流量分析法下的汇率是对应于某一时期内的变量，带有相对稳定性的特征，而存量分析法是对应于某一时点的变量，汇率是即时变动的，因此，存量分析法更有助于解释汇率的波动性。从这个意义上讲，资产组合模型能反映资产市场的即时调整，能迅速表现汇率的动态变化，能更好地解释汇率的易变性。(3) 该模型指出货币供给量变动对汇率确实有着明显的影响。它为中央银行通过公开市场业务影响汇率的思路，提供了理论依据。

第三节　世界汇率制度与汇率水平

本节重点介绍30多年来世界主要国家的汇率变动情况和汇率管理制度的演进。

一、30多年来世界主要国家的汇率变动情况

这里，我们主要从官方汇率、购买力平价汇率和实际有效汇率来反映30多年来世界主要国家的汇率水平状况。

1. 官方汇率

官方汇率是由一个国家的外汇管理机构制定并公布的汇率。它是根据月平均值计算的年平均值。官方汇率又称为法定汇率，它具有法定性质，是指由国家的货币金融机构（如中央银行、外汇管理局、财政部）公布的汇率。凡进行外汇交易都要以官方汇率为准。

影响外汇汇率的因素有很多，如各国的外汇制度安排、外汇市场供求、资本流动性以及国内各项政策等。如表11－1所示，受诸多因素影响，1981—2016年间，各经济体的官方汇率变化情况呈现不同的特点。总体而言，2000年之前，转轨国家的官方汇率波动性很大，2000年之后各经济体的官方汇率趋于稳定，且发达国家的汇率波动小于发展中国家。

2. 按照购买力平价计算的汇率

购买力平价（purchasing power parity，PPP）理论是解释长期汇率的一种理论。该理论认为，本国货币与外国货币相交换就等于本国与外国购买力的交换。两国货币的购买力之比是决定汇率的基础，汇率的变动是由两国货币购买力之比变化引起的。购买力平价转换因子是在国内市场购买与在美国使用一美元购买同样数量的货物和服务所需要的一个国家的货币单位的数量。PPP转换因子与市场汇率的比率是通过用市场汇率除以PPP的转换因子得出的结果。这个比率也称作国家价格水平，可以用来比较各国确定国内总产值（GDP）的一系列产品的成本。它表明在一个国家需要多少美元来购买在美国价值相当于一美元的货物。

30多年来世界主要国家和地区PPP与市场汇率的比率变化情况，如表11－2所示。

表 11-1　1981—2016 年世界主要国家和地区的官方汇率变化情况

国家和地区	1981	1990	1995	2000	2005	2010	2013	2014	2015	2016
中国	1.70	4.78	8.35	8.28	8.19	6.77	6.20	6.14	6.23	6.64
美国	1.00	1.00	1.00	1.00	1.00	1.00	1.00	1.00	1.00	1.00
中国香港	5.59	7.79	7.74	7.79	7.78	7.77	7.76	7.75	7.75	7.76
瑞典	5.06	5.92	7.13	9.16	7.47	7.21	6.51	6.86	8.43	8.56
日本	220.54	144.79	94.06	107.77	110.22	87.78	97.60	105.94	121.04	108.79
英国	0.50	0.56	0.63	0.66	0.55	0.65	0.64	0.61	0.65	0.74
澳大利亚	0.87	1.28	1.35	1.72	1.31	1.09	1.04	1.11	1.33	1.35
加拿大	1.20	1.17	1.37	1.49	1.21	1.03	1.03	1.11	1.28	1.33
新加坡	2.11	1.81	1.42	1.72	1.66	1.36	1.25	1.27	1.37	1.38
波兰	—	0.95	2.42	4.35	3.24	3.02	3.16	3.15	3.77	3.94
南非	0.88	2.59	3.63	6.94	6.36	7.32	9.66	10.85	12.76	14.71
俄罗斯	—	—	4.56	28.13	28.28	30.37	31.84	38.38	60.94	67.06
巴西	—	—	0.92	1.83	2.43	1.76	2.16	2.35	3.33	3.49
印度	8.66	17.50	32.43	44.94	44.10	45.73	58.60	61.03	64.15	67.20
印度尼西亚	631.76	1 842.81	2 248.61	8 421.78	9 704.74	9 097.17	10 461.24	11 865.21	13 389.41	13 308.33
阿根廷	—	0.49	1.00	1.00	2.90	3.90	5.46	8.08	9.23	14.76
乌克兰	—	—	1.47	5.44	5.12	7.94	7.99	11.89	21.84	25.55
越南		6 482.80	11 038.25	14 167.75	15 858.92	18 549.10	20 933.42	21 148.00	21 697.57	21 935.00
埃塞俄比亚	2.07	2.07	6.16	8.22	8.67	13.13	—	—	—	—
匈牙利	34.31	63.21	125.68	282.18	199.58	207.94	223.70	232.60	279.33	281.52
墨西哥	—	2.81	6.42	9.46	10.90	12.64	12.77	13.29	15.85	18.66
哈萨克斯坦	—	—	60.95	142.13	132.88	147.36	152.13	179.19	221.73	342.16
泰国	21.82	25.59	24.92	40.11	40.22	31.69	30.73	32.48	34.25	35.30
罗马尼亚	—	—	—	2.17	2.91	3.18	3.33	3.35	4.01	4.06
挪威	5.74	6.26	6.34	8.80	6.44	6.04	5.88	6.30	8.06	8.40
沙特阿拉伯	3.38	3.75	3.75	3.75	3.75	3.75	3.75	3.75	3.75	3.75
新西兰	1.15	1.68	1.52	2.20	1.42	1.39	1.22	1.21	1.43	1.44
保加利亚	—	—	—	2.12	1.57	1.48	1.47	1.47	1.76	1.77
欧洲货币联盟	—	—	—	1.09	0.80	0.76	0.75	0.75	0.90	—

说明：本表中汇率指相当于 1 美元的本币单位，是根据月平均值计算的年平均值。

资料来源：世界银行数据库，http：//data. worldbank. org. cn/indicator/PA. NUS. FCRF.

表 11-2　1981—2016 年世界主要国家和地区 PPP 转换因子与市场汇率的比率

国家和地区	1981	1990	1995	2000	2005	2010	2013	2014	2015	2016
中国	0.69	0.40	0.40	0.40	0.42	0.49	0.57	0.57	0.56	0.52
美国	1.00	1.00	1.00	1.00	1.00	1.00	1.00	1.00	1.00	1.00
中国香港	0.77	0.79	1.01	0.96	0.73	0.69	0.72	0.72	0.74	0.75

续前表

国家和地区	1981	1990	1995	2000	2005	2010	2013	2014	2015	2016
瑞典	1.26	1.48	1.31	1.00	1.25	1.25	1.32	1.28	1.06	1.05
日本	1.06	1.31	1.86	1.44	1.18	1.27	1.04	0.97	0.85	0.94
英国	1.01	1.08	1.01	0.96	1.16	1.08	1.09	1.14	1.05	0.94
德国	0.92	1.18	1.37	0.89	1.08	1.06	1.03	1.02	0.86	0.86
法国	1.05	1.24	1.31	0.87	1.15	1.13	1.08	1.07	0.89	0.89
澳大利亚	1.18	1.07	0.98	0.82	1.04	1.32	1.48	1.34	1.22	1.07
加拿大	0.98	1.08	0.89	0.83	1.00	1.19	1.19	1.12	0.98	0.96
意大利	0.72	1.14	0.94	0.75	1.08	1.02	0.98	0.98	0.81	0.80
新加坡	0.70	0.71	0.95	0.71	0.65	0.66	0.69	0.67	0.62	0.60
西班牙	0.70	1.01	0.95	0.68	0.95	0.96	0.90	0.88	0.74	0.73
韩国	0.67	0.77	0.92	0.66	0.77	0.73	0.79	0.83	0.79	0.77
波兰	—	0.28	0.49	0.42	0.58	0.60	0.56	0.56	0.47	0.44
南非	0.65	0.55	0.63	0.45	0.61	0.62	0.53	0.49	0.44	0.40
俄罗斯	—	0.44	0.48	0.26	0.45	0.52	0.61	0.55	0.39	0.38
巴西	0.58	0.60	0.76	0.53	0.56	0.79	0.77	0.74	0.56	0.57
印度	0.56	0.42	0.32	0.29	0.33	0.31	0.28	0.28	0.26	0.26
荷兰	1.00	1.12	1.26	0.82	1.11	1.13	1.06	1.06	0.89	0.89
阿根廷	0.56	0.80	0.95	0.84	0.44	0.56	0.64	0.62	0.66	0.62
乌克兰	—	0.27	0.29	0.19	0.33	0.39	0.47	0.36	0.27	0.26
越南	—	0.15	0.29	0.28	0.30	0.30	0.36	0.36	0.35	0.34
埃塞俄比亚	0.64	0.63	0.34	0.27	0.26	0.32	0.37	0.38	0.40	0.41
斯洛伐克	—	0.29	0.57	0.48	0.70	0.66	0.65	0.64	0.54	0.54
匈牙利	0.38	0.36	0.49	0.38	0.64	0.61	0.56	0.55	0.47	0.47
墨西哥	0.79	0.51	0.46	0.65	0.65	0.61	0.62	0.60	0.53	0.46
希腊	0.58	0.73	0.84	0.62	0.89	0.95	0.84	0.82	0.68	0.68
哈萨克斯坦	—	0.32	0.35	0.26	0.43	0.46	0.58	0.52	0.42	0.30
泰国	0.60	0.53	0.61	0.40	0.40	0.38	0.40	0.38	0.36	0.35
埃及	0.40	0.32	0.34	0.40	0.27	0.27	0.32	0.32	0.33	0.32
罗马尼亚	—	0.32	0.29	0.29	0.49	0.48	0.48	0.48	0.41	0.40
挪威	1.45	1.55	1.45	1.04	1.38	1.51	1.54	1.48	1.20	1.19
沙特阿拉伯	1.01	0.52	0.49	0.52	0.64	0.43	0.49	0.47	0.38	0.37
新西兰	0.78	0.91	0.97	0.63	1.06	1.08	1.19	1.20	1.01	1.00
拉脱维亚	—	0.36	0.39	0.41	0.53	0.64	0.66	0.66	0.55	0.54
保加利亚	0.71	0.44	0.28	0.25	0.38	0.46	0.46	0.45	0.38	0.38

资料来源：世界银行数据库，http：//data. worldbank. org. cn/indicator/PA. NUS. PPPC. RF.

将国家价格水平，即 PPP 转换因子与市场汇率的比率，与 1 相比较，我们可以将表 11－2 中的各经济体分为两大阵营：国家价格水平大于 1 的阵营与国家价格水平小于 1 的阵营，前者各经济体的币值存在被高估的风险，而后者各经济体的币值则有被低估的可能性。根据表11-2，1981—2016年间，各经济体的国家价格水平均有一定的波动性（基准国美国除外），有些经济体在上述两大阵营间不断转换，总体而言，2000年以来大多数经济体的价格水平趋于稳定。其中，中低收入经济体的价格水平多小于1，如中国、中国香港、波兰、南非、俄罗斯及巴西等；而高收入经济体的价格水平多大于1，如瑞典、日本、英国、德国、法国、澳大利亚、加拿大等。国家价格水平受多种因素的影响，不是货币价值低估与高估与否的绝对标准，但是国家价格水平长期过低，则可能降低国民的经济福利水平。

专栏一 从1998年亚洲金融危机看汇率的判定价值①

在分析国际金融危机时，面对大量指标，最有价值的是哪些？经验告诉我们，汇率、短期外债与股价是最敏感、最具标识性的。以1997年底至1998年初的泰国、新加坡、印度尼西亚和韩国为例。

表11-3是1997年12月31日、1998年2月27日和1998年3月31日这三个时点上的汇率，与1997年7月1日汇率的比较。

表11-3　亚洲金融危机时期东南亚四国货币的美元汇率和增减幅度

	1997年7月1日	1997年12月31日	+/−	1998年2月27日	+/−*	1998年3月31日	+/−
泰铢	24.70	46.80	−47%	43.03	−43%	39.05	−37%
印度尼西亚盾	2 432.60	5 550.00	−56%	8 900.00	−73%	8 625.00	−72%
新加坡元	1.43	1.68	−15%	1.62	−12%	1.62	−11%
韩元	887.80	1 415.20	−37%	1 652.60	−46%	1 378.80	−36%

说明：表中各国货币的美元汇率增减幅度均以1997年7月1日的美元汇率为基期计算得到。

1997年底相对1997年7月1日，四国货币全部贬值，除新加坡元外，泰铢、印度尼西亚盾、韩元的贬值幅度都很大。1998年3月底，相对1997年底的汇率，泰铢回升了10个百分点，新加坡元回升了4个百分点，韩元回升了1个百分点，印度尼西亚盾则继续下降了16个百分点。这种态势反映泰国金融危机到了头，正在回升；危机对新加坡的影响不大，且向好的方向变化；韩国控制住了局面；而印度尼西亚的金融形势仍在下降走势中波动。这个结论被事态的发展所证实。那么，为什么汇率指标如此具有判定价值呢？因为汇率变动是金融危机最先发生和最具力度的反映指标。金融危机说到底，是一国金融机构、企业对外商和外资金融机构的支付危机。对外支付困难，源于美元不足；在外汇市场上，本币汇率必然贬值。

泰国、印度尼西亚、韩国汇率变化如此之大，源于短期外债比重过高，三国到期外债占外债总额的比例均超过60%。短债长用，搞非生产性投机。大量短期外债流入，炒股票和房地产，造泡沫，获虚利，结果不能按期还债，就出现了支付危机。20世纪90年代后成立的大批金融公司，在向海外短期融资方面起了很大作用。

外资大规模抛售股票和上市公司外债偿还困难均会使股价大跌，因此，股价指数也能反映金融危机。当然，股市股价与金融危机不完全是正相关关系，如1998年印度尼西亚股市正在动荡中复苏，但经济形势却在进一步恶化。

① 李晓西．亚洲金融危机实地考察．北京：中国人民大学出版社，1999.

3. 实际有效汇率指数

实际有效汇率是指名义有效汇率（本币价值与若干外币加权平均值之比）除以平减物价指数或成本指数。

实际有效汇率指数是经本国与所选择国家间的相对价格水平或成本指标调整的名义有效汇率，它是本国价格水平或成本指标与所选择国家价格水平或成本指标加权几何平均的比率与名义有效汇率指数的乘积。实际有效汇率指数上升代表本国货币相对价值的上升，下降表示本币贬值。由于实际有效汇率不仅考虑了一国的主要贸易伙伴国货币币值的变动，而且剔除了通货膨胀因素，因而能够更加真实地反映一国货币的对外价值。

如表 11-4 所示，1981—2016 年间世界主要国家的实际有效汇率变化主要有以下几个特点：(1) 总体而言，发达国家的实际有效汇率波动区间较小，根据表中以 2010 年为基期（100）计算出的各年实际有效汇率指数，大多数发达国家的实际有效汇率指数在 80 和 120 之间波动，也就是说波幅在 20 左右。这主要得益于其较高的经济与政策的稳定性。(2) 发展中国家的实际有效汇率波动幅度较大，不少国家呈现大起大落的变化状态。尤其是转轨国家，在 20 世纪最后 20 年间，伴随制度改革的进程，各国汇率剧烈波动，币值大幅缩水。如罗马尼亚的实际有效汇率指数由 1981 年的 270 降至 1995 年的 61；波兰则从 721 降至 70；在此期间中国也经历了类似的过程，实际有效汇率指数由 240 降至 78。(3) 新世纪以来，大多数国家的实际有效汇率波动性趋缓，比较明显和一致的特征是高收入国家的货币主要呈贬值态势，如加拿大、瑞典、英国、德国等；而中低收入国家的货币则大多进入了升值通道，如中国、俄罗斯、保加利亚等，这与世界贸易与经济格局的变化有关。

表 11-4　1981—2016 年世界主要国家实际有效汇率指数变化情况（2010 年=100）

国家	1981	1990	1995	2000	2005	2010	2013	2014	2015	2016
中国	240	99	78	91	84	100	115	119	132	124
美国	116	105	100	118	109	100	99	101	114	118
瑞典	145	137	116	108	105	100	107	101	94	94
日本	78	95	133	123	97	100	80	75	70	79
英国	119	107	91	118	120	100	106	114	122	110
德国	103	105	119	97	103	100	98	99	93	95
法国	111	107	108	94	101	100	98	97	92	93
澳大利亚	100	86	73	70	87	100	105	100	93	93
加拿大	96	102	80	75	89	100	98	92	84	82
意大利	93	116	87	91	101	100	100	100	95	96
新加坡	101	92	104	98	90	100	113	113	111	109
西班牙	84	101	87	83	96	100	100	99	94	92
波兰	721	36	70	89	95	100	97	97	94	90
南非	162	115	113	92	99	100	83	78	77	72
俄罗斯	—	—	60	53	79	100	108	99	82	81

续前表

国家	1981	1990	1995	2000	2005	2010	2013	2014	2015	2016
荷兰	98	97	102	90	101	100	100	100	96	97
乌克兰	—	—	97	96	101	100	100	78	74	72
斯洛伐克	—	45	49	57	76	100	102	102	99	98
匈牙利	—	—	65	71	94	100	97	92	89	89
希腊	85	80	88	83	94	100	97	95	89	89
罗马尼亚	270	149	61	80	96	100	101	101	98	96
挪威	97	99	93	88	97	100	99	94	86	86
沙特阿拉伯	240	126	114	123	101	100	102	105	119	123
新西兰	87	93	93	77	105	100	111	115	109	109
保加利亚	—	—	54	69	83	100	102	101	98	98

资料来源：世界银行数据库，http://data.worldbank.org.cn/indicator/PA.NUS.PPPC.RF.

二、世界汇率制度演变简介[①]

1. 汇率制度及相关重要事件的演化

从 19 世纪金本位制下的固定汇率到 1944 年的布雷顿森林体系，再到牙买加体系下的汇率制度，国际汇率体系从形成至今，随着世界政治、经济格局的不断发展变化，也发生了一系列重大的变革，国际汇率体系在新环境、新形势下不断发展变化（见表 11－5）。

表 11－5　汇率制度及相关重要事件的演化表

1880—1914 年	金本位制时期。在金本位体系下，两国之间货币的汇率由它们各自的含金量之比即金平价（gold parity）来决定。各国在流通中使用具有一定成色和重量的金币作为货币，金币可以自由铸造、自由兑换及自由输出入。
1931 年 9 月	英国放弃金本位制。
1944 年 7 月	布雷顿森林会议。在布雷顿森林体系下实行的是可调整的固定汇率政策。各国货币兑美元的汇率，一般只能在法定汇率上下各 1%的幅度内波动。若市场汇率超过法定汇率 1%的波动幅度，各国政府有义务在外汇市场上进行干预，以维持汇率的稳定。
1947 年 3 月	国际货币基金组织开始运作。
1971 年 8 月	美国停止美元兑换黄金——布雷顿森林体系终结。
1971 年 12 月	西方十国达成了《史密森协定》（Smithsonian Agreement）。规定黄金官价上升到每盎司 38 美元，允许的汇率浮动范围扩大到 4.5%。
1972 年 3 月	欧洲开始实行"蛇行"汇率制，汇率波动限制在 2.25%以内。
1973 年 3 月	有管制的汇率制度开始。

① Karl Habermeier, Annamaria Kokenyne, Romain Veyrune, and Harald Anderson (2009), "Revised System for the Classification of Exchange Rate Arrangements", Monetary and Capital Markets Department.

1976 年 1 月	《牙买加协议》：国际货币基金组织理事会通过沿用至今的国际货币制度，确认有管制的浮动汇率制度，实行有义务和监督的自由汇率制。废除黄金的官价。
1978 年 4 月	《牙买加协议》生效。
1979 年 3 月	欧洲货币体系（EMS）建立。
1985 年 9 月	《广场协议》：干预市场以降低美元汇率。
1987 年 2 月	《卢浮宫协议》：稳定汇率。
1992 年 9 月	英国和意大利放弃原来的汇率机制。
1993 年 8 月 1 日	欧洲货币体系允许汇率波幅达±15%。
1999 年 1 月 1 日	欧洲中央银行推出单一货币（欧元）和欧盟范围内的货币政策。
2002 年 1 月 1 日	欧元作为欧洲货币联盟 12 个成员国的货币开始流通。
2005 年 7 月 21 日	中国人民银行宣布中国开始实行以市场供求为基础、参考一篮子货币进行调节、有管理的浮动汇率制度。

资料来源：Karl Habermeier，Annamaria Kokenyne，Romain Veyrune，and Harald Anderson（2009），“Revised System for the Classification of Exchange Rate Arrangements”，Monetary and Capital Markets Department.

2. 汇率制度分类及其演进

表 11－6 根据国际货币基金组织（IMF）对汇率制度的分类略加整理而得。

表 11－6　　汇率制度分类及其演进表

汇率体系	时间	主要内容
1975 年汇率制度分类	1975 年 6 月—1976 年 9 月	1. 钉住单一货币，保持±2.25%浮动；2. 钉住一个复合货币（包括特别提款权）中心汇率上下浮动 2.25%；3. 成员方货币当局围绕中心汇率的基础指标进行定期调整；4. 根据一套指标体系进行浮动调整；5. 根据一套指标体系共同浮动；6. 独立浮动，该体系允许成员方围绕中心汇率浮动超过 2.25%。
1977 年汇率制度分类	1976 年 10 月—1981 年 11 月	1. 钉住单一货币，该成员能够在中心汇率的基础上保持±2.25%浮动；2. 钉住一个复合货币（包括特别提款权）；3. 根据一套指标进行调整；4. 合作安排。
1982 年汇率制度分类	1982 年 1 月—1998 年 10 月	1. 钉住单一货币，汇率浮动范围限为上下 1%；2. 钉住一个复合货币（包括特别提款权），围绕中心汇率上下浮动 1%；3. 灵活性有限地钉住单一货币；4. 灵活性有限地钉住复合货币；5. 根据一套指标进行调整，在一定范围内开放外汇的买卖；6. 其他有管理的浮动；7. 独立浮动。

资料来源：Karl Habermeier，Annamaria Kokenyne，Romain Veyrune，and Harald Anderson（2009），“Revised System for the Classification of Exchange Rate Arrangements”，Monetary and Capital Markets Department.

世界金融危机后，国际货币基金组织在 1998 年对汇率进行过一次分类。而 2009 年国际货币基金组织公布的汇率制度分类方式，是在原先事实分类原则的基础上对原有分类方法的一种修正。表 11－7 对此作出了详细比较。

表 11-7　　1998 年与 2009 年汇率制度分类比较

1998 年分类法	国家个数	2009 年分类法	国家个数
硬钉住	23	硬钉住	23
无独立法定货币	10	无独立法定货币	10
货币局安排	13	货币局安排	13
软钉住	81	软钉住	78
传统固定钉住	68	传统钉住安排	45
中间钉住	13	稳定安排	22
水平区间钉住	3	中间钉住	11
爬行钉住	2	水平区间钉住	3
爬行区间	8	爬行钉住	5
浮动安排	84	爬行类安排	3
有管理的浮动	44	浮动安排	75
独立浮动	40	浮动	39
其他有管理的安排	0	自由浮动	36
		其他有管理的安排	12

资料来源：Staff calculations. Information for end-April 2009 will be published in the 2009 Annual Report on Exchange Arrangements and Exchange Restrictions (AREAER), forthcoming.

下面，分别简单介绍表 11-7 中的相关概念。

第一，硬钉住汇率制度。硬钉住主要包括两种形式：一种是无独立法定货币汇率；另一种是货币局安排制度，简称“货币局制度”。无独立法定货币汇率是指一国不发行自己的货币，无自主的汇率制度安排，该国使用他国货币作为本国唯一的法定货币；或者在一个货币联盟中，各成员使用共同的法定货币，例如正式美元化。如果一国采取这种无独立法定货币汇率，则意味着该国放弃了国内货币政策的独立性，对该国的汇率政策完全没有控制权。无独立法定货币汇率的中心汇率值由货币联盟共同安排。货币局制度指货币当局作出明确的、法律上的承诺，以一固定的汇率在本国（地区）货币与一指定外币间进行兑换，并且对货币发行当局确保其法定义务的履行施加限制。采用货币局制度，本国货币的发行量由外汇资金决定，并且采用明确的法律形式来规定本币与外币的兑换比例，该比率短期内是固定的。实行货币局制度，削弱了货币发行当局的一些传统的职能，例如货币量控制和最后贷款人的职能。但是有些职能是可以灵活发挥的，这主要取决于各国货币当局的规定。目前，共有 23 个国家采用硬钉住汇率制度，其中，采用无独立法定货币汇率的国家有 10 个，采用货币局制度的国家和地区有 13 个，中国香港是货币局制度的代表。

第二，软钉住汇率制度。软钉住汇率制度包括传统软钉住安排制度、稳定安排制度、中间钉住制度。传统钉住安排制度是指成员国将本国货币钉住某一外币或者外国的一篮子货币，同时，本国汇率可以在规定的固定汇率基础上上下浮动 1%。采取这一制度的国家正式或实际上将本币与另一种货币或一篮子货币保持固定兑换比率。一篮子货币由主要的经贸伙伴的货币构成，其汇率权重和双边贸易、服务的交易额及资金流量有关。这一制度没有保持汇率不变的承诺。汇率可围绕中心汇率在小于1%的狭窄空间内波动，最高和最低汇率在最近三个月内波动幅度小于2%。货币当局通过在外汇市场上买卖外汇的直接干预或通过利率政策、外汇管理法规调整、道义劝告等间接手段去维持固定汇率。该政策相对于硬钉住汇率体现了货币政策的灵活性。稳定安排制度（stabilized arrangement）通常被认为是一种类钉住安排，是指一国在汇率不浮动的前提下，该国即期市场汇率的波幅在6个月或更长的时间里被限定在2%的范围内。这里的波幅限制既可以是针对一国货币而言，也可以是针对一篮子货币而言。此外，一个国家一旦被划为稳定安排，则该国不仅要保持汇率的稳定，而且官方干预所引发的汇率波动也必须严格落在2%的范围内。[①] 该汇率机制要求稳定所需的保证金能够达到要求。稳定安排制度要求统计标准要满足一定的要求，而且政府应该采取行动来保证汇率的稳定（例如在市场结构僵化的情况下要采取有效措施）。中间钉住制度包括水平区间钉住、爬行钉住以及爬行类安排制度。其中，水平区间钉住制度允许汇率围绕中心汇率在上下1%的区间进行波动，在某些特殊的情况下，波动的幅度可以超过1%的区间，但是不允许波动浮动超过2%。爬行钉住指本币与外币保持一定的平价关系，但是货币当局可根据一系列经济指标频繁地小幅度调整平价。实行爬行钉住汇率有两种方法：第一种方法是发挥汇率目标的名义锚作用，汇率爬行速率低于预测的通货膨胀率，以使经济逐步克服通货膨胀而又不致引起汇率短期内大幅度调整；第二种方法则是放弃汇率反通胀目标的名义锚作用，汇率随物价水平调整，重在维持真实汇率水平不变。维持爬行钉住制对货币政策的影响类似于固定钉住制，包括突尼斯、哥斯达黎加等5个国家采用该制度。爬行类安排制度是指一国货币汇率保持在围绕中心汇率的波动区间内，但该中心汇率以固定的、事先宣布的值，或根据多指标，不时地进行调整。

第三，浮动安排制度。在浮动汇率制下，各国不再规定汇率上下波动的幅度，汇率水平是由外汇市场中的外汇供求状况决定的。浮动安排制度包括浮动汇率和自由浮动两种。浮动汇率制度在很大程度上是由市场决定的，但各国货币当局能够在外汇市场上进行干预来影响汇率水平。自由浮动汇率制度是指一国货币的汇率完全由市场决定，货币当局对汇率市场的干预很少，且干预目的是防止不正常波动，没有权力规定汇率水平。

第四，其他有管理的安排制度（other managed arrangements）。其他有管理的安排制度的主要内容是，汇率由外汇市场上的供求关系决定的同时，国家对外汇市场进行各种形式的干预，主要通过卖出或者购入外汇来影响汇率。

3. 汇率制度演进趋势的分析

图11-3反映的是2009年采取各类汇率制度的国家数量。从中可以看出，在2009年采取硬钉住汇率制度的国家数量与1998年相比没有变化。实行软钉住汇率的国家数量略有下降。实行浮动汇率制度的国家数有所下降。而实行其他有管理的安排制度的国家则增幅超过10个。

---

① 谢海玉，杨伟，郭凯．后危机时代国际汇率体系演进方式研究．武汉金融，2010（2）.

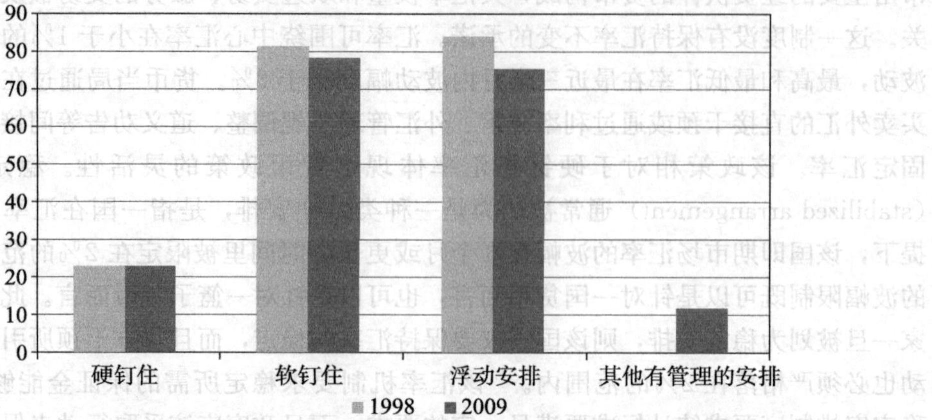

图 11-3　1998 年与 2009 年新事实分类法的国际汇率体系格局

第一，其他有管理的汇率制度日益受到重视。[①] 2009 年，采取其他有管理的汇率制度的国家有 12 个，而 1998 年没有国家采取其他有管理的汇率制度。在经济危机在全球蔓延的过程中，很多新兴发展中国家继续进行汇率制度改革，逐渐由软钉住向更加灵活的浮动汇率过渡，但是这些国家由于经济发展以及金融体制改革的限制，短期内实行完全自由浮动会有困难，而且由于货币当局的政策公信力以及影响力的不足，都可能制约汇率制度的完全自由，因此，新兴发展中国家选择其他有管理的汇率制度是符合国情的。其他有管理的汇率制度能够使得发展中国家根据实际情况对汇率进行适当、灵活的调整，也为这些国家稳定外汇市场提供了保障。因此，其他有管理的汇率制度日益受到重视。

第二，有管理的浮动日益细化。[②] 有管理的浮动是指汇率主要由市场决定，在未事先宣布汇率目标或路径的情形下，政府可以干预汇率水平。由于政策操作的灵活性，不同国家的有管理的浮动表现出越来越强的异质性。因此国际货币基金组织根据汇率的实际表现，将有管理的浮动分解，分别归入稳定化安排、准爬行、浮动和其他有管理的汇率。其中，其他有管理的汇率不符合任意一种汇率制度定义，政府频繁且无规律地干预汇率。

第三，明确界定自由浮动。[③] 自由浮动是指在过去六个月政府对汇率的干预不得超过三次，每次干预不超过三个营业日，且干预使得市场失衡只持续一至两天就消失。汇率确由市场决定，但不符合自由浮动的严格定义，则统归于浮动汇率这一小类。

专栏二　世界银行的购买力平价体系研究与运用[④]

国际比较项目（International Comparison Program，ICP）是由联合国发起、世界银行组织实施的一项全球性统计活动，其核心是考察各国货币的实际购买能力，以购买

① 谢海玉，杨伟，郭凯．后危机时代国际汇率体系演进方式研究．武汉金融，2010（2）．

②③ 丁志杰，孙小娟．最新 10 年国际汇率体系变迁．国际贸易，2010（12）．

④ 张迎春．世界银行的购买力平价体系研究．CSSCI 学术论文网，http://www.cssciaper.com/eco/worldeconomy/43934.html．

力平价（purchasing power parity，PPP）作为货币转换因子，将各国以本币表示的国内生产总值（GDP）指标换算为以PPP表示的可比性指标，从而实现国际经济比较。迄今为止，国际比较项目的理论研究与实践都取得了显著性进展，国际比较项目的影响范围急剧扩大，全球超过70%的国家积极参加了国际比较。2011年，中国首次全面参与世界银行组织的国际比较项目（ICP），使得中国的GDP可以通过购买力平价（PPP）换算，与世界其他国家进行比较。

ICP为了实现各国国内生产总值及人均GDP的比较，需要以购买力平价作为货币转换因子，将各国以本币表示的GDP指标换算为以PPP表示的可比性指标。ICP中PPP计算的一般思路是：在各国价格和支出数据调查基础上，首先，计算对比国之间每一商品和服务的价格比率，即单个商品（或服务）的PPP；其次，根据组成某一基本类的所有单个商品（或服务）的PPP，利用特定的方法计算对比国之间每一基本类的价格比率，即基本类PPP；最后，根据两参加国中所有的基本类PPP，利用特定的方法，计算对比国之间基本分类以上的PPP，即综合购买力平价，从而进行国际比较的后续步骤。三个层次的购买力平价可分别称为单个产品购买力平价、基本类购买力平价和综合购买力平价，三者之间呈递进关系，由单个产品PPP数据推导基本类PPP数据，由基本类PPP数据推导综合PPP数据，综合PPP数据则可作为货币转换因子用于调整各国GDP。

基本类PPP和综合PPP的计算都涉及专门的方法，较为复杂。比如基本类PPP的计算方法主要有EKS法①、GK（吉尔里-坎米斯）法、CPD（country-product-dummy）法、CPRD（扩展的CPD）法；综合PPP的计算，包括区域PPP和全球PPP的计算，综合PPP主要使用EKS法、GK法、最小间隔树法。在第七轮ICP中，欧洲统计局与OECD成员国使用了最新的EKS法：EKS-S；其他各国采用了最新的CPD法：CPRD。

第四节　中国汇率水平变动与国际收支

汇率作为一种经济杠杆，不仅对国际收支、对外贸易有较大影响，对整个国家的经济发展也起到调节作用。改革开放以来，中国在由计划经济向市场经济转变的过程中，汇率制度发生了几次较大变化，每一次都推动了中国经济的进一步发展。本节，我们就近年来中国汇率水平变动与国际收支情况进行相关分析。

一、改革开放以来人民币汇率水平的变动

人民币汇率变动的基本情况如表11-8所示。汇率每天都有变化，特别是国家调汇是以某日为始的，年平均汇率只反映一年内汇率的平均水平。

① EKS法是建立在双边比较基础上的多边比较方法，由匈牙利统计学家Elteto和Koves以及波兰统计学家Szulc分别独立提出，故称为EKS法。EKS法的基本思路是：将不具有可传递性的双边PPP指数调整为具有可传递性的多边PPP指数。显然，理解EKS法之前，先要明确可传递性。

表 11-8　1981—2016 年人民币兑美元、日元、港元汇率（年平均价）

单位：人民币元

年份	100 美元	100 日元	100 港元
1981	170.51	0.77	30.42
1982	189.26	0.76	31.15
1983	197.57	0.83	27.36
1984	232.70	0.98	29.71
1985	293.66	1.25	37.57
1986	345.28	2.07	44.22
1987	372.21	2.58	47.74
1988	372.21	2.91	47.70
1989	376.51	2.74	48.28
1990	478.32	3.32	61.39
1991	532.33	3.96	68.45
1992	551.46	4.36	71.24
1993	576.20	5.20	74.41
1994	861.87	8.44	111.53
1995	835.10	8.92	107.96
1996	831.42	7.64	107.51
1997	828.98	6.86	107.09
1998	827.91	6.35	106.88
1999	827.83	7.29	106.66
2000	827.84	7.69	106.18
2001	827.70	6.81	106.08
2002	827.70	6.62	106.07
2003	827.70	7.15	106.24
2004	827.68	7.66	106.23
2005	819.17	7.45	105.30
2006	797.18	6.86	102.62
2007	760.40	6.46	97.46
2008	694.51	6.74	89.19
2009	683.10	7.30	88.12
2010	676.95	7.73	87.13
2011	645.88	8.11	82.97
2012	631.25	7.90	81.38
2013	619.32	6.33	79.85

续前表

年份	100 美元	100 日元	100 港元
2014	614.28	5.82	79.22
2015	622.84	5.15	80.34
2016	693.70	5.96	89.45

说明：1. 由于数据可获得性和一致性的原因，本表起始年份为 1981 年。2. 国家从 2002 年和 2006 年才开始公布人民币兑欧元和英镑的汇率价格，因此本表未将欧元和英镑考虑在内。

资料来源：根据历年《中国统计年鉴》整理。

从表 11－8 反映的情况来看：(1) 30 多年来，人民币对外币的汇率水平基本上呈先下降后保持稳定，然后再上升的趋势。1993 年及以前人民币汇率水平逐年下降，至 1994 年中国外汇体制的重大改革，随后多年人民币汇率基本保持稳定。2005 年国家汇率管理体制再次进行改革，人民币汇率水平开始出现上升的趋势。(2) 人民币汇率变动幅度相对较小。以美元为例，由 1981 年的 1 美元兑换 1.71 元人民币，到 1994 年 1 美元兑换 8.62 元人民币，十多年来人民币汇率变动的幅度仅为 5 倍左右，这与苏联、东欧等国家汇率几十倍、上百倍的变化相比，变动幅度相当小。(3) 人民币汇率的变化基本呈匀速态势。唯一转变较大的阶段是外汇体制实行重大改革的 1994 年，那一年 1 美元兑换的人民币由 5.76 元变为 8.62 元，一年内增加了 2.86 元。这反映了我国在改革开放过程中，政策还是稳妥的、慎重的、稳中有进的。

从 1978 年到现在，人民币汇率水平出现如上变动情况，与中国经济实际的发展需要是相吻合的。在改革前期，汇率调整的主要依据是外贸出口商品的平均换汇成本。但这种做法有很大局限性：一是汇率只反映国有外贸企业换汇成本的变化，不能反映非国有外贸企业换汇成本的变化；二是汇率只反映贸易方面国际收支的变化，不能反映非贸易方面国际收支的变化，尤其是不能反映资本项下国际收支的变化；三是汇率不能反映外汇市场的供求变化，因此，在相当长一段时间里，出现了官方汇率与地下黑市汇率(后来是外汇调剂市场汇率) 并存的局面。2005 年，中国人民银行首次明确宣布将根据国内外经济金融形势，以市场供求为基础，参考一篮子货币计算人民币多边汇率指数的变化，使人民币汇率更接近真实合理的水平，更有助于发挥汇率的杠杆作用，更有利于及时反映外汇的供求变化。总之，人民币汇率变动由最初的官定到现在逐步由自由市场形成，从一个侧面反映了中国经济改革的进展。

二、中国的国际收支

改革开放以来，随着中国经济的国际化，对外贸易与国内经济发展之间的联系越来越紧密，实现国际收支平衡与国内总需求平衡，已成为国家宏观经济政策的重要内容之一。特别是中国加入世界贸易组织以后，国际贸易往来更加频繁，国际收支的统计和管理工作越来越重要。

在传统计划经济体制下，我国对外封闭，贸易外汇收支数额很小，没有国际资本流动，外汇储备很少。长期以来，对这些规模不大的外汇收支，在管理方面与财政收支一样，实行“以收定支，收支平衡，略有节余”的方针。

1978 年以后，我国经济全面对外开放，对外经贸全面展开，进出口贸易迅速发展。

截至2016年，我国对外贸易总额达到36 856亿美元，排名世界第2位，其年均增长速度为14.6%；非贸易往来快速增长，在传统项目运输、劳务承包等继续大步发展的同时，国际旅游、航空、海运、国际咨询、知识产权、劳务出口等交易种类迅猛发展；资本项目发展很快，2016年，我国实际使用外资（FDI）1 260亿美元，同比增长4.1%，对外非金融类直接投资（ODI）1 701亿美元，创历史新高，超过同期实际使用外资规模。这一切使我国国际收支状况发生了深刻变化，国际收支规模大幅度增长：1982年国际收支总额为500多亿美元，2003年接近1.4万亿美元，到2016年增加为6.50万亿美元。外汇储备从1978年底的16亿美元增长到2016年底的30 105亿美元，目前位列世界第一位。

国际贸易的加大，要求我国的国际收支统计和管理工作不断进行改革与创新。1996年1月1日，国家开始实施《国际收支统计申报办法》，该办法规定：我国企业、机关、团体或个人通过金融机构向境外的所有支出款项和从境外获得的所有收入款项，不论是经常项目还是资本项目，均须在办理收付款时填写申报表，通过银行向国家外汇管理局或其分支机构进行逐笔申报。以上是间接申报，银行应监督和协助客户进行申报。外商投资企业以及对境外有直接投资的企业，须按期申报其投资者权益、直接投资者与直接投资企业间的债权债务状况，以及分红派息情况；金融机构必须按期申报对外资产的负债及损益、汇兑业务情况；证券交易机构必须按期申报我国居民个人、企业单位与外国有关部门之间证券交易及分红派息情况。以上是直接申报，由经办国际收支业务的机构直接向国家外汇管理部门申报。2003年，国家更新了《国际收支统计申报办法实施细则》，我国国际收支统计更加合理。一系列相关法律法规的实施推行，对我国正确编制国际收支平衡表具有重要的、基础性的作用。

表11-9简要反映了我国2016年的国际收支情况。

表11-9　　2016年中国国际收支平衡简表　　单位：亿美元

项目	差额	贷方/资产	借方/负债
一、经常项目	1 964	24 546	−22 583
A. 货物和服务	2 499	21 979	−19 480
1. 货物	4 941	19 895	−14 954
2. 服务	−2 442	2 084	−4 526
B. 初次收入	−440	2 258	−2 698
1. 雇员报酬	207	269	−62
2. 投资收益	−650	1 984	−2 634
3. 其他初次收入	3	6	−2
C. 二次收入	−95	309	−404
二、资本和金融项目	264	−2 171	2 434
A. 资本项目	−3	3	−7
B. 金融项目	267	−2 174	2 441
1. 非储备性质的金融账户	−4 170	−6 611	2 441
1.1 直接投资	−466	−2 172	1 706

续前表

项目	差额	贷方/资产	借方/负债
1.2 证券投资	−622	−1 034	412
1.3 金融衍生工具	−47	−69	22
1.4 其他投资	−3 035	−3 336	301
2. 储备资产	4 437	4 437	
2.1 货币黄金	0	0	
2.2 特别提款权	3	3	
2.3 在国际货币基金组织的储备头寸	−53	−53	
2.4 外汇储备	4 487	4 487	
2.5 其他储备资产	0	0	
三、净误差与遗漏	−2 227		

说明：1. 根据《国际收支和国际投资头寸手册》（第六版）编制，资本和金融账户中包含储备资产。2. “贷方”按正值列示，“借方”按负值列示，差额等于“贷方”加“借方”。3. 本表计数采用四舍五入原则。

资料来源：国家外汇管理局数据库.

表 11－9 是完全按照国际通行的、国际货币基金组织要求的国际收支平衡表格式列示的，其结构及项目可以作为了解所有国际收支平衡表的样本。下面就表中数据作简要分析，以加深对国际收支平衡表的理解。

结合表 11－9，分析中国 2016 年的国际收支平衡表，可以得知：(1) 经常项目顺差 1 964 亿美元，资本和金融项目顺差 264 亿美元，净误差与遗漏－2 227 亿美元，合起来，收支账户平衡。(2) 在国际收支账户中，过百亿的账户包括货物、运输、旅行、投资收益、外国在华直接投资、其他投资中的负债、外汇储备以及净误差与遗漏等，这意味着这些项目的变动对平衡国际收支影响较大。(3) 经常项目中的服务项目，有多达 12 个子项目，但金额相对较小。其中旅行的逆差最大，达到 2 167 亿美元；运输次之，逆差为 460 亿美元；其他过 100 亿美元的包括计算机和信息服务、其他商业服务等。(4) 经常项目及资本和金融项目均为顺差，中国国际收支“双顺差”的局面依然存在，国际储备资产继续增加。(5) 净误差与遗漏为－2 227 亿美元，根据国际货币基金组织的经验，如果余数绝对值大到超过经常项目借方或贷方总计 5%的相当值时，净误差就会带来问题。现在经常项目贷方合计为 24 546 亿美元，借方合计为 22 583 亿美元，其 5%在 1 129 亿美元和 1 227 亿美元之间，因此，－2 227 亿美元的误差偏大。(6) 1998 年是我国国际收支统计和管理体制得以健全的重要年份，这一年我国实现了按季编制国际收支平衡表，初步发挥了国际收支统计分析在我国经济运行中的预警作用。

由于经常项目、资本和金融项目是国际收支平衡表中最为重要的组成部分，下面我们分别介绍中国对二者的外汇管理及相关制度改革。

1. 经常项目的外汇管理

经常项目的外汇管理主要有三项内容：经常项目可兑换、经常项目外汇收入管理和进出口核销制度。(1) 经常项目可兑换，指对属于经常项目下的各类交易，包括进口货物、运输费、保险费、劳务服务、出境旅游、投资利润、借债利息、股息、红利等，在向银行购汇或从外汇账户上支付时不受限制。企业进口商品和服务，只要取得进口许可并提交了相应的有效凭证，即可到银行购汇进行对外支付。外商投资企业的利润汇出不受限制。国家间经常性支付和资金转移不得施加汇兑限制。1994年外汇体制改革，取消了经常项目下大部分购汇和支付的限制。1996年把尚未放开的小部分也放开了，取消了经常项目下汇兑的限制。比如，将外商投资企业买卖外汇纳入银行结售汇体系，外商投资企业经常项目下汇兑和国内企业一样，不受限制。同年11月27日，中国人民银行行长戴相龙致函国际货币基金组织总裁康德苏，表示我国自1996年12月1日起接受《国际货币基金组织协定》第八条款，实行人民币经常项目可兑换。1997年1月14日，国务院修改了《中华人民共和国外汇管理条例》，通过立法形式，明确了我国实行人民币经常项目可兑换，其中规定国家对经常性国际支付和转移不予限制。当然，这并不意味着人民币可自由购买外汇。必要的有效凭证仍然是购汇和对外支付所必需的。(2) 经常项目外汇收入实行银行结汇制。早期中外企业在经常项目下的外汇收入，要结售给外汇指定银行。从1997年10月15日起，逐步允许中资企业开立外汇账户，保留一定限额的外汇收入暂不结汇。外商投资企业经常项目范围的外汇收入，可开立外汇结算账户，由国家外汇管理局及其分局核定其可保留的外汇最高金额，超出部分必须卖给指定银行。2001—2007年，国家多次对经常项目外汇收入制度进行调整，逐渐放宽经常项目外汇账户的开户条件和限额管理，到现在境内机构已能够自主保留外汇，我国经常项目结售汇管理制度实现根本性变革。(3) 出口收汇和进口付汇核销制度。这是国际上通用的做法。出口收汇核销是指货物出口后，对相应的收汇进行核销；进口付汇核销是指进口货款付出后，对相应的到货进行核销。这是为了监督企业出口后及时、足额收回货款，付出货款后及时、足额收货，以堵塞套汇和逃汇。核销是在外汇管理局直接负责下，由海关和相关银行协助进行。1994年8月我国开始实行进口付汇核销制度，当时由受外汇管理局委托的指定银行办理。随后，由于外汇流失严重，外汇管理局于1997年3月直接办理此业务。1998年9月，进出口报关单联网核查系统的推广，使出口收汇和进口付汇核销实现电子化，外汇管理局、银行、企业联网共享，有效地加强了对进出口收付汇的管理。2001年以后，中国电子口岸出口收汇系统、出口收汇核报系统等多个电子系统的实施，使中国出口收汇和进口付汇核销制度变得更加完善。①

2. 资本和金融项目的外汇管理

资本和金融项目外汇管理是以确保资本项目外汇收入调回境内，防止资本性外汇收入混入经常项目为基本出发点，以保持中国货币政策的独立性，维护人民币名义汇率的稳定为目的，主要包括三方面的内容：(1) 对外商直接投资的外汇管理。分为收入管理和支出管理。收入管理主要有：外汇投资款、国内外外汇贷款或境外发行外币债券等。具体做法如下：一是进行外汇登记。外汇管理局为符合条件的企业发放外汇登记证，企业凭此证和开户通知书到银行开立外汇账户。二是进行外汇专用账户管理。外商投资企业资本项目下的各类外汇收入，如外汇资本金、外债及外债转贷款、境内中资金融机构的外汇贷款、还本付息等，在开户银行开立专用账户。三是进行外债登记。外商投资企业在国内外筹措资金，不用审批，但需要登记。支出管理主要有：投资款的汇回和偿还

① 吴晓灵．中国金融体制改革30年回顾与展望．北京：人民出版社，2008：70-74；夏斌．创新金融体制——30年金融市场发展与回顾．北京：中国发展出版社，2008：189-190.

外债本金。资本金的汇出、依法清算后的资金汇出、外商投资性公司资本金境内调拨，以及偿还外债本金等，要经过国家外汇管理局的批准或核准。2002年国家推出合格境外机构投资者制度（QFII），允许境外投资者投资我国资本市场。（2）对境外直接投资的外汇管理。境内机构提出向境外投资的立项申请前，外汇管理部门要审查以下内容：一是投资者资格，二是境外投资的风险，三是外汇来源。项目经有关部门批准后，要在国家外汇管理局登记建档，并缴存境外投资利润汇回的保证金。近年来，国家加强改革对境外直接投资的外汇管理，取消境外投资外汇风险审查和汇回利润保证金要求，逐步对外开放境内证券市场，开展境内民营企业境外放款试点等。2006年国家进一步推出合格境内机构投资者制度（QDII），允许境内机构进行境外金融投资。（3）借用外债管理。主要是经国家外汇管理局批准经营境外借款业务的金融机构和经批准的企业，可以借用国际商业贷款；由国家外汇管理局负责发行外币债券、对外担保的审批等。经过多年的努力，在目前43项资本项目交易中，我国超过一半的项目实现了可兑换，严格管制的项目不超过10项。[①]

三、中国的外汇管理体制改革

改革开放以来，中国的外汇管理体制发生了根本性的变化，由传统的计划经济外汇体制转变为逐步适应社会主义市场经济要求的市场体制。一方面，基本确立了市场在外汇资源配置中的基础地位，人民币实行市场供需调节、参考一篮子货币的有管理的浮动汇率制度。另一方面，已经实现人民币经常项目可兑换，正稳步推进资本项目可兑换，国家外汇储备大幅增长。此外，统一的银行间外汇市场已经建立，外汇交易更加稳定、规范。

中国外汇管理体制改革大致分为三个阶段：

1. 计划与市场相结合的外汇管理体制阶段：1979—1993年

改革开放前，外汇统收统支，人民币汇率由国家确定和调整，外汇市场尚未形成。1979年，对出口企业实行外汇留成制度，允许留成的外汇相互调剂，逐渐形成了外汇调剂市场及其汇率，进入了与官方汇率并存的双重汇率时期。1979—1984年，外汇体制采取了不少调整措施，主要包括：中央银行加强了对外汇的集中管理，外汇经营机构由一家为主变为多家经营；根据建设需要，对外借款、发行债券，开办国内外汇存贷款业务；办理合资企业外币、人民币业务。其中值得强调的是，从1981年起开始调整多年不变的固定汇率，改变了汇率长期不变的格局，使人民币汇率向均衡汇率不断靠近。贸易外汇按2.8∶1的水平进行结算，对出口起到了较大的促进和鼓励作用；1985—1988年，中央银行开始对外债进行统一管理，同时对全国的外债进行了普查。1987年改进了外汇管理和外汇留成制度，建立了全国外债监测系统。1988年在全国39个城市成立了外汇调剂中心，还试办了个人外汇调剂业务。1990年9月中国人民银行颁布了《上海外资金融机构中外合资金融机构管理办法》，这是第一个对外资金融机构进行管理的办法。此后，许多外资银行和金融机构纷纷在上海、北京及其他城市设立分支机构和

① 吴晓灵．中国金融体制改革30年回顾与展望．北京：人民出版社，2008：75－76；王广谦．中国经济改革30年——金融改革卷．重庆：重庆大学出版社，2008：116－120．

代表处。1991年4月以后，人民币牌价汇率实行有管理的浮动，可根据市场汇率进行调整，逐渐消除高估，使人民币向合理的汇率水平逼近。1992年8月，在北京成立了全国外汇调剂中心公开市场，外汇市场价格可以根据供求浮动，扩大了外汇留成制度改革的试点范围，从外汇额度管理部分地转向外汇现汇留成。到1993年，有几百家外资银行和金融机构在我国设立了分支机构和代表处。

2. 市场经济外汇管理体制重大改革阶段：1994—2001年

这一阶段以1994年的外汇体制改革和1996年的人民币经常项目可兑换为基础，主要包括四方面的内容：

（1）构筑以市场供求为基础、单一的、有管理的浮动汇率制度。所谓"以市场供求为基础"，即外汇市场的供求状况及汇率水平，成为决定人民币牌价汇率的主要依据。特别是银行间外汇市场形成后，其市场汇率成为中国人民银行公布汇率的主要依据。所谓"单一的"，即14家外汇指定承兑银行根据中国人民银行公布的汇率及规定的浮动幅度对外挂牌的汇率，将适用于所有外汇（包括贸易外汇、非贸易外汇及资本项下的外汇）项目下人民币的结算与兑换。对国内企业和"三资"企业、居民和非居民，这一汇率同样适用。所谓"有管理的"，主要体现在中国人民银行对人民币汇率实施宏观调控与监管，当市场出现大幅度波动时，中国人民银行将通过调整货币政策或通过吞吐外汇来干预外汇市场，保持人民币汇率在合理水平上的相对稳定。所谓"浮动"，指中国人民银行每日公布的汇率根据国内外外汇市场的变动情况相机浮动；同时，各外汇指定银行对外挂牌买卖的汇率，可根据中国人民银行公布的基准汇率及所允许的浮动幅度进行浮动。总之，这种汇率制度是把官方汇率与市场汇率两重汇率的形成机制进行合并，是以市场汇率为基础的。

（2）实行银行结售汇制度，实现了人民币在经常项目下的有条件可兑换。取消外汇留存和上缴，取消外汇收支指令性计划，取消内资企业在经常项目下使用外汇的计划审批，外汇券从1995年1月1日起开始退出流通领域。从1996年7月开始，放宽居民因私用汇限制，对外商投资企业普遍实行银行结售汇制。其实质含义是，取消了计划体制下的外汇收支分成制和额度管理，实行通过银行买卖（结售汇）的市场式外汇供求制度，从而为人民币的可兑换提供了基础。1996年12月1日提前实现了人民币在经常项目下的可兑换，比原来承诺的时间提前了3年多。目前我国经常项目下的外汇支付已基本没有限制，与《国际货币基金组织协定》第八条款规定的义务接近，而结售汇制度已经使基础货币投放与汇兑本位密不可分。在货币投放发生了根本性变化后，外汇占款成为中央银行基础货币投放的主渠道，其占货币投放的比重，由1993年的7%上升为1994年的75%。①

（3）建立统一的外汇市场，发挥市场对外汇资源的分配作用。外汇市场以银行同业市场为主，同时还保存客户零售市场。为外资企业服务的外汇调剂中心，可视为客户零售市场的一个部分。银行间外汇市场采用中国外汇交易中心的形式，采取会员制，总中心设在上海。一些大中城市有分中心，通过电脑联网。交易采取分别报价、撮合成交的竞价交易方式，由计算机系统按照价格优先和时间优先的原则，对各种报价进行匹配成交。在没有设外汇市场分中心的地方，保留了外汇调剂中心，代理外商投资企业进行外

① 谢平．我国金融结构的新变化．经济学消息报，1995-04-01．

汇买卖。

(4) 1996 年 1 月，国务院发布《中华人民共和国外汇管理条例》，6 月，中国人民银行发布《关于对外商投资企业实行银行结售汇的公告》，并修订颁布了新的《结汇、售汇及付汇管理规定》。这些法规进一步完善了我国对经常项目和资本项目的管理。

外汇体制改革后，新体制运行正常，市场上外汇供给充足，汇率稳定，国家外汇储备增加；还促进了国民经济快速、健康发展，促进了社会主义市场经济体制的建立，促进了我国经济与国际经济的接轨。当然，外汇体制还需要进一步完善，重点是汇率形成的市场化程度仍需要提高。

3. 市场经济外汇管理体制的进一步完善阶段：2002 年至今

2001 年底中国加入世界贸易组织，我国由此迈入市场经济外汇管理体制的进一步完善阶段。这一时期，我国加强对经常项目的外汇管理，稳步推进资本项目可兑换，大力培育和发展外汇市场，积极维持国际收支平衡，使外汇管理体制改革更加深入与全面。

2005 年 7 月，中国人民银行发布公告，宣布对人民币汇率形成机制进行改革，即人民币汇率不再钉住单一美元，而是按照我国对外经济发展的实际情况，选择若干种主要货币，赋予相应的权重，组成一个货币篮子。同时，根据国内外经济金融形势，以市场供求为基础，参考一篮子货币计算人民币多边汇率指数的变化，对人民币汇率进行管理和调节，使人民币汇率更具灵活性，维护人民币汇率在合理均衡水平上的基本稳定。参考一篮子货币表明外币之间的汇率变化会影响人民币汇率，但参考一篮子货币不等于钉住一篮子货币，它还需要将市场供求关系作为另一重要依据，据此形成有管理的浮动汇率。此次人民币汇率改革的总体目标是，建立健全以市场供求为基础的、有管理的浮动汇率体制，保持人民币汇率在合理、均衡水平上的基本稳定。

2008 年，在国际金融危机全面爆发的背景下，国家加快外汇管理理念和方式的转变，一方面加强监测与评估管理，防范金融风险，稳定金融政策，另一方面大力发挥市场在外汇资源中的基础配置作用，努力实现经常项目和资本项目的市场调节。同时，积极稳定人民币汇率，有管理地对名义汇率进行调节。①

2008—2010 年，为应对金融危机，人民币兑美元双边名义汇率波动幅度开始收窄，人民币重新回到钉住美元的汇率制度。直至 2010 年 6 月，中国人民银行发布公告："依据国内外经济金融形势和我国国际收支状况，中国人民银行决定进一步推进人民币汇率形成机制改革，增强人民币汇率弹性"，人民币重新参考一篮子货币计算多边汇率指数变化。

2015 年 8 月 11 日，中国人民银行再次对汇率制度进行改革，宣布主动放弃对中间价的管理，改由做市商在银行间市场开盘前参考上日收盘价（以及考虑其他因素）形成。2015 年 12 月，中国外汇交易中心发布 CFETS 人民币汇率指数，在此基础上人民币兑美元汇率中间价初步形成了"收盘汇率＋一篮子货币汇率变化"。2017 年 5 月，中国人民银行进一步完善人民币兑美元中间价形成机制，在原有"收盘汇率＋一篮子货币汇率变化"的基础上，新加入"逆周期调节因子"，并提供部分设定好的系数，从而削

---

① 易纲. 加快外汇管理理念和方式转变 深化外汇管理体制改革. 中国人民银行网站，http://www.pbc.gov.cn/publish/goutongjiaoliu/524/2011/20110118150556545313140/20110118150556545313140 _.html.

弱了前日收盘价对中间价的影响。

到目前为止，现有的人民币汇率制度已形成如下基本框架与体系：(1) 银行结售汇制度；(2) 银行结售汇周转头寸管理；(3) 中央银行外汇公开市场业务；(4) 银行间市场撮合交易制度；(5) 银行间市场汇率浮动区间管理，中央银行只对美元对人民币的交易进行干预。

思考题

1. 联系实际，试分析有效汇率。
2. 联系实际，试分析国际收支平衡表的结构。
3. 试述多恩布什汇率超调模型"超调"的含义。
4. 根据本章资产组合模型的均衡图，试画出货币供给量增加时，三种资产市场均衡的变动图。
5. 试分析比较各种汇率制度形成的原因及特点。
6. 试总结关于人民币升值与否的争论，并分析人民币升值对中国经济可能产生的影响。
7. 试分析中国外汇储备对中国经济的影响。
8. 试从国际金融危机角度看国际金融机构的职能和应急能力。

附录

附录一 改革开放以来中国外汇储备规模的基本情况

改革开放40年来，中国外汇储备规模已经成为一个越来越引人关注的指标，这不是偶然的。因为从外汇储备规模变化上，可以部分反映出国内外经济之间的影响，反映出国内宏观经济变动的影响，反映出汇率政策变动的影响。

首先，我们看一下表11-10所示的我国历年外汇储备情况。

表11-10　1979—2016年中国外汇储备表　　单位：亿美元

年份	外汇储备	年份	外汇储备
1979	8.40	1988	33.72
1980	−12.96	1989	55.50
1981	27.08	1990	110.93
1982	69.86	1991	217.12
1983	89.01	1992	194.43
1984	82.20	1993	211.99
1985	26.44	1994	516.20
1986	20.72	1995	735.97
1987	29.23	1996	1 050.29

续前表

年份	外汇储备	年份	外汇储备
1997	1 398.90	2007	15 282.49
1998	1 449.59	2008	19 460.30
1999	1 546.75	2009	23 991.52
2000	1 655.74	2010	28 473.38
2001	2 121.65	2011	31 811.48
2002	2 864.07	2012	33 115.89
2003	4 032.51	2013	38 213.15
2004	6 099.32	2014	38 430.18
2005	8 188.72	2015	33 303.62
2006	10 663.44	2016	30 105.18

资料来源：中华人民共和国国家统计局．中国统计年鉴 2016．北京：中国统计出版社，2016．

从表 11－10 中可以看到，经过改革开放近 40 年的发展，我国的外汇储备增长很快。1983 年外汇储备达到 89 亿美元，成为 20 世纪 80 年代的高峰。但 80 年代外汇储备规模多次起伏，不是持续上升的直线。进入 90 年代即突破 100 亿美元，基本上开始了直线上升的过程。1994—1997 年，我国外汇储备出现年均 60%以上的惊人增长速度，外汇储备连续四年高增长。1998—2003 年，我国外汇储备继续高速增长，特别是 2000 年以来增速惊人，2000 年外汇储备为 1 655.74 亿美元，到 2005 年已增长到 8 188.72 亿美元。2006—2010 年，即“十一五”期间，我国外汇储备增长更加迅猛。2006 年，我国外汇储备首次突破万亿美元，并且外汇储备额超过日本，成为世界首位。2011 年底我国外汇储备已超过 3 万亿美元。

附录二　进一步推进汇率改革，增强人民币汇率弹性①

——中国人民银行新闻发言人就进一步推进人民币汇率形成机制改革答记者问

根据国内外经济金融形势和我国国际收支状况，中国人民银行决定进一步推进人民币汇率形成机制改革，增强人民币汇率弹性。记者就此采访了中国人民银行新闻发言人。

问：什么是我国汇改的总方针？

答：2005 年 7 月建立的以市场供求为基础、参考一篮子货币进行调节、有管理的浮动汇率制度是按照党的十四届三中全会、十六届三中全会的精神，根据我国国情和发展战略作出的正确选择，是深化改革和对外开放，特别是加入 WTO 后适应新的发展和开放格局的必然要求，也是社会主义市场经济体制的重要组成部分，符合科学发展观的要求。实行有管理的浮动汇率制度是我国的既定政策。此次进一步推进人民币汇率形成机制改革仍是这一方针的继续。

问：如何评估 2005 年以来的人民币汇率形成机制改革？

答：2005 年以来的汇改是成功的。2005 年以来，人民币汇率形成机制改革按照主

① 人民币汇率不进行一次性重估调整．新华网，2010－06－21．

动性、渐进性、可控性原则以我为主有序推进，总体上对我国实体经济产生了积极影响，为宏观调控创造了有利条件，也在应对国内外形势变化中起到了重要作用，取得了预期的效果。一是促使企业提高技术水平，加大产品创新力度，提升核心竞争力，使出口保持了较强的整体竞争力。二是汇率浮动为推动产业升级和提高对外开放水平提供了动力和压力，促进了出口结构优化和外贸发展方式转变，有利于经济发展方式转变和全面协调可持续发展。三是企业主动适应汇率浮动的意识增强，应对人民币汇率变动和控制风险的能力提高，外汇市场得到培育和发展。四是向国际社会展示了我国促进全球经济平衡的努力。

问：国际金融危机期间我国的汇率政策是基于什么考虑？

答：2008年的国际金融危机给全球和中国经济带来了较大的困难和不确定性，我国适当收窄了人民币波动幅度以应对国际金融危机，这符合我国经济的自身利益，有助于我国经济较快地实现稳定和复苏。在国际金融危机最严重的时候，许多国家货币对美元大幅贬值，而人民币汇率保持了基本稳定，这是我国稳定外需、抵御国际金融危机冲击的需要，也为亚洲乃至全球经济复苏作出了巨大贡献。事实说明，这一决策是正确的。

问：进一步推进人民币汇率形成机制改革的主要内容和特点是什么？

答：此次在2005年汇改基础上进一步推进人民币汇率形成机制改革，人民币汇率不进行一次性重估调整，重在坚持以市场供求为基础，参考一篮子货币进行调节。继续按照已公布的外汇市场汇率浮动区间，对人民币汇率浮动进行动态管理和调节，保持人民币汇率在合理、均衡水平上的基本稳定，促进国际收支基本平衡，维护宏观经济和金融市场的稳定。

问：如何将汇改可能带来的负面冲击最小化？

答：进一步推进汇改，需要因势利导、趋利避害，力求使可能发生的负面影响最小化。一是要确保汇率波动幅度可控，防止市场力量引起人民币汇率超调的可能性。目前，我国国际收支向均衡状态进一步趋近，劳动力、资源、土地等生产要素价格的上升也影响了我国出口产品的成本，当前人民币汇率与均衡水平相比并无太大偏差，不存在大幅波动和变化的基础。二是要坚持以我为主，使人民币汇率的有序浮动符合我国经济基本面和宏观调控的需要。人民币汇率浮动有助于我国的国际收支平衡，但不是针对与特定国家的双边贸易失衡问题。三是在人民币汇率管理和调节中要注意采取渐进方式，为企业结构调整留出相应的时间，使企业逐步消化人民币汇率浮动的影响，促进产业有序转移和升级，保持我国企业在国际市场上的总体竞争力，引导就业更多向服务业转移。四是要加强对短期投机资本的监测和管理，防范热钱大规模流动给国内金融体系造成大的冲击。

问：当前进一步推进人民币汇率形成机制改革的时机选择是否合适？

答：当前是进一步推进人民币汇率改革的有利时机。一是当前我国经济回升向好的基础进一步巩固，经济运行趋于平稳，这为进一步推进人民币汇率形成机制改革提供了有利的契机。二是我国正在加快经济结构调整、转变发展方式，国际金融危机爆发使得这一任务更加重要和紧迫。汇率形成机制改革有利于促进经济结构调整，提高发展的质量和效益。三是进一步增强人民币汇率弹性，实现双向浮动，这也是提高宏观调控的主动性和有效性的需要，可应对不同情景下的外部冲击。

问：为什么要参考一篮子货币而不是单一美元来看待人民币汇率水平？

答：随着对外开放程度不断提高，我国主要经贸伙伴已呈现明显的多元化态势。2010 年 1—5 月前五位贸易伙伴（欧盟、美国、东盟、日本和我国香港地区）进出口额已分别占同期我国进出口总值的 16.3%、12.9%、10.1%、9.4%和 7.5%。同时，资本往来也呈现多样化和多区域特征。在此背景下，人民币汇率如果钉住单一货币变化，不适应贸易投资货币多元化的需要，也不能反映汇率的实际水平。多种货币组成的货币篮子及其变化更能准确反映真实的汇率水平。因此，需要以市场供求为基础、参考一篮子货币进行调节，这有利于形成更为科学合理的汇价水平。对企业和居民来说，在当前贸易和资本往来多元化的格局下，不宜单纯依据美元来衡量人民币汇率，而应从双边汇率转向多边汇率，更多关注篮子汇率变化，以人民币相对一篮子货币的变化来看待人民币汇率水平。

问：人民币汇率会不会出现大幅波动？

答：人民币汇率大幅波动，对我国经济金融稳定会造成较大的冲击，不符合我国的根本利益，保持人民币汇率在合理、均衡水平上的基本稳定是进一步推进人民币汇率形成机制改革的重要组成部分。当前人民币汇率不存在大幅波动和变化的基础。目前我国进出口渐趋平衡，2009 年我国经常项目顺差与国内生产总值之比已经显著下降，2010 年以来这一比例进一步下降，国际收支向均衡状态进一步趋近。中国人民银行将继续按照已公布的外汇市场汇率浮动区间，对人民币汇率浮动进行动态管理和调节，提高调控水平，改进外汇管理，保持人民币汇率在合理、均衡水平上的基本稳定，维护宏观经济和金融市场稳定。我国将积极有效地实行促进经济结构调整、转变发展方式的各项宏观经济政策，稳步推进各项改革，为人民币汇率稳定提供良好的政策环境。

参考文献

［1］Karl Habermeier, Annamaria Kokenyne, Romain Veyrune, and Harald Anderson (2009). "Revised System for the Classification of Exchange Rate Arrangements", International Monetary Fund Work Paper.

［2］U. S. Department of the Treasury Office of International Affairs (2011). "Report to Congress on International Economic and Exchange Rate Policies".

［3］Marcel Fratzscher (2004). "Communication and Exchange Rate Policy", Working Paper Series, No. 363, May 1.

［4］N. 格里高利·曼昆. 宏观经济学（第 6 版）. 北京：中国人民大学出版社，2009.

［5］多恩布什，费希尔，斯塔兹. 宏观经济学（第 7 版）. 北京：中国人民大学出版社，2000.

［6］安德鲁·B. 亚伯，本·S. 伯南克，迪安·克鲁肖. 中级宏观经济学（第 6 版）. 北京：机械工业出版社，2009.

［7］奥利维尔·布兰查德. 宏观经济学（第 2 版）. 北京：清华大学出版社，2003.

［8］杰弗里·萨克斯，费利普·拉雷恩. 全球视角的宏观经济学. 上海：上海三联书店，上海人民出版社，1997.

［9］萨缪尔森，诺德豪斯. 宏观经济学（第 18 版）.北京：人民邮电出版社，2007.

[10] 约瑟夫·E. 斯蒂格利茨. 经济学（第4版）. 北京：中国人民大学出版社，2010.

[11] 爱德华·夏皮罗. 宏观经济分析. 北京：中国社会科学出版社，1985.

[12] 吉利斯等. 发展经济学（第4版）. 北京：中国人民大学出版社，1998.

[13] 国际货币基金组织. 国际收支手册. 北京：中国金融出版社，1988.

[14] 高鸿业. 西方经济学（宏观部分）. 北京：中国经济出版社，1996.

[15] 李晓西. 宏观经济学（中国版）. 北京：中国人民大学出版社，2005.

[16] 李晓西. 宏观经济学：转轨的中国经济. 北京：首都经贸大学出版社，2000.

[17] 李晓西. 20年观察与思考. 北京：经济科学出版社，1999.

[18] 郭树清. 遐思琐记：世纪之交热点问题探讨. 上海：学林出版社，2002.

[19] 吴晓灵. 中国金融体制改革30年回顾与展望. 北京：人民出版社，2008.

[20] 夏斌. 创新金融体制——30年金融市场发展与回顾. 北京：中国发展出版社，2008.

[21] 王广谦. 中国经济改革30年——金融改革卷. 重庆：重庆大学出版社，2008.

[22] 戴相龙. 领导干部金融知识读本. 北京：中国金融出版社，1997.

[23] 国家统计局. 中国统计年鉴1982—2010. 北京：中国统计出版社，1982—2010.

[24] 王爱俭，王景武. 中国外汇储备投资多样化研究. 北京：中国金融出版社，2009.

[25] 李晓西. 外汇占款、外汇储备及其他. 现代金融导刊，1995（2）.

[26] 李晓西. 1986年汇价调整的效果分析. 国务院发展中心参阅材料，1987年116号.

[27] 余永定. 关于外汇储备和国际收支结构的几个问题. 1995年7月文稿.

[28] 林伯强. 人民币均衡实际汇率的估计与实际汇率错位的测算. 经济研究，2002（12）.

[29] 魏巍贤. 人民币升值的宏观经济影响. 经济研究，2006（4）.

[30] 刘立新. 中国外汇储备迅猛增长的原因. 经济研究参考，2008（66）.

[31] 高海红，陈晓莉. 汇率与经济增长：对亚洲经济体的检验. 世界经济，2005（10）.

[32] 李建伟，余明. 人民币有效汇率的波动及其对中国经济增长的影响. 世界经济，2003（11）.

[33] 刘纪显等. 货币主义现代汇率理论评述. 国际经贸探索，2004（9）.

[34] 孙涛，金思宇. 蒙代尔经济理论述评. 中国青年政治学院学报，2000（7）.

[35] 刘强. 不同汇率制度下的货币政策、财政政策与最优货币区. 财经问题研究，2000（10）.

为了刺激经济，货币政策作用不大，得靠财政政策，因为你能用绳子拉动，却不能用绳子推动。[①]

——约翰·梅纳德·凯恩斯

第十二章 财政政策及财政体制

本章的研究重点是财政政策及其发挥作用的制度条件。从宏观角度认识财政政策，主要是分析财政收支在国民收入均衡中的作用，分析运用财政调节手段达到政策目标的评价问题。财政体制则是从制度的角度观察财政的功能，分析财政收支及功能实现的制度因素。

第一节 基本概念

一、财政及其职能[②]

在任何社会里，或为维持统治，或为满足社会公共需要，政府都会征税或收费，也会有各种支出。政府进行的收支活动，就是财政或财政活动。财政活动的主体是政府，除政府外的经济组织或团体的经济活动，都不属于财政。财政活动在全社会范围内进行。在现代社会里，财政收入取之于全民，财政支出也直接或间接地用之于全民。

财政职能主要有三项：

1. 配置资源

此职能就是通过对社会资源的收与支，集中一部分社会资源，提供公共产品与服务，

① 杨继绳．为什么凯恩斯在中国“水土不服”．//金明善．经济学家茶座：第一辑．济南：山东人民出版社，2001.

② 薛天栋．现代西方财政学．上海：上海人民出版社，1983；项怀诚．领导干部财政知识读本．北京：经济科学出版社，1999.

引导社会资金，提供经济活动的适宜环境，促进社会资源的最优配置。因为财政不仅是一部分社会资源的直接分配者，也是全社会资源配置的调节者，因而，财政的职能就不仅表现在社会资源的直接分配上，也反映在社会资源的间接调节上。一是调节社会资源在政府部门和非政府部门之间的配置；二是根据形势需要安排与调整政府各类支出项目的比例关系；三是引导非政府部门的资金投向。当社会资源配置合理时，即社会各种产品的生产均能满足社会需要，改变这种状态则会使供求不均衡，即此时处于所谓的帕累托（Pareto）最优状态，这就需要以中性财政政策来维护。

2. 影响分配

此职能是指政府财政收支活动对社会成员在社会财富中所得份额施加影响，以实现合理合情分配（公平为主、兼顾其他）的目的。主要表现在：一是税收调节，通过个人所得税，把收入差距调控在各类人群可接受的范围内；通过企业所得税调节生产与非生产人群间的福利收入水平；通过遗产税、赠与税调节人们在财产上的差距；等等。二是通过转移支出，均衡各级财政的财力。狭义的财政转移支出是在各级政府之间发生的，广义的则指政府间、政府对企业和个人的财政无偿支出，如公共卫生、社会保障等方面的支出。通过转移支出，使各类主体的财力有所均衡，或促使其财权与事权有所均衡。三是调整政府内人员的工资水平，保证公务员的生活水平随经济增长有所提高，在激励公务员工作的同时也控制工资的差距。

3. 调节经济

这是财政的三大职能之一，也是财政政策的基础。通过财政的收支来促进经济增长或平稳经济发展，促进就业，保持价格稳定等都是重要的。做法主要有：一是根据经济发展的不同阶段，根据供求关系的不同状况，通过财政手段来影响经济，达到政府目标。如以扩张性财政手段来刺激总需求扩大以消除经济不振和萧条，以紧缩性财政手段来抑制总需求以解决经济过热和通货膨胀。这往往被称为“相机抉择”（discretion）的做法。二是发挥一些税种和公共支出的“内在稳定器”（the built-in stabilizers）作用，如个人所得税、累进个人所得税、工资税、企业所得税和消费税等税种在经济萧条时税额自动减少以扩大需求，反之则自动增加；而失业救济金、各种福利等公共支出在经济萧条时要增加从而扩大需求，反之减少则会缩小需求，这些自动的张缩有助于经济增长趋向平稳。三是通过财政投资、补贴等，把握公共设施和生态环保建设投资的时机与力度，把握具有社会效益与国家利益的重点产业投资的时机与力度，以及把握科教文卫方面的支出增长速度，既为经济发展提供后劲与环境，也综合考虑对经济短期供求关系的影响，以有助于经济的健康发展。

二、财政政策及其原则

在市场经济条件下，虽然通过价格机制能够有效配置资源，但是由于存在外部性、信息不对称以及公共产品等因素，出现了垄断、寡头、经济周期波动、股市崩溃、投资泡沫、金融危机、收入财富分配不公等市场失灵情况，需要政府通过财政机制进行调节，即财政通过税收等形式从市场经济中集中部分资源，然后以预算支出的形式在市场失灵领域重新安排，体现在经济政策上就是制定和实施财政政策。

财政政策目标，是指通过财政政策的实施所要达到的目的，即财政政策要实现的期望值。财政政策目标是多元的，它随着经济发展和社会政治状况的改变而不断进行选择和确定。通常财政政策目标主要是：物价相对稳定，收入合理分配，经济平稳增长。

财政政策是政府行为，是为达到某种目标而利用的财政手段。财政政策包括同政府收入和支出的水平及结构有关的所有措施。财政政策通过政府预算中的税收和支出两方面共同发挥作用。简言之，有关政府支出、税收和公债的政策，就是财政政策。通过政府采购的商品品种、变动的税种及税率和转移支出的具体内容和对象，财政政策影响总需求水平和总产出。

市场经济国家近百年来，形成了多种财政政策原则，其中有影响的主要有三种：

（1）预算平衡原则。亚当·斯密在《国民财富的性质和原因的研究》一书中提出，政府应该厉行节约、量入为出，每年预算都要保持平衡。这种准则是家庭理财准则的发展，中国家庭在这方面可称典型。厉行节约，量入为出，几千年来深入人心，被奉为理家的基本规则，甚至成为人品、道德的一部分。认为借债过日子是给子孙造孽，是挥霍浪费。同理，政府搞赤字、发债券，是计划不周、浪费铺张造成的，影响了社会资金的投入，也给后代带来了负担。

供给学派提出了现代的预算平衡原则。他们认为，通过减税刺激供给增加，减少政府开支，谋求预算平衡，就可控制住通货膨胀。但这一学派没有更系统的理论，也没有成功的实践来支持其理论，因此，影响不大。

（2）周期平衡的财政预算原则。这是对年度预算平衡原则的改革或完善。如果在经济萧条时允许政府多发债，允许出现赤字，而在经济繁荣时期，以预算盈余补回赤字，实现周期的财政预算平衡，那么，这既有助于政府发挥稳定经济的作用，又有助于控制财政赤字的增加。这种思路可视为凯恩斯功能财政的一种温和形式。

（3）实现充分就业的财政原则，又称功能财政准则。这个原则主张经济平衡高于财政平衡，财政是否平衡要服务于经济平衡。凯恩斯全面阐述了功能财政的实质，认为年度预算平衡在经济衰退时加剧紧缩，而在经济膨胀时扩张需求，因此，对经济发展是不利的。据有关资料反映，最早提出功能财政的是勒纳（Abba Lerner），他在 1941 年提出了政府的财政政策，认为政府的开支与税收、政府的债务收入与债务清偿、政府的新货币发行与货币收缩等政策运用，都应该着眼于这些举动对经济所产生的结果，而不应该着眼于这些举动是否遵循了既定的传统学说。① 由于繁荣时期的财政盈余往往不能弥补萧条时期的财政赤字，因此，周期性平衡预算在实践中难以实现，而允许财政出现赤字，实现以充分就业为目标的财政预算就成为一种重要的选择。

三、财政体制②

财政制度是经济管理体制的重要组成部分，是以法律形式规定的一系列行为准则，它既包括处理财政分配关系的制度，也包括筹集财政收入和分配财政支出的基本法规，同时包括了财政的计划管理和日常业务管理的制度。财政体制即财政管理体制，这是财政管理的核心部分，也是财政制度的基本部分。

---

① 勒纳．功能财政与联邦债务．社会研究，1943（10）．

② 本部分参考了项怀诚编著的《中国财政管理》（北京，中国财政经济出版社，2001）一书的观点。

1. 财政体制的含义

各级政府均有自己的财政。不同等级、同一等级不同地域的政府，组成了多个财政行为主体。就各国法律规定看，各财政行为主体都程度不同地拥有税费征管权和财政支出安排权。在财政活动过程中，各财政行为主体间不可避免地发生横向或纵向的联系。财政管理体制，就是国家管理、规范财政分配关系，划分各级政府之间财权和财力或同级政府各财政职能机构之间职责分工的根本制度。换言之，政府间的财政收支权责划分是财政体制的核心内容。这种财政收支权责划分，是依据政府职能界定和政府间事权划分来确定的。现代财政管理体制既包括各级政府间的财政收支划分，又包括政府间的转移支付制度。

财政管理体制有广义和狭义之分。广义的财政管理体制主要包括预算管理体制、税收管理体制、公共部门财务管理体制等。狭义的财政管理体制是指政府预算管理体制。

2. 财政收支权责的划分与转移支付制度

财政管理权责的划分，就是明确划分各级政府的事权和财权，确定各级财政以及同级财政各管理部门之间在财政分配和管理上拥有哪些权限，拥有多大的权限，应负责哪些事务，应承担哪些责任。各级政府事权和财权划分主要依据受益范围原则和效率原则。所谓受益范围原则主要是将各种事权基础上受益的对象和范围作为各级政府承担财政支出的依据。效率原则主要是某项事务由哪级政府办理成本最低、效率最高，就应由该级政府负责承担。各国政府对转移支付的基本内容，如转移支付的目标、规模、测算方法、各项考核因素所占的比例等，都以法律形式加以规定。

一般情况下，政府间的财政收支结构呈现这样的情形：在年度财政收支总量中，划归中央政府掌握的收入要超出其实质性职权范围的一定比例，而地方政府所承担的职权则往往超过直接（或第一次）收入划分所拥有的财力。上下级政府之间的自有财政收入与其承担的支出责任不对称出现的财政缺口可称为纵向财政失衡，而不同辖区政府在提供公共服务方面不能达到最低标准而形成的财权与事权的不对称可称为横向财政缺口。政府间的转移支付制度就是中央政府为解决纵向与横向缺口、均衡各地方政府的财力状况，协调地区间经济发展而将中央政府掌握的一部分财力转移给地方政府使用的一种调节制度。建立这一制度有助于增强地方满足社会公共需要的能力，有助于鼓励地方政府提供具有外溢性的公共服务，有助于国家某些特殊社会目标的实现。

转移支付形式可分为两种。一种为纵向转移支付模式，即上下级政府之间的转移支付，又分为一般性转移支付和专项转移支付相结合式，其中专项转移支付又可分为要求配套的拨款和不要求配套的拨款。另一种是横向转移支付，即同级政府之间的转移支付，主要是财政较富裕的地区向财政不足的地区进行转移支付。

例如，美国的财政转移支付的形式分为三类：项目拨款、无条件拨款和总额拨款。其中项目拨款和总额拨款属于专项拨款，主要投向环境保护、能源、卫生、教育等项目。项目拨款要求地方政府拿出5%～50%甚至更高比例的配套资金；总额拨款通常规定资金使用的某个范围，而不作具体限制，主要用于重大工程项目。与其他发达国家不同，美国的联邦政府拨款绝大多数为专项拨款，20世纪90年代初，有条件拨款占联邦政府拨款的90%以上。日本的转移支付方式有：地方让与税、国库补助金和地方交付税，其中地方交付税和国库补助金是最重要的，占中央向地方转移支付的90%左右。地方交付税是中央向地方的无条件转移支付，主要用于公共服务均等化；国库补助金是专项转移支付，以配套补助为主，主要用于教育、社会保障、公用设施等；地方让与税是地方政府从中央政府获得的税收转移支付，所占比例较小。

3. 预算制度

预算是政府直接集中和使用的货币资金的总和，是财政年度预期收支的总计划，经立法机构批准后具有法律效力。这种现代国家的预算制度是从英国开始的，已有200年的历史。美国1789年成立了财政部，1921年国会通过了预算和会计法令以后才有了国家预算，并成立了国家预算局。

预算是与发展规划相联系的，具有资金配置的作用。预算涉及利益分配，也关系到经济稳定。预算具有年度性、公开性。各国的预算情况各不相同。例如：美国强调预算的责任管理，明确管理预算机构的权限，预算要有适当的弹性；日本规定了事前议论原则、公开性原则和分类原则；法国有完整性、专项专用原则。这些原则大体上相同，都是为编制和执行预算服务的，进一步是为整个经济发展和政府管理财政服务的。

预算有单式、复式等多种技术组织形式。单式预算将全部财政收支分项排列，汇集编入一个预算表中，直观、简单，完整性强，便于监督。复式预算是将同一预算年度的全部财政收入和支出按性质划分，分别汇编成两个或者两个以上的收支对照表，如分别编成经常性预算和资本性预算。经常性预算中的支出是行政经费等经常性支出，资金来源是税收；资本性预算支出是公共基础设施、国营企业投资等，资金来源是政府举债和经常性预算结余。复式预算编制要与国民经济核算表对照起来。

4. 财政体制的模式

财政体制主要有三种模式：一是各级财政具完全独立性的联邦制模式，二是统一财政预算和分级管理的中央集权制模式，三是以上两种模式的混合模式。

美国是典型的联邦制国家，行政上分为联邦、州、地方（县、市、村镇、学区、专区等）三级，联邦政府与州、地方之间没有上下级隶属关系，各自独立行使宪法赋予的权利，与之相对应，在财政管理体制上实行分税制，全国没有统一的税法，三级政府各有自己的财税法律，对本级预算实行独立编制、审批、执行的管理制度。各级财政具有完全的独立性，实行彻底的分权型分税制财政体制。联邦政府的事权范围主要包括：(1) 国防；(2) 国际事务；(3) 保持经济稳定，制定和调整货币政策，稳定利率和汇率；(4) 通过税收政策，调节收入分配，保证有效供给，稳定价格，实现充分就业；(5) 通过科技、教育、社会福利计划的制定和实施，保持社会发展和社会稳定；(6) 提供社会供给服务和产品；(7) 通过价格补贴，对特定项目补助，影响州和地方的服务供应。在确定事权的基础上，联邦政府支出范围包括：国防、外交、科学技术、航天技术、能源、自然资源和环境、农业援助、交通运输、教育就业训练、社会服务、社会福利、社会保障、卫生、退伍军人福利、司法管理、国债利息、财政援助等。联邦政府可开征除财产税以外的所有税种，包括个人所得税、企业所得税、社会保险税、关税、消费税、遗产税、赠与税、货物税等，其中个人所得税为主体税种。州政府的支出范围包括：基础教育、公路建设、公共福利、保健和医院开支、公共事业（警察、消防、水电及煤气供应）、州债务利息等。其中教育支出比重最大，达到40%左右。州政府可开征除关税以外的所有税种，有权自行决定税率，包括销售税、个人所得税、企业所得税、货物税、保险税、酒精和烟草税、各种使用税等。其中州以销售税为主要税种，加上个人所得税和企业所得税构成州财政收入的主要来源，三项收入规模要占总收入的70%左右。地方政府（县、市、村镇）的职责主要是提供使本地区受益的项目，支出范围主要有：一般行政费、家庭和社区服务、教育、治安、道路、消防、公共事业、地方基础设施等。其中家庭和社区服务支出以及教育支出所占比重较大，大约在40%左右。地方政府税收体系包括：财产税、地方销售和使用税、所得税及一些收费等，其中以财产税为主体税种，占全部地方税收的40%以上。

日本是中央集权制的有代表性的国家。日本在行政上分为中央、都道府县和市町村三级。日本各级政府的财政收入主要是税收，通过实行分税制，中央政府集中了全国税收的70%，便于全国统一税率和征收的大宗税源归中央，征收工作复杂的小宗税源归地方。地方政府支出占全国财政支出的70%，其中相当部分来自中央征集的财政收入，中央政府通过让与、下拨将财政收入转移到了地方。日本地方政府在财权和财力上具有相对独立性，能自主征税，但立法权归国会，每年财税当局根据当年实际情况采取零基法来测定地方财政预算数额，控制地方预算安排计划。

第三种是财政管理实践中的混合模式。从当前世界各国财政管理体制的发展趋势看，原来实行彻底分权分税制财政管理体制的国家，如美国、澳大利亚，正逐步加强中央政府的权力；而原来实行以集权为主的分税制财政管理体制的国家，如日本、法国，正逐步向权力的分散化发展，出现了寻求集权与分权适度结合的发展态势。

第二节　财政政策与总供求均衡

从宏观经济范畴我们对财政政策提出的问题是：财政政策对实现总供求均衡有什么作用？财政政策对国民收入产生作用的机理是什么？如何衡量财政政策作用的大小？

这几个问题有着内在联系，其中，*IS*-*LM* 模型与财政政策乘数是财政政策稳定经济的理论基础，也是财政宏观调控的基本原理。

一、从公式看财政政策对 GDP 的影响

在第一章“经济增长与国民经济核算”中，本书曾专门介绍过两大基本核算恒等式，即“产出等于购买”和“产出等于收入”。下面由此入手进行分析。从第一个恒等式“产出等于购买”这一基本关系的简单推导公式，结合第二个恒等式，看财政对总供求的影响是如何表示的。

一国生产的产品和劳务 Y，最终分为居民消费 C、私人投资者投资 I、政府购买 G 和外国净购买 NX。其公式为：$Y=C+I+G+NX$。这个恒等式对中国经济政策的确定有重要影响。消费、投资、政府支出和净出口，已成为分析如何保持经济持续、健康增长的四个基本方面。

从第二个恒等式“产出等于收入”中，我们知道，一国生产的产品和劳务 Y，减去政府得到的税收 T，就是一国国民得到的各种收入的总和，称为可支配收入 Y_d。公式为：$Y=T+Y_d$。可支配收入又可分为两部分：一部分是要用掉的，为消费 C；另一部分不用的为储蓄 S。

现在，我们把 G 作为重点进行分析。G 包括政府消费和政府投资两部分，T 是政府扣除转移支付后的净税收。设消费函数 $C=a+b\times Y_d$。这里 a 是常数项，b 是参数，

Y_d 是可支配收入，即 $Y_d=Y-T$，则 $C=a+b(Y-T)$，将此消费函数代入总公式中，就有：$Y=a+b(Y-T)+I+G+NX$。简化后，得：$Y=G/(1-b)-bT/(1-b)+(I+a+NX)/(1-b)$。

从这个公式可以看出，在边际消费倾向 $0\leqslant b\leqslant 1$ 时，政府支出 G 增加，则国民生产总值 Y 增加，反之亦然；税收 T 则相反，T 增加时 Y 减少，T 减少时 Y 增加；私人投资 I 和净出口 NX 与 Y 都是同向的变化。就财政政策而言，政府支出和税收对国民生产总值有影响。

二、从 *IS*－*LM* 模型看财政政策的作用

IS－*LM* 是反映商品市场和货币市场同时均衡的利率和收入的模型。如果知道一个经济体系的消费函数（从而储蓄函数）和投资函数，就可求得 *IS* 曲线。*IS* 曲线的斜率或者说其倾斜程度，取决于投资函数和储蓄函数的斜率。*IS* 曲线是反映财政政策效果的标识。在前面的内容中，我们已知道，在 *IS*－*LM* 曲线中，*IS* 可用于分析财政政策对国民收入的影响程度，*LM* 可用于分析货币政策对国民收入的影响程度。利率和储蓄的变化源于财政政策，而货币供给量的变化源于货币政策。

现在我们具体分析一下，财政政策如何导致了 *IS* 曲线和 *LM* 曲线的移动，进而影响宏观经济的核心指标——国民收入（见图 12－1）。

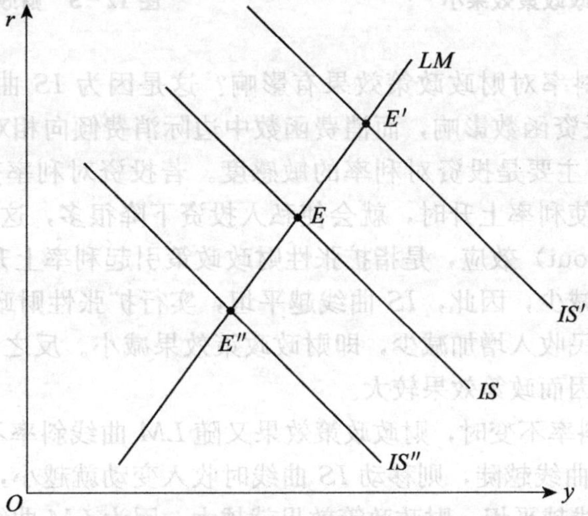

图 12－1　财政政策与 *IS*－*LM* 曲线

如图 12－1 所示，如果 *LM* 曲线不变，政府实行扩张性财政政策，会使 *IS* 曲线向右上方移动，它和 *LM* 相交形成的均衡利率和收入都高于原来的利率和收入；而实行紧缩性财政政策，会使 *IS* 曲线向左下方移动，使利率和收入下降。为什么会是这种情况呢？因为财政政策是通过政府变动税收和支出以影响总需求进而影响国民收入的。扩张性财政政策，一是要减税或改变税收结构，这就给个人和企业增加了可支配的收入，可以增加消费需求从而增加生产和就业。所得税结构变化也会产生一定影响，比如增加高收入者的赋税，减少低收入者的赋税，可刺激社会总需求。二是扩大政府支出，比如政

府扩大对商品和劳务的购买，多开展一些公共建设，就可以扩大私人企业产品的销路，增加消费、刺激需求。三是财政投资补贴也可增加投资和消费，有助于提高 GDP。当然，扩张性财政政策会增加对货币的需求，因此，对利率的影响是促使其上升。

财政政策的作用有多大呢？或说政策效果如何呢？从 *IS*－*LM* 曲线上看，就是指 *IS* 曲线变动对国民收入变动的影响有多大。这受 *IS* 曲线和 *LM* 曲线斜率的影响。

（1）在 *LM* 曲线不变时，*IS* 曲线斜率的绝对值越大，即 *IS* 曲线越陡峭，则移动 *IS* 曲线时收入 y 变化越大，即财政政策效果越大；反之，*IS* 曲线越平坦，则 *IS* 曲线移动时收入 y 变化就越小，即财政政策效果越小。如图 12－2 和图 12－3 所示。[①]

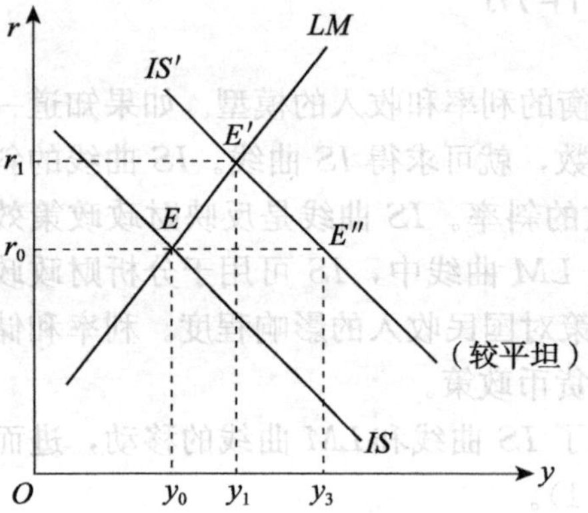

图 12－2　财政政策效果小

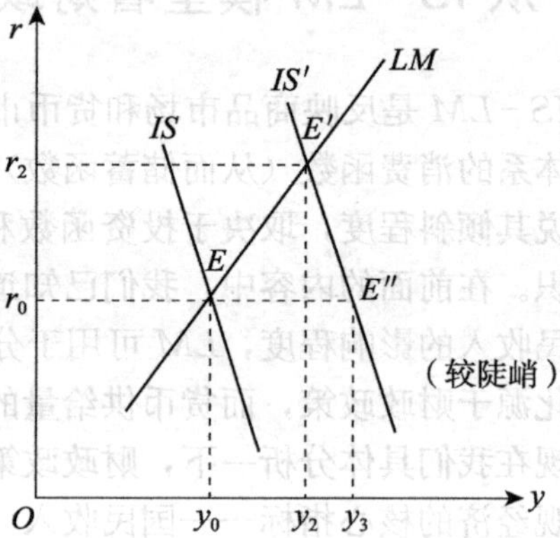

图 12－3　财政政策效果大

为什么 *IS* 曲线斜率对财政政策效果有影响？这是因为 *IS* 曲线斜率受消费函数（进而储蓄函数）和投资函数影响，而消费函数中边际消费倾向相对稳定，因此，影响 *IS* 曲线斜率大小的，主要是投资对利率的敏感度。若投资对利率变动的反应较敏感，一项扩张性财政政策使利率上升时，就会使私人投资下降很多，这就是挤出效应较大。所谓挤出（crowding-out）效应，是指扩张性财政政策引起利率上升，从而导致私人支出减少，尤其是投资减少，因此，*IS* 曲线越平坦，实行扩张性财政政策时被挤出的私人投资就越多，使国民收入增加减少，即财政政策效果减小。反之，当 *IS* 曲线较陡峭时，挤出效应较小，因而政策效果较大。

（2）当 *IS* 曲线斜率不变时，财政政策效果又随 *LM* 曲线斜率不同而不同。*LM* 曲线斜率越大，即 *LM* 曲线越陡，则移动 *IS* 曲线时收入变动就越小，即财政政策效果就越小，反之，*LM* 曲线越平坦，财政政策效果就越大。因为 *LM* 曲线斜率较大即曲线较陡，表明货币需求的利率系数较小，货币需求主要取决于交易需求，货币需求对收入的反应比较灵敏，这意味着当收入上升时，货币需求增加较快，因此，为维持货币市场的均衡，需要利率有较大幅度的上升，从而对私人部门投资产生较大的挤出效应，结果使财政政策效果减小。反之，当货币需求利率系数较大时，即当 *LM* 曲线较平坦时，政府增支不会使利率出现较大幅度的上升，对私人投资的影响较小，因此，国民收入增加较多，财政政策效果较大。

当然，需要指出的是，在市场的自发作用下，*IS* 曲线和 *LM* 曲线的交点不一定

① 高鸿业．西方经济学：下册．北京：中国经济出版社，1996：545，559．

对应充分就业均衡和充分就业收入，要达到充分就业状态，需要依靠国家运用财政政策和货币政策进行调节。如何调节，反映在 $IS-LM$ 分析中，就是要改变 IS 曲线和 LM 曲线的位置。本节所讲的是发挥财政政策的作用，即改变 IS 曲线位置所发挥的作用，具体来讲，就是政府变动税收和支出，以便影响总需求，进而影响就业和国民收入。

三、从乘数理论看财政政策的作用

现在，我们换一种角度或者说更具体地分析财政政策的作用，并对不同政策工具的作用大小进行比较。这里首先要引入的一个极为重要的概念是乘数概念。乘数就是倍数，或是一种系数。就是说当一种力变化时，会引起另一种力发生什么变化，如同物理学中的杠杆原理。财政乘数是一个非常重要的概念，是现代凯恩斯经济学与新古典宏观经济学财政理论的核心内容。下面我们要专门进行论述。

最基本的乘数是对边际消费倾向的反映。一笔钱用于购物会引致销售者收入增加，如果继续购物并一直继续下去，这最初的一笔钱就会导致数倍的收入扩大。但在此过程中，每一个购物者都要按一个比例去消费。设已知社会平均消费比例为 b，通常我们用边际消费倾向 MPC 来反映这个事实，那么，乘数就会以 $1+b+b^2+b^3+\cdots=1/(1-b)$（这是数学中的无穷级数和的公式）的过程发展下去。由于这里的 b 就是 MPC，因此，这时，我们就得到 $1/(1-MPC)$ 这样一个简单而又最基本的乘数。由于 $1-MPC=$ 边际储蓄倾向 MPS，因此，$1/(1-MPC)=1/MPS$，因此，我们又可以说，乘数等于边际储蓄倾向的倒数。

财政的乘数原理，就是指政府支出 1 元，国民收入增加多少倍，准确地讲，财政政策乘数是指政府收支变化能使国民收入变动的程度。比如，政府增加 100 亿元的政府购买能使国民收入增加多少亿元？显然，财政乘数理论对理解财政政策为什么重要会起到很大作用，进而对理解凯恩斯及其追随者的财政理论具有重要意义。这相当于投资对产出的影响。

财政政策的作用大小及其比较，是通过估算和比较财政乘数进行的。

1. 财政政策乘数总体分析

公式 $Y=G/(1-b)-bT/(1-b)+(I+a+NX)/(1-b)$ 是对总供求均衡与财政政策基本关系的说明。现在我们继续分析这个公式。式中 G 的系数 $1/(1-b)$ 被称为政府支出乘数，税收和转移支付 T 的系数 $b/(1-b)$ 被称为税收和转移支付乘数，这说明政府干预时，国民收入均衡值将会按乘数原理多倍扩大。

在商品市场和货币市场同时均衡时，根据三部门经济中的 $IS-LM$ 曲线可推导出财政乘数公式：$dy/dg=1/[1-MPC(1-t)+dr/h]$。式中，$MPC$ 代表边际消费倾向，t 代表税收函数中的边际税率，d 代表投资需求函数 I 对利率的敏感程度，r 和 h 分别代表货币需求函数中货币需求对收入和利率的敏感程度。[①] 从该式可知，财政政策乘数与消费、投资、利率等参数相关。财政政策乘数与边际税率 t 及货币需求对利率的敏感程度 h 呈反向变动关系，而与边际消费倾向 MPC、货币需求对收入的敏感程度 r 以及投

① 高鸿业. 西方经济学：下册. 北京：中国经济出版社，1996：562.

资对利率的敏感程度 d 呈正向变动关系。借用此公式可分析政府财政政策影响国民收入变动的程度。

2. 政府支出乘数公式

政府支出乘数＝1/(1－*MPC*)。这是指政府用于商品和劳务上的开支每增加一元所引起的国民收入的增加量，反映政府开支 G 变化对国民收入 Y 的作用。政府在商品和劳务上的一笔最初购买量会引起一连串的再支出。比如，为修建三峡工程而购买了东方机电集团的发电机，东方机电集团会用其所得支付工资和购买企业所用的商品，东方机电集团的工人购买生活用品和家电，这又引起被购方（如家电经营和生产企业、日用品经营和生产企业等）收入的增加和部分收入又投入消费，如此循环，如果边际消费倾向是 0.55，那么，政府支出乘数就为 1/0.45＝2.22。就是说，政府支出 100 亿元，引起的国民收入增加值将是 222 亿元。反之，如果政府支出 G 下降，那么，国民收入 Y 的下降幅度将等于 G 的下降量乘以乘数。

一般说来，由于存在挤出效应，财政政策乘数小于简单的政府支出乘数。只有在流动性陷阱的特殊情况下，即 *LM* 曲线呈水平的情况下，财政政策乘数才等于政府支出乘数。

3. 税收乘数公式

税收乘数＝$-b\times[1/(1-b)]$＝－*MPC*×政府支出乘数。这个公式是怎么得来的？如果消费者被征走 1 元的税，那么，他减少的消费就是 b，别人少得到收入 b 而减少的消费是 $b\cdot b=b^2$，依此类推，总共减少的消费支出为 $b+b^2+b^3+\cdots=b/(1-b)$，式中，b 为边际消费倾向，$1/(1-b)$ 为政府支出乘数，因此，税收乘数的绝对值就等于边际消费倾向 *MPC* 乘以政府支出乘数 1/(1－*MPC*)。如果边际消费倾向仍为 0.55，政府支出乘数为 2.22，那么，税收乘数就是－2.22×0.55＝－1.22。其经济含义就是，如果政府提高税率、增加税收，消费支出将降低，影响国民收入提高，但其影响相对于等量政府支出扩张的效应较小。反之，如果政府减少税收，国民收入水平将提高，但由于税收乘数小于支出乘数，因此，这种提高低于政府支出增加带来的提高幅度。增加税收的收缩效应少于等量增加政府购买支出的扩张效应，因为支出增加是总支出的增加；而税收增加不是总支出的减少，只是总支出扣除私人储蓄净额后的那部分的减少。

4. 政府转移支付乘数公式

转移支付乘数＝$b\times[1/(1-b)]$＝*MPC*×政府支出乘数。这就是说，从绝对值上看，转移支付乘数与税收乘数是等值的。为什么？因为这里把转移支付看成一种税负，正如把价格补贴看成税负是一个道理。因此，转移支付与税收大小相等，但方向相反。在这里，减税的作用则与转移支付相当，会使国民收入增加，但增加的幅度小于政府购买支出增加带来的幅度。因为政府将钱转移支付给居民后，其花费与否最终由居民决定，居民仅按其边际消费倾向进行消费，一部分不用于购买商品和劳务，但所有政府支出都要购买商品和劳务。因此，政府支出乘数大于转移支付乘数。

第三节　经典财政模型选解

西方经济学提出的财政模型有很多，这里仅解析其中的两个。

一、税收平滑性模型①

1. 人物及背景

这里引入罗伯特·巴罗（Robert Barro，1979）首创的一个模型，在模型中，赤字的可接受性被事先假定。模型的基本思想是：由于税收对个人选择和经济行为有扭曲的影响，而且随着税收的增加，扭曲的影响会扩大，因此，确定负面影响最小的税率是必要的。巴罗税收平滑性模型认为，稳定的税率将是一种好的选择。

有关巴罗的人物介绍请参见第三章。

2. 关键方程或模型

$$\frac{T_t}{Y_t}=\frac{T_{t+1}}{Y_{t+1}} \tag{12-1}$$

$$\frac{T_t}{Y_t}=E_t\left[\frac{T_{t+1}}{Y_{t+1}}\right] \tag{12-2}$$

式（12-1）中，T_t、Y_t 分别为第 t 期的税收和产出，T_{t+1}、Y_{t+1} 分别为第 $t+1$ 期的税收和产出。该式反映的是：在政府未来支出已知的情况下，在确定最优税率时，税收与产出跨时期的相对稳定性是重要的，平滑税收可以使扭曲成本最小化，即最优的税率是常数，因而形成跨时期税率的平滑性。

式（12-2）中，$E_t\left[\frac{T_{t+1}}{Y_{t+1}}\right]$表示在第 t 期对$\frac{T_{t+1}}{Y_{t+1}}$情况的期望值。该式表示在政府未来支出不确定的情况下，政府最优税率的变化不可预期，它服从随机游走。换言之，第 $t+1$ 期的最优税率虽然尚不可确定，但其变化的平均值与第 t 期的税率是相等的，因而也是平滑的。

3. 关键图示及解释

在图 12-4 中，横轴表示产出 Y，纵轴表示税收 T，直线 L 表示最优税收满足的方程，反映税收和产出之间的函数关系。该直线上任意一点满足：$\frac{T_t}{Y_t}=\frac{T_{t+1}}{Y_{t+1}}$，因此直线 L 斜率不变，税收与产出具有相对稳定性，最优的税率为一常数。

4. 特征归纳

从税收平滑性模型中可以概括出以下三个特征：（1）创建税收平滑性模型的目的，是要寻求税收给经济带来的扭曲程度最小的税率。（2）在税收平滑性模型中，最优的税

① 戴维·罗默．高级宏观经济学．上海：上海财经大学出版社，2003：466-470；孔爱国．高级宏观经济学教程．上海：上海三联书店，2003：304-307.

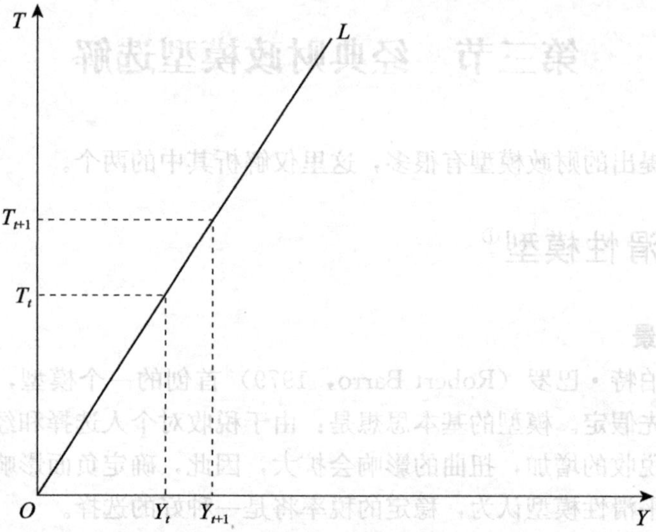

图 12-4　税收平滑性模型

率是在不同时期中相对稳定的税率，甚至可以说最优税率是一常数。使扭曲最小化的办法是在政府收支过程中保持税率的平滑。(3) 政府收支的确定，对最优税率的形成有重要影响。该模型的最优税率是在政府收支相等或者说赤字最小化条件下推导出来的，因此，均衡的或相近的税率水平有助于控制赤字的增加。

5. 应用前景评价

税收平滑性模型对美国经济出现赤字的解释是，政府购买占产出的实际比率高于预算比率，这比通常讲的政府支出大于收入更深入了一步。就中国经济运行的情况而言，税收平滑性模型给我们的启示是：(1) 充分考虑税率水平对经济行为的影响，是非常重要的。虽然这是一项困难的工作，需要进行综合分析，但这与一味追求提高税收额的做法相比，显然是更合理的。(2) 在经济转轨中，当税制基本健全且税率水平能为各方接受时，保持相对稳定的总税率水平是很有必要的。(3) 政府购买在平衡预算中的作用越来越重要。使政府购买水平适应宏观调控政策的需要，在周期中平衡财政收支，是很重要的。

二、李嘉图等价①原理

李嘉图等价（Ricardo equivalence）是 19 世纪英国经济学家大卫·李嘉图（David Ricardo）最早提出的（尽管他最终抛弃了这一思想），后来哈佛大学的罗伯特·巴罗教授将它用公式表示出来，使其得以流行。

1. 人物及背景

大卫·李嘉图（1772—1823），古典经济学派的主要代表人物之一。1793 年从事证

① 赵志耘．公债经济效应论．北京：中国财政经济出版社，1997：40；戴维·罗默．高级宏观经济学．北京：商务印书馆，1999：86-95；孔爱国．高级宏观经济学教程．上海：上海三联书店，2003：298-304；范金等．中级宏观经济学．北京：经济管理出版社，2004：107-111.

券交易活动，25 岁时拥有 200 万英镑财产，随后潜心研究学术。1819 年被选为下议院议员。其代表作是 1817 年在伦敦出版的《政治经济学及赋税原理》。李嘉图建立了以劳动价值论为基础，以分配论为中心的理论体系。他还论述了货币流通量的规律、对外贸易中的比较成本学说等。①

2. 关键公式或模型

$$\int_0^{\infty} e^{-R(t)} G(t) dt \leqslant K(0) + \int_0^{\infty} e^{-R(t)} W(t) dt - \int_0^{\infty} e^{-R(t)} C(t) dt \tag{12-3}$$

该公式的时间区域是零到无穷大。在式中，$G(t)$ 为 t 时刻政府的实际购买，$R(t)$ 是贴现因子，e 是自然对数底数，$e^{-R(t)}$ 是贴现后的一个单位产品的现值，$\int_0^{\infty} e^{-R(t)} G(t) dt$ 为政府支出的现值，$C(t)$ 为家庭 t 时刻的消费，$W(t)$ 为家庭 t 时刻的劳动收入。$\int_0^{\infty} e^{-R(t)} C(t) dt$ 为家庭消费的现值，$\int_0^{\infty} e^{-R(t)} W(t) dt$ 为家庭收入的现值，$K(0)$ 为 0 时刻家庭资本存量，这三方面构成了家庭预算的规模，也构成了政府实际购买的基础。

综上，该式反映了政府购买支出现值与家庭资产、家庭收入和家庭消费现值的关系；进一步，由于该式中没有出现政府的税收与债券的变量，且在推导过程中我们知道税收与债券均被抵消，因此，该式更深层次地反映出一个原理：政府为其支出而筹措资金选择的特定的融资方式是无关紧要的，或者说，政府税收和债券这两种形式的融资对当前总体消费和未来经济增长的影响效果是相同的、等价的。

3. 关键图示及解释

在图 12-5 中，横轴表示家庭预算规模 H，纵轴表示政府购买支出现值 G。当家庭预算规模现值为 H_1 时，相应的政府购买支出应该小于或等于 G_1。因此，对于任一家庭预算规模 H，对应的政府购买支出为图 12-5 中的阴影所示区域。

4. 特征归纳

李嘉图等价原理有五个关键的特征：(1) 该原理强调了在经济发展中，政府经济活动与家庭经济活动的内在联系，即政府的现期支出受家庭预算规模约束。(2) 该原理还解释了家庭消费行为的影响因素，其中资产、收入和贴现率都包括在内。(3) 该原理还反映了政府支出规模受制于政府收入规模，而政府收入规模又与税收和债券相关。由于政府购买是最重要的支出方式，其对经济活动的影响大大超过政府收入方式。债务和税收之间的这种等价关系，具体说，政府选用征收一次总付税还是发行政府公债为政府支出筹措资金，既不会影响居民消费，也不会影响资本的生成，这就是著名的李嘉图等价原理。(4) 从李嘉图等价原理我们还可以推论出，政府融资决策对经济活动的影响具有无效性；换言之，政府为其支出筹措资金而选择的特定的融资方式是无关紧要的。(5) 李嘉图等价原理中包含着理性预期的观点。政府债券发行体现着将来的偿还义务，从而在将来偿还时导致未来更高的税负。如果人们意识到这一点，就会把相当于未来额外税收的一部分财富积蓄起来，因此，人们可支配的财富数量与征税时一样。罗伯特·

① http://www.jxtvu.com.cn/jxc/kczy/UploadFiles/200411189416367.doc.

巴罗从理性预期学派的角度，认为按理性预期行事的人们正是如此决策的。

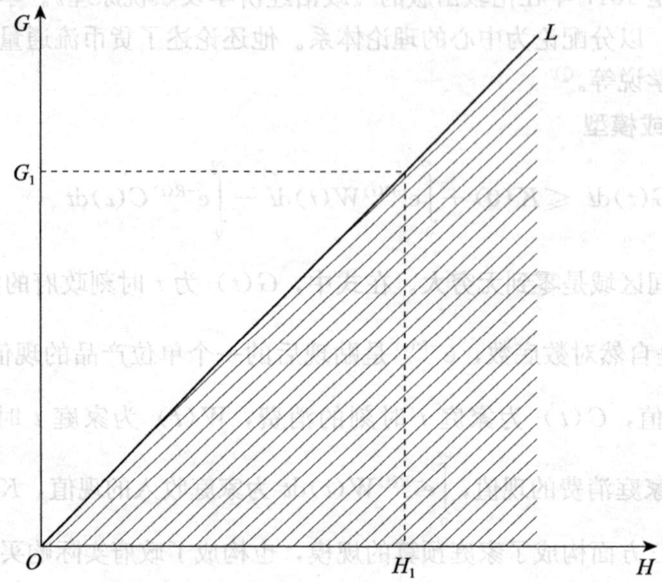

图 12－5　关键方程图解

需要指出的是，李嘉图等价原理是存在争议的。比如，有学者指出，在现实生活中，一次性总付税是不存在的，因此，作为李嘉图等价原理的前提之一是有问题的。也有中国学者指出：政府的收入方式对经济没有影响并不符合实际，在中国，税收与国债发行对经济主体行为的影响还是有一定差别的。

5. 应用前景评价

美国政府在 20 世纪 80—90 年代面对巨大财政赤字时，涉及是否要通过减税来增加消费支出，而李嘉图等价原理表明的观点则是，这种减税措施是无效的。这是该模型参与现实经济政策决策讨论的典型案例，是李嘉图等价原理的最主要的意义。

就中国经济情况而言，李嘉图等价原理给我们的启发是：(1) 需要进一步研究税收与国债形式对经济的影响，从中国现实出发，判断李嘉图等价原理在中国是否适用，并采取相应的政策措施。(2) 需要进一步研究政府经济活动与家庭经济活动的内在联系，以解决中国的消费不足问题。(3) 在政府预算中，对当期支出和未来支出的现值问题，也需要结合贴现因子进行更深入的研究。

第四节　各国财政状况与财政政策

一、概述：各国中央政府财政情况

我们从世界银行报告中摘选了全球一些国家的财政情况，然后就这些指标的含义进行讨论。希望这样能有助于读者了解主要国家财政的大致情况，更能理解财政指标的含义。

高收入经济体的财政状况请见表12-1。

表12-1　　高收入经济体中央政府财政占GDP的百分比（%）

国家（地区）	收入[a]		支出		现金余额（赤字）	
	2008	2015	2008	2015	2008	2015
世界	23.1	25.2	26.1	28.0	-3.0	-2.8
高收入经济体	24.4	25.3	27.0	28.0	-2.6	-2.7
美国	17.8	19.3	22.9	22.8	-5.1	-3.5
瑞典	33.4	32.4	31.2	32.1	2.2	0.3
日本	10.3	12.6	15.5	17.2	-5.2	-4.6
英国	36.5	35.1	40.1	38.6	-3.6	-3.5
德国	27.7	28.5	28.2	28.2	-0.5	0.3
法国	42.4	44.9	45.0	48.4	-2.6	-3.5
澳大利亚	26.6	24.6	24.3	26.9	2.3	-2.3
加拿大[b]	17.7	17.4	17.1	17.2	0.6	0.2
意大利	37.0	39.4	39.4	42.7	-2.4	-3.3
新加坡[b]	20.6	18.7	14.6	16.5	6.0	2.2
西班牙	14.9	16.4	17.6	20.7	-2.7	-4.3
韩国[b]	22.3	26.3	19.1	24.9	3.2	1.4
捷克共和国[b]	28.9	27.9	31.3	33.1	-2.4	-5.2
匈牙利	40.3	40.7	44.7	43.3	-4.4	-2.6
斯洛伐克	32.5	40.6	34.8	41.4	-2.3	-0.8
波兰	33.4	32.6	35.6	34.2	-2.2	-1.6
拉脱维亚[b]	37.8	41.6	42.0	42.4	-4.2	-0.8

说明：a表示不包括赠款。b表示数据依据现金收付制公布，并根据权责发生制框架进行调整。

资料来源：世界银行数据库，http：//data.worldbank.org.cn/.

我们先看看高收入国家的财政情况。2015年高收入国家财政收入占GDP的比重平均为25.3%，其中超过30%的有瑞典、英国、法国、意大利等8国，占20%～30%的有德国、澳大利亚、韩国和捷克4国；低于20%的只有美国、日本、加拿大等5国。2015年财政支出占GDP的比重，法国、意大利、匈牙利等5国都超过40%，占20%～40%的有美国、瑞典、英国、德国等9国；低于20%的有日本、加拿大、新加坡3国。问题是：是否财政收入占GDP的比重越高越好？或者说，财政支出占GDP的比重越低越好？这将在下面做出解释。还有，我们看到，财政的收与支决定了财政有余额或出现赤字。收大于支的，就有余额；反之，就会出现赤字。2015年有余额的国家是：瑞典、德国、加拿大、新加坡、韩国5国；有赤字的是美国、日本、英国等12国。2008—2015年，这一指标变化是比较大的，或从结余到赤字，或赤字在扩大。那么余额是否越多越好？赤字是否越少越好？赤字占GDP的比重高于什么值就有问题？这也放在后面专门讨论。债务在财政分析中也是一个重要指标，这将在后面专门讨论。

专栏一　**主权债务危机**[①]

主权债务（sovereign debt）是指主权国家以国家信誉作担保，通过发行债券等方式向国际社会所借的款项。借债方不能及时履行对外债务偿付义务即出现了主权债务危机，这里包括由企业破产引申而来导致承诺担保的“国家破产”。信用评级被调低则必然加剧危机，因此，主权债务危机实质是一个国家的主权信用危机。

近年来，多个国家爆发主权债务危机。2008 年 6 月底，冰岛的三大银行克伊普辛银行（Kaupthing）、国民银行（Landsbanki Islands）和格利特尼尔银行（Glitnir）的外债达 1 383 亿美元，远远超过冰岛国内生产总值 194 亿美元，导致这个只有 32 万人口的国家陷入困境。2009 年阿拉伯联合酋长国的迪拜政府宣布，其主权投资实体迪拜世界公司所欠 590 亿美元债务将无法按期偿还，需至少延期 6 个月，延期债务约占迪拜政府全部债务的3/4，因而爆发主权债务危机。2009 年底，希腊中央政府外债总额为 2 985 亿欧元，为该国 GDP 的 1.24 倍。希腊人口约 1 100 万，依此推算，人均负债 3 万欧元，希腊成为主权信用评级最低的欧元区国家，面临“国家破产”的危险。

主权债务危机造成危机爆发国国家信用下降，大大提高了危机爆发国的融资成本，促使生产停滞、通货膨胀甚至国内局势急剧动荡。同时，也会牵连其所在地区其他国家，造成全球股市震荡，引起国际金融体系混乱，打击投资者信心。

主权债务危机产生的原因是多方面的，主要有：一是外债规模膨胀。过度借外债且债务增长率持续高于出口增长率，就可能导致债务危机。二是外债结构不合理。或短期商业贷款比重过大，或外债币种过于集中且该外币升值，或偿债时间过于集中。

在表 12－2 中，我们看到的是中等和低收入经济体的同样指标。

表 12－2　　中低收入经济体中央政府财政占 GDP 的百分比（%）

国家（地区）	收入[a]		支出		现金余额（赤字）	
	2008	2015	2008	2015	2008	2015
上中等收入经济体	20.60	—	—	—	—	—
南非	29.62	31.52	29.96	35.57	−0.34	−4.05
俄罗斯	33.68	25.04	21.53	30.67	12.15	−5.63
罗马尼亚	31.71	32.60	33.40	32.74	−1.69	−0.14
巴西[b]	27.01	28.81	27.31	36.59	−0.3	−7.78
保加利亚[b]	29.20	27.21	24.93	27.85	4.27	−0.64
哈萨克斯坦[b]	—	13.67	—	15.49	—	−1.82

① 本专栏内容由宋涛博士根据以下资料整理：郑新立．国际经济分析与展望．北京：社会科学文献出版社，2011；安宇宏．何谓主权债务危机．宏观经济管理，2010（6）；苏小慧．关于主权债务危机的思考．商场现代化，2010（21）。

续前表

国家（地区）	收入[a]		支出		现金余额（赤字）	
	2008	2015	2008	2015	2008	2015
中国[b]	11.07	15.80[c]	—	—	—	—
下中等收入经济体	17.71	—	18.69	—	−0.98	—
乌克兰[b]	35.82	35.76	37.31	37.37	−1.49	−1.61
亚美尼亚[b]	22.86	23.15	21.14	25.14	1.72	−1.99
印度[b]	12.89	12.60[d]	17.40	—	−4.51	—
低收入经济体	—	—	—	—	—	—
埃塞俄比亚[b]	10.14	—	12.88	—	−2.74	—

说明：a表示不包括赠款。b表示数据依据现金收付制公布，并根据权责发生制框架进行调整。c表示2014年数据。d表示2013年数据。

资料来源：世界银行数据库，http：//data.worldbank.org.cn/.

从表12－2可以看出，2015年有数据的8个国家财政收入占GDP的比重平均为27.2%，其中超过30%的有南非、罗马尼亚和乌克兰；位于20%～30%的有俄罗斯、巴西、保加利亚和亚美尼亚；低于20%的仅有哈萨克斯坦。从2008年的数据来看，中国财政收入占比仅为11.07%。2015年财政支出占GDP的比重，超过30%的有南非、俄罗斯、罗马尼亚、巴西和乌克兰；位于20%～30%的有保加利亚和亚美尼亚；在20%以下的仅有哈萨克斯坦。8个国家中，没有一个国家有财政余额，所有国家都是财政赤字。

下面，我们将按照分析表12－1和表12－2得到的几个基本概念，进行深入的讨论。

二、财政收入

1. 财政收入分类及财政收入规模

先请看图12－6所示的财政收入的薛氏分类图。①

这里要说明的是，图中所列的各项收入均为财政收入的项目，因此可知，这里的财政收入与公共收入是相同的。薛氏分类是从作为实现财政功能的预算延伸出的公共收入，因此，公共收入即财政收入。

表12－3通过各国财政收入占GDP的比率，来反映一国财政收入的规模。表中所列的比率有高低之别，那么什么样的比率是合适的呢？这一点，我们将在“最适税率”“赤字”等部分来加以综合分析。

① 薛天栋．现代西方财政学．上海：上海人民出版社，1983：67；胡庆康、杜莉主编的《现代公共财政学》第148页又将薛氏分类图略做了修正，将原两项非强制性收入列入强制性收入，该书由复旦大学出版社于1997年出版。这里采用的是薛氏分类图的修正图。

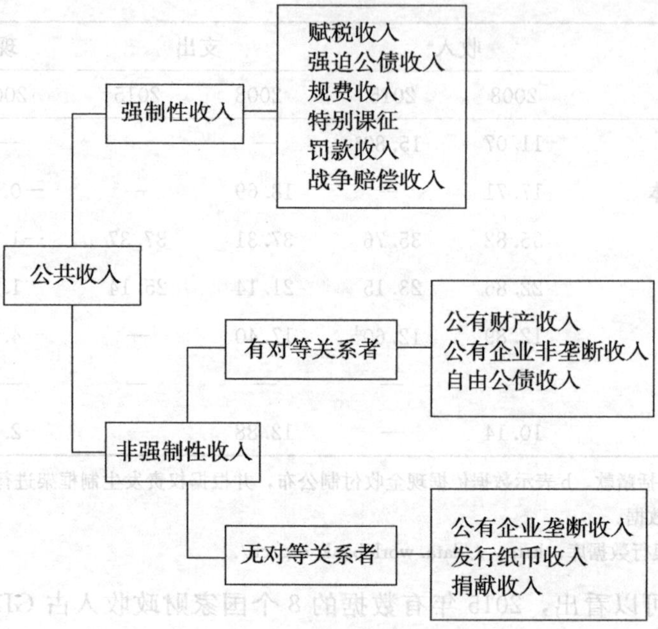

图 12-6　财政收入的构成

表 12-3　　2015 年 10 个国家财政收入占 GDP 的百分比（%）

国家	美国	德国	法国	澳大利亚	加拿大[b]
财政收入[a]/GDP	19.3	28.5	44.9	24.6	17.4
国家	新加坡[b]	韩国[b]	俄罗斯	中国[bc]	印度[bd]
财政收入[a]/GDP	18.7	26.3	25.04	15.8	12.6

说明：a 表示不包括赠款。b 表示数据依据现金收付制公布，并根据权责发生制框架进行调整。c 表示 2014 年数据。d 表示 2013 年数据。

资料来源：世界银行数据库，http：//data. worldbank. org. cn/.

2. 税收

各国财政收入中最重要的部分是税收，这里我们就税收进行更为具体的分析。从世界银行的报告中我们可以看到各国税收比重情况，如表 12-4 所示。

表 12-4　　2014 年 10 个国家税收和财政收入比较分析（%）

国家	中央政府财政收入占 GDP 的比重	向中央政府上交的税收收入占 GDP 的比重	中央税收占中央财政的比重[c]
美国	19.0	11.02	58
英国	34.6	24.99	72
法国	45.4	23.17	51
澳大利亚	24.6	22.11	90
加拿大[a]	17.2	11.82	69
新加坡[a,c]	17.4	13.49	78
韩国[a,c]	23.3	14.31	61

续前表

国家	中央政府财政收入占 GDP 的比重	向中央政府上交的税收收入占 GDP 的比重	中央税收占中央财政的比重[c]
俄罗斯	27.5	13.23	48
中国[a,d]	11.3	10.30	91
印度[a,c]	12.5	11.00	88

说明：a 表示中央政府税收数据基于现金收付制公布，并根据国际货币基金组织《2001 年政府财政统计手册》中的权责发生制进行调整。b 表示中央税收占中央财政比重数据即为中央政府上交的税收收入占中央政府财政收入比重。c 表示 2013 年数据。d 表示 2011 年数据。

资料来源：世界银行数据库，http：//data.worldbank.org.cn/.

从表 12-4 可以看到，表中所列 10 个国家，其税收是财政收入中的第一大项，最低者近 50%，最高者超过 90%，平均也在 70%以上。这种情况在各国财政中是有代表性的。

西方各国税种大体上有三大体系：一是所得税体系，如个人所得税、企业所得税、社会保险税等；二是商品税体系，如销售税、关税、增值税；三是财产税体系，如房产税、土地税、遗产税等。按照税收是否可以转嫁，又可分为直接税和间接税。所得税为直接税，商品税多为间接税。

公司税负特别引人注意，因为这是财政政策影响经济活动的一个指标性的税种。表 12-5 是世界银行报告从公司税与利得的比较中得出的企业税负表。

表 12-5　2016 年 12 个国家和地区的企业税负（%）

国家和地区	美国	日本	英国	德国	澳大利亚	加拿大[a]	中国香港	新加坡[a]	韩国[a]	俄罗斯	中国[a]	印度[a]
总税率（占商业利润的百分比）	44.0	48.9	30.9	48.9	47.6	21.0	22.9	19.1	33.1	47.4	68.0	60.6

说明：a 表示中央政府税收数据基于现金收付制公布，并根据国际货币基金组织《2001 年政府财政统计手册》中的权责发生制进行了调整。

资料来源：世界银行数据库，http：//data.worldbank.org.cn/.

表 12-5 中所列的企业支付的税负，是由企业支付的税负总数，包括通过电子手段支付的。即便缴税不是经常发生的，税负也是按照一年的交付额计算的。应纳税总额是扣除减免因素后的企业应纳税总额（不含劳工税）。有关评估应纳税总额所使用的方法的详情，可以参见世界银行发布的《2006 年全球商业环境报告》。

从表 12-5 中可以看到，中国和印度的企业税负是比较重的，欧美国家属于中等，中国香港、新加坡、加拿大则较轻。

健全的税收制度一般要遵循以下原则：(1) 公平原则，等量，或等比例，或收入与纳税的正相关关系；(2) 中性原则，即不因税收影响市场经济机制运行；(3) 平衡周期波动原则，即利用税收刺激或抑制总需求，调节产业结构或协调地区关系；(4) 效率原则，即协助价格机制，促使资源合理配置。

税收对总供给与总需求都会产生影响。以流转税为征税对象的征税效应主要影响供给方面，以所得税为征税对象的征税效应则主要影响需求方面。税收涉及国民经济各部门和各环节，因此，税收能有效调节部门经济结构和社会生产的各环节。税收在调节收入方面的作用是其他财政手段无可比拟的。税收主要通过其体制、税率（高低或减免）、税负转嫁等对国民经济进行调控。

3. 最适税率

我们要回答在表 12-3 中显示出来的一个判断问题，那就是既然财政收入占 GDP 的比重是分析或比较各国财政状况的一个指标，那么它是否越高越好？回答这个问题非常困难。财政收入占 GDP 的比重是一个结果，它包含的内容非常多。对一个超级复杂的系统，过程的合理性是保证结果合理性最重要的前提。在这个意义上，我们要把握的是，获取财政收入的理由以及操作过程是否合理。由于税收在财政收入中占有最重要的位置，因此我们至少要回答，税收是否合理。下面，让我们大致了解一下财政学在这方面已取得的进展。

下面对最适课税理论加以简单介绍。[①] 从古典到现代，税收理论都少不了公平与效率这两大原则。在公平原则下，我们看到，征税方对纳税方要公平，取之于民要用之于民，多取要多用，取之多少要以必要支出为依据；纳税人之间要公平，同等纳税能力人缴纳同等的税，不同等纳税人缴纳不同等的税；进一步，税收要促使社会收入分配趋向平等。效率原则也包含着众多的内容：税收要使社会总收益大于社会总成本，因此，税收不能造成超额负担，不能加大税收成本，不能造成资源配置的不合理。

为说明税率合理的必要性，美国经济学家拉弗用曲线做了一个通俗的解释[②]，如图 12-7所示。

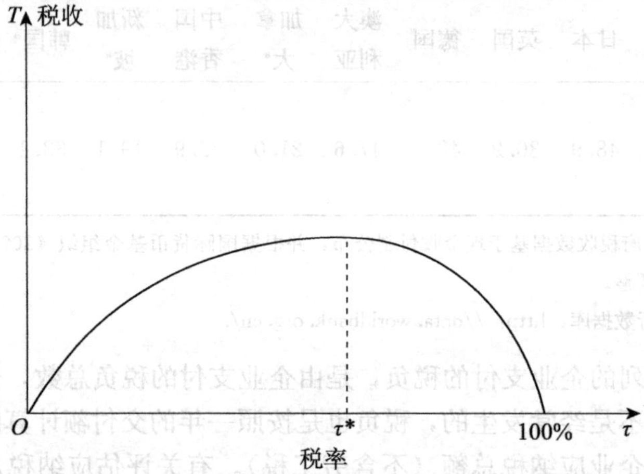

图 12-7　税收与税率的关系（拉弗曲线）

税率 τ 为 0 和 100%时，均收不到税。税率最初逐渐提高后，税收在增加，相应地

---

① 胡庆康，杜莉．现代公共财政学．上海：复旦大学出版社，1997；哈维·S. 罗森．财政学（第 6 版）．北京：中国人民大学出版社，2003；薛天栋．现代西方财政学．上海：上海人民出版社，1983.

② 罗伯特·巴罗．宏观经济学（第 5 版）．北京：中国人民大学出版社，2001：312；罗杰·A. 阿诺德．经济学（第 5 版）．北京：中信出版社，2004：272；Jude Wanniski (1978), "Taxes, Revenues, and the Laffer Curve", *The Wall Street Journal*.

有上升曲线和正的斜率。在达到某一点后，税率的上升伴随的却是税收的减少，直到税收完全为0。现在，政府就可将税收由增转降的这一点视为税收极大化的税率点。显然，这里潜含着一个道理，那就是税率低的激励作用会使税基扩大，从而导致税收额的增加。[①]

从政府税收极大化看，拉弗曲线提供了一个最适税率点的思路。但这个思路并没有解决最适税率点到底是多少的问题。下面，我们再从三条更具体的思路来寻求最佳税率点或税率变化特点。

(1) 从收入弹性及价格弹性关系看税率的变化。

公民纳税，政府提供服务，有些类似于市场交易，而税收就可假定为提供服务的价格。合适的税收取决于纳税者从公共服务中获益的水平。如果每个人都能根据自己从政府服务中获得的边际效用缴纳相应的税收，就可以确定政府提供服务的最适规模，实现资源配置的最优。

让我们尝试从产品定价角度看税率变化特点。首先需要我们把纳税者的获益评价这个难题简化处理，假定消费者的获益评价随收入上升而提高，则收入高者的评价会高于收入低者，因此，收入高者纳税也应高于收入低者。再假定公共产品价格提高时，消费者的需求也会降低。这样一来，合适的税率水平或者税率的变化取决于两个因素：一是对公共产品需求的收入弹性，二是对公共产品需求的价格弹性。下面我们用数学公式来说明。

假设 P 为公共产品的定价（即税收），Q 为需求量，Y 表示消费者的收入，则有：收入弹性 $E_Y=(\Delta Q/Q)/(\Delta Y/Y)$，价格弹性 $E_P=(\Delta Q/Q)/(\Delta P/P)$，从而 $(\Delta P/P)/(\Delta Y/Y)=E_Y/E_P$，即税收增长量在税收中的比重与收入增长量在收入中的比重这两项的比值，等价于收入弹性与价格弹性之比。由此可得出一个初步的推论：如果 $E_Y/E_P=1$，即收入弹性与价格弹性相等（$E_Y=E_P$），则税收变化率与收入变化率保持不变；如果 $E_Y/E_P>1$，即 $E_Y>E_P$，则税收变化率快于收入变化率，税率有累进的特点；如果 $E_Y/E_P<1$，即 $E_Y<E_P$，则税收变化率慢于收入变化率，税率有累退的特点。综上，在价格弹性不变的情况下，收入弹性越高，随收入增长，相应的税收价格也越高；在收入弹性不变的情况下，价格弹性越高，随价格上升，相应的税收价格则下降得越快。

当然，由于公共产品的收入弹性及价格弹性仅为一种假定，以上理论的应用还有待探索。

(2) 纳税人效用（福利）均等减少的税率为合理税率。

这是从纳税人角度来看税负的合理性。税负轻重若能确定，则税率高低也就可反推出来。不同收入的人对自己所缴纳的税负各有评价。设纳税是纳税人个人效用（如消费、享乐等）的减少，纳税人认为自己效用减少与别人效用减少是一样的，就感到公平，可以接受。如此，就会有一种以纳税人效用均等来判断税负合理性和税率高低的思路。这种均等减少又分三种情况：第一种是等额减少，第二种则是等比例减少。前者好理解。后者指每个人因纳税而减少的效用与其税前总效用之比应相等。第三种则是均等

① 图 12-7 横轴是"tax rates"（税率），这是拉弗教授自己的本意。Jude Wanniski 于 1978 年发表在《华尔街日报》上的《税收、收入和拉弗曲线》(Taxes, Revenues, and the Laffer Curve) 一文中，第一次明确提出了"拉弗曲线"的概念，将其理论化。美国人对税率概念的理解更多的是指占税收比例大多数的累进税率（在累进税率下，边际税率>平均税率；而在比例税率下，边际税率=平均税率）。在解释减税政策的时候，具体的税种可以用边际税率的调节来减少。在这种时候，横轴往往使用边际税率。

边际减少。若甲纳税人最后一个单位货币的效用（即甲的边际减少）比乙纳税人最后一个单位货币的效用（即乙的边际减少）低，那么就应该将乙所纳的税收加到甲的身上，直到纳税人的边际减少相等。在纳税人的偏好相同也就是收入边际效用曲线相同的情况下，均等边际减少意味着纳税人的税后收入达到一致。

(3) 中性税收有助于形成最适税率。

税收的合理性之一，在于使社会所得大于社会所失。欲达此目的，需要税收成本降到最低，进而又要求纳税成本最低和税收引起的额外负担最低。这里讲的额外负担，在很大意义上是指税收干扰了市场主体的活动而造成的超额负担。为此，一要使纳税节约并便利，二要使税收尽量不干扰市场正常活动，税收不导致无谓的收益损失或超税负担，关键是不影响市场价格的形成，进而不会干扰市场机制对资源的配置。后一点就被称为保持税收的中性原则。进一步有一个推论：不导致超额负担的税收为中性税收（neutral taxation），而产生超额负担的税收称为扭曲性税收（distortionary taxation）。在中性税收下的税率有望成为最适税率。

图 12－8 提供了一个完全竞争市场的供求图，它可以帮助我们理解什么是税收超额负担。供给曲线 S_0 反映某商品生产的边际成本，需求曲线 D_0 反映消费者购买该产品的边际收益，税前均衡点为 S_0 线与 D_0 线的交点 E_0，反映生产的边际成本等于消费的边际收益，符合帕累托最优，均衡价格和均衡产量分别为 P_0 和 Q_0。

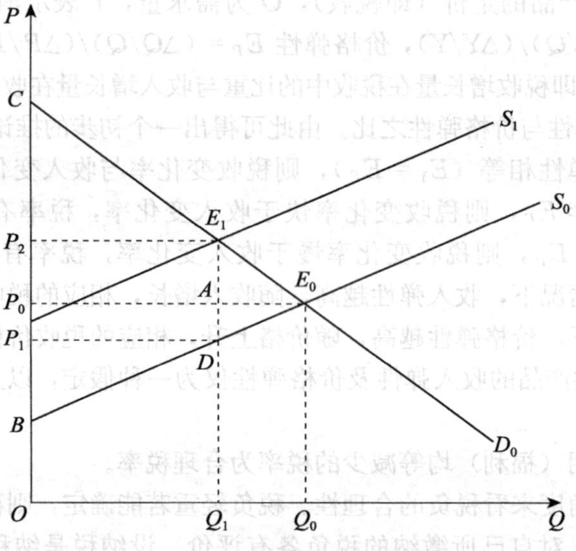

图 12－8　税收的额外负担示意图

从图 12－8 可理解，第 Q_0 个单位的产品没有给社会带来净收益，因为此时生产成本恰好等于消费收益，而低于 Q_0 的每个单位的产品都给社会带来了超过成本的净收益，具体到图中则体现为三角形 BCE_0。消费者在付出价格 P_0 后所获得的超值收益可用三角形 P_0CE_0 衡量，这个三角形面积代表了消费者剩余。生产者在减去 B 和 Q_0 构成的成本空间后，获得了一个价格超过成本的生产者剩余空间即三角形 P_0BE_0。三角形 P_0CE_0 和三角形 P_0BE_0 则构成了反映这一商品给社会带来的净收益的三角形 BCE_0 的面积。

现在，政府要对此商品征税。设政府对该商品的供给方征收从量税，商品生产成本上升，供给曲线上移到 S_1，均衡点则由 E_0 移至 E_1，税后价格升至 P_2，生产者实际得到的价格为 P_1，产出水平降至 Q_1。消费者剩余减至 CP_2E_1，但政府仅得到其中 $P_2P_0AE_1$ 的部分，E_1AE_0 是消费者剩余的净损失；生产者剩余减至 BP_1D，但政府仅得到 P_0P_1DA，三角形 ADE_0 的面积代表的就是生产者剩余的净损失。总的说来，E_1DE_0 这部分利益是纳税给私人经济部门带来的损失，但政府也没有得到，它是税收的超额负担。

下面，我们简单介绍一下世界银行报告中一个反映纳税的节约与便利的指标，请看表 12 - 6。

表 12 - 6　　2016 年 12 个国家和地区企业缴税与准备的时间　　单位：小时

国家和地区	美国	日本[a]	英国	德国	澳大利亚	加拿大[a]
缴税与准备的时间	175	175	110	218	105	131
国家和地区	中国香港	新加坡[a]	韩国[a]	俄罗斯	中国[a]	印度[a]
缴税与准备的时间	74	67	188	168	259	241

说明：a 表示中央政府税收数据基于现金收付制公布，并根据国际货币基金组织《2001 年政府财政统计手册》中的权责发生制进行了调整。

资料来源：世界银行数据库，http://data.worldbank.org.cn/.

从表 12 - 6 中看到，在企业纳税时间花费上（以一年为时间统计范围），中国最多，高达 259 个小时；新加坡最少，仅为 67 个小时；这 12 个国家和地区平均时间花费为 159 小时左右。

三、财政支出

财政支出直接构成社会总需求的组成部分，调控财政支出就调节了社会总需求，会间接影响社会总供给。财政支出的结构变化会影响产业结构和部门结构，因此，调控财政支出也会对经济结构调整产生影响。

1. 财政支出分类①

财政支出的分类可用图 12 - 9 形象地说明。

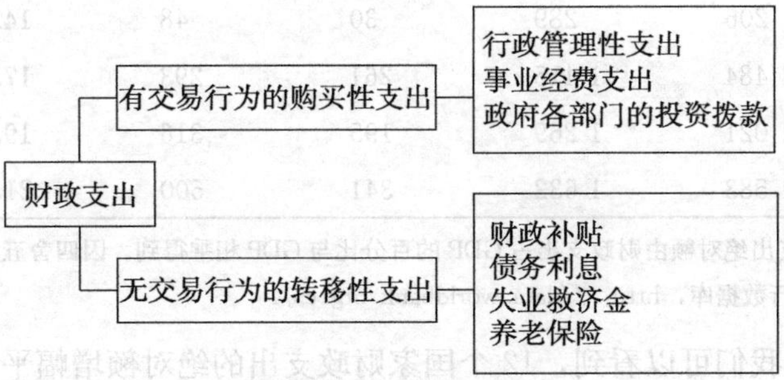

图 12 - 9　财政支出分类

① 这里借用的是项怀诚主编的《领导干部财政知识读本》一书的观点。

购买性支出是在政府购进并消耗商品和劳务的过程中产生的支出。在这些支出中，实行的是等价交换原则，财政付出资金，得到履行政府职能所需的商品和劳务。这种类型的财政支出的规模、方向和结构，对社会生产和就业有直接影响。

转移性支出是资金无偿的、单方面的转移。支出中不存在交换问题，没有商品和劳务的所得。这种支出对社会公平分配具有影响作用。以财政补贴为例，财政补贴是将财政资金无偿地发给居民、私人企业及其他受益者的一种支出。它分为居民补贴和企业补贴两类。居民补贴大体分为社会保险和社会救济两方面。在社会保险中的财政补贴部分为补贴金，一般是从政府掌握的社会保险基金中支付，来源于职工缴纳的社会保险税或工资税，社会保险金不足时，从财政收入中拨付。社会救济是对家庭收入达不到最低生活标准者的补助金，资金来源于政府经常性财政收入。对企业的补贴有：投资补贴、价格（因限价使企业蒙受损失）补贴、亏损补贴（主要对农产品、出口和进口亏损的补贴）。WTO 规则对财政补贴作出了许多限制性规定，但财政补贴仍是调节社会生产和收入的重要财政手段之一。

2. 财政支出规模的绝对增长与比重的相对稳定性

根据本节开始的 28 个国家和地区的财政情况表，我们从中选择了 12 个数据完整的国家来观察其财政支出规模比重及增长态势。请看表 12－7。

表 12－7　2008 年与 2015 年 12 个国家财政支出的相对额及绝对额比较

国家	GDP（十亿美元）		财政支出绝对额[a]（十亿美元）		财政支出占 GDP 的百分比（%）	
	2008	2015	2008	2015	2008	2015
美国	15 011	16 597	3 438	3 784	22.9	22.8
瑞典	486	541	152	174	31.2	32.1
日本	5 784	5 986	897	1 030	15.5	17.2
英国	2 492	2 682	999	1 035	40.1	38.6
德国	3 479	3 697	981	1 042	28.2	28.2
澳大利亚	1 100	1 307	267	352	24.3	26.9
加拿大	1 613	1 796	276	309	17.1	17.2
意大利	2 211	2 059	871	879	39.4	42.7
新加坡	206	289	30	48	14.6	16.5
西班牙	1 484	1 415	261	293	17.6	20.7
韩国	1 021	1 269	195	316	19.1	24.9
俄罗斯	1 583	1 632	341	500	21.5	30.7

说明：a 表示财政支出绝对额由财政支出占 GDP 的百分比与 GDP 相乘得到。因四舍五入原因，数据略有误差。

资料来源：世界银行数据库，http://data.worldbank.org.cn/.

从表 12－7 中我们可以看到，12 个国家财政支出的绝对额增幅平均为 1.2 倍；增幅超过 1.5 倍的国家有 2 个，为新加坡和韩国；增幅在 1.5 倍以内的国家有 10 个；没有财政支出下降的国家。另外，这些国家财政支出占 GDP 的比重相对稳定，变化幅度不大。

这是一种长期的现象，早就引起了经济学家的关注。早在100多年前德国经济学家阿道夫·瓦格纳就指出，随着人均收入的增长，政府财政支出规模有一种固有的增长趋势，这种趋势一是因为国家行政管理职能以及机构本身在扩大，二是因为社会福利支出也在增加，三是因为政府对经济的干预在加强。表12-7同时显示出另外一种倾向，那就是财政支出占GDP的比重存在有限的波动空间，换言之，该比重具有相对稳定性。

3. 财政支出的评估——成本收益分析①

公共支出的成本收益分析是一种确定各种政府项目带来的福利净增长的方法。由于公共项目目标是社会福利最大化，且投入与产出不能直接以市场价格进行估计，因此公共支出的成本收益分析不同于对私人部门的项目分析；这在财政学或工程学中是一门技术，在宏观经济学中应该是一种思路。不论是思路还是技术，都是一个非常复杂的问题，当然，作为工程办法来计算就更为细致与繁杂。在现实中，成本收益分析与其说是一门科学，不如说是一种艺术。

成本收益分析需要评估项目的全部收益和成本，所有的评估都是有难度的，需要借助其他办法进行选择。比如，收益要考虑没有收费而提供的服务，因此就借用消费者剩余概念；计算无市场价格的成本收益时，可能要借助影子价格；收益中要考虑到间接效应，这就涉及外部性的界定；收益包括与人的时间或生命有关的方面，因此要借助收入水平进行折算；为了估算未来的收益，就需要借助利率来折现。在估算成本时，不仅要考虑实实在在的投入，还要考虑环境损失等外部成本，要考虑放弃方案的收益即机会成本等。

从这个意义上讲，财政支出占GDP的比重高低，本身难以判断合理与优劣。如果财政支出项目的效益总体上好，占比高低都是可以接受的。

四、财政赤字与公共债务

弄清楚财政赤字和公共债务的内涵，认识其风险及对经济的影响，这是非常重要的。

1. 赤字与债务的含义

政府支出超过政府通过税费得到的收入，就会出现财政赤字。在预算内的支出大于收入的差额，可称为预算赤字。政府为了实现其职能，平衡财政收支，会在国内或国外发行公债，形成债务。过去的预算赤字总和，就反映为某一时间的债务。赤字是一个流量概念，债务是一个存量概念。赤字有当期发生的，也有因偿还债务利息而形成的，当期赤字加上还债利息，就形成了总赤字。为准确把握政策影响提出一种充分就业预算赤字，这种赤字力求排除经济周期波动而造成的支出扩张或收缩的影响，被假设为反映经济在其产出和就业自然率上运行时政府支出与收入关系的自然赤字。中央政府发行的公债，又称为国债。债务收入和本息偿还需要在中央财政预算中列明。一国的总债务即统一预算的累积赤字，包含着国家净债务与预算外基金（如社保基金）盈余两部分。净债务本身包括内债和外债两大类情况。

---

① 大卫·N. 海曼. 公共财政：现代理论在政策中的应用（第6版）. 北京：中国财政经济出版社，2001；胡庆康，杜莉. 现代公共财政学. 上海：复旦大学出版社，1997.

美国联邦预算赤字在20世纪后20年中有过很大变化。20世纪80年代初赤字规模急剧扩大，主要源自税收减少、国防支出提高、医疗保健支出以及利息支付的提高等。而在90年代末由于经济繁荣、税收增加、支出控制等，出现了预算盈余。中国政府财政赤字则从20世纪80年代初至90年代末，出现18年赤字而且规模在扩大。这与政府借助赤字来扩大投资、保持增长的思路紧密相关。

在解释有关债务、赤字和盈余的数字时要特别小心。这主要是因为在计算赤字和债务时，存在口径的不一致。比如，在预算的支出项目中，年度支出与多年度支出或者说经常性支出与资本性支出是不加区分的，因此，支出规模的界定就有了模糊余地；政府拥有的有形资产常被忽略，其变现能力对赤字规模和债务规模的影响也就被忽略了；通货膨胀会侵蚀债务的实际价值，官方公布的赤字或盈余往往没能反映出这一点；政府对社会保障和老年保健医疗的承诺，作为一种隐性负债，往往也被忽略了。由此也可看出，仅以赤字或盈余规模来评价公共部门的经济运行很难得出正确的结论。为使得问题更明确、更简化，就需要我们先明确目的，然后再来界定与此目的相关的那个赤字或债务的规模。

公债是国家从国内或国外借来的资金。公债有多种形式，按还债时间可分为：短期公债（一般在1年以内）、中期公债（一般在1～10年）和长期公债（10年以上）；按发行区域可分为：国内公债和国外公债；按发行方式可分为：直接发行即公募，间接发行即委托，由金融机构承购后转售。要指出的是，公债中地方政府和中央政府的债券风险是有区别的，因地方政府没有铸币权，因此，对投资者来说，地方政府债券风险比中央政府债券风险大。

2. 财政赤字率和债务率

下面，我们先看一下表12-8列出的一些国家的财政赤字和债务情况。

表12-8　　2015年12个国家政府赤字率和债务率（%）

国家	赤字率	债务率
美国	－3.5	97.8
瑞典	0.3	46.4
日本	－4.6	198.0
英国	－3.5	107.6
德国	0.3	50.5
澳大利亚	－3.5	47.2
加拿大	－2.3	54.7
意大利	0.2	150.4
新加坡	－3.3	107.2
西班牙	2.2	99.4
韩国	－4.3	39.7
俄罗斯	1.4	13.5

说明：赤字率为负表示收支赤字，为正表示收支盈余。

资料来源：世界银行数据库，http：//data.worldbank.org.cn/.

从表 12－8 中我们可推知，表中 12 个国家平均赤字率即赤字占 GDP 的平均比重已达到－1.72％，平均债务率为 84.37％，这是两个值得注意的比例。为什么呢？

欧共体国家首脑于 1991 年 12 月在荷兰小城马斯特里赫特达成《欧洲经济与货币联盟条约》，该条约规定了经济趋同条款，其中有：各国财政赤字占其国内生产总值的比率在 3％以下，各国政府债务总额占其国内生产总值的比率低于 60％等。这是很有影响力的欧盟提出的，也是世界经济体第一次从财政稳定的角度提出的国家间财政状况比较标准，因此该标准在国际上有一定的影响。按此标准，表 12－8 的 12 个国家中有 6 个赤字率超标，有 6 个债务率超标。当然，对于这个标准，有各种解释，有学者把这个赤字和债务标准引申为国际安全线或国际警戒线，也有很多学者不赞同，认为这是在特殊历史条件下，为特定目标制定的一个安全系数偏高的风险控制标准。

用占 GDP 的比重来判断赤字率和债务率是很有必要的。因为一国经济规模大小与其承受的债务大小是相关的，绝对的赤字和债务数额则难以判断其合理性。如果一国经济增长快，债务额不变，则债务率就会下降。当然，债务能否成为纳税人的负担，关键在于债务资金的使用效益。债务资金用得好，无须加征税收来偿还债务本金和利息，就不会出现债务负担，因为借债是按照有借有还、自愿互利的原则进行的。但问题是复杂的，政治程序常常低估政府支出的成本，而高估政府支出的效益。赤字率和债务率并不是最重要的，赤字融资只要是有效益的，政府有年度还债能力，能安排好还债时期，防止出现还债特别集中的高峰，就不会出现财政危机和债务风险。

以 1997 年亚洲金融危机为例。产生金融危机的直接原因之一，是短期外债比重过高（见表 12－9），短债长用，搞非生产性投机。高估且稳定的汇率和利率，刺激了大量短期外债流入，炒股票和房地产，造泡沫，获虚利，结果不能按期还债，就出现了支付危机。

表 12－9　　1997 年三个国家短期外债表

	泰国	印度尼西亚	韩国
1997 年外汇储备与短期债务之比（％）	75	91	58
1997 年到期外债（亿美元）	457	342	675
到期外债占外债总额的比例（％）	65	62	68

资料来源：李晓西．东亚金融危机实地考察．北京：中国人民大学出版社，1999.

外债到期没有能力偿还，就出现了财政和金融危机。这三个国家 20 世纪 90 年代成立的大批金融公司，在向海外短期融资方面起了很大作用，但在危机中面临关闭或整顿。韩国的外债问题很典型，它在 1996 年末统计的外债有 1 047 亿美元，1997 年发现还有 500 亿美元海外短期外债没有统计在内。在国际货币基金组织的安排下，外国银团 1998 年 3 月底把韩国的 230 亿美元短期外债延长为 1～3 年的中长期外债，韩国又发行了 40 亿美元的全球债券，这才使金融危机有所缓解。

3. 赤字与债务对经济增长的影响

判断赤字和债务的影响是一件困难的事。要更充分地评价赤字和债务的影响，经济学家和决策者必须掌握比赤字和债务更多的东西。

在一般情况下，人们是从储蓄、投资的角度来看待赤字和债务对经济增长的影响。一方面，政府的赤字融资使国民储蓄减少而消费增加，信贷的实际利率就会上升，投资会下降，因而影响一国的经济增长；另一方面，即使政府赤字融资是用来做公共投资，在公共部门投资与支出更看重社会效益而私人部门投资更看重经济效益的情况下，公增私减就意味着短期内社会效益增加进而居民生活水平提高，而经济效益以及经济增长速度在未来会降低。

如果我们把赤字和债务与财政政策的作用联系起来，可能结论就要更为宽泛一些。通过发行公债、扩大赤字，补充财政性资金不足，就使之成为宏观调控的政策工具，公债管理可视为宏观调控的一个手段。公债管理是指国家通过公债的发行转换、偿还和市场买卖活动，调节公债数量、结构、利率等，以配合宏观经济政策目标的实现，促进经济的稳定与增长。国债管理对弥补财政赤字和配合中央银行开展公开市场业务是有作用的。比如，调整公债的期限，直接影响流动性程度，就可以影响社会资金的流动性状况，进而对经济产生扩张性或紧缩性影响；短期公债变现能力强，长期公债的流动性则弱。调整公债的发行利率水平也会影响金融市场利率变化，同样可以对经济发展产生影响。

应当强调的是，赤字财政手段是有风险的。巨额政府债务或预算赤字可能鼓励过度的货币扩张，从而引起更高的通货膨胀。赤字融资效果如何关键取决于公债的使用效益。如果使用得当，有效益，促进了经济增长，就有利于提高财政实力，有助于还债；若使用不当或效益不高，公债即便少也会带来很大的麻烦。

第五节　中国的财政体制与财政政策

中国正处在经济转轨中。本节重点分析中国转轨中财政体制的改革与财政政策的演进过程，以及中国的财政体制和财政政策与发达市场经济国家有哪些不同的特点。

一、中国的财政体制

中国的财政体制改革有很多内容，这里重点介绍的是国家与企业关系和中央与地方关系这两大方面的有关改革，然后介绍中国公共财政的建立。

1. 财政体制改革最重要的两个方面

一是改革国家与企业之间的分配关系。此项改革的目标是：打破财政上的统收统支，建立企业自我发展、自我约束、自我激励、自负盈亏机制。从 1978 年开始试行企业基金制度，规定企业在完成计划任务后，可从利润中按工资总额提取 5%作为企业基金。这是财政向企业放权的一次尝试。在 1983 年后，对企业实行利改税。凡有盈利的国有大中型企业，均按 55%的比例缴纳所得税，税后利润一部分留给企业。进一步则将所得税和调节税引入国有企业利润分配领域，税后利润归企业自主安排使用，对税后利润需要上缴部分改为以调节税形式上缴。同时，对一些特殊行业和企业实行各种形式的利润包干和利润分成制度。1986 年开始，推行多种形式的承包经营责任制和税利分流。承包制的原则是“包死基数，确保上缴，超收多留，歉收自补”。1994 年财政税收进行了较大幅度的改革：取消国有企业与非国有企业（不包含外资企业）在所得税方面的差别，统一按 33%的税率征收，取消各种包税办法，取消对国有企业的调节税。

2002年开始，中央政府和省、市（地）两级地方政府设立国有资产管理机构，实行中央与地方管理权限和范围分开，国有资产管理层次分开，政企分开，所有权和经营权分开。国有资产管理机构对国有企业不再是行政隶属关系，它将履行出资人职责。2007年，新《企业所得税法》实施，规定内外资企业所得税税率统一为25%。这是改革开放以来，我国的企业所得税税率首次实现“一‘税’同‘企’”，标志着中国经济进一步与国际规则接轨。

二是改革中央与地方之间的分配关系。中国有四级地方政府财政：省、地、县、乡。1980年实行了“划分收支，分级包干”的体制。“收”分为固定收入、固定比例分成收入和调剂收入；“支”分为经常性支出和专项支出。由此确定每个地区上缴比例和调剂收入比例。从1985年起实行“划分税种，核定收支，分级包干”的预算体制，把预算收入划分为中央固定收入、地方固定收入、中央与地方共享收入三大类。中央固定收入包括中央企业的所得税与调节税；地方固定收入包括地方国有企业所得税、调节税和城市房地产税等；中央与地方共享收入有产品税、增值税、营业税、建筑税、个人所得税等。1994年进行分税制改革。按税种划分中央税、地方税、中央与地方共享税，建立地方和中央两套税务机构，分别征管。2002年起，实施所得税收入分享改革。除少数特殊行业或企业外，绝大部分企业所得税和全部个人所得税实行中央和地方按比例分享，分享范围和比例全国统一。所得税增量收入，2002年中央与地方按五五比例分享，2003年以后按六四比例分享。中央从所得税增量中多分享的收入，全部用于增加对地方主要是中西部地区的转移支付。从2011年开始，国家在部分省市和行业进行营业税改增值税试点。2016年5月，中国全面推开“营改增”，营业税退出历史舞台。这是自1994年分税制改革以来，中国财税体制的又一次深刻变革。增值税2016年5月之前中央享有75%，地方享有25%；2016年5月之后中央和地方按照五五比例分享。企业所得税与个人所得税仍然按照六四比例分享。

2. 建立公共财政框架

建立与社会主义市场经济发展相适应的公共财政框架，是一项十分重要的改革，这是1998年底全国财政工作会议上正式提出来的。它包括部门预算改革、国库集中收付制度改革、“收支两条线”改革、政府采购制度改革、税费改革等。2014年6月，中央审议通过《深化财税体制改革总体方案》，进一步要求在预算管理制度、税收管理制度等方面进行改革，要求建立统一完整、法治规范、公开透明、运行高效的现代财政制度。公共财政的核心思想是：收入来自全民，用之于全民；收入来自经济，用之于整个社会经济发展；收入取之于全民，受监督于全民。

(1) 全面推行部门预算编制改革。部门预算改革是从2000年开始的。将原来按功能划分的教育事业费、行政管理费等细化到教育部、农业部、科技部等部门。2001年财政部分设预算司和国库司。从2002年开始，所有中央单位都实行部门预算。各省本级和计划单列市实行部门预算，部分地市县也开始试编部门预算。2014年8月，全国人大审议通过《全国人民代表大会常务委员会关于修改〈中华人民共和国预算法〉的决定》，要求从2015年1月1日起施行新的预算法。新预算法在完善政府预算体系、改进预算控制方式、规范地方政府债务管理、完善转移支付制度、硬化预算支出约束等方面取得了重大突破，在财政功能上更好地处理了政府与市场的关系，在预算管理上更加公开透明、科学有序。

（2）健全税收管理体制。1978年以前，中国主要税种只有工商税和集体企业的所得税。1980年后，明确了涉外企业沿用工商统一税，初步建立了涉外税收体系。1984年后，将原工商税分为产品税、增值税、营业税和盐税，新开征了资源税。1985—1986年实行“划分税种、核定收支、分级包干”的财政管理体制。1994年调整流转税由增值税、消费税和营业税组成，统一适用于内外资企业。将国有、集体和私企统一为企业所得税，将个人收入调节税、外籍人员个人所得税和城乡个体工商户所得税合并统一为个人所得税。按照WTO规则调整关税制度，关税税率总水平由1998年的17%降至2004年的10.4%。与此同时，积极推进非税收入管理制度改革。非税收入主要包括：国有企业上缴的利润、排污费收入、教育费附加收入、各类建设基金收入、多项事业收费、公产收入、罚没收入、行政性收费收入等。建立公共财政就要将这些非税收入纳入财政预算管理，并压缩其规模。其中有些费要改为税来征收。2014年6月，《深化财税体制改革总体方案》要求税收制度改革优化税制结构、完善税收功能、稳定宏观税负、推进依法治税，建立有利于科学发展、社会公平、市场统一的税收制度体系。

（3）深化“收支两条线”管理改革。这项改革最早从1993年就开始了，即在清理、整顿、取缔不合理、不合法收费的同时，对合理、合法的政府非税收入和执罚收入，实行收缴分离，收支分离。从2000年后，逐步成为预算管理改革的一项内容，纳入了财政预算或实行财政专户管理，实现预算内外资金统筹安排。

（4）稳步推进国库集中收付制度改革。2000年开始实施国库集中收付制度改革。2001年，国务院通过了《财政预算国库管理制度改革试点方案》，明确了要参照国际惯例，逐步建立以国库单一账户体系为基础、资金缴拨以国库集中收付为主要形式的现代财政国库管理制度。从2002年开始分三批将35个中央部门纳入改革范围，其非税收入按照新的程序直接缴入中央财政专户。

（5）不断深化政府采购制度改革。1999年，财政部颁布了《政府采购管理暂行办法》。2003年《中华人民共和国政府采购法》开始贯彻实施，标志着政府采购制度改革由试点进入全面推行时期，政府采购范围也由货物类扩大到工程和服务类，政府采购管理机构与执行机构逐步分离，政府采购规模不断扩大。

专栏二　农村税费改革不应受“黄宗羲定律的陷阱”束缚①

黄宗羲（1610—1695），浙江余姚人，明清之际的思想家。所谓“黄宗羲定律的陷阱”，出自《明夷待访录·田制三》。他在评论明代赋税时指出明代民众“有积累莫返之害，有所税非所出之害，有田上无等第之害”②。黄宗羲说：夏、商、周时，只对田地征税，魏晋时除对田征收租以外，又对户征调。唐初建立租、庸、调法，田出租、户出调之外，又增加了丁庸。杨炎改租庸调为两税法，但租庸调并没有取消，而是把庸、调并入田租之中。宋代沿用，没有在田租中把庸、调减除，却又复增丁身钱。后世之人遵行，认为两税是租，丁身是庸、调，哪里知道丁身是重复征税。如果杨炎改革中不把庸、调取消，何至后世出现重征呢？故杨炎改革对后世利少而害大。明代的两税法在丁口之外，又有力差、银差。嘉靖末年实行一条鞭法，把夏税、秋税、存留、起运之额，

① 摘编自财政部财政科学研究所2002年第29期“研究报告”，本报告作者为赵云旗、刘翠微。

② 黄宗羲．明夷待访录·田制三．

均徭、里甲、土贡、顾募、加银之例，都合并在一起征收，把银差、力差又并入两税，其后杂役又纷纷出现。后世之人习以为常，认为条鞭是两税，杂役是值年之差，岂不知杂役是重复征税。如果张居正改革中不把银差、力差之名取掉，何至于此，所以“一条鞭法”利于一时者少，而害于后世者大。明万历年间，供应军队的有旧饷，末年又增新饷，崇祯时又增练饷，户部将三饷合一，这是把新饷、练饷又并入两税，明代亡天下的原因就在于此。如果每改革一次税额就累加一层，民能够生存者无几。简言之，赋税每经过一次改革，就将丁役钱变为正税，以后又出现新的丁役钱，这样下去赋税会累积加重，使民不聊生，不论杨炎的改革还是张居正的改革，皆利少而害大。

这就是黄宗羲所说的“积累莫返之害”，也就是所谓的“黄宗羲定律的陷阱”。

二、中国的财政政策

1. 中国财政政策变化的七个阶段

改革开放以来，中国主要进行了六次力度较大的宏观调控。与之相应，财政政策经过这七次宏观调控的实施，既有从紧，也有扩张，取得了成效，也逐步趋于完善。

(1) 1979—1981 年“调整、改革、整顿、提高”方针下的财政政策。一是增加对农业的价格补贴。二是提高了职工工资。三是适当下放财权，调动地方和企业的积极性。四是加强基本建设投资管理。

(2) 1985—1986 年“调整、整顿、充实、提高”方针下的财政政策，旨在抑制经济过热和通货膨胀。一是紧缩财政支出，实现财政决算结余。二是严格控制基本建设投资规模和基本建设支出。三是修订和开征奖金税、工资调节税和个体工商户所得税，压缩行政管理费和社会集团购买力支出。四是增加了农产品提价和购销补贴支出。

(3) 1989—1991 年“治理整顿”财政、信贷双紧方针下的财政政策。一是加强税收征管，纠正越权减免税收。二是发挥国债政策调控作用，增加国债发行的种类，推进国债发行市场化。三是调整财政支出结构，严格控制财政支出增长。

(4) 1993—1996 年实行适度从紧的财政政策。一是严格控制税收减免和财政赤字。二是严格控制社会集团购买力的过快增长。三是完善税收政策的调控机制。四是增加对农业的投入，鼓励企业技术进步，支持国有企业改革。

(5) 1998—2004 年实行积极的财政政策以扩大内需，抑制通货紧缩趋向。一是增发长期建设国债，加强基础设施建设和技术改造投资。二是减免固定资产投资调节税和鼓励技术改造投资而抵免企业所得税。减免营业税、契税、土地增值税，提高出口商品退税率，降低收费标准等。三是数次提高机关事业单位职工工资水平，提高社会保障支出额。四是加大对中西部地区的转移支付力度。

(6) 2005—2008 年提出实施稳健的财政政策。鉴于投资规模已经很大、社会资金增加较多，2005 年由扩张性的积极财政政策转向松紧适度的稳健财政政策。一是适当减少财政赤字，减少长期建设国债发行规模。二是依法加强税收征管，全面清理和规范税收优惠政策，严格控制减免税。三是调整支出结构。对与经济过热有关的、直接用于一般竞争性领域的“越位”投入，要压；对属于公共财政范畴且财政“缺位或不到位”

的，要加大投入。四是严格控制一般性支出增长，保证重点支出需要。全面厉行节约，反对铺张浪费。

(7) 2009 年开始实行积极的财政政策。2008 年下半年全球金融危机爆发，中国经济增长减速，经济下行压力逐步加大。当年经济工作会议要求，从 2009 年开始实施积极的财政政策。一是保持适度的财政赤字和国债规模。二是实施结构性减税政策，促进扩大内需和经济结构调整。三是优化财政支出结构，向“三农”、民生、环保、创新、欠发达地区倾斜。四是切实加强政府性债务管理，增强内外部约束，有效防范和化解潜在的财政金融风险。

2. 转轨经济中中国财政政策的特点

(1) 财政政策由服务于供给管理为主走向服务于需求管理为主。1993 年后，市场经济成为中国经济的改革目标，为需求服务的财政政策开始形成，1998 年和 1999 年扩大投资需求，通过调整收入调控消费需求，通过政策性银行、进出口信贷等多种办法调节国外需求，通过财政给信贷贴息以间接手段调节经济。

(2) 财政政策思路已逐步由单纯的年度收支平衡观走向周期收支平衡观，由赤字绝对有害观转向利用赤字调节经济。现在已明确了在市场经济条件下，既可以扩大赤字以应对经济疲软，也可以压缩赤字以应对经济过热，因此，赤字大小已成为一种财政手段，并根据中国国情适当利用。

(3) 转轨时期中央与地方政府间财政关系在变革中，但仍表现出较大随意性。如地方还中央财政的借债或中央对地方的财政支持或转移，仍缺乏法律的硬约束，有较大随意性。

(4) 转轨时期财政政策由服务于国有经济走向服务于全社会，但受国有企业状况影响很大。财政与国有企业同属国家性质，使得政策的约束机制和激励机制“软化”。例如对国有企业亏损补贴、拨付流动资金、贷款担保和贴息等，不但替代和挤出了私人支出，加大了分配不公平，还扭曲了价格。财政对国有企业支持的比例一直很高，与国有企业财政关系过于复杂，以国有资产所有者身份收取利润仍没有实现。

(5) 转轨时期财政政策既有作为经济手段的一面，也有作为行政干预手段的一面。在转轨时期，用行政办法直接干预资源配置的情况仍较多。如增发国债和增加预算内资金投资，在促进经济发展的同时，也强化了行政手段配置资源的作用。

(6) 因受体制不健全影响，转轨时期财政政策的作用难以充分发挥。比如，目前我国税费关系仍未完全理顺，不合理、不合法收费现象依然存在，非税收入冲击了税收政策的作用。预算外资金分散管理格局没有根本改变，削弱了税收调控经济的功能。再比如，转轨时期医疗、教育、养老、住房等制度正在变化之中，公众的未来支出预期不乐观且不稳定；而改革中下岗、失业增多，使公众对未来的收入预期也不乐观且不稳定，这就降低了刺激消费的财政政策的作用。

思考题

1. 简述财政乘数的种类及运用。
2. 谈谈你对李嘉图等价原理的理解。
3. 试分析中国财政政策工具的组合。

4. 试分析我国财政政策与货币政策组合的变化情况。

5. 作为财政政策工具，税率能否经常变动？这是政府的权限还是立法部门的权限？

6. 征收个人所得税是否应考虑赡养系数？

7. 征收物业税的意义是什么？物业税是地方政府还是中央政府征收更好？为什么？

8. 在全球化时代，税率高低是否应考虑对国外企业和各种人才的吸引力？如何来设计？

9. 从债权国转变为债务国，是否意味着在世界经济中的地位下降？可以以美国为例进行分析。

10. 试分析中国地方政府债务风险及应对措施。

11. 如何看待美国减税对中国财政政策的影响？

附录

附录一　中国财政基本数据

表 12-10 为读者列出的是反映中国财政情况的基本数据。

表 12-10　　中国的财政收支及赤字债务　　单位：亿元

年份	财政收入	财政支出	收支差额（赤字）	国家财政债务发行合计	国家财政债务还本付息
1978	1 132.3	1 122.1	10.2		
1979	1 146.4	1 281.8	−135.4	35.3	
1980	1 159.9	1 228.8	−68.9	43.0	28.6
1981	1 175.8	1 138.4	37.4	121.7	62.9
1982	1 212.3	1 230.0	−17.7	83.9	55.5
1983	1 367.0	1 409.5	−42.6	79.4	42.5
1984	1 642.9	1 701.0	−58.2	77.3	28.9
1985	2 004.8	2 004.3	0.6	89.9	39.6
1986	2 122.0	2 204.9	−82.9	138.3	50.2
1987	2 199.4	2 262.2	−62.8	223.6	79.8
1988	2 357.2	2 491.2	−134.0	270.8	76.8
1989	2 664.9	2 823.8	−158.9	408.0	72.4
1990	2 937.1	3 083.6	−146.5	375.5	190.1
1991	3 149.5	3 386.6	−237.1	461.4	246.8
1992	3 483.4	3 742.2	−258.8	669.7	438.6
1993	4 349.0	4 642.3	−293.4	739.2	336.2
1994	5 218.1	5 792.6	−574.5	1 175.3	499.4
1995	6 242.2	6 823.7	−581.5	1 549.8	883.0

续前表

年份	财政收入	财政支出	收支差额（赤字）	国家财政债务发行合计	国家财政债务还本付息
1996	7 408.0	7 937.6	−529.6	1 967.3	1 355.0
1997	8 651.1	9 233.6	−582.4	2 476.8	1 918.4
1998	9 876.0	10 798.2	−922.2	3 310.9	2 352.9
1999	11 444.1	13 187.7	−1 743.6	3 715.0	1 910.5
2000	13 395.2	15 886.5	−2 491.3	4 180.1	1 579.8
2001	16 386.0	18 902.6	−2 516.5	4 604.0	2 007.7
2002	18 903.6	22 053.2	−3 149.5	5 679.0	2 563.1
2003	21 715.3	24 650.0	−2 934.7	6 153.5	2 952.2
2004	26 396.5	28 486.9	−2 090.4	6 879.3	3 671.6
2005	31 649.3	33 930.3	−2 281.0	6 922.9	3 923.4
2006	38 760.2	40 422.7	−1 662.5	35 015.3	975.4
2007	51 321.8	49 781.4	1 540.4	52 074.7	1 052.9
2008	61 330.4	62 592.7	−1 262.3	53 271.5	1 305.1
2009	68 518.3	76 299.9	−7 781.6	60 237.7	1 491.3
2010	83 101.5	89 874.2	−6 772.7	67 548.1	1 844.2
2011	103 874.4	109 247.8	−5 373.4	72 044.5	2 384.1
2012	117 253.5	125 953.0	−8 699.5	77 800.0	2 635.7
2013	129 209.6	140 212.1	−11 002.5	86 900.0	3 056.2
2014	140 370.0	151 785.6	−11 415.5	96 000.0	3 586.7
2015	152 269.2	175 877.8	−23 608.5	—	3 548.6

说明：1. 从2000年开始到2005年，还本付息为债务还本支出。2. 国债付息支出，是指国家预算中用于偿还国内外债务利息的支出。3. 2006年开始中国财政统计制度调整，财政上实行债务余额管理。因此“国家财政债务发行合计”“国家财政债务还本付息”两个指标取消，改为现用的“国家财政债务余额合计”“国债付息支出”。本表中的“财政收入”、“财政支出”以及“收支差额”，还可以继续使用。4. 因四舍五入原因，数据略有差异。

资料来源：1979—2016年《中国统计年鉴》。

从表12－10中可以看出，改革开放初期，中国已没有内债了。到2014年底，国家财政债务余额已经达到了9.6万亿元，其中国内债务余额9.5万亿元，而国外债务余额仅为1 000亿元。

附录二　中美债务的三大不同点①

中国是处于社会主义初级阶段的发展中国家，目前正位于经济转型升级的新常态时期，进行供给侧结构性改革的关键时期，而美国等西方国家是资本主义发达国家，已基本完成工业化或处于后工业社会，二者在债务性质、债务风险、偿债能力等方面有着本质的差异。

① 郑之杰．中美债务问题比较与启示．中国财政，2017 (12).

一、中国的债务主要是内债问题，美国等西方国家外债占较大比重

国际清算银行和国家统计局数据显示，2015 年中国外债仅占当年政府债务的 3.33%，占当年 GDP 的 1.48%，占当年财政收入的 6.58%。内债中，无论是中央政府债务、地方政府债务，还是金融机构、企业、融资平台等的债务，其本质上是同一个债权人。中国有能力、有政策，也有时间、有空间，在不受国际环境的影响下，凭借自己的力量平稳、有序地解决这些债务问题。而美国等西方国家的债务中，外债占有较大比重，2015 年美国、日本的外债分别占政府债务的 39.56%、29.52%，2009 年希腊发生债务危机时外债占比高达 97.64%。当外债比重较高的国家出现经济金融危机时，国外的债权人一般会在第一时间进行追偿，较高的偿债压力及可能由此产生的区域性、系统性财政金融风险等，加速了经济的崩溃。

二、中国的债务主要是短期流动性问题，美国等西方国家的债务主要是信用问题

债务的本质是在发展过程中对资金的跨期配置。如果债务人的投资回报能够较好地覆盖项目的资金需求，即使适度举债，也仅会产生短期的流动性问题；反之，则会产生严重的信用问题。目前中国经济虽然从高速增长转变为中高速增长，但经济转型升级成效显著，供给侧结构性改革取得明显进展，即使部分项目在短期内难以产生较高的收益，吞噬了资金的流动性，但长期来看，经济的持续增长使债务不会产生信用风险。而美国等西方国家正处于艰难的经济复苏期，特朗普时代的不确定性、英国脱欧、难民潮、恐怖袭击等不稳定因素给其带来沉重负担，随着经济的持续萧条及社会的长期动荡，西方国家债权人担忧借出的债务难以追偿，国家信用评级开始下降，进而产生债务信用问题。

三、中国的债务主要是投资性、建设性债务，对应有项目资产，西方国家主要是消费性、保障性债务，以服务民生为主

全国政府性债务审计结果显示，中国政府债务 60%以上的资金投向了市政建设、交通运输、保障性住房、土地收储等领域，这些项目主要以增强公共产品供给为主，对提高基础设施水平、改善市场环境、带动社会投资等有明显的正溢出效应。其中城市轨道交通、水热电气等市政建设和高速公路、铁路、机场等交通运输设施建设的债务大多形成了优良资产，在相当长时间内都有较好的经营性收入，政府偿债有稳定的现金流保障，债务风险趋向收敛。而美国等西方国家的债务主要用于社会福利、维护社会秩序等领域。如美国政府债务中，债务总额排名前五位的分别是教育、国防、军工、养老金和环境治理，这些领域缺乏与未来偿债相匹配的现金流，债务风险趋向扩散，一旦出现经济金融风险，哪怕债务规模不大，也有可能出现债务问题。希腊债务危机便与其对应的福利水平过高有较大关系。

参考文献

[1] J. E. 斯蒂格利茨. 经济学. 北京：中国人民大学出版社，1997.

[2] 杰弗里·萨克斯，费利普·拉雷恩. 全球视角的宏观经济学. 上海：上海三联书店，上海人民出版社，1997.

[3] 理查德·A. 马斯格雷夫，佩吉·B. 马斯格雷夫. 财政理论与实践. 北京：中国财政经济出版社，2003.

[4] 吉利斯等．发展经济学（第4版）．北京：中国人民大学出版社，1998.
[5] 凯恩斯．就业、利息和货币通论．北京：商务印书馆，1963.
[6] 萨缪尔森，诺德豪斯．经济学（第14版）．北京：北京经济学院出版社，1996.
[7] 世界银行．战胜风暴，汲取教训——1999财年中国国家经济报告．北京：中国财政经济出版社，1999.
[8] 张浩若．辉煌的历程．北京：中国商业出版社，1998.
[9] 国家统计局．成就辉煌的20年．北京：中国统计出版社，1998.
[10] 高鸿业．西方经济学（宏观部分）．北京：中国经济出版社，1996.
[11] 薛天栋．现代西方财政学．上海：上海人民出版社，1983.
[12] 平新乔．财政原理与比较财政制度．上海：上海三联书店，1995.
[13] 崔维．西方财政宏观调控的理论与实践．北京：中国物价出版社，1992.
[14] 刘振亚．现代市场经济与宏观经济管理．北京：中国审计出版社，1992.
[15] 项怀诚．中国财政管理．北京：中国财政经济出版社，2001.
[16] 马栓友．财政政策与经济增长．北京：经济科学出版社，2003.
[17] 高培勇．中国：启动新一轮税制改革．北京：中国财政经济出版社，2003.
[18] 李晓西．社会主义市场经济条件下的财政体制初探．财政研究，1993 (1).
[19] 李晓西．宏观经济学（中国版）．北京：中国人民大学出版社，2005.
[20] 郭庆旺等．积极财政政策及其与货币政策配合研究．北京：中国人民大学出版社，2004.
[21] 贾康．新世纪中国财税改革大思路．北京：经济科学出版社，2005.
[22] 李德章等．中国非税收入改革及规范化管理研究．财科所研究报告，1998 (28).
[23] 袁国良．转型期财政稳定职能和机制研究．北京：中国人民大学，1998.
[24] 高培勇．财政与民主．北京：中国财政经济出版社，2007.
[25] 马栓友．积极财政政策的国债效应分析．改革，2000 (2).
[26] 张瑞琰，朱晓红．国债“挤出效应”对我国经济影响的分析．特区经济，2004 (11).
[27] 张玉喜．我国国债的挤出效应分析．学术交流，2001 (1).
[28] 彭连清，邱隆敏．试析我国国债政策对财政政策与货币政策的连接效应．商业经济，2004 (1).
[29] 李晓西等．中国货币与财政政策效果评析．北京：人民出版社，2007.
[30] 刘勇．美国优先：特朗普税改政策对世界经济的影响．红旗文稿，2008 (1).
[31] 郑之杰．中美债务问题比较与启示．中国财政，2017 (12).
[32] 蔡宁，刘勇．对3%赤字率标准的再思考——基于赤字、债务与经济增长的动态关系研究．财政研究，2016 (2).

如果忽略了货币方面的变动及其影响，如果不对人们为什么愿意持有存在的名义货币的某一特定数量加以解释的话，那么，对经济活动的短期波动所做的任何解释都将失之偏颇。①

——米尔顿·弗里德曼

第十三章 货币政策与金融体制

本章研究重点是货币政策及其发挥作用的制度条件。货币政策是政府通过对国家的货币、信贷以及银行体制的管理来实施的，进一步讲，是中央银行采用各种工具调节货币供求以实现宏观经济调控目标的方针和策略的总称，是国家宏观经济政策的重要组成部分。"货币政策的确切性质——中央银行控制货币供应的途径以及货币、产出和通货膨胀三者之间的联系——是宏观经济学中最吸引人、最重要也最有争议的领域之一。"②

第一节 基本概念

我们这里就货币政策与金融体制的几个概念略做介绍。

一、金融体制及其功能③

金融体制（financial system）是指通过法律、法规、条例等形式规定的各类金融机构权限和运行规则，主要是金融机构与政府、企业、其他金融机构之间的各类关系，它

① 上海财经大学高等教育研究所．诺贝尔经济学奖之路．上海：上海财经大学出版社，2010：85.

② 萨缪尔森，诺德豪斯．经济学（下）（第 14 版）．北京：北京经济学院出版社，1996：744.

③ 白钦先，郭翠荣．各国金融体制比较．北京：中国金融出版社，2001；白钦先，郝国胜，张荔．赶超型国家金融体制变迁研究．北京：中国金融出版社，2007；吴遵杰．日本金融体系大变革．北京：社会科学文献出版社，2006.

体现在一国的银行体制、货币发行体制、信贷资金管理体制、利率管理体制、金融机构的组织及运行方式、金融业务的设置、金融市场的组织及管理等方面。金融体制调节着货币流通和资金运动，平衡着资金的供需，为经济发展目标配置着金融资源，是国民经济管理体制的有机组成部分。

银行体系是金融体制的重要组成部分。银行体系指各类银行机构的设置组成、功能配合、运行规则、隶属关系、行为规范、业务管理以及与宏观调控的关系等。中央银行是银行体系的核心，商业银行是银行体系的主体，专业银行是银行体系的补充，各国情况大体类似。中央银行是具有货币发行权力的银行，是银行的银行，它代表国家或者政府管理或干预其他金融机构，各国央行均负责贯彻执行国家的货币政策。银行体系的主体是商业银行，它通过吸收存款聚集资金，对工商企业提供信贷。专业银行也是银行体系的组成部分，是政府为了干预经济，有重点、有计划地扶持发展某种经济而设立的，如进出口银行、长期信用银行等。

各国银行体系因经济发展阶段和社会政治制度差异而各具特色。美国是银行体制最为发达的国家，也是当今全球银行及金融体制中最有影响力和竞争力的国家。美国的银行体系是以联邦储备体系为核心，以商业银行为主体，以私人和政府专业性贷款机构与其他各类非银行金融机构为两翼，再加上在美国的外国金融机构和国际金融机构而形成的一个庞大复杂的体系。但相对于德国，美国银行集中程度则不算高，其金融市场作用更为突出。而在德国，若干家大银行在金融领域起支配作用，其金融市场的作用则不占主导地位。美国与德国常常被作为银行体系的两种类型。

20 世纪最后二三十年来，在银行体系基础上大大发展了非银行金融机构，同时出现了商业性金融和开发性金融、政策性金融的分离，投资银行业、资本市场业、投资基金业、金融衍生商品市场和保险市场飞速发展，特别是传统上以国别为基础的相对封闭的证券市场演变为真正全球化、高度开放和高度流动性的资本市场，这一切巨大变革用“银行体系”一词已经难以囊括，“金融体制”一词的使用频率越来越高了。

金融体制具有以下七大基本功能①：

(1) 金融体系的清算和支付功能。金融体系提供了便利商品、劳务和资产交易的清算支付手段。在经济货币化日益加深的情况下，建立一个有效的、适应性强的交易和支付系统乃基本需要。可靠的交易和支付系统应是金融系统的基础设施，缺乏这一系统，高昂的交易成本必然与经济低效率相伴。一个有效的支付系统对于社会交易是一种必要的条件。交换系统的发达，可以降低社会交易成本，可以促进社会专业化发展，这是社会化大生产发展的必要条件，可以大大提高生产效率和技术进步。所以说，现代支付系统与现代经济增长是相伴而生的。

(2) 金融体系的融资功能。金融体系的融通资金功能主要指动员储蓄和提供流动性手段。金融市场和银行中介可以有效地动员全社会的储蓄资源并优化金融资源的配置。金融中介动员储蓄可以分散个别投资项目的风险；在促进更有效的投资的同时，既可以向社会储蓄者提供相对高的回报，也可以向投资者提供相对高的回报。金融系统动员储

---

① 请参考美国哈佛大学著名金融学教授罗伯特·默顿（Robert C. Merton）（1997 年诺贝尔经济学奖获得者）和兹维·博迪于 1993 年提出的基于功能观点的金融体系改革理论，他们于 1995 年组织专门的研究小组研究，并将其成果结集出版了《全球金融体系：功能观点》一书。Zvi Bodie, Dwight B. Crane et al. (1995), *The Global Financial System: A Functional Perspective*, Harvard Business School Press.

蓄可以为分散的社会资源提供一种聚集功能，从而发挥资源的规模效应。金融系统提供的流动性服务，有效地解决了长期投资的资本来源问题，为长期项目投资和企业股权融资提供了可能，同时为技术进步和风险投资创造出资金供给的渠道。

（3）金融体系的股权细化功能。金融机构可以将无法分割的大型投资项目划分为小额股份，以便中小投资者能够参与这些大型项目进行的投资。通过股权细化功能，金融体系实现了对经理的监督和对公司的控制。在现代市场经济中，公司组织发生了深刻的变化，即股权高度分散化和公司经营职业化。这种组织安排最大的困难在于非对称信息的存在，使投资者难以对资本运用进行有效的监督。金融系统的功能在于提供一种新的机制，通过外部放款人的作用对公司进行严格的监督，从而使内部投资人的利益得到保护。

（4）金融体系的资源配置功能。为投资筹集充足的资源是经济起飞的必要条件。但投资效率即资源的配置效率对增长同样重要。因项目回报的信息不完全，经营者实际能力的不清楚等，单个投资者很难对公司和市场条件进行全面的评估。这些困难要求金融中介机构协助进行更全面的项目评估，最终使社会资本的投资配置更有效率，这就是金融体系的优势。

（5）金融体系的风险管理功能。金融体系的风险管理功能要求金融体系为中长期资本投资的不确定性即风险进行交易和定价，形成风险共担（risk pool）的机制。由于存在信息不对称和交易成本，金融体系和金融机构的作用就是对风险进行交易、分散和转移。如果社会风险不能找到一种交易、转移和抵补的机制，社会经济的运行就不可能顺利进行。

（6）金融体系的激励功能。金融体系所提供的解决激励问题的方法是股票或者股票期权。通过让企业的管理者以及员工持有股票或者股票期权，企业的效益就会影响管理者以及员工的利益，从而使管理者和员工尽力提高企业的绩效，他们的行为不再与所有者的利益相悖，这样就解决了信息不对称问题。

（7）金融体系的信息提供功能。金融体系的信息提供功能意味着在金融市场上，不仅投资者可以获取各种投资品种的价格以及影响这些价格因素的信息，而且筹资者也能获取不同的融资方式成本的信息，管理部门能够获取金融交易是否在正常进行、各种规则是否得到遵守的信息，从而使金融体系的不同参与者都能作出各自的决策。

二、货币政策目标

西方国家的货币政策目标一般分为最终目标和中介目标。

最终目标。作为宏观调控政策的主要工具之一，货币政策的最终目标大致有稳定物价、充分就业、经济增长、国际收支平衡。但四个目标何为主，何为从？一般有两种选择思路：一种是根据当时经济形势，什么问题突出就将相关的目标放在主要位置上。比如，现在失业问题最突出，就把“充分就业”目标放在主要位置上。另一种是坚持把反通货膨胀和稳定币值作为第一目标。比如，新老凯恩斯主义比较倾向于主张货币政策的最终目标主要应该放在稳定物价和实现经济增长上，其思路是，币值稳定才有利于发展，有利于解决失业，有利于解决国际收支失衡。

中介目标。中介目标是为实现货币政策最终目标而选择的调节变量或调控指标。由于货币当局无法直接影响或控制最终目标，须通过中介目标的变动情况来预测对最终目标的影响。良好的货币政策中介目标应具有可测性、可控性及与最终目标的相关性三个特性。中介目标总体上可以归为两类：一类以利率为中心，一类以货币供给量为中心。前者是受凯恩斯学说影响的结果，认为利率的变动会影响投资，进而影响社会总收入和总支出，最终影响经济增长和就业。后者则是受货币主义影响的结果，认为货币供给量增加，利率下降，进而刺激投资和产出，增加收入，导致物价上升；企业为扩大生产增加资金需求，在物价上升的情况下，实际货币供给量相应减小，因而使利率迅速回升。可见，货币供给量的增加最终未能使利率水平下降。由此，货币主义得出的结论是，利率不宜作为中介目标。中央银行可以把货币供给量作为中介目标，但由于货币供给量影响投资、产出、就业及物价水平，因此，不宜随意变动。但一般情况下，一定时期的中介目标具有单一性特点，或者说具有排他性。

美联储于1987年放弃将M1作为货币政策中介目标，开始使用利率作为中介目标。在工业化国家中采用货币供给量作为中介目标时间最长的是德国和瑞士。其中德国随着欧盟一体化进程的加快而于20世纪90年代中期放弃这一目标，瑞士也于2000年放弃。据研究，多数工业化国家和新兴市场经济国家放弃货币供给量中介目标的主要原因是：货币供给量度量口径不断变化，测量越来越困难；货币供给量与最终目标之间的关系渐行渐远；货币供给量的可控性越来越差等。①

自20世纪90年代初以来，新西兰、加拿大、英国、芬兰、瑞典、澳大利亚、西班牙等工业化国家也先后放弃货币供应总量中介目标，而将货币政策的目标直接钉住通货膨胀率。

在实践中，西方一些主要国家把中介目标又细分为近、远期两套中介目标。在选择这些目标时，列出了若干条件。比如英国，选择近期中介目标要达到四个条件：一是可观察性；二是与政策工具有统计数量上的密切、稳定关系；三是与远期中介目标有统计数量上的密切、稳定关系；四是便于区分受政策工具影响还是其他外在因素影响。选择远期目标的条件与此相近。

长期以来，中国人民银行以信贷规模和现金发行规模作为货币政策的中介目标。进入20世纪90年代，中国人民银行加速了对货币供给量的统计与研究，于1994年第三季度开始按季度向社会公布货币供给量，1995年尝试将货币供给量纳入货币政策中介目标体制，1996年正式将货币供给量确立为货币政策中介目标，这是中国货币政策发展史上的一项重要选择。1998年起取消信贷规模控制之后，中国人民银行将设定的货币供给量增长率区间作为货币政策的中介目标，而之所以没有选择利率作为货币政策中介目标，主要是利率没有实现完全市场化等原因。

三、货币政策工具

西方国家的货币政策工具是多种多样的，除通常讲的三大工具外，各国还有一些自己的工具。比如，英国的特别存款、日本的窗口指导、加拿大的道义劝说等，其中，也有带有一定行政性的贷款限额这类工具。

---

① 刘斌．我国货币供给量与产出、物价间相互关系的实证研究．金融研究，2002（7）．

下面主要介绍市场经济国家中央银行货币政策最常用的三大调控手段。

(1) 公开市场业务。中央银行最常用的工具是公开市场业务。通过在公开市场上买卖政府证券，中央银行便能降低或提高货币供给量。不论买卖政府债券的对象是谁，都会与商业银行发生业务关系。一般情况下，中央银行在公开市场买进一定数额的政府证券，中央银行就在证券出售者的开户商业银行的准备金账户上增加了同等数额，而证券出售者在其开户商业银行账户上则增加了等额的存款。基础货币会通过货币乘数的作用使货币供给量倍增。反之，中央银行卖出政府证券意味着收紧银根，会使货币供给量倍减。在以利率为货币政策中介目标的国家，中央银行通过公开市场业务影响货币供给量，从而可调控利率。

(2) 调整法定准备金率。准备金主要指存款准备金。存款准备金最初是为了保证商业银行支付和清算，以后才演变成货币政策工具。中央银行通过调整存款准备金率，能够影响金融机构的信贷扩张能力，从而间接调控货币供给量。美国是最早以法律形式规定商业银行应将其存款的一定比例存入中央银行的国家，金融机构按规定向中央银行缴纳的存款准备金占其存款总额的比例就是法定存款准备金率。如果中央银行想很快地减少货币供给量，可以改变准备金规定。做法就是大幅度提高商业银行的准备金率，以减少能参与存款创造的货币数量。反之，如果中央银行想放松信贷条件，可以采取降低商业银行准备金率的办法。法定准备金及其比率使中央银行能控制银行所创造的支票存款数量，更好地控制货币供给量。应该指出，调整法定准备金率的办法，相对于公开市场业务冲击力大，因此，中央银行不常采用此办法。同时，随着金融创新和金融自由化的发展，存款准备金制度作为货币政策工具的作用逐渐弱化，存款准备金率呈下降趋势。

(3) 再贴现。贴现是商业银行向企业提供资金的一种方式，再贴现是中央银行向商业银行提供资金的一种方式，两者都是以转让有效票据——银行承兑汇票为前提。在有些国家，中央银行不仅直接向私人银行贷款，也向非金融企业贷款。在美国，联邦储备银行不向非金融企业贷款，但通过所谓的贴现窗口向私人银行贷款。中央银行向商业银行进行贷款的利率称为再贴现率。再贴现率是中央银行直接规定的唯一利率。商业银行要比较再贴现率与其他市场利率的高低，以决定是否从贴现窗口借款。通常中央银行要对借款银行施加正式的和非正式的数量限制，通过限制迫使银行采取成本更高的补救办法满足中央银行所确定的法定准备金。经由贴现窗口的贷款等量地增加了基础货币。中央银行利用再贴现率的升降，影响商业银行的信贷规模。再贴现率降低意味着激励商业银行从贴现窗口借更多的资金，这就增加了基础货币。相反，贴现率提高将减少商业银行向中央银行的借款，减少了基础货币的生成。再贴现率通常都保持在市场利率之下。再贴现率提高时，商业银行也相对提高贷款利率，因此，减少了货币供给。由于再贴现率影响商业银行行为，间接影响了市场利率。再贴现率变化有时标志着政策变化，有时反映了市场的变化。再贴现不仅具有影响商业银行筹资成本，限制商业银行信用扩张，控制货币供给量的作用，而且具有有选择地对不同种类的票据进行融资，从而促进结构调整的作用。

四、货币政策规则[①]

货币政策操作的"规则与相机抉择"之争由来已久，在承认货币非中性的诸多西方经济学流派中，除了正统的凯恩斯主义及后凯恩斯主义经济学家外，其他学派几乎都赞同或倾向于按规则进行货币政策操作。而且，作为货币当局制定政策的基准，规则本身也是相对灵活的，也会根据经济环境的变化作出适当的、系统性的反应。

1. 货币政策规则的含义及分类

梅尔泽（Meltzer，1993）认为，规则是以一种可持续、可预测的方式运用信息的系统性决策程序，而货币政策规则就是这种原理在货币政策执行过程中的运用。泰勒（Taylor，1998）认为货币政策规则是基础货币或利率等政策工具根据经济行为变化进行的调整。现实中，几乎没有中央银行在政策实践中遵从固定、机械的规则，因此货币政策规则应该是货币政策制定的基准或依据，而非政策操作严格遵守的不变准则。[②] 这一观点已被越来越多的经济学家所认同。

根据在货币政策实施中的不同作用层次，斯文森（Svensson，1996）将货币政策规则区分成目标规则（target rules）和工具规则（instrument rules）。目标规则表示目标值的确定，而不是工具设定。在经济形势发生变化时，工具规则要作相应的调整，而目标规则的反应函数则根据经济结构变动的新信息自动进行修正。举例说明，目标规则用于决定船所航行的目的地，而工具规则解决如何使船顺利到达这一目的地。根据这一理解，工具规则又称为狭义的货币政策规则，包括货币数量规则、利率规则和汇率规则等；而目标规则相应地为广义上的货币政策规则，包括名义收入定标规则、通货膨胀定标规则等。

2. 几种货币政策规则理论

货币政策制定者通常按照以下几种规则来指导货币政策：（1）货币数量规则，即通过规范货币量供给来稳定宏观经济波动，因为货币数量的变化被认为是导致经济波动的关键因素。（2）利率规则，即根据产出、通货膨胀等其他经济变量的相对变化而调整利率的操作方法，其代表为泰勒规则。（3）名义收入定标规则，即货币政策的执行要以名义收入为预定目标，同时以基础货币规划进行操作，有利于保持价格的稳定，甚至能够将通货膨胀降低到零水平。（4）通货膨胀定标规则，即中央银行直接确定和公布其通货膨胀目标，并以此规划货币政策操作。（5）汇率规则，即通过确定汇率目标（采用区间或直接钉住）来稳定经济的货币政策操作框架。在现实中，一般把汇率操作作为货币政策的辅助调控手段。

这里重点介绍泰勒规则。泰勒规则是泰勒1993年针对美国的实际数据提出的，描述了短期利率如何针对通货膨胀率和产出变化调整的准则，其形式比较简单，但对后来的货币政策规则研究具有深远的影响。

泰勒发现，在各种影响物价水平和经济增长率的因素中，实际利率是唯一能够与物

① 贾德奎，胡海欧，黄燕．西方经济学界货币政策规则理论述评．财经理论与实践，2004（1）.

② H. Pill，M. Rostagno（2001），"Inflation Targeting and Taylor Rules as Benchmarks for Monetary Policy Decisions：A Critical Survey"，NBER Working Paper 8421，pp. 10－16.

价和经济增长保持长期稳定相关关系的变量，因此，调整实际利率应成为货币当局的主要操作方式，原始的泰勒规则为：

$$i=\pi+gy+h(\pi-\pi^*)+i^f \qquad (13-1)$$

式中，i 是短期利率；π 为实际通货膨胀率；y 是产出缺口；g 是产出缺口影响利率的权重；h 是系数；π^* 和 i^f 是常数，分别表示目标通货膨胀率和均衡利率；在典型的泰勒规则中，$g=0.5$，$h=0.5$，$\pi^*=2$，$i^f=2$。泰勒规则的政策含义在于强调中央银行制定政策时应将利率水平保持中性，使之对经济既不起刺激作用也不起抑制作用，以形成一个稳定的利率环境，避免利率波动与经济走势的背离扰乱经济运行，使经济在目标通货膨胀率下持续稳定增长。

泰勒规则启发了货币政策的前瞻性。如果中央银行采用泰勒规则，货币政策的抉择实际上就具有了一种预承诺机制，从而可以解决货币政策决策的时间不一致问题。泰勒规则对各国中央银行的货币操作具有重要的指导意义。在布雷顿森林体系解体之后，美国、日本和德国的中央银行都通过提高利率控制通货膨胀，而执行这一政策时都无一例外地遵从了泰勒规则。

据研究分析，只有在利率完全市场化的国家才有条件采用泰勒规则。① 目前我国是采用钉住通货膨胀的方式，在稳定经济方面已取得了显著的效果，被海外专家称为是结合了货币政策规则与相机抉择决策模式的优点。

第二节　货币政策与总供求均衡

一、从 *IS*－*LM* 模型看货币政策的作用

IS－*LM* 模型是反映商品市场和货币市场同时达到均衡的利率和收入的模型。*IS* 曲线反映的是财政政策的效果。*LM* 曲线反映的则是货币政策的作用。*LM* 曲线是使货币需求 L 和货币供给 M 相等的利率和收入的组合轨迹。根据凯恩斯学派的观点，货币需求与利率成反比关系，即利率越高，货币需求越小，反之亦然。因此，货币需求曲线 L 向下倾斜。但货币需求又与所得（即收入）成正比关系，即所得越高，货币需求越大，因此，相对于越来越高的收入，L 曲线向上或向右推移。另外，按凯恩斯观点，货币供给量作为外生变量不受利率影响，因此货币供给量为一垂直线 M。这一垂直线与一系列货币需求曲线相交，即形成不同所得水平的货币供求均衡点，并反映到利率与所得的图像上，形成了 *LM* 曲线。当关于投资与储蓄的 *IS* 曲线和关于货币供求的 *LM* 曲线相交于均衡点时，可在纵轴上找到均衡利率，在横轴上找到均衡收入。在 *IS*－*LM* 曲线中，*IS* 曲线可用于分析财政政策对国民收入的影响程度，*LM* 曲线可用于分析货币政策对国民收入的影响程度。利率和储蓄的变化源自财政政策，而货币供给量的变化源自货币政策。

现在需要分析一下，货币政策是如何移动了 *LM* 曲线，进而影响宏观经济核心指

① 谢平．泰勒规则及其在中国货币政策中的检验．经济研究，2002 (3).

标——国民收入的（见图 13-1）。

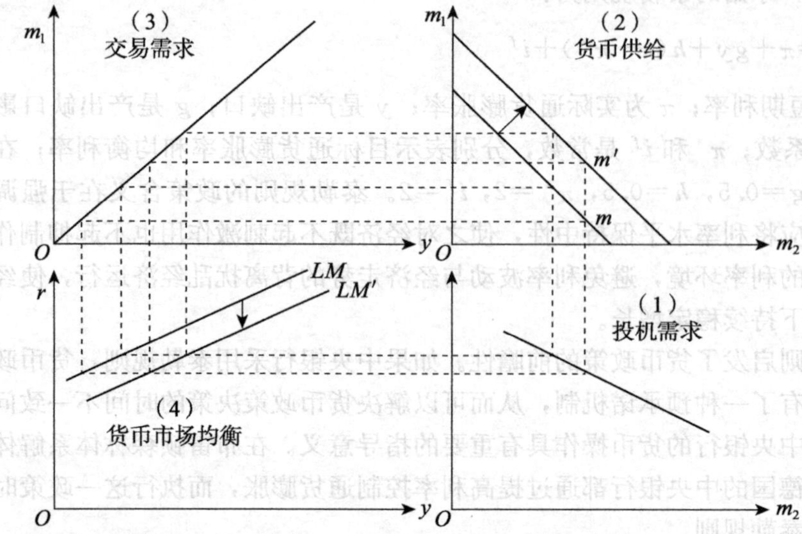

图 13-1　货币政策对 *LM* 曲线及国民收入影响示意图

在图 13-1 中，当货币供给量增加时，*LM* 曲线向右移动，这是因为在货币需求不变时，货币供给量增加必然使利率下降，利率下降又刺激投资和消费，从而使国民收入增加。图中，当货币供给量从 m 增加到 m' 时，*LM* 曲线从 *LM* 右移到 LM'。

变动货币供给量的政策对总需求的影响，即货币政策的效果，取决于 *IS* 曲线和 *LM* 曲线的斜率。在 *LM* 曲线斜率不变时，*IS* 曲线越平坦，变动货币供给量政策使 *LM* 曲线移动，对国民收入变动的影响就越大；反之，*IS* 曲线越陡峭，*LM* 曲线移动对国民收入变动的影响就越小，如图 13-2 所示。

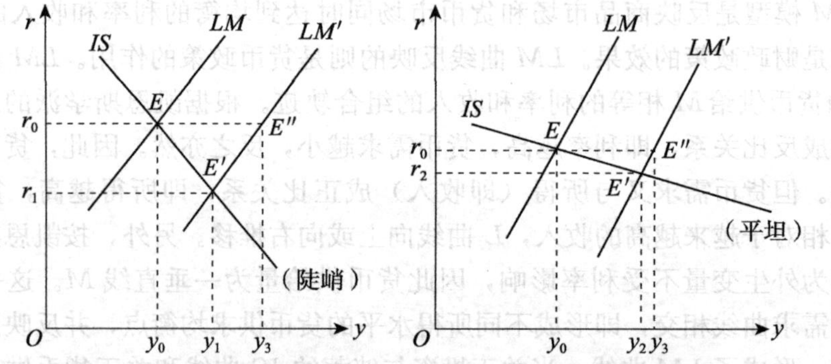

（a）货币政策效果小　　（b）货币政策效果大

图 13-2　货币政策效果图示

在图 13-2 中，*LM* 曲线斜率相同，*IS* 曲线斜率不同。货币供给量增加，*IS* 曲线较陡峭时，收入增加较少；*IS* 曲线较平缓时，收入增加较多。这主要是从能不能引致更多的投资来分析的。投资越多，国民收入就越多。同理，也可以推出，在 *IS* 曲线不变时，*LM* 曲线越平坦，货币供给增加引致的国民收入增加越小，即货币政策效果越小；反之，*LM* 曲线越陡峭，货币政策效果就越大。这主要是从货币需求受利率变动影响程度而言的。总之，货币供给量变动如果能使利率下降较多（*LM* 曲线较陡），并且利率的下降对投资有较大的刺激作用（*IS* 曲线较平坦），货币政策的效果就较强；反之，如果货币供给量变动不能使利率下降较多（*LM* 曲线较平坦），并且利率的下降不能对投资产生较大的刺激作用（*IS* 曲线较陡峭），货币政策的效果就较差。①

二、从 AD－AS 模型看货币政策对 GDP 的影响

货币政策对总供求的影响，主要体现在由中央银行调控的货币供给量如何影响总的产出。这里有一个总需求与总供给框架中货币政策作用的通俗图解：中央银行提高准备金率或出售有价证券→商业银行准备金上升→银行存款多倍下降→货币供给量下降→利率上升→投资、消费、净出口下降→总需求下降→实际 GDP 下降。反之，货币供给量上升→利率下降→投资、消费、净出口上升→ 总需求上升→实际 GDP 上升。

萨缪尔森用图 13－3 来说明货币供给量增加是怎样影响总需求并对供给发生影响的，我们不妨借用一下。在图 13－3 中，货币供给量增加引起 *AD* 曲线右移至 *AD′*，总供求均衡点由 *E* 移动到 *E′*。在 *AS* 曲线比较平缓的部分（也可称为凯恩斯区间），货币扩张主要影响产量，对价格的影响不大。在 *AS* 曲线接近垂直的部分（也可称为古典学派区间），货币扩张将主要提高价格和名义 GDP，对于实际 GDP 的影响很小。其内在机制是，货币扩张压低了市场利率，刺激了企业投资和消费者购买，总需求通过乘数作用扩张，使产量和价格水平提高。如果产量达到最大生产能力，货币供给再增加就不会拉动产量而是拉动价格，更多的货币追逐等量的产品。②

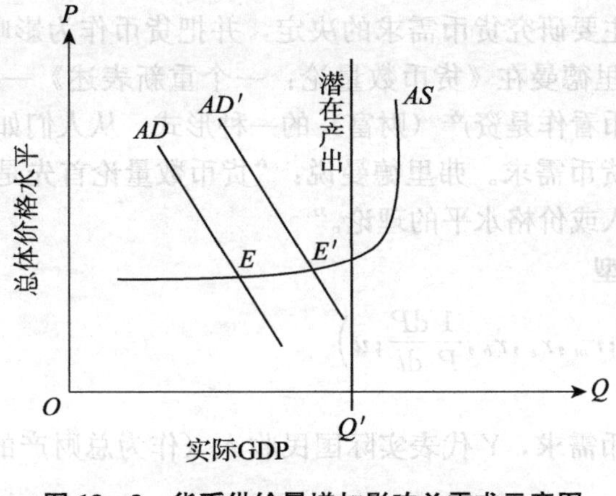

图 13－3　货币供给量增加影响总需求示意图

三、从货币乘数理论看货币政策的作用

新存款与准备金增量之比叫作货币供给乘数。准备金是银行以手头现金或在中央银

① 高鸿业．西方经济学（宏观部分）．北京：中国经济出版社，1996：541，563．

② 萨缪尔森，诺德豪斯．经济学（第 14 版）．北京：北京经济学院出版社，1996：993．

行以存款形式所持有的那部分资产。在一般情况下，货币供给乘数＝1/法定准备金率。比如，法定准备金率为10％，那么货币供给乘数就为1/0.1＝10。

例如，设有10 000元存入银行A，银行A按10％的法定准备金率留下1 000元，其余9 000元贷出，借款人会将这笔资金存入银行B，银行B留下10％即900元后再贷出8 100元，这样，相关银行都会按此办理，就多倍扩大了最初注入的准备金，最终增加了货币供给。其公式推导过程如下：

$$\begin{aligned}&10\,000+10\,000\times(1-10\%)+10\,000\times(1-10\%)^2+10\,000\times(1-10\%)^3+\cdots\\&=10\,000\times[1+9/10+(9/10)^2+(9/10)^3+\cdots]\\&=10\,000\times[1/(1-9/10)]\\&=10\,000\times1/0.1\\&=100\,000(\text{元})\end{aligned}$$

货币供给乘数揭示了银行创造货币的机理，整个银行系统能把最初增加的准备金变成多倍的新存款或银行货币。

第三节　经典货币模型选解

一、现代货币数量论①

1. 人物及背景

现代货币数量论主要研究货币需求的决定，并把货币作为影响经济的最重要因素。1956年，米尔顿·弗里德曼在《货币数量论：一个重新表述》一文中发展了货币需求理论。弗里德曼将货币看作是资产（财富）的一种形式，从人们如何选择资产形式以保存财富的角度来研究货币需求。弗里德曼说："货币数量论首先是货币需求理论，而不是关于产量、货币收入或价格水平的理论。"

2. 关键方程或模型

$$\frac{M}{P}=f\left(Y,W;r_m,r_e,r_b,\frac{1}{P}\frac{\mathrm{d}P}{\mathrm{d}t};u\right)\tag{13-2}$$

式中，$\frac{M}{P}$代表实际货币需求，Y代表实际国民收入（作为总财产的代表），W代表非人力财产占总财产的比率，r_m、r_e、r_b分别代表货币、股票和债券的预期名义收益率，$\frac{1}{P}\frac{\mathrm{d}P}{\mathrm{d}t}$代表预期的物价变动率，$u$代表影响货币需求的其他因素。

式（13-2）反映了实际货币需求是由多方面因素决定的。其中，国民收入的影响最重要。② 货币、股票、债券等的预期收益率以及预期物价变动率也影响货币需求。

① 余永定等．西方经济学．北京：经济科学出版社，1996：403-405；宋承先等．现代西方经济学（宏观经济学）．上海：复旦大学出版社，2004：294-300.

② 这里的国民收入实际上指总财产。总财产的衡量比较困难，所以公式中用收入代表总财产。这里使用的收入是持久收入。

3. 关键图示及解释

在图 13－4 中，横轴代表时间 T，纵轴代表货币需求，曲线 L_m 代表实际货币需求最大值，它只考虑了收入 Y 和货币预期名义收益率 r_m 两个因素作用下的货币需求，假定其他因素对货币需求的影响为零；曲线 L 代表实际货币需求，综合考虑了决定实际货币需求的多种因素，由于股票、债券等的预期收益率以及预期物价变动率等因素与实际货币需求反方向变化，因此，曲线 L 位于曲线 L_m 下方。由于持久收入的稳定性，实际货币需求函数也是稳定的，在图 13－4 中则表现为 m_1、m_2、m_3 是稳定增加或按比例增加的。

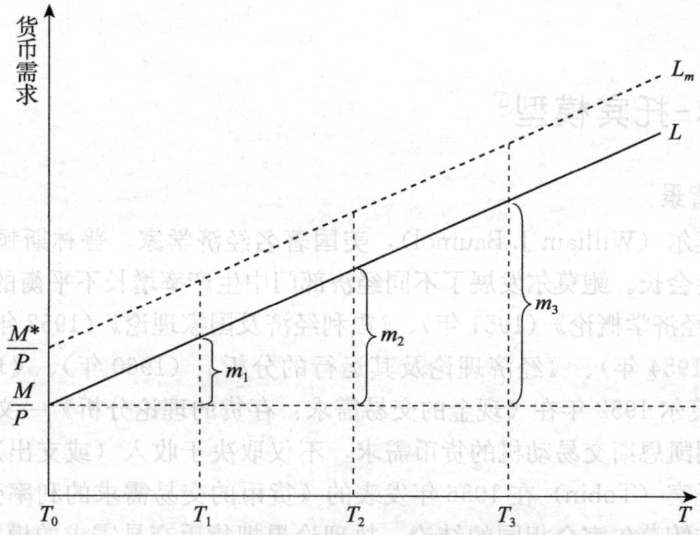

图 13－4　现代货币数量论货币需求函数的决定

4. 特征归纳

弗里德曼的现代货币数量论对西方货币需求理论的发展有着巨大的贡献，其特征主要有以下四点：(1) 弗里德曼认为货币需求主要是由持久收入决定的。在短期中持久收入虽有变动，但波动不大；长期中持久收入是稳定增加的，货币需求也稳定增加。因此，货币需求函数是一个稳定的函数。(2) 弗里德曼的现代货币数量论用货币需求函数与货币供给函数来说明名义收入（即实际国民收入与价格水平）的决定。由于货币需求函数具有稳定性，货币供给函数（即货币供给量）的变动是决定名义收入的唯一重要变量。(3) 弗里德曼认为价格水平只对名义货币需求有影响而对实际货币需求没有影响，但价格水平变动率对实际货币需求有微小影响。(4) 弗里德曼认为货币需求对利率不敏感。当利率的上升引起股票、债券等其他资产的预期回报率增加时，货币的预期回报率也相应地上升，换言之，二者对货币需求的正负影响抵消后，货币需求函数将保持相对不变。

5. 应用前景评价

美国经济决策曾受弗里德曼货币需求理论及货币主义单一规则政策主张的影响。货币主义认为财政政策的作用非常小，而货币政策的作用是重要的；主张以货币供给量作为唯一的控制因素，并认为稳定的货币供给增长率可促使经济持续平稳发展。弗里德曼货币需求理论对居民资产合理选择产生了很大影响，成为家庭投资的重要参考理论。

就中国而言，弗里德曼货币需求理论同样对我们既有适用的部分，也有不完全适合的方面。一是货币需求与货币供给的关系，是我们分析宏观经济政策特别重要的内容。我们对货币供给研究得多，但对货币需求的理解不够深入，因此，这方面还需要努力。二是弗里德曼货币需求理论强调货币需求的财产限制，这可以解释我国近年来由于国民收入持续增长，因而货币需求也年年增长的现实。三是弗里德曼货币需求理论强调了预期的影响，不论是预期价格变动还是其他资产的预期收益率变动，都可能对货币需求产生影响。这些变量可以通过统计方法得到，对分析货币需求量和供给量的合理性是有帮助的。

二、鲍莫尔-托宾模型①

1. 人物及背景

威廉·鲍莫尔（William J. Baumol），美国著名经济学家，普林斯顿大学教授，曾任美国经济学会会长。鲍莫尔发展了不同经济部门中生产率增长不平衡的模型。其主要著述有：《动态经济学概论》（1951 年）、《福利经济及国家理论》（1952 年）、《经济作用与经济政策》（1954 年）、《经济理论及其运行的分析》（1960 年）、《环保政策理论》（1975 年）。鲍莫尔 1952 年在《现金的交易需求：存货的理论分析》一文中运用“存货理论”论证说明凯恩斯交易动机的货币需求，不仅取决于收入（或支出），也取决于利息率的高低。托宾（Tobin）在 1956 年发表的《货币的交易需求的利率弹性》一文中，独立地得出了与鲍莫尔完全相同的结论。故理论界把货币交易需求的模型称为鲍莫尔-托宾模型。

2. 关键方程或模型

$$M^* = \sqrt{\frac{Y}{2} \cdot \frac{tc}{i}} \qquad (13-3)$$

式中，M^* 为最优货币（现金）平均持有量；Y 为货币持有人的收入水平；i 为利率；tc 为取款花费的成本或者说委托办事的经纪人费用，这里可以把 t 理解为取款花费的时间，c 理解为单位时间取款花费的成本。每月取款一次时的月平均货币持有量等于月收入的一半，即 $Y/2$。

根据式（13-3），人们为了交换的需要平均持有的最优货币量，随经纪人费用 tc 和货币持有人收入水平 Y 的增加而增加，随利率 i 的上升而下降。因此，货币的交易需求与国民收入同方向变动，式（13-3）即为著名的平方根公式，它说明了交易动机的货币需求量的决定。

3. 关键图示及解释

在图 13-5 中，横轴表示经纪人费用与利率的比值 tc/i，纵轴表示行为人收入

---

① 余永定等．西方经济学．北京：经济科学出版社，1996：387-393；袁志刚，宋铮．高级宏观经济学．北京：高等教育出版社，2010：363；宋承先等．现代西方经济学（宏观经济学）．上海：复旦大学出版社，2004：289-291；高鸿业．西方经济学．北京：中国经济出版社，1996：492．

$Y/2$，横轴上的 tc/i 点与纵轴上的 $Y/2$ 点在坐标系中交于 A 点。图中的正方形面积与矩形面积是相等的，反映的就是 $M^{*2}=\frac{Y}{2}\cdot\frac{tc}{i}$，即著名的平方根公式所揭示的 $M^*=\sqrt{\frac{Y}{2}\cdot\frac{tc}{i}}$。

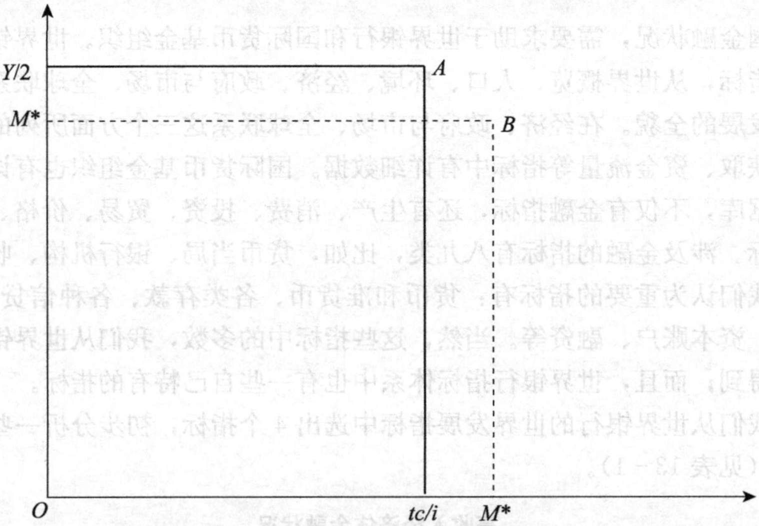

图 13－5　鲍莫尔-托宾模型图

4. 特征归纳

鲍莫尔-托宾模型具有三个明显的特征：（1）该模型是对为便利交易而持有的货币量作出的解释，并不涉及预防和投机动机，因此，仅仅是交易动机的货币需求模型。（2）该模型非常重视交易成本的大小，并在此基础上概括最适宜的现金持有量。这里的交易成本所涉及的经纪人费用和存款利息的机会成本也是该模型所强调的。（3）该模型强调了交易动机的货币需求与利率的关系，因而补充和发展了凯恩斯认为货币交易需求只和收入有关的理论。进一步，该模型提出了交易动机的货币需求不仅是收入的增函数，而且是利率的减函数。

5. 应用前景评价

鲍莫尔-托宾模型为货币政策设计提供了一定的理论指导，因为它强调了利率参数在货币需求模型中的作用。就我国经济转轨的情况看，该模型对我们的启示是：（1）既然利率对货币政策设计有重要影响，那么，利率的合理确定就非常重要。在我国，该模型对于如何推进利率市场化具有重要意义。（2）货币需求与一国的国民收入有同向变动的关系，因此，在考虑货币需求进而考虑货币供给量时，要充分考虑国民收入的增长水平。（3）货币需求的确定在发达国家和我国情况有所差别，这也是我们在运用该模型时要考虑的。比如，我国信用卡使用的范围和程度大大低于发达国家，而现金持有比例相对较高。

第四节 各国金融状况与货币政策

一、各国金融概览

了解各国金融状况，需要求助于世界银行和国际货币基金组织。世界银行每年发布的世界发展指标，从世界概览、人口、环境、经济、政府与市场、全球联系这六大方面展示了世界发展的全貌。在经济、政府与市场、全球联系这三个方面所列的货币和准货币、资金的获取、资金流量等指标中有详细数据。国际货币基金组织也有详细的经济指标体系及数据库，不仅有金融指标，还有生产、消费、投资、贸易、价格、人口、就业等十几类指标。涉及金融的指标有八九类，比如，货币当局、银行机构、收支平衡等方面，其中，我们认为重要的指标有：货币和准货币、各类存款、各种信贷、各类利率、多种储备金、资本账户、融资等。当然，这些指标中的多数，我们从世界银行的指标体系中也可以得到；而且，世界银行指标体系中也有一些自己特有的指标。

下面，我们从世界银行的世界发展指标中选出 4 个指标，初步分析一些国家和地区的金融状况（见表 13-1）。

表 13-1　　高收入经济体金融状况

国家和地区	货币和准货币（M2）		利差	信贷信息深度指数	股票市场资本总额占 GDP 的百分比
	2008 年增长率（%）	2014 年增长率（%）	2016 年（%）	2009 年 6 月	2016 年（%）
美国	8.0	30.0	—	6	146.9
瑞典	10.1	3.7	—	4	—
日本	0.8	3.0	0.7	6	100.3
英国	—	—	—	6	—
澳大利亚	14.1	7.0	3.3	5	105.3
加拿大	15.1	—	2.6	6	130.3
新加坡	12.0	3.3	5.2	4	215.7
韩国	15.9	8.1	1.8	6	88.9
中国香港	4.2	8.9	—	4	995.0
新西兰	10.3	—	1.8	5	
墨西哥	9.9	12.2	3.4	6	33.5
马来西亚	11.3	6.3	1.5	6	121.3
匈牙利	9.4	2.5	1.9	5	17.9
斯洛伐克	—	5.7	—	4	—
波兰	19.1	8.2	—	4	29.4

资料来源：世界银行数据库，http://data.worldbank.org.cn/.

我们对表 13-1 中的 4 个指标进行分析。首先，选择“货币和准货币”指标是因为我们想对货币供给的规模有一个直观的了解。“货币和准货币”是由银行之外的通货、除中央政府之外的活期存款以及除中央政府之外的居民定期存款、储蓄存款和外币存款组成。这一货币供给的定义与国际货币基金组织《国际金融统计》中一致，通常被称为M2。货币供给的变化按年末总供应量与上年末M2水平之差衡量。从这一指标可以看到，表中的15个经济体2008年和2014年的增长率差异较大，高者如美国在2014年达到30%，低者如日本，2008年其M2基本没有增长，增长率仅为0.8%。这几个经济体2014年M2的平均增长率为8.2%，高于平均数的有美国、中国香港、墨西哥，低于平均数的有日本、瑞典、新加坡等。

“利差”是银行向主要客户的贷款收取的利率，减去商业银行或类似机构为活期存款、定期存款或储蓄存款而支付的利率之间的差额。一般来讲，利差低，对企业和投资更有利，银行利差收入也就少了；反之亦然。高收入经济体2016年利差平均水平为2.5%，高于此平均数的有新加坡、澳大利亚等，低于平均利差的有韩国、日本等。当然，还有一种利率差是指一国存（贷）款利率与各国平均的或称为国际存（贷）款利率的差别。理论上，这种利差的存在会导致资本在国家间的流动，最后实现各国利率的大致接近。但由于国家风险的存在以及对未来汇率变动的预期不同，因此，在现实中一国利率与国际利率之差，并不普遍地导致资金在国家间的流动。

“信贷信息深度指数”主要用来衡量影响通过公共和私营征信机构获得信贷信息的范围、渠道及其质量的规则。数值范围是0至6的整数，该指数越大表明可以从公共或私营征信机构获得的信贷信息越多。数据显示，美国、日本、英国、加拿大、韩国、墨西哥和马来西亚的指数为6，相对于新西兰和澳大利亚的指数5，以及表中其他发达国家和地区，这七个国家在公共和私营征信机构获得信贷信息的范围、渠道及其质量的规则上显示出较强的优势。

股票市场资本总额（也称作市值）为股票价格乘以已公开发行的股票数量。股票市场市值反映了一个国家资本市场的发展规模，反映了上市公司在国民经济中的份额。当然，当资本市场的投机程度高时，也会拉高市值。表13-1中，2016年股票市场资本总额占GDP百分比的平均数为180.4%，其中高于这个平均数的有中国香港和新加坡，其余经济体全部低于这个平均数，尤其是匈牙利，低得出奇，只有17.9%，而中国香港则高得出奇，达到995.0%；其余各经济体则多在100%左右。因此，中国香港作为一个国际金融中心，虽然面积很小，股票市值相对于其GDP却很高，而新西兰则相反。

下面我们看到的是中等和低收入经济体的同样指标（见表13-2）。

表13-2　　中低收入经济体金融情况

国家和地区	货币和准货币（M2） 2008年增长率（%）	货币和准货币（M2） 2014年增长率（%）	利差 2016年（%）	信贷信息深度指数 2009年6月	股票市场资本总额占GDP的百分比 2016年（%）
上中等收入经济体					
南非	15.2	7.3	3.3	6	322.0

续前表

国家和地区	货币和准货币（M2）2008年增长率（%）	货币和准货币（M2）2014年增长率（%）	利差 2016年（%）	信贷信息深度指数 2009年6月	股票市场资本总额占GDP的百分比 2016年（%）
俄罗斯	14.6	15.5	5.6	5	48.5
泰国	8.7	4.7	5.0	5	106.4
菲律宾	5.4	12.4	4.0	3	78.6
印度尼西亚	15.0	11.9	4.7	4	45.7
巴西	17.3	13.5	39.7	5	42.2
保加利亚	8.8	1.1	6.2	6	—
中国	17.8	11.0	2.9	4	65.4
下中等收入经济体					
亚美尼亚	2.4	8.3	5.7	5	—
印度	20.5	10.6	—	4	69.2
低收入经济体					
埃塞俄比亚	23.4	—	—	2	—

资料来源：世界银行数据库，http：//data.worldbank.org.cn/.

中低收入经济体货币和准货币2014年增长率平均为9.7%，高出高收入经济体同一指标1.5个百分点。结合表13-1，各个经济体2014年相对于2008年的货币和准货币增长率中，高收入经济体和中低收入经济体都表现出下降的态势，中低收入经济体中下降幅度最大的是印度和南非，增长率分别下降了9.9和7.9个百分点。

中低收入经济体2016年利差平均值高达8.6%，大大高于高收入经济体的2.5%。其中巴西创纪录地达到39.7%，中国、南非、泰国等国则在8.6%以下。

上中等收入经济体、下中等收入经济体及低收入经济体的信贷信息深度指数的均值依次是4.75、4.5和2.0，呈现出明显的下降趋势。这表明，一个国家的收入与该国的公共和私营征信机构信贷信息的可获得性成正相关关系。

中低收入经济体2016年股票市场资本总额占GDP百分比的平均数为97.3%，大大低于高收入经济体的平均数180.4%，反映了证券市场远不如发达经济体活跃。但是，泰国的106.4%、南非的322.0%，却表现出接近甚至超过发达国家的股市市值，这也是很值得关注的。而低于50%的巴西、印度尼西亚、俄罗斯，也同样值得关注。

总之，从以上四个指标中，我们初步了解了上述国家和地区的货币供给增长率和股票市场规模是大还是小，利率差值是高还是低，信贷信息可获得性是强还是弱，以及这四个指标的变化是快还是稳，并形成了一个粗浅的认识。但是，现实金融状况非常复杂，很难评价各国金融状况的优劣。我们需要进一步通过货币当局、存款银行两类货币账户来判断其金融状况。

专栏一　美国次贷危机及其影响①

次贷危机又称次级房贷危机，是一场发生在美国，因次级抵押贷款机构破产、投资基金被迫关闭、股市剧烈震荡而引起的风暴。美国次贷危机从2006年开始显现，到2007年8月席卷了美国、欧盟和日本等国金融市场。到2008年4月为止，全球银行系统和证券公司的资产减记和信贷损失为2 320亿美元，而国际货币基金组织于2008年4月发布的《全球金融稳定性报告》预计，美国次贷危机给全球金融系统带来的损失总额将达9 450亿美元。

次贷危机的涉及面广、作用机制特殊、持续的时间较长，其发生离不开美国的宏观经济及政策层面背景。2000年美国互联网泡沫破灭之后，为防止陷入衰退，美国采取扩张性货币政策，美联储连续降息，联邦基金利率从6.5%降到了过去46年以来的最低水平1%。宽松的货币政策促使房贷利率下降，直接促成了美国房地产市场持续的繁荣，房价持续上涨，使房地产金融机构发放的次级住房抵押贷款大量增加。

次级住房抵押贷款（简称次级贷款）是相对优质住房抵押贷款而言的，是指向信用等级较低的借款人提供的住房抵押贷款。由于作为抵押品的房地产价值上升，次级贷款的风险就变小了。房贷机构对次级贷款申请标准不断放松，借款人的借贷积极性增强，次级贷款大量扩张。

证券化激发了追求高回报、忽视风险的投资行为。美国的投资银行通过次级贷款证券化及相关金融衍生品的创新助推了次贷的增长。次级抵押贷款债券（简称次级债）是一种抵押贷款支持证券（mortgage backed security，MBS），形式多样，主要有CDO（collateralized debt obligation，担保债务凭证）、CDS（credit default swap，信用违约互换）、基于CDS的基金等。由于这些次贷衍生产品的名义投资回报率较高，又被评级机构给予高的评级，吸引了包括银行、对冲基金、退休基金、保险基金、教育基金、政府托管基金以及外国机构投资基金等在内的广泛投资者。次级债占全部抵押贷款支持证券余额的比重从2001年的3%迅速上升到2006年的15%，而相关衍生品市场的规模更是达到债券市场规模的3倍以上。

但随后由于通胀压力显现，自2004年6月至2006年8月，美联储连续17次调高利率，联邦基金利率从1%提高到5.25%，导致美国房地产的价格从2006年中期开始下滑。利率上升提高了房屋借贷的成本，并直接影响到借款人的还款能力，次级贷款的还款拖欠率大幅上升。住房价格下跌极大地影响了再融资，次贷证券的利润大幅缩水。在利率上升和房价下跌的双重作用下，最终引爆了次贷危机。2007年2月，汇丰控股因美国次级房贷业务增列18亿美元坏账拨备，美国最大次级房贷公司Countrywide（全融公司）大幅减少放贷。2007年3月，美国次贷连累世界股市大跌，美国第二大次级抵押贷款机构新世纪金融公司（New Century Financial Corp.）被纽约证券交易所停

① 刘一萌博士根据以下文献整理：IMF，“Global Financial Stability Report：Containing Systemic Risks and Restoring Financial Soundness”，www.imf.org，April 2008；Ben S. Bernanke，“Housing，Housing Finance，and Monetary Policy”，http://www.federalreserve.gov，August 31，2007；中国人民银行．2008中国金融稳定报告．北京：中国金融出版社，2008；詹向阳，樊志刚等．次贷风波启示录．北京：中国金融出版社，2008。

牌。2007 年 7 月，标准普尔公司降低了次级债评级，更加重了全球金融市场的震荡。一些发放次贷的银行或专业按揭金融公司倒闭破产，购买次贷衍生工具的对冲基金、投资银行、商业银行、保险公司损失惨重。危机扩大到次贷市场以外的更广泛的金融市场，许多大型金融机构资产减值和损失增加，信贷成本显著上升，商业票据大幅萎缩。美国房地产市场持续疲软，经济增长减缓。国际金融市场利率大幅波动，世界主要股指震荡下滑，全球经济下行风险加大。

各国中央银行紧急应对次贷危机。一是大规模向市场注入资金。自 2007 年 8 月以来，美联储、欧洲中央银行、英格兰银行、日本银行、澳大利亚储备银行等先后向市场注入流动性数千亿美元。二是降息或推迟、取消加息计划。美联储自 2007 年 9 月至 2008 年初，连续五次降低联邦基金利率共 225 个基点，同时下调贴现率；英格兰银行也进行了降息；欧洲、日本的中央银行均推迟或取消了加息计划。三是采取了一些灵活的金融手段，如美联储建立了贷款拍卖机制，欧美中央银行进行了货币互换安排等，以增加流动性。四是加强了对住房信贷市场的监控和预警。此外，政府也出面干预。美国政府推出由政府与主要金融机构订立的次级房贷解困计划和经济刺激方案，又推出涵盖所有类型房屋贷款的“救生索计划”。美国其他部门也陆续采取措施，缓解次贷危机的压力。

次贷危机可能是美国自 20 世纪 30 年代经济大萧条以来经历的最严重的金融冲击，其对全球经济和金融稳定的负面影响也不容低估。其给我们最大的启示是，即使较为成熟的金融体制和具有丰富货币政策经验的货币当局，也很难避免制度上的失误。因此，我们在鼓励金融产品创新的同时，更要鼓励防范金融风险的制度创新。

二、货币当局和存款货币银行的资产负债表

货币当局和存款货币银行有各自的资产负债表，反映着各自的职能与业务活动。

我们先看货币当局资产负债表的一般格式（见表 13－3），数据为模拟处理形式，我们主要借此了解货币当局的账户结构。

表 13－3　　货币当局的资产负债表

资产	4 000	负债	4 000
国外资产	**1 200**	**储备货币**	**2 850**
黄金	20	发行的货币	0
外汇	467	银行外的货币	2 000
在基金组织的储备头寸	340	存款货币银行的库存现金	200
持有的特别提款权	160	存款货币银行在货币当局的存款	650
国外代理行	213		
		政府存款	**200**
对政府的债权	**1 500**		
贷款和预支预付款项	400	**国外负债**	**400**

短期国库券	560	外国中央银行的存款	250
其他政府证券	450	互惠信贷	50
其他债权	90	所使用的基金组织信贷	75
		其他外债	25
对非金融性公共企业的债权	**300**		
贷款和预支预付款项	200	**资本账户**	**150**
短期债券和证券	100	资本	100
其他债权	0	准备金	50
		未经划分的负债	**400**
对私有部门的债权	**30**		
对存款货币银行的债权	**200**		
贴现和担保的预支预付款项	60		
贷款和透支	100		
其他债权	40		
对非货币性金融机构的债权	**100**		
贴现和担保的预支预付款项	20		
贷款和透支	60		
其他债权	20		
未经划分的资产	**670**		

资料来源：摘编自2000年中国—国际货币基金组织联合培训计划的金融规划与政策课程教材。

从表13-3中可看到，对货币当局来讲，它的资产主要有6大项：国外资产，对政府的债权，对非金融性公共企业的债权，对私有部门的债权，对存款货币银行的债权，对非货币性金融机构的债权。如果为了记忆而进一步归纳，可以说是：存在国外的，买了政府的，借给银行的，贷给企业的。当然，这是个大致的说法，并不准确，这里的存、买、借、贷是多元组合与相关主体配套的，而且每一种形式还有各具特点的具体形式。

货币当局的负债主要有4大项，分别是储备货币、政府存款、国外负债、资本账户。如果为了记忆方便而进一步归纳，可以说是：欠政府的，欠银行的，欠国外的。储备货币是货币当局最主要的负债，主要指银行持有的货币（库存现金）和银行外的货币（流通中的现金），以及存款货币银行在货币当局的存款。表13-3中，有一点需要说明：包含在"发行的货币"中的流通中的现金，为什么会是货币当局的负债？人们更多地认为这是货币发行收入。诚然，货币当局依政府授权，具有发行货币的垄断权，政府也因之获得货币发行收入。进一步分析，这是在国民经济需要时，由货币当局资产创造出来的负债。货币的发行通常有两种办法：一种是直接以弥补财政赤字为目标的财政性发行，国家主权信用是支持货币发行的最大信用，因此，发行形成的负债可对应于货币当局信用储备资产，在现代这种负债将逐渐只具有会计意义。另一种则是通过向银行借款或发行债券迫使银行额外增加纸币发行，这时发行就形成对银行的负债。

从表 13－3 中也可推导出货币当局影响储备货币可以有多种办法，比如，外汇干预、公开市场业务、预算赤字融资、再贴现政策、准备金规定等。资产负债表的基本特点是：资产与负债必须是相等的。正因为如此，储备货币增长与资产项目增长之间有着紧密的关系。

下面，让我们继续分析存款货币银行的资产负债表（见表 13－4）。

表 13－4　　存款货币银行的资产负债表

资产	12 050	负债	12 050
国外资产	**2 400**	**活期存款**	**5 000**
对非居民银行的债权	2 000	支票账户	4 400
对非居民非银行的债权	400	外汇账户	600
预备金	**850**	**定期与储蓄存款**	**3 700**
库存现金	200	定期存款	1 000
规定存款	550	储蓄存款	1 500
其他在货币当局的存款	100	定期外汇存款	1 200
对政府的债权	**600**	**货币市场工具**	**900**
短期国库券	300	期票	400
其他政府证券	200	大额存单	500
其他债权	100	**国外负债**	**1 280**
对私有部门的债权	**7 650**	非居民银行负债	520
贴现	4 000	非居民非银行负债	760
贷款和预支预付款项	2 000	**政府存款**	**100**
抵押贷款	1 280	**货币当局提供的信贷**	**250**
透支	200	**资本账户**	**600**
其他债权	170	**未经划分的负债**	**220**
对非货币性金融机构的债权	**300**		
未经划分的资产	**250**		

资料来源：摘编自 2000 年中国-国际货币基金组织联合培训计划的金融规划与政策课程教材。

在金融中介体系中，国际货币基金组织把能够吸收存款货币的金融中介机构统称为存款货币银行（deposit money banks）。存款货币银行承担了存款货币创造者的角色。存款货币银行主要的功能就是在存款与贷款业务即实现储蓄与投资的转换中，为储蓄者和投资者提供中介服务，也因此影响货币的供应量及其流动性。

从存款货币银行的资产负债表中，可以看到资产有 6 大项，分别是：(1)“国外资产”，这多是为了外贸融资的需要。(2)“预备金”，主要是将存款货币银行资产的一部分作为准备金上交给货币当局，当然产权是银行的，存款货币银行吸收的存款中还需要有一定比例的现金，有时还会利用超额准备金来提高安全系数等。存款货币银行的准备金需求是影响货币供应量的重要因素。(3)“对政府的债权”这一项，表中所列子项是容易理解的，是通过购买实现的。(4)“对私有部门的债权”，包括向个人、企业的信贷额。(5) 最后是“对非货币性金融机构的债权”。显然，与货币当局的资产负债表相比，存款货币银行的资产负债表中没有“对非金融性公共企业的债权”，公共企业应由货币当局来承担。“对存款货币银行的债权”更不应有，那是自己欠自己了。如果为了记忆而进一步归纳，此处可以说：留在国外的，以备待用的，买了政府的，贷给企业的。当然，这同样也是个大致的说法，并不准确，只是为了方便记忆。(6)“未经划分的资产”，以上5项以外的其他资产计入“未经划分的资产”。

存款货币银行的负债包括活期存款、定期与储蓄存款、货币市场工具、国外负债、政府存款、货币当局提供的信贷、资本账户和未经划分的负债。很显然，存款货币银行负债的分类不是按部门划分的，而是根据金融工具的种类特别是以流动性来分类的。这样做的方便之处是，存款货币银行的某些负债根据流动性要纳入（狭义）货币供给量，而其流动性取决于其偿还期。在这里，如果为了记忆方便而进一步归纳，可以说是：欠储户的，欠政府的，欠同行的，欠国外的，等等。

货币当局与存款货币银行的两张资产负债表可合为一张“货币部门概览”表，再加上其他金融机构的资产负债表，就会形成一张综合性的“金融部门概览”表。一般而言，“货币部门概览”表是最重要的，因为银行部门的货币负债对于名义总消费以及经济政策目标，即增长、通货膨胀和国际收支等，有相当大的影响。而且，有关的统计数据较易获取，对发展中国家更是如此。正是在货币部门资产负债表的负债中，我们可以对应地找到通常使用的M1、M2以及包括定期存款和外汇存款的准货币。

三、各国信贷及其利率

本节特别强调信贷，因为这是从实际部门走向理论分析最关键的一环。在本节第一部分，我们在表中列出了“货币和准货币”，在第二部分，我们列了两张资产负债表，又在多个指标下列出了“存款”和“贷款”。除个别情况外，各种“贷款”列在银行资产负债表“资产”一栏内，而各种“存款”则列在“负债”这一栏内。同样，利率是与信贷分不开的，需要进行更深入的分析。下面，我们先看表13-5。

表13-5　　2016年部分经济体国内信贷及不良贷款概况（%）

国家和地区	银行部门提供的国内信贷占GDP的百分比	银行不良贷款占毛贷款总额的百分比[a]
美国	241.9	1.3
日本	363.3	1.4
英国	166.0	0.9
澳大利亚	183.3	1.0
新加坡	135.1	1.2
韩国	170.1	—
中国香港	210.6	0.9
马来西亚	145.3	1.6
南非	176.7	2.9
俄罗斯	—	9.4
泰国	169.3	3.0

续前表

国家和地区	银行部门提供的国内信贷占 GDP 的百分比	银行不良贷款占毛贷款总额的百分比[a]
菲律宾	63.5	1.7
印度尼西亚	47.9	2.9
巴西	111.2	3.9
中国	215.0	1.8
乌克兰	78.8	30.5
印度	75.4	9.2

说明：a 表示不良贷款与贷款组合（包括扣除特别贷款损失准备金之前的不良贷款额）的总价值之比。
资料来源：世界银行数据库，http：//data.worldbank.org.cn/.

表 13-5 中银行部门提供的国内信贷包括向各个部门提供的所有以毛值计的信贷，向中央政府的信贷除外（该信贷是净值）。银行部门包括货币当局、存款货币银行以及其他可获得数据的银行机构（包括不接受可转让的存款，但确实发生了定期和储蓄存款之类债务的银行机构）。表中这些国家平均起来，其银行部门提供的国内信贷比 GDP 要高，平均值为 159.6%，而按加权平均值计算，银行部门提供的国内信贷占 GDP 的百分比的世界平均值为 185.1%。一般情况下，这个比重高，说明一国的经济更活跃或者信用程度更高。因此，根据世界银行提供的数据看，高收入经济体为 209.9%，低收入经济体为 26.7%，中等收入经济体为 140.6%，中等收入经济体银行部门提供的国内信贷占 GDP 百分比数据在高、低收入经济体之间。此外，毛贷款总额中的银行不良贷款比例，总的趋势是高收入经济体低，平均为 2.9%，中等收入经济体次之，平均为 4.1%，中下等收入经济体则达到了 4.2%，即经济体收入与毛贷款总额中的银行不良贷款比例成反比。

在现实的信贷中，一个非常重要的经济量时隐时现，那就是货币及其供给量。经济学中，将流通中的现钞与各银行保存在中央银行里的现金储备称为高能货币（high-powered money），这是中央银行可以直接控制的量，因此很重要。银行活期存款的流动性（一种资产在保值的前提下迅速兑换为现金的能力）仅次于现钞，因为它可随时提取。把现钞、活期存款、旅行支票等相加，就得到了 M1；货币市场账户和小额定期存款账户每月提取的次数有限，流动性稍差，它们与 M1 相加，即得到 M2；若再加上大额定期存款，就得到了 M3。随着金融交换形式的发展，这些货币形式被人们关注的程度也在变化。市场经济各国都很重视信贷规模，这体现在对货币供给量的调控上。[①]

计划经济国家同样特别重视国内信贷尤其是信贷规模，这充分体现在信贷计划和信贷政策这两种货币管理工具上。信贷计划是一定时期信贷资金来源与运用的数量匡算和结构安排，其核心是贷款规模控制。在计划经济中，信贷计划是以指令性方式下达的，未经批准，不能突破贷款的限额。在经济转轨中，这就体现为信贷计划由直接管理向市场经济下的间接管理办法转变。比如中国，控制信贷规模曾是控制货币供给量的主要办法，这在一定程度上起到了保持价格稳定、促进经济发展的作用。但作为一种行政性手

① 杰弗里·萨克斯，费利普·拉雷恩．全球视角的宏观经济学．上海：上海三联书店，上海人民出版社，1997：201-201，240，250-251.

段，它不符合市场经济下需求管理的问题逐渐暴露了。1994年，中国人民银行制定了《商业银行资产负债比例管理考核暂行办法》，实行在资产负债比例管理基础上的规模管理；1996年对国有商业银行实行以资产负债比例管理为基础的贷款规模管理；1997年试编了基础货币规划；1998年正式编制了基础货币规划。通过一步步过渡到完全的资产负债比例管理，中国的信贷管理走向市场经济的框架。

在市场经济条件下，利率对货币供给量有直接影响。下面，先列出一个关于利率的简表（见表13-6）供大家参考。

表13-6　2016年部分经济体存贷款利率情况（%）

经济体	美国	日本	德国	法国	澳大利亚	加拿大	意大利	新加坡	韩国	中国香港
存款利率	—	0.3	—	0.8	2.1	0.1	—	0.2	1.6	—
贷款利率	3.5	1.0	5.9	5.5	5.4	2.7	3.5	5.4	3.4	5.0

经济体	马来西亚	南非	俄罗斯	泰国	菲律宾	印度尼西亚	巴西	中国	印度	埃塞俄比亚
存款利率	3.0	7.2	7.0	1.4	1.6	7.2	12.4	1.5	—	—
贷款利率	4.5	10.5	12.6	6.3	5.6	11.9	52.1	4.4	9.7	—

资料来源：世界银行数据库，http://data.worldbank.org.cn/.

由表13-6可知，各经济体存贷款利率是不同的。一般而言，贷款利率超过10%的比较少。表中巴西贷款利率达到52.1%，这很罕见。表中所列的存款利率，是指商业银行或者类似银行为活期、定期或者储蓄存款支付的利率，贷款利率是银行向贷款客户收取的利率。实际利率是通过GDP平减指数对通货膨胀率加以衡量，然后对贷款利率加以调整得出的利率。

利率与货币供给量有直接关系。在公开市场业务中，债券成为吸纳和吞吐货币的工具。债券价格影响市场操作。债券价格与利率成反比，利率提高，债券价格就会降低。因此，利率对公开市场业务是有直接影响的。中央银行除了通过公开市场业务影响货币供给量，还有一种方式就是调控对私人部门的贷款。这些贷款通常经过再贴现窗口进行。在美国，联邦储备体系确定一种称为再贴现率的利率，按此向商业银行贷款。商业银行利用这种信贷调整现金储备，或者向外贷出。再贴现操作将导致高能货币供给的变化。较低的再贴现率吸引银行从再贴现窗口贷款，从而扩大了基础货币。通常市场利率的提高将增加持有超额储备的机会成本，从而使总的储备/存款比率下降，而贴现率提高则有相反的效应。①

专栏二　引起广泛关注的一本书——《货币战争》②

2007年，任职于美国一家房屋抵押贷款机构的宋鸿兵编著出版了《货币战争》一

① 杰弗里·萨克斯，费利普·拉雷恩．全球视角的宏观经济学．上海：上海三联书店，上海人民出版社，1997：230，240，250-251.

② 刘一萌博士根据宋鸿兵所著《货币战争》和相关评论整理。

书，在中国引起了很大反响。

《货币战争》认为，“自1694年英格兰银行成立以来的300年间，几乎每一场世界重大变故背后，都能看到国际金融资本势力的身影。它们通过左右一国的经济命脉掌握国家的政治命运，通过煽动政治事件、诱发经济危机，控制着世界财富的流向与分配”。作者通过充分挖掘和描述货币的导火索和动力作用，阐述了现实世界格局的形成和利益分配实质上是一场场“货币战争”的结果。

书中的主要观点有：

世界上的很多战争都是由少数金融寡头设计的。少数金融寡头通过战争来敛积巨额财富，他们“策划战争、挑动战争、资助战争”，设计了滑铁卢之后的几乎所有大的战争，包括美国独立战争、第一次世界大战、第二次世界大战。战争迫使各国政府不惜一切代价增加开支，并且不计条件地向这些金融家族借款，世界首富——罗斯柴尔德家族的发迹就是以战争为起点的。

很多国家的经济衰退或危机是由少数金融寡头制造的。少数金融寡头通过控制若干国家的金融，制造经济泡沫，又通过猛抽银根，制造资产暴跌与经济衰退，随后以超低价格收购核心资产，通过这种“剪羊毛”的行动将各个国家的财富纳入自己的囊中。从20世纪70年代起，他们先后发动了拉美金融危机、日本金融危机、东南亚金融危机，而中国也最有可能成为他们的下一个打击目标。

很多国家的政治事件是由少数金融寡头策划的。金融寡头势力为废除金本位、控制货币发行权而制造了一系列惊心动魄的历史事件，如刺杀美国总统（林肯、肯尼迪等）。为控制货币发行权，他们力求设立并控制货币发行银行，而控制货币发行银行最好的办法就是让金融寡头的资本介入。美联储被定性为私有的中央银行，是金融寡头与美国民选政府在100多年时间里进行反复的殊死搏斗后，“民选政府终于被金钱权力所颠覆”而产生的结果。

一些国际金融组织是由少数金融寡头操纵的。金融资本势力有极为长远的计划，它们设立并操纵以“中央银行家的银行——国际清算银行”为核心的一系列金融组织机构，最终目的就是建立一个由其统治的“世界政府”，“建立最终统一的世界货币发行体系”，“对所有地球公民征收‘世界税’”，形成所谓的“新世界秩序”。

中国的金融领域开放过程就是与金融寡头势力间的“一场不见硝烟的货币战争”。金融业是中国经济发展的“战略空军”，中国已经处于货币战争状态下，战争的最后结局将决定中国未来的命运。国际金融寡头处于战略攻势状态，中国需要增强“战争”意识，实行“对等开放下的外线作战”的应对策略，制定“具有中国特色”的银行业规定，“在战争中去学习战争”。

该书成为2007年中国最畅销的图书之一，网络点击超过百万人。对该书观点赞同者有之，反对者亦有之。一部分读者认为在金融资本运作过程中，阴谋是无时不在、无处不在的，就像打仗一样，充满了智谋和阴谋，这本书的观点非常重要。中国人需要保持清醒，必须对西方金融界的阴谋有足够的认识和警惕。就算《货币战争》是摘编国外的一些书而“翻译”过来的，这本书仍然有很大的价值。①

但也有学者认为把战争归因于货币，显然夸大其词了，这就像把“非典”说成是美

① 就《货币战争》采访乔良先生，http：//my.tv.cctv.com，2008-01-27.

国的基因阴谋一样。有学者认为美联储是一个相对独立的半官方机构，它只是负责制定货币政策、监管银行、向整个银行系统提供支票兑现和收支清算服务，用"阴谋论"的观点来看待美联储有失客观和公正。还有的学者认为《货币战争》是以错误的论证方式得出了错误的结论，书中一系列惊人的"发现"，"简单得出格，歪曲得离谱"，书中所称历史上每次金融危机都是由国际银行家故意制造的，缺乏有根据的事实。①

第五节　中国的金融体制与货币政策②

本节我们从金融体制改革和货币政策两方面来解析中国金融的基本情况。

一、中国金融体制改革的演进

1. 中央银行体制的形成

自20世纪70年代末和80年代初开始，我国银行体制经历了重大改革，中国人民银行从一个国家银行转变为管理金融业的职能部门，转变为制定和实施货币政策的政策性金融的真正的中央银行。

中国人民银行改革成为中央银行是以法律为基础的。主要有：1983年《国务院关于中国人民银行专门行使中央银行职能的决定》，1993年《国务院关于金融体制改革的决定》，1995年《中华人民共和国中国人民银行法》，2003年修改后的《中华人民共和国中国人民银行法》和于2003年通过的《中华人民共和国银行业监督管理法》，2004年《中国人民银行行政许可实施办法》等。

中央银行体制及中央银行职权主要是：确定了中国人民银行是制定和实施货币政策，保持货币币值稳定的中央银行；中国人民银行负有研究制定金融业有关改革发展和对外开放战略、推动国有商业银行及农村信用社等金融机构改革的责任；中国人民银行不再承办工商信贷和储蓄业务；中国人民银行从对各专业银行业务上的领导关系，逐步转向对所有金融机构的指导；中国人民银行负有指导区域金融工作的职责；中国人民银行承担对金融机构资本充足率和流动性的监控职责，负有防范系统性金融风险、保证金融体系安全运行的责任；中央银行负有与国家外汇管理局配合、协调管理国家外汇及国际收支平衡工作的权责等。

2. 金融组织和机构的改革、重组和新建

（1）国家专业银行改革为商业银行。通过实行经济核算、利润留成、综合化经营等措施，工、农、中、建四大专业银行转型为国有商业银行。1998年后，通过扩大贷款质量5级分类法、全面实行资产负债比例和风险管理等改革，进一步强化了国有商业银

① 胡祖六．子虚乌有的《货币战争》，http://news.xinhuanet.com，2007-12-13.

② 本节主要参考了：中国金融年鉴．北京，中国金融出版社，2001—2007；中国人民银行．金融工作文献选编（1978—2005）．北京：中国金融出版社，2007；中国人民银行．中国货币政策执行报告．北京：中国金融出版社，2004—2007年各期。

行的市场化成分。从2004年开始，四大国有商业银行进行了股份制改革。中国建设银行、中国银行、中国工商银行先后上市。2010年7月中国农业银行正式在上海和香港两地上市，至此，中国四大国有商业银行全部实现上市，中国金融改革开始了新的一页。截至2017年第三季度末，四大国有商业银行资产总额和总负债，分别占全部银行业机构总额的37.57%和37.53%；国有商业银行资产结构多元化和银行业市场化有了进一步发展。

(2) 组建新型商业银行。1986年起步，1995年《中华人民共和国商业银行法》颁布，到2016年末，中国共有12家全国性股份制商业银行，股份制商业银行资产占银行业金融机构资产总额的18.40%。到2016年末，交通银行、招商银行、平安银行、浦东发展银行、民生银行、华夏银行等8家银行已分别上市。广东发展银行、浙商银行等也发展迅速。截至2016年底，我国全国股份制商业银行的资产负债规模占行业整体的比重为18.85%，成为除国有商业银行以外最重要的银行业机构。同时，城市商业银行快速发展，截至2016年底，全国城市商业银行资产规模为292 614亿元，占全部银行业机构的12.27%。①

(3) 组建政策性银行。1994年后成立了国家开发银行、中国进出口银行和中国农业发展银行三家政策性银行，专业银行的政策性业务划转到政策性银行。经运行试验，三家政策性银行也在逐步推进商业化改革。国家开发银行将全面推行商业化运作，自主经营、自担风险、自负盈亏；中国进出口银行也将由机关式管理向现代银行经营机制转变。2007年的全国金融工作会议确定了政策性银行向商业化转型的改革思路，会议提出按“分类指导、一行一策的原则，推进政策性银行改革，全面实行商业化运作，主要从事中长期业务，进出口银行和农发行进一步深化内部改革”②。2008年12月，国家开发银行改制为国家开发银行股份有限公司。2015年3月，国务院明确国家开发银行定位为开发性金融机构。

(4) 组建国有独资资产管理公司。1999年，先后组建了中国信达资产管理公司、中国东方资产管理公司、中国华融资产管理公司和中国长城资产管理公司，分别购买或托管中国建设银行、中国银行、中国工商银行和中国农业银行的不良贷款。这些具有独立法人资格的国有独资金融企业，其主要任务是负责接收、管理、处置对口银行划转的不良贷款，最大限度地保全资产，减少损失。

(5) 农村金融机构的改革。从1996年起，全国5万多家农村信用社和2 400多家县联社与中国农业银行脱钩，开始了重组。2005年，全国首家省级农村合作银行——天津农村合作银行和全国首家省级农村商业银行——上海农村商业银行分别成立。2006年，覆盖全国的农村合作金融系统资金清算平台——信银资金清算中心有限责任公司在北京成立。截至2017年第三季度，全国农村金融机构资产总额高达323 630亿元，占银行业金融机构的13.09%，负债总额299 762亿元，占银行业金融机构的13.13%。③

(6) 外资金融机构在中国的设立。截至2016年底，外资银行已在中国设立39家法人机构，下设分行135家，代表处166家，营业性机构1 031个，分布在全国70个城

① 李扬等．新中国金融60年．北京：中国财政经济出版社，2009：159，161.

② 同①163.

③ 同①154.

市。多家金融机构入股中资银行，参股证券公司达到11家，在华设立代表机构的外资证券类机构达到320家，中外合资基金管理公司44家。有16个国家和地区的境外保险公司在我国设立了57家外资保险公司，其中，财产保险公司22家，人身保险公司28家，再保险公司6家，资产管理公司1家；中外合资保险公司省级分公司机构达到304家。[1] 现已经形成中外银行、证券、保险行业各种所有制共存、业务种类繁多、经营方式多样化的格局。

3. 金融市场的形成与发育

我国金融市场从无到有，现已形成较完整的金融市场体系：银行间拆借市场、债券市场、票据市场、股票市场、期货市场、外汇市场、黄金市场以及金融衍生品市场等。下面，我们重点介绍以同业拆借市场为主的货币市场、以证券为主的资本市场和以外汇交易为主的外汇市场。

(1) 货币市场。中国的货币市场主要包括同业拆借市场、银行间债券市场和票据市场。

1996年建立了全国统一的同业拆借市场，并第一次形成了全国统一的同业拆借市场利率（CHIBOR)。同业拆借市场已成为金融机构管理头寸的主要场所。到2016年，同业拆借品种已经达到11个，全年成交金额达960.1万亿元。2007年4月，上海银行间同业拆借利率（SHIBOR）在全国银行间市场开始试运行，SHIBOR是以拆借利率为基础，根据18家大银行每日对一年期以内各期限资金拆借品种的报价所形成的基准利率。目前中国金融市场正在形成以SHIBOR为基准的定价群，它作为其他金融工具定价基准的功能已得到了初步显现。

1997年建立了中国的银行间债券市场，允许商业银行等金融机构买卖国债和政策性金融债。2016年末，银行间债券市场发行债券32.2万亿元，市场参与者近14 127个，10个种类的债券按照余额从大到小分别为中央银行票据、政策性金融债、国债、短期融资债、企业债、次级债、普通金融债、资产支持证券、混合资本债、国际开放机构债。而银行间债券远期交易为投资者提供了重要的避险和对冲工具。目前银行间债券市场已成为发展最快、规模最大的资金市场，成为中央银行公开市场业务的重要平台。

中国的票据市场以商业票据为主。截至2016年末，在“中国票据”网站注册的金融机构会员达到2 398家，包括国有商业银行、股份制商业银行、城市商业银行、农村商业银行、城市信用社、财务公司、农村信用联社、商业银行授权分支行以及外资银行。票据市场正逐步成为企业短期融资和银行提高流动性管理、规避风险的重要途径，同时也为中央银行行使货币政策提供了一个传导机制。

(2) 资本市场。1990年和1991年上海证券交易所和深圳证券交易所成立。2004年深圳证券交易所中小企业板块正式设立。2016年中国金融期货交易所在上海成立。2007年末，A股市场总市值达到了30万亿元，总开户数达到1.2亿。2009年我国股票市场筹资额合计达900.23亿元。2009年10月创业板首批28家公司在深圳证券交易所挂牌亮相。截至2016年末，沪深两市总市值近51万亿元，市值规模升至全球第2位，亚洲第1位，股市市值与当年GDP之比达到68.5%。包括证券投资基金、QFII投资、保险和社保资金、企业年金在内的机构投资者持股市值占流通市值的比重已超过30%。

---

① 申万宏源证券．在华外资金融机构数量明显增多．经济日报，2017-07-12.

现已经形成了初步健全的全国性资本市场体系：以债券和股票为主体的多种证券形式并存，发行体制改革不断推进，机构投资者快速发展。资本市场为企业提供了新的、更有效的融资渠道，促进了中国的公司治理改革，促进了国有企业和国有资产管理模式的变革，正从中国经济的后台走向前台，逐步成为中国经济发展的中心舞台之一。

(3) 外汇市场。1994 年全国统一的银行间外汇市场在上海建立。经过多年发展和完善，外汇市场交易模式逐渐丰富，规避汇率风险的管理工具逐步增多。现已有了外币拆借中介、双向交易、银行间外币买卖、银行间远期外汇、人民币外汇掉期交易等多项业务。市场交易条件逐步完善，推出了中国票据报价系统、做市商制度等。我国外汇市场的发展，促进了人民币汇率机制的完善，也促使外汇资源在更广泛的范围内得到有效配置。①

金融市场发展很快，但进一步完善和规范，将是一项艰巨的任务。

4. 金融监管体系的演进

改革开放以来，金融监管体系分两个阶段建立和完善。一是从 1995 年至 2003 年，这是中国人民银行对金融机构实施监督管理阶段；二是从 2003 年至今，这是中国银监会对金融机构实施监督管理阶段。这两个阶段分别是根据 1995 年《中华人民共和国中国人民银行法》和 2003 年修改后的《中华人民共和国中国人民银行法》以及同年 12 月颁布的《中华人民共和国银行业监督管理法》执法的。

中国金融监管体系有三个特点：一是独立性。中国银监会独立于其他国家机关包括国家行政机关，独立于地方政府和社会团体，依法独立监管银行等金融机构及其业务活动。地方政府、各级政府部门、社会团体和个人不得干预。二是全面性。监管对象包括在中国境内依法设立的所有商业银行的法人机构；各省以及国有商业银行总行均有银监会派出机构开展工作；其监管内容也是既包括合规性监管也包括风险监管，既包括银行金融机构与业务的市场准入、内部控制、资本充足率、关联交易等，还包括对商业银行资本重组、资产质量、管理、盈利、流动性和市场风险状况六个单项要素的评级。三是国际化。中国银监会还与多个国家和地区的当局签署金融监管谅解备忘录，加强了国际协调和交流。

从 2004 年起，中国银行业监督管理委员会、中国证券监督管理委员会、中国保险监督管理委员会达成分工合作备忘录，进一步明确了各自的职责分工。2006 年，中国银行业协会、中国证券业协会、中国保险业协会、中国国债协会、中国期货业协会、中国信托业协会和中国财务公司协会共同建立全国金融行业协会联席会议制度，旨在促进各金融业协会的相互合作和信息交流，维护金融行业市场秩序。2007 年 1 月 19 日召开的全国金融工作会议再次明确提出，"建立健全银行、证券、保险监管机构之间以及同中央银行、财政部等宏观调控部门的协调机制，增强监管透明度，提高监管效率"②。

二、中国的货币政策工具

转轨经济中，中国既有计划经济下的政策措施，也有市场经济下的货币政策工具，

① 李扬等．新中国金融 60 年．北京：中国财政经济出版社，2009：278－279.

② 同①408.

且后者的作用越来越大。下文将重点介绍公开市场业务、存款准备金率和再贴现这三大货币政策工具在中国的演进情况。

1. 公开市场业务①

我国公开市场业务是从外汇操作起步的。1988年以后，各地成立了外汇调剂中心或外汇调剂市场，并于同年开始了人民币公开市场业务。20世纪90年代中期以来，公开市场业务在中国取得了快速的发展。1994年，建立了银行间外汇市场。

公开市场业务交易品种主要包括回购交易、现券交易和发行中央银行票据。其中回购交易分为正回购和逆回购两种。现券交易分为现券买断和现券卖断两种。前者为中央银行直接从二级市场买入债券，一次性地投放基础货币；后者为中央银行直接卖出持有债券，一次性地回笼基础货币。中央银行票据即中国人民银行发行的短期债券，中央银行通过发行中央银行票据可以回笼基础货币，中央银行票据到期则体现为投放基础货币。1996年中国人民银行正式启动短期国债交易，当年公开市场业务的交易量仅为20多亿元。1999年首次开展现券买卖操作，两年来公开市场业务的基本操作方式是逆回购，合计增加基础货币2 600多亿元，占基础货币增加总额的85%。2000年首次开展正回购操作。2003年正式发行中央银行票据和开展赎回中央银行票据操作，2004年中央银行首次预发行远期中央银行票据并扩大公开市场业务一级交易商机构范围，建立公开市场业务一级交易商考评调整机制。2005年，中国人民银行进一步安排公开市场操作工具组合期限结构，把握操作力度和操作节奏，对冲外汇占款增长，引导货币市场利率平稳运行。2006年加大公开市场业务力度，通过搭配运用多种工具，大力回收银行体系流动性。2013年，立足现有货币政策操作框架并借鉴国际经验，中国人民银行创设了"短期流动性调节工具（SLO）"，作为公开市场常规操作的必要补充，在银行体系流动性出现临时性波动时相机使用。

公开市场业务已成为中国人民银行货币政策日常操作的重要工具，对于调控货币供给量、调节商业银行信用规模、引导货币市场利率走势发挥了积极的作用。但由于利率没有完全市场化，缺乏充足的载体，如国债品种少、汇率机制不够灵活，因此，中国公开市场业务操作还受到一定制约，还需要发展短期融资工具，通过和再贴现进行有机结合等来完善公开市场业务操作。

2. 存款准备金

20世纪80年代初，中国人民银行建立了存款准备金制度。1984年起，规定各专业银行吸收的存款需按比例缴存人民银行，缴存比例为：企业存款的20%，农村存款的25%，储蓄存款的40%；1985年，又统一规定为10%；1988年时，统一规定为13%。从1985年到1998年这段时期内，我国不仅存在法定准备金账户，同时还存在备付金账户，二者都是金融机构在中央银行的存款。由于法定准备金账户不能用于日常清算和现金投放或回笼，因此，中国人民银行规定各商业银行必须在中国人民银行设立一个备付金账户。商业银行处理银行间的资金清算、现金投入与回笼等业务，通过其在人民银行开设的"在人民银行存款"账户即备付金账户进行。根据需要，法定准备金账户与备付

① 2003年前的数据请参见：戴根有．中国央行公开市场业务操作实践和经验．金融研究，2003（1）；2003年和2004年数据来自当年《中国人民银行公开市场业务报告》。另请参见：北京师范大学经济与资源管理研究所．2005中国市场经济发展报告．北京：中国商务出版社，2005。

金账户可以互相划转。1999 年 3 月 21 日两个账户合并，称为准备金存款账户。1999 年 11 月，中国人民银行将金融机构法定存款准备金率下调到 6%。2003 年 9 月和 2004 年 4 月，中国人民银行又分别上调了存款准备金率 1 个和 0.5 个百分点（达到 7.5%）。中国人民银行决定从 2004 年 4 月 25 日起实行差别存款准备金率制度，金融机构适用的存款准备金率与其资本充足率、资产质量状况等指标挂钩，以抑制资本充足率低且资产质量差的金融机构盲目扩张贷款。2004—2016 年，中国人民银行根据经济金融市场的情况，多次调整存款准备金率。截至 2016 年底，我国大型金融机构存款准备金率为 16.5%，中小金融机构为 13%。

3. 再贴现

我国早在 1980 年就试办了票据贴现业务，1985 年全面推开，1986 年中央银行正式开办了对商业银行贴进票据的再贴现业务。20 世纪 90 年代中期以后有了较快发展。据不完全统计，1996 年，全国累计收到金额为 3 900 亿元的银行承兑汇票，商业银行累计办理贴现 2 260 亿元，中国人民银行累计办理再贴现 1 360 亿元。商业票据在一些经济发达地区和国有大中型企业中逐步成为重要的结算方式和融资手段。2004 年，中国人民银行实行再贷款浮息制度，在对再贷款利率统一上浮 0.63 个百分点的同时，再贴现利率上浮 0.27 个百分点。2008 年以来，中国人民银行进一步完善再贴现管理，适当增加再贴现转授权窗口，适当扩大再贴现的对象和机构范围，进一步明确再贴现可采取回购和买断两种方式等，有效发挥了再贴现促进结构调整、引导资金流向的作用。

我国再贴现工具的作用与西方国家大致相同。但在转轨阶段还有很多不足的地方，有很多自己的特点。与西方国家相比，我国商业汇票承兑、贴现与再贴现业务往往成为对国有经济金融支持的工具，而不是对全社会各类企业提供同等金融服务的工具；在特定条件下，商业汇票承兑、贴现与再贴现成为解决银行提高贷款回收率、企业减少债务拖欠的手段。中央银行通过贴现窗口对商业银行提供的贷款称作贴现贷款，其实就是再贷款。而分行手中的再贴现指标是真正意义上的再贴现（即对商业银行贴现票据的再贴现）。由于票据贴现规模和水平还小、还不高，更由于我国整体社会信用基础条件不好，票据市场发展缓慢，因此，从总体上讲，我国再贴现政策对调控基础货币供给量的作用还不显著。

还应提到中央银行再贷款。与再贴现相似，这也是中央银行对商业银行的信贷关系。中国人民银行对金融机构的贷款主要包括正常贷款和临时贷款两部分。中央银行通过贴现窗口对商业银行提供的贷款称作贴现贷款，其实就是再贷款。中国人民银行总行的再贷款以及 37 家分行的短贷指标（再贷款指标）也就是我国中央银行的贴现窗口。这一政策工具对基础货币发放管理起了很大的作用。1995 年到 1997 年，人民币外汇占款共增加了 7 000 多亿元，中央银行回收国有商业银行再贷款约 5 000 亿元，阻止了基础货币过快增长。2004 年实行了再贷款浮息制度，2006 年则强化了再贷款偿还责任约束。

三、转轨经济中货币政策的特点

在传统计划经济体制下，没有货币政策，只有信贷政策。资源配置是计划机制。“钱随物走”，“物”是由行政确定的，资金供应自然也是由行政或计划确定的。传统体制下体现的是供给管理下的资金需求，与市场经济下的需求管理及其伴生物货币政策不是一回事。在由计划经济向市场经济转轨过程中，情况发生了变化，旧的金融体制在向新的市场型金融体制演变，新旧体制在转轨中并存，出现了一些转轨中货币政策的新特点。

1. 货币政策经历了较长时期的“双轨调节”

一方面是计划的直接控制办法，一方面是增加一些间接的调控办法。比如，现金发行管理和贷款规模管理，是转轨初期调控货币供给的主要手段，其特点就是直接管理货币供给量。这套办法一直用到20世纪90年代。同时，准备金、再贴现、公开市场业务等市场经济中的办法也在采用。从20世纪80年代中期到现在，计划的办法在弱化，间接的办法在强化，形成一轨渐弱、一轨渐强的双轨并存格局，这是我国转轨时期货币政策一个突出的特点。从1998年1月1日起，中国人民银行取消了对国有商业银行长期实行的贷款限额管理，推行国外通行的资产负债比例管理，并较多地采用货币政策间接手段，标志着我国的货币政策由计划方式向市场方式转变迈出较大的一步。

2. 货币政策传导机制存在“变异性”

货币传导机制有组织系统，也有管理目标系统。从组织系统看，20世纪80年代初期，货币政策传导机制初步形成，即由中央银行—金融机构—企业组成。其中金融机构是传导机制的关键。20世纪90年代以来，作为传导机制关键环节的金融机构，其系统日渐复杂化，有商业银行、政策性银行、合作银行、城乡信用社、非银行金融机构等。从管理目标系统看，发展更快。20世纪80年代主要是由信贷政策链组成。而到了20世纪90年代，产生了多种货币政策工具—操作目标—中介目标—最终目标的系统。根据《国务院关于金融体制改革的决定》，操作目标主要是银行备付金和同业拆借利率，中介目标主要是货币供给量和信用总量，最终目标是稳定货币并促进经济增长。由于我国金融机构情况复杂并且正在改革之中，因此，传导中变异现象严重。比如，在实行从紧的货币政策时，金融机构以各种方式扩张信贷以获取巨额利润，在1993年前后，这种现象非常普遍；而在实行宽松的货币政策时，金融机构以各种方式收缩信贷，以减少风险，在1998年后，这种现象又成为普遍的现象。特别是2003年后全社会投资总规模过大，能源和部分原材料等资源约束的矛盾日益加剧。2003年各类投资占GDP的比重达到45%，这些投资主要靠货币信贷的急剧扩张。这种行为能普遍地出现，有当事人个人的违规违法行为因素，但在很大程度上是体制或制度的问题。

3. 不规范的金融市场影响了货币政策的实施效果

金融市场发展本来应为货币政策顺利实施提供良好的基础，比如，市场融资利率为中央银行的利率政策提供重要参照，金融市场变化为调整货币供给量提供重要依据，为调控直接融资和间接融资比例提供依据，为中央银行开展公开市场业务提供平台，也为确定官方汇率提供依据等，但在经济转轨中，金融市场发展是非均衡的，行政性主导的改革方案随意性大，使货币政策借助金融市场发挥作用的预期目的经常出现折扣，甚至在金融市场上对利率等变化出现反向反应，同样，也使货币政策在制定时，难以借用金融市场上产生的各种经济参数。这一点已被多年的实践证实。金融市场只有在不断完善中前进，货币政策才能一步步在健全的市场基础上发挥作用。

思考题

1. 试述货币政策如何影响总供求均衡。
2. 试比较我国与西方国家货币政策工具的运用。
3. 你如何理解弗里德曼的现代货币数量论？
4. 分析中国利率市场化进程。
5. 公开市场业务应和其他货币政策工具如何配合？
6. 试分析当前我国金融体制改革的矛盾和困难。
7. 你是否同意《货币战争》一书中提出的“阴谋论”？为什么？
8. 谈谈你对 2009 年国际金融危机的看法。

附录

附录一　各国（地区）货币政策制定机制比较表

国家（地区）	货币政策制定部门名称	功能	地位	规模和构成（内部/外部/政府）	所有内部成员是否具有行政职能	每年货币政策会议召开次数	表决	是否公布表决结果/会议纪要
澳大利亚	储备银行董事会	广泛	依据《中央银行法》	9(2/6/1)	是	11	形成正式决定但不进行正式表决	否/否
加拿大	加拿大银行管理委员会	货币政策	行长和委员会分担责任	6(6/0/0)	是	8 次左右	否（达成共识）	否/否
欧洲中央银行	理事会	广泛	依据《中央银行法》	18(18/0/0)，6 人有投票权	是	12	是	否/否
日本	货币政策委员会	货币政策	依据《中央银行法》	9(9/0/0)	否	16	是	是/是
韩国	货币政策委员会	广泛	依据《中央银行法》	7(7/0/0)	否（只正、副行长有）	12	形成正式决定但不进行正式表决	否/是

续前表

国家（地区）	货币政策制定部门名称	功能	地位	规模和构成（内部/外部/政府）	所有内部成员是否具有行政职能	每年货币政策会议召开次数	表决	是否公布表决结果/会议纪要
英国	货币政策委员会	货币政策	依据《中央银行法》	9(5/4/0)	是	12	是	是/是
美国	联邦公开市场委员会	货币政策	依据《中央银行法》	12（12/0/0），5人有投票权	否	8	否	是/是

资料来源：中国人民银行国际司金琦．2006年国际金融重要观点集，非正式出版物．

附录二　一年期人民币储蓄存款利率表

调整利率时间	一年期储蓄存款名义利率（%，*A*）	当年零售物价上涨幅度（%，*B*）	一年期储蓄存款实际利率（%，*A*－*B*）
1978年	3.24	0.70	2.54
1979年4月	3.96	2.00	1.96
1980年4月	5.40	6.00	－0.60
1981年	5.40	2.40	3.00
1982年4月	5.76	1.90	3.86
1983年	5.76	1.50	4.26
1984年	5.76	2.80	2.96
1985年4月	6.84	8.80	－1.96
1985年8月	7.20	8.80	－1.60
1986年	7.20	6.00	1.20
1987年	7.20	7.30	－0.10
1988年9月	8.64	18.50	－9.86
1989年2月	11.34	17.80	－6.46
1990年4月	10.08	2.10	7.98
1990年8月	8.64	2.10	6.54
1991年4月	7.56	2.90	4.66
1992年	7.56	5.40	2.16
1993年5月	9.18	13.20	－4.02
1993年7月	10.98	13.20	－2.22
1994年	10.98	21.70	－10.72
1995年	10.98	14.80	－3.82
1996年5月	9.18	6.10	3.08
1996年8月	7.47	6.10	1.37

续前表

调整利率时间	一年期储蓄存款名义利率（%，A）	当年零售物价上涨幅度（%，B）	一年期储蓄存款实际利率（%，$A-B$）
1997年10月	5.67	0.80	4.87
1998年7月	4.77	−2.60	7.37
1998年12月	3.78	−2.60	6.38
1999年6月	2.25	−3.00	5.25
2000年	2.25	−1.50	3.75
2001年	2.25	−0.80	3.05
2002年2月	1.98	−1.30	3.28
2004年10月	2.25	2.80	−0.55
2005年	2.25	0.80	1.45
2006年8月	2.52	1.00	1.52
2007年3月	2.79	3.80	−1.01
2007年5月	3.06	3.80	−0.74
2007年7月	3.33	3.80	−0.47
2007年8月	3.60	3.80	−0.20
2007年9月	3.87	3.80	0.07
2007年12月	4.14	3.80	0.34
2008年10月19日	3.87	5.90	−2.03
2008年10月30日	3.60	5.90	−2.30
2008年11月27日	2.52	5.90	−3.38
2008年12月23日	2.25	5.90	−3.65
2010年10月20日	2.50	3.10	−0.60
2010年12月26日	2.75	3.10	−0.35
2011年2月9日	3.00	4.90	−1.90
2011年4月6日	3.25	4.90	−1.65
2011年7月7日	3.50	4.90	−1.40
2012年6月8日	3.25	2.00	1.25
2012年7月6日	3.00	2.00	1.00
2014年11月22日	2.75	1.00	1.75
2015年3月1日	2.50	0.10	2.40
2015年5月11日	2.25	0.10	2.15
2015年6月28日	2.00	0.10	1.90
2015年8月26日	1.75	0.10	1.65
2015年10月24日	1.50	0.10	1.40

说明：本表未含保值补贴率。

资料来源：中国人民银行货币政策司．利率实用手册．北京：中国经济出版社，1998；中国人民银行网站；国家统计局网站．2004年国民经济和社会发展统计公报；2007—2017年各年《中国统计年鉴》。

附录三　中国利率市场化进程表

1996年以来，我国加大了利率市场化的力度，详见下表。

时间	利率市场化措施
1996年6月	放开银行间同业拆借市场利率
1997年6月	放开银行间债券市场债券回购和现券交易利率
1998年3月	改革再贴现利率及贴现利率的生成机制
1998年9月	放开了政策性银行发行金融债券的利率
1998年10月	扩大了金融机构对小企业贷款利率的最高上浮幅度，由10%扩大到20%；扩大了农村信用社贷款利率的最高上浮幅度，由40%扩大到50%
1999年4月	允许县以下金融机构贷款利率最高可上浮30%
1999年9月	将对小企业贷款利率的最高可上浮30%的规定扩大到所有中型企业；成功实现国债在银行间债券市场利率招标发行
1999年10月	对保险公司3 000万元以上、5年期以上的大额定期存款，实行保险公司与商业银行双方协商利率的办法
2000年9月	进一步放开了外币贷款利率；对300万美元以上的大额外币存款利率由金融机构与客户协商确定，并报中央银行备案
2002年3月	在全国8个县农村信用社进行利率市场化改革试点，贷款利率浮动幅度由50%扩大到100%，存款利率最高可上浮50%；中国人民银行统一了中外资金融机构外币利率管理政策，将境内外资金融机构对境内中国居民的小额外币存款，纳入中国人民银行现行小额外币存款利率管理范围
2002年9月	改革试点进一步扩大到直辖市以外的每个省、自治区，温州利率改革开始实施
2003年12月	从2004年1月1日起扩大金融机构贷款利率浮动区间，不再根据企业所有制性质、规模大小，而是根据企业的信誉、风险等因素确定合理贷款利率，逐步形成按照贷款风险成本差别定价的格局
2004年3月	从2004年3月25日起实行再贷款浮息制度。中国人民银行在再贷款（再贴现）基准利率基础上，确定并公布中央银行对金融机构贷款（贴现）利率加点的幅度
2004年10月	从2004年10月29日起，放开商业银行贷款利率上限，城乡信用社贷款利率浮动上限扩大到基准利率的2.3倍，实行人民币存款利率下浮制度
2005年3月	放开金融机构同业存款利率
2005年5月	允许金融机构自行确定除活期和定期整存整取存款外的其他存款种类的计息、结息规则
2005年5—12月	根据国际金融市场利率变化情况，5次小幅上调境内美元、港元小额存款利率上限，调整后利率上限分别为3%和2.625%
2006年3月	中国人民银行授权全国银行间同业拆借中心编制并发布回购定盘利率
2007年1月	上海银行间同业拆借利率（SHIBOR）开始试运行
2007年3—12月	中国人民银行6次上调金融机构人民币存贷款基准利率，一年期存贷款基准利率各次均上调0.27个百分点，其他各档次存贷款利率相应调整

续前表

时间	利率市场化措施
2007年7月	发布《同业拆借管理办法》，自2007年8月6日起施行
2007年9月	发布《远期利率协议业务管理规定》，推出远期利率协议业务
2008年1月	中国人民银行发布《关于开展人民币利率互换业务有关事宜的通知》（银发［2008］18号），全面推出利率互换业务
2008年10—12月	中国人民银行4次下调金融机构人民币存贷款基准利率，其他各档次存贷款利率相应调整，其中一年期存贷款基准利率共下调1.89个百分点
2009年1月	中国人民银行发布《关于2009年上海银行间同业拆放利率建设工作有关事宜的通知》（银发［2009］24号），提出继续完善SHIBOR形成机制，积极推动金融产品以SHIBOR为基准定价或参照其定价
2010年10月、12月	中国人民银行2次上调金融机构人民币存贷款基准利率，一年期存贷款基准利率各次均上调0.25个百分点，其他期限档次存贷款基准利率作相应调整
2012年6月、7月	6月，中国人民银行进一步扩大利率浮动区间，上限调整为基准利率的1.1倍，下限调整为基准利率的0.8倍；7月，再次将贷款利率浮动区间的下限调整为基准利率的0.7倍
2013年7月	全面放开金融机构贷款利率管制，取消金融机构贷款利率0.7倍的下限，由金融机构根据商业原则自主确定贷款利率水平，并取消票据贴现利率管制，改变贴现利率在再贴现利率基础上加点确定的方式，由金融机构自主确定
2014年11月	存款利率浮动区间的上限调整至基准利率的1.2倍，一年期贷款基准利率下调0.4个百分点至5.6%，一年期存款基准利率下调0.25个百分点至2.75%，并对基准利率期限档次作适当简并
2015年2月	扩大存款利率浮动上限至1.5倍
2015年2月—10月	3月1日、5月10日、6月28日、8月26日、10月24日，中国人民银行五次降准降息；2月4日、4月20日、6月28日、9月6日、10月24日，针对“三农”和小微企业定向降准降息
2015年10月24日	中国人民银行决定，不再设置存款利率浮动上限，这是中国经济改革的历史性突破，标志着历时多年的利率市场化改革迈出了最重要也最艰巨的一步，中国利率市场化改革基本完成

资料来源：中国人民银行．中国货币政策执行报告（2004）．中国人民银行网站，www.pbc.gov.cn；北京师范大学经济与资源管理研究所．2005中国市场经济发展报告．北京：中国商务出版社，2005；中国金融年鉴（2005—2007）；中国人民银行网站；中国金融新闻网．

参考文献

［1］詹姆斯·托宾．十年来的新经济学．北京：商务印书馆，1980．

［2］凯恩斯．就业、利息和货币通论．北京：商务印书馆，1963．

［3］J.E. 斯蒂格利茨．经济学（下）．北京：中国人民大学出版社，1997．

［4］杰弗里·萨克斯，费利普·拉雷恩．全球视角的宏观经济学．上海：上海三联书店，上海人民出版社，1997．

［5］萨缪尔森，诺德豪斯．经济学（第14版）．北京：北京经济学院出版社，1996.
［6］爱德华·夏皮罗．宏观经济分析．北京：中国社会科学出版社，1985.
［7］吉利斯等．发展经济学（第4版）．北京：中国人民大学出版社，1998.
［8］世界银行．战胜风暴，汲取教训——1999财年中国国家经济报告．北京：中国财政经济出版社，1999.
［9］中国人民银行货币政策司．2004公开市场业务报告．中国人民银行网站，www.pbc.gov.cn.
［10］中国人民银行货币政策司．2003中国货币政策执行报告．中国人民银行网站，www.pbc.gov.cn.
［11］戴相龙．领导干部金融知识读本．北京：中国金融出版社，1997.
［12］张浩若．辉煌的历程．北京：中国商业出版社，1998.
［13］周小川．重建与再生——化解银行不良资产的国际经验．北京：中国金融出版社，1999.
［14］黄达．货币金融学．成都：四川人民出版社，1996.
［15］国家统计局．成就辉煌的20年．北京：中国统计出版社，1998.
［16］高鸿业．西方经济学（宏观部分）．北京：中国经济出版社，1996.
［17］赵海宽．经济转轨时期的宏观调控与货币政策．北京：中国金融出版社，1996.
［18］北京师范大学经济与资源管理研究所．2003中国市场经济发展报告．北京：对外经济贸易大学出版社，2003.
［19］北京师范大学经济与资源管理研究所．2005中国市场经济发展报告．北京：商务出版社，2005.
［20］余永定等．西方经济学．北京：经济科学出版社，1997.
［21］李晓西．东亚金融危机实地考察．北京：中国人民大学出版社，1999.
［22］王广谦．二十世纪西方货币金融理论研究进展与述评．北京：经济科学出版社，2003.
［23］谢平．中国金融制度的选择．上海：上海远东出版社，1996.
［24］夏斌．转轨时期的中国金融问题研究．北京：中国金融出版社，2000.
［25］李扬．中国金融发展报告2005．北京：社会科学文献出版社，2005.
［26］李晓西．社会主义市场经济条件下的货币政策．金融研究，1992（10）.
［27］李晓西．再论向社会主义市场经济金融体制的过渡．//中国金融学会．“改革、增长、宏观调控”论文集．北京：中国金融出版社，1993.
［28］李晓西．21世纪中国银行业风险与防范．广州：广东经济出版社，1999.
［29］白冰．论央行公开市场业务操作的制度性缺陷及其对策．四川大学学报（哲学社会科学版），2004（5）.
［30］戴根有．中国央行公开市场业务操作实践和经验．金融研究，2003（1）.
［31］胡涛等．关于我国中央银行实施公开市场业务的研究．金融经济，2003（10）.
［32］黄宪，赵伟．中美公开市场业务运行基础的比较分析．金融研究，2003（5）.
［33］秦陇一，周丽华，张红地．公开市场业务与货币政策传导机制及效应．财贸经济，2002（3）.

［34］李晓西等．中国货币与财政政策效果评析．北京：人民出版社，2007.

［35］李晓西．国际金融危机对中国经济增长与就业影响及对策研究．北京：科学出版社，2010.

［36］李晓西．绿色金融盈利性与公益性关系分析．金融论坛，2017（5）.

［37］西南财经大学发展研究院，环保部环境与经济政策研究中心课题组．绿色金融与可持续发展．金融论坛，2015（10）.

宏观经济学是经济学的中心，现在这一点已经得到广泛的认同；我们这样说并非是自我标榜。宏观经济学的这种中心地位仍将继续下去，其最充分的理由是：我们需要理解当前的经济事件，尤其是那些不好的经济问题，以及制定政策——甚至善意的忽视也是一种政策，以便解决这些问题。①

——罗伯特·索洛

第十四章 宏观经济学的发展趋势

本章将从宏观经济学发展新动向、宏观经济学存在的不足和时代进步对宏观经济学提出的新需求三方面来试推出宏观经济学未来发展的趋势。

第一节 宏观经济学新流派

宏观经济学在不断地发展，既有原有理论的深化，也有新理论的提出。其中特别值得关注的新流派可能有这样三个：新宏观经济学②、真实经济周期学派和新政治宏观经济学。③

一、新宏观经济学

伦敦经济学院教授克里斯托弗·皮萨里德斯（Christopher A. Pissarides）与美国麻省理工学院经济学教授彼得·戴蒙德（Peter A. Diamond）及戴尔·莫滕森（Dale T. Mortensen）共同获得2010年诺贝尔经济学奖。瑞典皇家科学院认为，这三人此次

① Robert M. Solow（2000），"Toward a Macroeconomics of the Medium Run"，*Journal of Economic Perspectives*，14（1），p. 151.

② 多恩布什，费希尔，斯塔兹．宏观经济学（第10版）．北京：中国人民大学出版社，2009.

③ 布莱恩·斯诺登等．现代宏观经济学：起源、发展和现状．南京：江苏人民出版社，2009.

获奖得益于他们"对于存在搜索摩擦情况的市场分析"，"获奖者们建立的模型帮助我们理解了政府监管及经济政策以怎样的方式影响失业率、职位空缺及工资变动"[①]，可以说，他们为宏观经济学的就业理论提供了更为深入和现实的研究成果，丰富和发展了宏观经济学。

新宏观经济学的代表人物可能要属埃德蒙·费尔普斯。费尔普斯的研究方向主要集中于宏观经济学领域，包括就业、通货膨胀和通货紧缩、储蓄、公债、税收、代际公平、价格、工资、微观主体行为、资本形成、财政和货币政策，以及他最有成就的领域——经济增长问题。2006年费尔普斯荣获诺贝尔经济学奖的理由是"对宏观经济政策的跨期权衡分析"。在他之前，人们通常认为宏观经济政策扩张与收紧的选择，也就是在通货膨胀率和失业率之间选择。而费尔普斯提出，通货膨胀率和失业率之间并不一定存在权衡替代关系，因为通货膨胀率不仅和失业率有关，而且与工资水平有关。而这个工资水平是指，如果企业员工按照预期的通货膨胀率要求增加工资，则企业扩大积累和投资就难以实现。也就是说，如果员工提前就想把利润分掉，企业就不可能扩大投资，因此扩大就业也难以实现。这就说明，为了扩大就业而采取的扩张性财政政策和货币政策也可能因此失效。为此，消费储蓄比例的跨期或者说区分短期和长期的权衡选择，就非常有必要了。显然，"跨期"是理解"宏观经济政策的跨期权衡分析"观点的关键。讲宏观经济政策，为什么要讲跨期权衡？就是通过分析员工、家庭和企业的行为，或者说是通过资本所有者和劳动所有者的跨期行为，分析宏观政策效果。比如说，如果劳动所有者预期到下一步通货膨胀率将上升10%，而你现在给我提高工资3%，实际上，你不能补偿我的劳动，而我看到产品价格上升，有了这一系列预期，劳动所有者就会要求按照预期来提高工资。如果提前把工资提高了，那么我们原来希望的企业扩大投资的扩张性财政政策也就失效了。人们正是把理性预期理论视为新宏观经济学的重要组成部分。

二、真实经济周期学派[②]

经济周期是宏观经济学最重要的研究内容之一。其研究的主题是为什么一些国家的国民收入在其长期增长趋势中会出现周期性的波动现象。2004年诺贝尔经济学奖获得者美国加州大学圣巴巴拉分校的芬恩·基德兰德教授与亚利桑那大学的爱德华·普雷斯科特教授开创的真实经济周期理论被认为是近20年来宏观经济学最引人注意的进展之一。

产量和就业在总量上有着显著的短期变动，解释总量变动的原因是宏观经济学的一个中心目标。传统经济学家把宏观经济波动看作需求变动的原因，认为拉动一个国家或地区经济增长的有三大要素，分别是投资、消费、出口这三大需求，例如公司投资和居民消费的变化，解释应该执行什么样的货币政策和财政政策来熨平需求冲击。基德兰德-普雷斯科特首先否定了货币因素作为经济波动的初始根源的可能性。按照他们的真

① 王文举．诺贝尔经济学奖获得者学术思想举要1969—2010．北京：首都经济贸易大学出版社，2011：121-123；上海财经大学高等教育研究所．诺贝尔经济学奖之路．上海：上海财经大学出版社，2010：422-431.

② 上海财经大学高等教育研究所．诺贝尔经济学奖之路．上海：上海财经大学出版社，2010.

实经济周期理论，经济周期波动的根源是社会经济的真实因素，尤其是社会的技术冲击。技术发展的现实波动使国内生产总值、消费额、投资额、工作时间都发生了变化。技术冲击决定了投入（资本和劳动）转变为产出的能力，引起了产出与就业的波动。技术冲击具有随机性，它使产出的长期增长路径也呈现出随机的跳跃性，当出现技术进步时，经济就在更高的起点增长；若技术恶化或下降，经济将出现衰退。当技术冲击最初发生于某一个部门时，由于社会生产各部门之间存在着密切的相互关系，它会引起整个宏观经济的波动。同样，宏观经济的持续波动可以由连续的单方向的技术冲击造成，也可以由一次性重大冲击带来。这里，技术冲击是广义的。许多事件并不是技术性的，但也像技术冲击一样影响着生产函数，如原材料和能源价格的变化、气候的变化等。

与货币周期理论相比，真实经济周期理论更强调是真实因素而非货币因素，也更重视冲击的传播机制。而基德兰德-普雷斯科特通过研究短期生产率的增长率影响经济各领域的传递机制从而将经济周期的分析和经济增长的分析结合起来。

三、新政治宏观经济学①

20 世纪 80 年代后，经济学家对政治和宏观经济之间相互作用的研究已经成为一个重要领域，被称为新政治宏观经济学。这个领域的发展得益于宏观经济学、社会选择理论、博弈论三者之间的相互影响。宏观经济学家特别感兴趣的是政治和经济因素的相互作用对下面诸多问题会产生什么样的影响，如经济周期、通货膨胀、失业、稳定政策的操作与实施，独裁、民主、不平等与经济增长之间的关系，不稳定与冲突，持续的预算赤字的起源，国际融合与国家规模等。

诸多经济学家对这一领域的发展作出了贡献，如威廉·诺德豪斯、道格拉斯·诺斯等。在新政治宏观经济学看来，政府是政治和经济力量相互作用的中心点。政府做什么或者不做什么，将对经济增长与稳定产生重要影响。最明显的例子就是：选民的投票、政党的倾向、选举的周期都会影响经济政策，进而影响产出总量的稳定性。政治家要对经济政策的选择和实施负责，他的行为明显地受政治制度的约束。

影响宏观经济政策制定者的政治因素被归纳为四种主要的模型。② 一是传统机会主义模型。诺德豪斯建立了一个机会主义模型。政治家选择财政政策、货币政策是为了政治利益，一般选举中会推出降低失业的扩张性政策，以增加支持率。选举获胜后，紧缩性政策会被采用以降低通货膨胀等。二是传统政党模型。根据赫比斯模型，左翼政党比右翼政党对失业更厌恶，右翼政党比左翼政党更重视通货膨胀问题。三是理性预期“革命”模型。理性的选民和经济代理人结合使得机会主义和政党意识形态难以操纵实际经济活动，冲突降低了。四是理性机会主义模型。投票者和经济代理人是理性的，但是由于政府存在不完全信息，因此投票人不能确定在位者的能力，社会最佳经济决策与支持最大化选择可能偏离。

综上，政治经济学借助于现代经济分析工具重新融合到主流经济学当中。新理性政

---

① 布莱恩·斯诺登等．现代宏观经济学：起源、发展和现状．南京：江苏人民出版社，2009；方福前．西方经济学新进展．北京：中国人民大学出版社，2010．

② 新政治宏观经济学的基本思路及政策含义．北望经济学园，http://web. cenet. org. cn/web/cuiyuming/index. php3? file=detail. php3&id=83115.

治-经济模型已经取得了成功的进展，它们包含了诸如不对称信息、非随机状态变动的名义工资合同和选举结果不确定性等特征。工业民主国家面临的两难是如何通过体制改革来限制政治家的短期行为，但同时要保护民主政治的基本原则。这些将成为宏观经济学家的重要研究任务。

第二节 宏观经济学存在的不足

对主流的或者说占据高校讲台的宏观经济学既有很多的肯定，也有不少的质疑。比如，认为传统宏观经济学微观基础不足、忽视对结构问题的分析、缺乏制度分析、分析方法过于理想化等。这些质疑很有道理，但对宏观经济学进行补正需要有一个必要的前提，那就是宏观经济学应是一门有自身逻辑的学科，而不是各种问题解答的汇总。现在众多经济学家认为，这个逻辑仍然是以凯恩斯宏观经济理论为基础的。正因为如此，需求理论多于供给理论是必然的，总量分析多于结构分析也是必然的。而宏观分析是以市场经济制度为基础的，因此，制度分析少也有必然的理由。当然，如果拘泥于凯恩斯体系的理论肯定也是不行的。半个多世纪以来，宏观经济学在不断发展，也证明了这一点。以下的分析，是力求在维护宏观经济学内在逻辑基础上对其不足进行分析，主要是借助于现实问题来凸显这个问题。

一、作为分析总供求关系的宏观经济学，需要在总供给分析上下功夫

由于宏观经济分析是在凯恩斯有限需求理论基础上建立的框架，因此有一个对供给理论研究不足的问题。而现实中的微观经济学、产业经济学等，使这个问题表面上解决了，但微观经济学、产业经济学研究的是企业供给和部门供给，重点不在总供给上。

专栏一 产业的宏观影响——信息技术产业对GDP和产业结构调整的影响①

信息技术产业发展的速度，极大地影响着国民经济。我们看到，信息技术产业对GDP有很大的影响。按当年价格计算，2000年中国信息技术产业占GDP的名义份额，接近美国1992年6.3%的水平，此比率10年时间增长2倍多，而产业的产出额增长10倍，达到5 000多亿元。这些表明信息技术产业对整体经济增长的拉动作用在迅速增强。信息技术产业的这种超常增长对一国国民经济持续发展并克服周期性经济衰退有很大影响。

我们还看到，信息技术产业对优化国民经济结构发挥着重要作用。一是信息技术越来越广泛地运用到传统产业中，使传统产业增添了巨大的活力。据统计，在美国凡是采用CIMS（计算机集成制造系统）的公司产品质量均提高40%以上，生产率提高200%～500%，而工程设计费用和人力费用却分别减少15%～30%和5%～20%。中国22个省市用电子信息技术改造传统产业的投入产出比约为1：5，个别的甚至高达1：

① 李晓西等．信息技术产业对我国经济增长的影响．经济研究，2001 (12).

10。铁路运输系统采用计算机管理后，运力提高15%。信息技术引发的社会信息化，最充分地体现着科技进步对经济增长的作用。二是推进服务业的发展。信息技术产业既包括信息技术产业中的软件服务产业，如计算机程序设计服务、软件零售业、计算机管理服务等，也包括通信服务产业，如电话与电报通信、无线电与电视广播、有线电视与其他收费电视服务等。信息技术的发展还使传统的产业向服务业转化。一些产品如CD等，过去是在市场上购买，而现在却在下载的过程中变成服务；许多在线服务以及网上阅读等都在一定程度上代替了原来的产业经营方式。三是在很大程度上改变了原有的贸易方式，最突出的就是电子商务，促成了网络购买，加速了物流业的发展。信用卡、电子货币又促进了金融、信用、娱乐等行业的发展。

此外，信息技术进步对国民经济有一个特殊的贡献，那就是信息产品和服务的价格下降走势，直接影响了相关产业产品的价格，遏制了成本推动型通货膨胀，造成了低价格总水平下的经济增长。

综上，如何从总供给角度来深化、丰富宏观经济学就很有必要了。

二、为应对国际金融危机，宏观经济学需要进一步阐明政府作用

在宏观经济学中，没有专门一章来讨论政府在应对金融危机时的行为。这里，从解决实际问题出发，提出了宏观经济管理体制中，要有一种正常管理与应急管理的区分。

专栏二　国际金融危机中的政府作用

N & U管理，是英文normalization（正常化）和urgency（紧急事件）的缩写。在应对国际金融危机时，有必要把市场经济中政府的正常管理与应急管理即“N & U管理”区分开来，并界定其演变与转化的条件，防止因传统思维方式造成管理失误。

2008—2009年世界金融危机可归纳为两个方面的原因：一是市场失灵，二是政府失效。

首先，面对市场失灵，政府应以N & U管理来强化市场秩序。从市场角度来看，危机是市场长期非理性繁荣的产物。美国房地产次级贷款和低利率为危机埋下了种子，抵押贷款标准的放松导致银行大量负债，金融衍生品导致资产重重泡沫，终于导致了经济开始全面衰退。在这个过程中，我们看到三大问题：一是金融经济的虚拟化膨胀到脱离实体经济而成为真正的金融赌博，缺乏有效监管的金融创新，已演变成祸及全球的金融赌博败局。二是金融衍生工具自由到把避险的工具演变为加剧风险的利器而无人监管。三是金融过度的自由化破坏了自由市场经济秩序。投机性自由超过投资性自由，高杠杆操作的自由超过经济人的道德底线。

此时的N & U管理，意味着不仅要让政府回归本位，把那些放弃管理的责任承担起来，比如要对金融衍生品加强管理而不是放任，还要消除因过度自由而出现的对市场信心与基础的破坏，要以超过平常管理的力度比如通过刺激经济的众多政策与措施来消除出现的经济衰退与高失业率。显然，政府要区别N & U管理权限与职能的不同，要

动用危机管理手段处理经济问题，而不是停留在尽量少干预经济的正常要求上；政府要把经济手段与行政手段结合起来，甚至借助法律的新授权来干预经济；政府既要做好正常管理，提高管理效率，维持市场正常秩序，又要加大管理力度与范围，及时且有针对性地解决紧急问题，形成危急状态下的特殊市场秩序，防止市场失灵的继续恶化。

我们要强调，政府应界定危机时间与范围，明确应急手段与正常管理手段的转换，控制行政干预的长期化，在适当时候要回归N管理。当然，我们承认，随着经济的发展和复杂化，一些被认为属于U管理的内容可能会逐渐变成N管理的内容，即应急管理常态化，但两种管理不能混为一谈。

以“去杠杆化”为例。杠杆化是伴随着金融创新而发展的，也是伴随着资本全球化过程而扩张的。以前，这个领域中N管理力度不够，甚至是缺乏管理。今后，一定要有一套制度来管理。同时，U管理也要健全起来，这是对其引发严重后果的应急管理。在这里，N管理像是治安警察，U管理则像是消防队。可见，如果完全拒绝杠杆化，可能会不利于金融创新；但如果放纵杠杆化，也可能会再次引来危机。

其次，面对政府失效，要求政府以N&U管理来强化监管市场主体行为。此次金融危机暴露出政府管理上的问题，既没有管理好国内的金融机构及其行为，更没有协调管理好世界范围内的金融活动。金融衍生工具的快速发展，使金融交易量的增长大大加快，而这种金融分解产品的出现，使习惯于集中管理的监管制度很难实施。N&U管理的首要任务就是要对市场主体进行分类。我们要区分投资银行、对冲基金、商业银行、保险公司、房地产开发商和销售商、信用评级公司等中介组织，哪些是以N管理为主的，哪些是要特别关注的以U管理为主的。

重树信心，完善治理结构是N管理要解决的；金融透明化是要追求的，利率市场化还是要坚持的；而现在银行业务正在向传统回归，表明N管理的重要性也在提高；N管理还要求金融机构披露更多信息，要求改进会计标准，要监管资本充足率，要监管账面业务等。

U管理也有很多工作。如量化风险指标，是否注资，是否关市，这些都是U管理要考虑的。单一业务的大型投资银行是否还要存在，是一国U管理的内容。我们在采取各项扩大投资的措施时，有强化国有经济的一面，但也只能列为U管理的内容，不能使之成为常态管理的内容。

N&U管理要求政府分清两类问题。要求投资者明白金融产品与实体经济的联系，或者说明白杠杆化的金融产品与实体经济的联系，这是合理的要求，也是N&U管理的目的。同样，正常的N管理并不干预企业包括金融机构的奖金，但在非常时期则对那些受援企业和金融机构的奖金可以直接干涉。

简言之，以人类健康为对比，N管理像是医院，U管理则像是防疫中心。

综上所述，如果我们认同了政府N&U管理的双重职责及其作用，对政府在应对当前金融危机中的作为有了一个明确的要求，对政府职能的改革也就有了一个比以前更复杂的新标准。

综上，如何从应急角度来深化、丰富宏观经济管理就很有必要了。

三、需要加入法规分析，以实现宏观政策目标

宏观经济学有不少部分在讲政府作用与宏观调控，但均以理性政府为前提。现实中，宏观调控的制度安排是非常重要的，这必然会涉及政治、法律等。尽管现在有制度经济学，但其研究对象是广义的，包括企业制度、社会制度等制度，而不是立足于宏观经济管理角度来分析政府行为。

专栏三　宏观调控的制度安排——宏观经济学与法学的结合①

在全球经济和区域经济联系日益增加的背景下，由于供给和需求的冲击，经济的波动性难以避免。几乎所有的政府都把避免经济活动的剧烈波动作为己任，当一国或一个地区经济出现衰退和过度高涨时，政府就会采取宏观调控措施来显著地降低经济的波动性。宏观调控作为一种公共产品，是私人主体所不能提供或无力提供的，只能由政府承担提供公共产品的重任。宏观调控是中央政府用货币和财政两大手段对经济的干预，这是中央政府的一项义务，也是中央政府的一种权力。

但是，宏观调控是一个同时涉及经济学和法学两个范畴的概念。在经济学中，宏观调控是指政府为弥补市场缺陷对国民经济波动进行的调节和控制；在法学中，宏观调控反映为稳定市场经济秩序而作出的具体制度设计和制度安排，这种制度设计和制度安排体现为一套具有权威性的法律规范和稳定性强的政策手段。

宏观调控行为是一种新型的政府行为，不同于传统的行政行为，不能简单地认为宏观调控行为是行政行为的延伸。第一，宏观调控行为要有效地进行，要有法律根据，具有合法性，是合法行为。第二，宏观调控行为是一种特定主体作出的行为，行为主体要合格。第三，宏观调控行为是一种职权行为，要依职权作出。第四，宏观调控行为是一种宏观领域的调控行为，要作用于宏观领域；宏观调控的法律边界将政府调控范围严格控制于货币、金融、价格、分配等领域，切不可直接作用于企业和公民，不可压制市场经济主体的经济自主性与创造性。第五，宏观调控行为是一种国家行为，是一种公权力运用行为，必须要有制约机制，才能保证行为规范。

从性质上讲，宏观调控侧重需求管理，不是供给管理，要解决的问题是短期问题，而供给管理则包括解决中长期问题。比如，土地管理是供给管理，政府完全有权根据土地的相关法律来管理好土地。但是宏观调控是需求管理，是对经济短期变化的干预，因此，不应把土地作为宏观调控的内容。即使土地信贷影响了资金供求，影响短期的形势变化，也不要因此将它作为宏观调控内容。宏观调控要依据其合法边界进行调控，要在市场经济法律体系内进行调控。宏观调控不是对微观经济的干预，也不是用产业政策调整的名义对企业直接干预，也不是仅仅把某些产品的供求预期作为宏观调控的依据。因为生产长线产品，所以要关闭，那就应该让市场来说话，不是通过行政来管理。

宏观调控的立法保障，最重要的就是授权及对权力后果承担责任。通过立法授权，宏观调控的独立性得以保障，被授权者因而可以充分行使其权力；责任制要求则是为了

① 李晓西等．中国货币与财政政策效果评析．北京：人民出版社，2007.

防范调控机构越权或滥用职权。[①] 根据发达国家的实践，政府行为的法治化要体现以下原则：(1) 权力法定原则。即政府作为法律关系主体，其权力来源于法律的授予；未经法律授权，以国家名义实施的法律行为，在法律上是无效的。(2) 公平原则。即政府应站在公允的立场上，对所有市场主体都一视同仁。(3) 效率原则。政府应该树立尊重市场主体合法权益的市场主体本位意识，依法定程序办事，提高办事效率。(4) 尊重人权原则。政府行为即使符合法定原则，也不能侵犯公民的基本人权和基本自由。(5) 保护财产权原则。除法律特别规定的以外，政府和公民、企业之间的财产关系是平等的交易关系。

综上，如何从法律角度来深化、丰富宏观经济调控理论就很有必要了。

四、宏观经济学的数理分析需要进一步深化

宏观经济学有多大的实用价值，能否预测金融危机？如何提高宏观经济学的预测能力？美国经济学界进行了讨论与反省。

专栏四　美国经济学家反思宏观经济模型的预测能力[②]

2008—2009 年国际金融危机的爆发，不仅促使经济学界自我反省，也促使美国决策当局重新审视现代宏观经济学在提供政策建议方面的前景和局限性。为此，美国众议院科技委员会下属的调查与监督小组委员会在 2010 年 7 月 20 日举行了一次听证会，分别邀请罗伯特·索洛、瓦拉德拉扬·查理、戴维·科兰德、斯科特·佩奇等经济学家出席听证会或提供书面证词。

经济学家们的观点与主张有一致的，也有不一致的。这里，摘要归纳几个观点以进一步完善宏观经济学尤其是数理部分的使用。

借助宏观经济学的数量和计量模型来预测金融危机，这方面看来确实没有达到社会预期的高度。对此，有学者认为，要重视动态随机一般均衡模型，下大力气来使其发挥更大作用；有学者认为，重大事件的预测单靠某一个或某一种模型很有局限性，需要形成可用于预测的模型体系；也有学者认为，预测重大事件，要立足全球角度而不是仅用美国经济数据来推演，由于金融危机在别国已发生过多次，因此，完全可能形成新的有预测能力的模型。

借助宏观经济学知识来预测金融危机也是重要的。有学者认为，由于社会经济系统非常复杂，用模型直接描述和预测是很难成功的；有学者认为，借助宏观经济学理论框架和思考方式，分析现实经济问题包括预测，应是有用的。亚洲金融危机爆发前，就有宏观经济学家提出警告，结果也证明其预测是正确的。但这里更多是借用宏观经济学的分析能力而不重在模型。

预测金融危机这样的重大事件，需要有分工，有专门的专家和专业机构，需要政府发挥其组织作用。事实证明，金融监管的缺失，不是模型能够预测的。作为政策的制定者，政府要对政策效果进行跟踪评估，要不断完善各种管理制度，这些是最重要的。而

① 李曙光．宏观调控的法律视野．法人，2004 (6).

② 罗伯特·索洛等．建立现实世界的经济学．//吴敬琏．比较．北京：中信出版社，2011：48－69.

在高校中讲授宏观经济学的教授们的职责，是培养有宏观经济分析能力的人进入这些专门机构。

不能因为没有预测到国际金融危机就否定宏观经济学。宏观经济学经百年锤炼，有了相对完善的框架和思路，有了训练分析和解决问题能力的一套办法，为社会培养了具有经济学思维能力的各种人才，因此，宏观经济学本身是有用的，但需要在实践的推动下继续完善，继续前进！

第三节 宏观经济学未来发展的六大推测

宏观经济学与市场经济的发展有着近百年的磨合，不足之处在不断改善中。[①] 因此，在宏观经济学未来10年的发展中，不会出现根本性的理论革命，但会有较大幅度的局部性变化。在此，我们归纳以下六点：

一、宏观经济学会强化解释现实经济的能力[②]

经济实践发展很快，新问题层出不穷，因此，不断提升宏观经济学的理论解释力是非常重要的。比如，期权理论、货币区域理论、最优税收理论、储蓄-投资转化机制研究、可转换债券定价理论和行为经济理论或获诺贝尔经济学奖，或在经济学界产生了广泛影响。这些都反映了现实对经济理论的强烈需求。因此，深化并运用主流经济学基本理念，解释新的经济现象，仍然会推动经济学的发展。

首先，经济学概念要联系实际进一步深化。比如说，宏观经济学重视分析国民收入，但现有教材对收入的分析尚嫌不足。如何界定“居民个人收入”？这在宏观经济学中没有更多的分析，但在实际中是一个非常复杂的问题。从收入来源方面，有若干分类，如劳动收入、要素收入、公共产品折合的收入、非法收入等，又如社会福利性收入、财产性收入等。中国的居民收入中要包括一些间接的、非货币化的部分。在统计分析部分，还要以城镇人均居民收入和农民人均收入作为分析比较的基础。

其次，理论要联系实际深化。近几年来，虚拟经济的出现及发展，对传统的通货膨胀理论提出了严重挑战。虚拟经济出现后，货币购买的不仅是实物资产和实体资产，还有如股票、债券及金融衍生品等虚拟资产。当货币大量增加时，新增货币的购买力不仅表现为实体经济产品的价格上升，还表现为虚拟经济领域金融资产价格的上涨。仅以CPI变化来判断通货膨胀程度，就非常有局限性了。也就是说，虚拟经济的发展要求传统经济理论能作出相应的发展。

此外，宏观经济学应加强吸收各类联系实际或者说应用经济学的成果。现在，转轨经济学、资源经济学、环境经济学甚至气候经济学等分支经济学，在实际推动下，都得

---

① 徐光远．当代西方经济学十大理论热点．北京：中国经济出版社，2008.

② 陈东琪．中国宏观经济学的理论构架与创新发展，http://www.sina.com.cn，2010-07-15；郑超愚．中国宏观经济分析的理论框架．北京：中国人民大学出版社，1998.

到较快发展。中国崛起，世界关注，对中国经济问题的研究将会持续成为21世纪的热点。在改革开放的实践中，转轨经济学既表现出与现代经济学共同的一面，也出现了许多独具特色的经验和理论。这如同当年的发展经济学一样，同样在丰富着主流经济学的内容，深化着人们对经济规律的认识。而气候经济学将会成为21世纪最引人注目的学科，这当然是由全球气候变化与人类生存发展的关系决定的。各应用经济学科的发展，同时也会推动宏观经济学的深化。

二、宏观经济学会越来越带有世界经济的色彩

在经济全球化的今天，由于世界经济一体化，包括中国加入WTO，一国经济与国际经济的联系更紧密了。国际经济环境的改变必将会引起相应经济理论的重大调整。经济学研究不再是封闭的系统，甚至不再先以封闭为起点，再加以开放条件，而是以开放作为基本点，讨论和深化宏观经济学理论。宏观经济学不仅要更多考虑劳动、资本、商品的国际流动，而且将加入各主要国家国内政策的国际协调分析。国际经济学如国际金融、国际贸易等学科，在自我深化的同时，也会与宏观经济学表现出更大程度的合二为一，以此影响着21世纪经济学的发展。全球化导致宏观经济与世界经济结合，产生出全球化背景下的宏观经济学。

从全球化看宏观经济学观点，将会有新的变化。比如，宏观经济学肯定了贸易自由化，但是否也应肯定金融自由化？当我们在考察亚洲金融危机和美国金融危机时，看到了金融自由化必须要有所控制。1998年下半年美国总统参与召开的二十国集团会议，强调了建立金融新秩序；2009年6月美国总统奥巴马发表讲话，敦促美国国会批准全面金融监管改革方案，以此恢复对美国金融体系的信心，防止再次发生金融危机。该方案包括了提高国际金融监管标准和改善国际协作等。这些新的理念需要我们了解。

新的宏观经济学不仅应反映发达市场经济国家的理念，也应反映新兴市场经济国家的经验。比如，在2008—2009年国际金融危机期间，一种观点把中美经济多年协调与合作促成世界经济十几年高速发展的经验全部否定了。把金融投机、监管不力的责任推卸为中国高储蓄和低消费。消费率的高低，或者说储蓄和消费的高低，是有内在的制约因素的。在经济增长的不同阶段，消费模式有所差异。我们看到，消费占GDP的比重下降是大多数发展中国家的一个典型特点。我们应反对不合理的高储蓄和高投资，不反对客观形成的合理的高储蓄和高投资；我们认同有经济支持的高消费而反对金融投机刺激起来的高消费。同样，合理的高出口与不合理的高出口也应区别开来。

总之，宏观经济学与世界经济学的共同点是均注重国际化与全球化，但前者突出内外结合、以内为主的特点；后者突出以外为主、以内为辅的特点；前者研究全球化重大事件对国内经济的冲击与影响，研究一国经济与世界经济的联系及其规律；后者研究全球化中重大经济现象、事件以及背后的规律。因此，二者不会因经济一体化的发展而一体化，而是在各自深化的基础上，互相取长补短，形成更有现实解释力的学科。

三、宏观经济学会越来越带有绿色发展的色彩

随着全球资源的日趋枯竭和环境的日益恶化，全球经济正面临着前所未有的资源与环境考验：气候变暖，每年无数的自然灾难接踵而至，频繁发生；资源枯竭，赖以支撑的主要经济体正面对发展载体的转换和归宿的选择；环境恶化，人类健康也遭遇着自身无法左右的环境恶果挑战；经济争战，当全球资源和环境趋向地球可承载力的边缘时，人类经济发展空间的争夺愈加激烈；环境与经济的交错发展让世界变得越来越小，也越来越影响到每个人的命运，维护人类发展与环境的安全是人类共同的也是唯一的选择。①当特大自然灾害接踵而来的时候，当日本遭受九级地震并引发核事故后，人与自然和谐的话题越来越沉重。人们不得不承认，自然的力量是巨大的，人类的活动要适应自然的变化规律，而不能加剧自然条件的恶化，不能引发自然灾害的降临。

2009 年 6 月，联合国秘书长潘基文在墨西哥出席以“你的星球需要你——联合起来应对气候变化”为主题的世界环境日活动的致辞中指出，当今世界需要一个“绿色新政”(Green New Deal)，着眼于投资可再生能源，建设生态友好型基础设施并提高能源利用效率，将庞大的新经济刺激计划中的一部分投资于绿色经济，便能将今天的危机转变成明天的可持续增长。2009 年 4 月，奥巴马总统在一次演讲中提出，美国必须进行全面改革，其中一个重要方面就是要建立新的经济增长点，这便是绿色经济（Green Economy)。2009 年 6 月，由经济合作与发展组织（OECD）召开的、来自 40 个主要国家的部长级理事会会议，将绿色增长作为当前摆脱或超越危机的重要途径，并且发布了题为《绿色增长：战胜和超越金融危机》（OECD，2009）的报告。

进一步，我们看到，追求绿色发展不仅是为了应对金融危机，不仅是为了当代人民的幸福生活，更重要的还在于追求世世代代人类生活的幸福。如果我们的水资源和空气都被污染了，大地千疮百孔，自然资源消耗殆尽，我们的后代如何继续生存与发展？绿色是生命的颜色，象征着希望、和谐与活力。为了未来，为了子孙后代，我们就必须让发展模式变成绿色的，把生活方式变成绿色的。

如何解决资源、环境与经济发展的矛盾，实现经济可持续发展？如何应对气候变化的挑战，减少化石能源消耗和碳排放？如何通过绿色新政来摆脱金融危机的影响，把握新发展机遇？这些就是当前摆在宏观经济学面前的重大课题，也将是宏观经济学必然会增加的新内容。

四、宏观经济学会越来越带有其他社会科学与人文科学的色彩

宏观经济学作为总体经济分析的学科，与政府及其政策分不开，在某种意义上，就是政府经济学。政府定位、职责、行为是需要政治体制来确定的。舍此不能真正理解宏观调控，不能真正理解宏观经济的变化与成效。因此，宏观经济学必然会增加与政治学

① 2010 年 11 月 22 日，全球绿色智库峰会在北京国家会议中心召开。会上全球绿色智库俱乐部（GGTTC）揭牌成立，并发布“全球绿色智库宣言”，这段话是该宣言的摘编。

的联姻，以解释社会经济生活。经济学尤其是宏观经济学从政治经济学中独立出来有大半个世纪的时间了，现在可能出现否定之否定的上升，即经济政治学或政治宏观经济学，将重新成为引人注目的学科。其他社会科学还包括法学、社会学，均会一步步渗透进宏观经济学中，这是现实生活的需要。法学就不必再说了。宏观经济学研究不能不关注社会性的因素，比如分配就是人与人之间最重要的社会关系；不能不关注社会的发展，比如教育如何培养科技力量，城市化如何促进农民脱贫等。

宏观经济学还会越来越带有人文学科如伦理学、心理学、历史学、哲学的色彩，并产生一批有解释力的新观点。比如，今天我们在银行和企业的产权分析中，不断提到道德风险等问题，就使人感到了伦理学的影响。而当初，亚当·斯密确实是先讲“道德情操论”的。再比如，结合心理学的行为经济学已经获得了两次诺贝尔经济学奖。宏观经济分析中对历史因素的关注正在提高，判断宏观经济政策效果的哲学思维也相当成功。总之，人文科学或其他社会科学对宏观经济学的深刻影响，将促成宏观经济学的大发展。

五、宏观经济学会越来越带有供给理论的色彩

宏观经济学强调需求更多于强调供给，这源自凯恩斯的有效需求理论。但在理论与实践中，都要求重视供给的分析。从宏观经济学视角分析供给将有新的特点：

首先是要强调三大生产要素的总供给，强调劳动总供给、资本总供给与技术总供给。本教材第七章“经济增长中的劳动、资本和技术”中指出，在宏观经济学中，收入等于产出。在分析了构成收入的三大需求之后，从产出的角度来看生产要素的作用是很有必要的。虽然生产要素分析是微观经济学的内容，但从其总和角度的分析，从其对宏观经济影响的分析，则应属于宏观经济学的内容了。现在教材中对三大生产要素供给的分析不多，需要加强。

其中，强调科技作用更为重要。21 世纪将是科学技术发生巨大变革、继续取得突破性进展的时代。信息技术、生物、材料、能源、先进制造与自动化、航空航天、海洋等方面的高技术群，形成了当代高技术发展的主流。其特点是产业关联度强，市场需求潜力大，技术密集度和产品附加值高，并对更广阔的宏观领域、更精细的微观领域产生着越来越大的影响。面对这样的潮流，必须强调宏观经济分析中的微观经济之和的形成与影响，强调企业总体、产业总体对宏观经济的作用与影响力，以此来强化宏观经济学的微观基础和科学基础。

当然，还要重视政府政策对供给的影响。美国 20 世纪 70 年代形成的供给学派，强调经济的供给方面，认为需求会自动适应供给的变化，政府不应当刺激需求，而应当刺激供给。政府的任务在于用政策刺激来影响企业或个人的行为。针对滞胀，供给学派主张大幅度减税，刺激劳动供给，刺激个人储蓄和企业投资，以促进经济增长，并抑制通货膨胀。

引申来讲，现实经济是一个复杂的有机系统，实际经济增长是多种因素共同作用的结果，不仅有需求因素的影响，还有生产要素积累与配置、经济结构升级、技术进步、外部环境变化等的影响，以及经济自身的运行周期等因素的作用。显然，政府需要把政策的需求导向与政策的供给导向结合起来，把中长期供给管理与短期的需求调控结合起来，统筹考虑，这就是宏观经济学中需要加强的内容。

六、宏观经济学数理方法的“四化”并进

首先，需要肯定宏观经济学在数理与计量方面取得的巨大成就。宏观经济学历来重视模型、数据与图形分析。在解说定理、规则时，常有很多的模型与图解。这对研究生把握概念、加深理解、准确描述有重要作用。为什么应重视数理与计量方法呢？简单说有三个原因：首先是因为该方法可以帮助我们理思路，选变量，找路径，做实验，寻求定量的、可供操作的数据答案。其次，因为该方法是国际化的，便于交流。在当今世界经济理论快速发展的情况下，尤其是模型方法应用越来越广泛的情况下，我们借助模型方法，可以逐步实现与国际同行的交流，为经济政策制定和完善提供更多和更好的服务。最后，因为该方法是培养研究生的重要工具，是提高经济学教学质量的重要手段。当然，数理与计量分析方法“有用、有效、有限”，它是经济分析的实验室，却不可能完全模拟真实经济。在宏观经济分析中，模型方法只是多种方法中的一种，且模型本身也是多元的，因此，其结果存在差异性。①

综上，宏观经济学数学化过程取得的成果，保证该过程不会被否定和取消；存在的不足，会引来完善。宏观经济学将继续在数理与计量方面推进，但会在发展中出现新特点：

一是“新经典化”。在宏观经济各领域如消费、投资、外贸等，有过一批公认的经典模型。随着经济发展变化和新的经济理论及模型的出现，将会在重要的宏观经济学教材中出现选择新经典模型的现象。这是非常重要和必要的。因为不仅是新与旧的问题，还存在过于多元化的问题。在诸多同类型教材中，因编著者的数理知识有差别，因此，在介绍宏观经济学中的模型方法、数据分析方法时差异性较大，这增加了研究生学习的难度。如果能在新的理论选择中，在多年百花齐放的基础上，在宏观经济学各大领域中形成新的经典模型，对宏观经济学研究生教材的规范化尤其是对读者可能是有益的。当然，也要指出，模型在教学中需要“新经典化”，但在科研中仍要强调“多元化”。“多元化”是“新经典化”的基础。

二是“非参数化”。多年来，盛行于宏观经济分析的是参数方法。但参数方法有过多的假设条件和简化要求，在实际应用中难以全面反映变量间的关系。非参数方法可以根据观测数据的实际情况灵活地反映时间序列变量之间的关系，可借助计算机处理大量现实数据，从而使模型更加客观，分析更加全面，预测更加准确。正因为如此，《美国经济评论》有文章认为，宏观经济模型有向时间序列非参数计量方面发展的趋势，非参数时间序列建模的理论分析和实际应用正在快速发展。②

三是“模糊化”。20世纪，数学对经济学的影响很大。微积分导致了边际经济概念，联立方程导致了均衡理论，线性代数导致了投入产出法等。这些都使经济学精确化。但由于社会因素的变动性，更由于不确定性研究的进展，在宏观问题的处理方法中引入随机分析方法的情况逐渐增多，同时也越来越需要从人文科学中找出路，以全面分析社会中各种现实因素的影响。在精确化计量基础上，已经出现模糊化界定答案区间的

---

① 李晓西等．中国货币与财政政策效果评析．北京：人民出版社，2007.

② 叶阿忠．非参数和半参数计量经济模型理论．北京：科学出版社，2008.

倾向。这主要靠模糊数学、集合论以及非线性分析方法等来推进。社会需要必然推进计量经济结果的模糊化过程。

四是“生物化”。经济数学方法运用于生物科学或者说数学与生物结合将成为最值得关注的发展趋势。几百年来，数学与物理、化学等学科的结合出现过重大突破，产生了一批开拓性成果和数学大师。在新的世纪，数学可否有新的重大突破？根据科学家的预测，数学将会与生物学结合而产生重大成果。

科学家们认为，以生命科学和生物技术研发与应用为基础的生物经济学正在成为继信息经济之后的新经济增长点，它将从根本上解决人类面临的日益严峻的人口激增、老龄化、疾病、粮食短缺、营养不良、能源危机、环境污染等问题。当前生物科技的重大突破正在孕育和催生新的产业革命。① 美国《时代周刊》预言：2020 年世界将进入生物经济时代。②

两百多年前，医生出身的法国经济学家魁奈受人体解剖学的启发，发表了享誉百年的勾画资本再生产和经济体系关系的《经济表》，我们期待着宏观经济学新的《经济表》出现！

附录

《2030 年可持续发展议程》是指导各国宏观管理的纲领性文献 ③

2015 年 9 月 25 日至 27 日，在联合国成立七十周年之际，193 个国家的国家元首、政府首脑和高级别代表，汇聚纽约联合国总部，制定和通过了新的全球可持续发展目标，一个规模和意义都前所未有的历史性决定。它考虑各国不同的国情、能力和发展程度，尊重各国的政策和优先事项，提出一套全面的、以人为中心的、具有普遍性和变革性的、包括多项大目标和众多具体目标的目标体系，提出要创建一个每个国家都实现持久、包容和可持续的经济增长和每个人都有体面工作的世界，因而得到所有国家的认可。

在联合国 2015 年 9 月 26 日发展峰会上，中国国家主席习近平发表了题为《谋共同永续发展 做合作共赢伙伴》的重要讲话，强调国际社会要以 2015 年后发展议程为新起点，共同走出一条公平、开放、全面、创新的发展之路，努力实现各国共同发展。中国以落实 2015 年后发展议程为己任，团结协作，推动全球发展事业不断向前。

《2030 年可持续发展议程》（简称《议程》）共 91 条近 3 万字，高瞻远瞩地详述了愿景、共同原则和承诺，全面准确地概括了当今世界面临的挑战，详细分析与提出了落实《议程》的 17 项可持续发展目标和 169 项具体目标，周到地安排了后续落实和评估的行动方案，深情地激励世界各方行动起来变革我们的世界，最后从国家层面、区域层面、全球层面对全球伙伴所承担和应执行的职责进行了建议和部署。

《议程》具有非凡的重大意义。《议程》序言中说：“我们决心消除一切形式和表现

① 生物产业发展“十一五”规划（国办发［2007］23 号），http://finance. qq. com/a/20070730/000339. htm.

② 经济导刊，http://finance. sina. com. cn/money/bank/bank _ yhsj/20051125/15172148746. shtml，2005 - 11 - 25.

③ 李晓西．绿色抉择——中国环保体制改革与绿色发展 40 年．广州：广东经济出版社，2017.

的贫困与饥饿，让所有人平等和有尊严地在一个健康的环境中充分发挥自己的潜能”。《议程》强调了要帮助穷人和弱势群体；要消除饥饿，实现粮食安全，消除一切形式的营养不良；要帮助残疾人（他们有80%的人生活在贫困中）、难民和境内流离失所者以及移民、土著居民、艾滋病毒/艾滋病感染者、儿童等；要保护所有妇女和女童并提供机会；特别指出，“到2030年，确保所有男女，特别是穷人和弱势群体，享有平等获取经济资源的权利，享有基本服务，获得对土地和其他形式财产的所有权和控制权，继承遗产，获取自然资源、适当的新技术和包括小额信贷在内的金融服务”。同时，《议程》还强调了为实现全球今后15年的可持续发展目标，必须遵守国际法，也要尊重各国现有的法律法规。

《议程》从经济、社会和环境三方面阐述了如何实现人类可持续的发展。(1) 在经济方面，《议程》强调，各国要力争人均经济的增长，最不发达国家GDP年增长率至少维持在7%；通过多样化经营、技术升级和创业创新，实现更高水平的经济生产力；支持生产性活动、体面就业；到2030年，制定和执行推广可持续旅游的政策，以创造就业机会；加强国内金融机构的能力，鼓励并扩大全民获得银行、保险和金融服务的机会。总之，鼓励和要求各国采用可持续的消费和生产模式。《议程》对促进具有包容性的可持续发展的工业，可持续农业、牧业和渔业，建成可靠和可持续的现代能源，建设资源使用效率高且有抵御灾害能力的可持续城市，均有明确的目标和实施建议。(2) 在推动社会可持续发展方面，《议程》强调要创建一个普遍尊重人权和人的尊严、法治、公正、平等和非歧视，尊重种族、民族和文化多样性，尊重机会均等以充分发挥人的潜能和促进共同繁荣的世界，要确保有健康的生活方式，有包容和公平的教育，采用和加强有执行力的立法促进性别平等，创建和平、包容的社会，减少国家内部甚至国家之间的不平等，促进不同文化间的理解、容忍、相互尊重。(3) 在环境与生态可持续发展方面，要加强各国抵御和适应气候相关的灾害和自然灾害的能力，将应对气候变化的举措纳入国家政策、战略和规划；保护、恢复和促进可持续利用陆地生态系统，保护海洋和海洋资源；创建一个人类与大自然和谐共处，野生动植物和其他物种得到保护的世界；防止空气、土壤与水的污染，保护水源，改善水质，提高用水效率。每个要求中，都列有详尽的目标与规划。

综上所述，《议程》涵盖了国家宏观管理的目标与基本内容，其对经济增长、国民收入分配、满足人民的需求、投资方向的建议、国家间贸易与合作的肯定与鼓励、对失业问题的关注、对财政政策与货币政策的关注与期待等等，都是宏观经济学的关键性研究对象，是宏观管理的重点内容。《议程》所商定的所有新的目标和具体目标已在2016年1月1日生效，是各国今后15年内决策的指南。可以说，《议程》本质上就是全球各国经济、社会和环境可持续发展的规划，是实现国家宏观管理并达成各国共识的纲领性文件。《议程》包括了经济、社会与环境三大维度的目标，内容超过了宏观经济学的范围，但又为宏观经济学的发展提供了新的思路和要求，为新时期的宏观经济管理提供了新的途径。

早在2000年前，中国儒家的重要经典《礼记》中的《礼运》篇就对大同世界的社会景象作出了描述：“大道之行也，天下为公。选贤与能，讲信修睦，故人不独亲其亲，不独子其子，使老有所终，壮有所用，幼有所长，矜寡孤独废疾者，皆有所养。男有分，女有归。货恶其弃于地也，不必藏于己；力恶其不出于身也，不必为己。是故谋闭而不兴，盗窃乱贼而不作，故外户而不闭，是谓大同。”在马克思的经典著作中，人类社会的理想共产主义，就是在生产资料公有的条件下，各尽所能，按需分配，没有剥削，人民生活富裕而平等，形成自由人的联合体。《2030年可持续发展议程》不愧是“人类大同”的现实版、现代版、全球版！

中国在落实联合国《2030年可持续发展议程》上是促进者、引领者。2016年3月举行的第十二届全国人民代表大会第四次会议审议通过了《中华人民共和国国民经济和社会发展第十三个五年规划纲要》，将《2030年可持续发展议程》与中国国家中长期发展规划有机结合。《中华人民共和国国民经济和社会发展第十三个五年规划纲要》明确提出“积极落实2030年可持续发展议程”，实现了可持续发展议程与国家中长期发展规划的有效对接。《中国落实2030年可持续发展议程国别方案》共计34 000余字，主要有五大部分：一是中国落实千年发展目标的成就与经验，二是中国落实《2030年可持续发展议程》的机遇与挑战，三是中国落实《2030年可持续发展议程》的指导思想及总体原则，四是中国《落实2030年可持续发展议程》的总体路径，五是17项可持续发展目标的落实方案。中国落实《2030年可持续发展议程》的总体路径共7条：一是战略对接；二是制度保障，包括完善法制建设，为落实《2030年可持续发展议程》提供有力的法律保障；三是社会动员；四是资源投入；五是风险防控；六是国际合作；七是监督评估。还有落实目标的举措，包括促进经济、社会、环境生态三方面可持续发展的各类具体措施。

参考文献

[1] N. 格里高利·曼昆. 宏观经济学（第6版）. 北京：中国人民大学出版社，2009.

[2] 多恩布什，费希尔，斯塔兹. 宏观经济学（第7版）. 北京：中国人民大学出版社，2000.

[3] 安德鲁·B. 亚伯，本·S. 伯南克，迪安·克鲁肖. 中级宏观经济学（第6版）. 北京：机械工业出版社，2009.

[4] 奥利维尔·布兰查德. 宏观经济学（第2版）. 北京：清华大学出版社，2003.

[5] 杰弗里·萨克斯，费利普·拉雷恩. 全球视角的宏观经济学. 上海：上海三联书店，上海人民出版社，1997.

[6] 萨缪尔森，诺德豪斯. 宏观经济学（第18版）. 北京：人民出版社，2007.

[7] 约瑟夫·E. 斯蒂格利茨. 经济学（第4版）. 北京：中国人民大学出版社，2010.

[8] 爱德华·夏皮罗. 宏观经济分析. 北京：中国社会科学出版社，1985.

[9] 吉利斯等. 发展经济学（第4版）. 北京：中国人民大学出版社，1998.

[10] 国际货币基金组织. 国际收支手册. 北京：中国金融出版社，1988.

[11] 高鸿业. 西方经济学（宏观部分）. 北京：中国经济出版社，1996.

[12] 李晓西. 宏观经济学（中国版）. 北京：中国人民大学出版社，2005.

[13] 李晓西. 宏观经济学：转轨的中国经济. 北京：首都经济贸易大学出版社，2000.

[14] 布莱恩·斯诺登等. 现代宏观经济学：起源、发展和现状. 南京：江苏人民出

版社，2009.

[15] 王文举. 诺贝尔经济学奖获得者学术思想举要 1969—2010. 北京：首都经济贸易大学出版社，2011.

[16] 上海财经大学高等教育研究所. 诺贝尔经济学奖之路. 上海：上海财经大学出版社，2010.

[17] 方福前. 西方经济学新进展. 2 版. 北京：中国人民大学出版社，2010.

[18] 苏剑. 宏观经济学（中国版）. 北京：北京大学出版社，2010.

[19] 李晓西等. 信息技术产业对我国经济增长的影响. 经济研究，2001 (12).

[20] 李晓西等. 中国货币与财政政策效果评析. 北京：人民出版社，2007.

[21] 李曙光. 宏观调控的法律视野. 法人，2004 (6).

[22] 罗伯特·索洛等. 建立现实世界的经济学. //吴敬琏. 比较. 北京：中信出版社，2011.

[23] 刘平. 未来学家托夫勒及其乐观主义未来学思想. 郑州：河南文艺出版社，2002.

[24] 徐光远. 当代西方经济学十大理论热点. 北京：中国经济出版社，2008.

[25] 郑超愚. 中国宏观经济分析的理论框架. 北京：中国人民大学出版社，1998.

[26] 叶阿忠. 非参数和半参数计量经济模型理论. 北京：科学出版社，2008.

[27] 李晓西. 绿色抉择——中国环保体制改革与绿色发展 40 年. 广州：广东经济出版社，2017.

[28] 李晓西，刘一萌，宋涛. 人类绿色发展指数的测算，中国社会科学，2014 (6).

评《宏观经济学（中国版·第二版）》[①]

张卓元

从书名即可知，李晓西教授所著《宏观经济学（中国版）》一书，是以欧美国家宏观经济学的基本原理来解读中国市场经济的形成与发展的一本书。作为定位于研究生的宏观经济学教材，这本书有助于提高读者的分析能力，其特点是：

1. 紧密联系中国的实际

在对中国宏观经济问题的理解上，该书渗透了作者的研究经验和独立思考，写作角度和内容均体现作者独特的思维和理解。下面以第六章中“怎样看待外贸净出口的分析”为例进行简要介绍。根据现有的国民经济核算体系，人们在分析对外贸易对 GDP 的贡献时，多借助于出口额与进口额之差即净出口额。其常用的公式是：外贸对经济增长的贡献率＝净出口增量/GDP 增量×100％。但作者根据中国多年的实际经验又发现，借用这个指标来分析外贸贡献度，经常会低估甚至误估。比如，全球范围的进出口恒为零，从这个角度看，国际贸易总体上对全球经济增长是没有作用的。再比如，难道进口对经济增长全是负面影响？还有，进出口规模和进出口商品结构不同是否会对经济增长有不同的影响？这些净出口指标都不能反映。显然，我们需要了解净出口这一指标的实际理论根据是什么。净出口指标源自宏观经济基础理论。在现实生活中，产出等于购买是特别需要关注的情况。一国生产的产品和劳务（Y），最终被转化为居民消费（C）、私人投资者投资（I）、政府购买（G）和外国购买（NX），即四大购买主体的支出或需求。按最终用途，可分为总投资、总消费、净出口三部分。作者认为，净出口指标以及支出法计算的外贸贡献度，只是统计计算用指标，只是从总需求这一角度得出的结论，其在统计上的使用是合理的，但也只是一个统计贡献度。那么如何分析外贸对经济发展的影响才比较合理？作者认为根据中国经验，外贸对经济影响的方面很多，这些影响有

① 张卓元．评《宏观经济学（中国版）第二版》．经济学动态，2012（4）．

直接的，也有间接的，有宏观方面的，也有具体某些实际方面的；有涉及经济增长的，更有涉及经济发展的。然后作者从外贸对国民收入的影响、对就业的影响、对一国经济结构的影响等三个方面分别进行了阐述。作者认为外贸企业是对外贸易的主体和直接参与者，可从外贸企业的角度形成外贸实际贡献的指标体系，这将是反映外贸贡献的最重要的判断，可以期待其成为一个年度分析用的基础指标。

2. 整体框架安排有创新之处

该书从国民经济整体入手，分析经济增长与国民经济核算及国民收入分配（第一、二章）。然后讨论总供给与总需求（第三章）。总需求部分分别分析了消费需求（第四章）、投资需求（第五章）和对外贸易与国外需求（第六章）；总供给部分专门探讨了经济增长中的各类供给因素，包括劳动、资本和技术等（第七章）。接着分析“总供求”的失衡，包括失业问题（第八章）、通货膨胀及其应对（第九章）以及以萧条和过热为标志的经济周期（第十章）。再接着论述开放经济及国内外经济联系，包括汇率与国际收支（第十一章），这可视为国内总供求关系的对外延伸。接下来是探讨如何解决“总供求”失衡，即宏观经济政策及体制问题。该部分重点介绍了财政政策及财政体制（第十二章）、货币政策及金融体制（第十三章）。最后一部分是对宏观经济理论及问题的展望（第十四章）。从以上章节安排中可以发现，《宏观经济学（中国版·第二版）》在逻辑思路上有以下突出特点：以“总供求”贯穿全书，首先以总供求开篇，然后分别详述总供求的具体内容，再讲解总供求的矛盾及其延伸，最后探讨矛盾如何解决。萨缪尔森、曼昆、斯蒂格利茨、多恩布什等所著的较为流行的西方宏观经济学教材，在逻辑思路上各具特色，有的强调中长期和短期的平衡，有的以“黏性价格”贯穿全书，而“总供求”的逻辑思路则是李晓西博士对宏观经济学的理解和思考，从而提供了一种新的思路，读者可以对照不同教材进行比较阅读，还可在学习过程中形成自己的逻辑框架。

3. 在宏观经济学模型的介绍和分析方面，作者独创了“五段论”式讲解法

该教材选取了西方流行教材中的经典模型，尤其是诺贝尔经济学奖得主们的模型；在讲解经典模型时，作者从“人物及背景、关键方程或模型、关键图示及解释、特征归纳、应用前景评价”这五个方面对模型进行介绍，没有拘泥于传统的公式推导和模型分析，淡化了各类宏观经济学教材中都详尽推导的做法。这样做的目的是让研究生把握思路，而不是过多将精力与时间放在数学推导上。

以第九章中“超级通货膨胀卡甘模型”为例详述之。卡甘模型是针对超级通货膨胀（或称恶性通货膨胀）的成因提出的分析框架，在国内外教材中的介绍并不常见，这本教材对卡甘模型的介绍和分析除了在“人物及背景”、“关键方程或模型”以及“关键图示及解释”方面做了简明且有特色的分析外，在“特征归纳”中概括道：（1）卡甘模型属于货币主义学派的模型，即认为通货膨胀最主要的成因源于货币数量过多。在卡甘模型中，卡甘将货币数量定位为现金余额，而现金余额爆发性增加才能造成超级通货膨胀。（2）卡甘模型是现代的、附加预期理论的通货膨胀理论。（3）卡甘模型强调超级通货膨胀，不是一般的通货膨胀，因此，在卡甘模型中，可设收入和实际利率保持不变。这是因为卡甘在统计分析中发现，当若干国家出现超过50%以上的通货膨胀率时，收入和实际利率均没有太大的变化。（4）卡甘模型中货币数量和价格水平及其变化率使用了对数形式，即将预期价格变化率与实际现金余额之间的关系线性化，这样，我们就可以利用线性方程及图形进行描述。以上均是作者对卡甘的原文进行深入分析和理解后的结论，许多教材均没有对卡甘模型中货币数量的具体含义以及收入和实际利率外生化的原因做介绍和分析。在第 5 点“应用前景评价”中，作者分析，通货膨胀率超过 50%的通货膨胀在中国近百年历史上仅出现过三次，因此，卡甘模型提供的思路起到的更多是警示作用。(1) 通货膨胀预期不是单一而简单的，因此，对通货膨胀预期的控制应认清其复杂性而进行综合治理。(2) 超级通货膨胀是螺旋式自我推进的过程，且利率和收入手段也失效，因此，要高度关注严重的通货膨胀及其发展态势。(3) 由于卡甘模型属于货币主义的一种，其局限与货币数量论一样，忽视实际需求拉动和成本推动的成因，因此，需要结合多种通货膨胀理论来完善自己的思考。显然，这里强调了模型运用与中国理论和政策实践的结合，并跳出模型本身，从多种角度对其进行评析，力图做到兼具客观性和前瞻性。

4. 该书强调分析问题的国际背景和全球视角，强调了中国背景和全球视角的结合

书中提供了国内外经济大量丰富的数据和实例，基本数据全部更新至 2008 年之后。下面以第九章中“对世界范围内的通货膨胀分析”为例进行简要介绍。

在这部分，作者借用三个价格指数来描述世界范围内的通货膨胀，展示和分析了近 30 年来世界主要国家和地区的消费者价格指数、生产者价格指数、国内生产总值平减指数的变化情况。国家和地区的选择主要参考了世界银行的分类标准，从高收入、中等收入、低收入水平等各个层次的经济体中选择了具有代表性的 30 个国家和地区，数据全部来自国际货币基金组织、世界银行等国际机构和部门。同时，又以美国为例比较了三个指数的变化趋势，得出了“消费者价格指数、生产者价格指数和 GDP 平减指数测度结果基本趋势一致但有一定差异”的结论。这种强调国际视角的做法，贯穿在全书各章中。大量最新的翔实、丰富的数据，为读者了解和进一步分析相关问题提供了丰富的资料和各种思路。

现任清华大学经济管理学院副院长的哈佛大学经济学博士白重恩教授，非常重视这种国际比较。他在评论该书时写道：一个国家的宏观经济运行必然依赖于该国的制度背景；由于不同国家的制度背景可能有较大差异，所以类似的宏观经济政策在不同国家的效果可能非常不同。中美两国 2008 年以来经济刺激计划产生的不同效果就是一个鲜活的案例。两国的共同点是包括基础建设投资在内的政府购买很多需要通过地方政府进行，但两国的不同点是地方政府的偏好以及它们所面临的约束不同，因而两国地方政府的行为也很不同。根据斯坦福大学教授约翰·泰勒等人的研究，这次金融危机中，美国联邦政府给地方政府大量拨款，希望地方政府用于基础建设投资，但地方政府并没有将联邦拨款用于投资，而是用来购买金融资产，减少它们的净负债，所以联邦政府的经济刺激计划并没有带来实体经济活动的显著增加和就业的增长。中国的情况则很不同，地方政府及其相关企业的投资积极性很高，中央政府增加了对地方的财力支持并放宽了相关的信贷控制以后，地方政府很快大量增加投资，刺激了实体经济的增长和就业的增长。由于制度背景对于宏观经济的重要性，一本在介绍宏观经济理论的同时也提供丰富的中国宏观经济实践经验的教科书对于希望了解中国宏观经济运行的读者来说很有价值。李晓西教授的这本书就起到了这样的作用。这本书得益于李晓西教授多年从事中国宏观经济理论研究和政策分析实践的经验，体系清晰，内容丰富翔实，必将对中国宏观经济的研究产生显著的影响。

第二版后记

今年2月8日，中国人民大学出版社贺耀敏社长来到北京师范大学，与我商谈如何加快完成《宏观经济学（中国版·第二版）》的修订工作。现在终于交稿，大有解脱的喜悦之感。

本书虽然由我为主创作，但其中凝结着集体的智慧和劳动，一批师生协助我进行资料的收集或初稿的整理等工作。对他们的辛勤努力和认真细心，在这里我要表示衷心的感谢。

全书的修订工作经历了两个阶段。2007年自与美国汤姆逊出版集团（现圣智出版集团）商定出版英文版始，就开始了修订中文第一版的工作。这项工作因中文修改与英文翻译同时进行，工作量很大，且因对其他重大项目的投入而分散了时间和精力，修订和翻译很遗憾没能按期完成。在这段近三年的时间里，有不少教师与学生对中文修订做了辛勤工作：张琦教授就如何分析土地等生产要素提出了撰写提纲的建议；韩晶教授为我拟增加“宏观调控的微观基础”一章提供了很多参考资料与写作建议；王静副研究员就全书提纲提出了建议并重点协助我查阅整理了关于经济周期方面的很多材料；曾学文副教授就“国民收入”一章经典模型的选用和劳动供给分析提出了中肯的建议；王诺副教授为我原计划完成的“资本供给”一章提出了重要的建议和意见；林永生老师对“经济增长中的劳动供给”也提供了资料和很好的建议。学生们思想活跃，在参与修改中作出了不少的贡献。如和晋予博士整理了“经济周期模型简介”并提出了“国外需求”一章的提纲建议；陈玉京博士曾对投资、消费概念的理解以及“国民收入”一章经典模型的选用提出了内容丰富的建议；赵峥博士对宏观经济学教材修改思路提出了有价值的建议和意见；刘一萌博士提供了“宏观投资效率衡量”的初稿并整理了美国次贷危机方面的资料；从雅静博士就中外教材的对比尤其是在汇率和货币政策方面提供了重要参考资料和意见；刘涛博士还细致地校对了《宏观经济学（第一版）》中的印刷错误。这里还要提到，2007年我为博士生与硕士生开讲“宏观经济学”一课，教学中我很有收获。其中张丽平、董晓宇、唐斯斯等博士的建议与意见，给我留下了很深印象。

2011年我们进入全力完成中文书稿阶段。这5个月中，姜欣博士发挥了很大作用，除协助完成有关模型的修订和部分章节的初稿撰写外，还承担了修订工作的联系与组织工作；宋涛博士以极大热情承担着提供国际部分资料与初稿等各项任务，其大负荷工作量和工作态度常让我感动；郝宇博士从德国汉堡大学发来多封信件，对各章提出了不少宝贵的修改意见；李骏博士提交了有关外商直接投资国别比较的资料，非常认真；蔡宁助理整理了部分章节中有关中国经济的资料并提供了初稿，其工作质量我很满意；荣婷婷助理在完成教育部社科委经济学部秘书处的组建工作的同时，还参与完成了一些资料整理工作；靳荆荆硕士虽然参与较晚，但在完成交办的查找资料任务上很有效率；张亮硕士协助查找相关资料，做了不少工作。

这里还要提到几位修订工作两阶段都有参与的教师与学生：施发启高级统计师一直关注本教材的修订，在涉及统计尤其是投资的统计方面提出了非常有价值的意见和数据资料；张江雪老师初期承担了与国外出版社的联系工作，且一直参与本教材模型的讲解与修订，还对一些章节提出了修改建议；裘越芳硕士第一阶段承担了资料分析整理工作，第二阶段还承担了资料的增补工作；还有侯蕊硕士，她很好地完成了为各章增订数据的工作，我很满意。不少教师与学生也参与了本书的英文翻译工作，这些将在英文版后记中具体记述。

最后要特别提出，本书中文第二版的修订特别受益于英文版的改写。时任美国汤姆逊出版集团总裁陈达枢先生、总编陈锦煌先生和杨立平编辑，对如何按照国际一流教材的高标准修改和翻译好本教材提出了非常有价值的指导意见和修改要求。在本书写作期间，西南财经大学边惠敏副校长和晏凌老师以及山东省社会科学院郑贵彬院长和袁红英处长一直予以了关注与支持，在此一并表示感谢！

李晓西

2011年7月

图书在版编目（CIP）数据

宏观经济学：中国版/李晓西著.—3 版.—北京：中国人民大学出版社，2018.7
21 世纪经济学系列教材
ISBN 978-7-300-25904-8

Ⅰ.①宏… Ⅱ.①李… Ⅲ.①宏观经济学-研究生-教材 Ⅳ.①F015

中国版本图书馆 CIP 数据核字（2018）第 127934 号

21 世纪经济学系列教材
宏观经济学（中国版·第三版）
李晓西 著
Hongguan Jingjixue

出版发行	中国人民大学出版社		
社　　址	北京中关村大街 31 号	**邮政编码**	100080
电　　话	010－62511242（总编室）		010－62511770（质管部）
	010－82501766（邮购部）		010－62514148（门市部）
	010－62511173（发行公司）		010－62515275（盗版举报）
网　　址	http://www.crup.com.cn		
经　　销	新华书店		
印　　刷	北京捷迅佳彩印刷有限公司	**版　　次**	2005 年 12 月第 1 版
开　　本	787 mm×1092 mm　1/16		2018 年 7 月第 3 版
印　　张	33　插页 2	**印　　次**	2025 年 7 月第 3 次印刷
字　　数	793 000	**定　　价**	69.80 元